अजेय योद्धा एवं दुर्ग (महाराजा सूरजमल एवं भरतपुर)

AJEYA YODDHA EVAM DURG (MAHARAJA SURAJMAL EVAM BHARATPUR)

रनवीर सिंह

Made with ♥ on the Notion Press Platform
www.notionpress.com

भरतपुर राजस्थान के हिन्दू महान योद्धाओं को जिन्होनें अपने को अजेय रखा,

अपने किले निर्माण किए, देश की अस्मिता की रक्षा की, उनको सादर समर्पण।

क्रम-सूची

क्रम-सूची

प्रस्तावना

प्रस्तावना

जाट जाति की उत्पत्ति के विभिन्न सिद्धांतों का विश्लेषण करने पर यह निष्कर्ष निकलता है कि जाट शब्द समूह मूलक है, और ऐसे मानव समूह या मानव के लिए उपयुक्त किया जाता है कि एक जुट रहने, एक जुट करने की क्षमता रखता है, निःसंदेह इस शब्द में महर्षि पार्णिनी द्वारा 'जट झट संघाते' अर्थात जट शब्द समूह के लिए प्रयोग किया गया है। इससे 'जट' शब्द का अर्थ है कि ऐसे संघ जाति अथवा प्रत्येक व्यक्ति को 'जाट' कहते है, जिसमे बिखरे हुऐ लोगों को एक जुट करने की शक्ति मिलती हो। इससे स्पष्ट होता है कि संस्कृत भाषा जितनी प्राचीन है उतनी ही प्राचीन जाट जाति है और जाट शब्द, और प्रजातंत्रवादी विचार धारा को वरीयता देते है।

पुराने लेखों में देव संहिता, असुर संहिता और ऋषि संहिता का उल्लेख मिलता है। देव संहिता में शिक्षा रहस्य, ब्रहम विद्या, आत्मा-परमात्मा, परा-शान्ति साधना का उल्लेख है, असुर संहिता में धर्म निरपेक्ष, ज्ञान, विज्ञान, प्रौद्योगिकी का उल्लेख है, और ऋषि संहिता में परा, अपरा विद्या का उल्लेख है। ये काफी पुराने हैं, देव संहिता में पार्वती और शिव संवाद भी है जिसमें जाट जाति का उल्लेख है।

13 वीं शताब्दी तक जाटों में रक्त, भाषा और धर्म की एकता थी, परन्तु अब इनमें 30 प्रतिशत मुस्लिम जाट, 20 प्रतिशत सिख जाट तथा शेष 50 प्रतिशत हिन्दू जाट हैं। वर्तमान में व्यापार, व्यवसाय व कार्यक्षेत्र के कारण मुख्यतः सम्पूर्ण विश्व में विशिष्ट स्थानों पर पाए जाते हैं।

जाट एक आदिकालीन समुदाय है और प्राचीनतम क्षत्रिय वर्ग है, जिसकी अनेक अनुपम विशेषताएँ है। इनकी सामाजिक संरचना बेजोड़ है, इस जाति ने आदिकाल से कुछ सर्वमान्य सामाजिक मापदंड स्वयं ही निर्धारित कर रखे है, और इनके सामाजिक मूल्यों का निरंतर संस्तरण होता आ रहा है। जाट समाज की गौत्र और खाप व्यवस्थाएँ अति प्राचीन है, और आज भी इनका पालन हो रहा है।

जाट जाति की उत्पत्ति के अनेक सिद्धांत समय-समय पर इतिहासकारों द्वारा प्रतिपादित किए है। ये प्रायः सूर्यवंशी, चंद्रवंशी, नागवंशी, अग्निवंशी और ऋषि वंशी कहलाते है। इनका मुख्य व्यवसाय खेती, पशुपालन और शासन ही था।

मुग़ल साम्राज्यः-

मुग़ल साम्राज्य भारतीय इतिहास के उन साम्राज्य में से एक था जिसने भारत पर लगभग 300 वर्षो तक शासन किया। मुगलो का शासन 1526 से शुरू व 1857 को अंत हुआ। भारत में मुग़ल वंश का संस्थापक जहीरुद्दीन मुहमद बाबर था। जिन्होंने 1526 में दिल्ली सल्तनत के शासक इब्राहिम लोदी को हरा कर दिल्ली में मुग़ल साम्राज्य की स्थापना की थी। 6 प्रमुख मुगल शासक थे। वे हैं - बाबर, हुमायूँ, अकबर, जहाँगीर, शाहजहाँ और

औरंगज़ेब।

ब्रिटिश साम्राज्यः-

भारत में ब्रिटिश शासन का उदय 1757 में शुरू हुआ और उन्होंने 1947 तक 200 वर्षों तक शासन किया। इस शासन को उपनिवेशवाद के रूप में जाना जाता है। ब्रिटिश शासन आर्थिक शोषण, राजनीतिक उत्पीड़न और सांस्कृतिक साम्राज्यवाद के लिए जाना जाता है।

भारत में अंग्रेज़ों के शासन का इतिहासः-

1600 के दशक की शुरुआत में ईस्ट इंडिया कंपनी की स्थापना हुई थी।

1773 में ईस्ट इंडिया कंपनी को भारत पर शासन करने का अधिकार मिला।

1858 में ब्रिटिश ईस्ट इंडिया कंपनी की सत्ता को महारानी विक्टोरिया के हाथों सौंप दिया गया।

1876 में विक्टोरिया को भारत की महारानी घोषित किया गया।

1947 में भारत को आज़ादी मिली।

भारत में अंग्रेज़ों के शासन से जुड़ी कुछ और खास बातेंः-

भारत में अंग्रेज़ों ने राजा-महाराजाओं को भ्रष्ट करके देश पर नियंत्रण जमाया।

अंग्रेज़ों ने भारत में भ्रष्टाचार को बढ़ावा दिया।

1930 के दशक में भारत में स्वराज या स्वशासन की मांग बढ़ी।

उपरोक्त जानकारियों से स्पष्ट हो रहा है कि जाट शासन काल तो मुगलों और ब्रिटिशों से अधिक वर्षों तक का रहा है, जिसका संक्षिप्त विवरण निम्नानुसार है -

जाट वंश-शासन काल

जाट शासन - दिल्ली (817 ईसवी पूर्व से 372 ईसवी पूर्व) - 445 वर्ष (16 पीढ़ी, 445 वर्ष 5 माह 3 दिन)) - स्वामी दयानंद सरस्वती - सत्यार्थ प्रकाश, मौर्य - वंश (322 ईसवी पूर्व -185 ईसवी पूर्व) -137 वर्ष, गुप्त - वंश (319-605) 386 वर्ष, तोमर वंश - दिल्ली (734-1192) - 458 वर्ष (ठाकुर देशराज-पांडव वंशी तोमर) रहा है। भरतपुर (1669-1947) 278 वर्ष, धोलपुर (1806-1947) 141 वर्ष और गोहद जिला भिण्ड (1505-1805) 300 वर्ष, ग्वालियर (1754-1756, 1761-1765, तथा 1781-1783) 11 वर्ष, पटियाला (1763-1947) 184 वर्ष, जींद (1768-1947) 179 वर्ष, नाभा (1652-1947) 295 वर्ष का रहा है। पिसावा जिला अलीगढ़ (1783-1947) 164 वर्ष, मुरसान जिला हाथरस (पुराना जिला-अलीगढ़) (1716-1947) 231 वर्ष तथा कुचेसर जिला बुलंदशहर (1763-1947) 184 वर्ष, साहनपुर (बिजनोर) (1600-1947) 347 वर्ष, कंठ (जिला मुरादाबाद) (1625-1947) 322 वर्ष रहा है।

जाट, गुर्जर, राजपूत और मराठे में अनेक समानताएँ है, इनके कई गौत्र भी आपस में मिलते है। पंवार, सोलंकी, तंवर/तनवर (तोमर), सिकरवार, कुशवाह, परिहार, चौहान आदि गौत्र तीनों जातियों में मिलते है।

जाट और गुर्जरों में सिर्फ पारस्परिक शादियों का रिवाज नहीं है, बाकी खान-पान, रहन-सहन, हुक्का-पानी, उपाधियाँ (चौधरी, पटेल, मुक़द्दम, फौजदार और ठाकुर) सब में एक है। भाषा, भेष, धार्मिक और सामाजिक विश्वास सभी समान है। **एक कहावत भी है - गुजर टेक, यादव हटी, जाट कही सो कही।**

रियासत –

17 वीं शताब्दी के अंत और 18 वीं शताब्दी के प्रारंभ में जाटों ने मुग़ल साम्राज्य के खिलाफ हथियार उठाए। हिंदू जाट राज्य महाराजा सूरजमल (1707-1763) के अधीन अपने चरम में पहुँच गया। 20 वीं शताब्दी तक, पंजाब, पश्चिमी उत्तर प्रदेश, राजस्थान, हरियाणा और दिल्ली सहित उत्तर भारत के कई हिस्सों में जमींदार जाट एक प्रभावशाली समूह बन गए। इन वर्षों में, कई जाटों ने शहरी नौकरियों के पक्ष में कृषि को छोड़ दिया और उच्च सामाजिक स्थिति का दावा करने के लिए अपनी प्रमुख आर्थिक और राजनीतिक स्थिति का उपयोग किया।

भारत देश में स्वतंत्रता (15 अगस्त 1947) से पहले रेसिडेंसी, रजवाड़े, और रियासत थीं। उस समय 565 (745) रियासत थीं। इन्हीं में से 117 रियासतों को अंग्रेजों द्वारा विभिन्न तोप संख्या के अनुसार सलामी दी जाती थी। इन रियासतों की संख्या भी विभिन्न अभिलेखों अनुसार अलग-अलग हैं, यहाँ केवल रियासतों के कार्यप्रणाली, विचार धारा भी एक दूसरे के विपरीत रही है। कुछ रियासतों को अंग्रेज मान–सम्मान के साथ विभिन्न तोपों की संख्या अनुसार सलामी देते थे, कहीं रियासतें अंग्रेजों के विरोध में रहीं, यहाँ तक भी अभिलेख हैं जिनकों अंग्रेज तोपों की सलामी देते थे, वे भी अंग्रेजों के विरुद्ध कई मतों पर रहे। आजादी के बाद रियासतों का भारत में विलय हो गया था।

भरतपुर रियासत - वीर योद्धा राजाराम, - राजस्थान

धौलपुर - महाराजा सुरजन सिंह, - राजस्थान

टौंक - खोजा राम सिंह, - राजस्थान

भटनेर - वीर सिंह राजस्थान, - राजस्थान

रणथम्भौर - रणमल, - राजस्थान

बीकानेर - चौधरी बीका - राजस्थान

जैसलमेर - चौधरी शेर सिंह, - राजस्थान

भारत में मुग़ल शासकों के बाद अंग्रेजों का शासन काल रहा।

के पी मलिक (के पी मलिक करीब 28 साल से राष्ट्रीय राजधानी दिल्ली की पत्रकारिता में सक्रिय हैं। दूरदर्शन से लेकर बीबीसी, नेटवर्क18, ज़ी न्यूज़, सहारा समय, हिंदुस्तान टाइम्स ग्रुप और उसके बाद 'दैनिक भास्कर' में राजनीतिक संपादक के रूप में अपनी सेवाएं दे रहे हैं। पिछले दिनों इन्हें देश के प्रतिष्ठित मुंशी प्रेमचंद अवार्ड से भी नवाजा गया है।) का विशेष अनुरोध,

विधायक श्री राजेश चौधरी विधानसभा क्षेत्र माट- (वर्ष 2022) जिला मथुरा, उत्तर-प्रदेश के निजी कार्यक्रम गाँव मढ़ाहवीबपुर (मढ़ा भरियाका) के दौरान उनके और रामवीर सिंह तोमर (पूर्व अधीक्षण अभियंता, गांव मढ़ाहवीबपुर) के व्यक्तिगत अनुरोध कि महाराजा सूरजमल पर लिखा जाय।

चौधरी शेरसिंह (पूर्व स्वतन्त्र निदेशक गेल) उसरह जट्टारी जिला अलीगढ़ उत्तर-प्रदेश के साथ निजी भ्रमण (भरतपुर, नंदबई, सौंख (जिला अलवर), नगर, डींग, गोवर्धन, बरसाना, छाता, कोसी, होडल), अकोला (आगरा) चहारवाटी सिकंदरा (आगरा) रामकी चाहर कार्यक्रम में मिलना एवं उनकी सलाह,

जण्डेल सिंह राणा अध्यक्ष एवं जाट समाज कल्याण परिषद ग्वालियर, मध्य-प्रदेश के समस्त पदाधिकारी, डॉ. रणधीर सिंह रूहल, पीएमजी, एआईजी (सेवानिवृत्त), एडवोकेट मध्य प्रदेश उच्च न्यायालय ग्वालियर खंड पीठ, श्री लक्ष्मण सिंह सिरोही (आर्मी) महासचिव अखिल भारतीय जाट महासभा ग्वालियर, श्री अजमेर सिंह राणा रतवई मुरार ग्वालियर, सर्व श्री गिरिराज सिंह चौधरी व लोकेन्द्र सिंह चौधरी राडेप, श्याम जाट भूरवाड़ा, रामसिंह झिरिन्या, मदनलाल (हरियाणा) श्योपुर मध्य-प्रदेश, ठाकुर संतोष सिंह (खैनवार) भोपाल और श्री हरनारायण जाट माली (पूर्व जाट अध्यक्ष जाट महासभा भोपाल) आदि के विशेष अनुरोध पर यह प्रयास किया गया है। यद्यपि अधिकतर संक्षिप्त जानकारियां पहले से प्रकाशित पुस्तकों "जाट बलिदानी" और "जाट रियासतें" में भी समाहित कर प्रकाशित किया जा चुका है।

पुस्तक लेखन से पहले विभिन्न पुस्तकों का अध्ययन जिनका उल्लेख परिशिष्ट में किया गया है। उस समय के कुछ विशेष शब्द और स्थान से सम्बन्धित संक्षिप्त शब्दावली में समाहित करने का प्रयास इसलिए किया गया कि इनका उपयोग वर्तमान में कम हो रहा है, जैसे उमराव, नवाब, खंडनी, खिराज, भाऊ, दाऊ, भारकस, वख्शी, फौजदार, महाल, परगना, जनपद, सूबा, रसद, रयैत, कुमुक, मनसब, काठेड़ क्षेत्र, मत्स्य क्षेत्र, डूंग (खाप/पाल), रामगढ़/कोल/कोइल (अलीगढ़) आदि।

आशा है कि अजेय योद्धा एवं दुर्ग (महाराजा सूरजमल एवं भरतपुर) लेखन से हम अपने पूर्वजो के कृतत्व और व्यक्तित्व के समुचित प्रेरणा लेकर अपना जीवन निर्माण कर सकें।

भूमिका

भूमिका

जाटों के पास पूर्व में न उनका कोई सुगठित राज्य था और न श्रेष्ठ सैनिक शक्ति भी और न प्रचुर मात्रा में धन ही था। उनके पास मात्र देश प्रेम और जातीय संगठन था जिसके मेहनत बल पर उन्होंने हर विदेशी आक्रमणकारी को युद्ध के लिए ललकारा और पराजित किया। उस समय के लेखकों ने जैसा देखा वैसा नहीं लिखा वरन जैसा चाहा वैसा लिखा, जाटों के पास कोई लेखक व इतिहासकार नहीं था जो सच्चा वर्णन करता जिन्होंने सच्चा इतिहास लिखा उसे या तो इन ईर्षालुओं ने नष्ट कर दिया था या विलुप्त करा दिया।

हिंदुस्तान के सम्राटों ने कई बार इस बहादुर जाट कौम के कत्लेआम के फरमान जारी किए किंतु न तो उनकी तलवार इस कौम को समाप्त कर सकी और न इनके अंदर स्फुटित देशभक्ति पूर्ण क्रांति की विचार धारा को उखाड़ सकी। जब शासको ने इस कौम को समाप्त करने में अपने को अशक्त पाया तो उन्होंने क्रोधावेश में जाटों के बारे में अनर्गल लिखकर अपने क्रोध को शांत किया। इतिहास साक्षी है कि जिस समय भारत के अधिकांश राजा महाराजा मुगल दरबार की शोभा बढ़ा रहे थे उस समय क्रांतिकारी जाट दिल्ली के चारों ओर तलवार चला रहे थे। भारत माता तथा मां-बहनों की मान मर्यादा एवं सम्मान के लिए प्राणों की आहुति दे रहे थे। जाटों के इन साहसिक एवं वीरतापूर्ण कार्य को शासको ने मनमर्जी से जैसा चाहा लिखा और आधुनिक इतिहासकारों ने अंधानुकरण किया।

जाटों को तो लुटेरा कहा और जिन्होंने देश सम्पदा और अस्मिता को लूटा उनको सम्राट लिखना कितना औचित्य पूर्ण है ? जाटों ने ऐसे लोगों को लूटा, सम्पदा और अस्मिता की रक्षा की। क्या कोई इस तरह की ऐतिहासिक कहानी है जिसने (मराठों) उनपर (जाटों) पर आक्रमण किया और उन्हीं को पानीपत के युद्ध उपरान्त विदेशी आक्रान्ता से किस-किस तरह से सहायता प्रदान कर उनकी (मराठा) सम्पदा और अस्मिता की रक्षा की। ठीक इसके विपरीत पाठ्य पुस्तकों में भरतपुर को उनके राज्य (मराठा) क्षेत्र में प्रदर्शित करना कितना हास्यास्पद और अज्ञानता का परिचायक है। इस तरह की अनुचित जानकारी को फिल्म पानीपत में रेखांकित किया जिसको भी जनता के भारी विरोध उपरांत विलोपित किया गया।

जौहर की कहानियां बहुत सुनी और पढी जाती है, परन्तु कितने डीग जौहर से परिचित हैं? जाटों की रानियों ने स्वयं युद्ध में उपस्थित होकर लड़ाईयां लड़ी हैं।

संक्षेप यह है कि जाट आर्य हैं, क्षत्रिय हैं, प्रचंड वीर, परिश्रमी व देशभक्त हैं। भारत में बहुत प्राचीन काल से रहते आए हैं। देश और समाज की प्रगतिशील संस्कृति के निर्माण में इन्होंने महान योगदान दिये हैं। इस तरह के संघर्षों में वे स्वयं भी टूटे हैं, लेकिन मिटे नहीं। हम तो इतिहास का निर्माण करें, इतिहास लिखने का काम दूसरों के लिए छोड़ने दें।

इसी भावना को रखकर जाटों ने इतिहास का निर्माण किया है और जिनकी बहादुरी को सारा संसार जानता है। इतिहास लिखना दूसरों का काम था। दूसरे लोगों ने यदि इस बहादुर

लेकिन सीधी भोली कौम के साथ ना-इंसाफी की है, तो इसमें जाटों का क्या दोष? अब इस कौम को इतिहास बनाने के साथ-साथ इतिहास भी लिखना होगा, जिसमें कोई इतिहासकार उनकी छवि और साहसिक कार्यों को गलत तरीके से पेश करने का पुनः दुस्साहस न कर सके। इसलिए यह प्रयास सभी के उचित मार्गदर्शन से किया गया है। भाषा की त्रुटियों अथवा अन्य सुधारात्मक जानकारियों के लिए सभी के आवश्यक मार्गदर्शन अपेक्षित हैं जिससे उनको यथास्थिति अनुसार सुधारा जा सके, अगले अंकों में।

पावती (स्वीकृति)

पावती (स्वीकृति)

सामान्यतः इतिहास पुस्तकों, शिक्षा काल में शैक्षणिक पाठ्यक्रम में विभिन्न कालों के शासकों के साहित्य को समावेश किया गया है, परन्तु जाट शासकों का उल्लेख बहुत ही कम शैक्षिणक पाठ्यक्रम पुस्तकों में मिलता है तो वह भी विवादस्पद स्थिति का। बड़ी कुंठा होती है और लेखन के लिए प्रेरित करती है क्योंकि अनुचित का प्रतिकार करना आवश्यक है अन्यथा की स्थिति में अनुचित ही उचित सार्थक होने लगेगा, इसे ही विवम्बडना/दुर्भाग्य कहा गया है।

शिक्षा जगत में एनसीईआरटी (नेशनल कोंसिल ऑफ़ एजुकेशनल रिसर्च एंड ट्रेनिंग)/राष्ट्रीय शैक्षिक अनुसंधान और प्रशिक्षण परिषद के पाठ्यक्रमों में भी इस प्रकार की त्रुट्रियां वर्तमान में भी उल्लेखित हैं जिनका विस्तृत विवरण भी इस पुस्तक में अलग से एक अध्याय में प्रस्तुत है। भरतपुर क्षेत्र को मराठा शासित क्षेत्र में प्रदर्शित करना, तोमर दिल्ली शासक वंश जाट वंश होते हुए भी तोमर राजपूत लिखना आदि। विवंडना तो यह भी है कि जाट साहित्य कितना शैक्षिणिक स्तर पर पढ़ाया जा रहा है? विभिन्न स्तरों से समय-समय पर यह मांग उठती रही है कि जाटों से सम्बन्धित विषय प्राथमिक स्तर पर शिक्षा में सम्मिलित किए जाएं।

बचपन से ही भरतपुर से सम्बन्धित जानकारियां सुनने जानने का सौभाग्य मिलता रहा। विशेषकर जब कुंवर महेन्द्र सिंह पुत्र राजा गुलजार सिंह पिसावा किला जिला अलीगढ़ उत्तर प्रदेश की शादी महाराजकुमारी रेणुका कौर पुत्री महाराजा बृजेन्द्र सिंह भरतपुर दिनांक 11 दिसम्बर 1969 को हुई। जब मैं कक्षा 9 में विक्रम सेवा सदन पिसावा में पढ़ता था। तभी यह भी जानकारी हुई थी कि महाराजकुमारी कुसुम कौर (जन्म - 10-09-1916) पुत्री महाराजा कृष्ण (किशन) सिंह भरतपुर की शादी – (26-02-1933) कुंवर सुरेन्द्र पाल सिंह (पिलानिया) - ऊंचा गाँव - बुलंदशहर (उ.प्र.) सांसद एवं मंत्री भारत सरकार से हुई, जिनके पुत्र - जगत सिंह हैं।

एक और सन्दर्भ प्रोफ़ेसर (डॉक्टर) डी. पी. (देव प्रकाश) अग्रवाल (गांव - जलालपुर पिसावा जिला अलीगढ़ उत्तर प्रदेश) पूर्व अध्यक्ष लोक सेवा संघ आयोग (यूपीएससी) की शादी भी भरतपुर से हुई है, जिन की देखरेख में ग्वालियर स्थित अटल विहारी वाजपेई आईआईआईटीएम संस्थान का निर्माण हुआ है।

स्व. श्री रामवीर सिंह वर्मा भरतपुर के द्वारा लिखित पुस्तकों का अध्ययन जो उनके द्वारा व्यक्तिगत रूप से प्रस्तुत की गईं, उनसे और प्रेम सिंह कुंतल भरतपुर से विस्तृत चर्चा उनके ग्वालियर प्रवास के समय के अनुभव, मानवेन्द्र सिंह तोमर भरतपुर के विभिन्न लेख जाटलैंड विकी पर,

सूरजमल स्मारक शिक्षण संस्थान सी-4 जनकपुरी नई दिल्ली का भ्रमण और वहां से प्राप्त पुस्तकें और वर्तमान अध्यक्ष इंजीनियर कप्तान सिंह से संपर्क,

महाकवि श्री बलवीर सिंह करुण (चौहान जाट) अलवर राजस्थान (मूल गांव - किरठल जिला बागपत उत्तरप्रदेश) के ग्वालियर भ्रमण और उनसे प्राप्त पुस्तकें विशेषकर डीग का जौहर और वीर गोकुला (महाकाव्य) उनका अध्ययन,

जयपुर राजस्थान भ्रमण के समय तेजा फाउंडेशन द्वारा आयोजित कार्यक्रम दिनांक 7 नवम्बर 2021 बिरलाऑडोटोरियम जयपुर से प्राप्त विभिन्न पुस्तकों का अध्ययन आदि पुस्तकों का सन्दर्भ इसी पुस्तक में परिशिष्ट में विस्तृत रूप से उल्लेखित किया गया है।

श्री लक्ष्मण राम बुरडक आईएफएस (सेवानिवृत्त सीसीएफ मध्य प्रदेश), वर्तमान निवास जयपुर की विभिन्न जानकारियां जाटलैंड विकी पर,

महान व्यक्तियों की अमर गाथाएं - 2, सूरज की तलवार, लेखक - वीरेन्द्र सिंह चट्ठा, प्रधान संपादक महाराजा सूरजमल टाइम्स (मासिक पत्रिका), मुद्रक राज प्रिंटर्स, ट्रोनिका सिटी, गाज़ियाबाद, उ. प्र. Email: surajmaltimes01@gmail.com , मोबाइल 9250981999. पुस्तक अध्ययन,

पूर्व स्वतंत्र निदेशक, महासचिव (संगठन), अखिल भारतवर्षीय जाट महासभा, शेर सिंह चौधरी (गांव उसरह जट्टारी जिला अलीगढ़) के साथ भरतपुर क्षेत्र भ्रमण,

इसके बाद तो निरंतर पुस्तक पढ़ने, जनसंपर्क, क्षेत्रीय भ्रमण आदि से प्राप्त जानकारियों का संकलन और कतिपय गणमान्य की अनुशंसा पर ही इस पुस्तक लेखन का ध्येय है। जिसे वर्तमान पीढी पढ़े और अपने गौरवमयी/गरिमामयी इतिहास को जाने।

आमुख

आमुख

राजाराम जाट (राज्यकाल : 1670–1688) सिनसिनी (भरतपुर) राज्य के राजा थे जिन्होंने गोकुल जाट के मारे जाने के बाद मुगल शासक औरंगजेब के विरुद्ध विद्रोह का नेतृत्व किया।

सिनसिनी भरतपुर के जाट नेता राजाराम, जिन्होंने आगरा के सिकंदरा (1688) में स्थित मुगल बादशाह अकबर की कब्र को खोदकर उनकी अस्थियों को आग के हवाले कर दिया। यह घटना न केवल औरंगजेब के लिए एक बड़ा झटका थी, बल्कि यह भी दिखाती है कि कैसे आम जनता ने मुगल शासकों की कट्टर नीतियों का प्रतिकार किया।

ढाई मसती बसती करी, खोद कब्र करी खड्ड, अकबर अरु जहांगीर के गाढ़े कढ़ी हड्ड॥

भरतपुर शहर एवं जाट राज्य की शुरुआत **चूड़ामन (ठाकुर) (1695-1721)** ने की, **स्थापना** बदन सिंह ने सन 1722 ई. में की।

यहाँ किले को बनाने का काम सन 1732 ई. में आरम्भ हुआ। एक बार शुरू हो जाने के बाद निर्माण कार्य साठ वर्ष तक रुका ही नहीं। तब से जाटों के संघर्ष मुगलों से होते रहे परन्तु उसके बाद अंग्रेजों से भी वही स्थिति भारत की आजादी वर्ष 1947 तक रही। यह कार्यकाल लगभग (1670 ई.से 1947 ई.) 278 वर्ष अर्थात लगभग तीन शताब्दी के समय का है। इसमें भरतपुर के किले तथा अन्य किलों के निर्माण के साथ जाट समाज के अजेय योद्धाओं ने निरंतर प्रगति की। यद्यपि इससे पहले भी जाट राजाओं के संघर्ष की अनेक गाथायें इतिहास में हैं, विशेषकर गोहद जिला भिंड मध्यप्रदेश का आजादी तक का संघर्ष लगभग (सन 1505 ई. से 1947 ई. तक) 443 वर्ष (लगभग पांच शताब्दियों) का रहा है।

दिल्ली – तंवर राजवंश के आगे बढ़ते इंद्रप्रस्थ दिल्ली के राज सिंहासन पर राजा अनंगपाल सिंह तोमर सिंहासनारूढ़ हुए। तंवरों द्वारा दिल्ली बसाने का स्पष्ट उल्लेख है। दिल्ली संस्थापक महाराजा अनगपाल तंवर वंशी जाट ही थे। तोमर शासन वर्ष 734 ईसवी से 1192 ईसवी कुल 459 वर्ष का रहा है। इस तरह के अनेक अभिलेख हैं।

मुगलों की तानाशाही से पूरा देश त्रस्त था, फिर भी आगरा और दिल्ली के आसपास का क्षेत्र अधिक प्रभावित था। आगरा के आसपास का क्षेत्र ब्रज क्षेत्र, मेवात क्षेत्र, काठेड क्षेत्र और मत्स्य क्षेत्र विशेष प्रभावित थे। काठेड क्षेत्र के किसानों ने पहले अपनी समृद्धि स्थापित करके अपनी गढ़ियां निर्माण कीं और तदुपरांत अपने ऐसे किले बनाये जो अजेय होने के कारण लोहागढ़ कहलाये। भरतपुर का किला उनमें से एक है।

औरंगजेब और वीर गोकुल सिंह के 6 दिन के युद्ध ने क्षेत्र की जनता क्रान्तिकारी बना दिया था। जिसमें छठवें दिन (1 जनवरी 1670) वीर गोकुल सिंह शहीद हुए थे।

काठेड क्षेत्र (वर्तमान भरतपुर राजस्थान) से सिनसिनी के राजाराम जाट, रामकी चाहर (अकोला) आगरा आदि ने सिकन्दरा आगरा से सम्राट अकबर की अस्थियों को जलाकर

राख कर दिया था।

मुगलों के शासक औरंगजेब के बाद काफी कमजोर रहे और उनका कार्यकाल भी बहुत निराशाजनक रहा, उस समय भरतपुर के जाटों ने अपनी प्रगति की थी।

मुग़ल शासक काल औरंगजेब (1659 ई. से 1707 ई.) 49 वर्ष के बाद

बहादुर शाह (1707-1712 ईस्वी) - 6 वर्ष

जहंदर (जहांदर) शाह (1712-1713 ईस्वी) - 2 वर्ष

फरूखसियर (1713-1719 ईस्वी) - 7 वर्ष

मुहम्मद शाह (1719- 1748 ईस्वी) - 30 वर्ष

अहमद शाह (1748- 1754 ईस्वी) - 7 वर्ष

आलमगीर (1754- 1759 ईस्वी) - 6 वर्ष

शाह आलम II (1759- 1806 ईस्वी) - 48 वर्ष

अकबर II (1806- 1837 ईस्वी) - 32 वर्ष

बहादुर शाह II (1837- 1857 ईस्वी) - 21 वर्ष

तथा सन 1947 तक अग्रेजों का शासन रहा था।

भरतपुर क्षेत्र के जाट महाराजा रहे थे:-

भरतपुर इतिहास

भरतपुर के शासक सिनसिनवार गोत्र के जाट थे।

बालचन्द से संतान - जूझ सिंह, बृजराज सिंह, भगवंत सिंह, भज्जा सिंह।

राजाराम जाट (राज्यकाल: 1670–1688) सिनसिनी (भरतपुर) - 19 वर्ष

राजाराम जाट (राज्यकाल: 1670–1688) सिनसिनी (भरतपुर) राज्य के राजा थे जिन्होंने गोकुल जाट के मारे जाने के बाद मुगल शासक औरंगजेब के विरुद्ध विद्रोह का नेतृत्व किया। राजाराम जाट भज्जासिंह के पुत्र थे और सिनसिनवार जाटों के सरदार थे।

भज्जा (भगवत/भगवंत) सिंह (राज्यकाल: 1688 – 1696) **एवं ब्रजराज सिंह।**

भज्जा सिंह के पुत्र - राजाराम जाट के पुत्र फतह सिंह।

ब्रजराज सिंह के 6 पुत्र भाव सिंह, अतिराम, चूड़ामन, बुध सिंह, गज सिंह, कुशल सिंह हुए।

भाव सिंह की शादी, अचला की पुत्री राधा, सोगर गांव से हुई। राधा के पुत्र रूप सिंह, बदन सिंह हुए।

चूरामन (राज्यकाल: 1696 – 1721) - **27 वर्ष** - के 9 पुत्र: - जुलकरन सिंह, मोहकम सिंह, थान सिंह, बख्तावर सिंह, चंद सिंह, कीरत सिंह, सुजान सिंह, देवी सिंह और किरण सिंह थे।

मोखम सिंह (राज्यकाल: 1721 – 1722)

बदन सिंह (राज्यकाल: 1722 – 1756) सोगर, बयाना, सिनसिनी, हलैना (अतिराम चाचा), बयाना,

बदनसिंह की शादी चौधरी अखैराम भैनवार की पुत्री देवकी, कामां (कामर), गांव से हुई। अन्य दूसरी पुत्री सहोदरा, कठूमर के चौधरी पतराम की पुत्री सहजो, आगरा के चौधरी रामा की पुत्री जसोदा, चौधरी हिरदैराम रीजवार की पुत्री सतईया, और उसकी बहन माया कौर, सहार के चौधरी किरपाराम भदैरन की पुत्री भज्जो, आदि से हुई।

सन 1704 ई. में सिनसिनी को मुगल हाकिम से छीनकर अपने राज्य में मिला लिया।

जाजऊ युद्ध और चूड़ामन (जून 8, 1707 ई.)

1709 में चूड़ामन ने शेरगढ़ को बलोच से जीत लिया।

सामूगढ़ युद्ध (जनवरी 10, 1713 ई.)

सन् 1713 ई. में जब जहांदार और फर्रुखसियर में लड़ाई हुई तो युद्ध के अंत में चूरामणि ने दोनों को लूट लिया।

सन् 1715 ई. में बादशाह फर्रुखसियर ने इकरन, अधापुर, मलाह, बाढ़ा गांव और भरतपुर तथा रूपवास के परगने जागीर में दिए।

सन 1720 में होडल के युद्ध में उसने सयैद अब्दुला और सम्राट के शिविरों पर आक्रमण करके कोष एवं युद्ध साम्रगी को छीन लिया।

भरतपुर राज्य के संस्थापक महाराजा बदन सिंह (शासनकल - 1723 -1756) - 34 वर्ष

अपने पिता के शासनकाल में सूरजमल ने ही युद्ध लड़े थे :-

बदनसिंह ने अपनी राजधानी डीग बनाई।

राजधानी डीग के किले, बगीचों और महलों के निर्माण का कार्य सन् 1725 ई. में आरम्भ हुआ।

मथुरा में जुमाल खां का वध

भरतपुर किले को बनाने का काम सन 1732 ई. में आरम्भ हुआ।

सन 1732 ई. में फतहगढ़ी, चौबुर्जा सूरजमल के अधिकार में आ गया।

सन 1733 में खेमकरण सोगरिया से भरतपुर छीना

सन 1739 नादिरशाह आक्रमण

सन 1742 में ईश्वरी सिंह को आमेर सिंहासन पर बैठाया

सन 1746 में चंडौस जिला अलीगढ़ जीता

फरीदाबाद सफदरजंग युद्ध - कुंवर बहादुर राजेन्द्र उपाधि

20 अगस्त 1748 को बगरू युद्ध जीता

सन 1748 - पलवल में सआदत अली खां को परस्त किया

सन 1749 - माधौसिंह के हिमायतियों को जिनमें मल्हार होल्कर, गंगाधर तांतियां और मेवाड़, मारवाड़ और कोटा, बूंदी के राजा शामिल थे, एक साथ ही परास्त किया।

सन 1752 अहमद शाह का क़त्ल

सन 1753 में घासेरा युद्ध

10 मई 1753 को दिल्ली पर कब्जा किया

सन 1754 गाजीउद्दीन लड़ाई

27 फरवरी 1754 को कुम्हेर में खांडेराव मारा गया था

26 जुलाई सन 1755 ईसवी को डाराना नामक स्थान पर दोनों (नजीब खां और सूरजमल) में सन्धि हुई।

महाराजा सूरजमल (राज्यकाल: 1756 से 1763) - 8 वर्ष

वह जाट महाराजा सूरजमल ही था जिसने घायल मराठों की मदद की और जिसके जीते जी किसी दुश्मन की भरतपुर की तरफ आँख उठाने की हिम्मत न हुई। अगर उस समय वे महादजी सिंधिया परिवार की मदद न करते तो शायद सिंधिया परिवार ही नहीं बचता।

"तीर चलें, तलवारें चलें, चलें कटारें इशारों तैं, अल्लाह अबकी जान बचा ले जाट भरतपुर वाले से"।

यह कहावत महाराजा सूरजमल के पराक्रम, वीरता और उनके नेतृत्व में जाटों की बढ़ती शक्ति का प्रतीक है।

23 मार्च सन 1756 को मुगल राज्य के अलवर किले को छीन लिया।

28 फरवरी 1757 मथुरा- दुर्रानी लड़ाई

3 मार्च 1757- बल्लमगढ़ पर आक्रमण

चौमुहां का युद्ध, जो 28-29 मार्च 1757 के आसपास मथुरा के पास चौमुहां में लड़ा गया था।

2 फरवरी 1760 अब्दाली से युद्ध

पानीपत की लड़ाई 14 जनवरी 1761- मराठा और अफगान

भरतपुर के जाट **महाराजा सूरजमल** ने मुगलों से आगरा का किला जीता था। उन्होंने **12 जून 1761** (कुछ स्रोतों के अनुसार 1761-1764 के बीच) को 40 दिन की घेराबंदी के बाद मुगलों को हराकर किले पर कब्जा किया था और लगभग 13 साल तक जाटों का इस पर अधिकार रहा।

25 दिसम्बर रविवार सन् 1763 ई.को वीरगति को प्राप्त हुए, हिंडन नदी के किनारे गाजियाबाद क्षेत्र उत्तर प्रदेश।

महाराजा भारतेन्द्र जवाहर सिंह (शासन दिसम्बर 1763 ई. से जून 1768 ई. तक) **4 वर्ष**

बाद में सन 1767 तक जवाहर सिंह ने धौलपुर, अटेर, भिंड गोहद आदि क्षेत्रों पर भी अधिकार कर लिया था।

"अष्ट धाती" नाम का फाटक जिसे कि चित्तौड़ से मुसलमान बादशाह देहली में ले गये थे आज तक, भरतपुर में चढ़ा हुआ है। डीग के संगमरमर का सिंहासन भी दिल्ली की लूट का मौजूद है।

महारानी किशोरी भरतपुर राज्य की संरक्षिका

रतन सिंह (राज्यकाल:1768 – 1769) - 1 वर्ष।

केहरी सिंह (राज्यकाल: 1769 - 1771) - 3 वर्ष।

नवल सिंह (राज्यकाल: 1771 - 1776) - 6 वर्ष।

डींग का जौहर (29 अप्रैल 1776, डीग का किला (भरतपुर, राजस्थान))

भारत का अंतिम जौहर: जब डींग के महल में 60 रानियों और दासियों ने स्वाभिमान की रक्षा के लिए अपने हाथों से काट दिए थे, खुद के शीश।

महाराजा रणजीतसिंह भरतपुर (राज्यकाल: 1776 - 1805) - 30 वर्ष

अंग्रेजी सेनाओं का 13 बार महाराजा रणजीतसिंह भरतपुर अपराजेय किले पर हमला हुआ, तब यह दोहा प्रसिद्ध हुआ था :-

हुई मसल मशहूर विश्व में, आठ फिरंगी नौ गोरा।
लड़ें किले की दीवारों पर, खड़े जाट के दो छोरा।

रणधीर सिंह (राज्यकाल: 1805 – 1823) - 19 वर्ष।

बलदेव सिंह (राज्यकाल: 1823 - 1825) - 3 वर्ष।

बलवन्त सिंह (राज्यकाल: 1825 – 1853) - 29 वर्ष।

जसवंत सिंह (राज्यकाल: 1853 – 1893) - 41 वर्ष।

राम सिंह (राज्यकाल: 1893 - 1900) - 8 वर्ष।

महारानी गिरिराज कौर (राज्यकाल: 1900 – 1918) - 18 वर्ष।

महाराजा कृष्णसिंह (किशन/किसन सिंह) – (शासनकाल – अगस्त सन 1900 से मार्च सन 1929 तक) - 29 वर्ष

महाराजा कृष्ण सिंह ने भरतपुर राज्य में नगर पालिका द्वारा कचरा डालने पर लगाई विदेशी कार रोल्स रॉयस क्योंकि उन्हें ये कार कम्पनी ने देने से मना कर दिया था। उसके बाद उनको चार रोल्स रॉयस उपलब्ध कराई और इस अनुरोध के साथ कि इन कारों का उपयोग कचरा डालने के लिए न किया जाए।

महाराजा व्रजेन्द्र सिंह (राज्यकाल: **1929 – 1948) - 19 वर्ष**

भारत के प्रथम राष्ट्रपति को भरतपुर के जाट महाराजा सवाई महाराजा बृजेन्द्र सिंह ने चांदी जड़ित बग्घी और उस समय 80 लाख रुपये दिये थे। आजादी के बाद लगातार 4 साल तक भारत के प्रथम राष्ट्रपति डाक्टर राजेन्द्र प्रसाद जिस बग्घी में बैठकर गणतन्त्र दिवस समारोह में शामिल हुए थे, चांदी से जड़ित वह बग्घी भरतपुर महाराजा की थी। जिसमें चार घोड़े जोते जाते थे।

राजा मानसिंह भरतपुर (7 बार विधायक)

राजा मानसिंह ने तत्कालीन मुख्यमंत्री श्री शिवचरण माथुर द्वारा अभद्र टिप्पणी और उनके झंडों को क्षतिग्रस्त करने के कारण, उन्होंने मुख्यमंत्री महोदय की स्टेज और हेलीकोप्टर को अपनी जीप से क्षति ग्रस्त कर दिया था।

राजा मानसिंह अपने वाहन वेपन करियर में साथियों कार्यकर्ताओं व भजन मंडली के साथ बैठकर डीग अनाज मंडी के रास्ते जा रहे थे तभी तत्कालीन डीएसपी कान सिंह भाटी ने मय पुलिस फोर्स अपनी पुलिस की जीप वेपन करियर के सामने अडाकर खुलेआम गोलियां चलाकर राजा मानसिंह वह उनके तीन सहयोगियों का सीधी गोली चलाकर उनकी हत्या कर दी।

यह राजस्थान का सबसे बड़ी राजनीतिक हत्या थी। इस तरह माथुर से त्याग पत्र लेकर हीरालाल देवपुरा को मुख्यमंत्री बनाया गया।

कृष्णेन्द्र कौर "दीपा" ने 32 वर्षों तक लंबी कानूनी लड़ाई में 1560 तारीख, 19 जजों ने सुनवाई की, 14 वकील बदलने के बाद राजा मानसिंह व तीन अन्य की एनकाउंटर में हत्या के आरोप में मथुरा उत्तर प्रदेश कोर्ट में डीएसपी कान सिंह भाटी व अन्य 13 पुलिस कर्मियों को आजीवन कारावास की सजा सुनाई गई। 2 वर्ष पूर्व एनकाउंटर के मुख्य आरोपी डीएसपी कान सिंह भाटी की जेल में ही मृत्यु हो गई। वह अन्य तेरह अभियुक्त जो कि औसतन 70 वर्ष की उम्र के पूर्व पुलिसकर्मी जेल में आजीवन कारावास की सजा काट रहे हैं।

बच्चू सिंह (गिरिराज शरण सिंह) भरतपुर, सांसद (लोकसभा) भरतपुर (1952 - 1957),

भरतपुर अजेय रहा और योद्धा भी अजेय रहे हैं।

1

भरतपुर राज्य

भरतपुर राज्य

भरतपुर ब्रिटिश आधिपत्य के अधीन एक रियासत थी। इस पर हिन्दू जाटों के सिनसिनवार वंश का शासन था। इस राज्य की स्थापना महाराजा बदन सिंह ने 1722 में की थी। सूरजमल ने राज्य के विकास और विस्तार में महत्वपूर्ण भूमिका निभाई। सूरजमल के शासनकाल (1755-1763) के दौरान, राज्य का वार्षिक राजस्व 17,500,000 सोने के सिक्के था।

सूरजमल के नेतृत्व में, इस राज्य की प्रमुख वास्तुकलाओं में लोहागढ़ किला, डीग महल, और केवलादेव राष्ट्रीय उद्यान शामिल हैं, जो एक शाही शिकार अभ्यारण्य है और विश्व धरोहर स्थल है।

इतिहास

मध्यकाल में दीग और भरतपुर के जाट शासकों का उदय हुआ, जिन्होंने आगरा सूबे के कुछ हिस्सों, जिनमें डीग, भरतपुर और मेवात शामिल थे, पर अपना प्रभाव फैलाया। इस दौरान, जाट जमींदार और किसान थे, जो गुर्जरों और मेवों के साथ मिलकर मुग़ल साम्राज्य के लिए परेशानी का सबब बने। प्रारंभिक काल में जाटों को बहिष्कृत और वनवासी माना जाता था। तारीख-ए-फिरिश्ता के अनुसार, 1026 ईस्वी में, जाटों के एक समूह ने गुजरात से लौट रहे महमूद गजनी पर हमला किया, लेकिन वे लगभग पूरी तरह से नष्ट हो गए। 1397 ईस्वी में, दिल्ली की ओर बढ़ते हुए तैमूर ने जाटों के एक समूह का नरसंहार किया। 1526 ईस्वी में, पंजाब से गुजरते समय बाबर की सेना को जाटों ने परेशान किया।

भरतपुर के शासक सिनसिनवार गोत्र के जाट थे।

डीग, बदन सिंह द्वारा स्थापित सिनसिनी जाटों की पहली राजधानी थी। बाद में राजधानी को भरतपुर स्थानांतरित कर दिया गया।

भरतपुर राज्य का गठन दिल्ली आगरा और मथुरा के आसपास के क्षेत्र में रहने वाले जाटों द्वारा मुग़ल साम्राज्य के विरुद्ध किए गए विद्रोहों का परिणाम था। गोकुला तिलपत के एक प्रमुख जाट जमींदार थे जिन्होंने औरंगजेब के शासनकाल के दौरान मुगल साम्राज्य के विरुद्ध विद्रोह का नेतृत्व किया। 1669 में, उन्होंने तिलपत के युद्ध का नेतृत्व किया, जहाँ जाट किसानों ने मुगलों के भारी करों के विरुद्ध विद्रोह किया। प्रारंभिक सफलताओं के बावजूद, गोकुला को अंततः 1670 में पकड़ लिया गया और फाँसी दे दी गई।

भरतपुर राज्य का चांदी का रुपया, मुगल सम्राट अकबर द्वितीय के नाम पर ढाला गया, माहे इंद्रपुर टकसाल।

सिनसिनी के राजाराम ने गोकुला का स्थान लिया और मुगल शासन के विरुद्ध संघर्ष जारी रखा। उन्हें जाटों को अधिक संगठित शक्ति के रूप में तैयार करने और अकबर के मकबरे को अपवित्र करके गोकुला की मृत्यु का बदला लेने के लिए जाना जाता है। राजाराम के नेतृत्व में मुगल सेनाओं के विरुद्ध कई विजय प्राप्त हुईं, जिनमें मुगल नवाब बहादुर खान (मुगल सेनापति) की पराजय भी शामिल है। 1688 में अपनी मृत्यु तक उन्होंने इस क्षेत्र में जाटों की शक्ति को सुदृढ़ करने में महत्वपूर्ण भूमिका निभाई। अब औरंगजेब ने विद्रोह को कुचलने के लिए कछवाहा राजपूत शासक बिशन सिंह से संपर्क किया और उन्हें मथुरा का फौजदार नियुक्त करते हुए पूरे क्षेत्र को जमींदारी में दे दिया। जमींदारी अधिकारों के लिए जाटों और राजपूतों के बीच संघर्ष ने भी मामले को जटिल बना दिया, क्योंकि जाट मुख्य रूप से भूस्वामी थे, जबकि राजपूत मुख्य रूप से राजस्व संग्राहक थे।

जाटों ने कड़ा प्रतिरोध किया, लेकिन 1691 तक राजाराम और उनके उत्तराधिकारी चूरामन मुगल साम्राज्य के सामने आत्मसमर्पण करने के लिए विवश हो गए। हालांकि, जाटों में अशांति जारी रही और बाद में 18वीं शताब्दी की शुरुआत में, चूरामन ने मुगल गृहयुद्धों का लाभ उठाते हुए राजपूतों को उस क्षेत्र से खदेड़ दिया और एक स्वतंत्र राज्य की स्थापना की, जहाँ जाट सरदारों ने शासक वर्ग का गठन किया। राजाराम, जिन्होनें अकबर के अवशेषों को भी खोदकर जला दिया था, सिनसिनी में एक छोटा किला बनवाने के लिए जाने जाते हैं, जो इस राज्य की एक महत्वपूर्ण नींव थी।

महाराजा सूरजमल भरतपुर के सबसे प्रमुख शासक थे। 12 जून 1761 को उन्होंने मुगल साम्राज्य के महत्वपूर्ण शहर आगरा पर कब्जा कर लिया। उनके शासनकाल में उन्होंने ताजमहल के दो चांदी के दरवाजों को पिघला दिया। आगरा 1774 तक भरतपुर के नियंत्रण में रहा। महाराजा सूरज मल की मृत्यु के बाद, उनके उत्तराधिकारियों ने आगरा किले पर शासन करना जारी रखा। उनके बाद महाराजा जवाहर सिंह और फिर महाराजा रतन सिंह शासक बने। महाराजा केहरी सिंह के अल्पवयस्क होने के दौरान, महाराजा नवल सिंह ने रीजेंट के रूप में कार्य किया।

भरतपुर राज्य के सबसे प्रमुख शासक सूरजमल 1805में, अंग्रेजों और होल्करों के बीच युद्ध छिड़ गया। महाराजा रणजीत सिंह होल्करों की मदद करने के लिए सहमत हो गए और

दोनों महाराजा भरतपुर किले में पीछे हट गए। अंग्रेजों ने किले को घेर लिया और तीन महीने बाद, रणजीत सिंह शांति के लिए सहमत हो गए और अंग्रेजों के साथ एक संधि पर हस्ताक्षर किए, इस प्रकार एक रियासत बन गए। भरतपुर के महाराजा जसवंत सिंह ने 1857 के भारतीय विद्रोह के दौरान अंग्रेजों को भरपूर समर्थन दिया और अंग्रेजों ने इस सहायता को बहुत सराहा। जसवंत सिंह को जीसीएसआई बनाया गया और उनकी व्यक्तिगत तोपों की सलामी बढ़ा दी गई।

अगस्त 1947 में, भरतपुर नव स्वतंत्र भारतीय संघ में शामिल हो गया। अगले वर्ष, 1948 में, यह मत्स्य संघ का हिस्सा बन गया , और1949 में, इसे राजस्थान राज्य में एकीकृत कर दिया गया। भरतपुर शाही परिवार के सदस्य राष्ट्रीय और क्षेत्रीय राजनीति में सक्रिय रहे हैं। परिवार के कई सदस्यों ने संसद सदस्य और राज्य विधानमंडल में सेवा की है।

भरतपुर जिला -

तहसील - भरतपुर, बयाना, सेवर, भुसवार, कुम्हेर, नंदबई, वैर, रूपवास, नगर, पहाडी, डींग, कामां।

डींग नया जिला - डींग, पहाडी, जुरहरा, **कामां,** सीकरी, **नगर,** जनूथर, रारह, **कुम्हेर।**

भरतपुर (शेष) जिला - भरतपुर, बयाना, सेवर, नंदबई, वैर, भुसवार रूपवास।

भरतपुर मंडल में भरतपुर, धौलपुर, करौली, सवाई माधोपुर और डींग जिले आते हैं।

1982 में धौलपुर को एक अलग जिला घोषित किया गया, जिसमें धौलपुर, राजखेड़ा, सरमथुरा, बारी और बसेरी तहसीलें शामिल हैं। धौलपुर जिला भरतपुर मंडल/आयुक्त कार्यालय का हिस्सा है।

भूगोल

तलरूप

भरतपुर, जिसे 'राजस्थान का पूर्वी द्वार' भी कहा जाता है, ब्रज क्षेत्र में दिल्ली से 180 किमी दूर स्थित है। भौगोलिक दृष्टि से, यह जिला 26° 22' और 27° 83' उत्तर तथा 76° 53' और 78° 17' पूर्व अक्षांशों के बीच स्थित है और समुद्र तल से इसकी औसत ऊंचाई लगभग 183 मीटर है। भरतपुर शहर जिले का मुख्यालय है और इसे लोहागढ़ के नाम से भी जाना जाता है। यह राजस्थान और अन्य राज्यों के प्रमुख शहरों के बहुत करीब स्थित है। जयपुर और भरतपुर के बीच की दूरी लगभग 178 किमी है, जबकि आगरा जिले से 55 किमी की दूरी पर स्थित है। मथुरा 34 किमी की दूरी पर स्थित है। भरतपुर उत्तर में राजस्थान के दीग जिले, पूर्व में मथुरा, दक्षिण में उत्तर प्रदेश के आगरा और राजस्थान के धौलपुर तथा पश्चिम में दौसा और अलवर से सटा हुआ है।

जलविज्ञान

इस जिले में केवल तीन मुख्य मौसमी नदियाँ हैं, जिनके नाम हैं बन गंगा, रूपारेल और गंभीर। बन गंगा जयपुर जिले के रामगढ़ बांध से निकलती है, भरतपुर से होकर गुजरती है और भरतपुर जिले की बयाना तहसील के पास गंभीर नदी में मिल जाती है। गंभीर नदी करौली जिले के पंचना बांध से निकलती है और भरतपुर से गुजरने के बाद उत्तर प्रदेश में यमुना नदी में मिल जाती है। रूपारेल नदी अलवर जिले की पहाड़ियों से निकलती है और कमान तहसील से भरतपुर में प्रवेश करती है। इसके अलावा, करौली जिले की पहाड़ियों से निकलने वाली काकुंड नदी पर बरेठा गांव के पास बंध बरेठा नामक एक बांध स्थित है। इस बांध के पानी का उपयोग जिले में पेयजल और सिंचाई के लिए किया जाता है। इस बांध की क्षमता 684.00 मिलियन घन फीट (29 गज फीट) है।

सीमा और विस्तार

किसी समय भरतपुर राज्य बड़ा था। इटावा से अलवर तक उसकी लम्बाई थी और देहली से हिंडौन तक चौड़ाई। इस समय केवल 76 मील लम्बाई 48 मील चौड़ाई है। इसके उत्तर में गुड़गांव जिला, दक्षिण में जयपुर, करौली-राज्य, पूर्व में मथूरा-आगरा और पश्चिम में जयपुर-अलवर राज्य हैं। भरतपुर राजस्थान का पूर्वी फाटक है। राजस्थान की वर्तमान रियासतों में विस्तार के अनुपात से कुछेक से वह छोटा है, किन्तु उसकी प्रतिष्ठा बहुत बड़ी है। बाहुबल से अर्जित किया हुआ राज्य होने के कारण, वह लोक का श्रद्धाभाजन है। जिस राजवंश का इस समय भरतपुर में शासन है, उसने इसकी स्थापना सन् 1633 ई. में की थी।

प्राचीन इतिहास

ठाकुर देशराज ने लिखा है ....[पृ.13]: भरतपुर पवित्र ब्रज-भूमि का एक भाग है। ब्रज में आरंभ में **मधु** लोगों का राज्य था। सूर्यवंशी राजा शत्रुघ्न ने मधु लोगों के नेता लवण को मारकर अपना राज्य जमाया। सूर्यवंशी राजाओं से पुनः चंद्रवंशी राजाओं ने इस भू-भाग को छीन लिया। भोजकुल के राजा कंस को मारकर वृष्णी कुलीय कृष्ण ने इस भू-भाग को अपने प्रभाव में लिया। द्वारिका ध्वंस और यादवों के प्रभास क्षेत्र महा युद्ध के बाद भगवान कृष्ण के पौत्र व्रज को यह प्रदेश शासन के लिए मिला। तबसे यह भूभाग न्यूनाधिक 17 मार्च 1948 तक इसी वंश के हाथ में रहा। भरतपुर के वर्तमान महाराजा ब्रजेन्द्र सवाई ब्रजेन्द्र सिंह भगवान कृष्ण की 195 वीं पीढ़ी में माने जाते हैं।

भरतपुर

विजयेन्द्र कुमार माथुर ने लेख किया है ...भरतपुर, राजस्थान, (पृष्ठ 660): प्रसिद्ध भूतपूर्व **जाट-रियासत** का मुख्य नगर है, जिसकी स्थापना **चूरामणि जाट** ने 1700 ई. के लगभग की थी। इमादउस-सयादत के लेखक के अनुसार चूरामन (चूड़ामणि) ने भरतपुर की नींव एक सुदृढ़ गढ़ी के रूप में डाली थी। यह स्थान आगरा से मात्र 48 कोस पर स्थित था।

गढ़ी के चारों ओर एक गहरी परिखा थी। धीरे-धीरे चूरामन ने इसको एक मोटी व मज़बूत मिट्टी की दीवार से घेर लिया। गढ़ी के अन्दर ही वह अपना लूट का माल लाकर जमा कर देता था। आसपास के कुछ गाँवों में उसने कुछ चर्मकारों को यहाँ लाकर बसाया और गढ़ी की रक्षा का भार उन्हें सौंप दिया। जब उसके सैनिकों की संख्या लगभग चौदह हज़ार हो गई तो चूरामन एक विश्वस्त सरदार को गढ़ी का अधिकार देकर शक्ति-विस्तार करने के लिए कोटा-बूँदि की ओर चला गया।

भरतपुर की शोभा बढ़ाने तथा राजधानी को सुंदर तथा शानदार महलों से अलंकृत करने का कार्य राजा सूरजमल जाट ने किया, जो भरतपुर का सर्वश्रेष्ठ शासक था। 1803 ई. में [पृष्ठ -661]: **लार्ड लेक ने भरतपुर के किले** (लोहगढ़) का घेरा डाला। इस समय भरतपुर तथा परिवर्ती प्रदेश में आगरे तक **राजा जवाहर सिंह** का राज्य था। क़िले की स्थूल मिट्टी की दीवारों को अंग्रेज सेना तोप के गोलों से नहीं तोड़ पाई। उस समय भारत में भरतपुर ही एक मात्र किला था जिस पर अंग्रेज अधिकार नहीं कर सके थे।

कवि बाँकीदास ने भरतपुर जाट राजा का उदाहरण दिया

कवि बाँकीदास ने जाट राजा का उदाहरण देकर राजपूत राजाओं को जगाया। जब राजस्थान के राजपूत राजाओं ने अंग्रेजों के विरोध में तलवार नहीं उठाई तो जोधपुर के राजकवि बांकीदास से नहीं रहा गया और उन्होंने ऐसे गाया -

पूरा जोधड़, उदैपुर, जैपुर, पहूँ थारा खूटा परियाणा।
कायरता से गई आवसी नहीं बाकें आसल किया बखाणा॥
बजियाँ भलो भरतपुर वालो, गाजै गरज धरज नभ भौम।
पैलां सिर साहब रो पडियो, भड उभै नह दीन्हीं भौम॥

अर्थ है कि "है जोधपुर, उदयपुर और जयपुर के मालिको ! तुम्हारा तो वंश ही खत्म हो गया। कायरता से गई भूमि कभी वापिस नहीं आएगी, बांकीदास ने यह सच्चाई वर्णन की है। भरतपुर वाला जाट तो खूब लड़ा। तोपें गरजीं, जिनकी धूम आकाश और पृथ्वी पर छाई। अंग्रेज का सिर काट डाला, लेकिन खड़े-खड़े अपनी भूमि नहीं दी।"

अंग्रेजों ने स्वयं अपने लेखों में भरतपुर लड़ाई पर जाटों की बहादुरी पर अनेक टिप्पणियाँ लिखीं। जनरल लेक ने वेलेजली (इंग्लैंड) को 7 मार्च 1805 को पत्र लिखा "मैं चाहता हूँ कि भरतपुर का युद्ध बंद कर दिया जाये, इस युद्ध को मामूली समझने में हमने भारी भूल की है।" इस कारण भरतपुर का लोहगढ़ का किला अजयगढ़ कहलाया। उस समय कहावत चली थी लेडी अंग्रेजन रोवें कलकत्ते में क्योंकि अंग्रेज भरतपुर की लड़ाई में मर रहे थे, लेकिन उनके परिवार राजधानी कलकत्ता में रो रहे थे। इतिहास गवाह है कि जाटों ने चार महीने तक अंग्रेजों के आंसुओं का पानी कलकत्ता की हुगली नदी के पानी में मिला दिया था। स्वयं राजस्थान इतिहास के रचयिता कर्नल टाड ने लिखा - अंग्रेज लड़ाई में जाटों को कभी नहीं जीत पाए।

इस प्रकार अंग्रेजों का सूर्य जो भारत में बंगाल से उदय हो चुका था भरतपुर, आगरा व मथुरा में उदय होने के लिए चार महीने इंतजार करता रहा, फिर भी इसकी किरणें पंजाब में 41 साल बाद पहुंच पाईं। भारतवर्ष में केवल जाटों की दो रियासतों भरतपुर व धौलपुर ने कभी भी अंग्रेजों को खिराज (टैक्स) नहीं दिया। यह भी ऐतिहासिक तथ्य है कि भरतपुर में लौहगढ़ का किला भारत में एकमात्र ऐसा गढ़ है जिसे कभी कोई दूसरा कब्जा नहीं कर पाया। इसलिए इसका नाम अजयगढ़ पड़ा। भरतपुर के महाराजा कृष्णसिंह ने भारतवर्ष में भरतपुर शहर में सबसे पहले

नगरपालिका की स्थापना की थी। अंग्रेजों ने मद्रास, कलकता व बम्बई में सबसे पहले मुनिस्पल कार्पोरेशन की स्थापना की। इसी जाट राजा कृष्ण सिंह ने भरतपुर में हिन्दी साहित्य सम्मेलन करवाया सन् 1925 में राजा जी ने पुष्कर (राजस्थान) में जाट महासम्मेलन करवाया जहां चौ० छोटूराम जी भी पधारे थे। इन्होंने जनता के लिए 'भारत वीर' नाम का पत्र प्रकाशित करवाया था।

भरतपुर परिचय

भरतपुर पूर्वी राजस्थान राज्य, पश्चिमोत्तर भारत का एक महत्त्वपूर्ण ज़िला है। यह आगरा से 55 किमी. पश्चिम में स्थित है। लगभग 1733 ई. में स्थापित यह शहर कभी भूतपूर्व भरतपुर रियासत की राजधानी था। भरतपुर शहर की स्थापना 'ठाकुर चूडामण सिंह'(चूडामणि) जाट ने की थी, लेकिन बाद में शासक राजा सूरजमल ने इसे सजाया और सँवारा। यह अपने समय में जाटों का गढ़ हुआ करता था। यहाँ के मंदिर, महल व क़िले जाटों के कला कौशल की गवाही देते हैं। राष्ट्रीय उद्यान के अलावा भी देखने के लिए यहाँ अनेक जगह हैं। इसका नामकरण राम के भाई भरत के नाम पर किया गया है। लक्ष्मण इस राजपरिवार के कुलदेव माने गये हैं। इसके पूर्व यह जगह सोगरिया जाट सरदार रुस्तम के अधिकार में थी, जिसको महाराजा सूरजमल ने जीता और 1733 ई. में भरतपुर नगर की नींव डाली।

पर्यटन: भरतपुर राजस्थान का एक प्रमुख शहर होने के साथ-साथ देश का सबसे प्रसिद्ध पक्षी उद्यान भी है । 29 वर्ग किलोमीटर में फैला यह उद्यान पक्षी प्रेमियों के लिए किसी स्वर्ग से कम नहीं है । विश्व धरोहर सूची में शामिल यह स्थान प्रवासी पक्षियों का भी बसेरा है । यहाँ आने वाले हर पर्यटन के आकर्षण का केंद्र पक्षी उद्यान ही रहता है। सर्दियों के मौसम में यहाँ प्रवासी पक्षियों को देखा जा सकता है। विलक्षण पक्षी देखना चाहते हैं, तो अक्तूबर और अप्रैल में यहाँ आएँ। हरियाणा में 'सुल्तान पक्षी उद्यान' और उत्तराखंड में 'जिम कॉर्बेट नेशलन पार्क' भी पक्षी प्रेमियों के लिए अच्छे ठिकाने हैं। यहाँ 150 विभिन्न प्रजातियों के पक्षी देख सकते हैं। जिनमें भारतीय मैना से लेकर बुलबुल तक शामिल हैं।

शहर के बाहरी इलाक़े में स्थित केवलादेव घाना राष्ट्रीय उद्यान, पर्यटकों के सर्वाधिक आकर्षण का केन्द्र है, जो मुर्ग़ाबियों के विशाल जमावड़ों, सारस पक्षियों के आवासीय घोंसलों, बगुलों, बुज्जा पक्षियों, हेरन, बानकर और जलकौवों के लिए विश्वविख्यात है। यह पक्षी

उद्यान भारत का एकमात्र ऐसा स्थान है, जिसे प्रवासी 'साइबेरियाई सारस' की शरणस्थली के रूप में जाना जाता है।

प्रसिद्ध स्थान

भरतपुर-राज्य में पचासों ऐसे स्थान हैं जो ऐतिहासिक होने का महत्व रखते है। किन्तु इस समय के प्रसिद्ध स्थानों में बयाना, कुम्हेर, डीग और कामां हैं। ये चारों नगर अति प्राचीन हैं। बयाना में आरम्भ में बाना (जाटों का एक गोत्र विशेष) लोगों की राजधानी थी। बाना चंद्रवंशी थे। उन्होंने ईरान में जाकर भी अपना उपनिवेश बसाया था। ईरानी आर्यों को भारतीय आर्य असुर कहते थे। उषा देवी का बयाने में मन्दिर है जो बाना लोगों की कन्या थी। बाना लोग श्रीकृष्ण के ज्ञाति-तंत्र (संघ) के आरम्भ में विरोधी थे, किन्तु पीछे से वे भी ज्ञातिवादी ज्ञात (जाट) हो गए। यहां ' फक्क' वंश का भी राज है क्योंकि शिलालेख में फक्क वंश का हाल लिखा हुआ है। सम्भव है 'फक्क' लोग आगे चलकर **फौगाट** के नाम से मशहूर हो गए हों। इसका पुराना नाम श्रोनितपुर भी बताया जाता है।

किले के अन्दर सुन्दर स्मारकों में कोठी खास महल ख़ास, मोतीमहल, किशोरी महल हैं, महराजा सूरजमल ने मुगलों और अंग्रेजों पर विजय प्राप्ति पश्चात जवाहर बुर्ज और फतह बुर्ज बनवाया था।

भीम की लाट

यहां एक लाट है जिसे **भीम की लाट** कहते हैं। वास्तव में यह स्तूप है। 'व्रजेन्द्रवंश भास्कर' में लिखा है- 'महाराज वरिक् विष्णुवद्र्धन ने संवत् 428 वि. में यहां यज्ञ किया था।'

यह विष्णुवद्र्धन महाराजा यशोधर्मा मंदसौर वाले के पिता थे जिसने कि हूणों को हराया था और जिसके शिलालेख में संवत् 589 अंकित है। महाराज विष्णुवद्र्धन बरक (वरिक) गोत्री जाट थे। व्याने पर मुसलमानों का आक्रमण अबूबकर के समय में हुआ था।कुम्हेर को **कुम्भीगढ़** अथवा **कुवेरपुर** भी कहते थे। इसे **कुम्भ नाम के जाट सरदार** ने बसाया था।डीग का पुराना नाम दीर्घ बताया गया है। स्कंध पुराण में इस स्थान को तीर्थो की श्रेणी में गिना है। देहली का लूट का बहुत-सा सामान यहां देखने को मिलता है। कामां जिले को काम्यवन कहते हैं, पहले यहां काम्यक लोगों का राज था। इसका पहला नाम ब्रहमपुर भी बताया जाता है। यदुवंशी राजा कामसेन ने इसका कामां नाम रखा था, 'ब्रजेन्द्र वंश भास्कर' से इसका पता लगता है।

जवाहर बुर्ज भरतपुर

लोहागढ़ दुर्ग में 8 बुर्जें तथा 40 अर्धचन्द्राकार बुर्जें बनी हुई हैं। इन बुर्जों में **जवाहर बुर्ज** और **फ़तेह बुर्ज** प्रमुख हैं। जवाहर बुर्ज महाराजा जवाहर सिंह की दिल्ली विजय और फ़तेह बुर्ज 1805 में अंग्रेजों पर विजय के प्रतीक के रूप में बनाई गई थी। अन्य बुर्जो में सिनसिनी बुर्ज, भैसावाली बुर्ज, गोकुला बुर्ज, कालिका बुर्ज, बागरवाली बुर्ज, नवल सिंह बुर्ज आदि है। वर्तमान में जवाहर बुर्ज के संरक्षण का कार्य चल रहा है। इस बुर्ज पर एक धातु का स्तम्भ रोपित किया गया है जिसमे भरतपुर के सभी जाट नरेशों के नाम अंकित किये हुये

हैं। स्थानीय निवासियों के अनुसार जवाहर बुर्ज पर ही भरतपुर के नरेशों का राज्याभिषेक किया जाता था। बुर्ज के मध्य एक दो मंजिला भवन तथा बारहदरी बनी हुई है जो मुग़ल और राजस्थानी स्थापत्य का अद्‌भुत उदाहरण है। बारहदरी की छत में पौराणिक कथाओं, प्रसंगों का तथा कृष्ण लीला का अद्‌भुत स्वर्ण चित्रांकन किया गया है जिसके संरक्षण की तत्काल आवश्यकता है। यहाँ से भरतपुर का और सुजान गंगा नाहर का विहंगम द्रश्य नजर आता है। जवाहर बुर्ज पर ऊपर चढ़ते ही बजरंगबली का मंदिर बना हुवा है। थोडा आगे जाने पर उद्‌यान विकसित किया गया है तथा आगे एक प्राचीन शिव मंदिर बना हुवा है जिसके समीप एक कुंवा बना हुवा है। इस दुर्ग के चारों तरफ खाई में जल की आवक मोती झील से होती है जिसे सुजान गंगा नामक नहर का निर्माण कर इस दुर्ग तक लाया गया था। मोती झील का निर्माण रुपारेल और बाणगंगा नदियों के संगम पर एक बाँध के निर्माण से निर्मित की गई है। भगवान् श्री राम के अनुज लक्ष्मण को अपना कुलदेवता मानने वाले तथा भरत के नाम पर भरतपुर नाम रखने वाले जाट नरेशो के मिटटी से बने हुवे इस लोहागढ़ के बारे में एक कवि ने लिखा है -

दुर्ग भरतपुर अड़ग जिमि, हिमगिरी की चट्‌टान।
सूरजमल के तेज को , अब लौ करत बखान।। (लेखक: शरद व्यास)

लाखा तोप, भरतपुर

लाखा तोप: अजय योद्‌धा महाराजा सूरजमल की लाखा तोप इस तोप की गर्जन सुनके बड़े बड़े राजा महाराजा घबराते थे। बड़े बुजुर्ग बताते है कि यह तोप केवल एक बार चली थी दिल्ली युद्‌ध में और जब यह चली थी तो बताते हैं कि लालकिले का सिंहासन हिल गया था। बताते हैं कि महाराजा सूरजमल के जैसी तोप किसी राजा के पास न थीं। यह तोप महाराजा सूरजमल ने खासतौर पर दुश्मनों का प्रतिकार करने के लिए बनवायी थी और इसका निशाना दिल्ली का लालकिला था।

गंगा मंदिर, भरतपुर

उत्तर भारत का सबसे विशाल गंगा मंदिर भरतपुर में स्थित है। यहां के महाराजा बलवंत सिंह ने वर्ष 1845 में मंदिर निर्माण की नींव रखी थी। बयाना के बंसी पहाड़पुर के प्रसिद्‌ध लाल एवं गुलाबी पत्थरों से मंदिर का निर्माण कराया गया। सवाई बृजेंद्र सिंह ने 22 फरवरी 1937 को मंदिर में गंगा मां की मूर्ति की प्राण प्रतिष्ठा कराई थी। यह मंदिर दुनिया में विशाल और भव्य गंगा मैया के मंदिरों में से एक है। गंगा मंदिर की दो मंजिला इमारत 30 से ज्यादा खंबो पर टिकी है। मंदिर का सामने का भाग मुगल शैली पर आधारित है जबकि पीछे का हिस्सा बौद्‌ध शैली में निर्मित किया गया है। मंदिर में छतों पर बने फूल पते, खाबो की सपा, दरवाजा पर पच्चीकारी, मेहराबों की घड़ाई अपने आप में आकर्षक हैं। (सन्दर्भ: दैनिक भास्कर, जयपुर, 05.06.2025)

मोतीमहल

मोती महल भरतपुर की ऐतिहासिक इमारत है, जिसका निर्माण महाराजा किशन सिंह ने 1914 में कराया था। यह स्थापत्य, धार्मिक और सांस्कृतिक धरोहर का प्रतीक है।

भरतपुर अपनी प्राकृतिक और ऐतिहासिक धरोहरों के लिए देश-दुनिया में मशहूर है। यहां स्थित कई किले, महल और मंदिर आज भी रियासतकालीन वैभव की झलक कराते हैं। इन्हीं में से एक प्रमुख नाम है मोती महल जिसे भरतपुर की ऐतिहासिक इमारतों में खास स्थान प्राप्त है। यह महल न सिर्फ स्थापत्य कला का अद्भुत नमूना है बल्कि भरतपुर राजपरिवार के गौरवशाली इतिहास को भी बयां करता है।

मोती महल का निर्माण कार्य वर्ष 1914 में महाराजा किशन सिंह द्वारा करवाया गया था। इसके बाद महाराजा बृजेंद्र सिंह ने भी समय-समय पर महल में निर्माण कार्य और विस्तार कराया। इससे पहले भरतपुर का शाही परिवार सेवर स्थित महलों में रहा करता था। मोती महल के निर्माण में खास बात यह रही कि इसे पूरी तरह बलुए पत्थर से तैयार किया गया जो इसकी सुंदरता और मजबूती दोनों को और बढ़ाता है।

मोती महल का स्थापत्य और धार्मिक महत्व

महल का स्थापत्य भी अपने आप में अनूठा है। इसके निर्माण में हिंदू और मुस्लिम शैली का शानदार मिश्रण देखने को मिलता है। महल का विशाल परिसर लगभग एक किलोमीटर के दायरे में फैला हुआ है। शाही परिवार और मेहमानों की जरूरतों को ध्यान में रखते हुए यहां अतिथियों के ठहरने की विशेष व्यवस्था भी की गई थी। यही नहीं महल के अंदर लगभग 6 मंदिर भी बनाए गए हैं जो धार्मिक आस्था और शाही जीवन का प्रतीक माने जाते हैं।

किशोरी महल

भरतपुर स्थित लोहागढ़ किले में किशोरी महल राजस्थान की समृद्ध विरासत और स्थापत्य कला की भव्यता का एक शानदार प्रमाण है। भरतपुर के हृदय में बसा यह ऐतिहासिक स्थल महाराजा सूरजमल के युग की झलक दिखाने वाले जटिल डिजाइनों और भव्य विशेषताओं को प्रदर्शित करता है। 60 वर्षों में बनकर तैयार हुआ यह किला न केवल देखने में मनमोहक है, बल्कि दृढ़ता का प्रतीक भी है, जिसने 19वीं शताब्दी के आरंभ में ब्रिटिश सेना के कई हमलों का सामना किया। किले का प्रभावशाली प्रवेश द्वार, जो अतीत की गाथा बयां करने वाली अद्भुत कलाकृतियों से सुशोभित है, पर्यटकों को मंत्रमुग्ध कर देता है। किशोरी महल की प्रमुख विशेषताओं में इसके खूबसूरती से संरक्षित उद्यान और महाराजा सूरजमल की एक महत्वपूर्ण प्रतिमा शामिल हैं, जो इसकी समग्र सुंदरता को और भी बढ़ाती हैं। किले में विभिन्न शिलालेख हैं जो साम्राज्य के गौरवशाली इतिहास को दर्ज करते हैं, जिससे यह इतिहास प्रेमियों के लिए एक ज्ञानवर्धक अनुभव बन जाता है। इसके अलावा, यह स्थल शाही समारोहों का आयोजन स्थल रहा है, जो उस सांस्कृतिक महत्व को दर्शाता है जो आज भी प्रासंगिक है। अपने रमणीय परिवेश और ऐतिहारिक महत्व के

कारण, भरतपुर स्थित किशोरी महल लोहागढ़ किला असंख्य पर्यटकों को आकर्षित करता है जो इसकी भव्यता को देखने के लिए उत्सुक रहते हैं। स्थानीय विरासत के केंद्र के रूप में, यह किला राजस्थान के जीवंत इतिहास का प्रतीक है, जो इसे एक गहन सांस्कृतिक अनुभव चाहने वालों के लिए अवश्य देखने योग्य स्थान बनाता है।

भरतपुर किला

भरतपुर

विजयेन्द्र कुमार माथुर ने लेख किया है ... भरतपुर, राजस्थान, (पृष्ठ-660): प्रसिद्ध भूतपूर्व **जाट-रियासत** का मुख्य नगर है, जिसकी स्थापना **चूरामणि जाट** ने 1700 ई. के लगभग की थी। इमादउस-सयादत के लेखक के अनुसार चूरामन (चूड़ामणि) ने भरतपुर की नींव एक सुदृढ़ गढ़ी के रूप में डाली थी। यह स्थान आगरा से मात्र 48 कोस पर स्थित था। गढ़ी के चारों ओर एक गहरी परिखा थी। धीरे-धीरे चूरामन ने इसको एक मोटी व मज़बूत मिट्टी की दीवार से घेर लिया। गढ़ी के अन्दर ही वह अपना लूट का माल लाकर जमा कर देता था। आसपास के कुछ गाँवों में उसने कुछ चर्मकारों को यहाँ लाकर बसाया और गढ़ी की रक्षा का भार उन्हें सौंप दिया। जब उसके सैनिकों की संख्या लगभग चौदह हज़ार हो गई तो चूरामन एक विश्वस्त सरदार को गढ़ी का अधिकार देकर शक्ति-विस्तार करने के लिए कोटा-बूँदि की ओर चला गया।

भरतपुर की शोभा बढ़ाने तथा राजधानी को सुंदर तथा शानदार महलों से अलंकृत करने का कार्य **राजा सूरजमल जाट** ने किया, जो भरतपुर का सर्वश्रेष्ठ शासक था। 1803 ई. में [पृष्ठ 661]: **लार्ड लेक** ने **भरतपुर के क़िले** (लोहागढ़) का घेरा डाला। इस समय भरतपुर तथा परिवर्ती प्रदेश में आगरे तक **राजा जवाहर सिंह** का राज्य था। क़िले की स्थूल मिट्टी की दीवारों को अंग्रेज सेना तोप के गोलों से नहीं तोड़ पाई। उस समय भारत में भरतपुर ही एक मात्र किला था जिस पर अंग्रेज अधिकार नहीं कर सके थे।

लोहागढ़ किला, भरतपुर

लोहागढ़ क़िला भरतपुर, राजस्थान में स्थित एक प्रसिद्ध क़िला है। राजस्थान शौर्य और वीरता की गाथाओं से भरा हुआ है। भरतपुर का लोहागढ़ दुर्ग भी ऐसा ही दुर्ग है, जिसने राजस्थान के जाट शासकों का वर्षों तक संरक्षण किया। छह बार इस दुर्ग को घेरा गया, लेकिन आखिर शत्रु को हारकर पीछे हटना पड़ा। लोहे जैसी मज़बूती के कारण ही इस दुर्ग को 'लोहागढ़' या 'आयरन फ़ोर्ट' कहा गया।

निर्माणकर्ता: लोहागढ़ दुर्ग राजस्थान के प्रवेशद्वार भरतपुर में स्थित है। यह लोहे जैसा मज़बूत दुर्ग भरतपुर के जाट शासक महाराजा सूरजमल द्वारा निर्मित कराया गया था। महाराजा सूरजमल एक शक्तिशाली और समृद्ध शासक थे। उन्होंने कई दुर्गों का निर्माण कराया। दुर्गों के इतिहास पर नजर डाली जाए तो लोहागढ़ सबसे मज़बूत क़िला नज़र आएगा। कहा जाता है कि अंग्रेज़ों ने इस दुर्ग की चार बार घेराबंदी की, लेकिन हर बार उन्हें घेरा उठाना पड़ा।

सन 1805 ई. में ब्रिटिश जनरल लॉर्ड लेक ने बड़ी सेना लेकर इस दुर्ग पर हमला कर दिया था। यह उसका दूसरा प्रयास था, लेकिन फिर भी वह दुर्ग हासिल नहीं कर सका और उसे 3000 सैनिक खोने के बाद राजा से समझौता कर पीछे हटना पड़ा। इस दमदार क़िले के दो दरवाज़े हैं, उत्तर में आठ बुर्जों वाला दरवाज़ा 'अष्टबुर्जा' कहलाता है, यह दरवाज़ा अष्टधातु से बना हुआ है। जबकि दक्षिणी छोर वाले दरवाज़े को 'चारबुर्जा' कहा जाता है।

स्मारक: दुर्ग में कई स्मारक, महल, छतरियां और जलाशय हैं। इनमें 'किशोरी महल', 'महल ख़ास' और 'कोठी ख़ास' महत्वपूर्ण हैं। यहां का 'मोती महल' और दो मीनारें जवाहर बुर्ज और फतेह बुर्ज अंग्रेज़ों और मुग़लों पर जीत के उपलक्ष में निर्मित की गई थी। दुर्ग के मुख्य द्वार पर पत्थर पर उकेरे गए विशाल हाथी आकर्षण का केंद्र हैं।

लोहे जैसी मज़बूती: लोहागढ़ का निर्माण अठारहवीं सदी में कराया गया था। सुरक्षा को और अधिक पुख्ता करने के लिए लोहागढ़ के चारों ओर गहरी खाई खुदवाकर पानी भरवाया गया। आज भी इस दुर्ग के चारों ओर खाई और पानी मौजूद है।

खास बात यह है कि यह क़िला दो ओर से मिट्टी की दीवारों से सुरक्षित किया गया था। इन मिट्टी की दीवारों पर तोप के गोलों और गोलियों का असर नहीं होता था और इनके अंदर छुपा दुर्ग सुरक्षित रहता था। मिट्टी की दीवारों से इतनी पुख्ता सुरक्षा के कारण एक कहावत घर-घर में चल पड़ी थी कि "जाट मिट्टी से भी सुरक्षा के उपाय खोज लेते हैं।"

दुर्ग के चारों ओर 150 फीट चौड़ी और 50 फीट गहरी खाई खोदकर भी उन्होंने दुर्ग की सुरक्षा को इतना मज़बूत बना दिया था कि इस छोटे दुर्ग पर कब्जा करने का अवसर न मुग़लों को मिला और न ब्रिटिश को। कहा जाता था कि दुर्ग के चारों ओर खाई में भरे पानी में सैंकड़ों मगरमच्छ छोड़े गए थे। अगर सेनाएं पानी में तैरकर दुर्ग तक पहुंचने की कोशिश करतीं तो ये मगरमच्छ उन्हें फाड़कर खा जाया करते थे। नौकाओं को पलट दिया करते थे और पानी में गिरे शख्स का बुरा हाल करते थे। दुर्ग के मुख्यद्वार को खाई के ऊपर ईंट और पत्थर के एक कृत्रिम पुल से जोड़ा गया था। मुख्यद्वार पर बने हाथियों के विशाल और खूबसूरत भितिचित्र समय की धूल खाकर धुंधले पड़ गए हैं, लेकिन लोहागढ़ आज भी अपनी मज़बूती और गौरवशाली इतिहास पर इतराता शान से खड़ा है।

चित्तौड़ का द्वार: ऐसा विश्वास किया जाता है कि भरतपुर का लोहागढ़ दुर्ग असल में चित्तौड़गढ़ दुर्ग का प्रवेश द्वार था। लेकिन दिल्ली के सुल्तान अलाउद्दीन ख़िलजी ने इसे हथिया लिया। सत्रहवीं सदी में जाट सेनाओं ने एकजुट होकर मुग़लों से यह दुर्ग वापिस छीन लिया। यह दुर्ग राजस्थान के अन्य क़िलों से अलग है। स्थापत्य के लिहाज से भले यह चमत्कृत करने वाली खूबसूरती से ओत-प्रोत नहीं है, लेकिन मज़बूती में इस क़िले जैसा दूसरा उदाहरण नहीं मिलता। अपनी मज़बूत बनावट और शक्ति के बल पर यह असीम आभा से भरा हुआ दुर्ग प्रतीत होता है।

भरतपुर किले की बनावट

दलीपसिंह अहलावतलिखते हैं - **भरतपुर किले की बनावट** - इस किले की बाहर वाली खाई लगभग 250 फुट चौड़ी और 20 फुट गहरी थी। इस खाई की खुदाई से जो मलबा निकला, उसमें 25 फुट उंची और 30 फुट चौड़ी दीवार बनवाई गई जिसने शहर को पूरी तरह घेरा हुआ था। इसमें दस बड़े-बड़े दरवाजे थे, जिनसे आवागमन पर नियन्त्रण रहता था। इनमें से किसी भी दरवाजे से घुसने पर रास्ता एक पक्की सड़क पर जा पहुंचता था, जिसके परे भीतरी खाई थी, जो 175 फुट चौड़ी और 40 फुट गहरी थी। इस खाई में पत्थर और चूने का फर्श किया गया था।

दोनों ओर दो पुल थे, जिन पर होकर किले के मुख्य द्वारों तक पहुंचना होता था। पूर्वी दरवाजे के किवाड़ आठ धातुओं के मिश्रण से बने थे, इसीलिए इसे 'अष्टधातु द्वार' कहा जाता है। महाराजा जवाहरसिंह इसे दिल्ली से विजय चिह्न के रूप में लाये थे। मुख्य किले की दीवार 100 फुट ऊंची थी और उसकी चौड़ाई 30 फुट थी। इसका सामनेवाला भाग तो पत्थर, ईंट और चूने का बना था, बाकी हिस्सा केवल मिट्टी का था, जिस पर तोपखाने की गोलीबारी का कोई असर नहीं होता था। किले के अन्दर की इमारतें दोनों प्रकार की थीं, शोभा की भी और काम आने वाली भी। आठ बुर्ज बनाये गये थे। इनमें सबसे ऊंचा जवाहर बुर्ज था। सभी बुर्जों पर बहुत बड़ी-बड़ी तोपें लगीं थीं बड़ी तोपें सूरजमल ने स्वयं ढ़लवायीं थीं। इन सब तोपों को चलाना या प्रयोग में लाना भी आसान काम नहीं था। 48 पौंड का गोला फेंकने वाली एक तोप ऐसी थी, जिसे खींचने के लिए 40 जोड़ी बैल लगते थे। लूटकर या खरीदकर प्राप्त की गयी अनगिनत छोटी तोपें भी लगीं थीं।

लोहागढ़ किला - भरतपुर

भरतपुर के किले का निर्माण जाट राजा सूरजमल ने करवाया था । इसके लिए का निर्माण 19 फरवरी 1733 ई. में शुरू किया गया था । भरतपुर के लोहागढ़ किले के स्थान पर पहले खेमकरण जाट द्वारा 1708 ईस्वी में बनाई गई एक कच्ची गढ़ी हुआ करती थी जो चैबुजी कहलाती थी । भरतपुर के जाट राजा सूरजमल ने यहां पर किले का निर्माण करवाया दोस्तों राजा सूरजमल को जाटों का प्लेटो और जाटों का अफलातून भी कहा जाता है । भरतपुर का किला राजस्थान का सबसे नवीन दुर्ग जिसमें राजस्थान का सिंहद्वार पूर्वी सीमांत का प्रहरी तथा लोहागढ़ के नाम से भी जाना जाता है । यह दुर्ग एक समतल मैदान पर बनाया गया है इसलिए यह भूमी दुर्ग की श्रेणी का किला है साथ ही यह किला चारों ओर से जल से घिरा हुआ है इसलिए इसे पारीक दुर्ग की श्रेणी में रखा जा सकता है । इस किले को जीतना लगभग असंभव था इसलिए इसे अजय गढ़ दुर्ग भी कहते हैं । अजय गढ़ दुर्ग के बाहरी दीवारों के मध्य मिट्टी भरकर इसकी प्राचीरो को मजबूत किया गया था ताकि तोप के गोले भी इसकी दीवारों को भेद ना सके । अजयगढ़ दुर्ग को मिट्टी का किला और अभेध दुर्ग भी कहा जाता है । भरतपुर के महाराजा रणजीत सिंह ने जसवंत राव होलकर को इस किले में शरण दी थी और उनके पक्ष में अंग्रेजों से युद्ध किया । अंग्रेजो सेनापति लेक के नेतृत्व में भरतपुर किले पर 5 बार आक्रमण किया गया बाद में विवश होकर अंग्रेजों ने महाराजा

रणजीत सिंह से संधि कर ली । अंग्रेजों से लोहा लेने के कारण इस किले का नाम लोहागढ़ दुर्ग पड़ गया ।

महल खास पैलेस, भरतपुर

महल खास पैलेस का निर्माण महाराजा बलवंत सिंह भरतपुर ने सन् 1826 ई में करवाया था। यह स्पार्टन लोहागढ़ किले के बाकी हिस्सों के साथ तेजी से विपरीत है, और इसमें सुंदर दीवार पेंटिंग, रेत पत्थर पर नक्काशी और दो विशाल आंगन हैं। सभी कक्षों में छोटे अलंकृत छेद वाली खिड़कियां (झरोखे) और सुंदर पैटर्न वाले संगमरमर टाइल वाले फर्श हैं। अब इसे हेरिटेज होटल में बदल दिया गया है। यह महल अजैय लोहागढ़ किले के बीच में स्थित है।

2

डीग राजस्थान

डीग राजस्थान

स्कंद पुराण के अनुसार, डीग का पूर्व नाम दीर्घा था, जिसे कभी-कभी दीर्घपुर भी कहा जाता था। मध्यकालीन इतिहास के अनुसार, 1722 में बदन सिंह के शासनकाल के दौरान डीग भरतपुर राज्य की पहली राजधानी हुआ करती थी।

डीग जिला उत्तर पश्चिमी भारत में राजस्थान राज्य का एक जिला है। यह राजस्थान का नवगठित प्रशासनिक जिला है, जिसे पूर्व भरतपुर जिले से अलग करके बनाया गया है। डीग जिले का उद्घाटन 7 अगस्त, 2023 को हुआ था।

डीग नया जिला में तहसील - डीग, पहाडी, जुरहरा, कामां, सीकरी, नगर, जनूथर, रारह, **कुम्हेर सम्मिलित हैं।**

डीग महल के परिसर में - सिंह पोल, गोपाल भवन, सूरज भवन, किशन भवन, हरदेव भवन, केशव भवन, नन्द भवन, पुराना महल आदि हैं।

डीग

डीग भरतपुर से लगभग 32-33 किमी और आगरा से लगभग 90 किमी दूर स्थित है। यह अपनी ऐतिहासिक वास्तुकला और सुंदर बागों के लिए एक प्रमुख पर्यटन स्थल है।

डीग का किला राजस्थान के भरतपुर जिले में स्थित एक 18वीं सदी का अभेद्य किला है, जिसका निर्माण महाराजा सूरजमल ने करवाया था। यह अपनी विशाल प्राचीर, गहरी खाई, और भव्य जलमहलों (डीग पैलेस) के लिए प्रसिद्ध है। जाट शासकों की यह ग्रीष्मकालीन राजधानी, मुगलों और अंग्रेजों द्वारा भी कभी नहीं जीती जा सकी।

डीग के किले के मुख्य आकर्षण और विवरण:

- **निर्माता और समय:** इसका निर्माण 1730 में शुरू हुआ और यह महाराजा सूरजमल के शासनकाल में जाटों की मजबूती का प्रतीक बना।

- **स्थापत्य कला:** किला मुगल और राजपूत शैली का अद्भुत मिश्रण है। इसमें 12 सुदृढ़ बुर्ज हैं और किले के चारों ओर एक सुरक्षात्मक खाई है।
- **डीग के जलमहल:** किले के भीतर, सूरजमल द्वारा निर्मित शानदार महल हैं, जिनमें 'शीश महल' और 'गोपाल भवन' प्रमुख हैं। इन महलों में मानसून के दौरान फव्वारों का शानदार नजारा दिखता है।
- **अभेद्य दुर्ग:** यह किला अपनी मजबूत किलेबंदी के कारण प्रसिद्ध है, जिसे कभी कोई नहीं जीत सका।
- **प्रमुख आकर्षण:**

    - **लाखा तोप:** किले में एक विशाल तोप, लाखा तोप, भी है जो इसके सैन्य कौशल को दर्शाती है।
    - **वाटर पार्क सिस्टम:** गर्मियों में महलों को ठंडा रखने के लिए यहाँ एक अनूठी जल प्रणाली है।

डीग पैलेस राजस्थान राज्य के डीग जिले में स्थित एक ऐतिहासिक स्मारक है, जिसका निर्माण 18 वीं शताब्दी में भरतपुर राज्य के शासकों द्वारा एक भव्य ग्रीष्मकालीन विश्राम स्थल के रूप में किया गया था। यह आगरा के निकट रणनीतिक रूप से महत्वपूर्ण स्थान पर स्थित था और आक्रमणों के दौरान शरण स्थल के रूप में कार्य करता था या उत्तर भारत का एकमात्र हिंदू शैली का महल है और मुगल एवं राजपूत वास्तुकला का एक आदर्श मिश्रण है। यह महल 1970 के दशक के आरंभ तक उपयोग में था और वर्तमान में इसे राजस्थान सरकार द्वारा एक स्मारक के रूप में संरक्षित किया गया है।

इतिहास

डीग महल का निर्माण 18वीं शताब्दी के आरंभ में महाराजा बदन सिंह द्वारा करवाया गया था, जो एक हिन्दू जाट शासक और भरतपुर राज्य के संस्थापक थे। बाद में उनके पुत्र महाराजा सूरजमल ने इसका जीर्णोद्धार और विस्तार किया। यह महल एक किलेबंद ग्रीष्मकालीन विश्राम स्थल और प्रशासनिक केंद्र के रूप में कार्य करता था।

महल के भीतर प्रमुख संरचनाओं में गोपाल भवन शामिल है, जो मेहराबों और भितिचित्रों से सुसज्जित दो मंजिला निवास है; सूरज भवन, नक्काशीदार जड़ाई वाला संगमरमर का मंडप; और केशव भवन, बारिश का अनुकरण करने वाली जल प्रणाली वाला एक खुला मंडप। परिसर में चारबाग शैली के उद्यान, 500 से अधिक फव्वारे और गोपाल सागर जैसे पास के जलाशयों से पोषित टेराकोटा पाइपों का उपयोग करने वाली एक जल प्रणाली है।

महल को ऊंची दीवारों, बुर्जों और खाई से सुरक्षित किया गया था। इसने कई घेराबंदी का सामना किया, लेकिन 1763 में सूरजमल की मृत्यु के बाद इसकी स्थिति खराब हो गई, जिसे बाद में भारतीय पुरातत्व सर्वेक्षण द्वारा आंशिक रूप से पुनर्स्थापित किया गया। महल

1970 के दशक तक उपयोग में था और तब से इसे एक स्मारक के रूप में संरक्षित किया गया है।

डीग किला

डीग राजस्थान प्रांत के डीग जिला जिले का एक प्राचीन ऐतिहासिक शहर है। इसका प्राचीन नाम दीर्घापुर था। स्कन्द पुराण में दीर्घ या दीर्घापुर के रूप में इसका उल्लेख है। भरतपुर शहर से 32 किमी की दूरी पर स्थित है। डीग को भरतपुर राज्य की पहली राजधानी राजा बदन सिंह ने बनाया था। कभी भरतपुर के शासकों का ग्रीष्मकालीन आवास रहे, डीग ने क्षेत्र की भरतपुर राज्य की दूसरी राजधानी बनने की भूमिका निभाई है। यह रोचक छोटा सा नगर अपनी बेजोड किलेबंदी, अत्यधिक सुंदर बगीचों और कुछ भव्य महलों के कारण दर्शनीय है। यह नगर लगभग सौ वर्षो से उपेक्षित अवस्था में है, किंतु आज भी यहाँ भरतपुर के जाट-नरेशों के पुराने महल तथा अन्य भवन अपने भव्य सौंदर्य के लिए विख्यात हैं। नगर के चतुर्दिक मिट्टी की चहारदिवारी है और उसके चारों ओर गहरी खाई है। मुख्य द्वार 'शाह बुर्ज' कहलाता था। यह स्वयं ही एक गढ़ी के रूप में निर्मित था। इसकी लंबाई-चौड़ाई 50 गज़ है। प्रारंभ में यहाँ सैनिकों के रहने के लिए स्थान था। मुख्य दुर्ग यहाँ से एक मील है, जिसके चारों ओर एक सुदृढ़ दीवार है। बाहर क़िले के चतुर्दिक मार्गों की सुरक्षा के लिए छोटी-छोटी गढ़ियां बनाई गई थीं- जिनमें गोपालगढ़, जो मिट्टी का बना हुआ क़िला है, सबसे अधिक प्रसिद्ध था। यह शाहबुर्ज से कुछ ही दूर पर है। इन क़िलों की मोर्चाबंदी के अंदर सुंदर सुसज्जित नगर- डीग था, जो अपने वैभवकाल में (18वीं शती में) मुग़लों की तत्कालीन अस्तोन्मुख राजधानियों दिल्ली तथा आगरा के मुक़ाबले में खड़ा दीखता था।

डीग का किला

डीग किला और जलमहल सूरजमल के महत्वपूर्ण निर्माण हैं|। राजा सूरजमल ने इस किले का निर्माण 1700 ई. में करवाया था। किले का मुख्य आकर्षण है यहां का निगरानी बुर्ज ('वॉच टावर'), जहां से न केवल पूरे महल को देखा जा सकता है, बल्कि शहर का नजारा भी लिया जा सकता है। आगरा किले से लूट कर यहां लाई गई तोप के अलावा गहरी खाई, ऊंची दीवारों और मज़बूत द्वारों के घिरे अब इस किले के अवशेष मात्र ही देखे जा सकते हैं।

डीग के किले का इतिहास अत्यंत रोचक है। थून, जाटौली तथा अन्य कई गढ़ियों की राख से बदन सिंह के भरतपुर राज्य का उदय हुआ था। 23 नवम्बर, 1722 के दिन थून और जाटौली के पतन के पश्चात् औपचारिक रूप से बदन सिंह ने स्वयं को जयपुर दरबार का निष्ठावान सामंत बना लिया था। बदले में सवाई जयसिंह ने बदन सिंह को 'ब्रजराज' की उपाधि से सम्मानित किया। उन्हें नगाड़ा, निशान तथा पचरंगी झंडे के प्रयोग की अनुमति प्रदान की। अपने इरादे को मूर्त रूप देने के लिए, सबसे पहले उसने डीग के समीप स्थायी निवास और राज्य का सदर दफ्तर बनाया उसके बाद ब्रज के कई जमींदारों और सरदारों से मैत्री-सम्बन्ध स्थापित किये।

बदन सिंह ने अपने राज्य का विस्तार युद्ध की अपेक्षा शांति और राजनैतिक कौशल से अधिक किया। उनका स्वभाव रक्त बहाना नहीं, अपने राज्य का निर्माण करना था। डीग और भरतपुर के अजेय किलों के निर्माण और उनमें सुन्दर महलों की रचना उनका शौक था। अपने अंतिम दिनों में भरतपुर की बजाय वह डीग में ही रहते थे। डीग के भवन में एक लम्बा-चौडा तख्तनुमा पलंग आज भी मौजूद है, जिस पर ठाकुर बदन सिंह, परिवार के समस्त बालकों के साथ शयन करते थे। बदन सिंह ने आगरा के उन शिल्पियों को रोजगार दिया था, जो मुग़ल-साम्राज्य के कमजोर होने से भूखों मरने की स्थिति में थे। इसी तरह उन्होंने तालाब बनाने, ईंटे पकाने, घास के सुन्दर मैदान विकसित करने एवं फव्वारे बनाने वालों को काम दिया।

ठाकुर बदन सिंह और महाराजा सूरजमल की सामाजिक उपयोगिता पर प्रकाश डालते हुए के. नटवरसिंह लिखते हैं -

"पूरी तरह निरक्षर होने पर भी, बदन सिंह में आश्चर्यजनक सौन्दर्यबोध था। डीग के उद्यानों-प्रसादों की भव्य रूपरेखा उसी ने और केवल अकेले उसी ने रची थी। दिल्ली और आगरा के श्रेष्ठ मिस्त्री, झुंड बना कर बदन सिंह और सूरजमल के दरबारों में रोजगार ढूँढने आते थे।"

डीग के महल

डीग के महलों में चतुष्कोण बनाते हुए बीच में 475-350 फीट का एक बगीचा है। इसका निर्माण राजा सूरज मल ने करवाया था इसमें फव्वारे लगे हुए हैं। पूर्व व पश्चिम में विशाल जलाशय है तथा उत्तर की और **नन्द भवन** है, पश्चिम में मुख्य इमारत **गोपाल भवन** है, जो सभी महलों में सर्वाधिक विशाल है। यह तीन और से दुमंजिला है और बीच में विशाल सभा भवन है। गोपाल भवन से थोडी दूर दो छोटी इमारतें हैं जो **सावन-भादों भवन** के नाम से जानी जाती हैं। चतुष्कोण के दक्षिण की और उत्तर की तरफ मुंह किये दो महल हैं; (1) पश्चिम में मकराना के संगमरमर से बना **सूरज भवन** और (2) पूर्व में भूरे बलुआ पत्थर से बना **किशन भवन** है। इन दोनों महलों के बीच इस मजबूत इमारत की छत पर एक टंकी है जो इन सभी महलों व बगीचों में जल प्रवाह करती है। ब्रोक्मेन के अनुसार भंडार की विशाल क्षमता को आवश्यक मजबूती प्रदान करने में यह टंकी हिंदुस्तान में बेजोड़ है।

गोपाल भवन

गोपाल भवन का निर्माण 1780 में किया गया था। खूबसूरत बगीचों से सजे इस भवन से गोपाल सागर का अद्भुत नजारा देखा जा सकता है। भवन के दोनों ओर दो छोटी इमारतें हैं जिन्हें 'सावन भवन' और 'भादों भवन' के नाम से पुकारा जाता है।

सूरज भवन

दक्षिण दिशा में संगमरमर का सूरज भवन स्थित है। यह एक हवादार महल है, जिसकी अलंकृत दीवारें व फर्श मन मोह लेते हैं। इसके पश्चिम ब्रामदे के स्तम्भ व उत्तर के कुछ छज्जों को छोड़ कर सम्पूर्ण भवन संगमरमर का बना है। कुछ स्तम्भ व छज्जे बलुआ पत्थर

के बने हैं। इन पर चूना कड़ा करके एकरूपता लाई गई है। सूरज भवन के बारे में कहा जाता है कि इसके निर्माण में ताज महल की नक़ल की गई है। सूरज भवन को देख कर स्पष्ट होता है कि यह पूर्णतया मौलिक एवं हिन्दू स्थापत्य कला का बेजोड़ निर्माण है। नुकीले किनारे वाले महराब, वक्र, पत्तियों वाले अलंकृत स्तम्भ आदि सभी हिन्दू रूपक इस भवन में मौजूद हैं, जो कि उदयपुर और आमेर के महलों से साम्य रखते हैं। कई कमरों में छतों में हिन्दू रूपक उलटे कमल बने हुए हैं। थार्टन के अनुसार डीग के महल में दक्षिण बरांडे के कुछ छज्जे, पश्चिम के कुछ स्तम्भ, उत्तर दिशा के बरांडे का फर्श, इन सभी में रूपवास परगने में स्थित बाँसी पहाडपुर का पत्थर इस्तेमाल किया गया है, जो शैली की रमणीयता और शिल्प की पूर्णता की दृष्टि से इतने श्रेष्ठ हैं कि उनसे बढ कर केवल आगरा का ताजमहल है। जबकि सम्पूर्ण भवन संगमरमर का है। यहाँ तक कि छत की पत्तियां भी संगमरमर की हैं। इसकी वजह यह है कि भवन सूरजमल के समय में बनना शुरू हुआ और उनकी मृत्यु के उपरांत जवाहर सिंह के समय में पूर्ण हुआ। तत्कालीन राजनीतिक उथल-पुथल के उस दौर में संभवतः जवाहर सिंह के समय निर्माणकला पर उतना ध्यान नहीं दिया गया।

सूरज भवन के साथ ही किशन भवन है। इसके सामने उत्तरी दिशा में नन्द भवन है। इस भवन में सभा भवन की भांति एक बड़ा हाल है। जो सात भागों वाले महराबदार स्तंभों की पंक्तियों से घिरा है। इसके दोनों सिरों पर संगमरमर के झरोखे बने हैं। मध्यस्थ स्तंभों पर आधारित महराबें आयताकार रूप में नियोजित की गई हैं। भवन में लाल पत्थर के साथ संगमरमर का प्रयोग भी किया गया है। इसमें लगे तोड़े (Brackets) व छज्जों की लम्बाई 12 फ़ुट तक है।

डीग के महलों की वास्तुकला

मुग़ल काल में अकबर के समय तक बंगाल शैली की छत राजपूत शैली का हिस्सा बन चुकी थी। बाबर द्वारा भारत में प्रचलित की गयी भवन, उद्यान व फव्वारों की ईरानी-चार-बाग़ पद्धति की व्यवस्था ने हिन्दू रियासतों के भवनों को एक नया रूप प्रदान किया।

मध्य काल में खासतौर पर हिन्दू वास्तुकला में दो प्रवृतियाँ समानान्तर रूप से मौजूद थी। एक परंपरा के अन्तर्गत पूर्णतया प्राचीन परम्पराओं के अनुसार निर्माण होते थे। दूसरी ओर मिश्रित शैली को भी अपनाया गया। यद्यपि विक्टोरिया युग में वास्तुकला का विकास हुआ, परन्तु मध्य काल के ताज महल, हुमायूं का मकबरा, बीजापुर की गोल गुम्बद, डीग के जल महल और भरतपुर के दुर्ग का कोई सानी नहीं है।

भरतपुर के शासक कुशल शासक ही नहीं थे, वरन अच्छे कला-प्रेमी एवं कला संरक्षक थे। उनके समय में हुए निर्माण वास्तुकला के अद्भुत नमूने हैं। बदन सिंह को सौन्दर्य कला, स्थापत्य कला और वास्तु का अच्छा ज्ञान था। डीग के भवनों एवं उद्यानों के विन्यास से यह स्पष्ट हो जाता है। उन्होंने डीग के किले में सुन्दर भवन बनाये जिनको पुराना महल नाम से जाना जाता है। 18 वीं सदी में जबकि मुग़ल शैली या मिश्रित शैली में काम हुआ, तब हिन्दू शैली का स्थान बनाये रखने का सार्थक प्रयास बदन सिंह एवं सूरजमल ने किया।

मुग़ल शासकों की स्थिति उस समय अच्छी नहीं थी। मुग़ल सल्तनत भारी उथल पुथल का शिकार था। मुग़ल दरबारों से कारीगर काम छोड़-छोड़ कर जा रहे थे। उन दिनों ठाकुर बदन सिंह कुम्हेर की गढ़ी में रहते थे। वहीं रहते हुए उन्होंने सन 1725 में प्रथम जाट राजधानी 'डीग' की स्थापना की। उसके बाद 1733 में भरतपुर राजधानी की स्थापना सूरजमल ने की।

जैसे-जैसे भरतपुर राज्य की राजनैतिक व आर्थिक स्थिति मजबूत हुई वैसे-वैसे भरतपुर अंचल में वास्तुकला का विकास हुआ। कुम्हेर की गढ़ी, डीग के जल महल फिर भरतपुर दुर्ग का निर्माण उसी विकास के सोपान हैं। महाराजा बदन सिंह ने डीग के भवनों की योजना तैयार की और उस योजना को साकार रूप दिया महाराजा सूरजमल ने। यही योजनायें महाराजा बदनसिंह के सौन्दर्य बोध की परिचायक हैं।

कला के क्षेत्र में महाराजा सूरजमल की अभिरुचि दुर्ग, महल एवं मंदिर निर्माण में थी। यद्यपि उनके शासन काल में सभी जाट किलों की मरम्मत एवं पुनर्निमाण का कार्य जारी रहा, परन्तु स्वयं उनका योगदान विशेष रूप से भरतपुर और डीग के आधुनिकतम महलों के निर्माण में रहा। डीग में अपने पिता के समय के बने महलों, जो पुराने महलों के नाम से जाने जाते हैं, से पृथक सूरजमल ने सुन्दर जलाशय एवं फव्वारों के साथ आधुनिक सुविधा युक्त महलों का निर्माण करवाया, जो आज भी भव्य एवं दर्शनीय हैं। कवि सोमनाथ ने 'सुजन विलास' और अखैराम ने 'सिंहासन बत्तीसी' में डीग के इन सुन्दर महलों, वाटिका, जलाशय, आदि का श्रेष्ठ एवं सुन्दर वर्णन किया है।

सुन्दर भवनों एवं सुदृढ़ दुर्ग का निर्माण सुव्यवस्था एवं कुशल योजना विन्यास के माध्यम से ही संभव हुआ। यह निर्माण कार्य महाराजा बदन सिंह एवं सूरजमल को कुशल वास्तुशिल्पी ही नहीं, अपितु कुशल व्यवस्थापक, प्रारूपकार एवं, कलामर्मज्ञ का प्रमाण देता है।

इन महलों के निर्माण में महाराजा सूरजमल ने अपार धन खर्च किया। कहा जाता है कि लखनऊ के नवाब गाजीउद्दीन जो महाराजा सूरजमल के मित्र थे, जब 1759 में डीग आये तो उन्होंने भी उपहार स्वरुप भवनों के निर्माण के लिए धन दिया था।

इन भवनों को देखने पर उस वक्त के मजदूरों व कारीगरों की कुशलता और सौन्दर्यबोध का परिचय मिलाता है। साथ ही यह भी संकेत मिलाता है की उन्हें प्रोत्साहन मिलता था, उचित पारिश्रमिक भी मिलता था। मुग़ल दरबारों से काम छोड़ कर आ रहे कारीगरों को महाराजा सूरजमल द्वारा काम दिया गया। इस योजना को कार्यान्वित करते समय निर्माण मंत्री जीवनराम वनचारी थे।

डीग के भवनों में महलों के साथ मुग़ल शैली के बड़े-बड़े चौकोर उद्यान हैं, जिनमें पानी की कृत्रिम व्यवस्था से चलने वाले फव्वारों की श्रृंखलाएं हैं।

फव्वारों की व्यवस्था

मुख्य द्वार सिंह-पोल उत्तर दिशा में उत्तर की और मुंह किये हुए हैं, जिसमें नन्द भवनों तक फव्वारों की श्रृंखलाएं हैं, जो वर्मान में भूमिगत हैं। वर्गाकार उद्यानों के मध्य में अष्ट

फलक आकृति वाला 60 फ़ुट चौडाई में फव्वारों का एक अति सुन्दर समूह है। इस बिंदु को सभी भवनों से फव्वारों की पंक्तियाँ जोड़ती हैं। सूरज भवन व किशन भवन के मध्य में निर्मित एक भवन के प्रथम तल पर 2.6 लाख लीटर क्षमता का एक हौज बना हुआ है, जो पानी की कृत्रिम व्यवस्था का स्रोत है। इसमें मोरियां (Outlets) मिट्टी की नालियों को पकाकर जोड़कर बने गयी हैं। जिन पर चूने की परत (Lime Coating) चढी हुई है।

उस समय इस हौज को लगभग 8 दिनों में दो जोड़ी बैलों की मदद से भरा जाता था। हौज में मोरियों की योजना इस प्रकार है कि सभी फव्वारे महलों व उद्यानों में रंग -बिरंगी छटा बिखेरते हैं। एक समय में एक पंक्ति में एक ही रंग व विभिन्न रंगों वाले, दोनों तरह के फव्वारे चलते हैं। जब ये फव्वारे चल कर बंद होते हैं तो उसके बाद उद्यान के बीच जड़े पत्थर रंगों से इस तरह सरोबर दिखते हैं जैसे लोगों ने टोलियाँ बनाकर होली खेली हो। फव्वारों की यह सम्पूर्ण व्यवस्था तकनीकी दृष्टि से अद्वितीय है।

भवन के प्रथम तल पर बना अपार क्षमता का हौज जो 225 वर्षों से आज भी अपनी क्षमता के अनुरूप कार्य कर रहा है। ये फव्वारे भवनों को वातानुकूलित ही नहीं करते हैं बल्कि कृत्रिम वर्षा की अनुभूति भी कराते हैं। इन फव्वारों की विशेषता विधि, रूप-रंग के अलावा एक धारा तथा सहस्त्र धारा के रूप में देखने योग्य है। भवनों में कई जगह इन्हें झरने का रूप देने का सार्थक प्रयास किया गया है। फव्वारे व उद्यान कृत्रिम वर्षा एवं रंग-बिरंगे रूप से मुग़ल काल में निर्मित श्रीनगर के निशात बाग़ व शालीमार बाग़ की व्यवस्था से एक कदम आगे हैं। इन फव्वारों व उद्यानों का निर्माण ईरानी-चार-बाग पद्धति पर आधारित है।

बारहदरी में फव्वारों की व्यवस्था उच्च तकनीक का बेमिसाल प्रयोग है। इसमें जल प्रवाह की गुप्त व्यवस्था है। बारहदरी की दूसरी छत का बीच का हिस्सा खोखला है, जिसमें लोहे के गोले हैं। पानी पहुँचने की व्यवस्था केपिलरी पद्धति पर आधारित है। जब फव्वारे चलते हैं तो पानी इस हिस्से में पहुँच कर गोलों को आपस में टकराता है जो बादल गरजने का आभास देता है। यह निर्माण अच्छे कला प्रेमी होने का प्रमाण तत्कालीन शासक को देता है। थर्टन का मत है -

"कीर्तिशिखर पर पहुँच कर राजा सूरजमल ने फव्वारों युक्त प्रसादों, जिन्हें भवन कहते हैं, का निर्माण कराया था। यह अनुपम डिजायन एवं शिल्प प्रवीणता में आगरा के ताज महल के अनुरूप भारत की थाती है। इन्होंने डीग को अति प्रसिद्ध स्थल बना दिया है। "

हिन्दू शैली का एकमात्र महल

सम्पूर्ण भवनों के अवलोकन से यह स्पष्ट हो जाता है कि वास्तव में यह महल परिसर उत्तर भारत में अद्वितीय भारतीय वास्तुकला का केंद्र है। तकनीक, प्रारूप व्यवस्था एवं शैली इन सभी आधारों पर यह श्रेष्ठ भवन है। सम्पूर्ण उत्तर भारत में हिन्दू शैली के एकमात्र महल **डीग के जल महल हैं**। इन भवनों में काम लाई गई तकनीक आज भी आधुनिकतम बनी हुई है।

महलों की ड्रेनेज व्यवस्था चाहे छत की हो या फर्श तल की, कुशल इंजीनियरिंग का प्रमाण है। आधुनिक विशेषज्ञों का मत है कि इन भवनों में नींव भरने में ताजमहल विधि का अनुसरण किया गया गया है। संभवतया इनके नीचे कमरेनुमा चौकोर कुंए बना कर उन पर भवनों का निर्माण किया गया है। गोवर्धन ड्रेन से **गोपाल भवन** में पानी आता है तथा जब गोपाल सागर पूरा भर जाता है तो अतिरिक्त जल साइफन विधि से स्वतः ही ड्रेन के जरिये **सावन मंडप** व **नन्द भवन** के करीब से होता हुआ **रूप सागर** में चला जाता है।

जैसा कि ऊपर लिखा गया है सूरज भवन को देख कर स्पष्ट होता है कि पूर्णतया मौलिक एवं हिन्दू स्थापत्य कला का बेजोड़ निर्माण है। नुकीले किनारे वाले महराब, वक्र, पत्तियों वाले अलंकृत स्तम्भ आदि सभी हिन्दू रूपक इस भवन में मौजूद हैं, जो कि उदयपुर और आमेर के महलों से साम्य रखते हैं। कई कमरों में छतों में हिन्दू रूपक उलटे कमल बने हुए हैं।

बेलबूटे **ताजमहल** व **लाल किले आगरा** के किले के संगमरमर के निर्माण से साम्य रखते हैं तो इसका कारण यह है कि कारीगर मुग़ल दरबार का काम छोड़ कर आये थे यह उनकी कला का प्रदर्शन है न कि नक़ल करने का।

भरतपुर राज्य के भवनों की 19 वीं सदी में देखभाल करने वाले अभियंता **श्री जे. अच. देवनिश** ने इस बारे में कहा है कि - :"अब डीग में जो संगमरमर का एक भवन है वह बारीकियों की दृष्टि से मुग़ल कलाकृतियों से स्पष्टतः भिन्न है। "

इसकी सारी भावना हिन्दू है। डीग के महलों के निर्माताओं को इस बात की आवश्यकता बिलकुल नहीं थी कि वे मौलिकता के अभाव में नक़ल करते। या उन्हें और कहीं से लाकर खड़ा करते। ताप मान को नियंत्रित करने के लिए छतों की मोटाई सवा सात फ़ुट तक रखी गई है। परन्तु साथ ही भार कम करने के लिए मिट्टी के पके घड़ों का सही ढंग से प्रयोग किया गया है। भरतपुर व डीग के भवनों में एकरूपता कायम करने का सुन्दर प्रयास किया गया है। प्रारूप व योजना को जिन रूपक एवं अलंकरणों की मदद से सुन्दर रूप दिया है उससे एक योद्धा किन्तु कलाप्रिय महाराजा की एक संवेदनशील छवि उभरती है।

इन भवनों के बारे में प्रसिद्ध वास्तुविदों ने अपनी-अपनी राय व्यक्त की है। स्थापत्य कला मर्मग्य फर्ग्यूसन के अनुसार, :"राजस्थान के राजमहलों का निर्माण उनके प्रबंध के दृष्टिकोण से कम या अधिक अव्यवस्थित व बेडौल है और सभी पहाड़ी या ऊँची जगह पर बने हैं, जबकि **डीग के राजमहल पूर्णतः समतल मैदान में बनाये गए हैं। यह शिल्प सौन्दर्य और भावनात्मक महत्व की दृष्टि से राजपूतों के सभी महलों से उत्कृष्ट तथा अनुपम हैं।** "

डीग दुर्ग के सम्बन्ध में इन्तकाखब्बूतवारीख में लिखा है -

"डीग और दिल्ली उस समय बराबर की शोभा और व्यापार के केंद्र बने हुए थे, डीग भारतवर्ष के दुर्गों की रक्षित स्थानों में प्रथम श्रेणी का था। "

डीग भरतपुर से 34 किलोमीटर दूरी पर स्थित है। डीग पर्यटन की दृष्टि से भी जाना जाता है। डीग के जलमहल और डीग के रंगीन फव्वारे और सुन्दर बगीचे के कारण सौन्दर्य के लिए विख्यात है । डीग के किले का निर्माण राजा बदन सिंह के पुत्र महाराजा सूरजमल ने

कराया था।

जाट बाहुल्य जिला भरतपुर को माना जाता था, लेकिन अब जाट बाहुल्य दो जिले हो जायेंगे जिसमें डीग भी शामिल होगा। कैबिनेट मंत्री विश्वेंद्र सिंह पूर्व राजवंश के सदस्य और महाराजा सूरजमल की 14वीं पीढ़ी हैं, उन्होंने अपनी राजनैतिक दूरदर्शता को देखते हुए । दो जाट बाहुल्य जिले स्थापित करने का सपना पूरा किया है । कैबिनेट मंत्री विश्वेन्द्र सिंह को पूर्वी राजस्थान का कदावर नेता माना जाता है । जाट ही नहीं, 36 कौम के लोग मंत्री विश्वेन्द्र सिंह का सम्मान करते हैं और मंत्री विश्वेन्द्र सिंह भी जाति-धर्म की राजनीति नहीं करते। वो भी क्षेत्र की 36 कौम के लिए सुख दुःख में हमेशा आगे रहते हैं।

राज्य सरकार द्वारा डीग को नया जिला बनाने के पीछे ख़ास वजह यह भी है कि डीग इतिहास में जाट राजाओं के लिए सबसे पहली भूमि रही है, जहां से इन्होंने अपनी रियासत की शुरुआत की थी। ख़ास बात यह भी है कि डीग का इस जाट रियासत में एक महत्वपूर्ण स्थान रखता है। हालांकि, यह एक टीलानुमा इलाका है। इसके टीले पर बैठकर यहां के जाट शक्तिशाली लोग मुगलों के उत्तर से दक्षित और पूर्व से पश्चिम होने वाले व्यापार में बाधा उत्पन्न कर देते थे, जिसकी वजह से मुग़ल राजपूत सहित देश की सभी रियासतों की नाक में दम कर दिया था।

लाखा तोप, डींग

लाखा तोप का निर्माण ब्रजराज महाराजा सूरजमल सिंह जी के समय में बनाई गई थी। इस लाखा तोप के बारे में कहा जाता है कि यह भवानी का रूप है मां भवानी साक्षात इस लाखा तोप में विराजमान हुई। इसे लाखा तोप इसलिए कहा गया कि इसका वजन 1 लाख किलो है। इसी कारण इस तोप का नाम लाखा तोप पड़ा। लोग यह सोच कर हैरान हो जाते हैं कि उस समय इतनी ऊंचाई पर इतनी भारी तोप को कैसे रखी होगी। इसकी मारक क्षमता जो भरतपुर से 300 किलोमीटर मार करने की क्षमता रखती हो।

यह दुनिया की विशालतम तोपों में से एक है। यह डीग किले में लाखा बुर्ज नामक स्थान पर स्थित है। लाखा तोप का इस्तेमाल 1761 में सिर्फ एक बार आगरा के लाल किले पर किया गया था। तोप का गोला सीधे आगरा के किले की दीवारों पर जाकर गिरा और आगरे का किले का दरवाजा टूट गया। इससे सैनिक किले में तेजी से घुस गए और मुगल सैनिकों का विनाश कर दिया। लाखा तोप चलने पर इतनी तेज आवाज हुई की मुगल सैनिक डर के मारे इधर-उधर भागने लगे हैं। मुगल राजा भयभीत होकर महाराज के आगे घुटने टेक दिए और आत्मसमर्पण कर दिया।

लाखा तोप की चलने की आवाज इतनी तेज थी कि बहुत सी गर्भवती महिलाआओं का गर्भ गिर गया था। बहुत से लोग बहरे हो गए थे इसी कारण इस तोप को चलाने पर प्रतिबंध लगा दिया गया। लाखा तोप एक ही बार चलाई गई थी 1761 में।

राज्य सरकार द्वारा डीग को नया जिला बनाने के पीछे ख़ास वजह यह भी है कि डीग इतिहास में जाट राजाओं के लिए सबसे पहली भूमि रही है, जहां से इन्होंने अपनी रियासत

की शुरुआत की थी।

अडींग जिला मथुरा उत्तर-प्रदेश

मथुरा जिले में गोवर्धन के निकट अडींग (प्राचीन नाम अरिष्टा) नामक एक किला था। जिस पर तोमर (कुन्तल) जाटों का शासन था। जब 6 अप्रैल 1770 ईस्वी में मुगल मराठो की संयुक्त सेना से अडींग और भरतपुर की जाट सेनाओं के युद्ध हुआ तब कुछ विश्वासघातियों के कारण युद्ध का परिणाम जाटों के प्रतिकूल रहा था। इस समय अडींग का विनाश हो गया और यहां से कुछ तोमर (कुन्तल) जाट विस्थापित होकर मारवाड़ क्षेत्र में आबाद हो गए थे।अपने मूल ग्राम अडींग के नाम पर यह अडींग नाम से प्रसिद्ध हुए। अडींग किले के समीप ही तोमर (कुन्तल) जाटों के 384 गाँव है अपनी दबंगता के कारण ही यह खुटेला नाम से प्रसिद्ध है। इनके नाम से यह क्षेत्र खुटेलपट्टी कहलाता है।

अडिंग (अडींग) ब्रज में जाटों की एक प्राचीन रियासत प्रसिद्ध रियासत थी। अडिंग (अडींग) में किले का निर्माण जाट राजा अनंगपाल देव ने करवाया था। अपने शासको की वीरता अडिंगता के कारण अडिंग (अडींग) नाम से प्रसिद्ध हुआ। अडिंग (अडींग) के किले का पुनः निर्माण करवाने का श्रेय अनंगपाल के वंशज जाट राजा फौंदासिंह को जाता है। राजा फोदा सिंह ने अडींग (अडींग) के किले का पुनः निर्माण करवाकर इसे मजबूती प्रदान की थी। इसके आसपास 384 गाम राजा अनंगपाल के वंशजों के हैं। इस क्षेत्र को खुटेलापट्टी तोमरगढ़ बोलते हैं।

मथुरा मेमायर्स, पृ० 376 पर लिखा है कि "जाट शासनकाल में मथुरा पांच भागों में बंटा हुआ था – अडींग (अडींग), सोसा, सांख, फरह और गोवर्धन।" यह पांचो किले तोमरवंशी कुन्तलों के अधीन थे अंग्रेजी इतिहास (पृष्ट 3) के अनुसार अडिंग दक्षिणी सीमा पर स्थित तोमर राज्य था। मुग़ल काल के इतिहास में अडिंग के कुंतल जाट शासको ने मुगलों से बहुत संघर्ष किया। अरिष्टा का नाम इन जाट शासको की हठधर्मिता (बातो पर अडिंग रहने) के कारण अडिंग (अडींग) पड़ा था। अडिंग (अडींग) की जागीरी सौंख के शासक प्रहलाद सिंह के वंशज कर्मपाल (तसिया के पुत्र) को प्राप्त हुई थी।

3

कुम्हेर, वैर, अखैगढ़ राजस्थान

कुम्हेर, वैर, अखैगढ़ राजस्थान,

कुम्हेर दुर्ग का पुराना नाम कुबेरपुर था। संभवतः कुबेर शब्द लोकवाणी में घिसकर कुम्हेर रह गया। यह भी मानता है कि सिनसिनी के कुंभा नामक एक जाट ने ऐसे कुम्हेर नाम दिया। ई. 1724 में महाराजा बदन सिंह के समय, राजकुमार सूरजमल ने यहां कुम्हेर दुर्ग एवं महल बनवाए।

कुम्हेर दुर्ग से 18 किलोमीटर तथा भरतपुर से 16 किलोमीटर दूर है। सिनसिनी गांव यहां से 10 किलोमीटर उत्तर पश्चिम में स्थित है। जाटों ने भरतपुर तथा डींग दुर्ग चारों तरफ, खाई खोदकर बनाए थे किंतु कुम्हेर दुर्ग खाई से नहीं घेरा गया था। कुबेर दुर्ग एवं कस्बे को एक मोटी दीवार से घेर कर सुरक्षित किया गया था जिस पर तोपें तैनात की गई। दुर्ग के भीतर स्थित महलों के चारों ओर सिपाहियों की बेरकें के बनाई गई है।

यह किला अब राजस्थान के प्रमुख ऐतिहासिक स्थलों में गिना जाता है जो अपनी ऐतिहासिक वीरता के लिए जाना जाता है।

कुम्हेर का किला राजस्थान के भरतपुर जिले में स्थित एक ऐतिहासिक और अजेय दुर्ग है, जिसका पुनर्निर्माण और मजबूतीकरण जाट महाराजा सूरजमल ने 18वीं शताब्दी (लगभग 1726 ई.) में करवाया था। अपनी अभेद्य दीवारों, सात आंगन और मराठा-मुगल सेनाओं के खिलाफ शानदार रक्षा के लिए प्रसिद्ध यह किला सूरजमल की सैन्य प्रतिभा और भाग्यशाली किला माना जाता है।

कुम्हेर के किले की मुख्य विशेषताएं और इतिहास:

- **संस्थापक और नाम:** इस किले की नींव 1726 ईस्वी में महाराजा सूरजमल ने रखी थी और इसे महारानी किशोरी के नाम पर **किशोरी महल** भी कहा जाता है।

- **अभेद्यता:** 1754 ई. में मराठा सरदार मल्हारराव होलकर के पुत्र खांडेराव होलकर ने किले को महीनों तक घेरे रखा, लेकिन वे इसकी मजबूत दीवारों को नहीं तोड़ पाए।
- **युद्ध और रणनीति:** महाराजा सूरजमल ने इस किले का उपयोग युद्ध के समय हथियार बनाने के लिए भी किया था। यहाँ की खाइयों और सुरक्षा व्यवस्था इतनी तगड़ी थी कि मराठा सेना को संधि करने पर मजबूर होना पड़ा।
- **संरचना:** यह किला सात मंजिला बताया जाता है, जिसमें से कुछ मंजिलें भूमिगत (तहखाने में) हैं।
- **ऐतिहासिक महत्व:** यह किला जाटों की वीरता का प्रतीक है, जहाँ से महाराजा सूरजमल ने मुगलों और मराठों को चुनौती दी थी।
- **कुम्हेर**
- **कुम्हेर किले के अंदर का दृश्य, भरतपुर:** कुम्हेर की स्थापना एक सिनसिनवार जाट सरदार कुंभ सिंह द्वारा की गई थी जिन्होंने यहाँ एक गढ़ी भी बनवाई थी। कुम्हेर का वास्तविक इतिहास तब शुरू होता है जब इसे कुँवर सूरजमल सिंह के जागीर के रूप में उनके पिता व डींग के महाराज राजा बदन सिंह द्वारा डीग का किला सौंपा गया था - कुम्हेर का किला ब्रजराज महाराजा सूरजमल द्वारा बड़ा किया गया और एक मजबूत गढ़ के रूप में बनाया गया। जब ब्रजराज महाराजा सूरजमल ने अपने पिता कुम्हेर को सफलता जीत दिलाई, तो वह महाराजा सूरजमल के 3 सबसे मजबूत किलों में से एक बन गए।
- **कुहमीर**
- विजयेन्द्र कुमार माथुर ने लेख किया है ... कुहमीर (कुम्हेर, जिला भरतपुर, राज.) (पृष्ठ :219): डीग और भरतपुर के बीच में स्थित है। यहां भरतपुर के **जाट नरेशों** का एक सुदृढ़ दुर्ग था जिसके द्वारा अपने राज्य की रक्षा करने में उन्हें बहुत सहायता मिलती थी। **1754** ई. में 5 मास तक मराठों की सेनाओं ने कुहमीर का घेरा डाला था। इसके पश्चात **1778** ई. में मुगल सरदार नजफ़ खां ने भी कुहमीर को घेर लिया था। उस समय भरतपुर की गद्दी पर राजा रणजीतसिंह आसीन थे। काफी दिनों के खेड़े के पश्चात सूरजमल की विधवा रानी किशोरी के चातुर्य से कुहमीर का किला रानी को रहने के लिए दे दिया गया और भरतपुर का इलाका रणजीतसिंह को वापस दे दिया गया।
- **इतिहास**
- कुम्हेर को **कुम्भीगढ़** अथवा **कुवेरपुर** भी कहते थे। इसे **कुम्भ नाम के जाट सरदार** ने बसाया था।
- कुम्हेर की स्थापना 1704 में एक जाट सरदार कुम्भ ने की थी। 1754 में, जब भरतपुर के सूरजमल राजा थे, पेशवा बालाजी बाजीराव के छोटे भाई राघोबा (सरदार सिंधिया और होलकर द्वारा समर्थित) के रूप में कुम्हेर के किले को मराठों ने घेर लिया था। वे चाहते थे कि सूरजमल उनके अधीन रहें। हालाँकि, घेराबंदी सफल नहीं हुई। 1754 में, मुगल

सम्राट आलमगीर द्वितीय के आदेश पर, खांडेराव ने भरतपुर राज्य के जाट महाराजा सूरजमल के कुम्हेर किले पर कब्जा कर लिया, जिन्होंने आलमगीर के प्रतिद्वंद्वी सिराज उद-दौला का पक्ष लिया था। मल्हार राव होलकर के पुत्र खांडेराव होल्कर कुम्हेर के युद्ध में खुली पालकी पर बैठकर अपने सैनिकों का निरीक्षण कर रहे थे, तभी जाट सेना की ओर से तोप के गोले से मारा गया और उनकी मृत्यु हो गई। मराठों (विशेषकर सिंधिया और होलकर) ने सूरजमल के साथ संधि पर हस्ताक्षर किये और अपनी सेना वापस ले ली। खांडेराव के सम्मान में सूरजमल ने कुम्हेर में खांडेराव के दाह संस्कार स्थल पर एक छतरी बनवाई।

- प्रसिद्ध किशोरी महल, जल महल कुम्हेर में हैं। कुम्हेर भी ब्रज भूमि का हिस्सा है जिसमें गोवर्धन परिक्रमा और पूंछरी का लोठा शामिल हैं। कुम्हेर में प्रसिद्ध मंदिर हैं सत्य नारायण मंदिर, हनुमान मंदिर, जाहरबीर बाबा मंदिर, गुरु गोरख नाथ मंदिर, शक्तिधाम मंदिर, मन संतोषी मंदिर, मन ज्वाला देवी मंदिर, श्री गणेशजी मंदिर, लक्ष्मीनारायण मंदिर, तापसी वाले हनुमान मंदिर।

वैर किला राजस्थान

वैर किला महाराजा सूरजमल ने अपने भाई महाराजा प्रतापसिंह के लिए बनवाया था। महाराजा सूरजमल ने 1733 ई में ये किले बनवाये थे -

1. भरतपुर का लोहागढ़ का किला
2. वैर का किला
3. कुम्हेर का किला
4. डीग के जल महल

वैर शहर भरतपुर जिला मुख्यालय से दक्षिण-पश्चिम में 48 किमी , डींग के दक्षिण-पश्चिम में 58 किमी, बयाना के उत्तर पश्चिम में 17 किमी और भुसावर के पूर्व में 13 किमी की दूरी पर स्थित है । मान्यता है कि इस शहर के आसपास बेर या झरबेरियों की बहुतायत थी जिससे इसको बैर, वरि या वैरिगढ़ कहा जाने लगा । यहां जाट जातिके लोगों की जमींदारी थी । यह भी ज्ञात होता है कि उस समय (1694 ईस्वी) यह भुसावर परगने के अंतर्गत आता था । वैर टप्पे के अंतर्गत पांच दाखिली नगले भी आते थे जो एमरेजपुर, पीर मुहम्मदपुर, सहजादपुर, सलेमपुर तथा हुसैनपुर थे ।

सल्तनत काल या उससे पूर्व यह बयाना परगने /सरकार/दस्तूर सर्किल के अंतर्गत रहा । बाद के वर्षों में यह क्षेत्र जयपुर राज्य के शासकों की सूबेदारी में दे दिया गया । इसके बाद जब सिनसिनवार जाटों के नेतृत्व में सारे क्षेत्र के लोगों ने हथिया उठा लिए तो जयपुर के राजा सवाई जयसिंह के लिए इस क्षेत्र को अपने अधिकार में रख पाना संभव नहीं रहा । अंततः जयसिंह ने जाट राज्य के स्वामी बदन सिंह के पुत्र प्रताप सिंह को मथुरा के जयसिंहपुरा स्थित अपनी सैनिक छावनी में बुलाया । दस्तूर कौमवार के अनुसार 30 अप्रैल

1725 ईस्वी को मथुरा छावनी में जयसिंह ने प्रताप सिंह को परगना भुसावर के जाट-गूजर बाहुल्य गावों का पट्टा दे दिया। इसके बाद कुछ विद्रोही जमींदारों का दमन करते हुए बदन सिंह ने भुसावर , तोडाभीम, और बयाना आदि क्षेत्रों पर अधिकार किया और शांतिस्थापित की।

वैरगढ़ की स्थापना –

बदन सिंह ने 1725 ईस्वी के अंत में परगना भुसावर , बयाना और उच्चैन के मध्यभाग में वैर नाम के एक नए परगने का गठन किया। बदन सिंह ने अपने पुत्र प्रताप सिंह को यह क्षेत्र जागीर में दे दिया। इस जागीर में पांच लाख रुपया सालाना की जमा का क्षेत्र शामिल था। असली और दाखिली मिलाकर करीब दो सौ गाँव इस जागीर से लगे थे। इसके पश्चिम में स्थित बल्लभगढ़ एक अलग परगना बनाया गया। दक्षिण के पहाड़ी इलाके में बसे गाँव जहाज, हाडौती , उमरेड और तुहारी वैर की जागीर के अतर्गत रखे गए। 1726 ईस्वी में जब डींग और कुम्हेर के दुर्गों की नींव रखी गई लगभग उसी समय वैरगढ़ की नींव रखी गयी। प्रताप सिंह की स्थापत्य कला में वेशेष रूचि थी और उसने अपनी देखरेख में इस दुर्ग का निर्माण कराया।

वैरगढ़ का निर्माण -

यहाँ पुराने समय का एक विशाल टीला था जिसे घेरकर इस दुर्ग की नींव डाली गई। दुर्ग के चारों ओरसुरक्षा के लिए एक गहरी खाई बनाई गई। इस खाई में हमेशा जल भरा रहता था। जल भरने के लिए सीता बांध यहां तक एक नाहर खोदी गई जो सीता नहर कही जाती थी। इस तरह की खाई डींग और भरतपुर के दुर्गों के चारों ओर भी देखने को मिलती है। गढ़ में निवास गृह, कचहरी, बारूदखाना, शस्त्रागार , सैनिक निवास आदि बनाये गए। जल व्यवस्था के लिए एक मुख्य नहर, कुछ कुएंऔर दो बावड़ियों का निर्माण भी किया गया। गढ़ में प्रवेश के लिए दो मुख्य द्वार बनाये गए जो पूर्वी और पश्चिमी द्वार कहे जाते हैं। गढ़ के नीचे खाई से बाहर पूर्वी मुख्य द्वार के सामने नगर को बसाया गया।

कच्चे परकोटे के अन्दर समूचा वैर था – वैर नगर की सुरक्षा के लिए एक बाहरी परकोटे का निर्माण किया गया था। इस परकोटे में प्राचीन वैर नगर और नयावास गाँव का क्षेत्र शामिल था। परकोटा कच्चा था और इसकी परिधि करीब दो किमी थी। इस परकोटे के बाहर बाहर भी गहरी खाई बनाई गई थी। पर यह खाई अब पुरी तरह से भर चुकी है। शायद ही इसका कोइ अस्तित्व बचा हो। इस परकोटे के नादर में प्रवेश करने के लिए पांच पक्के द्वार बनाये गये। उत्तर में भरतपुर और कुम्हेर द्वार, पूर्व में बयाना द्वार, दक्षिण में सीता द्वार और पश्चिम में भुसावर द्वार अभी तक मौजूद हैं। इन द्वारों पर भारी विशाल फाटक लगे थे जिन पर लोहे की चादरें और मोटी कीलें लगी हुई थीं। इन द्वारों की सुरक्षा के लिए बाहरी भागों में मरहला (तोप) रखी गईं थीं।

प्रमुख आकर्षण फुलवाड़ी

वैर का मुख्य आकर्षण यहाँ की फुलवाड़ी है । यह दुर्ग के उत्तरी पार्श्व में स्थित है । इसमें लाल महल और सफ़ेद महल देखने योग्य हैं । सफ़ेद महल के सामने एक तालाब बनाया गया है । चारों ओर पक्तियों में आकर्षक फब्बारे बनाये गए हैं । इन फब्बारों को चलाने के लिए पानी भरने को छत पर एक विशाल टैंक बनाया गया है । ये फब्बारे जाट और मुग़ल शैली का उत्कृष्ट उदाहरण है । फब्बारों की यह व्यवथा डींग से भी प्राचीन है । ऐसा प्रतीत होता होता है कि डींग के जलमहलों के निर्माण की कल्पना वैर की फूलवाड़ी से ही की गयी होगी । डींग के महलों में गोपाल भवन के सामने स्थित सफ़ेद संगमरमर का एक हिंडोला (झूला) बना है । यह हिंडोला मुग़ल शहंशाह जहांगीर ने आगरा के किले में बनवाया था । महाराजा सूरजमल ने जब आगरा के किले पर अधिकार किया तब वैर के जागीरदार बहादुर सिंह भी उनके साथ थे । बहादुर सिंह इस संगमरमर के हिंडोले को आगरा से उखड़वाकर वैर ले आये । यह हिंडोला यहाँ फूलवाड़ी में स्थापित कर दिया गया था । 1861 ईस्वी में एक ब्रिटिश अधिकारी मेजर बावरी ने इसे वैर से हटा कर डींग के महलों में गोपाल भवन के सामने लगवा दिया ।

वैरगढ़ की सुरक्षा व्यवस्था –

वैर की सुरक्षा के लिए कुशल तोपची, पैदल व बंदूकची सवार तैनात रहते थे । राजधानी (डींग)की सेवा के लिए तीन हजार घुड़सवारों की एक सेना हमेशा तैयार रहती थी । आवश्यकता होने पर सेना में वृद्धि भी की जाती थी । यह सेना अक्सर सूरजमल के नेतृत्व में होने वाले अभियानों में व्यस्त रहती थी । वैर की सेना का सेनापति एक ब्राह्मण था जिसका नाम हरबल था । केशोदास नाम के एक सन्यासी की कमान में घुड़सवार दस्ता था । प्रताप सिंह ने केशोदास को 12 गाँव की खिदमत जागीर प्रदान की थी साथ ही वैर नगर की सुरक्षा का जिम्मा केशोदास को दिया गया था । वैर मैं अस्त्र, शस्त्र, तोप, गोला-बारूद आदि बनाने के कारखाने बनाये गए थे । इन कारखानों मैं बनाकर जजैल , जबूरे, रहकला, बन्दूक आदि डींग भेजे जाते थे । वैर नगर तथा दुर्ग की रक्षा के लिए प्रताप सिंह ने सैंकड़ों छोटी- बड़ी तोप, जबूरे, जजैल आदि का संग्रह किया था । आवश्यकता पड़ने पर यह तोपखाना शस्त्रागार से निकाल कर दुर्ग प्राचीरों व बाहरी परकोटे पर लगाया जाता था ।

अखाईगढ़ (अखैगढ़) जाट रियासत

ठाकुर अखैसिंह जाट **अखैगढ़** के जागीरदार यह महाराजा सूरजमल जी के छोटे भाई थे इनको महाराजा बदन सिंह जी द्वारा 84 गांव की जागीर प्रदान की गई थी और अखैगढ़ में किले तालाब और हवेलियों का निर्माण कराया था।

सलेमपुर नाहरवार - ठाकुर रतन सिंह नाहरवार का किला। ठाकुर रतन सिंह जी को ठाकुर की उपाधि प्राप्त थी।

वह वैर तहसील के गाँव सलेमपुर परगना के जागीरदार थे और बहुत ही मजबूत और शक्तिशाली जाट जागीरदार रहे हैं। इनकी पुत्री का विवाह महाराजा सूरजमल के साथ किया गया था जिनका नाम महारानी हसिया, जो आज भी इतिहास में दर्ज है।

4

धौलपुर राजस्थान

धौलपुर राजस्थान

धौलपुर भारत के राजस्थान राज्य के धौलपुर जिले में स्थित एक शहर है। यह चंबल नदी के बाएँ (पश्चिम) किनारे पर बसा है। यह शहर धौलपुर जिले का प्रशासनिक मुख्यालय है। धौलपुर की स्थापना दिल्ली के तोमर वंश के राजा धवल देव ने 1004 ईस्वी में धवलपुरी नाम से की थी, जिसे बाद में बदलकर वर्तमान नाम धौलपुर कर दिया गया।

1982 में धौलपुर को एक अलग जिला घोषित किया गया, जिसमें धौलपुर, राजखेड़ा, सरमथुरा, बारी और बसेरी तहसीलें शामिल हैं। धौलपुर जिला भरतपुर मंडल/आयुक्त कार्यालय का हिस्सा है। इसकी सीमा उत्तर में राजस्थान के भरतपुर जिले, उत्तर और उत्तर पूर्व में उत्तर प्रदेश के आगरा जिले, दक्षिण में मध्य प्रदेश के मुरैना जिले, पश्चिम में करौली जिले और पूर्व में उत्तर प्रदेश और मध्य प्रदेश से लगती है। धौलपुर मुरैना से 27 किमी, आगरा से 55 किमी और ग्वालियर से 66 किमी दूर स्थित है।

धौलपुर अपने लाल पत्थर और प्राचीन मंदिरों के लिए प्रसिद्ध है। साथ ही, माछकुंड मंदिर और कुंड, जो "तीर्थों का भांजा" के नाम से प्रसिद्ध हैं, भी यहाँ पाए जाते हैं। यहाँ स्थित तीन प्रसिद्ध शिव मंदिर हैं: महाकाल शिव मंदिर, पास की पार्वती नदी पर स्थित महादेव मंदिर और भूतेश्वर महादेव मंदिर।

इतिहास - राजपूत काल (सातवीं शताब्दी)

धौलपुर पर लंबे समय तक चौहान, तोमर, जादौन आदि सहित कई राजवंशों का शासन रहा।

चाहमाना (चौहान) राजवंश

धोलपुर क्षेत्र पर शासन करने वाला सबसे प्राचीन राजवंश सातवीं और आठवीं शताब्दी के आरंभ में चौहान थे। धोलपुर में एक शिलालेख की खोज से धवलापुरी में चाहमाना राजवंश के अस्तित्व का पता चला है। शिलालेख में चौहान राजकुमार चंदमहासेना का उल्लेख है, जो प्रतिहार सम्राट भोजदेव के समकालीन थे। शिलालेख में चौहान राजकुमार के अरब

आक्रमणकारियों से हुए संघर्षों का भी उल्लेख है।

जादौन वंश

तोमर वंश ने करौली राज्य के जादौन राजपूतों के हाथों अपनी संप्रभुता खो दी। धौलपुर किले का निर्माण धर्मपाल जादौन ने 1120 ईस्वी में करवाया था।

मुगल काल

धौलपुर राज्य, राजपुताना एजेंसी का हिस्सा, 1909 पानीपत की लड़ाई के बाद बाबर हिंदुस्तान का पहला मुगल शासक बना।

धौलपुर पर सिकंदर लोदी ने 1491 में कब्जा कर लिया, जिसने 1504 में इसे एक मुस्लिम गवर्नर को सौंप दिया। इब्राहिम लोदी की मृत्यु के बाद, कई राज्यों ने खुद को स्वतंत्र घोषित कर दिया। तलाई खान ग्वालियर का शासक बना।

जाट काल

मुख्य लेख: धौलपुर रियासत

मुगलों के बाद, धौलपुर पर क्रमशः भरतपुर के महाराजा सूरजमल का शासन रहा। 1705 से 1761 तक यह किला चौहान राजपूतों के उप-वंश भदौरिया के अधीन रहा और बाद में इसे विभिन्न शासकों ने पुनः प्राप्त किया, जैसे 1775 में मिर्ज़ा नजफ़ खान; 1782 में ग्वालियर के मराठा सिंधिया शासक; और अंत में, 1803 में ब्रिटिश ईस्ट इंडिया कंपनी ने। सरजी अंजनगांव की संधि के तहत अंग्रेजों ने इसे थोड़े समय के लिए सिंधियाओं को वापस सौंप दिया, लेकिन जल्द ही अंग्रेजों ने इस पर फिर से कब्जा कर लिया। 1805 में, धौलपुर गोहद (जिला भिंड मध्य प्रदेश) के जाट शासक महाराणा कीरत सिंह के अधीन आ गया, जो एक रियासत थी और ब्रिटिश राज के दौरान अंग्रेजों की जागीरदार थी।

बाबरनामा के अनुसार, बाबर ने ग्वालियर की अपनी अंतिम यात्रा पर धौलपुर में एक बावड़ी बनवाई थी, ताकि वहाँ पहले से बनवाए गए चारघर ("चार-बगीचे") में उसे जोड़ा जा सके।

ब्रिटिश शासन और उसके बाद राजस्थान के उन कुछ क्षेत्रों में से एक, जहाँ 1857 के विद्रोह के दौरान खुला विद्रोह हुआ था, एक जमींदार के नेतृत्व में था जिसने अंग्रेजों से लड़ने के लिए तीन हजार सैनिकों की सेना खड़ी की थी। ब्रिटिश राज के दौरान, यह भारत की स्वतंत्रता तक राजपूताना एजेंसी का हिस्सा था। पूर्व धौलपुर रियासत के शासक का महल, केसरबाग पैलेस, अब धौलपुर मिलिट्री स्कूल है, जबकि नई दिल्ली में स्थित इसका आधिकारिक निवास, धौलपुर हाउस, संघ लोक सेवा आयोग द्वारा उपयोग किया जाता है।

धौलपुर जाट रियासत राजस्थान

धौलपुर राजवंश –

चम्बल नदी के उत्तरी किनारे पर स्थित धौलपुर वर्तमान में राजस्थान का जिला मुख्यालय है। इससे पहले इसका जिला मुख्यालय भरतपुर था। इसके उत्तर में भरतपुर एवं उत्तर प्रदेश का आगरा जिला, दक्षिण तथा पूर्व में मुरैना तथा ग्वालियर जिला और पश्चिम में

सवाई माधौपुर जिला की सीमा है। यह मुख्य राष्ट्रीय राज मार्ग दिल्ली से मुम्बई पर स्थित है। वैदिक काल से लेकर मध्यकाल तक यह क्षेत्र मत्स्य प्रदेश का अंग था।

पुरातन कथाओं के आधार पर ऋषि मुचुकुंड का आश्रम यहीं था और श्रीकृष्ण ने कालयवन का वध उसके प्राप्त वरदानों की स्थिति अनुसार ऋषि मुचुकुंड से करवाया था। इस कारण ही श्रीकृष्ण का एक नाम रणछोड़ पड़ा था। ऋषि मुचुकुंड सूर्यवंश के राजा मांधता परिवार से थे और इनकी तपस्या स्थली धौलपुर स्थित ऋषि मुचुकुंड आश्रम रहा था। इस प्रकार यह स्थान सूर्यवंश और चंद्रवंश दोनों से सम्बन्धित रहा है। पुरातन कथा के अनुसार इस नगर के संस्थापक राजा धवलदेव तोमर थे।

राणा कीरत सिंह द्वारा नवीन राजधानी धौलपुर की स्थापना –

19 दिसम्बर 1805 को अंग्रेजों व राणा कीरतसिंह के मध्य हुई संशोधित संधि के तहत राणा ने अपने पूर्वजों द्वारा स्थापित राजधानी गोहद छोड़कर 10 जनवरी 1806 के दिन धौलपुर में प्रवेश किया। उस समय जाट सरदारों सहित 57 प्रमुख उमराव तथा सामंत भी राणा के साथ गोहद छोड़कर धौलपुर गये थे। उनके पास 11 हाथी, 50 घुड़सवार, 10 ऊंट, 27 तोपें तथा लगभग 150 जाट सैनिक थे।

राणा ने धौलपुर पहुँचकर चंबल के किनारे स्थित शेरगढ़ दुर्ग को अपने निवास हेतु चुना। क्योंकि यह दुर्ग काफी पुराना था तथा खंडहर में तब्दील हो गया चुका था, इसलिए राणा ने किले के पश्चिम में चार मील दूर स्थित पहाड़ी पर राजधानी की नींव डाली। इस स्थान को पुरानी छावनी के नाम से जाना जाता है, जिसके मध्य में एक चारों ओर दरवाजे वाली सरकारी 'महाराज बाड़ा' नाम की इमारत बनाई गई। इसके पूर्वी दरवाजों के नाम नौवत खाना और घड़ी घंटा रखे गए। धौलपुर में नवीन टकसाल की स्थापना की गई। जब सभी इमारतें बन कर तैयार हो गईं, तब राणा ने चैत सुदी नवमी संवत 1865 में किले से निकलकर इस महल को अपना निवास स्थान बनाया। राणा कीरत सिंह की मृत्यु 21- 04 -1836, (वैशाख सुदी 5, विक्रम संवत 1812) में धौलपुर में हो गई।

शासन व्यवस्था –

राणा कीरत सिंह एक कुशल शासक था, उसके शासन काल में सिरमथुरा के राव ने विद्रोह कर दिया था, तब राणा ने विद्रोह का दमन करने के लिए सेना भेजी साथ ही सेनापति को आदेश दिया, कि ' व्यर्थ खून न किया जाय ' विद्रोह का दमन सफलता पूर्वक ' बिना खून खराबा ' किए ही किया गया।

राणा कीरत सिंह ने ' महाराज़ बाड़ा ' के चार दरवाजे ' सदा–वर्त ' को खोल दिए थे, जहां भूखे व गरीब लोंगों को हर समय भोजन बांटा जाता था। कहा जाता है कि राणा को जब सभी दरवाजों से सूचना मिल जाती थी, कि ' सभी लोगों को भोजन करा दिया गया है तथा एक भी व्यक्ति भूखा नहीं रहा ' तब राणा भोजन करता था।

राणा ने अपने 32 वर्षों के शासनकाल में बादशाही जमाने के 33 तालाबों की मरम्मत कराकर सिंचाई व्यवस्था को सुधारा, न्याय व्यवस्था को स्वयं देखा, सेना को नए सिरे

से संगठित किया तथा राज्य की वित्तीय स्थिति सुधारने के उपाय किए। उसने अपने शासनकाल में जमींदारी प्रथा को जन्म नहीं दिया।

राणा पोहप सिंह – 1836

राणा कीरत सिंह की मृत्यु के बाद, राणा पोहप सिंह सन 1836 ईसवी में धौलपुर के राज सिंहासन पर आसीन हुए। वह कुशल शासक था, लेकिन शासनभार संभालने के मात्र दस माह पश्चात सन 1837 ईसवी में उनकी मृत्यु हो गई, फिर भी वह इतनी अल्प अवधि में भी अपनी प्रजा के प्रिय बन गए थे।

राणा भगवन्त सिंह (1837-1873) –

राणा पोहप सिंह की मृत्यु के बाद उसका छोटा भाई भगवन्त सिंह 13 वर्ष की अल्प आयु में सन 1837 ईसवी में गद्दी पर बैठा। राणा भगवन्त सिंह धौलपुर के पैतृक राज्य सिंहासन पर राज्याभिषेक के दिन भारत की अंग्रेजी सरकार ने परम्परागत एक शाही पोशाक भेजी। जब 1887 में ग्वालियर में विद्रोह फैल गया, तो ऐसी स्थिति में ब्रिटिश रेजीडेंटस को अपनी सम्पत्ति और जीवन रक्षा हेतु देश के किसी दूसरे स्थान में शरण लेनी पड़ी, जिन अंग्रेजों ने धौलपुर में जाकर शरण ली, उन्हें राणा भगवन्त सिंह ने बड़ी सहृदयता से सत्कार करते हुए छिपाया और उनकी सहायता की तथा धौलपुर से आगरा तक सुरक्षित अपनी सेना की देखरेख में भेज था। धौलपुर के राणा के इस कृत्य से उसे अंग्रेजों की सर्वोत्तम स्थिति की कृतज्ञता का सुपात्र बना दिया तथा अति सम्मान जनक खिताब ' ए नाईट ग्रांड कमांडर ऑफ द मोस्ट एकसलटिड ऑर्डर ऑफ न्यू स्टार ऑफ इंडिया ' प्राप्त कराया।

सन 1858 के स्वतंत्रता आन्दोलन में ग्वालियर पर विद्रोहियों का अधिकार हो जाने से तत्कालीन ग्वालियर शासक जयाजीराव सिंधिया को राणा भगवन्त सिंह ने अपने सैन्य सुरक्षा में पहुंचाया था।

राणा भगवन्त सिंह के शासन में देवहंस धौलपुर रियासत का दीवान था, जो एक महत्वाकांक्षी तथा शक्तिशाली कूटनीतिज्ञ था। उसने ईसवी सन 1861 में अपनी कूटनीतिक साज़िशों द्वारा जनता को शासक के विरुद्ध कर दिया था। उसने राणा भगवन्त सिंह को कैद कर धौलपुर की गद्दी हड़पने की योजना बनाई, लेकिन योजना का क्रियान्वयन होने से पहले ही राणा भगवन्त सिंह को पता चल गया, वह आगरा चला गया। अंग्रेजों ने राणा की सहायता की तथा दीवान ने देवहंस को बंदी बनाकर सन 1862 में बनारस भेज दिया।

इसके बाद देवहंस ने राणा को धन का प्रलोभन देकर अपनी पूर्व की स्थिति प्राप्त करने का प्रयास किया, लेकिन अंग्रेजी सरकार ने राणा को देवहंस को क्षमा करने से माना कर दिया क्योंकि अंग्रेजों के पास देवहंस के कदाचरण के कई प्रमाण थे। उनमें से एक सन 1887 के गदर के समय देवहंस द्वारा आगरा क्षेत्र के कई गाँव लूटने का कार्य भी शामिल था। अंग्रेजों के प्रति वफादार रहने की वजह से अंग्रेजी सरकार ने सन 1864 में राणा को दत्तक पुत्र गोद लेने का अधिकार एक सनद द्वारा प्रदान किया। सन 1867 में राणा भगवन्त सिंह के दत्तक पुत्र कुलेन्द्र सिंह की मृत्यु हो गई। राणा ने कुलेन्द्र सिंह के पुत्र निहाल सिंह, जो उस समय 5

वर्ष का था, की शिक्षा की उचित व्यवस्था की। 6 दिसम्बर 1869 को अंग्रेजी सरकार ने राणा भगवन्त सिंह को जी सी एस आई की उपाधि से सम्मानित किया। अगले वर्ष सन 1870 में राणा भगवन्त सिंह एडिनवरा के राजकुमार से मिलने कलकत्ता गए। सन 1971 में राणा ने अब्दुलन्नबी खां को अपना प्रधानमंत्री नियुक्त किया। अब्दुलन्नबी खां ने राज्य की वित्तीय स्थिति में पर्याप्त सुधार किया तथा सैन्य शक्ति में वृद्धि की। माघ सुदी 11 संवत 1929 (9 फरवरी ईसवी सन 1873) को राणा भगवन्त सिंह की मृत्यु हो गई।

सरकार ने राणा को ' सितारे हिन्द ' उपाधि से सम्मानित किया था।

शासन प्रबंध –

राणा भगवन्त सिंह एक योग्य शासक था, वह शरणागत की रक्षा करता था तथा व्यर्थ खून खराबा नहीं चाहता था। संवत 1908 में सिरमथुरा में उपद्रव फैल गया, राणा ने तत्काल विद्रोह का दमन करने के लिए सेना भेजी, सेना ने विद्रोह पर काबू पा लिया। पुरानी परम्परा ' व्यर्थ खून न बहाया जाय, का पालन किया गया। बहुत कम हानि में विद्रोह का दमन किया। राव को सिरमथुरा से बाहर निकाल दिया गया। जब राव ने महाराज राणा से क्षमा याचना की, तो राणा ने पुन: उसे उसकी जागीर प्रदान कर दी।

राणा के शासन काल में संतर रोड के सामने पुरानी ड्योढ़ी पुराना रिसाला, बारगीरों की लाइन, जिसमें पैदल सेना की एक टुकड़ी रहती थी, निर्मित हुई तथा भगवन्त सिंह ने अपने सरदारों को जागीरें प्रदान की थी।

राणा ने सिंचाई के लिए तालाब खुदवाए तथा मंदिर बनवाए। राज्य के लिए किसानों की स्थिति सुधारने के प्रयत्न किए। प्राकृतिक आपदा सूखा-ओलावृष्टि के समय किसानों से लिया जाने वाला कर माफ कर दिया जाता था। सेना को अंग्रेजी ढंग से प्रशिक्षित किया जाता था। गरीबों को मुफ्त भोजन बांटा जाता था। राणा ने लोंगों को कर मुक्त जमीन भी प्रदान की थीं।

राणा निहाल सिंह (1873-1901)

राणा भवंत सिंह की मृत्यु के बाद उसका नाती कुंवर निहाल सिंह सन 1873 ईसवी में धौलपुर के राज सिंहासन पर आसीन हुए। इस समय उसकी उम्र केवल 6 वर्ष थी। अवयस्क होने की वजह से राव राजा सर दिनकर राव ने अवैतनिक राज्य शासन का प्रबंध संभाला। ब्रिटिश सरकार ने धौलपुर राज्य की देखभाल के लिए एक अंग्रेज़ अधिकारी कर्नर डेन को रेजीडेंट नियुक्त किया। जो एक योग्य व्यक्ति था। उसने ' पाँच मुंसवी ' न्यायालय की स्थापना की, जिसके सदस्य राज्य के सरदार बनाए गए, जिनमें बाबू बेचू सिंह वरिष्ठ सदस्य थे। न्यायालय दीवानी और फ़ौजदारी मामलों का निबटारा रीजेंट की अनुमति से करती थी। सन 19 फरवरी 1883 को अंग्रेजी सरकार ने राणा निहाल सिंह के वयस्क हो जाने पर शासन के अधिकार प्रदान किए। राणा के निर्देशन में एक परिषद का गठन हुआ, जो राज्य के सारे प्रबंध की देखभाल करती थी। प्रशासन पाँच तहसीलों में बता हुआ था, इसके अलावा सन 1875 में अंग्रेज़ अधिकारी डब्ल्यू एच स्मिथ द्वारा प्रथम भूमि बंदोवस्त किया

गया।

राणा निहाल सिंह सन 1876 में वेल्स के राजकुमार के भारत आगमन पर आगरा में दिये जाने वाले सम्मान समारोह में सम्मिलित हुए। एक जनवरी सन 1877 को तत्कालीन भारत के वायसराय और गवर्नर जनरल लार्ड लिटिल की अध्यक्षता में महारानी विक्टोरिया को ' केसरे – हिन्द ' की उपाधि से विभूषित करने के उपलक्ष्य में आयोजित शाही समारोह में भी राणा निहाल सिंह सम्मिलित हुए थे। राणा निहाल सिंह को ब्रिटिश सेना की सेंट्रल इंडिया हॉर्स नामक फौज में मेजर का सम्मान जनक पद प्राप्त था, उन्हें 15 तोपों की सलामी दी जाती थी। राज्य की जनता में राणा निहाल सिंह प्यारे साहब के नाम से जाने जाते थे।

शासन –

सन 1876 में अंग्रेजों व राणा निहाल सिंह के बीच एक संधि हुई, इस संधि के अनुसार धौलपुर राज्य से केवल अंग्रेजों द्वारा बनाया जाने वाला नमक खाया जाने लगा। अंग्रेजों के अलावा कोई भी व्यक्ति, कंपनी अथवा सरकार न तो धौलपुर राज्य में नमक बना सकती थी और न ही उसे बेच सकती थी। सन 1817 में राजपूताने की पूर्वी रियासतों (धौलपुर भरतपुर तथा करौली) के पोलिटीकल एजेन्ट का कार्यालय धौलपुर से भरतपुर स्थानान्तरित कर दिया गया।

इसकी एक नीति स्मरणीय थी कि प्रशासन की लापरवाही तथा भूल के लिए कनिष्ठ अधिकारी या कर्मचारी को दण्ड न देकर उच्च अधिकारियों को दंडित करते थे। उनका मानना था कि गलती ऊपर से होती है नीचे से नहीं। रामानन्दी वैष्णव हिन्दू जात संस्कारों में इनकी मान्यता थी, शुद्ध आचरण और ईश्वर भक्ति आपके जीवन के अंग थे। इन्होनें अपनी बुद्धि, शौर्य एवं चातुर्य से दिल्ली दरबार से सम्मान प्राप्त किया था।

धौलपुर से 7 मील दूर एक पहाड़ी पर एक सुन्दर महल अपने निवास के लिए बनाया था, जिसे केसर बाग के नाम से पुकारा जाता है।

धार्मिक प्रवृत्ति –

धौलपुर में राणा बिहारी का प्रसिद्ध मंदिर इन्हीं के शासनकाल में बनवाया गया था। वह अक्सर शिमला जाते थे, जहां उन्होनें विभिन्न स्थानों पर सुन्दर कोठियाँ बनवाईं थीं। शिमला में एक कोठी सबसे ऊंची पहाड़ी पर भी बनवाई थी। 20 जुलाई ईसवी सन 1901 को पहाड़ी स्थान यशोधरा (शिमला) में उनकी मृत्यु हो गयी। इस तरह धौपुर के शौर्य का यह चिराग असमय ही बुझ गया।

महरानी सत्येहा देवी सन 1783 से 1884 तक उत्तराधिकारी के रूप में कार्य किया था उनका जीवन काल 1845 से 1888 तक रहा था।

राणा राम सिंह (1901-1911) –

राणा निहाल सिंह की मृत्यु के बाद सन 1901 में उनका छोटा भाई राणा राम सिंह धौलपुर के राज सिंहासन पर बैठा। अंग्रेज़ सरकार ने ने एच जी क्लोग स्टोन को राज्य का अधीक्षक नियुक्त किया क्लोग स्टोन बुद्धिमान व्यक्ति था, उसने बहुत कम समय

में राज्य में प्रत्येक विभाग में सुधार किये। उसने कई इमारतें बनवायी, कर्नल देनी द्वारा महाराजा के लिए बनवायी गयी कोठी की मरम्मत कराई गयी तथा विस्तार किया गया। सुन्दर पार्क तैयार किया गया, जिसे आजकल 'महल' कहा जाता है। मार्च 1905 में राणा राम सिंह को अंग्रेजी सरकार ने राज्य का पूर्ण प्रबन्ध प्रदान किया। उनकी ख्याति तथा कार्यों को देखकर अंग्रेजी सरकार ने 'के सी आई ई' की उपाधि से सम्मानित किया।

राणा राम सिंह ने राज्य धौलपुर की आर्थिक, सामाजिक तथा सांस्कृतिक उन्नति की और पूरा ध्यान देकर धौलपुर के विकास के लिए कई कार्य किये। राणा को अपने प्रजाजन बहुत प्रिय थे। जब कभी भी शहर में आग लग जाती थी वो वह स्वयं घोड़े पर सवार होकर आग बुझाने पहुँच जाता था।, इसी क्रम में एक बार राणा के साफे को आग ने पकड़ लिया था।

राणा रामसिंह के शासनकाल में निर्माण कार्य बहुत हुए तथा शिक्षा के क्षेत्र में भी प्रगति हुई। हाई स्कूल बोर्डिंग हाउस, निहाल टावर, सदर अस्पताल, जेल इत्यादि कई भवनों का निर्माण कार्य हुआ तथा ललित कलाओं का भी विकास हुआ। शासन प्रबन्ध को अधिक चुस्त–दुरुस्त करने के लिए इन्होनें धौलपुर रियासत को 6 परगनों में विभाजित किया। जो क्रमशः मनियाँ, कौलारी, बाड़ी, बसेड़ी, राजाखेड़ा तथा धौलपुर थे। धौलपुर–बाड़ी रेलवे लाइन का निर्माण भी इन्हीं के शासनकाल में हुआ। 29 मार्च सन 1911 को आपकी असामयिक मृत्यु हो गयी। इनकी पत्नि रिपुदमन कौर, महाराजा हीरसिंह नाभा की पुत्री थीं। तथा उत्तराधिकारी शासन 1901 से लेकर 1905 तक रहा।

राणा उदयभान सिंह (1911-1947)-

दिनाक 29 मार्च 1911 को राणा राम सिंह की मृत्यु के बाद उसका छोटा भाई राणा उदयभान सिंह 18 वर्ष की उम्र में धौलपुर के राज सिंहासन पर बैठा। उदयभान सिंह जी का जन्म दिनाक 12-02-1893 है। उनकी पत्नि श्रीमती मालवेन्द्र कौर (15-01-1893 – 12 -12 -1981) शमशेर सिंह जींद की एक मात्र पुत्री थी। उसी वर्ष सन 1911 में वह सम्राट जार्ज पंचम के सम्मान में आयोजित दिल्ली दरबार में सम्मिलित हुआ। सन 1912 में राणा उदयभान सिंह ने यूरोप की यात्रा की तथा 09 अक्टूबर सन 1913 को राणा को राज्य के पूर्ण अधिकार प्राप्त हुए। प्रथम तथा द्वितीय विश्व युद्धों में इन्होनें अंग्रेजों का साथ दिया। उन्हें बुद्धि चातुर्य और शौर्य के लिए लेफ्टीनेंट कर्नल, हिज हाईनेस, रईस-उद-दोलाह, सिपहदार–उल-मुल्क, सरमद राजे हिन्द श्री महाराजाधिराज श्री सवाई महाराजा राणा सर उदयभान सिंह, जी सी आई सी सी एस आई, के सी बी ओ, लोकेन्द्र बहादुर, दिलेर जंग जयदेव जी की उपाधियों से सम्मानित किया गया था।

शासनाधिकार प्राप्त होते ही राणा ने रियासत के सचिवालय की स्थापना की तथा एक परिषद का गठन किया। यह परिषद सर्वोच्च प्रशासनिक संस्था थी। राज्य को सिंचाई, सेना आदि भागों में बांटा गया था। इनके राज्य में 6 तहसीलें गिर्द (धौलपुर), बाड़ी, बसेड़ी, सैंपऊ, राजाखेड़ा तथा सरमथुरा थी। सिंचाई के लिए पुराने जलाशयों की मरम्मत कराई तथा अपनी इकलौती पुत्री उर्मिला के नाम पर 'उर्मिला सागर' का निर्माण कराया।

राणा उदयभान सिंह प्रथम गोल मेज सम्मेलन में प्रतिनिधि के रूप में लन्दन गए थे तथा अखिल भारतीय नरेन्द्र मण्डल के प्रो – चांसलर नियुक्त हुए थे।

उन्होनें नई दिल्ली के अद्वितीय मन्दिर लक्ष्मीनारायण (बिरला मन्दिर) की आधारशिला रखी थी, मेरठ में जाट महासभा के वार्षिकोत्सव का सभापतित्व किया, जाटों के सर्व प्रथम कालेज लखावटी (जिला बुलन्दशहर उ. प्र.) का संरक्षण भार ग्रहण किया।

राणा को वन्य जीवन से प्रेम था तथा वे सभी राणा के खुले चिड़ियाघर के स्वतंत्र जीव थे, प्रतिदिन शाकाहारी तथा मांसाहारी वन्य जीवों को प्रातः सायं नियमित रूप से भोजन कराते थे। देश विदेश के बड़े–बड़े अधिकारी प्रशासक राजे महाराजे उनके इस खुले अनुशासन बद्ध पंक्ति में खड़े होकर इस प्रकार वन्य जीवों को राणा के हाथ से भोजन करते देखकर आश्चर्य चकित रह जाते थे।

स्वतंत्र भारत के प्रथम सेनाध्यक्ष जनरल के एम करिअप्पा स्वयं महाराज राणा के वन्य जीवों को देखने एक बार धौलपुर आए थे तथा वन्य जीवों के अनुशासन को देखकर बड़े प्रभावित हुए थे। राणा ने शासन काल में धौलपुर में शिकार खेलना वर्जित था तथा हरे पेड़ों को काटना तो दूर की बात थी, कोई हरे पेड़ की डाल को भी नहीं तोड़ता था। धौलपुर के पहाड़ी तथा मैदानी क्षेत्रों में हरे वृक्षों की सघनता देखकर प्रकृति तथा मेघ वर्षा करते थे। गांवों तथा शहर के लोग आज की भांति सम्पन्न तो न थे परंतु अमन–चैन में अवश्य थे। शहर में कहीं गंदगी का नामों निशान न था। शहर की सभी मुख्य सड़कों, हास्पीटल रोड, स्टेशन रोड, उदयभान गंज (लाल-बाजार), निहालगंज, संतर रोड आदि पर नियमित रूप से झाड़ू सफाई तथा सायं 4 या 5 बजे नियमित छिड़काव होता था। सड़क के दोनों बाजुओं पर फुटपाथ थे। बरसात के दिनों में भारी वर्षा होने पर भी सड़कों पर कहीं भी पानी नहीं रुकता था – 'ड्रेनेज–सिस्टम' उपस्थित थी। एक बार टाउन कोंसिल (वर्तमान म्युनिसीपलिटी बोर्ड दफ्तर) ने एक प्रस्ताव पारित कर (शहर में नल लगवाने के प्रस्ताव को) जब राणा उदयभान सिंह के समक्ष प्रस्तुत किया, तो राणा ने उस फायल को यह लिखकर वापस कर दिया था, की 'हमारी नल योजना से प्रूव यदि नालियों की योजना प्रस्तुत की जाती तो मुझे अपनी टाउन–कोंसिल के विवेक पर निश्चय ही गर्व होता'।

सन 1928 ईसवी में धौलपुर में बिजलीघर की स्थापना हुई तथा शहर बिजली के प्रकाश से जगमगा उठा था। राणा ने शासन व्यवस्था में अनेक सुधार किये तथा अपनी जनता को अमन-चैन प्रदान करने हेतु अनेक सफल प्रयास किये।

धौलपुर में सदर अस्पताल, श्री केसर महारानी मैमोरियल महिला अस्पताल, लाल बाजार स्थिति आयुर्वेद चिकित्सालय, यूनानी शफाखाना, मिलिट्री – हांस्पीटल, तबेल स्थित पशु चिकित्सालय तथा शेष परगनों में बाड़ी, बसेड़ी, सैंपऊ, राजाखेड़ा, सरमथुरा आदि में चिकित्सा शाखाएं खुलवाई। खेलों को भी पढ़ाई के साथ-साथ समुचित प्रोत्साहन दिया। वर्ष में एक बार स्पोट्‌र्स टूर्नामेंट तथा नियमित रूप से हॉकी, फुटबॉल, क्रिकेट,जिम्नास्टिक होते थे। अधिकारी वर्ग के लिए टेनिस, विलियर्ड, स्कवैश इत्यादि की योरोपियन गेस्ट हाउस

(वर्तमान डाक बंगला–सर्किट हाउस गुलाब बाग) में समुचित व्यवस्था थी। हवाई अड्डा, क्लब घर (वर्तमान आर ए सी कमांडेंट निवास) के क्षेत्र में गोल्फ तथा इंडोर गेम्स का भी प्रावधान था तथा प्रत्येक अधिकारी के लिए शाम को क्लब में पहुंचाना अनिवार्य था।

पुलिस प्रशासन – पुलिस विभाग पुलिस अधीक्षक के अधीन था तथा सबसे निचली इकाई पर चौकीदार होता था। जिसका कई गांवों में होने वाली आपराधिक गतिविधियों की सूचना अपने-अपने पुलिस थानों को देना था।, जिसके कारण वारदात होने से पूर्व ही उसको रोकने का प्रबंध हो जाता था। पुलिस की सहायता के लिए सेना भी तत्पर रहती थी। शासन के उत्तरार्ध मैनपुलिस महानिरीक्षक का एक नया पद सृजित किया गया तथा इस पर वयोवृद्ध सरदार तीर्थसिंह (बाबा)को नियुक्त किया गया, जिनके अधिकार वर्तमान में पुलिस कमिश्नर के अनुरूप थे।

न्याय प्रशासन – रियासत में हाई कोर्ट की स्थापना की गई, जिसका संचालन तत्कालीन सरदार रनवीरसिंह के पास था। सर्वोच्च अपील राणा के पास की जाती थी। उच्च न्यायालय के न्यायाधीश के पास सेना, शिक्षा, पोलिटिकल–विभाग, रेलवे (स्टेट डौलपुर – बाड़ी रेल लाइन) विभाग आदि भी थे। न्याय प्रकरण का लम्बित रहना न्यायालय की अकर्मण्यता माना जाता था।

राजस्व विभाग – (माल–विभाग) –

सर्वोच्च अधिकारी 'बड़े माल' साहब कहलाता था तथा सबसे छोटी इकाई पटवारी होता था। माल साहब को राजस्व सचिव भी कहते थे। इनकी सहायता के लिए 'छोटे माल साहब' का पद भी होता था, जो रेवेन्यू के विभाग पर सतर्कता रखने तथा बड़े माल साहब को विभाग की गतिविधियों से अवगत कराना था। इनके नीचे तहसीलदार का पद भी था, जिन्हें फ़ौजदारी के अधिकार भी प्राप्त थे। धौलपुर के तहसीलदार सरदार नारायनसिंह (डाक्टर दिलीप सिंह सेवा निवृत्त मेडीकल आफ़ीसर धौलपुर के पिता श्री)का एक किस्सा बहुत प्रसिद्ध है कि उन्होनें एक मुकदमें के दौरान एक 'गवाह' को सिर्फ इसलिए सजा दी थी कि उसने झूंठा बयान देकर न्यायालय को गुमराह करने का प्रयत्न किया था। उच्च तथा सर्वोच्च अपील अधिकारी तक मामला गया था, क्योंकि गवाह एक बेअसर व्यक्ति था, परन्तु फैसला बहाल रहा था। यही कारण था कि अदालत में झूंठा बयान देने का साहस कोई विरला ही कर पाता था।

वन–विभाग –

इस विभाग पर वन अधिकारी के अतिरिक्त सेना के अधिकारी का भी नियंत्रण होता था ताकि वन संपदा की रक्षा में कोई कमी न आने पाये। यही कारण था कि कभी इस क्षेत्र में असंख्य वन्य प्राणी होते थे तथा घने जंगलों, पेड़ों के झुरमुटों से ढका यह क्षेत्र किसी बड़े अभयारण से कम नहीं था।

सार्वजनिक निर्माण विभाग और सिंचाई विभाग –

पी डब्ल्यू डी (सार्वजनिक निर्माण विभाग) राज्य की सड़कों, तालाबों, बांधों, इमारतों, नहरों इत्यादि का काम संभालता था तथा राज्य के धन का पूर्ण सदुपयोग हो, इसका विशेष ध्यान रखा जाता था। उर्मिला सागर, रामसागर, निमी का ताल, औड़ेला का ताल, जुबली हाल, भिद्वावाँ, वन-विहार, तालाब-शाही, तिवारी बाग, गुलाब बाग (इंडियन तथा यूरोपियन गेस्ट हाउस), हवाई अड्डा (क्लब घर) जिलाधीश एवं पुलिस अधीक्षक निवास इत्यादि कई निर्माण कार्य इस रियासत के अंतिम शासक के समय हुए तथा कुछ एक ही मरम्मत कराकर नया रूप दिया गया तथा भली भांति सुसज्जित किया गया था।

गोहद राजवंश के कुल देवता भगवान नृसिंह जी –

धौलपुर राज परिवार के कुल देवता विष्णु अवतार नृसिंह जी हैं। इनका भव्य मन्दिर धौलपुर में राजपरिवार द्वारा निर्मित है। कहा जाता है कि सन 1801 में गोहद के राणा अपने अस्तित्व के लिए मराठों से संघर्ष कर रहे थे, उसी दौरान रानाओं के मुखिया कीरत सिंह को जंगल में एक कुएं के पास पेड़ पर लटका हुआ एक थैला मिला। उसने उस ठेले के मालिक का इंतजार किया और उसे ढूंढा जाए, लेकिन वह कहीं नहीं मिला। ठेले को खोला उसमें ठाकुर जी (विष्णु भगवान) का विग्रह स्वरूप था। राणा कीरत सिंह जी ने एक वैरागी को बुलाया, जो कि विद्वान और ज्योतिष का भी जानकार था।

वैरागी ने मूर्ति को देखकर बताया – 'यह भगवान श्री नृसिंह जी हैं। विष्णु भगवान का यह वह स्वरूप है जो कि पाप और अत्याचार को नष्ट करने वाला है। यदि यह मूर्ति आपके पास रहे तो निश्चित ही आप पुन: अपने राज्य को प्राप्त कर सकेंगे। किन्तु नित्या प्रतिदिन भगवान विष्णु के विग्रह स्वरूप नृसिंह जी की नियमानुसार पूजा–अर्चना आवश्यक है।'

राणा कीरत सिंह ने उस वैरागी को अपने क्रांतिदल में शामिल कर लिया और उसे भगवान नृसिंह जी की अर्चना की ज़िम्मेदारी दे दी। शाही खज़ानों को लूटने और धाड़ (छापामार युद्ध) के माहिर इन रानाओं के हर अभियान में भगवान नृसिंह जी साथ रहने लगे। इनके सभी अभियान सफल होते थे।

गोहद के निकट बगथरा गांव में समस्त सेटर की जनता ने राणा कीरतसिंह को अपना राजा मानकर तिलक कर दिया था। 1804 में गोहद मिला और 1805-06 में गोहद के बदले धौलपुर स्वतंत्र एवं सुरक्षित राज्य प्राप्त हो गया।

राणा कीरत सिंह जी की आस्था भगवान नृसिंह जी के प्रति अधिक से अधिक दृढ़ होती गई। वह भगवान से अत्यधिक लगाव रखने वाले राजा थे। धौलपुर राज्य की स्थापना को वह भगवान नृसिंह जी कृपा का फल मानते थे।

धौलपुर राजप्रासाद के निर्माण के साथ–साथ ही भगवान नृसिंह का मन्दिर भी निर्मित किया गया। मन्दिर में भगवान नृसिंह जी की वही छोटी–सी मूर्ति को ही प्रतिष्ठित किया गया। मन्दिर का पुजारी वैरागी जी को ही बनाया गया, जिनके वंशज परम्परागत रूप से आज भी भगवान नृसिंह जी की नित्य-प्रति पूजा–अर्चना में संलग्न हैं। जनश्रुति है कि सच्चे मन से मन्दिर में शीश झुकाने वालों की मनोकामनायें भगवान नृसिंह जी पूर्ण करते हैं।

भगवान नृसिंह जी धौलपुर रियासत के कुल देवता मान्य हुए और उनको ही रियासत का अधिष्ठाता मान्य किया गया। राजा स्वयं को नृसिंह भगवान का प्रतिनिधि ही मानते थे। राजचिह्न के रूप में भगवान नृसिंह का चित्र था।

भारत देश स्वतन्त्रता के बाद -

मत्स्य यूनियन –

17 मार्च 1948 को महाराजा उदयभान सिंह भरतपुर, करौली तथा अलवर राज्यों के साथ मत्स्य यूनियन में शामिल हो गये। महाराजा उदयभान सिंह उम्र में सबसे बड़े होने के कारण मत्स्य प्रेदेशों के राज्य प्रमुख बनाए गए। मत्स्य मंत्रिमंडल ने औपचारिक रूप से शपथ ग्रहण की। श्री शोभाराम को मुख्यमंत्री बनाया गया। जिन्होनें करौली, भरतपुर तथा धौलपुर से एक-एक सदस्य अपने मंत्रिमंडल में लिया था। धौलपुर से मनोनीत पहले कैबीनेट मंत्री डाक्टर मंगल सिंह थे। धौलपुर के प्रथम अधिकारी राजा निरंजन सिंह एस डी ओ थे, जिन्हें उस समय जिलाधीश तथा पुलिस एवं सेना इत्यादि सभी विभागों का अधिकार प्राप्त था।

धौलपुर के बृहत राजस्थान में सम्मलित होने का विवाद –

18 फरवरी 1949 को भारत सरकार के मंत्री श्री बी पी मेनन ने मत्स्य मंत्रिमंडल तथा अलवर, भरतपुर, धौलपुर और करौली के राजाओं को बृहत राजस्थान में सम्मिलित होने के लिए आमंत्रित किया। करौली तथा अलवर के राजा राजस्थान में सम्मिलित होने को तैयार हो गए। लेकिन धौलपुर तथा भरतपुर के राजा भाषा की दृष्टि से उत्तर प्रदेश में सम्मिलित होना चाहते थे।

23 मार्च 1949 को श्री मेनन ने पुन: धौलपुर तथा भरतपुर के राजाओं को इसी प्रकरण पर बातचीत करने के लिए बुलाया। भरतपुर के महाराजा श्री बृजेन्द्र सिंह ने श्री मेनन को बताया, कि उनकी प्रजा राजस्थान में सम्मिलित होना चाहती है, लेकिन धौलपुर महाराजा उदयभान सिंह ने कहा, कि रियासत की प्रजा की इच्छा का पता लगाया जाये, कि वह राजस्थान में सम्मिलित होना चाहती है या उत्तर-प्रदेश में'।

आयोग का गठन –

महाराजा उदयभान सिंह की बात को महत्व देते हुए 04 अप्रैल 1949 को तत्कालीन गृहमंत्री भारत सरकार सरदार पटेल ने तीन सदस्यों का आयोग गठन कर 30 अप्रैल 1949 तक प्रतिवेदन प्रस्तुत करने को निर्देशित किया। इस अल्प अवधि में आयोग के सदस्य दोनों रियासतों में गए और जनता की इच्छा का पता लगाने की कोशिश की।

01 मई 1949 को प्रतिवेदन स्वीकार कर लिया गया, दोनों रियासतों को अलवर तथा करौली के साथ बृहत राजस्थान में सम्मिलित कर दिया। 10 मई 1949 को एक राजीनामा पत्र पर सभी शासकों के हस्ताक्षर हो गए। 15 मई 1949 को मत्स्य शासन राजस्थान के सुपुर्द कर दिया गया। धौलपुर महाराजा उदयभान सिंह नरेंद्र मण्डल के एक प्रभावशाली व्यक्ति थे।

भारतीय संघ में विलय –

15 मई 1949 को 'मत्स्य-राज्य' की बृहत राजस्थान राज्य के निर्मित होने पर उसमें विलय हो गया जिसके राज प्रमुख सवाई मानसिंह, महाराज उप प्रमुख उदयपुर राणा भूपालसिंह तथा उप-राज प्रमुख महाराजा भीमसिंह कोटा नरेश थे।

26 जनवरी 1950 को राजस्थान के प्रशासनिक ढांचे में परिवर्तन किया गया तथा जिलों को निर्माण किया गया। धौलपुर तथा भरतपुर रियासतों को मिलाकर भरतपुर नामक जिले का निर्माण किया। इस लिजे में बयाना, भरतपुर, डींग तथा धौलपुर नामक उपखंड बनाए गए। धौलपुर उपखंड में बाड़ी, बसेड़ी, गिर्द तथा राजाखेड़ा नामक तहसीलें रखी गईं।

राणा उदयभान सिंह देहावसान – राणा उदयभान सिंह का देहावसान दिनाक 22-10-1954 को हो गया। राणा उदयभान सिंह के कोई पुत्र नहीं था, तब उनकी पत्नि श्रीमती मालवेन्द्र कौर (पुत्री शमशेर सिंह जींद) ने एक पुत्र हेमंत सिंह को महाराजा नाभा का गोद लिया।

राणा धौलपुर की पुत्री उर्मिला देवी (1924–1997) की शादी सन 1944 में महाराजा कर्नल प्रताप सिंह नाभा से हुई थी जिनसे 3 पुत्र (हनुवन्त सिंह 05-12-1948, हेमन्त सिंह 05-01-1951 और हिम्मत सिंह 1952) और एक पुत्री (स्नेह लता कौर) थी। उनमें से एक पुत्र हेमंत सिंह को राणा उदयभान सिंह की पत्नि श्रीमति मालवेन्द्र कौर ने गोद लिया। स्नेह लता कौर की शादी महाराजा ओरछा से सन 1971 में हुई जिनसे एक पुत्र और एक पुत्री हुई।

हेमंत सिंह जी की शादी (17 नवम्बर सन 1972) श्रीमति वसुंधरा राजे सिंधिया (जन्म 8 मार्च 1953) ग्वालियर से हुई। श्रीमति वसुंधरा राजे के पिता महाराजा जीवाजीराव सिंधिया और माता श्रीमति राजमाता विजया राजे सिंधिया तथा भाई श्रीमंत माधवराव सिंधिया ग्वालियर है। सन 1974 में हेमन्त सिंह की दूसरी शादी श्रीमति भवानी देवी से श्रीमति वसुंधरा राजे से सम्बन्ध विच्छेद होने के कारण से हुई। हेमन्त सिंह महाराजा राणा धौलपुर 1954 से 1974 तक रहे। हेमन्त सिंह के पुत्र दुष्यंत सिंह और पुत्री रुद्राणी सिंह हैं।

श्रीमति वसुंधरा राजे राजनीति में सक्रिय भूमिका रही है, वह राष्ट्रीय उपाध्यक्ष भाजपा रहीं हैं तथा दो बार राजस्थान सरकार की मुख्यमंत्री (8-12-2003 से 11-12-2008 और 12-12-2013 से 16-12-2018) रहीं हैं। जिनसे पुत्र दुष्यन्त सिंह का जन्म दिनाक 11-09-1973 को हुआ। दुष्यन्त सिंह झालावाड़–बारां से लोकसभा (14, 15 व 16 वी) सांसद रहे हैं। दुष्यन्त सिंह जी की शादी निहारिका राजे (सन 2000) से हुई। निहारिका राजे के पिता समथर बड़गुजर राजघराना जिला झांसी, रणजीत सिंह हैं जो कि उत्तर प्रदेश विधान परिषद में एम. एल. सी. भी रहे हैं। दुष्यन्त सिंह के एक पुत्र एवं एक पुत्री हैं।

अन्य धौलपुर राणा परिवार -

वीर वीरेंद्र सिंह पुत्र राणा निहाल सिंह, केशव सिंह पुत्र राणा निहाल सिंह की शादी श्रीमति करतार कौर

राणा उपेंद्र सिंह पुत्र केशव सिंह की शादी श्रीमति गुरुदीस कौर

विक्रम राणा पुत्र उपेंद्र सिंह की शादी श्रीमति हरमन गरचा, आप निहाल सिंह के प्रपौत्र हैं।

धौलपुर (राजस्थान) वंश – शासक

कीर्तिसिंह – (1806 – 21 - 04 - 1836) (मृत्यु 1836) ।

पोहप सिंह - (21 - 04 - 1836 - दिसंबर 1836) (मृत्यु 1836) ।

भगवन्त सिंह - (दिसंबर 1836 - 7 फरवरी 1873) जीवन काल (02 – 06 – 1869 से 07 - 02 -1873) ।

निहाल सिंह - (7 – 02 - 1873 – 20 – 07 - 1901) जीवन काल (1863 - 1901) ।

महारानी सत्येहा देवी - जीवन काल (1845 - 1888) शासन (07 – 02 - 1873 -1884) - उत्तराधिकारी

राम सिंह शासन (20 – 07 - 1901 – 29 – 03 - 1911) जीवन काल (26 – 05 - 1883 - 29 - 03 1911) पत्नि रिपुदमन कौर पुत्री महाराजा हीरा सिंह नाभा ।

उत्तराधिकारी - शासन (20 – 07 - 1901 - मार्च 1905)

उदय भान सिंह शासन (29 – 03 - 1911 – 15 – 08 - 1947) जीवन काल (12 – 02 – 1893 - 22 - 10 - 1954) पत्नि मालवेन्द्र कौर (15 – 01 - 1893 – 12 – 12 - 1981) । पुत्री शमशेर सिंह जींद (एक मात्र पुत्री) । उदय भान सिंह के कोई संतान नहीं थी। तब उनकी पत्नि ने एक पुत्र महाराजा नाभा का गोद लिया।

(उर्मिला देवी (1924 - 1997) शादी (1944) प्रताप सिंह नाभा (1928 - 1971) से 3 पुत्र एक पुत्री।) जिनका नाम हेमंत सिंह है।

हेमंत सिंह (पत्नि - बसुंधरा राजे) - से पुत्र दुष्यंत सिंह (जन्म 11 – 09 - 1973) । दुष्यंत सिंह की पत्नि - निहारिका राजे तथा उनसे एक पुत्र व एक पुत्री है। दुष्यंत सिंह झालावाड़ - बारां से लोकसभा (14, 15 व 16 वी) सांसद रहे है। निहारिका राजे के पिता सम्थर बड़्गुर्जर राजघराना जिला झांसी, रणजीत सिंह है जो कि उत्तर प्रदेश विधान परिषद में एम एल सी भी रहें है। दुष्यंत सिंह जी की मा (वसुंधरा राजे) राजस्थान मुख्य मंत्री रही है।

वीर वीरेंद्र सिंह पुत्र - निहाल सिंह। केशव सिंह राणा पुत्र निहाल सिंह - शादी करतार कौर।

राणा उपेंद्र सिंह पुत्र केशव सिंह - शादी – गुरुदीसकौर

विक्रम राणा पुत्र उपेंद्र सिंह - शादी हरमन - गरचा आप प्रपौत्र निहाल सिंह के है।

5

राजाराम जाट

राजाराम जाट (राज्यकाल : 1670–1688) सिनसिनी (भरतपुर)

राजाराम जाट (राज्यकाल : 1670–1688) सिनसिनी (भरतपुर) राज्य के राजा थे जिन्होंने गोकुल जाट के मारे जाने के बाद मुगल शासक औरंगजेब के विरुद्ध विद्रोह का नेतृत्व किया। राजाराम जाट भज्जासिंह के पुत्र थे और सिनसिनवार जाटों के सरदार थे। उसने जाटों के दो प्रमुख क़बीलों-सिनसिनवारों और चाहर को आपस में मिलाया। राजाराम और रामकी चाहर शीघ्र ही मुग़लों के अत्याचारों का विरोध करने लगे।

सिनसिनी से उत्तर की ओर, आऊ नामक एक समृद्ध गाँव था। यहाँ मुगलों का सैन्य दल नियुक्त था। लगभग 2,00,000 रुपये सालाना मालगुज़ारी वाले इस क्षेत्र में व्यवस्था बनाने के लिए एक चौकी बनाई गयी थी। इस चौकी अधिकारी का नाम लालबेग था। एक दिन एक व्यक्ति अपनी पत्नी के साथ गाँव के कुएँ पर विश्राम के लिए रुका। लालबेग का एक कर्मचारी उधर से गुज़र रहा था, वह अहीर युवती की सुन्दरता को देखता है और तुरन्त लालबेग को ख़बर देता है। लालबेग अपने सिपाही भेजकर अहीर पति और पत्नी को जबरन अपने चौकी पर लाने को कहता है। उसके सिपाही पति को तो छोड़ देतें हैं लेकिन पत्नी को लालबेग के निवास में भेज देते हैं।

यह खबर आग की तरह फैल जाती है और राजाराम के कानों में पड़ती है। राजाराम ठान लेता है कि वह मुग़लों को सबक सिखा के ही रहेगा। उसने अपने सैन्य को युद्ध के लिए तैयार किया और लालबेग को मारने की योजना बनाई। योजना के अंतर्गत वह अपने सिपाहियों के साथ गोवर्धन में वार्षिक मेले में जानेवाली घास की बैल गाड़ियों में छुप जाता है। लालबेग को अंदाज़ा भी नहीं था कि राजाराम और उसके सिपाही घास के अंदर छुपे हुए हैं और वह गाड़ियों को अंदर जाने की अनुमति देता है। चौकी को पार करते ही राजाराम और सिपाहियों ने गाड़ियों में आग लगा दिया। उसके बाद भयंकर युद्ध हुआ और उसमें लालबेग मारा गया।

इस युद्ध के बाद राजाराम ने अपने क़बीले को सुव्यवस्थित सेना बनाना प्रारम्भ कर दिया। अस्त्र-शस्त्रों से युक्त उसकी सेना अपने नायकों की आज्ञा मानने को हमेशा तैयार रहती थी। राजाराम ने जाट-प्रदेश के सुरक्षित जंगलों में छोटी-छोटी क़िले नुमा गढ़ियाँ बनवादी। इन पर गारे की (मिट्टी की) परतें चढ़ाकर बनाया था। उसने धौलपुर से आगरा तक की यात्रा के लिए प्रति व्यक्ति से 200 रुपये लेना शुरू किया। इस एकत्रित धन को राजाराम अपने सैन्य को प्रशिक्षित करने में लगाता, जो मुग़लों को ढूंढ़-ढूंढ़ कर मारती थी। राजाराम की वीरता की बात औरंगज़ेब के कानों तक भी पहुंची। उसने तुरन्त कार्रवाई की और जाट-विद्रोह से निपटने के लिए अपने चाचा, ज़फ़रजंग को भेजा। राजाराम ने उसको भी धूल चटाई। उसके बाद औरंगजेब ने युद्ध के लिए अपने बेटे शाहज़ादा आज़म को भेजा। लेकिन उसे वापस बुलाया और आज़म के पुत्र बीदरबख़्त को भेजा। बीदरबख़्त बालक था इसलिए ज़फ़रजंग को प्रधान सलाहकार बनाया। बार-बार के बदलावों से शाही फ़ौज में षड्यन्त्र होने लगे। राजाराम ने मौके का फ़ायदा उठाया, बीदरबख़्त के आगरा आने से पहले ही राजाराम ने मुग़लों पर हमला कर दिया।

सन् 1688, मार्च में राजाराम ने सिकंदरा में मुगलों पर आक्रमण किया और 400 मुगल सैनिकों को काट दिया। कहते हैं कि राजाराम ने अकबर और जहांगीर के कब्र को तोड़ कर उनकी अस्थियों को बाहर निकाला और जला कर राख कर दिया।

ढाई मसती बसती करी, खोद कब्र करी खड्ड,।

अकबर अरु जहांगीर के गाढ़े कढ़ी हड्ड॥

मनूची का कथन है कि जाटों ने काँसे के उन विशाल फाटकों को तोड़ा। उन्होंने बहुमूल्य रत्नों और सोने-चाँदी के पत्थरों को उखाड़ लिया और जो कुछ वे ले जा नहीं सकते थे, उसे उन्होंने नष्ट कर दिया था। राजाराम के साहस की चर्चा होती थी और मुगल शासक उनसे डरते थे। जिस युद्ध के बीज औरंगज़ेब के अत्याचारों ने बोए थे उसे राजाराम ने नष्ट कर दिया। औरंगज़ेब के अत्याचार, हिन्दू मन्दिरों के विनाश और मन्दिरों की जगह पर मस्जिदों का निर्माण करने से जनता के मन में बदले की भावना पनप चुकी थी। इसी कारण से लोग मुगल शासन के विरुद्द विद्रोह करने लगे थे।

राजाराम एक शूर वीर नायक की तरह उभर आया। 4 जुलाई 1688 को शेखावत व चौहानों के बीच हुए युद्ध में उन पर एक मुगल सैनिक ने पीछे से बंदूक से वार किया और वो शहीद हो गए। अलवर जिले के हरसोली कस्बे में उनकी समाधि है। जबकि उनकी पत्नी की समाधि जिला भरतपुर के गाँव सिनसिनी में है। राजाराम का सिर काटकर औरंगज़ेब के दरबार मे पेश किया गया और रामकी चाहर को जिंदा पकड़कर आगरा ले जाया गया जहां उनका भी सिर कलम कर दिया गया।

वीरवर राजाराम

गोकुला का खून व्यर्थ नहीं गया। जाट दांत पीसते थे, वे मुगलों का ध्वंस करने के लिए उन्मत्त हो रहे थे। उन्हें केवल योग्य नेता की तलाश थी। सच्ची भावनाएं पूरी होती

हैं - इस सिद्धान्त के अनुसार उन्हें एक सरदार मिल गया। सिनसिनी के भज्जीसिंह के रणबांके पुत्र राजाराम ने विद्रोही जाटों का नेतृत्व ग्रहण किया। राजाराम ने सिनसिनवार जाटों का, रामकी चाहर की अध्यक्षता में, सोगरिया जाटों के साथ-साथ जिनके पास सोगर का किला था, संगठन किया। उसने बन्दूकों का संग्रह किया और जंगलों में कच्चे दुर्ग बनाकर छावनियां कायम कीं। सबसे मुख्य शिक्षा उसने विद्राहियों को यह दी कि वे अपने सेनानायकों की आज्ञापालन में त्रुटि न आने दें। उसने विश्रृंखलित जाति को संगठित करके आक्रमणकारी के साथ ही चतुर सैनिक बना दिया।

गोकुला की मृत्यु के ठीक पन्द्रह वर्ष बाद जाटों ने राजाराम की अध्यक्षता में मुगलों को दण्ड देने के लिए **आगरे पर हमला** कर दिया। आस-पास का सारा प्रदेश उनके अधिकार में हो गया। आगरे जिले से मुगल-शासन का अन्त कर दिया। सड़कें बन्द हो गई। मुगल-हाकिम शफीखां को किले में घेर लिया और सिकन्दरे पर आक्रमण कर दिया। इसके थोड़े ही दिन पश्चात् धौलपुर के करीब अगरखां तूरानी को जा घेरा और उसके घोड़े, गाड़ियों, यहां तक कि औरतों को भी छीन लिया। अगरखां और उसका दामाद इस लड़ाई में मारे गए। उसकी लड़की, औरतें जाटों के हाथ लगी। मई सन् 1686 ई. में सफदरजंग ने राजाराम का मुकाबला किया, किन्तु बेचारे को भागना पड़ा और अपने पुत्र आजमखां को मुकाबले के लिए भेजा। आजमखां के आने से पहले ही राजाराम ने सिकन्दरे पर आक्रमण कर दिया। मुगलों के 400 आदमियों को जहन्नुमरशीद कर दिया और शाइस्ताखां जो कि आगरे का सूबेदार था उसके इधर आने से पूर्व ही **अकबर की कब्र को खोद डाला** और उसकी हड्डियों को अग्नि में झोंक दिया। उसने सोने चांदी के बर्तन, चिराग और दूसरे सामानों को हाथ नहीं लगाया। केवल औरंगजेब का अपमान करने के लिए जिसने कि गोकुला का वध कराया था, उसने बुजुर्ग अकबर की समाधि को अवश्य हानि पहुंचाई।

मुगलों का नाक में दम करने के कारण राजाराम की धाक यहां तक बैठ गई थी कि जब **शेखावतों और चौहानों में लड़ाई** हुई तो चौहानों ने अपनी सहायता के लिए राजाराम को बुलाया। उसने बीजल गांव के युद्ध में चौहानों को मदद दी। इसी युद्ध में चार जुलाई सन् 1688 ई. को राजाराम की एक मुगल सैनिक की गोली से मृत्यु हो गई। ऐसा कहा जाता है कि सिनसिनी पर जब वेदारवख्त ने चढ़ाई की तो वह युद्ध में मारा गया था। उसकी मृत्यु का समय सभी लेखकों ने सन् 1688 ई. बतलाया है।

वृद्ध केसरी भज्जासिंह

वीरवर राजाराम के मारे जाने के पश्चात् उसके बूढ़े पिता भाज्जसिंह जाटों के सरदार बने। औरंगजेब ने इस समय एक चाल चली।आमेर के राजा बिशनसिंह को मथुरा का फौजदार नियुक्त किया। कछवाहा सरदार स्वतंत्रता के प्यासे जाटों का दमन करने पर तैयार हो गया। उसने सिनसिनी के किले को तहस-नहस कर देने की लिखित प्रतिज्ञा बादशाह से की।

कालिका रंजन कानूनगो लिखते हैं - "वह अपने बाप रामसिंह और दादा जयसिंह की भांति ऊंचा मनसब हासिल करने के लिए उतावला हो रहा था।" मुगल और राजपूतों की सम्मिलित सेना को चार महीने में जाटों ने सिनसिनी के गढ़ तक पहुंचने दिया। एक महीना घेरा डाले पड़े रहे। किले को उड़ाने के लिए सुरंग लगाई। जाटों ने पता पाकर उसका द्वार किले की ओर से पत्थरों से भर दिया। इसलिए बारूद में आग लगाने पर उल्टा मुगल और राजपूतों का नुकसान हुआ। दूसरी सुरंग फिर लगाई गई।

अबकी बार चालाकी में बिशनसिंह और मुगल-सेनापति वेदारवख्त सफल हुए। किला इनके हाथ आ गया। जाटों ने जिनके पास तोपखाना न था, मुगल और राजपूतों पर हमला कर दिया। तोपों के गोलों के सामने बढ़ते हुए उन्होंने अपने को समाप्त कर दिया। इस युद्ध में 200 मुगल और 700 राजपूत तोपखाना रखते हुए भी जाटों ने मार डाले। यह घटना **जनवरी सन् 1690** ई. की है। इस लड़ाई में 1500 जाट वीर-गति को प्राप्त हुए।

ब्रजराज

जाट लोगों को इस बात पर तनिक भी निराशा नहीं हुई कि मुगलों ने उनका सिनसिनी का राज्य छीन लिया। उन्होंने ब्रजराज की अधीनता में संगठित होकर अऊ में रहने वाले मुगल थानेदार पर हमला कर दिया और अऊ को अपने अधिकार में कर लिया। केवल 200 को संख्या में इकट्ठे होकर सिनसिनी पर कब्जा कर लिया। ब्रजराज भी भाज्जसिंह के परिवार का था। मुगलों ने फिर सिनसिनी पर आक्रमण किया। ब्रजराज अपने पुत्र भाऊसिंह (भाव सिंह) के समेत वीर-गति को प्राप्त हुआ।

सिनसिनी उस समय कोई बड़ा राज्य न था, वह केवल 30 गांव का राज्य था। किन्तु मुगलों को जाटों का बड़ा भय था। वह समझते थे कि जाटों की शक्ति का बढ़ना हमारे नाश का कारण होगा। स्वतंत्रता के लिए इस समय युद्ध भी मध्य भारत में केवल जाट ही कर रहे थे। वे किसी लोभ और लालच से मुगलों के मित्र नहीं बनना चाहते थे।

वीर रामकी चाहर अकोला (आगरा) (मृत्यु 15 जुलाई 1688)

वीर राजाराम जी व वीर रामकी चाहर जी 4 जुलाई 1688 में युद्ध में वीरता से मुगल सेना को काट रहे थे। उस समय वीर राजाराम जी मौके पर शहीद हो गए थे व मुगलों ने रामकी चाहर जी को धोखे से बन्दी बना लिया था। उन्हें आगरा के किले में ले जाया गया। अनेकों यातनाएं दी गयी और इस्लाम कबूलने के लिये उन पर हर सम्भव दबाव बनाया गया।

वीर जाट योद्धा रामकी सिंह चाहर जी

रामकी चाहर (मृत्यु 15 जुलाई 1688) एक क्रांतिकारी योद्धा थे, जिन्होंने आगरा सूबे में मुगल शासन को समाप्त करने में प्रमुख भूमिका निभाई थी। वे फतेहपुर सीकरी (एक समय मुगलों की शाही राजधानी) के पास चाहर जाटों के गांवों के समूह चाहरवाटी के 'सरदार' थे। चाहरवाटी में अन्य जाट वंशों (कहरवार, इंदौलिया आदि) और जातियों के गांव भी थे। 1670 में तिलपत के गोकुला सिंह की फांसी के बाद औरंगजेब ने आगरा सूबे के फौजदारों को

जाटों के गढ़ों से छुटकारा पाने का आदेश दिया। जाट भी ब्रज से मुगलों को भगाने के लिए अड़े हुए थे। गोकुला सिंह की मृत्यु के बाद हुई उथल-पुथल में तीन जाट नेता उभरे - शेरपुर के बलराम सिंह डागुर, सिनसिनी के राजा राम सिनसिनवार और अकोला के रामकी चाहर।

बलराम सिंह रणथंभौर, हिंडौन, टोडा भीम क्षेत्र में सक्रिय थे। उन्होंने रणथंभौर के फौजदार से चौथ वसूला और अपने क्षेत्र में समानांतर सरकार चलाई। राजा राम सिनसिनवार ने औ परगना पर कब्जा करने और कामुक राक्षस लालबेग को मारने के बाद प्रमुखता हासिल की। उन्होंने सिनसिनी को वापस पा लिया और गोकुला सिंह के उत्तराधिकारी के रूप में उभरे। अन्य महत्वपूर्ण जाट नेता जो उभरे वे थे सोगर के राय रामचेचरा (राम चरण?) सिंह सोगरिया, खैर के राव अमर सिंह नौहवार और सोंख के सुखपाल सिंह (सोंख के राजा हाथी सिंह के पिता)।

रामकी चाहर का संक्षिप्त परिचय

(लेखक:- मानवेन्द्र सिंह तोमर)

रामकी चाहर का जन्म आगरा जिले में चाहरवाटी के नाम से प्रसिद्धि फतेहपुर सीकरी, अकोला क्षेत्र में मुग़ल काल में 17 वी सदी के प्रारंभ में हुआ था। इस समय आगरा, अकोला, फतेहपुर सीकरी क्षेत्र पर मुगलों का कब्ज़ा था। लेकिन यहाँ के स्थानीय जाट मुगलो के नियम कायदे को नहीं मानते थे। मुगलों ने इस क्षेत्र के जाटों के डर से यहाँ अपनी राजधानी भी हस्तांतरित कर ली थी। यह क्षेत्र चाहर जाटों की अधिकता और वीरता के कारण चाहरवाटी के नाम से प्रसिद्ध है। यहाँ की मिट्ठी में जन्मे लोगो में पराक्रम संघर्ष और प्रतिरोध का जन्मजात गुण पाया जाता है। रामकी चाहर के समय दिल्ली पर अत्याचारी औरंगजेब का शासन था। रामकी चाहर एक ऐसा योद्धा था जिसके डर से औरंगजेब के सेनापति ने जहर खा लिया था। भारतीय इतिहास में यह एक मात्र ऐसी घटना है जब मुग़ल सेनापति ने किसी योद्धा (रामकी चाहर की) के भय से युद्ध लड़ने के अपेक्षा ज़हर खाकर आत्महत्या करना उचित समझा हो। रामकी चाहर को घासी बाबा चाहर की सलाह पर चाहर जाटों का मुखिया चुना गया था।

रामकी चाहर के समय सिनसिनवार जाटों का मुखिया थून सिनसिनी का राजाराम सिनसिनवार और सोगरवार जाटों का मुखिया खेमकरण सिंह थे। सौंख खुटेलापट्टी में कुंतल (तोमर) जाटों का मुखिया सुखपाल सिंह था। इन सभी जाटों ने आपसी सहयोग के लिए एकता करके एक संगठन बना रखा था।

रामकी चाहर की मुगलों के खिलाफ पंचायत

रामकी चाहर ने मुगलों की राजधानी (फतेहपुर सीकरी) के निकट चाहर सगेत अन्य सभी स्थानीय सभी गोत्रों खैनवार, छोंकर, मौर, सोलंकी, रावत, कहरवार, जूरेल, इन्दौलिया की एक विशाल पंचायत वैशाख माह में आयोजित की जिसमे सभी गोत्रो के मुखियों ने सर्वसहमति चार प्रस्ताव पारित किए।

1. कोई भी किसान अपनी फसल का लागन मुगलों को नहीं देगा।
2. सभी पालें अपने अपने स्तर पर सैनिक संगठन तैयार करेगे।
3. मुगलों की चौकियों को चाहरवाटी क्षेत्र से नष्ट करने में आपसी सहयोग देंगे।
4. फतेहपुर सीकरी आगरा क्षेत्र में रामकी चाहर को सर्व पाल का मुखिया स्वीकार किया गया।

इस प्रस्ताव के पारित होने के बाद किसी भी व्यक्ति ने रबी की फसल का कर नही दिया। इसके साथ ही रामकी चाहर ने 8 हज़ार जाट की एक फ़ौज भी तैयार कर ली थी। रामकी चाहर के नेतृत्व में जाटों ने स्थानीय मुग़ल सूबेदार की हत्या कर दी। जब इस बात की सूचना दिल्ली में मुग़ल बादशाह औरंगजेब के पास पहुँची तो औरंगजेब ने इब्राहीम खान को मुल्तफत खान की उपाधि देकर आगरा भेजा ताकि इब्राहीम खान (मुल्तफत खान) जाटों के विद्रोह को दबा सके।

इब्राहीम खान (मुल्तफत खान) मई 1681 ईस्वी को दिल्ली से मुग़ल सेना के साथ आगरा पहुंचा। यहाँ पहुँच कर उसने जाटों की ताकत को परखा खुद को उनके सामने कमजोर पाकर जाटों के समीप संधि वार्ता का प्रस्ताव रखा। लेकिन जाट वीरों ने उसकी संधि वार्ता को ठुकरा कर उसको युद्ध की चुनोती दे डाली।

ब्राहीम खान (मुल्तफत खान) ने धोखे से अकोला और बाद ग्राम के जाट मुखिया को बंदी बनाने का असफल प्रयास किया। स्वाभिमानी जाट मुखियों ने झुकने के अपेक्षा युद्ध भूमि में मरना स्वीकार किया। जब इस बात (इब्राहीम खान के धोखे का) का समाचार रामकी चाहर को पहुंचा तो उसने चाहरवाटी के आठ हज़ार योद्धाओं को लेकर मुगलों के गढ़ पर हमला कर दिया। इस युद्ध में चाहरवाटी के वीरों के अदम साहस और पराक्रम के आगे मुग़ल परास्त होकर भाग खड़े हुए। रामकी चाहर ने अकोला और बाद गाँव के मुखियों को सकुशल अपने अपने गाँव भेज दिया।

इस युद्ध में विजयी होकर रामकी चाहर इब्राहीम खान (मुल्तफत खान) को बंदी बनाकर अकोला गढ़ी ले आया। अकोला गढ़ी में चाहर जाटों ने औरंगजेब के सेनापति इब्राहीम खान (मुल्तफत खान) की जूतियों से अच्छी तरह मरम्मत (पिटाई) की। अंत में मुग़ल सेनापति द्वारा रामकी चाहर के पैर पकड़ कर गिडगिडाना से मुग़ल सेनापति इब्राहीम खान (मुल्तफत खान) को सैनिक की अपेक्षा हिजड़ा समझ कर छोड़ दिया। जब मुगलों के इस तरह अपमान की खबर दिल्ली में औरंगजेब के पास पहुंची तो औरंगजेब ने अपने दूत के हाथों एक संदेश और ज़हर की पुडिया सेनापति इब्राहीम खान (मुल्तफत खान) के पास भेजी। मुग़ल दूत ने सेनापति इब्राहीम खान (मुल्तफत खान) को औरंगजेब का सदेश पढ़कर सुनाया कि यदि तुम मुगलों के अपमान का बदला रामकी चाहर और उसके वीर जाटों से नहीं ले सकते तो यह ज़हर खा लेना। इस ज़हर को आलमगीर का आखरी तोफा समझना।

सेनापति इब्राहीम खान (मुल्तफत खान) ने लाख कोशिश की लेकिन वो जाटों को कभी भी परास्त नहीं कर पाया। मुग़ल सेनापति की ऐसी दुर्दशा आज तक कभी भी नहीं हुई थी। अंत में रामकी चाहर और चाहरवाटी के जाट वीरों के आगे खुद को निर्बल समझ रामकी चाहर द्वारा अपने अपमान के डर से 6 जुलाई 1681 ईस्वी को ज़हर खाकर आत्महत्या कर ली थी। भारत के इतिहास में ऐसी दूसरी कोई भी घटना दर्ज नहीं है जब किसी मुग़ल सेनापति ने भय से युद्ध लड़ने के अपेक्षा ज़हर खाकर मरना उचित समझा।

आखिर अकबर की कब्र क्यों जलाई गई इसके पीछे का इतिहास वीर गोकुला के साथ जुड़ा हुआ है

अकबर की कब्र जलाने में स्थानीय चाहरवाटी के जाटों (चाहर, खैनवार, सोलंकी, रावत, छोंकर, हतिन्जार, इन्दौलिया, गंधार, भगौर, सिकरवार) का सबसे बड़ा योगदान रहा है। औरंगजेब और गोकुला के मध्य हुए संघर्ष में जब हगा पाल के चौधरी वीर गोकुला ने सन् जनवरी 1670 ईस्वी के दिन अपने जीवन का बलिदान दिया था, उसी दिन एक प्रतिशोध की ज्वाला ने जन्म लिया था। गोकुला के बलिदान के बाद तो भारत में औरंगज़ेब के शासन में हिन्दुओं का जीना मुश्किल हो गया था। वीर गोकुला के बलिदान का बदला लेने की एक ज्वाला स्थानीय हिन्दुओं के दिलो में प्रज्वलित थी।

था इस्लाम का दौर जहां, कटते थे सर बागियों के,
मंदिरों के दिये बुझ चुके, सुनते थे कलमें नमाजियों के,
उस काल में हाहाकार मचा, औरंगजेब के तांडव का,

आगरा चाहरवाटी क्षेत्र की सर्वपाल (खाप) का अध्यक्ष अकोला का रामकी चाहर था। रामकी चाहर ने मुगलों के खजाने को लूटना शुरू कर रखा था। यह धन गरीब जनता के बीच बाँट दिया जाता था। इसलिए रामकी चाहर आगरा चाहरवाटी क्षेत्र में गरीबों का मसीहा नाम से प्रसिद्ध था। रामकी चाहर के समय सिनसिनवार जाटों का मुखिया थून सिनसिनी का राजाराम सिनसिनवार और सोगरवार जाटों का मुखिया खेमकरण सिंह थे। मुग़ल सेनापति इब्राहीम खान (मुल्तफत खान) को रामकी चाहर से हार के बाद जहर खाना पड़ा था।

अकोला चाहरवाटी थी ब्रज की रानी,
शेरों की जननी कहलाती थी,
जाटों का बाहुबल जाहिर था,
खेतों में तलवारें लहलहाती थी,

हगा चौधरी पाल ने गोकुला की हत्या का बदला लेने के लिए मुगलों के खिलाफ लोगों को संगठित करने का कार्य शुरू कर रखा था। औरंगजेब की हिन्दू विरोधी नीति और अपने पूर्वज गोकुला की हत्या का बदला लेने के लिए जाटों ने औरंगजेब के पूर्वज अकबर की कब्र को निशाना बनाया। इस योजना को पूर्ण करने आगरा सर्वपाल के मुखिया रामकी चाहर ने चाहरवाटी में एक विशाल पंचायत का आयोजन किया। इस आयोजन में सिनसिनी के सिनसिनवार मुखिया राजाराम सिंह भी शामिल हुए थे।

मार्च 1688 ईस्वी में अकबर के मकबरे के निकटवर्ती क्षेत्र के चाहर, खैनवार, सोलंकी, रावत, छोंकर, हतिन्जार, इन्दौलिया, गंधार, भगौर, सिकरवार जाटों की 12 हज़ार की फ़ौज लेकर रामकी चाहर ने अकबर के मकबरे पर हमला कर दिया। मुगलों और जाटों के मध्य घनघोर युद्ध हुआ। मुगल रक्षक मीर अहमद, मुज़फ्फर खान और मुहम्मद बाका जाटों के डर से कुछ बोल ही नहीं सके। देखते देखते जाट वीर राजाराम और वीर रामकी चाहर ने मुगलों के 400 आदमियों को जहन्नुम रशीद कर दिया और अकबर की कब्र (मकबरा) को खोद डाला और उसकी हड्डियों को अग्नि में झोंक दिया था। अकबर की कब्र को जला कर नष्ट कर दिया गया। मुग़ल मुस्लिम बादशाह की कब्र से हड्डी निकालकर अंतिम संस्कार हिन्दू रीतिरिवाज़ से रामकी चाहर और राजाराम जाट ने कर दिया था। अपने पूर्वज गोकुला की हत्या का बदला लेने के लिए जाटों ने औरंगजेब के पूर्वज अकबर की कब्र को निशाना बनाया। ऐसा करके चाहरवाटी के जाट मुगलों को यह सन्देश देना चाहते थे कि यदि उन्होंने हिन्दुओं और किसानों पर अत्याचार बंद नहीं किये तो इसका अंजाम मुगलों के लिए ताबूत की आखिरी कील सिद्ध होगा।

इस घटना के बाद औरंगजेब ने राजा रामसिंह को रामकी चाहर और वीर राजाराम जाट के विरुद्ध अभियान पर ब्रज भेजा लेकिन इस राजा रामसिंह की मृत्यु हो जाने से यह अभियान विफल रहा था। कुछ समय बाद शेखावत राजपूतों का नीमराना के चौहानों से युद्ध हुआ था। इस युद्ध में चौहानों ने राजाराम और रामकी चाहर से सहायता मांगी जबकि शेखावतों ने मुगलों और हाडाओं से सहायता प्राप्त की थी। यह युद्ध 4 जुलाई 1688 ईस्वी के दिन बिंजल नामक स्थान पर हुआ था। इस युद्ध में औरंगजेब का पोता बेदारबख्त (आजम का पुत्र) मुगलों की तरफ से शामिल हुआ था। एक पेड़ के पीछे से छुप कर मारी गई गोली से राजाराम की मृत्यु युद्ध-स्थल पर ही हो गयी थी। लेकिन रामकी चाहर की मृत्यु के सम्बन्ध में दो मत प्राप्त होते हैं। प्रथम मत के अनुसार रामकी चाहर को घायल अवस्था में युद्ध स्थल से बंदी बनाकर मुगलों ने आगरा में लाकर फांसी दी थी। दूसरा मत यह है कि रामकी चाहर की मृत्यु युद्ध स्थल पर ही हो गई थी। लेकिन दोनों मतों का निष्कर्ष एक ही निकलता है जुलाई,1688 ईस्वी में रामकी चाहर भी वीरगति को प्राप्त हो गया था।

6

ठाकुर ब्रजराज सिंह, ठाकुर चूड़ामन

ठाकुर ब्रजराज सिंह, ठाकुर चूड़ामन

ठाकुर ब्रजराज सिंह (ब्रजराज और भज्जा सिंह भाई) (पिता-पुत्र दोनों की युद्ध में मृत्यु), बृजराज के पुत्र भाव सिंह, अतिराम, चूड़ामण, बुध सिंह, गज सिंह, कुशल सिंह हुए।

राव चूरामनसिंह थून, चूड़ामन के पुत्र जुलकरन सिंह, मोहकम सिंह, थान सिंह, बख्तावर सिंह, चंद सिंह, कीरत सिंह, सुजान सिंह, देवी सिंह और किरण सिंह थे।

राजा मोहकम सिंह थून

ठाकुर भाव सिंह डीग (भाव सिंह के पुत्र बदन सिंह हुए)

राजा बदन सिंह डीग

महाराजा सूरजमल भरतपुर

राजा प्रताप सिंह वैर

बृजराज

ठाकुर देशराज लिखते हैं कि जाट लोगों को इस बात पर तनिक भी निराशा नहीं हुई कि मुगलों ने उनका सिनसिनी का राज्य छीन लिया। उन्होंने ब्रजराज की अधीनता में संगठित होकर अऊ में रहने वाले मुगल थानेदार पर हमला कर दिया और अऊ को अपने अधिकार में कर लिया। केवल 200 को संख्या में इकट्ठे होकर सिनसिनी पर कब्जा कर लिया। ब्रजराज भी भज्जासिंह के परिवार का था। मुगलों ने फिर सिनसिनी पर आक्रमण किया। ब्रजराज अपने पुत्र भाऊसिंह (भावसिंह) के समेत वीर-गति को प्राप्त हुआ। ब्रजराज का दूसरा पुत्र चूड़ामन था।

सिनसिनी उस समय कोई बड़ा राज्य न था, वह केवल 30 गांव का राज्य था। किन्तु मुगलों को जाटों का बड़ा भय था। वह समझते थे कि जाटों की शक्ति का बढ़ना हमारे नाश का कारण होगा। स्वतंत्रता के लिए इस समय युद्ध भी मध्य भारत में केवल जाट ही कर रहे थे। वे किसी लोभ और लालच से मुगलों के मित्र नहीं बनना चाहते थे।

खानचंद के पुत्र बृजराज, सिनसिनी के एक जाट सरदार थे, जिन्होनें गोकुला के बाद मुग़ल शासन के विरुद्ध किसानों के आन्दोलन का नेतृत्व किया। बृजराज और भज्जा सिंह भाई थे। चूरामन बृजराज का पुत्र था और राजाराम भज्जासिंह का पुत्र था। इस प्रकार चूरामन और राजाराम चचेरे भाई थे।

इतिहास

राम स्वरूप जून छोंकर और सिनसिनवार के बारे में लिखते हैं: यह भरतपुर के शासक वंश का गोत्र है। उनका मूल गोत्र यदु है। सिनसिनी नामक गांव में बसने के बाद वे सिनसिनवार कहलाने लगे। उन्होंने औरंगजेब के अत्याचारों के विरुद्ध आवाज उठाई, हिन्दू धर्म की रक्षा की और एक नई राजधानी स्थापित की। इसी गोत्र के एक यदुवंशी पूर्वज, बृजराज, ने अपने नाम पर बृज नामक क्षेत्र पर शासन किया। ये लोग द्वारका से घर लौटे थे और बृजराज की 64वीं पीढ़ी में मथुरा उनकी राजधानी थी।

1669 में गोकुला के विद्रोह के बाद का दशक एक सशक्त मुगल शासन के काल से मेल खाता था। औरंगजेब अपनी अधिकांश सेना के साथ उत्तर में मौजूद था। हालांकि उत्तर में राजनीतिक मामलों पर प्रभावी नियंत्रण के इस काल में उसका धार्मिक उत्पीड़न भी बढ़ता गया। साम्राज्य में मंदिरों का विध्वंस तेजी से जारी रहा, हिंदुओं को सार्वजनिक पदों से वंचित कर दिया गया और घृणित जजिया कर फिर से लागू कर दिया गया। इस कदम से गैर मुसलमान में कड़वाहट बढ़ती गई और वह विद्रोह की ओर अग्रसर हुए। स्पष्ट रूप से औरंगजेब की नीति उत्तर में आने वाले संकट की पृष्ठभूमि तैयार कर रही थी। हालांकि जाट संतोष से सुलग रहे थे, फिर भी इन 10 वर्षों के दौरान वे शांत रहने के लिए विवश थे। उनकी सामान्य निष्क्रियता के कारणों का पता लगाना कठिन नहीं है। साम्राज्यवादियों द्वारा उनके निर्मम दमन की कड़वी स्मृति अभी तक उनके मन से पूरी तरह नहीं मिटी थी। सम्राट की अपने शत्रुओं के विरुद्ध व्यापक सफलता ने भी उन्हें हतोत्साहित किया होगा। फिर यह भी संभव है कि जाट मुगलों के साथ पिछले संघर्ष में हुई भारी छति की भरपाई करने में अभी तक सक्षम नहीं थे। अंततः वे शायद सम्राट के साथ जल्दबाजी में मिलीभगत करने की मुर्खता को दोहराने से बचना चाहते थे, विशेष रूप से ऐसे समय में जब उत्तरी भारत में उनका पूर्ण नियंत्रण था।

जाट स्पष्ट रूप से एक उपयुक्त अवसर की तलाश में थे। यह अवसर औरंगजेब के उत्तर से चले जाने और उसके बाद अन्तहीन दक्कन युद्धों में शामिल होने से प्राप्त हुआ।

जाटों के बीच व्याप्त अशांत शांति का संक्षिप्त दौर 80 के दशक के आरंभ में टूट गया, जब वे फिर से हथियार उठा बैठे। इसके नेता बदलते रहे, रणनीति बदलती रही और इसका भाग्य उतार-चढ़ाव भरा रहा, लेकिन एक बार फिर से शुरू हुआ विद्रोह इसके बाद एक निरंतर प्रक्रिया बन गया, जिसके परिणाम स्वरुप अंततः आगरा सूबे में मुगल सत्ता का पतन हुआ और भरतपुर राज्य की स्थापना हुई।

हमें जिस पहले नेता के बारे में जानकारी है, वह सिंगसिनी (भरतपुर से 16 मील उत्तर पश्चिम) के ब्रजराज थे। संभावित है संभवतः यही ब्रजराज थे जिनका उल्लेख मनुची ने नेता के रूप में किया है। आगरा के किसानों में "सबसे अधिक उम्र और सबसे अधिक अधिकार" वाले यह लोग, जिन्होंने सिर उठाकर शाही खजाने को देय राजस्व रोक रखा था। इन ग्रामीणों को भुगतान करने के लिए मजबूर करने के लिए, औरंगजेब ने आगरा के आसपास के फौजदार मुल्तफत खान को एक बड़ी सेना के साथ भेजा। मुल्तफत खान ने एक गांव पर हमला किया, जहां विद्रोही एकत्रित थे। उनके नेता ने पहले तो खान को आश्वासन दिया, लेकिन बाद में अपने लोगों को उसके खिलाफ भड़का दिया। "राजस्व देने के बजाय मरना पसंद करने" का संकल्प लेकर के बाहर आए और इतनी हताशा से लड़े कि फौजदार की सेवा तीतर भीतर हो गई। उसे अपमानित करने के बाद उन्होंने मुल्तफत खान को रिहा कर दिया, जिसकी 26 जून 1681 (19 वीं जमादी द्वितीय हजार 92 हिजरी) को घावों के कारण मृत्यु हो गई।

बृजराज राहगीरों और सड़कों पर काफिलों को भी लूटता था। 1682 में, मुगल सेना की एक टुकड़ी ने उसका पीछा करते हुए उसके गढ़ सिनसिनी तक पहुंच गई, जिसे घेर लिया गया। जाट सरदार किसी तरह अपनी महिलाओं को किले से बाहर भेजने में सफल रहा, लेकिन किले की रक्षा करते हुए वह अपने बेटे भाऊ (भाव) सिंह के साथ मारा गया। सिनसिनी शत्रु के हाथों में आ गई। सिनसिनी से भाग कर बृजराज परिवार ने बयाना से 5 मील दूर एक छोटे और गुमनाम मिट्टी के किले में शरण ली। यहां भाऊ (भाव) सिंह की एक पत्नी ने मरणोपरांत एक पुत्र को जन्म दिया, जिसका नाम बदन सिंह रखा गया। इसी व्यक्ति के नाम पर इस गढ़ी को आज भी "बदन गढ़ी" के नाम से जाना जाता है।

चूड़ामन (ठाकुर) (1695-1721) वीरवर ठाकुर चूड़ामन (1695–1721 ई.)

बृजराज के पुत्र भाव सिंह, अतिराम, चूड़ामण, बुध सिंह, गज सिंह, कुशल सिंह हुए।

चूडामन- युग-निर्माता, संकट वीर, देश भक्त ठाकुर चूडामन सिंह अपने पिता बृजराज सिंह का सुयोग्य पुत्र, भावसिंह का भाई, वीर राजाराम का चचेरा भाई था। भाव सिंह की शादी, अचला की पुत्री राधा, सोगर गांव से हुई। राधा के पुत्र रूप सिंह, बदन सिंह हुए।

चूड़ामन के पुत्र जुलकरन सिंह, मोहकम सिंह, थान सिंह, बख्तावर सिंह, चंद सिंह, कीरत सिंह, सुजान सिंह, देवी सिंह और किरण सिंह थे।

राजाराम की अचानक मृत्यु से जाट शक्ति को बड़ा धक्का लगा। अब कोई एक नेता नहीं था, जिसके अधीन जाट एक हो सके। अतः प्रत्येक गोत्र के मुखिया बनकर कई छोटे-छोटे नेता बन उठ खड़े हुए। इससे मुगलों को जाटों का दमन करने का मौका मिला। जाटों का दमन और उनका उत्पात दोनों साथ-साथ चलते रहे। मुगल सेनाएँ जब एक तरफ बढ़ती थीं तो वे दूसरी ओर उपद्रव खड़ा कर देते थे। इस दौरान जयपुर के शासक विशनसिंह और उसके सेनापति हरिसिंह ने जाटों का बड़ा दमन किया और उनकी अनेक गढ़ियों पर कब्जा कर लिया। नेता के अभाव में इस दौरान जाटों का भारी नुकसान हुआ। लेकिन जाटों ने हार नहीं

मानी। इस तरह अगले सात वर्षों तक (1695 ई.) स्थिति ऐसी ही बनी रही।

इस दौरान राजाराम के चचेरे भाई चूड़ामन का नेतृत्व उभरकर सामने आया। 1695 ई. तक उसकी कमान में 500 घुड़सवार और 1000 पैदल सैनिक हो गये थे। हाथरस और मुरसान का किलेदार दयाराम और नन्दराम जाट भी 100 घुड़सवारों के साथ उससे आ मिले थे। धीरे-धीरे उसका संगठन इतना बड़ा हो चुका था कि उसकी आवश्यकताएँ केवल व्यापारिक काफिलों की लूट से पूरी नहीं हो सकती थीं। अतः उसने मुगल परगनों को लूटना प्रारम्भ कर दिया। धीरे-धीरे उसके सैनिकों की संख्या 14000 तक हो गई। अब उसने अपनी प्रतिरक्षा और लूट का माल छिपाने के लिये अभेद्य जंगलों में नये किले बनाये। इन नये किलों में उसने थून (डीग से 11 मील पश्चिम में) का किला निचले दलदली और घने जंगलों के क्षेत्र में बनवाया। शिवदास के अनुसार थून कंटीली झाड़ियों के इतने घने जंगल से घिरा हुआ था जिसमें से पक्षी तक गुजरने में कठिनाई महसूस करते थे। उसका परकोटा बहुत ऊँचा और चारों ओर गहरी खाइयों से उसे सुरक्षित किया गया था। चूड़ामन ने थून को अपनी शक्ति का केन्द्र बनाया। इसके साथ ही वह लूटमार के कार्यकलापों में भी व्यस्त रहा।

इतिहासकारों ने इनको चूड़ामन, चूड़ामणि एवं चूरामन नामों से संबोधित किया है। चूड़ामन सिंह के पिता ब्रजराज दो पत्नियां (इन्द्रकौर व अमृत कौर) थीं, जो दोनों ही साधारण जमींदार घरानों से आयीं थीं। चूड़ामन की मा, अमृतकौर चिकसाना (भरतपुर और अछनेरा के बीच) के चौधरी चन्द्र सिंह की पुत्री थीं। उसके दो पुत्र और थे - अतिराम और भाव (भाऊ) सिंह। वे दोनों ही मामूली जमींदार थे। चूड़ामन ने राजाराम के अभियानों में हिस्सा लिया था, ऐसी प्रबल संभावना है, लेकिन ऐसी अधिकृत जानकारी अभी उपलब्ध नहीं है। परस्पर विरोधी तत्वों को मिलाकर एक करने की क्षमता, जिन्हें एकत्रित कर उसने एक जबरदस्त छापामार लड़ाकू सेना तैयार कर ली थी। उसकी नीति थे- किसी किले या गढ़ जाट जाति को राजनीतिक महत्त्व दिलाने वाला वह प्रथम जाट था, जो जाटों द्वारा चुना हुआ नेता था। अब तक चले आ रहे जाट आन्दोलन को उसने अपनी अभूतपूर्व संगठन क्षमता, राजनीतिक विलक्षणता और चतुराई के बल पर एक राज्य की रचना में बदल दिया। सही अर्थों में वह भरतपुर के प्रथम ऐतिहासिक जाट राज्य का निर्माता था। चूड़ामन सिंह का जीवन चरित्र स्वत्रंतता के लिए जाट संघर्ष का ज्वलंत वृतांत है, जिसका प्रारम्भ सादाबाद के गोकुल सिंह के विद्रोह से हुआ। चूड़ामन में संगठन की तथा अवसरों का चतुरता पूर्वक लाभ उठाने की प्रतिभा थी। उसके चरित्र में जाटों की हठधर्मी, मराठों की चालाकी और राजनीतिक दूरदर्शिता का सम्मिश्रण था। सत्रहवीं शताब्दी का अंत होते-होते उसने अपना प्रभाव क्षेत्र बहुत बढ़ाकर, अवसर की तलाश करता रहा। पहले उसने मुअज्जम की सेना को लूटा, जब उसने देखा किआजम हारने लगा है तब मौके का फ़ायदा उठाकर आजम पर टूट पड़ा और उसके कैम्प को लूट लिया। इस लूट से चूड़ामन अत्यधिक धनी बन गया। मुगलों की नगदी, सोना-चांदी, अमूल्य रत्न-जडित आभूषण, शस्त्रास्त, घोड़े, हाथी और रसद उसके हाथ लगे। इस धन के कारण वह जीवन पर्यन्त आर्थिक चिन्ताओं से बिलकुल मुक्त रहा।

इसमें कोई संदेह नहीं किइस विपुल सम्पत्ति का कुछ हिस्सा चूड़ामन की आत्म-हत्या के बाद ठाकुर बदन सिंह और महराजा सूरजमल के खजाने में भी पहुंचा। अब चूड़ामन अपने सैनिकों को वेतन दे सकता था, अपने विरोधियों को धन देकर अपने पक्ष में कर सकता था और आवश्यकतानुसार किले बनवा सकता था। थून का दुर्ग इसी धन से निर्मित किया और सुसज्जित किया गया।

जाजऊ का युद्ध

सम्राट औरंगजेब की मृत्यु 20 फरवरी 1707 ई. को हो गई। सम्राट की मृत्यु के पश्चात उसके पुत्रों में आत्मघाती युद्ध हुआ। अवसर की तलाश में रहने वाले चूड़ामन के लिए यह संघर्ष सुविधाजनक रहा। बीच के इन वर्षों में यह मध्यकालीन इंग्लैंड के किसी जागीरदार जैसे लगने लगा। उसके सिपाही विशेष प्रकार की वर्दी पहनते थे। जाट फारसी जीवन-पद्धति न सही, फारसी शिष्टाचार अवश्य अपने लग गया था।

औरंगजेब के दो पुत्रों आजम और मुअज्जम 'शाह आलम प्रथम' के मध्य 8 जून 177 ई. को जाट क्षेत्र जाजऊ में युद्ध हुआ जो आगरा के दक्षिण में 20 मील पर था। इस समय चूरामन अपने वीर सैनिकों के साथ युद्ध का रूख देखता रहा और आक्रमण के लिए उचित अवसर की तलाश करता रहा। पहले उसने मुअज्जम की सेना को लूटा, जब उसने देखा कि आजम हारने लगा है तब मौके का फायदा उठाकर आजम पर टूट पड़ा और उसके कैंप को लूट लिया। इस लूट में चूड़ा मन अत्यधिक धनी बन गया। मुगलों की नगदी, सोना-चांदी, अमूल्य रत्न-जड़ित आभूषण, शरत्रास्त्र, घोड़े, हाथी और रसद उसके हाथ लगे। इस धन के कारण वह जीवन पर्यंत आर्थिक चिताओं से बिल्कुल मुक्त रहा। इसमें कोई संदेह नहीं की इस विपुल संपत्ति का कुछ हिस्सा चूरामन की आत्म-हत्या के बाद ठाकुर बदनसिंह और महाराजा सूरजमल के खजाने में भी पहुंचा। अब चूड़ामन अपने सैनिकों को वेतन दे सकता था, अपने विरोधियों को धन देकर अपने पक्ष में कर सकता था और आवश्यकता अनुसार के लिए बनवा सकता था। थून का दुर्ग इसी धन से निर्मित किया और उसको सुसज्जित किया गया।

जाजऊ के युद्ध में सिनसिनवारों ने जो मदद की थी, उसके उपलक्ष्य में उन्हें भी सम्राट की ओर से इनाम मिले। बहादुरशाह ने चूड़ामन को 1500 जात और 500 घुड़सवार का मनसबप्र दान किया। विद्रोही को अचानक ही सरकारी कर्मचारी वर्ग में स्थान मिल गया। चूड़ामन बहुत ही पहुंचा हुआ समय पारखी था, शाही सेनाध्यक्ष के अपने नए पद का औचित्य प्रमाणित करने के लिए उसने मुग़ल सम्राट को मोह लिया। वह सन 1710-11 ई. में सिख्खों के विरुद्ध अभियान में मुग़ल सम्राट के साथ गया और 27 फरवरी, 1712 को जब लाहौर में बहादुरशाह की मृत्यु हुई, तब चूड़ामन वही था। सिख्खों के विरुद्ध अभियान में वह दिल से साथ नहीं था। सिख्खों में भे बहुत से लोग, भले ही वे नानक के धर्म को मानते थे, उसी जैसे जाट थे।

बेताज का बादशाह चूड़ामन

लाहौर में सम्राट बहादुरशाह की मृत्यु के समय उसके चारों पुत्र उसके पास ही थे। उत्तराधिकार के लिए युद्ध तो होना ही था, वह बड़ी अशोभनीय जल्दबाजी में हुआ, जहांदरशाह ने अपने तीन भाईयों को मार डाला और स्वयं राज सिंहासन पर बैठ गया। बादशाह जहांदरशाह सुरा और सुन्दरी का प्रेमी था। उसे लालकुंवर नाम की एक रखैल के प्रेमी के रूप में स्मरण किया जाता है। यह लालकुंवर बाजारू वैश्या ही थी। ऐसे पतित एवं कपटपूर्ण वातावरण में चूड़ामन जैसे व्यक्ति को चैन कहाँ मिल सकता था? मौक़ा मिलते ही वह राज-दरबार को छोड़कर अपने लोगों और अपनी जागीर की देखभाल करने के लिए आ गया।

चूड़ामन सिंह ने सम्राट की कमजोरी से लाभ उठाया और अपनी जागीर को बढाने में उत्तरोतर सफलता प्राप्त की। उसने मथुरा के पश्चिमी भाग, नगर, कठूमर, नदबई, हेलक परगनों पर बिना विरोध के अधिकार कर लिया। दिल्ली से चम्बल तक आबाद जाट तथा अन्य हिन्दू नागरिकों का वह न्यायधिकारी, जीवन तथा सम्पदा का रक्षक था। उसने मुसलमान नागरिकों का भी सम्मान किया और दो धर्म के अनुयायी बिना किसी भेदभाव के शान्ति-पूर्वक जीवन यापन करने लगे। इस प्रकार मदिरा और मोहिनी के शासन में हिन्दू स्वाधीनता और धर्म की रक्षा में तत्पर जाट सरदार चूडामन दृढ़ता सीमान्त प्रदेश दक्षिण में चम्बल नदी पर्यन्त, पूर्व में आगरा से पश्चिम में आमेर (जयपुर) राज्य की सीमाओं तक चूड़ामन 'बिना तख़्त का राजा' अर्थात 'बेताज का बादशाह' था। इस क्षेत्र के समस्त जाट, गूजर, मैना, मेवाती, अहीर आदि लड़ाकू जातियों का उसको समर्थन प्राप्त था। किसी भी राज्य क्रान्ति तथा साम्राज्य सत्ता युद्ध में उसके सहयोग तथा सदभावना की अपेक्षा अनुचित था।

जब फर्रुखसियर जहांदर शाह को चुनौती देने के लिए दिल्ली आ पहुंचा, तब जहांदर शाह ने जाटों से सहायता मांगी। इस समय तक चूडामन यमुना के पश्चिमी तट पर रहने वाले जाटों तथा अन्य हिंदू लोगों का वास्तविक शासक और नियामक बन गया बन चुका था। दिल्ली से लेकर चंबल तक उसका प्रभाव क्षेत्र था और उसके रुख पर ही बात निर्भर करती थी कि हिंदुस्तान के सिंहासन के किसी उम्मीदवार के प्रति इस क्षेत्र की ग्रामीण जनता का व्यवहार मित्रता पूर्वक हो या शत्रुता पूर्ण। जहांदर शाह के अनुरोध पर चूडामन अपने अनुयायियों की एक बड़ी सेना लेकर आगरा तक बढ़ आया। जहांदर शाह ने उसे एक पोशाक भेंट की और उसे उचित सम्मान दिया। कुंवर नटवर सिंह के लेख अनुसार राज सिंहासन के दावेदारों में निकृष्ट पुरुषों की सेनाओं में 10 जनवरी 1913 को युद्ध हुआ। चूड़ामन ने आनन-फानन में, दोनों पक्षों को बारी-बारी से लूट कर दोनों का ही बोझ हल्का कर दिया और उसके बाद वह थून लौट आया। कुछ ही समय बाद गला घोट कर जहांदर शाह की हत्या कर दी गई और फर्रुखसियर सम्राट बना।

ऐसा प्रतीत होता है कि इस समय चूड़ामन का लक्ष्य एक स्वतंत्र राज्य की स्थापना करना था, वह किसी की अधीनता स्वीकार करने को तैयार न था। वह अपने को शक्तिशाली

समझता था, क्योंकि बादशाह दुर्बल मस्तिष्क का व्यक्ति था तथा शाही दरबार भ्रष्ट था और उसमें आपस में फूट थी। फर्रुखसियर का तेजस्वी सौंदर्य और शानदार शारीरिक गठन उसकी कायारता और ढुलमुल नीति से बिलकुल मेल नहीं खाता था, इससे पूर्व कभी भी किसी तेजस्वी शरीर में अधिक अकिंचन आत्मा का निवास न रहा होगा। फर्रुखसियर के शासन के आरम्भ में आगरा के तत्कालीन सूबेदार छबीलाराम ने जाट सरदार की मजबूत गरदन को झुकाने का कठोर परन्तु असफल प्रयास किया था। उसके बाद समसद-उद-दौला आगरा का सूबेदार बना। वह जाटों के दमन को असंभव मानता था। अतः उसने युद्ध के बजाय समझौता करना अधिक उपयुक्त समझा। उसने सम्राट के साथ चूड़ामन का समझौता कराया। सम्राट ने चूड़ामन को दरबार में आमंत्रित किया और वह 4000 घुड़सवारों के साथ वहां पहुंचा और वहां उसे वह सम्मान प्राप्त हुआ, जो भरतपुर के राजा के लिए उपयुक्त था। स्वयं खान-ए-दौरा उसे लेकर दीवान-ए-खास तक गया। बादशाह ने उसे दिल्ली के पडौस से लेकर चंबल तक के राजमार्ग की देखभाल का दायित्व सौंपा। प्रोफेसर कानूनगो के अनुसार- 'एक भेड़िये को भेड़ों की रेवड़ की निगरानी का काम सोपा गया था,' इस प्रकार चूड़ामन क्षेत्र का वैध एवं सुव्यवस्थित नियामक बन गया था। मुगल शासन ने चूड़ामन को उसके दायित्व में सौंपी गई सड़क पर चलने वाले यातायात पर कर लगाने की अनुमति दे रखी थी। उसने कठोरता से टैक्स वसूल किया। प्रोफेसर कानूनगो के अनुसार- 'एक भेड़िये को भेड़ों के रेवड़ की निगरानी का कम सौंपा गया था,' इस प्रकार चूड़ामन क्षेत्र का वैध एवं सुव्यवस्थित नियामक बन गया। मुग़ल शासन ने चूड़ामन को उसके दायित्व में सौंपी गयी सड़क पर चलने वाले यातायात पर कर लगाने की अनुमति दे रखी थी। उसने कठोरता से टैक्स वसूल किया। प्रोफ़ेसर कानूनगो के अनुसार - 'एक जाट टैक्स संग्रहकर्ता, जैसा एक कहावत में कहा गया है, भगवान के क्रोध की अभिव्यक्ति है, उसका पैसा सिर तोड़ देता है जबकि बनिये के 100 रुपये मुश्किल से शरीर को छू पाते हैं।' उसने वास्तविक सत्ता को ही हथिया सा लिया था। बादशाह और उसके दरबारी क्रोध से जलते थे, परंतु उनमें से किसी में इतना साहस न था कि विद्रोही को दंड दे सके।

जाट शक्ति के इतनी तेजी से विकास ने जयपुर के शासक में घबराहट और घृणा की भावनाओं को जन्म दिया। ऐसा होना स्वाभाविक भी था क्योंकि भरतपुर का राज्य जयपुर की सीमाओं पर स्थित था। औरंगजेब ने राजा बिशन सिंह कछवाहा को चूड़ामन के पूर्वजों के दमन हेतु नियुक्त किया था। उस समय से लेकर जाटों और अनेक राजपूत पडौसियों के बीच आनुवांशिक लड़ाई चली आ रही थी। अनेक अवसरों पर उच्च मनसब एवं लाभ प्राप्ति हेतु राजपूतों ने मुग़ल सम्राटों का साथ देकर जाटों से संघर्ष किया था।

थून राज्य के निर्माण की ओर तथा राजपूतों की हार

थून गढ़ी के युद्ध को यदि जाट राजपूत शक्ति परीक्षण कहा जाए तो उपयुक्त रहेगा। सम्राट फरुखसियर के वजीर सैयद अब्दुल्लाह खान के परामर्श के बिना ही 15 सितंबर 1716 ई. को सवाई राजा जयसिंह कछवाहा को जाट विरोधी अभियान की उच्च कमान संभालने

का नियुक्ति पत्र मिल गया था। 18 सितंबर को महाराजा जयसिंह को प्रधान छावनी में उसके अंगरक्षक राजपूत सैनिकों के अतिरिक्त 10000 घुड़सवार तथा 5000 पैदल हाडा, गौरखगारोत राजपूत सैनिक उपस्थित थे। इनके अतिरिक्त कोटा का महाराज भीमसिंह हाडा, नरवर का राजा गजसिंह, विजयसिंह कछवाया (महाराजा जयसिंह का भाई) राव इंदरसिंह, वाजिद खां मेवाती आदि अपनी सेनाओं के साथ उपस्थित थे। इस प्रकार लगभग 40000 बंदूकची सवार तथा 40000 से अधिक पैदल सैनिकों की विशाल सेना उसकी कमान में थी। उसने कांमा से डीग की सहायक गढ़ी 14 मील दक्षिण में तथा थून की प्रधान गढ़ी 14 मील दक्षिण-पश्चिम में थी, को अभियान का आधार बनाया।

चूड़ामन के गुप्तचर दिल्ली में थे जो उसके विरुद्ध षड्यंत्र की जो योजनाएं बन रही थी, उनकी सूचना वह उसे देते रहते थे। सूचना मिलने पर चूड़ामन ने जयसिंह के मुकाबले के लिए एक लंबे युद्ध की तैयारी की। उसने इतना अनाज, नमक, घी, तंबाकू, कपड़ा और ईंधन इकट्ठा कर लिया था कि वह 20 वर्ष के लिए पर्याप्त थे। सरदार खेमकरन सोगरिया, चूडामन का लंबे समय से सहयोगी बना हुआ था, और वह अनेकों अभियानों में चूड़ामन का साथ देकर मुगलों को अपने बहादुरी और दरियादिलों से काफी नुकसान पहुंच चुका था। चूड़ामन ने जिन लोगों से युद्ध में काम नहीं लेना था, उन सब को उसने किले से बाहर भेज दिया, जिससे रसद का अनावश्यक व्यय न हो। किले का घेरा 20 महीने तक पड़ा रहा और इसका निर्णायक परिणाम कुछ भी न निकला। दिल्ली दरबार में तूरानी और ईरानी गुटों के बीच चल रहे षड्यंत्र, चूडामन के लिए रक्षक वरदान सिद्ध हुए। जाटों ने घेरा डालने वालों को चैन से न बैठने दिया।

चूड़ामन ने जयसिंह की उपेक्षा करके सैयद-बन्धुओं से समझौते की बात चलायी और सम्राट ने इस प्रस्ताव को तुरंत स्वीकार कर लिया। थून के घेरे पर शाही खजाने के दो करोड़ रुपये खर्च हो चुके थे, प्राणों और प्रतिष्ठा की जो हानि हुई, वह अतिरिक्त थी। जयसिंह को घेरा उठा लेने का आदेश दे दिया गया। दिखाने को तो उसने इसे अपना अपमान समझा, पर मन ही मन प्रसन्न जयसिंह थून से वापस लौट गया। जयसिंह के हाथ केवल विफलता ही लगी।

सयैद-बन्धु फर्रुखसियर से तंग आ गए थे। उन्होंने उससे पिंड छुडाने का निश्चय कर लिया। उन्होंने पहले तो उसकी आँख निकलवा दीं और बाद में बहुत ही अपमान-पूर्वक उसकी हत्या करवा दी। उस अंधे पुरुष का वस्तुतः उसके रनिवास में ही गला घोंट कर मार डाला गया।

चूड़ामन सयैद-बंधुओं के साथ छाया की तरह लगा रहा, जब फर्रुख्सियर को अपदस्थ किया गया, तब वह हुसैन अली की सेना के साथ था। बाद में वह उसके सम्राट पद के एक नकली दावेदार नेकूसियर के विरुद्ध अभियान में आगरा गया। नेकूसियर को सयैद-बन्धुओं के शत्रुओं ने सम्राट घोषित कर दिया था।

सैयद-बन्धुओं ने चूड़ामन को **'राजा'** की उपाधि देने का वायदा किया था, परन्तु उसने इसे लेना इसलिए स्वीकार नहीं किया कि कहीं अन्य जाट सरदारों को उससे ईर्ष्या न होने लगे। उचित समय पर चूड़ामन ने पासा पलटा और वह नये सम्राट मुहम्मदशाह के साथ मिल गया। मुहम्मदशाह ने जाट सरदारों को बड़े-बड़े पारितोषक दिये, जिन्हें उसने स्वीकार कर लिया, क्योंकि उसके विचार से अकारण सम्राट से दुश्मनी मोल लेना ही नासमझी होती है। परन्तु सन 1720 में होडल के युद्ध में उसने सयैद अब्दुला और सम्राट के शिविरों पर आक्रमण करके कोष एवं युद्ध सामग्री को छीन लिया। इस आक्रमण से उसे साठ लाख रुपये का माल असबाव प्राप्त हुआ, जिससे थून के घेरे में हुए नुकसान की भरपाई हो गयी। अब शाह राह चूड़ामन एक स्वाधीन राजा की तरह व्यवहार और आचरण करने लगा। आमेर को दबाये रखने के लिए उसने जोधपुर के अजीतसिंह राठौर से मित्रता कर ली। उसने बुंदेलों की भी सहायता की, परन्तु उसकी छीना-झपटी, उसका निरन्तर पक्ष-परिवर्तन और उसकी अवसरवादिता उन कुछ घनिष्ट कुटुम्बियों के लिए असहनीय होती जा रही थी, जिनके दावों और हितों के वह तिरस्कारपूर्ण अबेहलना कर रहा था।

अपने भाई मानसिंह की मृत्यु के पश्चात चूड़ामन ने अपने दो भतीजों - बदन सिंह और रूपसिंह को पाला था। चूड़ामन थून में पदासीन था और बदनसिंह सिनसिनी में रहता था। बदनसिंह को अपने चाचा के तौर-तरीके और दुरंगी चालें नापसंद थी। उसका विचार था कि अब वह समय आ गया है, जब जाटों को विद्रोहियों की भांति नहीं, अपितु शासकों की भांति रहना चाहिए। चूड़ामन के पास धन था, राज्य क्षेत्र था और मुगलों की दी हुई उपाधि भी थी। वह क्यों न एक जगह टिक कर बैठ जाये और अपनी जागीरों को संभाले? इस समय जाट दो गुटों में बट गये थे। चूड़ामन और उसके पुत्र मोहकमसिंह के पक्ष में में थे - जाट सरदार खेमकरन सोगरिया, विजयराज गड़ासिया, छतरपुर का फौजदार फतहसिंह और ठाकुर तुलाराम, ये सब पुरानी पीढ़ी के जाट सरदार थे। बदनसिंह को फौजदार अनूपसिंह, राजाराम के पुत्र फतहसिंह, गायडूऔर हलेना के ठाकुरों तथा अन्य जातियों के मुखियाओं का समर्थन प्राप्त था।

जाट-नेतृत्व की महत्वाकांक्षा से ग्रसित बदनसिंह से चूड़ामन के जानी दुश्मन, जयपुर के राजा जयसिंह से भी सम्पर्क बनाया हुआ था। यहाँ इतिहास कुछ गड़बड़ा जाता है - डॉ. पीसी चांदावत सहित कई इतिहासकार लिखते हैं कि चूड़ामन के पुत्र मोहकमसिंह द्वारा बदनसिंह को कैद कर लिया जो विवादास्पद है। प्रो. कानूनगो एवं कुंवर नटवर सिंह के लेख को ही प्राथमिकता देते हैं जिसमें उन्होंने लिखा है कि अपने क्रोधी पुत्र मोहकमसिंह के कहने पर चूड़ामन अपने जीवन की सबसे भयंकर गलती कर बैठा - एक लचर सा बहाना बना कर चूड़ामन ने बदनसिंह और रूपसिंह को बंदी बना लिया और उन्हें थून में ला रखा। यह खबर जाट-प्रदेश में आग की तरह फ़ैली और इससे बड़ी बैचेनी हो गयी। सभी जाट-सरदारों ने चूड़ामण पर दवाब डाला कि वह अपने भतीजों को कैद से छोड़ दे। उन्हें छोड़ने के लिए चूड़ामन ने यह शर्त रखी कि बदनसिंह उसका और उसकी नीतियों का विरोध न करे।

बदनसिंह इसके लिए तैयार नहीं था। प्रमुख जाट सरदारों ने दवाब डालकर बदनसिंह और रूपसिंह को कारागार से रिहा कराया। बदनसिंह सुरक्षा और सहायता के लिए पहले आगरा और उसके बाद जयसिंह के पास जयपुर चला गया।

मानवीय सम्बन्धों में कम ही बातें ऐसी हैं, जो अपने पीछे इतना मलवा छोड़ जाती हों जितना कि पारिवारिक कलह छोड़ते हैं। चूड़ामनसिंह ने जो कुछ भी उपलब्ध किया, निर्माण किया, किले बंदी की और जीता, वह सब जल्दी ही नष्ट-भ्रष्ट हो जाना था - वह भी अन्य किसी के हाथों नहीं, अपितु जयपुर के राजा सवाई जयसिंह के हाथों, और वह भी चूडामन के अपने भतीजे की सहायता से। **इस बार जय सिंह ने काम को पूरा करके ही छोड़ा**। उसने थून में हुई बेइज्जती का बदला ले लिया। बदनसिंह के मार्ग-दर्शन में आती हुई आमेर की सेनाओं ने थून पहुंचने से पहले ही चूड़ामन ने आत्महत्या कर ली थी।

उसकी मृत्यु का वृतांत इस प्रकार है -

चूड़ामन का एक संपन्न सम्बन्धी जो एक धनी व्यापारी था निःसंतान मर गया था। उसके भाई-बंधुओं ने चूड़ामन के ज्येष्ठ पुत्र मोहकम सिंह को बुलाया और उसे मृतक की जमींदारी का दायित्व सौंप दिया तथा उसकी समस्त सम्पत्ति भी उसी को दे दी। चूड़ामन के दूसरे पुत्र जुलकरण सिंह ने अपने भाई से कहा, "मुझे भी उस माल में से हिस्सा दो और हिस्सेदार मानों ।" दोनों भाईयों के बीच इस मामले को लेकर बड़ी जबरदस्त कहा सुनी हो गयी। मोहकम सिंह लड़ने मरने को तैयार हो गया।

जुलकरण भी झगड़ने पर उतारू था, उसने अपने आदमी इकठ्ठे किये और अपने भाई पर हमला कर दिया। बड़े-बूढ़ों ने चूडामन को खबर भेजी कि उसके बेटे आपस में लड़ रहे हैं, यह अच्छी बात नहीं है। चूडामन ने मोहकम सिंह को समझाना चाहा, तो उसने गाली-गलौच शुरू कर दी और प्रकट कर दिया कि वह अपने भाई के साथ-साथ बाप से भी लड़ने को तैयार है। इस पर चूड़ामन आपे से बाहर हो गया और झल्लाकर उसने विष खा लिया, जिसे वह सदा अपने पास इसलिए रखता था कि यदि कभी शत्रु के हाथों बंदी बन जाय तो उपयोग में लाया जा सके। विष खाने के बाद, वह घोड़े पर सवार होकर एक वीरान बाग़ में पहुंचा, एक पेड़ के नीचे लेट गया और मर गया। उसे खोजने के लिए आदमी भेजे गये और उन्होंने उसके शव को ही पाया। कोई भी शत्रु उसे विष खाने के लिए विवश नहीं कर पाया था, वहीं उसके एक मुर्ख तथा उद्धत पुत्र ने उसे खिला दिया। इस प्रकार चूड़ामन फरवरी 1721 में परलोक वासी हुए।

अगले वर्ष थून-गढ़ ले लिया गया। जय सिंह राजा ने 14000 घुड़सवारों के साथ अपना यह अभियान प्रारंभ किया, जिसमें बाद में 50000 घुड़सवार और शामिल हो गये। थून में चूरामन के पुत्रों को घेर लिया गया, उनकी मुख्य प्रतिरक्षा दुर्गम जंगल की एक पेटी थी। आक्रमणकारी जंगल को काटकर दुर्ग के निकट तक पहुंच गए। बदन सिह ने राजा जयसिंह की सेना का संचालन किया, क्योंकि उसे इस किले के दुर्लभ स्थान का ज्ञान था। 18 नवंबर, 1722 को थून का पतन हुआ। मोहकमसिंह ने गुप्त रूप से थून से भाग कर अपने पिता के

मित्र राजा अजीतसिंह राठौर के यहां जाकर शरण ली ।

इस विजय की उपलक्ष में जय सिंह को "राजा-ए, राजेश्वर" की उपाधि मिली। जाटों की सरदारी बदनसिंह ने संभाली और चूड़ामन की जमींदारी उसे प्राप्त हुई। बदनसिंह को जयपुर के राजा जयसिंह द्वारा जाटों के प्रधान के रूप में प्रतिष्ठित किया तथा उसकी "ठाकुर" की उपाधि प्रदान की। वह बढ़िया प्रशंसक था और उसके सावधान नेतृत्व में भरतपुर का जाट घराना अगली दो दशाब्दियों तक शांत, निरंतर शक्ति संचय करता गया। इस प्रकार जाट शक्ति की वृद्धि पर यह व्याघात वास्तविक कम और दिखावटी अधिक था।

इतिहासकार चूड़ामन सिंह को डाकू एवं लुटेरा और उसके कार्यों को लूटमार कहते हैं, लेकिन जनता की स्वाधीनता और शोषण से मुक्ति के लिए संघर्ष करने वाले हर विद्रोही को सत्ता और शासन से टकराना पड़ता है, उसका कोष-युद्ध सामग्री एवं माल-असबाव छीनकर अपनी सेना का गठन करना पड़ता है। विश्व में शांति क्रांति का यही संजीव इतिहास है। रूस चीन तथा भारत के क्रांतिकारी आंदोलन का भी यही इतिहास है। जाट सरदार चूड़ामन को मुगलों तथा राजपूताने के मुग़ल शासन के चाटुकार सामन्तों के शोषण से बृज की जनता को मुक्त करना था, अतः शक्ति संचय और सैन्य संगठन के लिए मुगल अधिकारी तथा काफिलों काफी से धन, शस्त्र तथा युद्ध सामग्री छीननी पड़ी थी। यह लूट नहीं थी, वरन एक लोकप्रिय क्रांति थी। वास्तविक स्वतंत्रता संग्राम पर दोषारोपण करके उसके महत्व को कम करने का यह प्रयास है। चूड़ामन लोकप्रिय क्रांति का एक अग्रदूत था, ऐसी क्रांति जिसके पूर्ण होने पर समूचे ब्रज की संस्कृति तथा सम्मान की रक्षा हुई थी। चूड़ामन के कार्यों का वास्तविक मूल्यांकन यदि उस काल और परिस्थितियों को ध्यान में रखते हुए किया जाए तो वह अवसरोपयोगी राजनीतिक कौशलता का वास्तविक प्रतिनिधि है। चूड़ामन की दृष्टि उत्तरी भारत में एक शक्ति की उद्भावना पर टिकी थी, ताकि आए दिन की लूटमार बेइज्जती और मुगलों के शोषण से जनता को मुक्ति दिला सके। इस आधार पर यह एक क्रांतिकारी तथा महान देशभक्त प्रमाणित होता है।

वीर चूड़ामणि

यह भज्जा सिंह जी के पुत्र और वीरवर राजाराम जी के छोटे भाई थे। जदुनाथ सरकार ने इनके विषय में लिखा है-

"चूरामणि में जाटों की जैसी स्थिरता और मराठों जैसी धूर्तता मौजूद थी। राजनैतिक चालाकी उसमें कूट-कूट कर भरी गई थी।"

वह अनुचित दगा और शत्रु पर उदारता दिखाने के सिद्धांत के काहिल थे। सन् 1702 ई. में अपने बूढ़े पिता भज्जासिंह के स्वर्गवास के पश्चात् जाटों का नेतृत्व आपने ही संभाला। थोड़े ही दिनों में इन्होंने 500 सवार और हजारों पदाति सैनिक संग्रह कर लिए और हाथरस के जाट-नरेश नन्दराम के साथ मिलकर मेंडू और मुरसान के प्रसिद्ध लुटेरों को अपनी सेना में भर्ती कर लिया। आगरे से पश्चिम 46 कोस दूरी पर, घने जंगलों में, थून नामक स्थान पर एक दुर्ग बनाया। थोड़े ही दिनों में थून-राज्य में 80 गांव हो गए। सेना भी 14-15 हजार उसके

पास रहने लगी। इतनी बड़ी सेना के लिए धन की भारी आवश्यकता थी। इसलिए कौटा-बूंदी के सम्पन्न इलाके को भी इन्होंने लूटा। सन् 1704 ई. में सिनसिनी को मुगल हाकिम से छीनकर अपने राज्य में मिला लिया। सन् 1705 ई. में आगरे के मुगल-सूबेदार मुख्तारखां और सन् 1707 ई. में राजाबहादुर से **सिनसिनी के मैदान** में लड़ाई हुई। दूसरी लड़ाई में एक हजार जाट शहीद हुए और दस गाड़ी हथियार उनके दुश्मन के हाथ लगे, किन्तु विजय जाटों की ही रही।

सन् 1707 ई. में औरंगजेब की मृत्यु हो गई। चूरामणि ने ऐसे समय पर राज्य बढ़ाने की सोची, किन्तु नीतिमत्ता के साथ इस काम में हाथ डालने लगे। औरंगजेब के बहादुरशाह के शासनकाल में जब बहादुरशाह और आजम में **जाजऊ गांव** के पास लड़ाई हुई तो चूरामणि ने अवसर के अनुसार हारने वाले को लूटकर जीतने वाले के साथ अपनी सहानुभूति प्रकट की। सन् 1711 ई. में चूरामणि ने बहादुरशाह के साथ पंजाब जाकर उसके अयोग्य लड़कों के गृहयुद्ध को भी देखा था।

बहादुरशाह के बाद उसका लड़का जहांदारशाह राज्य का मालिक हुआ। सन् 1713 ई. में जब जहांदार और फर्रुखसियर में लड़ाई हुई तो युद्ध के अंत में चूरामणि ने दोनों को लूट लिया। इस लूट में उन्हें बहुत-सा धन प्राप्त हुआ। इसी प्रकार हसनपुर की लड़ाई के समय उन्होंने शाही-सेना के हाथियों को छीन लिया। इस पर क्रोधित होकर मुहम्मद अमीनखां ने अफगानों की सेना सरदार चूरामणि का दमन करने के लिए भेजी। अजीजखां ब़ंगश अफगान, सआदतखां और उमरखां रुहेला कई हजार सेना तथा सैकड़ों तोप लेकर अकेले चूरामणि को नष्ट करने के इरादे से अमीनखां के सहायक हो गए। यही क्यों, राजा गोपालसिंह भदौरिया और राजा राजबहादुरसिंह किशनगढ़ भी मुसलमानों का साथ देने लगे थे। चूरामणि ने बड़ी वीरता और सावधानी से काम लिया। पहली बार के आक्रमण में शत्रुओं की सेना के दो भाग कर दिए। अपनी सेना बीच में घुसा दी। दो हमले दक्षिण और पूर्व से उनके शेष सैनिकों ने किए। सारे दुश्मन भाग खड़े हुए। जाटों ने शत्रुओं को भागते समय लूट लिया। एक हजार बैलों और ऊंटों से भरा हुआ धन और सामान चूरामणि के हाथ लगा। 'फादर वेण्डल' ने लिखा है कि निकोसियर बादशाह के भाई जफर को जबकि वह आमेर जा रहा था, चूरामणि ने लूट लिया। इस लूट में उन्हें पचास हजार मुहरें हाथ लगीं।

दिल्ली के तत्कालीन बादशाह ने शान्ति बनाए रखने के लिए चूरामणि से प्रस्ताव किया और उनके स्वीकार कर लेने पर 1500 जात का मनसब, 500 घोड़े पुरस्कार और 'राहदार' की उपाधि दी। कामकाज के इबारतनामे में लिखा है कि -

"चूरामणि का राज इतना बड़ा हो गया था कि उसको पार करने में 20 दिन लगते थे।"

सन् 1715 ई. में बादशाह फर्रुखसियार ने इकरन, अधापुर, मलाह, बाढ़ा गांव और भरतपुर तथा रूपवास के परगने जागीर में दिए। किन्तु फिर भी वह रुस्तम और खेमकरन सोगरिया के साथ मिलकर लूट-पाट करते रहे। इनको इतने लोभ-लालच देने पर भी फर्रुखसियर जब शान्त न कर सका तो उसने जयपुर के राजा सवाई जयसिंह को सन् 1716

ई. में इनको दमन करने भेजा। इस युद्ध में जीत चूरामणि की हुई और राजपूती तथा शाही सेना वापस लौट गई। सन् 1719 ई. में जब निकोसियर और शमशेखां की लड़ाई हुई तो चूरामणि ने हाथरस के नंदराम के पुत्र गोविन्दसिंह की अध्यक्षता में सेना देकर शमशेरखां की सहायता की। 13 नवम्बर सन् 1720 को अब्दुल्लाखां को लूट लिया और 20 लाख मुहरें उससे प्राप्त कीं। चूरामणि देहली से चम्बल तक जमुना के पश्चिमी प्रदेश के वास्तविक शासक हो गए थे।

सरदार चूरामणि के स्वर्गवास के सम्बन्ध की घटना कई प्रकार से वर्णन की जाती है- कोई कहता है लड़ाई में मारे गए, कोई कहता है हीरे की कनी खा ली।

इनकी मृत्यु के पश्चात् गृह-कलह आरम्भ हो गया। इनके बेटे **हुकमचन्द** ने जो कि बादशाहों की अधीनता में रहने के कायल न थे, अपने चचेरे भाई बद सिंह को कैद कर लिया। बदनसिंह जब कैद से छोड़े गए तो उन्होंने बादशाह की सहायता लेकर थून पर चढ़ाई कर दी। राजा जयसिंह मदद को आए। यदि बदनसिंह साथ न होते तो जयसिंह को थून के किले में मारा डाला जाता, क्योंकि सुरंग से किला उड़ा देने की तैयारी कर ली गई थी। इस गृह-युद्ध का ब्रज में इस प्रकार गायन होता है-

"लेन चहत है दिल्ली आगरा घर की थून दई, बन्धु-बैर अनवन के कारण कैसी कुमति ठई।"

स्वदेश-बन्धु जाटों के राज्य थून को विजय करने के उपलक्ष में, राजा सवाई जयसिंह ने, धर्मद्रोही बादशाह से 'राजराजेश्वर श्री राजाधिराज' की उपाधि प्राप्त की।

सिनसिनी (सिनसिनवार) - हिन्द का वीर योद्धा चक्रवर्ती राजा चूड़ामन सिनसिनवार (मानवेन्द्र सिंह तोमर)

चूड़ामन का वंश परिचय : -

जिस समय हिन्द में अत्याचार अपनी परकाष्ठा की सीमा लांग चूका था। उस समय हिन्द के ब्रज क्षेत्र में भगवान श्री कृष्ण के वंश सिनसिनी के जागीदार (राजा) ठाकुर (राजा) ब्रजराज सिंह और उनकी रानी अमृत कौर के घर 1695 वि. स. को चूड़ामन का जन्म हुआ।

इनका ननिहाल चिकसाना गाँव में बिसायती गोत्र के जाट चौधरी चंद्र सिंह के घर था। ब्रज राज के उनकी रानियों से 7 लड़के हुए जिनमे चूड़ामन सबसे बड़े थे।

चूड़ामन की शादी मथुरा जिले में हुई उनके 9 लड़के उनकी रानियों से थे। जिनके नाम क्रमशः मोहकम सिंह, ज़ुलकरण सिंह, थानसिंह, बख्तावर सिंह, चाँद सिंह, कीरत सिंह, सुजान सिंह, देवीसिंह, जय करण सिंह थे।

चूड़ामन अपने पिता ब्रजराज का सुयोग्य पुत्र, भावसिंह का भ्राता तथा वीर राजाराम का चचेरा भाई था। इतिहासकारों ने इसको चूड़ामन, चूरामणि, चूड़ामणि एवं चूरामन नामों से पुकारा है।

हिन्द सरताजः -

चूड़ामन में जाटों जैसी दृढ़ता और मराठों जैसी चतुराई व राजनैतिक दूरदर्शिता कूट-कूटकर भरी हुई थी। कार्यकुशलता तथा अवसरवादिता ही उसके जीवन के प्रमुख अंग थे। वह राजनीति का प्रयोग केवल राजनीति के लिए ही करता था, मानवीय भावनाओं के लिए नहीं। इसी के सहारे उसने औरंगजेब जैसे सम्राट् को नाकों चने चबवाये थे। वही एक ऐसा व्यक्ति था जिसने 17-18वीं शताब्दी में शत्रुओं का मानमर्दन कर, उत्तरी भारत में जाट शक्ति को भारत की प्रमुख शक्तियों में स्थान दिलाया था। उसी के प्रयत्नों के फलस्वरूप जाटशक्ति का तेजस्वी सितारा उत्तरी भारत के राजनैतिक आकाश में जगमगा उठा था। वीरता तथा बुद्धिमत्ता इन दो गुणों के मेल ने ही चूड़ामन को इस योग्य बनाया कि जाटों की विद्रोही शक्ति को राज्यशक्ति के रूप में बदल सका। सही अर्थों में वह भरतपुर के प्रथम ऐतिहासिक जाटराज्य का निर्माता था। चूड़ामन खुद को किसान बोलते थे इसलिए कभी ताज धारण नहीं किया जब की मुग़ल उनको राजा समझते थे शाही दरबार में। उनको निमंत्रण भेजा जाता था पर वो उसको यह कहलवा देते कि वो एक साधारण किसान है।

चूड़ामन ने अपने पिता ब्रजराज के जीवनकाल में रूपवास, बाड़ी, बसेडी, सिरमथरा, बयाना तथा कठूमर के बीहड़ जंगल नवीन छापामार दल संगठित कर लिए थे। इन दलों ने पांच-छः वर्ष तक आगरा, दिल्ली तथा रणथम्भौर मुगल सरकारों के मध्य भाग में लूटमार हमला करके अराजकता को फैलाया। मुगल सरकारों के सूबेदार तथा परगनों के फौजदार क्रान्तिकारी समूह की गतिविधियों को नियन्त्रित रखने में पूर्णतः असफल रहे। अपने पिता ब्रजराज तथा ज्येष्ठ भ्राता भावसिंह की मृत्यु के बाद वह अपने लड़ाकू जाट सैनिकों के साथ कठूमर परगना को छोड़कर अपनी जन्मभूमि (सिनसिनी परगना) में वापिस लौट आया। 1702 ईस्वी में सिनसिनवार पाल के समस्त गांवों के सिनसिनवार जाट मुखियाओं की एक पंचायत बैठी और उस पंचायत ने फतेसिंह (सुपुत्र राजाराम) को अयोग्य समझकर चूड़ामन को सिनसिनवार जाट पंचायत का प्रधान निर्वाचित किया।

चूड़ामन का अदम्य साहसिक कार्य

चूड़ामन ने जाटों का मुखिया बनते ही मुगलो और उनके रिश्तेदार राजपूत अत्याचारो का दमन शुरू किया इसमें उसने तंवरवंशी ठेनुवा नंदराम जाट ने सहयोग किया इन्होंने मिले के मुग़ल सेनापति राजपूत हरिसिंह को युद्ध में मार दिया। मुग़ल छावनी पर हमला करके धन इर् शाही तोप जीत ली ।

चूड़ामन ने कोटा और बूंदी के हाड़ा राजपूत रियासत के शाही काफिले तक लूट लिए उसने अपने खजाने को छुपाने के लिए दलदली क्षेत्र में एक गुप्त तहखाना बनाया जहा आज का भरतपुर शहर बसा हुआ है उसने आगरा से लाकर चर्मकार दलित को यहाँ बसाया।

चूड़ामन और सोगर गढ़ के मुखिया रुस्तम सोगरवार ने मिल के सिनसिनवार और सोगरवार का एक संगठन बनाया जिसका नाम सिन-सोग रखा गया जो बहुत ही कामयाब रहा ।

चूड़ामन ने थून में एक किले का निर्माण करवाया जो उस काल का मिट्टी से निर्मित एक द्ववतीय किला गढ़ था ।

फर्रुखसियार (मुग़ल बादशाह) के हरम में उस समय जोधपुर राजा अजीतसिंह राठौड़ राजपूत की पुत्री इंद्रा कँवर थी राजपूत इंद्रा कँवर को हरम से मुक्त करवाने में असमर्थ थे इसलिए उन्होंने चूड़ामन से मदद ली, चूड़ामन महाराज इंद्रा कँवर को मुस्लिमो के हरम से छुड़ा के लाये थे।

जब राजपूत राजा क्षत्रसाल बुंदेला के कालपी और जबलपुर पर मुग़ल नायक मुहम्मद बग्स पठान बे कब्ज़ा कर। लिया तब चूड़ामन ने मोहम्मद बग्स पठान को मार के राजपूत राजा को उसका राज्य दिलवा दिया जोधपुर राजा ने चूड़ामन की मदत से सांभर, डीडवाना, टोड़ा परगने जीत लिए।

दिसम्बर, 1712 ई. में उत्तर में दिल्ली सीमान्त प्रदेश से दक्षिण में चम्बल नदी पर्यन्त, पूर्व में आगरा से पश्चिम में आमेर (जयपुर) राज्य की सीमाओं तक चूड़ामन का राज्य था।

1702 में मुखिया बने चूड़ामन ने सिनसिनी पुनः जीत ली पर मुग़ल और जाटों के मध्य सिनसिनी को ले कर युद्ध चलता रहा और अंतिम रूप से जाजऊ (जाजो) के युद्ध के बाद ही चूड़ामन का स्थायी अधिकार हो पाया।

जाजऊ युद्ध और चूड़ामन

सम्राट् औरंगजेब की मृत्यु (फरवरी 20, 1707 ई.) होने पर उसके अयोग्य पुत्रों के मध्य उत्तराधिकार के लिए युद्ध हुआ।

यह निर्णायक युद्ध औरंगजेब के दो पुत्रों आजम और मुअज़्ज़म 'शाह आलम प्रथम' के मध्य, जून 8, 1707 ई. को जाट इलाके में, आगरा के दक्षिण में 20 मील पर जाजो के स्थान में हुआ। इस समय चूड़ामन अपने वीर सैनिकों के साथ युद्ध का रुख देखता रहा और आक्रमण के लिए मौके की तलाश करता रहा। पहले उसने मुअज्जम के कैम्प को लूटा। जब उसने देखा कि आजम हारने लगा है तब मौके का फायदा उठाकर वह भी आजम पर टूट पड़ा और उसके कैम्प को भी लूट लिया। इस लूट के फलस्वरूप चूड़ामन बहुत धनी बन गया। मुग़लों की नकदी, सोना-चांदी, अमूल्य रत्नजड़ित आभूषण, शस्त्रास्त्र, घोड़े, हाथी और रसद उसके हाथ लगे। इस धन के कारण वह जीवन भर आर्थिक चिन्ताओं से बिलकुल मुक्त रहा। इस बारे में कोई सन्देह नहीं कि इस विपुल सम्पत्ति का कुछ भाग सन् 1721 ई. में चूड़ामन की आत्महत्या के पश्चात् ठाकुर बदनसिंह और महाराजा सूरजमल के खजाने में भी पहुंचा। अब चूड़ामन अपने सैनिकों को वेतन दे सकता था, अपने विरोधियों को धन देकर अपने पक्ष में कर सकता था और आवश्यकतानुसार किले बनवा सकता था, थून का दुर्ग इसी धन से बनवाया और सुसज्जित किया गया। जाजो के युद्ध में जाट सिनसिनवारों ने जो सहायता दी थी, उसके उपलक्ष्य में उन्हें भी विजयी सम्राट् बहादुरशाह ने इनाम दिये।

चूड़ामन ने जाजो युद्ध से वापिस लौटकर न केवल सिनसिनी पर ही अधिकार किया बल्कि 'दस्तरूल इंसा' के लेखक 'यार मोहम्मद' के अनुसार "आगरा तथा दिल्ली का शाही

मार्ग दो महीने तक पूर्णतः बन्द रखा, जिससे हजारों यात्रिओं को अपनी सरायों में ही रुकना पड़ा। इन काफिलों में सुप्रसिद्ध योद्धा अमीन्नुद्दीन सम्भाली की पत्नी भी शामिल थी। उसे भी जाट के कारण मार्ग में दो महीने तक रुकना पड़ा। उसने उपद्रव भी शुरु कर दिये।"

1709 में चूड़ामन ने शेरगढ़ को बलोच से जीत लिया

चूड़ामन ने राजपूत जमीदारियों के उन्मूलन और कछवाहों द्वारा अधिकृत जाटक्षेत्रों को मुक्त कराने का अभियान तेज कर दिया। अक्तूबर, 1709 ई० में उसने सोगर एवं भुसावर जीत लिया और शीघ्र ही कॉमा, खोहरी, कोट, खूंटहड़े, ईटहेड़ा, जाड़िला तथा चौगड़दा सहित अनेक स्थानों पर अपने थाने स्थापित करने में सफलता प्राप्त की।

जातीय प्रेम चूड़ामन में इतना प्रबल था की शाही अभियान में लाहौर (1710-11) गए चूड़ामन को जब यह पता चला की यह नानक धर्मी भी जाट है तो उसने अपने सिख जाट भाइयो का साथ मुगलो के खिलाफ युद्ध में दिया

सामूगढ़ युद्ध (जनवरी 10, 1713 ई.)

शहज़ादा फर्रुखसियर ने अपने पिता अज़ीमउश्शान की मृत्यु का समाचार सुनकर अप्रैल 6, 1712 ई. को पटना में हिन्दुस्तान का सम्राट् बनने की घोषणा कर दी थी और वह 18 सितम्बर को आगरा की ओर रवाना हुआ। उसने इलाहाबाद तथा बिहार के सूबेदार क्रमशः सैयद अब्दुल्ला खां और सैयद हुसैन अली खां (दोनों भाई जो सैयद बन्धु कहलाते थे), को भी साथ लिया। चूड़ामन ने इस युद्ध में जहांदार शाह को बुरी तरह से पराजित कर लूट लिया मुगलो ने चूड़ामन को खुश करने के लिए राहदारी का पद और सम्राट् ने चूड़ामन को बरौड़ा मेव (आधुनिक तहसील नगर), कठूमर, (जिला अलवर), अखैगढ़ या सौंखर-सौंखरी (कुछ भाग आधुनिक जिला अलवर तथा कुछ भाग आधुनिक तहसील नदबई में शामिल), हेलक (तहसील कुम्हेर) और अऊ (तहसील डीग) नामक पांच शाही परगने जागीर में प्रदान कर दिये पर चूड़ामन ने मुगलो से समझोता नहीं किया बल्कि इस क्षेत्र। पर अधिकार कर शाही सेना से भी राह कर वसूल करने लगाचूड़ामन की इच्छा व आज्ञा से ही जागीरदार अपने अधिकार में गांवों से लगान वसूल कर सकते थे। चूड़ामन की धींगामस्ती की शिकायतें दिल्ली पहुंचीं, परन्तु अशक्त सम्राट् उसकी रोकथाम करने या उसे दंड देने के लिए कुछ भी नहीं कर सका।

मुग़ल बादशाह ने चूड़ामन को सबक सिखाने को अपने रिश्तेदार आमेर जयपुर के राजपूत को थून पर युद्ध करने भेजा फर्रूखसियर के वजीर सैय्यद अब्दुल्ला खां के परामर्श के बिना ही 15 सितम्बर, 1716 ई. को सवाई राजा जयसिंह कछवाहा को जाट विरोधी अभियान की उच्च कमान सम्भालने का नियुक्ति पत्र मिल गया था। 18 सितम्बर को महाराजा जयसिंह की प्रधान छावनी में उसके अंगरक्षक राजपूत सैनिकों के अतिरिक्त दस हजार घुड़सवार तथा पांच हजार पैदल हाड़ा, गौर, खंगारोत राजपूत सैनिक उपस्थित थे। इसके अतिरिक्त कोटा का महाराव भीमसिंह हाड़ा, नरवर का राजा गजसिंह, विजयसिंह कछवाहा (महाराजा जयसिंह का भाई) राव इन्द्रसिंह, व्याजिद खां मेवाती आदि आगमी

सेनाओं के साथ उपस्थित थे। इस प्रकार अनुमानतः 40,000 बन्दूकची सवार तथा 40,000 से अधिक पैदल सैनिकों की विशाल सेना उसकी कमान में थी। उसने कॉमा को थून अभियान का आधार बनाया।

चूड़ामन के गुप्तचर दिल्ली में थे जो उसके विरुद्ध योजनाओं की सूचना उसे देते रहते थे। सूचना मिलने पर चूड़ामन ने जयसिंह के मुकाबिले के लिए एक लम्बे युद्ध की तैयारी की। ड़ामन के छापामार सैनिक थून गढ़ी के भीतर से तथा अन्य जाट गढ़ियों से निकलकर शाही सेनाओं पर आक्रमण करते रहे तथा उनको पीछे धकेलते रहे जिससे वे थून गढ़ी तक पहुंच ही नहीं सकें। इन छापामार जाट सैनिकों ने अनेक बार शाही सेनाओं के हथियार, गोला बारूद, खाद्यसामग्री आदि छीने और अपनी गढ़ियों में ले गये। इन मुठभेड़ों में जाट सैनिक कम तथा शाही सैनिक बड़ी संख्या में काम आये। महाराजा जयसिंह के सब इरादे विफल कर दिये गये। वह 20 महीने तक थून गढ़ी का घेरा डाले पड़ा रहा परन्तु सफलता प्राप्त न कर सका।

जय सिंह इस अभियान में असफल रहा चूड़ामन के भतीजे और सूरजमल के पिता रूपसिंह ने वीरता का परिचय दिया।

हसनपुर का युद्ध : -

हसनपुर के युद्ध में चूड़ामन ने शाही सेना के ऊंट घोड़े हाथी और खजाना लूट लिया।

आगरा के सूबेदार सआदत खां के निर्देश पर उसका नायब नीलकण्ठ नागर जाटों को दण्डित करने आया। 16 सितम्बर, 1721 ई. को फतेहपुर सीकरी के निकट युद्ध में चूड़ामन के पुत्र मोहकमसिंह के हाथों शाही सेना पराजित हुई और नीलकण्ठ नागर मारा गया।

चूड़ामन की मृत्यु (22 सितम्बर, 1721 ई.)

शिवदास लखनवी, गुलाम हुसैन, मीरगुलाम अली, कालिकारंजन कानूनगो आदि लेखक चूड़ामन की मृत्यु के बारे में लिखते हैं -

“ठाकुर चूड़ामन का एक निकट सम्बन्धी अपने पीछे विशाल सम्पत्ति (84 गांवों की जागीर) को छोड़कर निःसन्तान ही मर गया। मोहकमसिंह तथा जुलकरनसिंह के मध्य इस सम्पत्ति और जमींदारी के बंटवारे को लेकर महत्त्वाकांक्षाओं का संघर्ष फूट पड़ा। जब चूड़ामन ने न्यायोचित ढ़ंग से अपने पुत्रों को समझाने का प्रयास किया तो मोहकमसिंह ने अपने वयोवृद्ध पिता को विद्रोहात्मक अशोभनीय बात कही और पिता तथा भाई दोनों से लड़ने को तैयार हो गया। इस अपमान और पारिवारिक फूट को सहन न कर पाने के कारण 22 सितम्बर, 1721 ई.को उनकी मृत्यु हो गयी उनकी मृत्यु आज भी रहस्य ही है पर कुछ इतिहास कार उनकी मृत्यु हीरे की कनी को खा लेने को बताते है।

7

खेमकरन सोगरिया

खेमकरन सोगरिया

राजा खेमकरण सोगरिया: - बहादुर खेमकरण सोगरिया की चर्चा चूड़ामन के साथ इतिहासकार नहीं करते हैं, परंतु इस सोगरिया वंश ने उनके अनेक अभियानों में भाग लिया था। इस अति वीर सोगरिया वंश का विस्तृत वर्णन उपेंद्रनाथ शर्मा ने अपने 'युग युगीन बयाना' एवं 'जाटों का नवीन इतिहास' ग्रंथ में विस्तार रूप में किया है। स्वतंत्रता, मानवता, धर्म तथा संस्कृति की रक्षा के लिए मुगल सत्ता से खेमकरण सोगरिया ने जो लम्बा संघर्ष किया था वह जाट संघर्ष में अपना विशिष्ट स्थान रखता है। इतिहासकार खेमकरण को 'खेमा' जाट या सोगरिया जाट सरदार के नाम से लिखते हैं। ऐसा जाट सरदार था जिसकी वीरता एवं दरियादिली की कहानियों से मुगल दरबार भी प्रभावित था।

काठेड, मेवात, सिदगिरि, चाहरवाटी तथा ब्रज क्षेत्र में आबाद चन्द्रवंशी छः जाट डूंग (वंश) —

(1) सिनसिनवार (2) सोगरवाल (सोगरिया) (3) कुंतल (खूंटैंला) (4) चाहर (5) हगा और (6) नोहवार तथा पन्द्रह जाट पाल-तेवतिया, नाहरवार, सहरौत, पोनिया, डागुर, भैनवार, बझेरा, सिकरवार, देशवार, माहौरा, भगोर, इन्दौलिया, ठेनुआ, गाधिया आदि जाट कबीले साभिमान विजय मंदिर गढ़ (बयाना) और त्रिभुवन गिरि (तवनगढ़) के यदुवंशी साम्राज्य के संस्थापक भदाणपति परम भट्टारक महाराजाधिराज विजयपाल के वंशजों को अपना पूर्व-पुरुष भदाणक (भदानक) प्रदेश को अपनी मातृभूमि मानते हैं। महाराजा तिहुनपाल के पुत्र मदनपाल के (1) सूर्य (2) कान्हरदेव (3) वीरदेव (4) वस्तपाल और (5) सुवरदेव नामक पांच पुत्र थे। इन सभी को काठेड, मेवात, सिदगिरि तथा ब्रज में जागीरें प्रदान की गई थीं।

कान्हरदेव ने नदियों के जलप्रवाह से भरपूर, दलदली जंगलों से घिरे हुए ग्राम सेंवर में सर्वप्रथम अति विस्तृत गढ़ी का निर्माण कराया। इसी कबीले में सुग्रीव नामक एक वीर योद्धा ने भरतपुर के उत्तर-पश्चिम में साढ़े छः किलोमीटर दूर सुगढ़ (सोगर) नामक सुदीर्घ

कच्चीगढ़ी का निर्माण कराया। कालांतर में यह डूंग कबीले (जाति) सोगरिया या सोगरवाल कहलाने लगे। इन जाटों ने इस भू-भाग में फैलकर सेंवर तथा सोगर गढ़ियों की सुरक्षा के लिए आसपास अनेकों गांवों में भी साधारण गढ़ियों का निर्माण कराया। इनको अपनी स्वतंत्रता, मानवता, धर्म तथा संस्कृति की रक्षा के लिए सल्तनत काल में एक लम्बे समय तक तुर्की, खिलजी, तुगलक, सैय्यद, लोदी वंश से निरंतर संघर्ष करना पड़ा था। इन संघर्षों की एक लम्बी कहानी है। अन्त में सामन्तवादी व्यवस्था की अपेक्षा इन परिवारों को डागुर जाति के जमींदारों को बेदखल करके स्वयं जमींदारी अधिकार उपार्जित करना पड़ा।

17वीं शताब्दी के उत्तरार्ध में काठेड जनपद में आबाद जाट जमींदारों में स्वाधीनता तथा अपने अधिकारों के रक्षा की लहर उमड़ी और क्रांतिकारी जाट किसानों ने अपने हलों की फालों को तलवार, फरसा एवं भालों का रूप देकर आलमगीर की धार्मिक मदान्धता, हिन्दू विरोधी नीति के विरुद्ध सशस्त्र संघर्ष का झंडा बुलन्द किया। 21 मई 1691 में सोगर गढ़ी के पतन के बाद अनेक सोगरिया परिवारों को इधर-उधर हटना पड़ा था और उनको छापामार धारों 'मारो और भागो' की नीति अपनाते हुए संघर्ष करना पड़ा था।

18वीं शताब्दी के प्रारम्भ में ग्राम तुहिया के सोगरिया जाट रस्तम ने नेतृत्व संभाला। प्रारम्भ में रस्तम काश्तकारी मवेशी चराने का काम करता था और बड़ी मौज से मेहनत मजदूरी करके अपने परिवार का पालन-पोषण करता था। इसके हीरामन, केथराम, चूडामण, खेमकरण (खेमा), किरपाराम व भीखाराम छः पुत्र थे। 'तवारीख भरतपुर' के लेखक पं. बलदेवसिंह सूर्यद्विज का कथन है कि आधुनिक भरतपुर शहर का अधिकांश भू-खंड खेड़ापति ब्राह्मणों की जमींदारी में शामिल था। रुस्तम ने इन जमींदारों से समझौता कर भरतपुर में मकान बनवाया। एक दिन उसके एक पुत्र को अधापुर गाँव में भूमि-गत असर्फियां मिलीं। इनको उसने अपने पिता को सुपुर्द कर दिया। रुस्तम के पुत्रों में खेमकरण अति योग्य, वीर, साहसी और चतुर था। खेमकरण में असाधारण तेज एवं योग्यता क्षमता थी। रुस्तम ने तत्काल कुछ घोड़ा-घोड़ी खरीद कर एक सैनिक टुकड़ी का गठन किया और अपने सुयोग्य पुत्र खेमकरण (खेमा) की सहायता से बाणगंगा रूपारेल नदियों के संगम पर घने जंगलों के बीच वर्तमान भरतपुर दुर्ग के मध्य भाग में फतहगढ़ी (फतहपुर, आजकल यहाँ किशोरी महल तथा श्री बिहारी जी का मन्दिर बना है) का निर्माण करवाया।

सोगरिया जाट पंचायत की सरदारी प्राप्त करके स्वविवेक तथा साहस से रुस्तम ने स्वजातीय कबीलों की शक्ति व योग्यता को चमकाया। साधारण हथियारों से सुसज्जित जाट जन-शक्ति को कुछ ही वर्षों में छापामार तथा सैनिक शक्ति के रूप में गठित किया। कुशल नेतृत्व मिलते ही सोगरिया सरदार ने क्षेत्रीय गुर्जरों के साथ मिलकर परम्परागत शाही खजाना तथा शाही हथियारों को छीनना प्रारम्भ कर दिया और सशस्त्र क्रांति का जयघोष शुरू किया। सोगरिया-सिनसिनवार जाटों की एकता तथा भाईचारा को महत्वपूर्ण समझकर रुस्तम ने अपने पुत्र खेमकरण को बहादुर चूड़ामन का सहयोग करने के उद्देश्य से उसके पास भेजा और दोनों सरदारों ने मुगलों के विरोध में मित्रता के सिद्धान्त के आधार

पर आपस में मित्रता कर ली। इस प्रकार काठेड जनपद के दो उदयीमान जाट सरदारों ने आपस में मिलकर 'सिन-सोग' संघ पंचायत को मजबूत किया।

खेमकरण और चूड़ामन ने पड़ोसी कुंतल (खुटेला) जाट पंचायत के सरदार हाथीसिंह (सौंख) तथा फौजासिंह (अडीग) और चाहरवाटी के चाहर जाटों के साथ मिलकर अपनी शक्ति तथा प्रभाव को बढ़ाया। इस प्रकार सम्पूर्ण काठेड जनपद में कौमी पंचायत की स्थापना के साथ जाट जन-शक्ति को एक सूत्र में आबद्ध करने का सफल प्रयास किया गया।

इस जाट जन-शक्ति को क्षेत्रीय अन्य जातियों का पूर्ण अनुभव व सहयोग प्राप्त था। इन्होंने भयंकर उपद्रव खडा करके शाही खजाना व शस्त्रों को लूटकर दिल्ली से धौलपुर, ग्वालियर, आगरा से अजमेर तथा मालवा को जाने वाले सभी 'शाही-राजमार्गों' को बन्द कर दिया था।

सम्राट आलमगीर कठोर प्रयासों के बाद भी राजधानी के समीप उदीयमान इस नवचेतना को दबाने में विफल रहा।

आलमगीर की मृत्यु (फरवरी, 1707) के बाद उसके पुत्रों में सिंहासन के लिए सशस्त्र संघर्ष छिड़ गया था। खेमकरण ने चूड़ामन के साथ मिलकर जाजऊ युद्ध में मुगल छावनी में भयंकर मारकाट करके अपार धन, सैनिक सज-सज्जा में अपना हिस्सा प्राप्त किया। इन विद्रोह पूर्ण दिनों में जाट जन-शक्ति की उपेक्षा करना असम्भव था, जिसका वर्णन हम पीछे कर चुके हैं। अतः विजेता सम्राट बहादुरशाह ने मुगल साम्राज्य के सिंहासन पर आसीन होकर जहां चूडामन को मनसब प्रदान किया। वहां खेमकरण सोगरिया के जमींदारी अधिकारों को स्वीकृति दी और उनको फौजदारी अधिकार देकर आगरा जिले में शान्ति व्यवस्था स्थापित करने का प्रयास किया।

सम्राट बहादुरशाह ने बंदा वैरागी को दबाने के लिये पंजाब में प्रवेश किया। उपेन्द्रनाथ शर्मा के अनुसार सोगरिया सैनिकों की एक टुकड़ी चूड़ामन के नेतृत्व में लाहौर तक गई।

सम्राट जहांदारशाह के शासन जो 9 माह ही रहा, में जाट सरदारों ने केन्द्रीय मुगल मंत्रियों तथा मनसबदारों की दलगत राजनीति से लाभ उठा कर आगरा प्रान्त के शाही परगनों में छापामार युद्ध कर भारी कत्लेआम किया। आगरा का सूबेदार मुहम्मद मह जफर खां (आजम खां) जाट सैनिकों का विरोध करने में विफल रहा। इसी समय जहांदारशाह को शाहजादा फर्रुखसियर से युद्ध लड़ना पड़ा। सामूगढ़ युद्ध (जनवरी, 1713) में जाट सैनिकों ने खेमकरण-चूड़ामन के नेतृत्व में जहांदारशाह के चन्दौल व हरम में भारी लूटपाट करके शाही लश्कर में भगदड़ पैदा कर दी थी।

बहादुर खां की उपाधि तथा जागीर: - सम्राट फर्रुखसियर के राज्यारोहण के बाद शाही दरबार में वरिष्ठ मनसबदारों व मंत्रियों में सत्ता व शक्ति का संघर्ष छिड़ गया था। अतः सैय्यद बन्धुओं ने अपने को अधिक सशक्त बनाने के लिये हिन्दू शक्तियों को सन्तुष्ट करने की नीति अपनाई।

मुहम्मद अमीन खां (द्वितीय वख्शी) ने सम्राट की अनुमति से 1715 ई. के प्रारम्भ में अपने पुत्र क़मरुद्दीन खां को रुस्तम तथा उसके पुत्र खेमकरण के पास भेज कर, खेमकरण को 'बहादुर खां' की उपाधि से सम्मानित किया। उसको वर्तमान भरतपुर (फतहपुर), मलाह, अधापुर, बारहामाफी, इकरन तथा अन्य अनेक गांव परगना (तहसील) रूपवास में नियमित पेशकश भुगतान की शर्त पर जागीर प्रदान करके सोगरिया डूंग का अब एक स्वतंत्र व्यक्तित्व उभरा। अन्य जाट डूंग व पाल सरदारों की भांति खेमकरण ने शाही मुस्लिम मनसबदारों की जागीरों में हस्तक्षेप करना शुरू कर दिया था और मुगल मनसबदार व जागीरदार अपनी जागीरों से भू-राजस्व वसूली में कठिनाई महसूस करने लगे थे। खेमकरण ने कई मुगल ठिकानों की शान धूल में मिला दी थी। दिल्ली से आगरा आने वाला अथवा आगरा से दिल्ली जाने वाला प्रत्येक मुगल अधिकारी खेमकरण की तलवार का पानी देखकर जाता था। इन दिनों कोई ऐसा शासनधिकारी न था जो अपने हथियार, घोड़े और माल असबाब को सही सलामत ले गया हो। इस तरह उसकी ताकत दिन दूनी और रात चौगुनी होती जा रही थी।

फर्रुखसियर ने सैय्यद बंधुओं की उपेक्षा करके सवाई जयसिंह को चूडामन विरोधी अभियान के लिए नियुक्त किया। जय सिंह के विरुद्ध थून गढ़ी संघर्ष में खेमकरण ने चूरामन का साथ दिया और अपनी बहादुरी के पैंतरे रण में दिखलाई थे। इस प्रथम संघर्ष में जयसिंह को पराजित होना पड़ा था। जयसिंह खेमकरण की बहादुरी और दरियादिली का कायल था, अतः उसने सोगरिया जाट से संपर्क बनाने का निश्चय एवं प्रयास किया। केंद्र में सैय्यद बंधुओं का राजनीतिक वर्चस्व बढ़ गया। अंत में उन्होंने सम्राट फर्रुखसियर को सिंहासन से उतार दिया और वह सम्राट निर्माता बन गये थे।

सैय्यद बंधुओं की शक्ति के विरुद्ध आगरा दुर्ग में विद्रोह भड़क उठा और मित्रसेन नागर ने निकोसियर को शाही सिंहासन पर आरूढ़ करके सैय्यदों के विरुद्ध संघर्ष किया। सवाई जयसिंह निकोसियर की सहायतार्थ तथा आगरा, मथुरा के समाचारों की जानकारी के लिए सहीराम के नेतृत्व में जुलाई में प्रारंभ में एक अश्वारोही अग्रदल जटवाड़ा की ओर रवाना कर दिया था।

अमीर-उल-उमरा हुसैन अली खां ने भी सूचना मिलते ही तत्काल खेमकरण के पास जयसिंह तथा उसकी सेना को मार्ग में ही रोकने के लिए आदेश भेजा। खेमकरण ने फतहगढ़ी से निकल कर सहीराम को घेर लिया। दोनों में तीन दिन तक संघर्ष चला, अंत में खेमकरण ने उसे पराजित कर अघापुर गढ़ी की ओर भगा दिया। जय सिंह, खेमकरण की वीरता पर मुग्ध हुए बिना नहीं रह सका। खेमकरण को सवाई जयसिंह ने अपनी तोड़ा छावनी में आमंत्रित किया, उसने अपने भाई कृपाराम व भीखाराम तथा भतीजे सावन्तसिंह को उसके आमंत्रण पर टोड़ा भेज दिया। 16 जुलाई 1719 ई. को सवाई जयसिंह ने किरपाराम को अपने तोपखाना से एक बंदूक आहनी (लोहा) व एक बंदूक जरब (धातु) और मखमली पीढ़ी, दूसरे दिन उसको व भीखाराम, सावन्तसिंह को तीन-तीन वस्त्रो का सीख का सिरोपा प्रदान कर

सम्मानित किया। जयसिंह खेमकरण के माध्यम से सैय्यद बंधुओं के साथ समझौता करना चाहता था।

वजीर नवाब मोहम्मद-अमीन खां ने कट्टर पंथी मुसलमानों की प्रसन्नता व शाही खजाने में राजस्व वृद्धि के लिए हिंदुओं पर पुन: जजिया कर लगाने का प्रस्ताव सम्राट के सामने रखा। खेमकरण ने इस जान लेवा प्रस्ताव का विरोध किया और जनता को इस करके विरोध में संगठित किया। फलत: सम्राट ने जजिया कर स्थगित कर दिया।

खेमकरण को सवाई जयसिंह ने 13 दिसंबर 1720 ई. को साज सहित एक घोड़ा, एक झंडा जरी, एक फैंटा, एक जामा कुर्ता जरी, एक जड़ाऊ कलंगी से सम्मानित करके सहयोगी वातावरण बनाने में सफलता प्राप्त की ।चूड़ामन ने भी हसनपुर युद्ध के बाद अपने क्षेत्र में लौटकर दिसंबर के अंत में शाही दरबार में अपने मनसब तथा अन्य पूर्ण प्रदत्त अधिकारों की संतुष्टि आदेश प्राप्त करने को अपना वकील पंडित चिंतामणि को दिल्ली भेजा। इस वकील के साथ ठाकुर तुलाराम जाट भी दिल्ली गया और इन्होंने सवाई जयसिंह से भेंट कर उसका सहयोग प्राप्त करने का प्रयास किया।

खेमकरण का साहसी प्रदर्शन एवं सम्मान: -

खेमकरण अति वीर, साहसी तथा चतुर सरदार था। उसके साहस, अदम्य उत्साह की चर्चा दूर-दूर तक प्रसिद्ध थी। वर्तमान घना केवलादेव का विस्तार खानुवा तथा रूपवास तक था और वहाँ शेर, वाघ, जंगली सूअर बहुतायत में मिलते थे। खेमकरण शेरों तथा बाघों का शिकार करने में भी प्रवीण था। दिल्ली प्रवासकाल में शाही मैदान में आयोजित प्रदर्शन में उसने अपने शौर्य का परिचय देते हुए दो बाघों को कटारी से मारकर सम्राट तथा अमीर-उमरावों को अत्यंत प्रभावित किया था। सम्राट मुहम्मद शाह ने अति प्रसन्न होकर उसे 'बाघमार व 'बहादुर' की उपाधि, एक घोड़ा, खिलअत देकर तथा वतन जागीर में दीवानी तथा फौजदारी के अधिकार से सम्मानित किया। 22 फरवरी को सवाई जयसिंह ने अपने प्रतिनिधि के रूप में उसे खिलअत प्रदान की।

इसी समय ब्रजक्षेत्र के अनेक जाट जमींदार दिल्ली पहुँच चुके थे। तब 19 फरवरी 1721 के दिन सज्जाद खाँ को आगरा प्रांत का राज्यपाल पद प्रदान करके रवाना किया गया। नवीन राज्यपाल को आगरा प्रांत में जाटों से संघर्ष करना पड़ा। दिल्ली प्रवास के दौरान सज्जाद खाँ के ठहरने से खेमकरण की मेजबानी पर 1330 मोहर, 36451 रुपए व्यय किए गए। बाद में जब सवाई जयसिंह को आगरा प्रांत का राज्यपाल पद प्रदान किया गया, तब उसने उस मेजबानी व्यय का भुगतान किया।

बदनसिंह को सिनसिनी तथा डींग की जमींदारी के लिए अपने चाचा चूड़ामन से भी विवाद चला। मार्च 1721 में बल्देवसिंह ने शाही दरबार से जमींदारी की मान्यता प्राप्त करने हेतु अपने सुयोग्य पुत्र कुंवर सूरजमल को दिल्ली भेजा और उसने 18 अप्रैल को सवाई जयसिंह से भेंट कर प्रतिनिधियों के साथ मुलाक़ात की। राज्यपाल सआदत खाँ ने आगरा पहुँचकर जाट दमन की एक कपटपूर्ण योजना बनाई और उसने बदनसिंह की जागीदारी के

अधिकार सौंपते हुए एक हाथी तथा सम्मानजनक खिल अत प्रदान करके काठेड के परगनों व्यावहारिक अधिकार कराने का वचन दिया। इसी समय चूडामन के पुत्रों में जमींदारी बंटवारे पर गृह कलह प्रारम्भ हो गया। इससे दुखी होकर चूडामन ने आत्महत्या कर ली। जिसका प्रभाव क्षेत्र में पड़ा। समाचार मिलते ही खेमकरण तत्काल दिल्ली से फतहगढ़ लौट आया और उसने जाट पंचायत के निर्णयानुसार बदनसिंह का साथ दिया।उसने बदनसिंह के सिर पर सरदारी की पाग बांधी और उसको क्रमशः जटवारा का नेतृत्व सँभालने में हर संभव सहायता प्रदान की। प्रारम्भ में सूरजमल ने वैमनस्य के साथ युद्ध न करने का प्रयास किया, किन्तु दोनों ओर सरदारों में व्यक्तिगत एवं क्षेत्रीय मतभेदों के कारण मिलाप नहीं हो सका। क्योंकि एक म्यान में दो तलवारें नहीं समा सकतीं।

खेमकरण का पतनः - खेमकरण सोगरिया वीर होने के साथ-साथ दानवीर एवं अत्यंत उदार व्यक्ति था। कहा जाता है कि वह दोपहर के सहभोज में शामिल होने के लिए धौंसा बजाकर अपने साथियों को बुलाया करता था। उसके पास एक चतुर स्वामी भक्त हथिनी थी। उसने अपनी सैनिक शक्ति भी बढ़ा ली थी। समकालीन लेखों से ज्ञात होता है कि बदनसिंह ने खेमकरण पर “भाई-चारा” सिद्धान्त स्वीकार करने का दबाव डालने के लिए जनवरी 1726 में मीर बख्शी खान-दौरान तथा कई एक शाही मनसबदारों की वेतन-जागीर के गाँव इजारे पर प्राप्त कर लिए थे। वास्तव में ये गाँव खेमकरण के इलाके में शामिल थे। इससे उसने इजारा अनुबन्ध का विरोध किया और रबी की फसल के समय बदनसिंह के गुमाश्तों को अपने क्षेत्र के गाँवों से भू-राजस्व का भुगतान नहीं करने दिया।

राव बदनसिंह ने मोहकमसिंह के विरुद्ध उसके आध्यात्मिक गुरु महंत माखनदास वैरागी का समर्थन प्राप्त कर लिया था। ठीक इसी तरह कुंवर सूरजमल ने फतह गढ़ी स्थित नागाजी महाराज का आशीर्वाद, नैतिक तथा आध्यात्मिक बल प्राप्त कर लिया था। इसी कारण वास्तव में सूरजमल को खेमकरण के विरुद्ध जन समर्थन प्राप्त करने में सफलता मिल चुकी थी।

रबी की फसल आने पर जब बदनसिंह के गुमाश्तों ने परगना हेलक के दक्षिणी तथा दक्षिणी-पश्चिमी ग्रामों के जमींदारों से जमा वसूली करने का प्रयास किया, तब खेमकरण ने हस्तक्षेप करके इसका विरोध किया। फलतः मई 1726 के प्रारम्भ में बदनसिंह ने खेमकरण के विरुद्ध सैनिक रवाना करके सवाई जयसिंह को स्थिति से अवगत कराया। 8 जून 1726 को कछवाहा दरबार से ताराचन्द तथा राय स्योदास के नाम परवाना भेजा गया और उनको बदनसिंह की सहायता के निर्देश दिए गए।

“खेमकरण जाट पातशाही मनसबदारों की जमा का भुगतान नहीं कर रहा है। इससे बदनसिंह को उसके विरुद्ध चढ़ाई करनी पड़ी है। आप शीघ्र ही अपनी टुकड़ी के साथ उसकी सहायता के लिए रवाना हो जावे। राय स्योदास को भी आदेश भेज दिए गए हैं। वे भी उधर पहुँच रहे हैं। आप दोनों आपस में मिलकर विचार करके तुलाराम आदि सभी जाट पंचों को बुलाकर खेमकरण को समझा दें कि बदनसिंह शाही मनसबदारों व जमींदारों के गावों से

जमा वसूली करने का वैधानिक अधिकारी है। अतः आप उसको भुगतान कर दें। यदि वह रकम भुगतान न करे और कहना नहीं माने, तब उसको समझायें अन्यथा बदनसिंह के निर्देशानुसार दमनात्मक कार्यवाही में सहायता करें।"

चूँकि खेमकरण उस इलाके का मालिक था, उसने अपने अधिकार छोड़ने से साफ़ इंकार कर दिया तथा जाट पंचों के प्रस्ताव का खुला विरोध किया। फलतः सूरजमल के नेतृत्व में सैनिकों ने फतहगढ़ी पर अचानक आक्रमण कर दिया। दोनों में भयंकर संघर्ष हुआ। मध्य में राजा खेमकरण अपनी हथिनी पर सवार होकर अपने निजी सवारों सहित फौदाराम कुंतल (खुटेला) के पास अडींगग चला गया और सूरजमल ने उसकी गढ़ी पर अधिकार कर लिया। अन्त में कुछ वर्ष बाद इस कच्ची गढ़ी को पूरी तरह बर्बाद करके सूरजमल ने वहाँ अति विशाल भरतपुर दुर्ग की नींव डाली, जो कालान्तर में अजेय दुर्ग के नाम से प्रसिद्ध हुआ।

सूरजमल ने ठाकुर फौदाराम पर खेमकरण को किसी भी प्रकार मारने का दबाव डाला और उसके बदले उच्च सम्मान व जागीर प्रदान कराने का प्रलोभन दिया। जब खेमकरण अडींग पहुँचा, तब फौदाराम ने उसका अति आदर-सत्कार किया और वहाँ कुछ दिन रुकने का आग्रह किया। संभवतः खुटेला पंचायत में खेमकरण व बदनसिंह में आपस में मित्रता कराने का प्रयास भी किया गया, किन्तु असफल रहने पर ही फौदाराम ने उसको भोजन में विष दे दिया। विष अति घातक था और वह उसके शरीर में फैलने लगा। अस्तु खेमकरण अपने साथी सवारों के साथ अपनी हथिनी पर सवार होकर ग्राम मुतिया (इलाका फतहपुर) की ओर चल दिया। मुतिया गाँव का ठाकुर उसका रिश्तेदार था और उसने उसको बचाने का प्रयास भी किया, किन्तु तीसरे दिन उसका प्राणान्त हो गया। विष के प्रभाव से उसकी हथिनी भी वहीं समाप्त हो गई। इस प्रकार एक वीर योद्धा का युग समाप्त हो गया।

सूरजमल ने वचन पालन का पूरा प्रयास किया और अगस्त, 1726 में सवाई जयसिंह ने तुलाराम अवारिया तथा फौदाराम का अपने दरबार में स्वागत किया। फौदाराम को परगना मथुरा के अनेक गाँव इजारे पर उठा दिए गये। धीरे-धीरे फौदाराम ने बदनसिंह की सह-साझेदारी में तीन लाख वार्षिक जमा का इलाका इजारे में प्राप्त करके जीवन पर्यन्त बदनसिंह के साथ भाई-चारा निभाया।

ठाकुर खेमकरण के पुत्र तेजसिंह को जमींदारी का उत्तराधिकार प्रदान किया गया। अन्य पुत्र पेमा तथा खेमकरण के बन्धु-बान्धव यथावत अपनी-अपनी जमींदारी पर काबिज अवश्य रहे, परन्तु सोगरिया जाट के नेतृत्व का सदा-सदा के लिए अन्त हो गया था। अक्टूबर, 1727 में सवाई जयसिंह ने तेजसिंह को सिरोपाव प्रदान किया और तेजसिंह तथा सोगरिया जमींदार सूरजमल के साथ कन्धे से कन्धा मिलाकर ब्रज संस्कृति व सभ्यता, समाज की रक्षा में तत्पर रहने लगे। कवि सूदन ने सोगरिया सरदारों के अदम्य साहस, वीरता व रण-कौशलता का अपने काव्य ग्रन्थ 'सुजान-चरित्र' में अत्यन्त ही सजीव एवं सम्यक वर्णन किया है।

8

ब्रज क्षेत्र

ब्रज क्षेत्र

ब्रज, जिसे व्रज, व्रजा, ब्रज या ब्रजभूमि के नाम से भी जाना जाता है, भारत में यमुनानदी के दोनों किनारों पर स्थित एक क्षेत्र है, जिसका केंद्र उत्तर प्रदेश राज्य में मथुरा-वृंदावन है। इसमें हरियाणा राज्य के पलवल, बल्लभगढ़,और नूह, राजस्थान राज्य के डीग, भरतपुर,करौलीऔर धौलपुर तथा मध्य प्रदेश के भिंड मुरैना जिले भी शामिल है। उत्तर प्रदेश के भीतर, यह सांस्कृतिक रूप से बहुत अच्छी तरह से सीमांकित है, यह क्षेत्र मथुरा, अलीगढ़, आगरा, हाथरस और इटावा जिले तक फैला हुआ है। ब्रज क्षेत्र राधा और कृष्ण से जुड़ा है, जिनका जन्म शास्त्रों के अनुसार क्रमशः बरसाना और मथुरा में हुआ था। यह हिन्दू तीर्थयात्रा के कृष्ण सर्किट का मुख्य केंद्र है।

यह दिल्ली से 150 किमी दक्षिण और आगरा से 50 किमी उत्तर-पश्चिम में स्थित है। पारिस्थितिक रूप से, पिछले 200 वर्षों में ब्रज का स्वरूप नाटकीय रूप से बदल गया है, वनों की कटाई के साथ-साथ जंगली जानवरों की संख्या में भारी गिरावट आई है। 1980 के दशक के उत्तरार्ध में लिखते हुए, एंटविस्टल ने उल्लेख किया कि इस क्षेत्र में केवल कुछ ही वन-वन बचे हैं, और कई पवित्र स्थलों पर मानव कृषि बस्तियों द्वारा अतिक्रमण किया जा रहा है।

शब्द साधन -

ब्रज शब्द संस्कृत शब्द व्रज से लिया गया है। व्रज का उल्लेख सबसे पहले ऋग्वेद में मिलता है, और संस्कृत में इसका अर्थ मवेशियों के लिए चारागाह, आश्रय या रिसॉर्ट है, जो संस्कृत शब्द " *व्रज* " से लिया गया है जिसका अंग्रेजी में अर्थ "जाना" है।

ब्रज यात्रा सर्किट (परिधि)

ब्रज यात्रा तीर्थयात्रा का औपचारिक रूप से स्थापना 16वीं शताब्दी में वैष्णव संप्रदाय के साधुओं द्वारा निश्चित मार्गों, यात्रा कार्यक्रम और अनुष्ठानों के साथ की गई थी। यह तीर्थयात्रा क्षेत्र 2500 वर्ग किलोमीटर में फैला हुआ है, जिसकी परिधि 84 कोस या 300 किलोमीटर लंबी है, जो पूर्व में 10 किलोमीटर और उत्तर और पश्चिम में 50 किलोमीटर

तक फैली हुई है। ब्रज में दो मुख्य प्रकार की तीर्थयात्राएं हैं: पारंपरिक लंबी, जिसमें संपूर्ण तीर्थयात्रा शामिल है, और दूसरी छोटी, काफी हद तक संशोधित समकालीन तीर्थयात्रा, जिसमें मथुरा, वृंदावन, गोकुल और गोवर्धन के मुख्य स्थलों का दर्शन किया जाता है। पूर्व, लंबी पारंपरिक तीर्थयात्रा मार्ग में नंदगांव और बरसाना जैसे अतिरिक्त पवित्र स्थल भी शामिल हैं, जिनमें पैदल यात्रा की जाती है।

प्रमुख तीर्थ स्थलों

एंटविस्टल (1987) से लिए गए उल्लेखनीय तीर्थ स्थल।

मथुरा

विश्राम घाट, कृष्ण जन्मस्थान मंदिर परिसर (कृष्ण जन्मस्थान), कंस किला, द्वारकाधीश मंदिर, मथुरा मधुवन (मधुबन)

- राधा कुंड
- कुसुम सरोवर
- गोवर्धन पहाड़ी
- बच्छ गाँव
- डीग
- कामन, राजस्थान (कामा)
- बरसाना
- नंदगांव, उत्तर प्रदेश
- कामई, उत्तर प्रदेश
- छाता
- कोकिलावन (कोकिलाबन)
- कोसी कलां (कोसी)
- पैगांव
- शेरगढ़, उत्तर प्रदेश (शेरगढ़)
- भांडीरवन, वृंदावन (भांडीरवन)
- वृंदावन
- राधा मदन मोहन मंदिर (राधा मदनमोहन)
- बांके बिहारी मंदिर (बाके बिहारी)
- राधाबल्लभ मंदिर (राधावल्लभ)
- राधा दामोदर मंदिर (राधादामोदर)
- निधिवन
- राधा रमण मंदिर (राधारामन)
- बलदेव (बलदेव)

- महाबन (महावन)
- गोकुल

ब्रज महोत्सव फाल्गुन के शुक्ल पक्ष में तीन दिनों तक मनाया जाने वाला त्योहार है। यह मार्च माह में मनाया जाता है। भगवान कृष्ण के सम्मान में आयोजित यह त्योहार उमंग और उत्साह से भरा होता है। ग्रामीण लोग रंग-बिरंगे परिधानों में सजे-धजे गीत गाते और रासलीला नृत्य करते हुए देखे जा सकते हैं (राधा और कृष्ण की अमर प्रेम कहानी को दर्शाने वाला नृत्य)। होली की पूर्व संध्या पर आयोजित इस त्योहार पर भरतपुर का पूरा इलाका लोक संगीत की धुनों से गूंज उठता है।

जनसांख्यिकी

ब्रज क्षेत्र के अधिकांश निवासी हिंदू हैं। प्रमुख ब्राह्मण जातियों में सनाढ्य, गौर, चौबे और अहिवासी शामिल हैं। कृषक और पशुपालक जातियों में यादव (अहीर), जाट, जादौन, राजपूत, गुर्जर, मेव और चमार (जाटव) शामिल हैं। प्रमुख व्यापारी जातियाँ अग्रवाल, खंडेलवाल, महेश्वरी, और बारहसैनी (वार्ष्णेय) हैं। मुस्लिम एक छोटी अल्पसंख्यक आबादी बनाते हैं।

श्री कृष्ण को ब्रज इसलिए नहीं भूलता क्योंकि वह उनके जीवन, प्रेम और बाल लीलाओं का आधार था। यशोदा-नंद का निस्वार्थ प्रेम, सखाओं के साथ खेल, गोपी-प्रेम और यमुना के किनारे की स्मृतियां उन्हें मथुरा के राजपाट में भी याद आती थीं। ब्रज का निश्छल प्रेम और वहां की हरियाली, माखन-रोटी व कुंजों की छाया उनके हृदय में रची-बसी थी।

श्री कृष्ण के ब्रज न भूलने के प्रमुख कारण:

- **निस्वार्थ प्रेम (प्रेमभाव):** गोपियों, ग्वाल-बालों और ब्रजवासियों का निस्वार्थ और अटूट प्रेम।
- **बाल लीलाएं:** नंद-यशोदा के साथ बिताया गया बचपन, माखन-रोटी खाना और माखन चोरी जैसी अटखेलियां।
- **प्राकृतिक वातावरण:** यमुना के किनारे की कुंज गलियां, वन-उपवन की छांव और ब्रज की मिट्टी, जहाँ वे रमे थे।
- **आत्मीयता:** मथुरा के राजसी वैभव में भी वे ब्रज की सादगी और अपनापन नहीं भूल पाए।
- **दिव्य स्थान:** ब्रज को गोलोक धाम का ही एक रूप माना जाता है, जहाँ कृष्ण ने अपनी लीलाएं कीं।

सूरदासजी के पदों में भी कृष्ण के मुख से यह विरह व्यक्त हुआ है - "ऊधो मोहि ब्रज बिसरत नाहीं", जो ब्रज के प्रति उनके अगाध स्नेह को दर्शाता है।

ब्रज का पौराणिक इतिहास

ब्रज परिचय,परिभाषा,भूगोल, विस्तार, नामकरण और अभिप्राय,पौराणिक इतिहास, ब्रज का आदिम काल, ब्रज का कृष्ण काल, ब्रज का मौर्य काल, ब्रज का शुंग काल,ब्रज का शक कुषाण काल, ब्रज का गुप्त काल, ब्रज का मध्य काल, ब्रज का उत्तर मध्य काल, ब्रज का मुगल काल, ब्रज का जाट मराठा काल, ब्रज का स्वतंत्रता संग्राम 1857, ब्रज का स्वतंत्रता संग्राम 1920-1947, संस्कृति, जीवन शैली, प्राचीन संगीत, मूर्ति कला मथुरा, प्रमुख पर्व एवं त्योहार, मुख्या दर्शनीय स्थल, चौरासी कोस यात्रा, ब्रजभाषा, होली, वेशभूषा, भोजन व मिठाईआदि।

विवरण - भागवत में ' ब्रज ' क्षेत्र विशेष को इंगित करते हुए ही प्रयुक्त हुआ है। वहाँ इसे एक छोटे ग्राम की संज्ञा दी गई है। उसमें 'पुर' से छोटा 'ग्राम' और उससे भी छोटी बस्ती को 'ब्रज' कहा गया है। 16वीं शताब्दी में 'ब्रज' प्रदेश के अर्थ में होकर 'ब्रजमंडल' हो गया और तब उसका आकार 84 कोस का माना जाने लगा था।

ब्रज क्षेत्र - आज जिसे हम ब्रज क्षेत्र मानते हैं उसकी दिशाएें, उत्तर दिशा में पलवल (हरियाणा), दक्षिण में ग्वालियर (मध्य प्रदेश), पश्चिम में भरतपुर (राजस्थान) और पूर्व में एटा (उत्तर प्रदेश) को छूती हैं।

ब्रज के केन्द्र - मथुरा और वृन्दावन।

ब्रज के वन कोटवन, काम्यवन, कुमुदवन, कोकिलावन, खदिरवन, तालवन, बहुलावन, बिहारवन, बेलवन, भद्रवन, भांडीरवन, मधुवन,महावन, लौहजंग वन एवं वृंदावन।

भाषा - हिंदी और ब्रज भाषा

प्रमुख पर्व एवं त्यौहार - होली, कृष्ण जन्माष्टमी, यमद्वितीया, गुरु पूर्णिमा, राधा अष्टमी, गोवर्धन पूजा, गोपाष्टमी, नंदोत्सव एवं कंस मेला

प्रमुख दर्शनीय स्थल - कृष्ण जन्मभूमि, द्वारिकाधीश मंदिर, राजकीय संग्रहालय, बांके बिहारी मंदिर, रंगनाथ जी मंदिर, गोविन्द देव मंदिर, इस्कोन मंदिर, मदन मोहन मंदिर, दान घाटी मंदिर, मानसी गंगा, कुसुम सरोवर, जय गुरूदेव मंदिर, राधारानी मंदिर, नन्दजी मंदिर, विश्राम घाट, दाऊजी मंदिर

अन्य जानकारी - ब्रज के वन–उपवन, कुन्ज–निकुन्ज, श्री यमुना व गिरिराज अत्यन्त मोहक हैं। पक्षियों का मधुर स्वर एकांकी स्थली को मादक एवं मनोहर बनाता है। मोरों की बहुतायत तथा उनकी पिऊ–पिऊ की आवाज़ से वातावरण गुन्जायमान रहता है।

ब्रज का मुग़ल काल

बाबर - मुग़ल साम्राज्य के संस्थापक ज़हीरूद्दीन बाबर का जन्म मध्य एशिया के फरगना राज्य में हुआ था। उसका पिता वहाँ का शासक था, जिसकी मृत्यु के बाद बाबर राज्याधिकारी बना। इब्राहिम लोधी और राणा सांगा की हार के बाद बाबर ने भारत में मुग़ल राज्य की स्थापना की और आगरा को अपनी राजधानी बनाया। उससे पहले सुल्तानों की राजधानी दिल्ली थी ; किंतु बाबर ने उसे राजधानी नहीं बनाया क्योंकि वहाँ पठान थे, जो तुर्कों की शासन–सत्ता पंसद नहीं करते थे। प्रशासन और रक्षा दोनों नज़रियों से बाबर को

दिल्ली के मुक़ाबले आगरा सही लगा। मुग़लराज्य की राजधानी आगरा होने से शुरू से ही ब्रज से घनिष्ट संबंध रहा। मध्य एशिया में शासकों का सबसे बड़ा पद 'ख़ान' था, जो मंगोलवंशियों को ही दिया जाता था। दूसरे बड़े शासक 'अमीर' कहलाते थे। बाबर का पूर्वज तैमूर भी 'अमीर' ही कहलाता था। भारत में दिल्ली के मुस्लिम शासक 'सुल्तान' कहलाते थे। बाबर ने अपना पद 'बादशाह' घोषित किया था। बाबर के बाद सभी मुग़ल सम्राट 'बादशाह' कहलाये गये। बाबर केवल 4 वर्ष तक भारत पर राज्य कर सका। उसकी मृत्यु 26 दिसम्बर सन् 1530 को आगरा में हुई। उस समय उसकी आयु केवल 48 वर्ष की थी। बाबर की अंतिम इच्छानुसार उसका शव काबुल ले जाकर दफ़नाया गया, जहाँ उसका मक़बरा बना हुआ है। उसके बाद उसका ज्येष्ठ पुत्र हुमायूँ मुग़ल बादशाह बना।

हुमायूं - बाबर में बेटों में हुमायूँ सबसे बड़ा था। वह वीर, उदार और भला था ; लेकिन बाबर की तरह कुशल सेनानी और निपुण शासक नहीं था। वह सन् 1530 में अपने पिता की मृत्यु होने के बाद बादशाह बना और 10 वर्ष तक राज्य को दृढ़ करने के लिए शत्रुओं और अपने भाइयों से लड़ता रहा। उसे शेरखाँ नाम के पठान सरदार ने शाहबाद ज़िले के चौसा नामक जगह पर सन् 1539 में हरा दिया था। पराजित हो कर हुमायूँ ने दोबारा अपनी शक्ति को बढ़ा कन्नौज नाम की जगह पर शेरखाँ की सेना से 17 मई, सन् 1540 में युद्ध किया लेकिन उसकी फिर हार हुई और वह इस देश से भाग गया। इस समय शेर खाँ सूर (शेरशाह सूरी) और उसके वंशजों ने भारत पर शासन किया।

अकबर शासन काल सन् 1556 से 1605

जब हुमायूँ शेरशाह से हारकर भागने की तैयारी में था उस समय अकबर का जन्म सिंध के रेगिस्तान में अमरकोट के पास 23 नवंबर सन् 1542 में हुआ था,। हुमायूँ की दयनीय दशा के कारण अकबर की बाल्यावस्था संकट में बीती और कई बार उसकी जान पर भी जोखिम रहा।

अकबर

सं. 1612 में हुमायूँ ने भारत पर आक्रमण कर अपना खोया हुआ राज्य पुन: प्राप्त कर लिया; किंतु वह केवल 7 माह तक ही जीवित रहा था। उसकी मृत्यु सं.1612 के अंत में दिल्ली में हो गयी थी। उस समय अकबर पंजाब में था। हुमायूँ की मृत्यु के 21 दिन बाद (14 फ़रवरी, सन् 1556) पंजाब के ज़िला गुरदासपुर के कलानूर में बड़ी सादगी के साथ उसको गद्दी पर बैठा दिया था।

हुमायूँ ने भारत से निष्कासित होने के बाद क़ाबुल पर अधिकार किया, और 10 वर्ष के बालक अकबर को सं. 1609 (जनवरी सन् 1552) में ग़ज़नी का राज्य-पाल बनाया था। जब हुमायूँ पुन: भारत में आया, तब 13 वर्ष का अकबर पंजाब का राज्यपाल था। जिस समय कलानूर में उसे हुमायूँ का उत्तराधिकारी घोषित किया गया, उस समय उसकी आयु केवल 13-14 वर्ष की थीं। छोटी उम्र में ही वह वयस्क व्यक्तियों से अधिक उतार-चढ़ाव के अनुभव प्राप्त कर चुका था। आरंभ में बैरमखाँ उसका संरक्षक था, जो उसकी तरफ से राज्य का

संचालन करता था।

आगरा में राजधानी की व्यवस्था

मुग़लों के शासन के प्रारम्भ से सुल्तानों के शासन के अंतिम समय तक दिल्ली ही भारत की राजधानी रही थी। सुल्तान सिकंदर लोदी के शासन के उत्तर काल में उसकी राजनीतिक गतिविधियों का केन्द्र दिल्ली के बजाय आगरा हो गया था। यहाँ उसकी सैनिक छावनी थी। मुग़ल राज्य के संस्थापक बाबर ने शुरू से ही आगरा को अपनी राजधानी बनाया। बाबर के बाद हुमायूँ और शेरशाह सूरी और उसके उत्तराधिकारियों ने भी आगरा को ही राजधानी बनाया। मुग़ल सम्राट अकबर ने पूर्व व्यवस्था को क़ायम रखते हुए आगरा को राजधानी का गौरव प्रदान किया। इस कारण आगरा की बड़ी उन्नति हुई और वह मुग़ल साम्राज्य का सबसे बड़ा नगर बन गया था। कुछ समय बाद अकबर ने फतेहपुर सीकरी को राजधानी बनाया।

मुग़ल सम्राट अकबर की उदार धार्मिक नीति के फलस्वरूप ब्रजमंडल में वैष्णव धर्म के नये मंदिर-देवालय बनने लगे और पुराने का जीर्णोद्धार होने लगा, तब जैन धर्माबलंबियों में भी उत्साह का संचार हुआ था। गुजरात के विख्यात श्वेतांबराचार्य हीर विजय सूरि से सम्राट अकबर बड़े प्रभावित हुए थे। सम्राट ने उन्हें बड़े आदरपूर्वक फतेहपुर सीकरी बुलाया, वे उनसे धर्मोपदेश सुना करते थे। इस कारण मथुरा-आगरा आदि ब्रज प्रदेश में बसे हुए जैनियों में आत्म गौरव का भाव जागृत हो गया था। वे लोग अपने मंदिरों के निर्माण अथवा जीर्णोद्धार के लिए प्रयत्नशील हो गये थे।

शासन काल सन् 1605 से सन 1627

जहाँगीर का जन्म सन् 1569 के 30 अगस्त को फ़तेहपुर सीकरी में हुआ था। अपने आरंभिक जीवन में वह शराबी और आवारा शाहज़ादे के रूप में बदनाम था। उसके पिता सम्राट अकबर ने उसकी बुरी आदतें छुड़ाने की बड़ी चेष्टा की; किंतु उसे सफलता नहीं मिली। इसीलिए समस्त सुखों के होते हुए भी वह अपने बिगड़े हुए बेटे के कारण जीवनपर्यंत दुखी रहा। अंततः अकबर की मृत्यु के पश्चात् जहाँगीर ही मुग़ल सम्राट बना। उस समय उसकी आयु 36 वर्ष की थी। ऐसे बदनाम व्यक्ति के गद्दीनशीं होने से जनता में असंतोष एवं घबराहट थी। लोगों की आंशका होने लगी कि अब सुख-शांति के दिन विदा हो गये, और अशांति-अव्यवस्था एवं लूट-खसोट का ज़माना फिर आ गया।

ब्रज की धार्मिक स्थिति

ब्रज अपनी सुदृढ़ धार्मिक स्थिति के लिए परंपरा से प्रसिद्ध रहा है। उसकी यह स्थिति कुछ सीमा तक मुग़लकाल में थी। सम्राट अकबर के शासनकाल में ब्रज की धार्मिक स्थिति में नये युग का सूत्रपात हुआ था। मुग़ल साम्राज्य की राजधानी आगरा ब्रजमंडल के अंतर्गत थी; अतः ब्रज के धार्मिक स्थलों से सीधा संबंध था। आगरा की शाही रीति-नीति, शासन-व्यवस्था और उसकी उन्नति-अवनति का ब्रज का प्रत्यक्ष प्रभाव पड़ा था। सम्राट अकबर के काल में ब्रज की जैसी धार्मिक स्थिति थी, वैसी जहाँगीर के शासन काल में नहीं

रही थी; फिर भी वह प्राय: संतोषजनक थी। उसने अपने पिता अकबर की उदार धार्मिक नीति का अनुसरण किया, जिससे उसके शासन-काल में ब्रजमंडल में प्राय: शांति और सुव्यवस्था कायम रही। उसके 22 वर्षीय शासन काल में दो-तीन बार ही ब्रज में शांति-भंग हुई थी। उस समय धार्मिक स्थिति गड़बड़ा गई थी; और भक्तजनों का कुछ उत्पीड़न भी हुआ था किंतु शीघ्र ही उस पर काबू पा लिया गया था।

शाहजहाँ - सन 1627 से सन 1658

शाहजहाँ का जन्म 5 जनवरी 1591 ई. को लाहौर में हुआ था। उसका नाम ख़ुर्रम था। ख़ुर्रम जहाँगीर का छोटा पुत्र था, जो छल-बल से अपने पिता का उत्तराधिकारी हुआ था। वह बड़ा कुशाग्र बुद्धि, साहसी और शौक़ीन बादशाह था। वह बड़ा कला प्रेमी, विशेषकर स्थापत्य कला का प्रेमी था। उसका विवाह 20 वर्ष की आयु में नूरजहाँ के भाई आसक खाँ की पुत्री अरजुमनबानो से सन् 1611 में हुआ था। वही बाद में मुमताज़ महल के नाम से उसकी प्रियतमा बेगम हुई। 20 वर्ष की आयु में ही शाहजहाँ जहाँगीर शासन का एक शक्तिशाली स्तंभ समझा जाता था। शाहजहाँ ने सन् 1648 में आगरा की बजाय दिल्ली को राजधानी बनाया ; किंतु उसने आगरा की कभी उपेक्षा नहीं की। उसके प्रसिद्ध निर्माण कार्य आगरा में भी थे। शाहजहाँ का दरबार सरदार सामंतों, प्रतिष्ठित व्यक्तियों तथा देश-विदेश के राजदूतों से भरा रहता था। उसमें सब के बैठने के स्थान निश्चित थे। जिन व्यक्तियों को दरबार में बैठने का सौभाग्य प्राप्त था, वे अपने को धन्य मानते थे; और लोगों की दृष्टि में उन्हें गौरवान्वित समझा जाता था। जिन विदेशी सज्जनों को दरबार में जाने का सुयोग प्राप्त हुआ था, वे वहाँ के रंग-ढंग, शान-शौकत और ठाट-बाट को देख कर आश्चर्य किया करते थे। तख़्त -ए-ताऊस शाहजहाँ के बैठने का राजसिंहासन था।

शाहजहाँ की मृत्यु

शाहजहाँ 8 वर्ष तक आगरा के क़िले के शाहबुर्ज में कैद रहा। उसका अंतिम समय बड़े दु:ख मानसिक क्लेश में बीता था। उस समय उसकी प्रिय पुत्री जहाँआरा उसकी सेवा के लिए साथ रही थी। शाहजहाँ ने उन वर्षों को अपने वैभवपूर्ण जीवन का स्मरण करते और ताजमहल को अश्रुपूरित नेत्रों से देखते हुए बिताये थे। अंत में जनवरी, सन् 1666 में उसका देहांत हो गया। उस समय उसकी आयु 74 वर्ष की थी। उसे उसकी प्रिय बेगम के पार्श्व में ताजमहल में ही दफनाया गया था।

औरंगजेब शासन काल सन 1658 सन 1707

औरंगजेब अपने सगे भाई-भतीजों की निर्ममता पूर्वक हत्या और अपने वृद्ध पिता को गद्दी से हटा कर सम्राट बना था। उसने शासन सँभालते ही अकबर के समय से प्रचलित नीति में परिवर्तन किया। जिस समय वह सम्राट बना था, उस समय शासन और सेना में कितने ही बड़े-बड़े पदों पर राजपूत राजा नियुक्त थे। वह उनसे घृणा करता था और उनका अहित करने का कुचक्र रचता रहता था। अपनी हिन्दू विरोधी नीति की सफलता में उसे जिन राजाओं की ओर से बाधा जान पड़ती थी, उनमें आमेर नरेश मिर्जा राजा जयसिंह और

जोधपुर के राजा यशवंत सिंह प्रमुख थे। उन दोनों का मुगल सम्राटों से पारिवारिक संबंध होने के कारण राज्य में बड़ा प्रभाव था। इसलिए औरंगज़ेब को प्रत्यक्ष रूप से उनके विरुद्ध कोई कार्रवाई करने का साहस नहीं होता था; किंतु वह उनका अहित करने का नित्य नई चालें चलता रहता था। औरंगजेब की ओर से मथुरा का फ़ौजदार अब्दुल नवी नामक एक कट्टर मुसलमान था। सन् 1669 में गोकुल सिंह जाट के नेतृत्व में विद्रोह कर दिया। महावन परगना के सिहोरा गाँव में उसकी विद्रोहियों से मुठभेड़ हुई जिसमें अब्दुलनवी मारा गया और मुगल सेना बुरी तरह हार गई।

औरंगज़ेब ने ब्रज संस्कृति को आघात पहुँचाने के लिये ब्रज के नामों को परिवर्तित किया। मथुरा, वृंदावन, पारसौली (गोवर्धन) को क्रमशः इस्लामाबाद, मोमिनाबाद और मुहम्मदपुर कहा गया था। वे सभी नाम अभी तक सरकारी काग़ज़ों में रहे आये हैं, जनता में कभी प्रचलित नहीं हुए। ब्रज में आने वाले तीर्थ-यात्रियों पर भारी कर लगाया गया, मंदिर नष्ट किये लगे, जजिया कर फिर से लगाया गया और हिन्दुओं को मुसलमान बनाया।

आज़मशाह

आजमशाह औरंगज़ेब का छोटा बेटा था। वह आरंभ से ही ब्रजभाषा एवं ब्रज साहित्य का प्रेमी और पोषक था। उसे औरंगज़ेब की हिन्दू विरोधी नीति में कोई रुचि नहीं थी। उसने ब्रजभाषा का ज्ञान प्राप्त करने के लिए मीरजा खाँ नामक एक विद्वान् से फारसी भाषा में ग्रंथ लिखवाया था, जिसका नाम "तोहफतुल हिन्द" (भारत का उपहार) रखा गया था। वस्तुतः वह ब्रजभाषा का विश्वकोश है जिसमें पिंगल, रस अलंकार, श्रृंगार, रस, नायिकाभेद, संगीत, सामुद्रिक शास्त्र, कोष, व्याकरण आदि विषयों का विवरण किया गया है। आज़मशाह इस ग्रंथ के द्वारा ब्रजभाषा साहित्य में पारंगत हुआ था। आज़म ने 'निवाज कवि' को आश्रय प्रदान कर उससे कालिदास के प्रसिद्ध नाटक 'अभिज्ञान शाकुंतल' का ब्रजभाषा में अनुवाद कराया था। उसी की आज्ञा से 'बिहारी सतसई' का क्रमबद्ध संपादन कराया गया था। औरंगजेब की मृत्यु के पश्चात् उसके पुत्रों में राज्याधिकार के लिए जो भीषण युद्ध हुआ था, उसमें आज़मशाह पराजित होकर मारा गया और उसका बड़ा भाई मुअज़्ज़शाह बहादुरशाह के नाम से मुग़ल सम्राट हुआ।

बहादुरशाह शासन काल सन् 1707 से 1712 तक

बहादुरशाह मुग़ल सम्राट औरंगज़ेब का बड़ा पुत्र था। उसका नाम मुअज़्ज़म था, और अपने छोटे भाई आज़म को पराजित कर बहादुरशाह के नाम से मुगल सम्राट हुआ था। उस समय उसकी आयु 64 वर्ष थी। वह शरीर से अशक्त और स्वभाव से दुर्बल था। अतः शासन व्यवस्था पर नियंत्रण करने में असमर्थ रहा। सन् 1712 में उसकी मृत्यु हो गई। उसे दिल्ली में दफ़नाया गया था। बहादुरशाह के पश्चात् उसका पुत्र जहाँदारशाह बादशाह हुआ। वह बड़ा विलासी और अयोग्य शासक था; अपने भतीजे फरूख़सियर द्वारा सन् 1713 में मार डाला गया। उसके बाद फरूख़सियर मुगल सम्राट हुआ।

फरूखसियर सन 1713-1718

उसके शासन काल में 2 सैयद बंधु अब्दुल्ला और हुसैनअली मुग़ल शासन के प्रधान सूत्रधार थे। वे इतने प्रभावशाली और शक्तिसम्पन्न थे कि जिसे चाहते, उसे बादशाह बना देते; और जब चाहते, उसे तख़्त से उतार देते थे। उन्होंने अपनी कूटनीतिज्ञता से अनेक मुग़ल सरदारों के साथ ही साथ कुछ हिन्दू सामंतों का भी सहयोग प्राप्त कर लिया था। अकबर की नीति के अनुकरण का ढोंग करते हुए वे हिन्दू रीति-रिवाजों का पालन करते थे और उनके व्रत-उत्सवों को मनाते थे। बसंत और होली पर वे हिन्दुओं के साथ मिल कर रंग-गुलाल खेलते थे। अंत में मुहम्मदशाह मुग़ल सम्राट हुआ।

नादिरशाह का आक्रमण

मुहम्मदशाह के शासन काल की दु:खद घटना नादिरशाह का आक्रमण था। मुग़ल शासन से अब तक किसी बाहरी शत्रु का देश पर आक्रमण नहीं हुआ था; किंतु उस समय दिल्ली की शासन-सत्ता दुर्बल हो गई थी। ईरान के महत्त्वाकांक्षी लुटेरे शासक नादिरशाह ने भारत पर आक्रमण करने का साहस किया था। उसने मुग़ल सम्राट द्वारा शासित काबुल-कंधार प्रदेश पर अधिकार कर पेशावर स्थित मुग़ल सेना को नष्ट कर दिया था। मुहम्मदशाह ने नादिरशाह के आक्रमण को हँसी में उड़ा दिया। उसकी आँखे तब खुली जब नादिरशाह की सेना पंजाब के करनाल तक आ पहुँची। मुहम्मदशाह ने अपनी सेना उसके विरुद्ध भेजी; किंतु 24 फ़रवरी, 1739 में उसकी पराजय हो गई। नादिरशाह ने पहिले 2 करोड़ रुपया हर्जाना माँगा, उसके स्वीकार होने पर वह 20 करोड़ माँगने लगा। नादिरशाह ने दिल्ली को लूटने और नर संहार करने की आज्ञा दे दी। उसके बर्बर सैनिक राजधानी में घुसे और लूटमार करने लगे। दिल्ली के हज़ारों नागरिक मारे गये, वहाँ भारी लूट की गई। इस लूट में नादिरशाह को अपार दौलत मिली। उसे 20 करोड़ की बजाय 30 करोड़ रुपया नक़द मिला। इसके अतिरिक्त जवाहरात, बेगमों के बहुमूल्य आभूषण, सोने चाँदी के अगणित बर्तन तथा अन्य क़ीमती वस्तुएँ उसे मिली थी। इनके साथ ही साथ दिल्ली की लूट में उसे कोहिनूर हीरा और शाहजहाँ का 'तख़्त-ए-ताऊस' भी मिला था। वह बहुमूल्य मयूर सिंहासन अब भी ईरान में है, या नहीं इसका ज्ञान किसी को नहीं है।

नादिरशाह प्राय: दो महीने तक दिल्ली में लूटमार करता रहा। मुग़लों की राजधानी उजाड़ और बर्बाद हो गई थी। जब वह यहाँ से गया, तब करोड़ों की संपदा के साथ ही साथ वह 1,000 हाथी, 7,000 घोड़े, 10,000 ऊँट, 100 खोजे, 130 लेखक, 200 संगतराश, 100 राज और 200 बढ़ई भी अपने साथ ले गया था। ईरान पहुँच कर उसे तख्त-ए-ताऊस पर बैठ कर बड़ा शानदार दरबार किया। वह अधिक समय तक जीवित नहीं रहा। उसके कुकृत्यों का प्रायश्चित्त उसके सैनिकों के विद्रोह के रूप में हुआ था, जिसमें वह मारा गया। नादिरशाह की मृत्यु सन् 1747 में हुई थी। मुहम्मदशाह नादिरशाह के आक्रमण के बाद भी कई वर्ष तक जीवित रहा था, किंतु उसका शासन दिल्ली के आस-पास के भाग तक ही सीमित रह गया था। मुग़ल साम्राज्य के अधिकांश सूबे स्वतंत्र हो गये और विभिन्न स्थानों में साम्राज्य विरोधी शक्तियों का उदय हो गया था। मुहम्मदशाह उन्हें दबाने में असमर्थ था। वह स्वयं

अपने मन्त्रियों और सेनापतियों पर निर्भर था। उसकी मृत्यु 26 अप्रैल, सन् 1748 में हुई थी। इस प्रकार उसने 20 वर्ष तक शासन किया था।

मुहम्मदशाह के बाद भी दिल्ली में कई मुग़ल सम्राट हुए, किंतु वे नाम मात्र के बादशाह थे। उनके नाम क्रमशः अहमदशाह (सन् 1748–1754), आलमग़ीर द्वितीय (सन् 1754–1759), शाहआलम (सन् 1759–1806), मुहम्मद अकबर (सन् 1806–1837) और बहादुरशाह (सन् 1837–1858) मिलते हैं। इस प्रकार मुग़ल साम्राज्य का अस्तित्व बहादुरशाह तक बना रहा था ; किंतु ब्रज की राजनीतिक हलचलों से मुहम्मदशाह को ही अंतिम मुग़ल सम्राट कहा जा सकता है। मुहम्मदशाह के परवर्ती तथाकथित मुग़ल शासकों के समय में जाट-मराठा अत्यंत शक्तिशाली हो गये थे। फलतः सन् 1748 से 1826 तक की कालावधि को ब्रज के इतिहास में 'जाट मराठा काल' कहा जाता है।

ब्रज का जाट मराठा काल

मुगल सल्तनत के आख़री समय में जो शक्तियाँ उभरी; जिन्होंने ब्रज मंडल के इतिहास में महत्त्वपूर्ण भूमिका निभाई, उन जाट और मराठा सरदारों के नाम इतिहास में बहुत मशहूर हैं। जाटों का इतिहास पुराना है। जाट मुख्यतः खेती करने वाली जाति है; लेकिन औरंगजेब के अत्याचारों और निरंकुश प्रवृत्ति ने उन्हें एक बड़ी सैन्य शक्ति का रूप दे दिया। उधर मराठों ने छत्रपति शिवाजी के नेतृत्व में औरगंज़ब को भीषण चुनौती दी और सफलता भी प्राप्त की जिससे मराठा भी उत्तर भारत में मशहूर हुए। कुछ समय के बाद पेशवाओं और उनके सैनिक सरदारों इतने शक्तिशाली हो गये कि उन्हें पूरे भारत में जाना जाने लगा। मुग़लिया सल्तनत के अन्त से अंग्रेज़ों के शासन तक ब्रज मंडल में जाटों और मराठाओं का प्रभुत्व रहा। इन्होंने ब्रज के राजनीतिक और सामाजिक जीवन को बहुत प्रभावित किया। यह समय ब्रज के इतिहास में जाट-**मराठा काल** के नाम से जाना जाता है। इस काल का विशेष महत्त्व है।

राजनीति में जाटों का प्रभाव

ब्रज की समकालीन राजनीति में जाट शक्तिशाली बन कर उभरे। जाट नेताओं ने इस समय में ब्रज में अनेक जगहों पर, जैसे सिनसिनी, डीग, भरतपुर, मुरसान और हाथरस जैसे कई राज्यों को स्थापित किया। इन राजाओं में डीग-भरतपुर के राजा महत्त्वपूर्ण हैं। इन राजाओं ने ब्रज का गौरव बढ़ाया, इन्हें 'ब्रजेन्द्र' अथवा 'ब्रजराज' भी कहा गया। ब्रज के इतिहास में कृष्ण के पश्चात् जिन कुछ हिन्दू राजाओं ने शासन किया, उनमें डीग और भरतपुर के राजा विशेष थे। इन राजाओं ने लगभग सौ सालों तक ब्रजमंडल के एक बड़े भाग पर राज्य किया। इन जाट शासकों में महाराजा सूरजमल (शासनकाल सन् 1755 से सन् 1763 तक) और उनके पुत्र जवाहरसिंह (शासन काल सन् 1763 से सन् 1768 तक) ब्रज के इतिहास में बहुत प्रसिद्ध हैं।

जाटों के क्रियाकलाप

जाट राजाओं ने ब्रज में हिन्दू शासन को स्थापित किया। इनकी राजधानी पहले डीग थी, फिर भरतपुर बनायी गयी। महाराजा सूरजमल और उनके बेटे जवाहर सिंह के समय में जाट राज्य बहुत फैला, लेकिन धीरे धीरे वह घटता गया। भरतपुर, मथुरा और उसके आसपास अंग्रेज़ों के शासन से पहले जाट बहुत प्रभावशाली थे और अपने राज्य के सम्पन्न स्वामी थे। वे कर और लगान वसूलते थे और अपने सिक्के चलाते थे। उनकी टकसाल डीग, भरतपुर, मथुरा और वृंदावन के अतिरिक्तआगरा और इटावा में भी थीं। जाट राजाओं के सिक्के अंग्रेज़ों के शासन काल में भी भरतपुर राज्य के अलावा मथुरा मंडल में प्रचलित थे।

जाट राज्य की नींव

मुग़लों के आख़री समय में जाट सरकारी ख़ज़ाना और शस्त्रों का भंडार लूट लेते थे। जाटों के नेताओं में नंदराम सिंह, गोकुल सिंह, और राजाराम विशेष रूप से उल्लेखनीय हैं। राजाराम के कार्य विशेष रूप से उल्लेखनीय हैं।

राजाराम का विद्रोह

सन् 1685 में जाटों की बग़ावत का नायक 'सिनसिनी' का राजाराम था। सिनसिनी ब्रज में एक छोटी सी ग्रामीण बस्ती थी, जो डीग से दक्षिण में और भरतपुर से 13 मील उत्तर पश्चिम में आज भी है। वहाँ जाटों की 'गढ़ी' नाम से एक सैनिक छावनी थी। यह गढ़ी भरतपुर के जाट राजाओं के पूर्वजों की थी। इस राजघराने को 'सिनसिनी वार' के नाम से जाना जाता है। राजाराम की गतिविधियाँ सिनसिनी से धौलपुर और मथुरा से आमेर राज्य थी। इन जगहों पर मुगल प्रभावशाली नहीं थे। यहाँ जाटों के दल लूटमार करते थे। औरंगजेब इस समय दक्षिण के युद्ध में व्यस्त था। वह जाटों की गतिविधियों से बहुत परेशान था। वह इस विद्रोह को ख़त्म करने की आज्ञा देता था; किंतु उसके सेनानायक नाक़ाम रहे।

चूड़ामन का संगठन

चूड़ामण सिंह, जो नेतृत्व में बहुत ही कुशल था, राजाराम के बाद जाटों का नेता बना। उसने जाटों को संगठित किया और जाट राज्य की नींव डाली। इसका फ़ायदा बदनसिंह नामक जाट सरदार को हुआ, जिसने पूरी तरह से जाट राज्य को स्थापित किया।

राजा सूरजमल (राज्यकाल: सन 1755 - 1763)

मुख्य लेख: सूरजमल

राजा सूरजमल सुयोग्य शासक था। उसने ब्रज में एक स्वतंत्र हिन्दू राज्य को बना इतिहास में गौरव प्राप्त किया। उसके शासन का समय सन् 1755 से सन् 1763 है। वह सन् 1755 से कई साल पहले से अपने पिता बदनसिंह के शासन के समय से ही वह राजकार्य सम्भालता था। राजा सूरजमल के दरबारी कवि 'सूदन' ने राजा की तारीफ़ में 'सुजानचरित्र' नामक ग्रंथ लिखा। इस ग्रंथ में सूदन ने राजा सूरजमल द्वारा लड़ी लड़ाइयों का आँखों देखा वर्णन किया है। इस ग्रन्थ में सन् 1745 से सन् 1753 तक के समय में लड़ी गयी लड़ाईयों (7 युद्धों) का वर्णन है। इन लड़ाइयों में सूदन ने भी भाग लिया था, इसलिए उसका वर्णन विश्वसनीय कहा जा सकता है। इस ग्रंथ में आमेर के राजा जयसिंह के निधन के बाद उसके

बड़े बेटे ईश्वरीसिंह का मराठों के ख़िलाफ़ लड़ा गया सन 1747 का युद्ध, आगरा और अजमेर के सूबेदार सलावत खाँ से लड़ा गया सन् 1748 का युद्ध और सन् 1753 की दिल्ली की लूट का वर्णन उल्लेखनीय है। इस ग्रंथ में सूरजमल की सन् 1753 के बाद की घटनाओं का वर्णन नहीं है। राजकवि सूदन का निधन सम्भवतः सन् 1753 के लगभग ही हो गया होगा। सम्भवतः इसी से बाद में लड़ी लड़ाइयों का विवरण नहीं मिलता है। इस पुस्तक में दिल्ली की लूट का विवरण महत्त्वपूर्ण है।

सूरजमल का मूल्यांकन

ब्रज के जाट राजाओं में सूरजमल सबसे प्रसिद्ध शासक, कुशल सेनानी, साहसी योद्धा और सफल राजनीतिज्ञ था। उसने जाटों में सब से पहले राजा की पदवी धारण की थी; और एक शक्तिशाली हिन्दू राज्य का संचालन किया था। उसका राज्य विस्तृत था, जिसमें डीग–भरतपुर के अतिरिक्त मथुरा, आगरा, धौलपुर, हाथरस, अलीगढ़, एटा, मैनपुरी, गुड़गाँव, रोहतक, रेवाड़ी, फर्रुख नगर, और मेरठ के ज़िले थे। एक ओर यमुना से गंगा तक और दूसरी ओर चम्बल तक का सारा प्रदेश उसके राज्य में सम्मिलित था। सूरजमल की सेना विशाल थी। उसमें 60 हाथी, 500 घोड़े, 1500 अश्वारोही, 25000 पैदल और 300 तोपें थीं। अपनी मृत्यु के समय उसने लगभग 10 करोड़ रुपया राजकोश में छोड़ा था।

सूरजमल ब्रजभाषा साहित्य का प्रेमी और कवियों का आश्रयदाता था। उसके दरबार में अनेक कवि थे, जिनमें सूदन कवि का नाम प्रसिद्ध था। सूरजमल की कई रानियाँ थी; जिनमें किशोरी और हंसा प्रमुख थीं। उसके 5 पुत्र थे, जिनके नाम निन्नांकित हैं – जवाहरसिंह, रतन सिंह, नवल सिंह, रणजीत सिंह और नाहर सिंह। सूरजमल के बाद जवाहर सिंह जाटों का राजा हुआ। जाटों की आरंभिक राजधानी डीग थी; किंतु सूरजमल ने भरतपुर के कच्चे क़िले को पक्का बना कर वहाँ अपनी राजधानी बनाई थी।

जवाहर सिंह (शासन संवत 1820 से संवत 1825)

मुख्य लेख : जवाहर सिंह

वह जाट राजा सूरजमल का प्रतापी ज्येष्ठ पुत्र था। वह अपने बाबा–दादा के सदृश्य वीर और साहसी था; लेकिन वह उनके समान नीति–निपुण एवं विनम्र नहीं था। उसके उद्धत स्वभाव और उग्र व्यवहार से पिता सूरजमल उससे अप्रसन्न रहता था। प्रमुख जाट सरदार भी उससे असंतुष्ट रहते थे, किंतु उसकी वीरता के सभी प्रशंसक थे। सूरजमल की मृत्यु के पश्चात् जब जवाहर सिंह जाटों का राजा हो गया, तब सभी जाट सरदार उसके साथ हो गये।

पुष्कर–यात्रा और मृत्यु

जवाहर सिंह राजपूत राजाओं पर अपना रौब ज़माना चाहता था। उसने जाटों की सेना के साथ पुष्कर-यात्रा के लिए प्रस्थान किया। जयपुर के राजा माधवसिंह को सूचना दिये बगैर राज्य की सीमा से होकर जाटों की पताका फहराता वह पुष्कर पहुँच गया। जयपुर की सेना का उसे रोकने का साहस नहीं हुआ; जब वह वहाँ से वापिस लौटा तब दोनों सेनाओं में युद्ध छिड़ गया। जवाहर सिंह अपनी सेना के साथ राजपूतों से वीरतापूर्वक लड़ता हुआ जयपुर

की सीमा पार कर सकुशल आगरा आ गया; किंतु उसे बड़ी हानि उठानी पड़ी। इस युद्ध में राजपूतों के साथ जाटों के भी अनेक योद्धा मारे गये। तबसे जयपुर नरेश और जवाहरसिंह में कटुता और विदवेष की वृद्धि होती रही, जिससे दोनों की शक्ति क्षीण हुई। सं. 1825 में आगरा में किसी अज्ञात सैनिक ने जवाहरसिंह का धोखे से वध कर दिया। कहा जाता है, वह एक गुप्त षड़यंत्र था, जिसमें जयपुर नरेश का हाथ था।

जवाहरसिंह का मूल्यांकन

जवाहरसिंह सं. 1820 से सं. 1825 तक के वर्षों तक ही भरतपुर की राजगद्दी पर रहा; उसी समय में वह अपने अद्भुत साहस और अनुपम शौर्य से अपना नाम अमर कर गया और जाट राज्य के गौरव को भी चरम सीमा पर पहुँचा दिया था। जाट राजवंश में चूड़ामन से लेकर अब तक जो वीर पुरुष हुए थे, उनमें जवाहरसिंह किसी से कम नहीं था। यदि वीरता और साहस के साथ उसमें गंभीरता, नीतिज्ञता और व्यवहार-कुशलता भी होती तो वह ब्रज के इतिहास को एक नया मोड़ दे सकता था। किंतु उसने अपनी शक्ति को व्यर्थ के युद्धों में नष्ट कर दिया, इस कारण उसके बाद ही जाट राज्य का महत्त्व कम होने लगा। जवाहरसिंह साहसी योद्धा होने के साथ ही साथ साहित्य और कला का प्रेमी तथा प्रोत्साहनकर्त्ता भी था। उसके आश्रित कवियों में भूधर, रंगलाल और मोतीराम के नाम उल्लेखनीय हैं। ब्रजभाषा का विख्यात महाकवि देव अपनी वृद्धावस्था में उसके दरबार में उपस्थित हुआ था।

जाट राज्य का ह्रास (संवत 1825 - संवत 1883)

जवाहरसिंह तक जाट राज्य की निरंतर उन्नति होती रही थी। उसके बाद उसका ह्रास आरंभ हुआ। जवाहरसिंह की मृत्यु के बाद उसका छोटा भाई रत्नसिंह जाटों का राजा हुआ था। वह थोड़े समय तक ही राजगद्दी पर रह सका। राजा बनने के कुछ समय बाद वह वृंदावन गया और वहाँ रासलीला में लीन हो गया। वहाँ के गोसाई रूपानंद नाम के मायावी तांत्रिक ने अद्भुत चमत्कार दिखाकर भुलावे में डाल कर सं. 1826 वि. में मार डाला। उसकी मृत्यु भी संभवतः उसी षड़यंत्र का परिणाम थी, जिसका शिकार उसका बड़ा भाई जवाहरसिंह हुआ था।

जाट-मुग़ल संघर्ष

जाटों के गृह-कलह का लाभ मुग़ल सम्राट शाहआलम की ओर से वज़ीर मिर्जा नजफ़ख़ाँ ने उठाया। उसने जाटों के क्षेत्र में अपने प्रभाव के लिए उनसे युद्ध छेड़ दिया। जिससे सं. 1831 तक जाटों के राज्य का बड़ा भाग छिन्न-भिन्न हो गया। जाटों की शासन-सत्ता सीमित क्षेत्र में सिमट गई थी। उसी समय सं. 1832 में जाट सरदार नवल सिंह की मृत्यु हो गई थी।

ब्रज की दुर्दशा

जाटों की पराजय से ब्रज की स्थिति संकटग्रस्त हो गई। इस समय में इस प्रदेश के सुप्रसिद्ध धार्मिक स्थलों का कोई रखवाला नहीं रहा और रूहेले सैनिक जब चाहें यहाँ आकर लूट-मार मचा देते थे। ब्रज में निवास करते भक्तगण अनिच्छा पूर्वक ब्रज को छोड़

कर इधर-उधर भागते फिरते थे। वृन्दावन के भक्त वृन्दावनदास उसी समय वृन्दावन से कृष्णगढ गये थे। उन्होंने अपनी एक रचना 'श्री बेलि' में सं. 1831 के संकट का वर्णन करते हुए लिखा है सं. 1814 से 1832 तक ब्रज प्रदेश पर यवन सेना ने बार-बार आक्रमण किए जिससे यह समय ब्रज के लिए भीषण संकट का रहा। ब्रज जन हताश हो गये थे। चाचा वृन्दावनदास ने दुर्व्यवस्था का कथन करते हुए लिखा है:-

रणजीत सिंह के शासन काल की पराजयों से ब्रज में घोर संकट था। उस समय ब्रजवासी भक्त ब्रज को छोड़ कर इधर-उधर भटक रहे थे। वृन्दावनदास उस समय में कृष्णगढ़ में ही थे। सं. 1835 में उन्होंने अपनी 'आरती पत्रिका' कृष्णगढ़ में ही लिखी थी। उसमें अपनी मनोदशा का वर्णन करते हुए उन्होंने लिखा: - ब्रज की दुर्दशा करने वाले और जाटों के प्रबल शत्रु मुग़ल नजफ़ख़ाँ की मृत्यु सं. 1839 में हो गई थी।

ब्रज की अव्यवस्था में अंगरेजों की सैनिक हलचलें

माधवजी सिंधिया की मृत्यु के बाद ही मराठा राज्य के शासक पेशवा और अहिल्याबाई होलकर का देहावसान हुआ था। उन सबके अभाव में मराठों की शक्ति डगमगाने लगी और उनकी शासननीति में अनेक उलट-फेर होने लगे। माधव जी का उत्तराधिकारी दौलतराव सिंधिया हुआ तथा अहिल्याबाई का उत्तराधिकारी तुकोजीराव और उनकी मृत्यु होने पर यशवंतराव होलकर हुआ। उत्तर भारत में सत्ता को लेकर सिधिंया और होलकर में निरंतर संघर्ष होने लगा। मराठा, जाट और मुसलमानों में भी नित्य झगड़े होने लगे। इस सिद्धांतहीन संघर्ष के कारण ब्रजंमडल और उसके आसपास अव्यवस्था फैल गई थी जिसका लाभ अंगरेजों ने उठा कर ब्रजमंडल में अपनी सैनिक हलचलों से झकझोर दिया।

जाट-अंग्रेज युद्ध

सं. 1860 में अंगरेज़ी सेना ने दौलतराव सिंधिया के विरुद्ध सफल अभियान करके मथुरा पर अधिकार कर लिया। उधर जनरल लेक की कमान यशवंतराव होलकर का पीछा कर रही थी। होलकर ने भाग कर भरतपुर में शरण ली। उस समय भरतपुर में जाट राजा रणजीत सिंह का शासन था। जनरल लेक ने भरतपुर नरेश से माँग की कि वह होलकर को अंगरेजों के सुपुर्द कर दे। रणजीत सिंह ने इस माँग को स्वीकार नहीं किया। अंगरेज़ों ने भरतपुर पर आक्रमण कर दिया। जाटों ने बहुत वीरता से अंगरेज़ी सेना का मुक़ाबला किया कि उसे पीछे हटना पड़ा। जनरल लेक जैसे वीर सेनापति की अध्यक्षता में अंगरेज़ों ने चार बार भरतपुर पर आक्रमण किया किंतु हर बार उन्हें मुँह की खानी पड़ी। इससे भरतपुर क़िले की अजेयता, जाटों की वीरता और रणजीत सिंह की प्रबंध-कुशलता की सर्वत्र ख्याति हो गई। रणजीत सिंह की पराजयों के कारण जाटों की जो अप्रतिष्ठा हुई थी, वह अंगरेज़ों से सफलतापूर्वक युद्ध करने के कारण दूर हो गई। जाट राज्य के इतिहास में सूरजमल और जवाहरसिंह द्वारा दिल्ली में की गई लूट की भाँति रणजीत सिंह द्वारा अंगरेज़ों से सफल संघर्ष करने की घटना भी बड़ी प्रसिद्ध है। ब्रज के अनेक कवियों और लोक गायकों ने भरतपुर पर अंगरेज़ों की चढ़ाई, जाटों की वीरता और अंगरेज़ों की पराजय का अत्यंत

ओजपूर्ण वर्णन किया है।

परवर्ती जाट राजा

बलदेव सिंह के बाद उसका पुत्र बलवंत सिंह (सं. 1882–1910) भरतपुर का राजा हुआ। बलवंत सिंह के पश्चात् उसका पुत्र यशवंत सिंह (सं. 1910 – सं. 1950) जाटों का राजा हुआ। उसके शासनकाल में अंग्रेज़ो के विरुद्ध सैनिक विद्रोह हुआ था, जिसमें देश की जनता ने भी आंशिक रूप से भाग लिया। जिससे अंग्रेज़ी कंपनी का अधिकार समाप्त हो गया; और इंगलेंड की महारानी विक्टोरिया ने इस देश की शासन–सत्ता अपने हाथ में ले ली।

माधव जी सिंधिया

उसका जन्म मराठों की एक नीची जाति और निम्न परिवार में हुआ था। उसका पिता रानोजी आरंभ में पेशवा का एक साधारण सेवक था और उसके जूतों की देख–भाल करता था। उसकी स्वामिभक्ति और बुद्धिमत्ता से प्रसन्न होकर पेशवा ने उसे सेना में भर्ती कर लिया, जहाँ वह उन्नति करता हुआ सेना नायक के पद पर पहुँच गया। उसके पुत्र माधव जी ने अपनी वीरता, बुद्धिमता और नीति–निपुणता से उन्नति की और वह मराठा सेना के योग्यतम सेनानायकों में गिना जाने लगा। पानीपत के युद्ध में अन्य मराठा सरदारों की भाँति वह भी सम्मिलित था और शत्रुओं से लड़ता हुआ घायल हो गया था। उसके बाद उत्तर भारत में आश्चर्यजनक रूप से मराठा शक्ति के विस्तार का श्रेय जिन्हें है उनमें माधव जी का नाम सबसे पहले लिया जाता है। दिल्ली दरबार के वजीर मिर्जा नजफ़ख़ाँ की सं. 1839 में मृत्यु होने के बाद मुग़ल साम्राज्य में अव्यवस्था फैल गई, जिसे दूर करने के लिए तत्कालीन मुग़ल सम्राट शाहआलम ने माधव जी सिंधिया को अपना मुख्यमन्त्री (मीरबख्शी) बनाया। पेशवा की ओर से उत्तर भारत में जो मराठा सेना थी, उसके सेनापतियों में माधव जी ही सबसे अधिक योग्य था। उसने मुग़ल साम्राज्य की अव्यवस्था दूर कर मुग़ल दरबार के उपद्रवी रूहेले सरदारों को दबा दिया और जयपुर राज्य से बक़ाया कर वसूल किया। फिर डीग, आगरा, अलीगढ़, मथुरा आदि प्रमुख स्थानों पर अधिकार कर अपनी योग्यता, शक्ति और सत्ता की धाक जमा दी। वह मुग़ल साम्राज्य का मुख्यमंत्री होने के साथ ही साथ प्रधान सेनापति और सम्राट का संरक्षक (वकीले मुत्लक़) भी था। इसलिए वह सम्राट शाहआलम के नाम पर शासन करने लगा। उसके कारण मराठों का प्रभाव उत्तर भारत में बहुत बढ़ गया और मराठों की भगवा पताका दिल्ली के लाल क़िले पर फहराने लगी।

माधव जी की देन

माधव जी सिंधिया एक युगांतरकारी पुरुष थे। उनकी वीरता, नीतिज्ञता और दूरदर्शिता अनुपम थी। उन्होंने अपने पुरुषार्थ से मराठों की पताका दिल्ली के क़िले पर फहराई और उत्तर भारत में मराठों की शक्ति, सत्ता और प्रभुता को चरम सीमा पर पहुँचा दिया था। उनकी ब्रज को देन भी बड़ी महत्त्वपूर्ण थी। जाट राज्य का ह्रास होने से ब्रज में जो भीषण संकट पैदा हुआ था, वह माधव जी के कारण दूर हो गया था।

हिम्मतबहादुर

हिम्मत बहादुर, माधव जी सिंधिया का समकालीन एक नागा गुंसाईं था। अपने समय में उसकी वीरता की धाक थी। मुगल दरबार का साथ देकर उसने माधव जी सिंधिया को नीचा दिखाना चाहा था, किंतु उसमें वह सफल नहीं हुआ। वह माधव जी को सदा परेशान करता था। माधव जी ने उसकी जागीर का बड़ा भाग छीन लिया था और उसके अधिकार में केवल मांट और वृन्दावन की जागीरें रहने दी थीं। वृन्दावन में राजाओं की भाँति बड़ी शान से रहता था और माधव जी से शत्रुता रखने के कारण सदैव उनके विरुद्ध चालें चला करता था। उसने सैनिक दाँव-पेच और कूटनीति के अतिरिक्त मन्त्र-तंत्र का प्रयोग भी किया था। वह कुशल सेनानी एवं कूटनीतिज्ञ होने के साथ ही साथ कवि, काव्य-प्रेमी और कवियों का आश्रयदाता था। ब्रजभाषा के सुप्रसिद्ध कवि 'पद्माकार' उसी के आश्रय में अपने एक मात्र वीर काव्य 'हिम्मत बहादुर विरुदावली' की रचना की थी। हिम्मत बहादुर का देहान्त सं. 1861 में हुआ था।

ब्रज का स्वतंत्रता संग्राम 1857

मथुरा जिले का योगदान

मथुरा 30 मई सन् 1857 ई. की गरमियों का दिन था। समय सन्ध्या के चार बजे थे। स्थान था मथुरा का कलक्ट्री-स्थित सरकारी कोषागार। कोषाधिकारी डैशमैंन थे और ज़िला मजिस्ट्रेट और कलक्टर मार्क थोर्नहिल थे। लुटेरे 67 वीं और 44 वीं नेटिव इंनफैण्ट्री के सशस्त्र सैनिक थे। सेना के कमाण्डर लेफ्टीनेंट बर्ल्टन धराशायी हो गये थे। चार लाख साठ हज़ार, एक सौ चाँदी के रुपयों से भरी ग्यारह बैलगाड़ियों पर लदीं लोहे की सेफों का आगरा की जगह पर दिल्ली को प्रस्थान हो गया था। कोषागार में बचे हुए दो लाख रुपयों की मथुरा सदर के लोगों द्वारा लूट कर ली गई थी और प्रशासन स्तब्ध रह गया था।

मथुरा के शासन की लगाम भारतीय सैनिकों के हाथों में आ गयी थी। यूरोपियन बंगले और कलक्ट्री-भवन सब आग को समर्पित कर मथुरा जेल के बन्दी कारागार से मुक्त हो गये थे। विदेशी हुकूमत को मिटाकर स्वाधीनता का शंखनाद करने वाले, अंतिम मुग़ल सम्राट बहादुरशाह जफ़र के हाथ मज़बूत करने भारत माता के विप्लवी सपूत गर्वोन्मत भाव से मचल पड़े और चल पड़े कोसी की दिशा में शेरशाह सूरी राज मार्ग से, जहाँ अंग्रेज़ी सेना दिल्ली की ओर से मथुरा की ओर आने वाले भारतीय क्रान्तिवीरों के टिड्डी दलों को रोकने के उद्देश्य से जमा थी। थाँर्नहिल स्वयं पड़ाव डाले पड़ा था। यह सनसनीखेज कहानी किसी कल्पित उपन्यास का हिस्सा नहीं है, बल्कि एक ऐतिहासिक दस्तावेज है, जो ख़ुद अंग्रेज़ कलक्टर की क़लम से पश्चिमोत्तर प्रान्त के आगरा स्थित तत्कालीन गवर्नमेंट सेक्रेटरी सी. बी. थॉर्नहिल के नाम 5 जून 1857 को लिखा गया था। इस ऐतिहासिक घटना का सार संक्षेप में इस तरह है।

पल्टनों का खुला विद्रोह

विगत दो माह से 67वीं पल्टन मथुरा में सरकार की ओर से तैनात थी। उसके कार्य मुक्त होने का समय हो चुका था। उसके स्थान पर 44वीं नेटिव इंनफैण्ट्री को कार्यभार ग्रहण करना

था। पश्चिमोत्तर प्रान्त के लेखाकार के आदेशानुसार कार्यमुक्त 67वीं पल्टन को दायित्व सौंपा गया कि वह मथुरा के अतिरिक्त ख़ज़ाने को आगरा पहुँचा दे। तदानुसार, नयी कम्पनी के आ जाने पर कोषाधिकारी डैशमैंन ने 4 लाख 60 हज़ार एक सौ तथा फर्रुखाबाद के ख़ज़ाने को दस बैलगाड़ियों में लदवा दिया। ग्यारहवीं और अन्तिम गाड़ी तैयार हो रही थीं और जैसे ही वह लाइन में पहुँची कि 67 वीं पल्टन के एक सैनिक ने कमांडर बर्ल्टन से पूछा -'कूँच कहाँ को होगा।' बर्ल्टन का कड़दार उत्तर आया-'आगरा की ओर और कहाँ ?' सैनिक का प्रश्न था-'दिल्ली को क्यों नहीं' बर्ल्टन कड़का- 'बदमाश। बेईमान।' शब्द पूरा होते न होते सैनिक की बन्दूक गरज उठी- 'धाँय' । गोली बर्ल्टन की छाती को चीरती चली गई। वह धराशायी हो गया।

थॉर्नहिल लिखता है कि 44 वीं पल्टन भी तुरन्त विद्रोहियों से जा मिली। जमकर यूरोपियनों पर गोलियाँ दागी गई। कार्यालय में उस समय जितने यूरोपियन और ईसाई थे, जहाँ तहाँ जान बचाकर भागने और छिपने लगे। यह संयोग ही कहा जायगा कि 44 वीं पल्टन के कमांडर को छोड़कर सभी बच निकले। कमांडर गिबन्स की हथेली फट गई। विद्रोहियों ने कार्यालय में आग लगा दी और सरकारी अभिलेखागार को नष्ट कर डाला। आसपास जितने भी बंगले विदेशियों के थे, सब जलाकर तहस-नहस कर डाले गये। कोषागर में जो बची सम्पत्ति और धनराशि थी, वह भी सभी समीपवर्ती लोगों द्वारा, संभवतः लूट ली गई। कारागार में जितने भी बन्दी थे, जेल तोड़कर मुक्त कर दिये गये। बन्दियों को शहर लाया गया और लोहारों से उनकी हथकड़ियाँ-बेड़ियाँ कटवाई गई। कारागार के प्रहरी भी क्रान्तिकारियों के साथ हो लिये।

सी. एफ. हार्वे, कमिश्नर आगरा को अपने 10 अगस्त 1857 के एक और पत्र में थाँर्नहिल लिखता है कि यूरोपियन लोगों को विद्रोह की पहली सूचना कार्यालय में लगी आग की ऊँची लपटों से मिली। वे सब बचकर आगरा को भाग लिये। कारागार के प्रहरी भी क्रान्तिकारियों के साथ मिल गये और ख़ज़ाने के साथ दिल्ली की ओर चल दिये। सड़क के सहारे जो भी कार्यालय या बंगला, चुंगी चौकी, पुलिस चौकी या कोई भी सरकारी भवन मिला, सब फूँक दिये गये। रास्ते के सभी ज़मींदार विद्रोहियों के साथ हो गये। कोसी में प्रवेश कर गये। रघुनाथ सिंह के पास भारी संख्या में सैनिक थे, किन्तु उसने विद्रोहियों को नहीं छेड़ा और वे प्रवेश कर गये। रघुनाथ सिंह के अधिकार में मथुरा के सेठ की दी हुई दो तोप भी थीं और वह विद्रोहियों को रोकने के उद्देश्य से टुकड़ी के साथ कोसी भेजा गया था। परन्तु, उसने उन्हें न रोका। उल्टे उसने कोसी की लूट में विद्रोही सैनिकों की सहायता की। यही नहीं, कोसी में उसने थाँर्नहिल की निजी सम्पत्ति भी लूट ली।

सैनिक गाड़ियों पर लदे मात्र 5 लाख रुपये ले जा सके थे। सवा लाख के लगभग ख़ज़ाना अभी कोषागार में जमा था, जिसमें रुपये, पैसे और जवाहरात आदि थे, जो यूरोपियन लोगों ने सुरक्षा की दृष्टि से जमा कर रखे थे और बिना उन्हें निकाले वे आगरा को भाग गये थे। जैसे ही ज्ञात हुआ कि ख़ज़ाने में सम्पत्ति छूट गई है, पूरा शहर उसे लूटने को टूट पड़ा। इनका

नेतृत्व शहर कोतवाल कर रहा था और भरतपुर पल्टन के सैनिक भी लुटेरों में सम्मिलित थे। जब तक आग की लपटें उन्हें झुलसाने न लगीं, वे लूटपाट करते रहे। लूट के बाद वे परस्पर लड़ने लगे और भयंकर विप्लव मच गया। सर्वाधिक 30 लोग इसमें काल का ग्रास बने। यह घटना 30 मई की है ।

थॉर्नहिल 29 मई को कोसी पहुँच चुका था। 30 मई की शाम डैशवुड, कालविन, गिबन, जॉयस नामक अंग्रेज़ अधिकारी और कलक्टर का हैडक्लर्क कोसी पहुँचे और उन्होंनें कलक्टर को कोषागार की पल्टनों तथा अन्य द्वारा लूट का वृत्तांत सुनाया। थॉर्नहिल तत्काल कैप्टेन निक्सन से मिलने चल पड़ा। रास्ते में उसने रघुनाथ सिंह को बुलवाया मगर उसने आने से इन्कार कर दिया। यही नहीं उसने कलक्टर को अपने तम्बू में घुसने भी नहीं दिया और सेठ की दोनों तोपें भी नहीं दीं। पक्की ख़बरें मिल रही थीं कि दिल्ली की ओर अकूत संख्या में क्रान्तिकारी कोसी पहुँचने वाले हैं। अतः निक्सन उनसे निबटने की तैयारी में तत्पर हुआ। किन्तु उसकी पल्टन ने उल्टे उसी पर बंदूक़ें तान दीं। अब भरतपुर पल्टन भी खुले विद्रोह पर उतर आई। निक्सन और थार्नहिल के सामने जान बचाकर भागने के अतिरिक्त अब और कोई विकल्प न था। फिरंगी सी. एफ. हार्वे के साथ सेना को और थॉर्नहिल जॉयस के साथ मथुरा की ओर चल पड़े ।

31 मई के प्रातः पूर्व 3 बजे थार्नहिल मथुरा आ सका। यहाँ उसने जलते हुए कार्यालय को देखा और सहायतार्थ आगरा को चल पड़ा। रास्ते में कई गाँवों से उस पर गोलियाँ दागी गईं। मगर येनकेन प्रकारेण वह बच निकला। अपने पत्र में थार्नहिल ने यह स्वीकार किया है कि सारा देश एक साथ एकजुट उठ खड़ा हुआ है। शासन का नाम नहीं रहा। अराजकता व्याप्त है। प्रशासन को लकवा मार गया है। आगामी शाम को वह मथुरा लौट आया। उसे आगरा से किसी प्रकार की सहायता न मिल सकी। वह सेठ गोविन्ददास की हवेली में पहुँचा, जहाँ उसे ससम्मान शरण दी गई। हैशमैन दम्पती पहले ही वहाँ मौजूद थे। 31 मई को लोगों ने सदर छावनी में भयंकर लूटपाट की। बंगले जला दिये गये। जो नहीं जलाये गये, उनका सामान यहाँ तक कि किवाड़ चौखटें तक उखाड़कर लोग ले गये। सहार, कोसी और नौहझील की तहसील भी लूटपाट और नाश की शिकार बनी। राया में अचरू के राजा देवीसिंह ने राया थाने पर अधिकार कर लिया। सादाबाद में देवकरन के नेतृत्व में क्रान्तिवीर सक्रिय हो उठे ।

मथुरा में 30 मई की घटना के कलक्ट्री कर्मचारियों के साक्ष्य वक्तव्यों का अनुवाद इस प्रकार है-

लाला ठाकुर प्रसाद स्याह नबीस का साक्ष्य

पिता का नाम- दुर्गा प्रसाद,
जाति-कायस्थ,
वर्त्तमान निवासी-मथुरा,
आयु-37 वर्ष,
व्यवसाय-नौकरी ।

प्रश्न- मई 30, 1857 ई. को 4 बजे के बाद तिलंगा विद्रोही मथुरा के ख़ज़ाने को दिल्ली ले गये। उन्होंनें कार्यालय में आग लगाई। तुम वहाँ थे। घटना का विस्तृत विवरण दो।

उत्तर- 30 मई 1857 को कप्तान श्री डेविड और श्री कालविन ने 4 लाख 60 हज़ार की धनराशि बैलगाड़ियों पर लदवाई और आगरा ले जाने के लिये सूबेदारों और तिलंगों को सौंप दी। शेष 1 लाख 40 हज़ार की राशि ख़ज़ाने की तिज़ोरियों में ताले में बन्द छोड़ दी। इसी बीच तिलंगो ने कप्तान (बर्ल्टन) को गोली से भून दिया और अन्य अंग्रेज़ों पर भी गोलियाँ चलाई। किन्तु वे बच गये और एक ब्रह्माण मारा गया। इसके बाद अंग्रेज़ और ईसाई मथुरा की ओर भाग गये। कुंजीलाल भय के मारे अपनी जगह से न हिल सका और वह चारों ओर से घिर गया। तब तिलंगे कमरे में घुसे और उन्होंने कुंजोला, हरदयाल को और मुझे कमरे से बाहर निकाल दिया। हम मथुरा भाग गये। तिलंगा हमें जान से मारना चाहते थे किन्तु एक हवलदार ने हमें बचाकर एक किनारे से बचकर निकल जाने को कहा। मैं घबराया हुआ था। मैंनें किसी विशेष व्यक्ति को विद्रोहियों में नहीं देखा। जब हमने कोषागार छोड़ा था, तिलंगे और ख़ज़ाने से लदी गाड़ियाँ वही खड़ी थीं। हमारे चले जाने के बाद तिलंगे उन्हें ले गये। उन्होंने मथुरा छावनी में बंगलों को आग लगाई और दिल्ली मार्ग पर चले गये।

केशवसिंह चपरासी का साक्ष्य

पिता का नाम- राम वख्श ठाकुर

निवासी-इटावा

आयु-40 वर्ष

व्यवसाय-नौकरी

प्रश्न- 30 मई, 1857 ई. को विद्रोही तिलंगों की पलटनें मथुरा ख़ज़ाने को दिल्ली ले गये और उन्होंनें कार्यालय-अभिलेखों को जलाया। क्या तुम वहाँ उपस्थित थे ? घटना का विवरण दो।

उत्तर- मुझे तिथि याद नहीं हैं। ख़ज़ाना बैलगाड़ियों पर आगरा के लिये लदा था। सारे चपरासी बैलगाड़ियों तक ख़ज़ाने से थैली को ले जा रहे थे। 11 गाड़ियों पर 4 लाख रुपये लादे गये थे। एक लाख रुपये तथा पैसों से भरे बक्स कोठी में छोड़ दिये गये थे। शेष ख़ज़ाने से भरी तिज़ोरी की चाबी छोटे साहब (ज्वॉइंट मजिस्ट्रेट) के पास थीं। लदी गाड़ियां नीम के पेड़ के तले खड़ी थीं। मुझे कप्तान साहब के नाम की जानकारी नहीं है। वह गाड़ियों को गिन रहे थे। तभी एक तिलंगे ने उन्हें गोली से मार दिया। तब तिलंगों ने छोटे साहब और दूसरे कप्तान पर गोलियाँ दागीं, जो ख़ज़ाने के बरामदे में खड़े थे। किन्तु वे चुटैल नहीं हुए। इससे सीता ब्राह्मण घायल हो गया और तत्काल मर गया। तब कप्तान और अन्य अंग्रेज़ मथुरा की ओर भाग गये। डिप्टी कलक्टर गुलाम हुसैन, नायब नाजिर और कुछ चपरासी तब भी तहसील पर रहे आये। जब तिंलगों ने तहसील की इमारत में आग लगा दी, तब वे तहसील छोड़कर सदर बजार चले गये। तिलंगों ने उनसे कहा- 'आप कहाँ जा रहे हैं ? हमारे साथ आइये।' किन्तु वे रफूचक्कर हो गये। सूर्यास्त से पहले तिलंगों ने कार्यालय फूंक दिया और

ख़ज़ाना ले गये। जाते समय उन्होंने हमसे भी अपने साथ चलने को कहा। इसे सुनकर नायब नाजिर मुहम्मद हुसैन, अल्ला वख्श, अहमद खाँ चपरासी, जिसका नाम अब मुझे याद नहीं, हौली पल्लेदार, आठ कुली-जो ख़ज़ाना लदवाने आये थे और मैं वहीं बने रहे। हम सदर बाज़ार जानअली दफ़्तरी के घर गये। नायब नाजिर और चपरासी उसके घर रूक गये। मैं सदर बाज़ार के द्वार के पास मन्दिर पर रूका रहा। रात के अंधेरे में लगभग 8 बजे मैंने सदर बाज़ार और मथुरा के दूसरे लोगों को राजकोषागार को समूहों में जाते देखा। जो कुछ ख़ज़ाने में बचा था, उन लोगों ने लूटा। दूसरे दिन सवेरे कुछ घुड़सवारों के सा मथुरा के कोतवाल, सदर बाज़ार के कोतवाल और नायब नाजिर मुहम्मद हुसैन कोठी पर आये, जबकि पूरी सात कोठी आग की लपटों में जलीं और खुलीं रहीं। नायब नाजिर ने एक लुटेरे से यह कहकर पैसों से भरा एक थैला जबरदस्ती छीन लिया कि यह वापिस ख़ज़ाने में जमा किया जायगा। यदि अधिकारियों में से किसी ने भी नियमितता बरती होती तो तिलंगों के ख़ज़ाना लूटने के बाद बचा हुआ धन सुरक्षित किया जा सकता था।

प्रश्न- अंग्रेज़ों के चले जाने के बाद डिप्टी कलक्टर ग़ुलाम हुसैन कोषागार परिसर में कितनी देर रुके रहे ?

उत्तर- डिप्टी साहब वहाँ चार घड़ी बने रहे। उस समय मैंने स्टाफ के अन्य किसी व्यक्ति को नहीं देखा।

प्रश्न – तिलंगों ने किस समय उस स्थान से ख़ज़ाने को हटाया ? और बचे खुचे ख़ज़ाने की लूट कब आरम्भ हुई ?

उत्तर- 6 बजे तिलंगे कोठी से प्रस्थान कर गये और 8 बजे सामान्य जनों ने बचे खुचे ख़ज़ाने की लूट आरंभ की। मैंने यह सब स्वयं अपनी आँखों से देखा।

प्रश्न- उन लुटेरों में से क्या तुम किसी को पहचानते हो ?

उत्तर- उस समय रात थी और उस समय सदर बाज़ार तथा शहर के हज़ारों आदमी थे।

4 मार्च 1858 को ज़िला मथुरा के कार्यकारी मजिस्ट्रेट आई. के. बैस्ट के न्यायालय में मृत्यु-दण्ड पाने वाले अख्तियार खाँ के विरुद्ध आरोप पत्र का उध्दरण-

साक्ष्य से यह बहुत स्पष्ट हो गया है कि प्रतिपक्षी गदरियों –अर्थात् 44 वीं नेटिव इन्फेंट्री रेजीमेंट और 67वीं पलटन के साथ कोसी आया था, जिसने उनके एक अधिकारी (बर्ल्टन) की हत्या की और दूसरे (गिबन) को घायल करके मथुरा कोषागार का 4 लाख रुपया लूटा था। प्रतिपक्षी एक घोड़े पर सवार था। इसमें कोई सन्देह नहीं है कि वह अपनी इच्छा और स्वीकृति से कस्टम कार्यालय के असंख्य कर्मचारियों के साथ गदरियों के साथ सम्मिलित हुआ था। तत्पश्चात् वह दिल्ली गया। कैप्टेन बर्ल्टन जहाँ धराशायी हुआ था, वहाँ उसके नाम का पत्थर अभी भी लगा हुआ है, जो घनी जंगली झाड़ियों से ढका हुआ है। इस सादा पत्थर पर लिखा है-

Sacred to memory of P.H.S.Burlton.Sixty Seventh Infantry ,Who was shot by a detachement of his regiment and of the Eleventh native Infantry near this spot on 30th of May 1857.This tomb is erected by his brother officers.

किन्तु स्वाधीनता संग्राम 1857 में जिस अमर शहीद अख्तियार खाँ ने क्रान्ति की पहली मशाल हज़ारों हज़ार शूरवीरों का नेतृत्व करके प्रज्वलित कर अपना जीवन मातृभूमि की बलिदेवी पर भेंट चढ़ाया, क्या उसकी पावन स्मृति में आज स्वतंत्र भारत में भी कोई स्मारक पत्थर नहीं लगना चाहिये था ? यदि यह दलील भी मान ली जाय कि अख्तियार खाँ एक अनैतिहासिक नाम हैं और ऐसे अनेक अज्ञात नाम हैं, परन्तु हम नानाराव धुन्धूपन्त को तो अनैतिहासिक नाम नहीं कह सकते। नानाराव के मथुरा स्थित भवन और बाग़ को कलक्टर थॉर्नहिल ने नवम्बर 1857 में मथुरा के शहर कोतवाल को आदेश देकर ध्वस्त कराके शहर भर की गन्दगी भरवा दी थी। नानाराव सपरिवार भतीजे बालाराव के साथ जहाँ क्रान्तिकाल में भी ठहरे थे, उस स्थान की पवित्रता की रक्षा तो दूर, आज के पेंशनर स्वाधीनता संग्राम सेनानियों और लेखकों को इस तथ्य की जानकारी तक नहीं तो नानाराव के ही स्मारक की सुधि लेने को किसे आज इस स्वार्थी जगत् में अवकाश है ? प्रथम शहीद सीता ब्राह्मण, राजा देवीसिंह, श्रीराम, देवकरन आदि का नाम लेना भी शायद शेष न होगा, हाँ थॉर्नहिल के प्राणारक्षक जमादार दिलावर खाँ का नाम पुरस्कृतों की सूची में ग्राउस ने अवश्य लिखा था। क्या 1857 के शहीदों की देशभक्ति के प्रति हम कृतघ्न नहीं कहलायेगें ?

थार्नहिल का पत्र

मार्क थार्नहिल ने दि0 10-8-1858 को सी. एफ. हार्वे, कमिश्नर, आगरा के नाम लिखे पत्र में मथुरा में हुए संघर्ष का वर्णन इस प्रकार है- 14 मई सन 1857 ई. को गुड़गाँव के कलक्टर से मुझे सूचना मिली है कि विद्रोही मथुरा ज़िले की ओर पहुँचे रहे हैं। सूचना पक्की नहीं थी किन्तु बाद में ज़िले की उत्तरी सीमाओं पर बसे हुए कस्टम्स और रेलवे विभाग के यूरोपियनों के पत्रों से यह सूचना पुष्ट हुई। यूरोपियन स्त्रियाँ तथा अन्य नागरिक तत्काल ही आगरा भेज दिये गये। दूसरे दिन और आगामी दिनों में कोई पक्की सूचना नहीं मिल सकी। गुड़गाँव के तथा मथुरा के उत्तरी भाग से आये हुए यूरोपियन लोग तथा दूसरे लोग सनसनी भरी सूचनायें लेकर आये कि विद्रोही सेना पहुँच चुकी है। इन सभी से यह सार निकला कि पूरी विद्रोही सेना आगरा पर आक्रमण करने के उद्देश्य से चल पड़ी है। 16 मई को कप्तान निक्सन भरतपुर सेना को लेकर मथुरा आ गया। दूसरे दिन ज्ञात हुआ कि विद्रोही सेना के आनेकी सूचना सत्य नहीं थी। कप्तान निक्सन ने तब दिल्ली की ओर कूँच करने का निश्चय किया। मेरे विचार से उसने दिल्ली आगरा मार्ग को खोलने तथा कमांडर इन चीफ से समायोजन करने की दृष्टि से ऐसा निश्चय लिया। इस समाचार से पूरी आबादी में अव्यवस्था फैल गई थी कि दिल्ली पर विद्रोहियों ने अधिकार जमा लिया है और दिल्ली के बादशाह ने घोषणा कर दी है। विशेषकर बनियों पर और पुराने जमींदारों द्वारा नयों से भूमि छीनने को हुए हमलों के कारण ये उपद्रव हो रहे थे।

खजाना आगरा को

सवा छै लाख रुपया ख़ज़ाने में था, जो आगरा की किसी देशी पल्टन की चौकीदारी में था। व्यक्तियों के अनुसार और मुझे व्यक्तिगत प्राप्त हुई सूचनाओं के आधार पर मैंने आगरा को सबल संस्तुति के साथ लिखा कि ख़ज़ाना आगरा भेज दिया जाय। उसे भेजने के लिये बैलगाड़ियाँ कार्यालय पर तैयार खड़ी थीं। दुर्भाग्य से मेरी संस्तुति किसी ने न सुनी। 19 मई को कप्तान निक्सन दिल्ली की ओर कूंच कर गया। मैंने उसका साथ दिया और हम लम्बे पड़ाव डालते हुए धीरे-धीरे आगे बढ़े। शहर की रक्षा के लिये एक टुकड़ी पीछे छोड़ दी गई। पर्याप्त संख्या में नयी पुलिस भर्ती कर ली गई थी। नये सवार भी बढ़ाने का प्रयास किया गया किन्तु इसमें सफलता कम मिली। शहर की बड़ी सुरक्षा सेठ गोविन्द दास और राधाकिशन के हाथों में थी। उन्होंने अपने व्यय पर आदमियों की एक बड़ी संख्या खड़ी की थी और अपने प्रभाव से शहरवासियों को शान्त रखा था। ज्वांइट मजिस्ट्रेट क्लिकोर्ड को शहर प्रभारी के रूप में पीछे छोड़ दिया था। किन्तु शीघ्र ही वह बीमारी के कारण चला गया और उनके स्थान पर डैशवुड को रखा गया। इलियट काल्बिन उसका सहायक बनाया गया। 23 मई को अन्य यूरोपियन नागरिकों के साथ आप स्वयं सेना में सम्मिलित हो गये थे। 25 मई को सेना कोसी पहुँच गई। दूसरे दिन होडल पहुँचकर उसने पड़ाव डाला। होडल गुड़गाँव ज़िले में होने के कारण मैं कोसी में हो रह गया। भरतपुर पैदल सेना के 300 जवान और दो तोपें रघुनाथ सिंह नामक एक सरदार के नेतृत्व में मेरे साथ रह गये थे। ये दो तोपें सेठ द्वारा उधार दी गई थीं। ज़िले में उपद्रव संख्या और विविधता में बढ़ गये थे। परगना मांट का ज़मींदार कुँवर दिलदार अली खाँ ग्रामीणों द्वारा मार डाला गया था। 23 मई को उसका एक सम्बन्धी उमराव बहादुर, जिसकी नौहझील परगना में जमींदारी थी, ग्रामीणों द्वारा अपने घर में ही घेर लिया गया था। हमारे बल के पहुँचने पर ग्रामीण भाग गये और तब वह बच पाया। कुछ हत्यायें और हुईं और कुछ दूसरे उपद्रव भी हुए, जो मुझे याद नहीं हैं।

ब्रज का स्वतंत्रता संग्राम 1920-1947

असहयोग आन्दोलन

सितम्बर सन 1920 में कलकत्ता कांग्रेस ने अपने विशेष अधिवेशन में महात्मा गांधी के असहयोग आन्दोलन का सहज स्वागत किया। गांधी जी के आह्वान पर मथुरा जिला अपना योगदान देने को प्रस्तुत हो गया। उन दिनों चूंकि कांग्रेस-संगठन की दृष्टि से मथुरा ज़िला दिल्ली प्रान्त में सम्मिलित था, अत: दिल्ली से समय-समय पर कांग्रेसी नेताओं का आगमन होता था। गांधी जी के असहयोग कार्यक्रम के अनुसार सरकारी उपाधियों का त्याग, नौकरियों का त्याग, अंग्रेज़ी अदालतों एवं शिक्षण संस्थाओं में त्याग का भी क्रियान्वयन हुआ। सन 1921 के प्रारम्भ होने पर असहयोग आंदोलन में तेज़ीआने लगी तथा मथुरा ज़िले के गांवों एवं कस्बों में भी इसकी लहर फैलने लगी। अडींग, गोवर्धन, वृन्दावन, एवं कोसी आदि स्थानों में भी राष्ट्रीय हलचल प्रारम्भ हो गयी। गोवर्धन में राष्ट्रीय चेतना को बढ़ाने में सर्वश्री रुष्ण बल्लभ शर्मा, ब्रज किशोर, रामचंद्र भट्ट एवं अपंग बाबू आदि प्रमुख थे। वृन्दावन में सर्वश्री गोस्वामी छबीले लाल, नारायण बी.ए., परुषोत्तम लाल, [illegible]

आदि ने प्रमुख भाग लिया। असहयोग आन्दोलन तीव्र करने के लिए 9 अगस्त सन 1921 को लाला लाजपत राय के सभापतित्व में वृन्दावन की मिर्जापुर वाली धर्मशाला में एक विशाल सभा हुई थी। इसमें हज़ारों की संख्या में जनता उपस्थित थी। गो. छबीले लाल ने अभिनन्दन पत्र पढ़ा था। सर्वश्री भगवानदास केला, आनंदीलाल चतुर्वेदी, हमीद, ब्रजलाल वर्मन ने इस अवसर पर व्याख्यान दिये थे। वृन्दावन के गुरुकुल और प्रेम महाविद्यालय में भी उनका पदार्पण हुआ था। दूसरे दिन मथुरा के अग्रवाल विद्यालय में उनका आगमन हुआ। पुराणी कोतवाली (गांधी पार्क) में एक विशाल सभा में उनका भाषण हुआ। इस अवसर पर लाला गोवर्धनदास (लाहौर) का भी स्वदेशी पर भाषण हुआ। मथुरा के द्वारिका प्रसाद भरतिया ने इस अवसर पर लाला लाजपतराय को समाज की ओर से अभिनन्दन पत्र भी दिया था।

मथुरा राम-बारात केस

4 अक्टूबर सन 1921 को मथुरा के तमोलियों ने एक भव्य रामलीला की बारात निकालने की योजना बनायी थी। तत्कालीन राष्ट्रीयता की लहर ने इसको भी राष्ट्रीय रंग से रंग दिया था अतएव विदेशी शासन ने इसके अधिकारियों का दमन करने का निश्चय किया। 19 अक्टूबर और इसके उपरान्त इसी सम्बंध में सर्वश्री ब्रजगोपाल भाटिया, द्वारकानाथ भार्गव, रामनाथ मुख्त्यार, लाला रामनारायण नारायण बेकर, मुंशी नारायण प्रसाद, देवीचरण, रामचंद्र सूरदास,मुकुन्दलाल, श्रीनिवास, लाला कृष्णगोपाल, लाला प्रभुदयाल, राधाकांत भार्गव, सूरजभान दलाल, लाला छिदामल, शंकर तमोली, मनोहारी तमोली, लाला कद्दूमल सर्राफ, रणछोरलाल शर्मा, ज्योति स्वरूप, गोपालदास, ठाकुरदास, बद्रीप्रसाद, पंडित मूलचंद, लाला चिरंजीलाल बजाज,पन्नालाल बेदई, परसादी तमोली, लाला पन्नालाल, नंदकुमार शर्मा, फूल खान रंगरेज, जदुनाथ मेहता, मुरलीधर आदि गिरफ़्तार हुए थे। हकीम ब्रजलाल वर्मन और मास्टर रामसिंह के भी वारण्ट थे लेकिन बाहर रहने के कारण गिरफ़्तार न हो सके। कुल मिलाकर 43 देशभक्त गिरफ़्तार हुए थे। यह केस 2 नवम्बर सन् 1921 से प्रारम्भ होकर 3 मार्च सन् 1922 को तत्कालीन डिप्टी मजिस्ट्रेट श्री द्वारिकानाथ साहू द्वारा छाता में फैसला देने के साथ समाप्त हुआ। 13 अभियुक्तों को मुक़दमे के प्रारम्भ में ही छोड़ दिया गया था। मुक़दमे के दौरान 8 अभियुक्तों पर फर्द जुर्म नहीं लगा। अन्त में केवल 20 पर मुक़दमा चलाया गया। इसमें कई को छोड़ दिया गया। केवल सर्वश्री हकीम ब्रजलाल वर्मन, मास्टर रामसिंह, मनोहरी तमोली, राधाकांत भार्गव, मुकुन्दलाल वर्मन श्री निवास, काशीनाथ, पन्नालाल वेदई, मौलाना यासीन खां आदि दण्डित हुए और जेल गये।

20 अक्टूबर सन 1921 को मथुरा मे दिल्ली सूबे की एक राजनीतिक कांफ्रेंस पंजाबी पेच (चौकी बागबहादुर के पास) स्थान पर हुई थी। दिल्ली के असफअली बैरिस्टर और ला. शंकरलाल बेकर का भी इस अवसर पर आगमन हुआ था। इस कान्फ्रेंस को सफल बनाने में सर्वश्री लक्ष्मण प्रसाद नागर,डॉ. गंगोली, डॉ. मुन्नालाल, द्वारिका प्रसाद भरतिया, डॉ. राजस्वरूप सरीन, नारायणदास बी. ए. (वृन्दावन) गो. छबीले लाल (वृन्दावन) आदि ने

अथक परिश्रम किया था। 7 नवम्बर सन् 1921 को महात्मा गांधी का 3 बजे मथुरा में आगमन हुआ और एक विशाल सभा हुई। उनके साथ में मौलाना आज़ाद, पं. मोतीलाल नेहरू, डॉ. अन्सारी, श्री मुहम्मद लकई, डॉ. बाबूराम, डॉ. लक्ष्मीदत्त आदि का भी आगमन हुआ था। गांधी जी के अतिरिक्त पं. मोतीलाल नेहरू ने भी भाषण दिया था। सरकारी विरोध होते हुए भी यह सभा सफल हुई। दिल्ली, आगरा और अलीगढ़ के 150 स्वयंसेवक और मथुरा के 125 स्वयंसेवक इसमें सम्मिलित हुए थे।

ब्रज क्षेत्र की प्रमुख ऐतिहासिक लड़ाईयां और घटनाक्रम:

- **चम्बल का युद्ध (9 जून 1707):** राजा हठी सिंह (सौंखगढ़) के नेतृत्व में ब्रज जटवाड़ा की संयुक्त सेना ने चम्बल के युद्ध में औरंगजेब के पुत्र शाह आलम (भावी बहादुरशाह) की ग्वालियर किले की ओर जा रही मुगल सेना को हराकर शाही खजाने पर कब्जा किया था।
- **मुगल चौकियों का विध्वंस:** औरंगजेब के अंतिम समय और बाद के मुगल काल में, ब्रज के जाट वीरों ने मुगलों की स्थानीय सैन्य चौकियों को नष्ट कर दिया और कर वसूलना बंद कर दिया था।
- **भरतपुर का उदय और संघर्ष:** चूडामन और बदन सिंह ने जाट राज्य की नींव रखकर मुगलों के खिलाफ सफल संघर्ष किया, जिससे ब्रज में जाटों का वर्चस्व स्थापित हुआ।
- **1857 का स्वतंत्रता संग्राम:** ब्रज क्षेत्र (मथुरा, भरतपुर) में 1857 के गदर के दौरान भी स्थानीय राजाओं और जनता ने अंग्रेजों के विरुद्ध विद्रोह में सक्रिय भूमिका निभाई थी।
- **पौराणिक युद्ध:** पौराणिक संदर्भों में, जरासंध के आक्रमणों से ब्रज की रक्षा और कृष्ण के नेतृत्व में कंस के विरुद्ध संघर्ष को भी ब्रज की रक्षा से जोड़ा जाता है।

इन लड़ाइयों के कारण ब्रज क्षेत्र ने हमेशा अपनी स्वतंत्रता और स्थानीय संस्कृति की रक्षा की।

तिलपत युद्ध - औरंगजेब और समर वीर गोकुल सिंह

बहीन जिला पलवल - कान्हा रावत को मुस्लिम धर्म न अपनाने पर ज़िंदा जमीन में गाड़ दिया था।

खैर लड़ाई

अमर सिंह तोमर का इतिहास

मुगल बादशाह शाहजहाँ शासनकाल के अंतिम समय मे खैर अपनी राजधानी बनाई थी। अमर सिंह द्वारा राठ व खैर नाम स्थानों पर किलो का निर्माण करवाया गया था। अमर सिंह जब मुगलों को चुनौती पेश करने लगा तब उसके दमन के लिए औरंगजेब ने जनवरी 1690 ईस्वी मुगल सेना को हरिसिंह के नेतृत्व में खैर की गढ़ी पर आक्रमण करने के लिए भेजा। जाट सरदार अमर सिंह तोमर ने मुस्लिम आक्रमणों से अपने क्षेत्र को बचाने के लिए

अपने किले में 8 महीने का समुचित राशन व हथियारों का प्रबंध कर लिया था। खैर गढ़ी को राठ नामक अन्य किला बना कर मजबूत बना लिया था ताकि वह राठ गढी से खुर्जा तथा चंदौसी के क्रांतिकारियों से अपना संपर्क बना सकें और ज्यादा से ज्यादा जाट क्रांतिकारियों को जोड़ सकें। जनवरी 1690 ईस्वी में मुगल सेना ने खैर की गढ़ी पर घेरा डाल दिया लेकिन अमर सिंह के प्रबल प्रतिरोध के कारण रणनीति में बदलाव करते हुए अब राठ पर घेरा डाला गया था। राठ की गढ़ी की सुरक्षा का दायित्व बिरजू जाट के हाथों में था। मुगलो के 8 सप्ताह की घेराबंदी से राठ में राशन की कमी होने लगी ऐसे में संख्या में कम होते हुए भी जाटों ने मुगलों का सामना किया व बिरजू यहां से सुरक्षित निकलकर खैर पहुँच गया। खैर के किले पर जनवरी 1690 ईस्वी से अगस्त 1690 ईस्वी तक घेराबंदी होने के बाबजूद मुगलों को विफलता हाथ लगी।

नोटः- मुगलकाल में अलीगढ़ जिले में एक और अमरसिंह के प्रमाण मिलते हैं। यह अमर सिंह नौहवार जाट था।

चंडौस लड़ाई (1746) - अलग से वर्णन उपलब्ध है। - सूरजमल

घासेरा लड़ाई (1753) - सूरजमल

दिल्ली पर विजय (10 मई 1753) सूरजमल

मथुरा लड़ाई (1757) दुर्रानी

बल्लमगढ़ पर आक्रमण- 3 मार्च 1757-

चौमुहां का युद्ध, जो 28-29 मार्च 1757 के आसपास मथुरा के पास चौमुहां में लड़ा गया था।

आगरा फ़तेह (12 जून 1761) - सूरजमल

पानीपत की तीसरी लड़ाई (14 जनवरी 1761) मराठा और अफगान सेना अहमद शाह दुर्रानी (अब्द्दाली)

फर्रुखनगर (14 दिसंबर1763) नवाब मसावी खान एवं सूरजमल

राजा देवी सिंह गोदारा का जीवन परिचय

राजा देवी सिंह गोदारा टप्पा राया मथुरा के जाट राजा थे। राया क्षेत्र पर गोदारा (गोधे) जाटों का राज रहा था। गोदारा जाटों को ब्रज क्षेत्र में गोदर भी बोला जाता है। गोदारों के नाम पर यह क्षेत्र गोदरपट्टी कहलाता है।

1857 के समय उन्होंने अंग्रेजों को मार भगाया था। और राया शहर समेत इस क्षेत्र के लगभग 80 गांवों पर कब्जा करके स्वतंन्त्रता की घोषणा कर दी थी। दिल्ली के मुगल बादशाह बहादुर शाह जफ़र ने इन्हें राजा का टाइटल प्रदान कर दिया था। इनका राज कई महीनों तक चला और उस क्षेत्र में खुशहाली की लहर दौड़ गयी थी। ये कचहरी लगाकर लोगों की समस्या सुनते व निदान करते। फिर दोबारा अंग्रेजों ने बड़ी सेना व तोपें लेकर हमला किया जिसमें अनेकों अंग्रेज व क्रांतिकारी खेत रहे। अंत में राजा साहब को धोखे से कैद कर लिया गया था एवं उन्हें 15 जून 1858 को राया में फांसी दे दी गयी थी।

राजा देवी सिंह का जन्म मथुरा के राया तहसील के गांव अचरु में गोदर (गोदारा) गौत्र के जाट क्षत्रिय परिवार में हुआ था। गोदारा जाटों को स्थानीय भाषा मे गोदर भी बोला जाता है। राया क्षेत्र को स्थानीय भाषा मे गोदरपट्टी बोलते हैं। राया को उनके पूर्वज **रायसेन गोदर** जी ने ही बसाया था उन्ही के नाम पर इस कस्बे का नाम राया है। राजस्थान के जांगल देश मे गोदारा जाटों का एक गणराज्य था. यह गोदारा जाट शिवि वंशी हैं। गोदावरी क्षेत्र से जब शिविवंशी जाट जांगलदेश आये तो अपने राजा **गुहदत्त शिवि** व गोदावरी प्रदेश के स्वामी होने के कारण **गोदारा** नाम से प्रसिद्ध हुए। इनके वंश में 15 वीं सदी में **राजा पांडु गोदारा** हुए। इनकी राजधानी लाघड़िया थी। जब गोदारा की लड़ाई अन्य छः जाट गणराज्यों से हुई थी। उस समय इनकी राजधानी लाघड़िया युद्ध मे 1487 ईस्वी में नष्ट हो गई तब यहां से गोदारा जाटों का समूह ब्रज क्षेत्र में आबाद हुआ।

राजा देवीसिंह एक धार्मिक स्वभाव के थे और एक अच्छे पहलवान भी थे। राज को त्याग करके साधु बन गए थे।

1857 की क्रान्ति के अमर बलिदानी

क्रांति में कूदने के लिए प्रेरणा: जब इस देश पर अंग्रेज़ी संकट आया तब एक बार वे गांव में पहलवानी कर रहे थे तो उनके सामने कोई नहीं टिक पाया। फिर जीत के बाद वे अपनी खुशी जाहिर कर रहे थे। तो एक युवक ने उन पर ताना कसते हुए कहा के यहां ताकत दिखाने का क्या फायदा है दम है तो अंग्रेजों के खिलाफ लड़ो और देश सेवा करो। यही क्षत्रियों का धर्म है आपके पूर्वजो ने सदा से इस क्षेत्र की रक्षा अपने प्राणों की आहुति देकर की है।

चूंकि राजा साहब बचपन से ही देशभक्त और धर्म भक्त थे इसलिए यह बात उनके दिल पर लगी। उन्होंने कहा कि बात तो तुम्हारी सही है यहां ताकत दिखाने का क्या फायदा। लेकिन अंग्रेजों से लड़ने के लिए एक फौज की जरूरत पड़ेगी। मैं वह कहां से लाऊं। तभी उनके एक साथी ने कहा कि आप अपनी फौज बनाइये। इस पर राजा साहब सहमत हो गए। पूरे क्षेत्र में देवी सिंह का नाम था लोग उनका बहुत आदर करते थे।

क्रांति: इसके बाद देवी सिंह ने गांव गांव घूमना शुरू कर दिया व स्वराज का बिगुल बजा दिया। उन्होंने राया, हाथरस, मुरसान, सादाबाद आदि समेत सम्पूर्ण कान्हा की नगरी मथुरा बृज क्षेत्र में क्रांति की अलख जगा दी।

उनके तेजस्वी व देशभक्त भाषणों से युवा उनसे जुड़ने लगे। यह क्षेत्र भी जाट बाहुल्य था जिस कारण उन्हें सेना बनाने में ज्यादा परेशानी नहीं आई। उन्होंने किसान की आजादी, अपना राज, भारत को आजाद कराने का बीड़ा उठा लिया।

उन्होंने चन्दा इकट्ठा करके व कुछ अंग्रेजों को लूटकर तलवार और बंदूकों का प्रबंध कर लिया। एक रिटायर्ड आर्मी अफसर के माध्यम से उन्होंने अपने सैनिकों को हथियार चलाने में निपुण किया और 1857 की क्रांति में कूद पड़े।

जब यह बात अंग्रेजों को पता चली तो वे बौखला गए। उन्होंने राजा साहब को ब्रिटिश आर्मी जॉइन करने का ऑफर दिया। लेकिन देवी सिंह ने कहा कि वे अपने देश के दुश्मनों के

साथ बिल्कुल भी नहीं जाएंगे।

राजतिलक: इसके बाद बल्लभगढ़ हरियाणा के राजा नाहर सिंह ने भी उनकी मदद की और दिल्ली के बादशाह बहादुर शाह जफ़र से कहकर उनके राज को मान्यता देने के लिए कहा। जफर को उस समय क्रान्तिकारियों की भी जरूरत थी और दूसरा एक नाहर सिंह ही थे जो उसे व दिल्ली को अंग्रेजों से अब तक बचाये हुए थे। इसलिए उन्होंने राजा देवी सिंह के राज को अपनी तरफ से मान्यता दे दी।

पंचायत ने विधिवत राजा देवी सिंह का राजतिलक किया उन्हे पगड़ी पछनाई व पीले कपड़े दिए। हिन्दू संस्कृति के अनुसार पीला रंग रॉयल्टी (राजशाही) का प्रतीक होता है।

अंग्रेज अफसर भाग गया: मार्च 1857 में फिर राजा देवी सिंह ने राया थाने पर आक्रमण कर दिया व सब कुछ तहस नहस कर दिया। सात दिन तक थाने को घेरे रखा। जेल पर आक्रमण करके सभी सरकारी दफ्तरों, बिल्डिंगों, पुलिस चौकियों आदि को जलाकर तहस नहस कर दिया गया। नतीजा यह हुआ के अंग्रेज कलेक्टर थोर्नबिल वहां से भेष बदलकर भाग खड़ा हुआ। इसमें उसके वफादार दिलावर ख़ान और सेठ जमनाप्रसाद ने मदद की। दोनों को ही बाद में अंग्रेजी सरकार से काफी जमीन व इनाम मिला।

अब राया को राजा साहब ने अंग्रेज़ों से स्वतंत्र करवा दिया। उन्होंने अंग्रेजों के बही खाते व रिकॉर्ड्स जला दिए जिसके माध्यम से वे भारतीयों को लूटते थे। फिर अंग्रेज समर्थित व्यापारियों को धमकी भेजी गई कि या तो देश सेवा में ऊनका साथ दें वरना सजा के लिए तैयार रहें। जो व्यापारी नहीं माने उनकी दुकान से सामान लुटा गया व उनके बही खाते जला दिए गए क्योंकि वे अंग्रेजों के साथ रहकर गरीबों से हद से ज्यादा सूदखोरी करते थे। राजा साहब के समर्थन में पूरे मथुरा के जय हो के नारे लगने लगे, उन्हें गरीबों का राजा, हमेशा अजेय राजा जैसे शब्दों से जनता द्वारा सुशोभित किया जाने लगा।

मथुरा क्षेत्र की ब्रिटिश आर्मी भी बागी हो गयी। एक जाट सैनिक ने अंग्रेज अफसर लेफ्टिनेंट बर्टन का वध कर दिया।

राजा देवी सिंह ने एक सरकारी स्कूल को अपना थाना बनाया। उन्होंने अपनी सरकार पूर्णतः आधुनिक पद्धति से बनाई। उन्होंने कमिश्नर, अदालत, पुलिस सुप्रिडेण्टेन्ट आदि पद नियुक्त किये। वे रोज यहां जनता की समस्या सुलझाने आते थे। उन्होंने राया के किले पर भी कब्जा कर लिया। वे रोज जनता के बीच रहते थे और उनकी समस्या का समाधान करते थे।

वे हमेशा देशभक्ति के ज़ज्बे को जगाते हुए पूरे क्षेत्र में घूमते थे। अंग्रेजों के यहां घुसने पर पाबंदी थी। उन्होंने क्रान्तिकारियो संग कई बार अंग्रेजों को लूटा व आम लोगो की मदद की।

फांसी: उन्होंने एक साल तक अंग्रेजों के नाक में दम रखा। अंग्रेजी सल्तनत की चूल तक हिल गयी थी। अंग्रेज अधिकारी तक उनसे कांपते थे। अंत मे अंग्रेजों ने कोटा से आर्मी बुलाई और बिल ने अंग्रेज अधिकारी डेनिश के नेतृत्व में एक बड़ी आर्मी के साथ हमला किया और

धोखे से उन्हें कैद कर लिया। फिर **15 जून 1858** को उन्हें राया में फांसी दी गयी। उनके साथी **श्रीराम गोदारा** व कई अन्य क्रांतिकारियों को भी उनके साथ ही फांसी दी गयी। अंग्रेजों ने फांसी से पहले उन्हें झुकने के लिए बोला था लेकिन राजा साहब ने कहा कि मैं मृत्यु के डर से अपने देश के दुश्मनों के आगे कतई नहीं झुकूंगा।

इस तरह एक देशभक्त साधु ने देश पर संकट आने पर अपनी तलवार पुनः उठा कर जाट क्षत्रिय धर्म का पालन किया व देश सेवा करते हुए हंसते हंसते फांसी पर झूल गया।

राजा अमानी सिंह ठकुरेला

शहीद अमानी सिंह का जन्म गहलऊ गाँव में हुआ था। आपने 1857 की आजादी की लड़ाई में भाग लिया था। आपके बारे में प्रसिद्ध था - "अमानी तो अमानी बाकी घोड़ी हूँ न मानी"। इगलास के आसपास का क्षेत्र ठकुरेले जाटों का है। इसे लगसमा भी कहते हैं। राजा आमानी सिंह ठकुरेला जाट लगसमा का यह वीर अंग्रेजों पर 1857 ई. की क्रांति में बहुत भारी पड़ा था। जनश्रुति है कि बलिष्ठ शरीर वाले अमानी सिंह घोड़ी की लगाम नहीं थामते थे और दोनों हाथों से तलवार चलते थे।

अलीगढ़ जिले के विशाल क्षेत्र पर नियंत्रण होने और समानांतर चलने के कारण उन्हें राजा अमानी सिंह के रूप में भी जाना जाता है। ब्रिटिशर्स के कटु विरोध वाले क्षेत्र में सरकार। वह एक साहसी योद्धा थे और कुश्ती, घुड़सवारी, तलवार चलाने और भाला चलाने में कुशल थे।

स्थानीय इतिहासकारों द्वारा कहा जाता है कि वह इतने बहादुर था कि वह दोनों हाथों में तलवार लेकर लड़ते थे। लगाम पकड़े बिना घोड़े की सवारी करते थे उनके पास एक घोड़ा था जिसकी कहानियाँ अलीगढ़ और आस-पास के जिलों के लोगों द्वारा पोषित की जाती हैं, वह घोड़ा इतना भयंकर था कि अमानी जब उसकी पीठ पर बैठकर लड़ाई में लड़ते थे, तो वह घोड़ा भी खुद अंग्रेजों को टक्कर देने लगता।

राजा अमानीसिंह ने ठकुरेला जाटों के दोनों गुटों को एकजुट किया, जो अठठायसी और बायसी थे और उन्हें अंग्रेजों के खिलाफ लड़ाई में शामिल किया। यह 1857 की घटना है, जब पूरा देश ब्रिटिश औपनिवेशिक साम्राज्य के खिलाफ विद्रोह के पक्ष में था। जब अलीगढ़ जिले की खैर तहसील में छोटी संपत्ति शिवाला के चौहान राजपूतों ने अंग्रेजों के खिलाफ अपने नेता राव भोपाल सिंह के अधीन विद्रोह कर दिया। तब अंग्रेजों ने राव भूपाल सिंह पर विश्वासघात किया और उन्हें तब तक फांसी पर लटका दिया और चौहान राजपूतों को नेताहीन कर दिया मदद के लिए उनके नराजा अमानी सिंह आगे आए यह एक प्रसिद्ध ऐतिहासिक तथ्य है कि लैगसामा के ठकुरेला जाट हमेशा शिवाला के चौहानों की संपदा को लेकर आपसी बैर थे, उन्हें उनके निहित शत्रु माना जाता था, लेकिन यह राजा अमानी सिंह थे जिन्होंने पारंपरिक लड़ाई के खिलाफ लड़ाई लड़ी थी और अंग्रेजों के खिलाफ चौहानों की मदद करने के लिए गए और कोइल (अलीगढ़) के इलाकों में तोड़फोड़ की और चौहान शासकों को ब्रिटिश आक्रमण के प्रकोप से बचाया। ब्रिटिश कलेक्टर और तहसीलदार राजा अमानी सिंह के हमले से बच

गए और अलीगढ़ से भाग गए।

राजा अमानी सिंह ने अलीगढ़ और आस-पास के क्षेत्र को अपने नियंत्रण में ले लिया और अलीगढ़ जिले में समानांतर सरकार चलाने के लिए नियम बनाया।

1857 के स्वतंत्रता आंदोलन में ग्वालियर के प्रतियोगियों और सोवरस के साथ अंग्रेजों ने राजा अमनी सिंह को वश में करने के लिए मेजर बर्टलॉन के तहत अलीगढ़ पर हमला किया, लेकिन ठाकुर अमानी सिंह द्वारा उनके हमलों को कुछ महीनों के लिए रद्द कर दिया गया। ठाकुर अमानी सिंह ने अपनी सेना को ब्रिटिश और संबद्ध सेना के हथियार छीनने की आज्ञा दी। उन्होंने इगलास, खैर और कोइल की तहसीलों पर हमला किया और कब्जा कर लिया। अंग्रेजों ने कई बार असफल होने के बाद भारी संख्या में बारिश के मौसम में जवाबी कार्रवाई की जिससे ठाकुर अमनी सिंह के नेतृत्व में जाट सेना के हथियारों को नष्ट कर दिया। उन्हें अंग्रेजों ने पकड़ लिया और कोइल मजिस्ट्रेट कार्यालय में फांसी पर लटका दिया।

अमानी सिंह ने फुला दी थीं सांसे

1857 में जब चारों ओर क्रांति की भावना फैल हुई थी, तब इगलास क्षेत्र भी अछूता नहीं रहा। यहां के क्रांतिकारियों ने गांव गहलऊ के जाट अमानी सिंह के नेतृत्व में स्वतंत्रता का बिगुल फूंका था। इतिहास के जानकार पूर्व प्रधानाचार्य डॉ. सियाराम वर्मा बताते हैं कि अमानी सिंह ने किले पर चढ़ाई कर दी। घेराबंदी ऐसी थी कि अंग्रेज किले से भाग गए। अंग्रेज तहसीलदार ने जान बचाकर मुरसान में शरण ली। अमानी सिंह ने इगलास क्षेत्र को स्वतंत्र घोषित कर दिया। बाद में मेजर बर्लटन ने बड़ी सेना के साथ किले पर हमला बोला, जिसमें उसकी जीत हुई और अमानी सिंह को बंधक बना लिया। बाद में अमानी सिंह को फांसी दे दी गई। वीर अमानी सिंह पर लोकगीत भी लिखे गए। लोग आज भी गा उठते हैं 'अमानी मानै तो मानै अमानी की घोड़ी न मानै' और 'महुऔ मारि बीठना मारयौ, कोल के लग गये तारे, शाबास गहलऊ वारे'।

ग्वालियर के संस्थापक महादाजी सिंधिया ने इगलास क्षेत्र के आस-पास नजर रखने के लिए गांव गंगापुर व गांव असाबर में मध्य टीले पर किले का निर्माण कराया था। फारसी भाषा का प्रचलन होने के कारण दरबार को इजलास कहा जाता था। 1802 में अलीगढ़ क्षेत्र पर अंग्रेज सेनापति लार्ड लेक का अधिकार हो गया। यह क्षेत्र भी अंग्रेजों के अधिकार में चला गया। अंग्रेजों ने इजलास शब्द को अंग्रेजी में आइजीएलएएस लिखना शुरू कर दिया। जो हिंदी में इगलास लिखा जाने लगा। असाबर व गंगापुर दोनों गांवों को मिलाकर एक नगर बन गया। जिसका नाम इजलास के नाम पर इगलास रखा गया।

चौमुहां युद्ध

चौमुहां का युद्ध, जो 28-29 मार्च 1757 के आसपास मथुरा के पास चौमुहां में लड़ा गया था, अहमद शाह अब्दाली के आक्रमण के दौरान जाटों (महाराजा सूरजमल के नेतृत्व में) और अफगान सेना के बीच एक बहादुरी भरा संघर्ष था। जाट सेना ने अब्दाली की विशाल सेना को कड़ी टक्कर दी, हालांकि बाद में अफगान जीत गए।

गिरीश चंद्र द्विवेदी लिखते हैं .... अहमद शाह अब्दाली अभियान में क्षत्रिय जाट : (P.179) शायद ही ब्रजराज महाराजा सूरजमल को आंतरिक संकट से राहत मिली, जब अब्दाली ने भारत पर आक्रमण किया, (दिसंबर, 1756)।

आंशिक रूप से अपने दम पर और आंशिक रूप से मुगलानी बेगम, नजीब और अन्य लोगों के आग्रह पर, अहमद शाह अब्दाली ने अपने रास्ते पर किसी भी प्रभावी प्रतिरोध को पूरा किए बिना, साम्राज्य राजधानी (जनवरी, 1757) पर झपट्टा मार दिया।

आक्रमणकारियों ने विधिपूर्वक बर्खास्त किया, अत्याचार किया और राजधानी की आबादी को नाराज कर दिया। आलमगीर को पदच्युत कर दिया गया, इमाद को कैद कर लिया गया और वज़रात ने शाह को दो करोड़ देने के अपने वादे पर इंतिज़ाम पर क़रार दिया। अफगान कहर से बचने के लिए, शहर की लगभग आधी आबादी लोकप्रिय शरण में चली गई, जाट प्रभुत्व। हालांकि, उनके पहले के व्यवहार के विपरीत, क्षत्रिय जाटों ने इस बार बदरपुर से मथुरा तक हर पोस्ट पर उन लोगों से पैसे निकालकर शरणार्थियों के दुख को जोड़ा। फिर भी, ऐसा भारी प्रवाह जारी रहा कि मथुरा में आवास प्राप्त करना मुश्किल हो गया।

गिरीश चंद्र द्विवेदी लिखते हैं .... इससे पहले कि मजबूत अफगान मोहरा, मथुरा के निकट पहुंचकर, उस दुर्भाग्यपूर्ण शहर पर गिरने की योजना बना रहा था। लेकिन युवराज सवाई जवाहर सिंह के अधीन 10,000 क्षत्रिय जाट उस पवित्र स्थान की रक्षा के लिए अपनी जान देने के रास्ते पर अड़े रहे। 28 फरवरी को चौमुहा (उत्तर में 8 मील) में विरोधियों के बीच एक भयंकर और लंबी लड़ाई शुरू हुई।

जाटों ने अपने पारंपरिक शौर्य और साहस का प्रदर्शन किया। लेकिन [p.184] के खिलाफ बाधाओं: वे भारी थे। उन्हें जहान खान की बेहतर सेना के साथ सामना करना पड़ा, जिन्होंने एक बड़ी ताकत की कमान संभाली। नौ घंटे की घमासान लड़ाई के बाद, जाट प्रतिरोध टूट गया और दोनों पक्षों को एक साथ 10 से 12 हजार का नुकसान हुआ। वे घायल "गिनती से परे" थे। मुगल सम्राट ने दो दूतों के माध्यम से अपनी खबर मिलने पर खुशी व्यक्त की, जिन्हें 300 रुपये का इनाम दिया गया था। महाराजा सूरजमलजी को शक था कि अफगान भरतपुर, डीग और कुम्हेर की ओर रुख कर सकते हैं। इसलिए, वह "वहां तैनात रहा, जो युद्ध के लिए तैयार था इस युद्ध में महाराजा अनंगपाल तोमर के वंशज सौंख के शासक राजा श्याम सिहं तोमरजी रणभूमि में शहीद हो गए थे!

शेरगढ़ लड़ाई

मथुरा जिले का प्रसिद्ध गाँव। शेरगढ पर आजादी पूर्व सेठ लख्मी चन्द्र जी जैन का किला स्थापित था। जहाँ उन्होंने कई दशकों तक राज किया। आजादी के युद्ध के समय उन्होंने खुद को स्वतंत्रता सेनानी के रूप पर परिवर्तित किया।

मथुरा

वैष्णव धर्म के संदर्भ में, मथुरा के युद्ध को श्री कृष्ण और बलराम तथा जरासंध की सेनाओं के बीच एक महत्वपूर्ण संघर्ष के रूप में चित्रित किया गया है, जिसमें भीषण युद्ध

हुआ था। पुराणों में इसे मथुरा के द्वार पर भयंकर युद्ध के रूप में दर्शाया गया है, जहाँ यादवों ने विभिन्न आक्रमणकारी राजकुमारों का सामना किया था। दोनों ही व्याख्याएँ पौराणिक कथाओं में इस युद्ध के महत्व को उजागर करती हैं और मथुरा क्षेत्र में यादव वंश से जुड़े शौर्य और संघर्षों को दर्शाती हैं।

मुरसान और हाथरस

राजा महेंद्र प्रताप (1 दिसम्बर 1886 – 29 अप्रैल 1979) भारत के स्वतंत्रता संग्राम सेनानी, पत्रकार, लेखक, क्रांतिकारी, समाज सुधारक और महान दानवीर थे। वे 'आर्यन पेशवा' के नाम से प्रसिद्ध थे और भारत की अंतरिम सरकार के अध्यक्ष थे। यह सरकार प्रथम विश्वयुद्ध के दौरान बनी थी और भारत के बाहर से संचालित हुई थी। उन्होने द्वितीय विश्वयुद्ध के दौरान 1940 में जापान में 'भारतीय कार्यकारी बोर्ड की स्थापना की थी। अपने कॉलेज के साथियों के साथ मिलकर उन्होने सन 1911 में बाल्कन युद्ध में भी भाग लिया। उनकी सेवाओं को याद करते हुए भारत सरकार ने उनकी स्मृति में एक डाक टिकट जारी किया है।

1909 में वृन्दावन में प्रेम महाविद्यालय की स्थापना की जो तकनीकी शिक्षा के लिए भारत में प्रथम केन्द्र था। मदन मोहन मालवीय इसके उद्‌घाटन समारोह में उपस्थित रहे। ट्रस्ट का निर्माण हुआ-अपने पांच गाँव, वृन्दावन का राजमहल और चल संपत्ति का दान दिया। उनकी दृष्टि विशाल थी। वे जाति, वर्ग, रंग, देश आदि के द्वारा मानवता को विभक्त करना घोर अन्याय, पाप और अत्याचार मानते थे। ब्राह्मण-भंगी को भेद बुद्धि से देखने के पक्ष में नहीं थे। वृन्दावन में ही एक विशाल फलवाले उद्यान को जो 80 एकड़ में था, 1911 में आर्य प्रतिनिधि सभा उत्तर प्रदेश को दान में दे दिया। जिसमें आर्य समाज गुरुकुल है और राष्ट्रीय विश्वविद्यालय भी है।

प्रथम युद्ध से लाभ उठाकर भारत को आजादी दिलवाने के पक्के इरादे से वे विदेश गये। इसके पहले 'निर्बल सेवक' समाचार-पत्र देहरादून से राजा साहेब निकालते थे। उसमें जर्मन के पक्ष में लिखे लेख के कारण उन पर 500 रुपये का दण्ड किया गया जिसे उन्होंने भर तो दिया लेकिन देश को आजाद कराने की उनकी इच्छा प्रबलतम हो गई। विदेश जाने के लिए पासपोर्ट नहीं मिला। मैसर्स थौमस कुक एण्ड संस के मालिक बिना पासपोर्ट के अपनी कम्पनी के पी. एण्ड ओ स्टीमर द्वारा इंगलैण्ड राजा महेन्द्र प्रताप और स्वामी श्रद्धानंद के ज्येष्ठ पुत्र हरिचंद्र को ले गया। उसके बाद जर्मनी के शासक कैसर से भेंट की। उन्हें आजादी में हर संभव सहाय देने का वचन दिया। वहाँ से वह अफगानिस्तान गये। बुडापेस्ट, बुल्गारिया, टर्की होकर हैरत पहुँचे। अफगान के बादशाह से मुलाकात की और वहीं से 1 दिसम्बर 1915 में काबुल से **भारत के लिए अस्थाई सरकार** की घोषणा की जिसके राष्ट्रपति स्वयं तथा प्रधानमंत्री मौलाना बरकतुल्ला खां बने। स्वर्ण-पट्टी पर लिखा सूचनापत्र रूस भेजा गया। अफगानिस्तान ने अंग्रेजों के विरुद्ध युद्ध छेड़ दिया तभी वे रूस गये और लेनिन से मिले। परंतु लेनिन ने कोई सहायता नहीं की। 1920 से 1946 तक विदेशों में भ्रमण

करते रहे। विश्व मैत्री संघ की स्थापना की। 1946 में भारत लौटे। सरदार पटेल की बेटी मणिबेन उनको लेने कलकत्ता हवाई अड्डे गईं। वे संसद-सदस्य भी रहे।

26 अप्रैल 1979 में उनका देहान्त हो गया। मार्च 2021 में उत्तर प्रदेश सरकार ने उनके नाम पर अलीगढ़ में एक विश्वविद्यालय

स्थापित करने की घोषणा की। यह विश्वविद्यालय अब शिक्षण कार्य कार्य करना आरम्भ कर चुका है। यह अलीगढ़ के पलवल रोड, लोधा में स्थित है।

9

मुग़ल साम्राज्य

मुग़ल साम्राज्य

मुग़ल साम्राज्य भारतीय इतिहास के उन साम्राज्य में से एक था जिसने भारत पर लगभग 300 वर्षो तक शासन किया। मुगलो का शासन 1526 से शुरू व् 1857 को अंत हुआ। भारत में मुग़ल वंश का संस्थापक जहीरुद्दीन मुहमद बाबर था। जिन्होंने 1526 में दिल्ली सल्तनत के शासक इब्राहिम लोदी को हरा कर दिल्ली में मुग़ल साम्राज्य की स्थापना की थी। 6 प्रमुख मुगल शासक थे। वे हैं - बाबर, हुमायूँ, अकबर, जहाँगीर, शाहजहाँ और औरंगज़ेब (आलमगीर)।

अनंग पाल - वंश शासक (दिल्ली) – 459 वर्ष

अनंगपाल (734 - 754), वासदेव (754 - 773), गंगदेव/गांगेय (773 - 794), पृथ्वीपाल (794 - 814), जयदेव (814 - 834), नरपाल/वीरपाल (834 - 849), उदय सिंह (849 - 875), विजयपाल (875 - 876), जय दास (876 - 897), वाछ्ल देव (897 - 919), पावक/रिक्शपाल (919 - 940), विहंग पाल (940 - 961), गोपाल (961 - 976), सकपाल/सलकशपाल (976 – 1005), जयपाल देव (1005 - 1021), कुमारपाल देव (1021 - 1051), अनंगपाल द्वितीय (1051 - 1081), (लौह स्तम्भ - 1052 और लालकोट दिल्ली का पुराना किला बनाया था), तेजपाल (1081 – 1105), महीपाल (1105 - 1130) (महीपालपुर - दिल्ली, बसाया), विजयपाल देव, (1130 - 1151), मदनपाल देव (1151 -1167) पृथ्वीराज तोमर (1167 - 1189), चाहडपाल तोमर (1189 - 1192)

दिल्ली – तंवर राजवंश के आगे बढ़ते इंद्रप्रस्थ दिल्ली के राज सिंहासन पर राजा अनंगपाल सिंह तोमर सिंहासनारूढ़ हुए। तंवरों द्वारा दिल्ली बसाने का स्पष्ट उल्लेख है। दिल्ली संस्थापक महाराजा अनगपाल तंवर वंशी जाट ही थे। तोमर शासन वर्ष 734 ईसवी से 1192 ईसवी कुल 459 वर्ष का रहा है।

दिल्ली शासनकाल –

जाट शासन – दिल्ली (817 ईसवी पूर्व से 372 ईसवी पूर्व) – 446 वर्ष (16 पीढ़ी) – स्वामी दयानंद सरस्वती – सत्यार्थ प्रकाश, मौर्य वंश – (322 ईसवी पूर्व से 185 ईसवी पूर्व) - 138 वर्ष, गुप्त वंश – (319 ईसवी से 605 ईसवी) – 387 वर्ष, जाट तोमर वंश (734 ईसवी से 1192 ईसवी) – 459 वर्ष (ठाकुर देशराज – पांडव वंशी तोमर) रहा है।

अन्य वंश शासन काल (भारत) –

गुलाम वंश (1193 – 1290 ईसवी) – 98 वर्ष, खिलजी वंश (1290 – 1320 ईसवी) – 31 वर्ष, तुगलक वंश (1320 – 1414 ईसवी) – 95 वर्ष, सैय्यद वंश (1414 – 1451 ईसवी) – 38 वर्ष, लोदी वंश (1451- 1526 ईसवी) – 76 वर्ष, मुग़ल वंश (1526 – 1539 ईसवी) – 14 वर्ष, मध्यान्तर सूरी वंश (1539 – 1555 ईसवी) – 17 वर्ष, पुनः मुग़ल वंश (हुमायूं आदि– 1555-1857 ईसवी) – 316 वर्ष, ब्रिटिश राज्य (1858 – 1947 ईसवी) – 90 वर्ष, वर्ष 1947 (15 अगस्त 1947) से भारतीय लोकतंत्र शुरू हुआ।

1526 ई. में पानीपत के युद्ध के पश्चात बाबर (1483-1530) ने दिल्ली पर अधिकार कर लिया बाबर और हुमायूं (शासन 1531-1540, 1555-1556) की राजधानी दिल्ली में ही रही। शेरशाह सूरी (1486-1545) ने भी 5 वर्ष दिल्ली में राज्य किया। अकबर (1542-1605) तथा जहांगीर (शासन- 1605-1627) के समय दिल्ली का गौरव फतेहपुर सीकरी तथा आगरा ने कुछ समय के लिए ले लिया, किन्तु शाहजहां (शासन - 1628-1658) ने पुनः दिल्ली में अपनी राजधानी बनाई। औरंगजेब (शासन - 1658-1707) ने भी दिल्ली में ही अपने विशाल साम्राज्य की राजधानी कायम रखी। 1857 ई. तक मुगलों का राज्य किसी न किसी रूप में दिल्ली में चलता रहा। 1857 ई. की क्रान्ति के पश्चात अंग्रेजों ने दिल्ली से राजधानी उठाकर कलकत्ता (कोलकाता) को बनाया परन्तु 1910 ई. में दिल्ली को एक बार पुनः राजधानी बनने की प्रतिष्ठा प्रदान हुई थी।

औरंगजेबः-

औरंगजेब को जिंदा पीर भी कहा जाता था, मुहीउद्दीन मोहम्मद औरंगजेब (आलमगीर शासन अवधि नाम) का जन्म 3 नवम्बर, 1618 ई. को गुजरात के दाहोद (धोद) नामक स्थान पर हुआ था। वह शाहजहां और मुमताज का पुत्र था। 49 वर्षों तक शासन करने के बाद, 88 वर्ष की आयु में 3 मार्च 1707 को अहमदनगर में उसकी मृत्यु हुई। दिलरस बानो, नवाब बाई, औरंगाबादी महल, उदयपुरी महल नाम बेगम थीं। इनकी संतान - जेब-उन-निसा (बेटी), मोहम्मद सुल्तान (बेटा), जीनत-उन- निसा बेगम (बेटी), बहादुर शाह (बेटा), बद्र-उन-निसा बेगम (बेटी), जुब्दत-उन-निसा (बेटी), मोहम्मद आजम शाह(बेटा), सुल्तान मोहम्मद अकबर (बेटा), मेहर-उन-निसा (बेटी), मोहम्मद कामबख्श (बेटा) थीं।

बचपन -

सन 1633 ई. में सुधाकर नामक हाथी को घायल करने के कारण शाहजहां ने उसे बहादुर की उपाधि दी। सन 1636 ई. में औरंगजेब को शाहजहां ने पहली बार दक्कन का सूबेदार बनाया, जहां वह 1644 ई. तक रहा।

गोलाकुण्ड तथा बीजापुर संधि

सन 1652 ई. में जब औरंगजेब दूसरी बार दक्षिण का सूबेदार बना तो उसने गोलाकुण्डा एवं बीजापुर संधि करने के लिए बाध्य किया। शासक बनने के बाद उसने सन 1686 ई. में बीजापुर तथा सन 1687 ई. में गोलाकुण्डा पर मुगल सत्ता की स्थापना की।

दाराशिकोह की हत्या

औरंगजेब ने अपने प्रबलतम उत्तराधिकारी प्रतिद्वन्दी दाराशिकोह को देवराई के युध्द में परास्त कर उसकी हत्या करवा डाली।

औरंगजेब का राज्याभिषेक

शाहजहां को बंदी बनाने के बाद 31 जुलाई 1658 ई. को औरंगजेब को औरंगजेब आगरा के सिंहासन पर बैठा, लेकिन उसका वास्तविक राज्याभिषेक दिल्ली में 5 जून 1659 ई. को हुआ राज्यभिषेक के अवसर पर उसने "अबुल मुजफ्फर मुहीउद्दीन मोहम्मद औरंगजेब बहादुर आलमगीर बादशाह गाजी" की उपाधि धारण की।

औरंगजेब का राजत्व सिध्दांत

औरंगजेब का राजत्व सिध्दांत इस्लामी आवरण युक्त था उसका मुख्य लक्ष्य दारूल हर्ब (गैर इस्लामिक देश) को दारुल इस्लाम (इस्लामिक देश) में बदलना था।

इस्लाम का समर्थक

- औरंगजेब कट्टर सुन्नी मुसलमान था।
- औरंगजेब ने मुद्राओं पर कलमा खुदवाना बंद करवा दिया।
- उसने नौरोज त्यौहार मनाना, तुलादान एवं झरोखा दर्शन बंद कर दिया।
- उसने दरबार में होली, दीपावली मनाना बंद करवा दिया।
- उसने 1679 ई. में हिंदुओं पर पुनः जजिया तथा तीर्थ यात्रा कर लगाया।

संगीत विरोधी

- दरबार से नाचने गाने वालों को बाहर निकाल दिया। वह संगीत विरोधी था।

धार्मिक नीति

- यह कुरान के नियमों का पूर्णतः पालन करता था।
- औरंगजेब को जिंदा पीर भी कहा जाता है।
- औरंगजेब के काल में ही पाटन का सोमनाथ मंदिर, बनारस का विश्वनाथ मंदिर और मथुरा का केशव मंदिर तोडा गया।
- औरंगजेब ने राजपूतों (हिंदुओं में) के अतिरिक्त अन्य किसी हिंदू जाति को पालकी का उपयोग करने तथा अच्छे हथियार रखने पर रोक लगा दी।

- इसने इसने भांग का उत्पादन बंद करवा दिया व वेश्याओं को देश से बाहर निकलने को कहा व सती प्रथा पर रोक लगवाई।

औरंगजेब की धार्मिक नीति के विरूध्द सबसे पहले जाटों ने विरोध किया। सन 1669 ई. में स्थानीय जाटों ने **गोकुल के नेतृत्व में विद्रोह** किया तिलपत के युध्द मे जाट परास्त हो गये।

हल्दीघाटी युद्ध (18 जून 1576) और पानीपत की तीनों लडाईयाँ (21 अप्रैल 1526, 5 नवम्बर 1556 तथा 14 जनवरी 1761) केवल एक एक दिन के हैं, जबकि तिलपत का युद्ध 6 दिन तक चला, तब 1 जनवरी 1670 को वीर गोकुल सिंह शहीद हुए थे। यह युद्ध दो राजाओं के मध्य न होते हुए एक तरफ राजा और दूसरी तरफ किसान थे जिन्होनें उसके अत्याचारों का विरोध किया।

हल्दी घाटी का समर विकट, कुछ ही घंटो में गया निपट।
ये तीन दिवस बाहर जूझे, तिलपट में जूझे तीन दिवस।
अब लगे हाथ बतला ही दें, पानीपत के तीनों रण भी।
एकेक दिवस में गये निपट, देखा न दूसरा तो दिन भी।

संदर्भ समरवीर गोकुला - प्रबंध - काव्य लेखक श्री बलवीर सिंह करुण (अलवर - चौहान जाट) एवं जाट बलिदानी - लेखक रनवीर सिंह।

- वीर गोकुल सिंह की मृत्यु के बाद हुई उथल-पुथल में तीन जाट नेता उभरे - शेरपुर के बलराम सिंह डागुर, सिनसिनी के राजाराम सिनसिनवार और अकोला के रामकी चाहर।

औरंगजेब द्वारा समाप्त किये गये कर

- समकालीन इतिहासकार खाफी खां अपने ग्रंथ मुंतखब-उल-लुबाब में लिखते है कि शासक बनने के बाद औरंगजेब ने विभिन्न प्रकार के 80 करों को समाप्त कर दिया। उन्हीं 80 करो में राहदारी तथा पानदारी प्रमुख कर थे।

राजाराम जाट सिनसिनी से विद्रोह

- सिकन्दरा (आगरा) (1688) राजाराम जाट

आगरा में जाटों ने खोद दी थी अकबर की कब्र, जला दी थीं अस्थियां, कुछ नहीं कर पाया था औरंगजेब।

1688 में राजाराम जाट के नेतृत्व में जाट योद्धाओं ने सिकंदरा में मुगल बादशाह अकबर के मकबरे पर विजय प्राप्त की और उसे लूटा। यह औरंगज़ेब के खिलाफ जाट विद्रोह का एक बड़ा हिस्सा था, जिसमें जाटों ने गोकुला की हत्या का बदला लेने के लिए मकबरे की हड्डियों को निकालकर जला दिया था। इस घटना ने मुगलों को भारी नुकसान पहुँचाया।

- सन 1686 ई. में जाटों ने राजाराम के नेतृत्व में पुन: विद्रोह किया मुगलों से संघर्ष के दौरान राजाराम मारे गये आगे चलकर जाटो ने नेता चूडामन तथा बदन सिंह ने अव्यवस्था का लाभ उठाकर आगरा तथा मथुरा पर अधिकार कर लिया और भरतपुर राज्य की नींव रखी।

औरंगजेब की मृत्यु

- 1707 में दक्षिण में इसकी मृत्यु हो गई इसे दौलताबाद से कुछ दूर दफना दिया गया

औरंगजेब द्वारा इस ग्रंथ को संरक्षण दिया गया।

- औरंगजेब ने जिस एकमात्र ग्रंथ को संरक्षण दिया था वह था- फतवा-ए-जहांदारी।

प्रांतों की संख्या

- इसके काल में मुगल प्रांतों की सर्वाधिक संख्या (21) थी।

मराठों का राजनीति में भाग

- मराठे जहांगीर के शासन काल में ही दक्षिण की राजनीति में भाग लेते थे। प्रारंभ में मराठों ने शाहजी के नेतृत्व अपनी शक्ति को विकसित किया। आगे चलकर शाहजी के पुत्र शिवाजी स्वतंत्र मराठा राज्य के संस्थापक बने।

शंभाजी की हत्या

- 1680 ई. में शिवाजी की मृत्यु के बाद उनका पुत्र शम्भाजी क्षत्रपति बना। शंभाजी ने औरंगजेब के विद्रोही पुत्र अकबर द्वतीय की मदद की, अत: औरंगजेब की सेना ने दक्षिण मे जा कर शंभाजी की हत्या कर दी।
- शंभाजी की हत्या से क्षुब्ध होकर सम्पूर्ण महाराष्ट्र औरंगजेब के विरूध्द खडा हो गया, अब मराठों की कमान राजाराम ने संभाली।

- 1700 ई. में राजाराम की मृत्यु के बाद उसकी विधवा पत्नी ताराबाई ने अपने अल्पवयस्क पुत्र शिवाजी द्वतीय की संरक्षिका बनकर मराठा नेतृत्व की कमान संभाली।
- औरंगजेब मराठों के विरूध्द असफल रहा।

औरंगजेब द्वारा बनवायी गई इमारतें

- औरंगजेब ने दिल्ली के लाल किले में मोती मस्जिद का निर्माण कराया।
- उसने औरंगाबाद में अपनी पत्नी राबिया-उद-दौरानी का मकबरा बनवाया। जिसे दूसरा ताजमहल तथा बीबी का मकबरा भी कहा जाता है।

गुरू तेगबहादुर से संघर्ष

- औरंगजेब का संघर्ष सिक्खों के नौवे गुरू तेगबहादुर से हुआ।
- गुरू तेगबहादुर की हत्या का बदला लेने के लिए सिक्खों के अंतिम गुरू गुरूगोवोंद सिंह ने मुगलों से संघर्ष किया। औरंगजेब ने गुरू गोविंद सिंह के विरूध्द अभियान चलाया गुरू गोविंद सिंह ने सम्पूर्ण सिक्खों को खालसा कहा।

मुगल शासकों में अकबर को जितनी उदारता के लिए याद किया जाता है औरंगजेब को उतनी ही कट्टरता के लिए याद किया जाता है। 4 नवंबर को औरंगजेब का जन्मदिन होता है। हिंदुस्तान के तख्त पर औरंगजेब ने करीब 48 साल तक शासन किया। समाज का एक वर्ग औरंगजेब को ताकतवर मुगल शासक के तौर पर याद करता है तो दूसरा वर्ग धर्मांध और कट्टर शासक के तौर पर उसकी आलोचना करता है। विवादित मुगल शासक, औरंगजेब से जुड़ीं 10 रोचक बातें...

1-औरंगजेब हिंदुओं पर जजिया कर लगाने के लिए बदनाम है। जजिया एक टैक्स होता था जो गैर- मुस्लिमों पर लगाया जाता था। हालांकि कहा जाता है कि औरंगजेब ने गरीब हिंदुओं और राजपूतों को जजिया कर से छूट दी हुई थी।

2-औरंगजेब पर एक बड़ा आरोप यह भी लगता है कि उसने बड़ी संख्या में हिंदू मंदिरों को तोड़ा। दूसरी ओर इतिहासकार इरफान हबीब औरंगजेब का एक किस्सा सुनाते हुए बताते हैं, 'औरंगजेब ने एक बार अपने बेटे को खत में लिखा था कि एलोरा से गुजरो तो वहां की मूर्तियां जरूर देखना। औरंगजेब ने उन्हें 'मजहरे इलाही' कहा था यानी डिवाइन वंडर। यानी वह मूर्तियों का विरोधी नहीं था।

3- औरंगजेब भारत में इसलिए भी बदनाम है कि उसने जबरन हिंदुओं और सिखों का धर्म परिवर्तन कराया। कहा जाता है कि जब सिखों के 9वें गुरु गुरु तेगबहादुर ने कश्मीरी ब्राह्मणों की मदद की तो उसने तेगबहादुर की हत्या करवा दी।

4- वैसे तो कहा जाता है कि औरंगजेब संगीत और सौंदर्य से नफरत करता था लेकिन 1636 में जब औरंगजेब दक्कन का गवर्नर बन कर बुरहानपुर गया तो वहां उसकी मुलाकात हीराबाई से हुई। अपने सौंदर्य और संगीत की गहरी समझ के लिए पहचाने जाने वालीं हीराबाई से औरंगजेब इश्क कर बैठा था। हालांकि वह हीराबाई से शादी नहीं कर पाया और बीमारी से हीराबाई की मौत हो गई।

5- यह भी कहा जाता है कि सत्ता हासिल करने के लिए औरंगजेब के भाई मुराद बख्श ने उसकी मदद की थी लेकिन सत्ता पर काबिज होने के बाद औरंगजेब ने मुरादबख्श की भी हत्या करा दी थी।

6- कुछ लोग औरंगजेब को भारत को राजनैतिक तौर पर एक करने के लिहाज से भी सफल शासक मानते हैं। औरंगजेब ने बीजापुर और गोलकुंडा की मुस्लिम रियासतों को अपने राज्य में मिलाया तो मराठों को हराया और दक्षिण भारत को भी मुगल साम्राज्य में मिला लिया था। केरल और असम के कुछ क्षेत्रों को छोड़ अफगानिस्तान से लेकर दक्षिण भारत तक और गुजरात से लेकर असम तक मुगल साम्राज्य का विस्तार था।

7- औरंगजेब को खाने का ख़ूब शौक था। बड़े साम्राज्य का शासक बनने के बाद औरंगजेब मांस से परहेज करने लगा था। उसे ताजे फल बेहद पसंद थे और वह आम के बड़े शौकीन थे।

8- औरंगजेब की क्रूरता के किस्सों में एक यह भी है कि उसने सत्ता हासिल करने के लिए अपने भाइयों दारा शिकोह और शाह शुजा का भी कत्ल करा दिया और अपने पिता शाहजहां को भी कैद कर लिया था।

9- औरंगज़ेब कट्टरता से इस्लाम धर्म को मानता था और पाचों समय नमाज पढ़ता था। उसने सिक्कों पर कलमा खुदवाना, नौरोज का त्यौहार मनाना, भांग की खेती करना, गाना-बजाना आदि पर रोक लगा दी थी।

10- औरंगजेब खाने-पीने, वेश-भूषा और जीवन की अन्य सभी-सुविधाओं में संयम बरतता था। कहते हैं कि वह अपनी जरूरतों को पूरा करने के लिए कुरान की नकल करके और टोपियां सील कर कुछ पैसा कमाने का समय निकाल लेता था। हालांकि इतिहासकार इरफान हबीब इसे कहते हैं कि टोपियां बनाने की बात बकवास है।

औरंगजेब के बाद कमजोर मुग़ल बादशाह जिन्होनें भारत पर शासन किया, इस प्रकार रहे थेः-

बहादुर शाह (1707-1712 ईस्वी) - 6 वर्ष

- दूसरा नाम **शाह आलम I**
- ख़फ़ी खान ने उन्हें **शाही-ए-बेखबर** नाम दिया था क्योंकि बादशाह अपने पुरस्कार की अनुदान के लिए जाने जाते थे ।
- उसके दो भाइयों की मौत हो गई, और जजऊ की लड़ाई में खां बख्श को हराने के बाद 1707 में सिंहासन पर काबिज़ हुआ। ये आखिरी मुग़ल शासक था जिसने मुग़ल शासन

के सभी अधिकारो का आनंद लिया था।

- डेक्कन को सर्देश मुखी को इकट्ठा करने का और मराठों को चौथ को इकट्ठा करने का अधिकार नहीं दिया।

जहंदर (जहांदर) शाह (1712-1713 ईस्वी) - 2 वर्ष

- मारवाड़ के **अजीत सिंह को ' महाराजा** ' का ख़िताब और मालवा के जय सिंह को **' मिर्जा राजा'** का खिताब दिया था ।
- इजारा प्रणाली को प्रोत्साहित किया (राजस्व खेती/अनुबंध खेती) और जज़िया को समाप्त कर दिया ।
- प्रथम मुगल शासक जिसको **सैयद (सय्यद)** बन्धु-अब्दुल्लाह खान **और** अली हुसैन **सैयद** ने मार डाला (हिन्दुस्तानी पार्टी के नेता थे)।

फरूखसियर (1713-1719 ईस्वी) - 7 वर्ष

- **शाहिद-ए-मज़लूम**' के रूप में और अजीम-ऊस-शाह के बेटे जाना जाता है।
- **चिन क्वीलच खान (निजाम-उल-मुल्क)** को डेक्कन के गवर्नर बनया गया जिसने बाद में हैदराबाद के स्वतंत्र राज्य की नींव रखी।
- पेशवा बालाजी विश्वनाथ चौथ और सरदेश मुखी कर की स्वीकृत के लिए दरबार का दौरा किया।

मुहम्मद शाह (1719- 1748 ईस्वी) - 30 वर्ष

- उसके नाम रोशन अख्तर था। इसके अलावा **रंगीला** बुलाया जाता था।
- मुगल इतिहास में पहली बार बाजीराव (मराठा) ने दिल्ली में छापा मारा था।
- फारस के नादिर शाह ने सआदत खान की मदद से मुगल सेना को पराजित किया (करनाल लड़ाई)।

अहमद शाह (1748- 1754 ईस्वी) - 7 वर्ष

- अहमद शाह अब्दाली, नादिर शाह के पूर्व जनरल ने शासनकाल के दौरान भारत पर पांच बार आक्रमण किया।

आलमगीर (1754- 1759 ईस्वी) - 6 वर्ष

- 'अज़ीज़उद्दीन ' कहा जाता है।
- शासनकाल के दौरान, प्लासी की लड़ाई हुई थी।

शाह आलम II (1759- 1806 ईस्वी) - 48 वर्ष

- ' अली गौहर ' नाम से लोकप्रिय था जो 1764 ईसवी में बक्सर की लड़ाई में हार गया था।
- पानीपत की तीसरी लड़ाई, इसी के शासनकाल में हुई थी।
- 1772 तक वह बिहार, बंगाल और उड़ीसा के अपने सभी दीवानी अधिकार नहीं था, लेकिन महजि सिंधिया की मदद के साथ 1772 के बाद, वह अपने सभी दीवानी अधिकार वापस ले लिया था।
- प्रथम मुगल शासक जो ईस्ट इंडिया कंपनी पेंशनभोगी था।

अकबर II (1806- 1837 ईस्वी) - 32 वर्ष

- प्रथम मुगल शासक जिसको ब्रिटिश संरक्षण मिला था।
- कार्यकाल के दौरान मुगल साम्राज्य केवल लाल किले तक सिमट के रह गयी थी।

बहादुर शाह II (1837- 1857 ईस्वी) - 21 वर्ष

- अकबर द्वितीय और राजपूत राजकुमारी लाल बाई का बेटा था
- अंतिम शासक मुगल साम्राज्य था।
- शासनकाल के दौरान 1857 विद्रोह

10

यदु - वंशावली

यदु - वंशावली

1. यदु, 2. क्रोस्य, 3. व्रजबा, 4. स्वाही, 5. रुसेकु, 6. चित्ररथ, 7. शशिबिन्दु,
8. प्रथुसर्वा, 9. धर्म, 10. उष्ण, 11. पाट, 12. रुचक, 13. ज्वाम्य, 14. विदर्भ,
15. कृत्थ, 16. कुंतय, 17. ब्रष्ण, 18. निविर्त, 19. दसाह, 20. व्योम, 21. श्रीमूत,
22. भीमरथ, 23. नवरथ, 24. दशरथ, 25. सकुन, 26. करिम्भ, 27. देवरात, 28. देवक्षत्र,
29. कुरुवंश, 30. तनु, 31. पुरुहोत्र, 32. आयु, 33. सहत्वक, 34. अंधक, 35. भजमान,
36. बिन्दुरथ, 37. शूर, 38. शिनि, 39. भोज, 40. हदीक, 41. देव पीढ़, 42. वसुदेव,
43. योगिराज श्री कृष्ण, 44. प्रद्युम्न, 45. अनरुद्ध, 46. बज्र, 47. कृतभान, 48. चित्रसैन,
49. रविसैन, 50. विमल देव, 51. त्रिसैन, 52. सरवण राज, 53. सिंहराज, 54. धत्वराज, 55. बलदेव, 56. सामंत राय, 57. दूरशेन, 58. सामल भूप, 59. सर्वजीत, 60. विष्णु जीत, 61. इंद्रसैन, 62. निर्वाणी , 63. द्रांत, 64. धीराजित, 65. सवलराम, 66. भद्र सिंह, 67. सावंतरह, 68. धनु सिंह, 69. कृष्णभानु, 70. साधर्म, 71. छत्रसेन, 72. बुद्धवीर, 73. सावंत, 74. चंद्रसैन, 75. महासैन, 76 अक्षय, 77. भीमसैन, 78. उग्रसैन, 79. धर्मसैन, 80. विष्णु कीर्ति, 81. भूमिसैन, 82. भूरिवाह, 83. कृष्णवाह, 84. अगरराज, 85. अनुकूल राज, 86. लक्षवीर, 87. कृष्णबुद्ध, 88. संग्रामजीत, 89. बुधरथ, 90. अंगद, 91. अन्निजीत, 92. कृष्ण देव, 93. अखैसहाय, 94. राजरूप, 95. मुद्रासैन, 96. नंदराय, 97. वीरसैन, 98. सिन्दोपाल (सिंधुपाल), 99. जगदपाल, 100. विहलपाल, 101. संग्रामपाल, 102 कीर्तिपाल, 103. भोजपाल , 104. तक्षपाल , 105. अक्षपाल, 106. ब्रह्मपाल, 107. चंद्रपाल, 108. संतपाल, 109. विजैपाल, 110. तिहुनपाल , 111. मदनपाल, 112. सूये,

मदनपाल के पांच पुत्र हुए। ज्येष्ठ पुत्र सूये था, जो सिनसिनी में रहा, जो सिनसिनवार कहलाये। दूसरा पुत्र कान्हरदेव था। मौजा सोगर में वहां के डागुर जाटों को निकालकर आबाद

हुआ, जिनकी संतति सोगरिया जाट कहलायी। तीसरा पुत्र बीरमदेव गंगा यमुना के मध्य नौगांव में जा बसा, जिसके वंशज अगा (हगा) गोत्र के जाट कहलाये। चौथा पुत्र वस्तपाल जिला आगर के मन्दौर गांव में बस गया और उसके वंशज मदेरणा जाट कहलाये। पांचवा पुत्र सूरदेव मौजा खोह इलाका डींग में आबाद हुआ। आगे चलकर उनके वंशज खानजादे हो गये। सूये की चौथी पुश्त बालचन्द्र नामक यशस्वी बालक हुआ जो वीर और दूरदर्शी था।

113. सूरत, 114. लखन सिंह, 115. हरिश्चंद्र, 116. बालचन्द्र, 117. सूरजे, 118. धेनु, 119. भीमसै, 120. मलयसै, 121. भोज सिंह, 122. कामदेव, 123. भूरी सिंह, 124. रौरिया सिंह, 125. बिजै सिंह, 126. मेद सिंह, 127. सिंधु राज, 128. पृथ्वीराज, 129. मकन सिंह, 130. खानचंद, 131. ब्रजराज, 132. भावसिंह, 133. बदन सिंह, 134. सूरजमल, 135. जवाहर सिंह, 136. रतन सिंह, 137. केहरी सिंह, 138. रणजीत सिंह, 139. रणधीर सिंह, 140. बलदेव सिंह, 141. बलवंत सिंह, 142. जसवंत सिंह, 143. राम सिंह, 144. कृष्ण सिंह (किशन सिंह), 145. बृजेंद्र सिंह, 146. विश्वेंद्र सिंह, 147. अनिरुद्ध सिंह

वर्तमान भरतपुर राजवंश श्री कृष्ण महाराज के वंशज हैं और वे जाट वंश के प्रसिद्ध जाट छतरी हैं। "क्षत्रिय-वंश" कुंवर रिसाल सिंह यादव प्रणीत ग्रंथ तथा "ज्ञात-वंश" के लेखक ठाकुर गंगी सिंह, इलियट भाग-3, कालिका रंजन कानूनगो आदि गणमान्य ग्रंथों के आधार यह वंशावली तैयार की गई है। श्री कृष्णा से लेकर भरतपुर के अंतिम नरेश तक यह सब चंद्रवंश में यदुवंशीय जाट क्षत्रिय हैं। तहनपाल के अनेक पुत्र थे, जिनमें ज्येष्ठ पुत्र धर्मपाल से करौली और उसके तीसरे पुत्र मदनपाल से भरतपुर जाट वंश के सिनसिनवार, सोगरिया परिवार निकले हैं। करौली के यादव राजपूत कहे जाते हैं, और भरतपुर के यादव जाट।

भरतपुर

भरतपुर – राज्य - वंश

राजाराम (1670 – 1688) । भजजा सिंह (1688 – 1696) । चूरामन (1696 – 1721) । मोखम (1721 – 1722) ।

भरतपुर शासक - बदन सिंह (1722 – 1756) । सूरजमल (1756 - 1767) । जवाहर सिंह (1767 - 1768) रतन सिंह (1768 – 1769) केहरी सिंह (1769 - 1771) । नवल सिंह (1771 - 1776) । रणजीत सिंह (1776 – 1805) । रणधीर सिंह (1805 – 1823) । बलदेव सिंह (1823 - 1825) । बलवन्त सिंह (1825 – 1853) । जसवंत सिंह (1853 – 1893) । राम सिंह (1893 - 1900) । महारानी गिरिराज कौर (1900 – 1918) । कृष्ण/ किसन सिंह (1918 - 1929) । ब्रिजेन्द्र सिंह (1929 – 1948) ।

भरतपुर इतिहास

भरतपुर के शासक सिनसिनवार गोत्र के जाट थे।

बालचन्द से संतान - जूझ सिंह, बृजराज सिंह, भगवंत सिंह, भज्जा सिंह

राजाराम जाट (राज्यकाल: 1670–1688) सिनसिनी (भरतपुर)

राजाराम जाट (राज्यकाल: 1670–1688) सिनसिनी (भरतपुर) राज्य के राजा थे जिन्होंने गोकुल जाट के मारे जाने के बाद मुगल शासक औरंगजेब के विरुद्ध विद्रोह का नेतृत्व किया। राजाराम जाट भज्जासिंह के पुत्र थे और सिनसिनवार जाटों के सरदार थे।

भज्जा (भगवत/भगवंत) सिंह (राज्यकाल: 1688 – 1696) **एवं ब्रजराज सिंह।**

भज्जा सिंह के पुत्र - राजाराम जाट के पुत्र फतह सिंह।

ब्रजराज सिंह के 6 पुत्र भाव सिंह, अतिराम, चूड़ामन, बुध सिंह, गज सिंह, कुशल सिंह हुए।

भाव सिंह की शादी, अचला की पुत्री राधा, सोगर गांव से हुई। राधा के पुत्र रूप सिंह, बदन सिंह हुए।

चूरामन (राज्यकाल: 1696 – 1721) के 9 पुत्र जुलकरन सिंह, मोहकम सिंह, थान सिंह, बख्तावर सिंह, चंद सिंह, कीरत सिंह, सुजान सिंह, देवी सिंह और किरण सिंह थे।

मोखम सिंह (राज्यकाल: 1721 – 1722)

बदन सिंह (राज्यकाल: 1722 – 1756) सोगर, बयाना, सिनसिनी, हलैना (अतिराम चाचा), बयाना,

बदनसिंह की शादी चौधरी अखैराम भैनवार की पुत्री देवकी, कामां (कामर), गांव से हुई।

अन्य दूसरी पुत्री सहोदरा, कठूमर के चौधरी पतराम की पुत्री सहजो, आगरा के चौधरी रामा की पुत्री जसोदा, चौधरी हिरदैराम रीजवार की पुत्री सतईया, और उसकी बहन माया कौर, सहार के चौधरी किरपाराम भदैरन की पुत्री भज्जो, आदि से हुई।

महाराजा बदनसिंह (राज्यकाल: 1722 – 1756)

बदन सिंह के 26 पुत्र -

अखैसिंह, बलराम सिंह, भवानी सिंह, वीर नारायण सिंह, देवी सिंह, दलेल सिंह, दुल्हे सिंह, गुमान सिंह, हिम्मत सिंह, जोधसिंह, खुशाल सिंह, खेमकरण सिंह, लाल सिंह, मानसिंह, मेघसिंह, प्रतापसिंह, प्रेमसिंह, रामबलसिंह, राम किशन सिंह, सभारामसिंह, सकटसिंह, सूरजमल, सुखरामसिंह, सुल्तान सिंह, और उदय सिंह ।

इनमें से केवल 18 ही लम्बे समय तक जीवित रहे और इन्होनें सोलह कोठरियां (जागीरों) **की स्थापना की।** उनके परिवार और वंशजों को बाद में “कोठीबंद ठाकुर“ के रूप में जाना गया।

सूरजमल को अत्यधिक सक्षम प्रशासक के रूप में पहचान कर बदनसिंह ने उसे अपना उत्तराधिकारी मनोनीत किया और वे उसे हमेशा अपने साथ रखते थे। उन्होंने अपने छोटे पुत्र प्रताप सिंह को अपने राज्य की दक्षिणी सरहद पर स्थित एक जागीर वैरका प्रशासक मनोनीत किया।

महाराजा सूरजमल (राज्यकाल: 1755 -1763)

सूरजमल के 5 पुत्र -

जवाहर सिंह, रतनसिंह, नवल सिंह, नाहर सिंह, रणजीत सिंह।

महाराजा जवाहरसिंह - (राज्यकाल: 1763 -1768)

महाराजा सवाई रतन सिंह (राज्यकाल: अगस्त, 1768 - अप्रैल 8, 1769)

गहाराजाधिराज ब्रजेन्द्र सवाई केहरी सिंह (राज्यकाल: 12 अप्रैल 1769 - देहान्त अप्रैल 7, 1777)

नवल सिंह (राज्यकाल : 1771 - 1776) ।

महराजा रणजीत सिंह (राज्यकाल: 1776/78 – 1805) । रणजीत सिंह के पुत्र रणधीर सिंह

महाराजा रणधीर सिंह (राज्यकाल: 1805 – 1823) ।

महाराजा बलदेव सिंह (राज्यकाल: 1823 - 1825) ।

महाराजा बलवन्त सिंह (राज्यकाल: 1825 – मार्च 21, 1853) । के पुत्र जसवन्त सिंह

महाराजा जसवंत सिंह (राज्यकाल: 1853 – 1893), स्वर्गवास (22 दिसम्बर 1893)। के पुत्र युवराज राम सिंह (जन्म सितम्बर 9, 1872), कुंवर नारायण सिंह (जन्म-नवम्बर 30,1886), स्वर्गवास (1892), कुंवर रघुनाथ सिंह (जन्म - जनवरी 7, 1887)

महाराजा राम सिंह (राज्यकाल: दिसम्बर 25, 1893 - 1900), स्वर्गवास - 1929 । के पुत्र युवराज श्री कृष्ण सिंह (किशन/किसन सिंह)

महारानी गिरिराज कौर (राज्यकाल: 1900 – 1918) । स्वर्गवास (24 सितम्बर,1922)

महाराजा श्री कृष्ण सिंह (किशन/किसन सिंह) (राज्यकाल: 28 नवम्बर, 1918 - 1929) । जन्म 4 अक्टूबर, 1899,

के पुत्र : -

युवराज बृजेन्द्र सिंह (जन्म 1 दिसम्बर,1918), देहांत (8 जुलाई, 1995)

कुंवर गिरेन्द्र राज सिंह (मिट्ठू सिंह), (23-12-1920 - 20-09-1940) अल्प आयु,

एडवर्ड राजा मानसिंह (जन्म - 04-10-1921 मृत्यु -21-02-1985)

कुंवर गिरिराज सरन सिंह (बच्चू सिंह) (30 -11-1922) मृत्यु - (16 – 12 - 1969)

महाराजा सवाई बृजेन्द्र सिंह (राज्यकाल: 1929 – 1948) । जन्म (1 दिसम्बर, 1918), देहांत (8 जुलाई, 1995)

भारत देश स्वतंत्रता के बाद -

कृष्ण (किशन/किसन) सिंह – (पत्नि राजिन्द्र कौर) - के माता - पिता (गिरिराज कौर – फरीदकोट,. राम सिंह)

संतान – पुत्र 4, पुत्री – 3,

1. बृजेन्द्र सिंह (29 - 12 - 1918) देहांत (8 जुलाई, 1995)
2. गिरेन्द्रराज सिंह (23-12-1920 - 20-09-1940) अल्प आयु,
3. मान सिंह (जन्म - 04-10-1921 / 5 -12- 1921, हत्या - (21-02-1985)
4. गिरिराज शरण सिंह (बच्चू सिंह) जन्म - (30 -11-1922) मृत्यु - (16 – 12 - 1969)

5. कुसुम कौर (जन्म - 10-09-1916) शादी – (26-02-1933) सुरेन्द्र पाल सिंह (पिलानिया) - ऊंचा गाँव - बुलंदशहर (उ.प्र.) सांसद एवं मंत्री भारत सरकार, पुत्र - जगत सिंह।

6. ब्रिज कौर (12-01-1918 -19-05-1930) अविवाहित

7. पदम कौर – (जन्म 18-09-1919), शादी – (11-03-1934) ब्रिजेन्द्र सिंह - मुरादाबाद (उ.प्र.) (29-09-1918 -04-07-1944)।

1. ब्रजेन्द्र सिंह – (जन्म 29 - 12 - 1988) - पुत्र (किसनसिंह व राजिन्द्र कौर)

2. गिरेन्द्र राज सिंह (23 – 12 - 1920 - - 20 – 09 - 1940) अल्प आयु, अविवाहित

3. मान सिंह (04 – 10 – 1921 से – 21 – 02 - 1985), मंत्री राजस्थान सरकार (1946 - 1948), विधायक डींग (1952 - 1985)

शादी – (09 – 03 - 1945) वैजयंतीराजे पुत्री (दत्ताजी राव घाटगे/अनंतवाला बाई घाटगे) कोलाहपुर।

पुत्री – 3.

1. गिजेन्द्र कौर - शादी ब्रिगेडियर जितेंद्र पाल सिंह सिरोही (उ.प्र.) पुत्र – 1, पुत्री - 1 .

2. प्रवीण कौर - अविवाहित

3. कृष्णनेन्द्र कौर – (दीपा सिंह) – (जन्म 10 – 04 - 1954)

शादी – (26 – 04 - 1982) - विजय सिंह सिरोही, संतान - पुत्र – 1, पुत्री – 1.

विधायक डींग (1985 - 1993) एवं 2003, सांसद (लोकसभा) भरतपुर (1991 - 1995)

4. गिरिराज शरण सिंह (बच्चू सिंह) - (जन्म - 30 – 11 - 1922, मृत्यु - 16 – 12 - 1969) सांसद (लोकसभा) भरतपुर (1952 - 1957), मथुरा – (1967 - 1969)

शादी – (19 – 02 - 1942) सुशीला देवी (जन्म 14 – 12 - 1918) कपूरथला, मृत्यु (16 – 11 - 1974) शिमला

(1961), ब्रिन्दा देवी, पुत्री गंभीरचंद (जुब्बाल)

पुत्र 2.

1. अनूप सिंह (जन्म 25 – 12 - 1942/44) पुत्र (गिरिराज शरण सिंह/सुशीला देवी)

शादी - दिसंबर 1969, विच्छेदित 1974 विजया कुमारी पुत्री ठाकुर गोपाल सिंह भज्जी (हिमाचल प्रदेश)।

द्वितीय - (19 – 04 - 1980) सुरिंदर कौर (जन्म 24 – 04 - 1947) पुत्री - टिक्का जगत सिंह शाहजदपुर (हरियाणा), संतान - नही।

1. अरुण सिंह (जन्म 13 – 02 - 1947) पुत्र (गिरिराज शरण सिंह/सुशीला देवी) विधायक डींग –(1993 – 2006) मृत्यु 15 – 03 - 2008 अविवाहित।

ब्रजेन्द्र सिंह (1929 - 1995), पत्नी - जया चामुंडामानी मणि एवं विदेह कौर।

1. पुत्री - पर्वत कौर (जन्म 25 – 10 - 1942), मा - (जयाचामुंडामानीमणि), शादी - हरिन्दर जीत सिंह, संतान - गुविंदर जीत सिंह, जगजीत सिंह, किरण कौर।

2. पुत्री - पुष्पेंद्र कौर (जन्म 12 – 12 - 1944), शादी (1969), कृष्ण शमशेर जंग राणा पुत्र शांता शमशेर बहादुर राणा - नेपाल।

3. पुत्री - रेणुका कौर (जन्म 11 – 03 - 1947) मा - जया चामुंण्डामानीमणि, शादी (11 – 12 - 1969), कुंवर महेंद्र सिंह पुत्र गुलजार सिंह, पिसावा - अलीगढ़ (उ. प्र.), मृत्यु (28 – 10 - 2018) ।

4. पुत्री - दीर्घ कौर (जन्म 1954) - शादी – (12 – 12 - 1970) हनुमंत सिंह मालवेन्द्र बहादुर - नाभा (जन्म – 05 – 12 - 1948) पुत्र (प्रताप सिंह मालवेन्द्र बहादुर/उर्मिला देवी - पुत्री उदय भान सिंह - धोलपुर)। देहान्त दिनांक 4 अप्रैल 2026 दिन शनिवार को हो गया।

5. पुत्री - रोहिणी कौर (1963) शादी - सरदार रबिंदर बीर सिंह ग्रेवाल पुत्र बीर सिंह ग्रेवाल (तत्कालीन मुख्य मंत्री फरीद कोट) ।

उपरोक्त पुत्री, जया चामुंडामानी मणि (पुत्री मैसूर - नरेश) पैदा से हुई थी, ((30 - 10 – 1927, - 1954) ।

विदेह कौर से एक पुत्री एवं एक पुत्र पैदा हुए।

1. पुत्री - भानु शंकरी देवी (जन्म 05- 02 -)

2. पुत्र - विश्वेन्द्र सिंह (जन्म 23 – 05 - 1962) चेयरमैन जिला परिषद (1988 - 1989) विधायक भरतपुर (1993 – 1998) सांसद लोकसभा (1981 – 1991) शादी – (15 – 02 - 1989) दिव्या कुमारी (जन्म 06 – 11 - 1963) पुत्री सुरेन्द्र सिंह जूदेव राव बेहरी, सदस्य - जिला पंचायत – 1966, सांसद (लोकसभा) - भरतपुर (1996 – 1999), वाइस प्रेसीडेंट (आईएनएलडी) 2006 तक, विधायक डींग 2007 – 2008.

पुत्र -1, अनिरुद्ध सिंह (जन्म 9 – 06 - 1992)

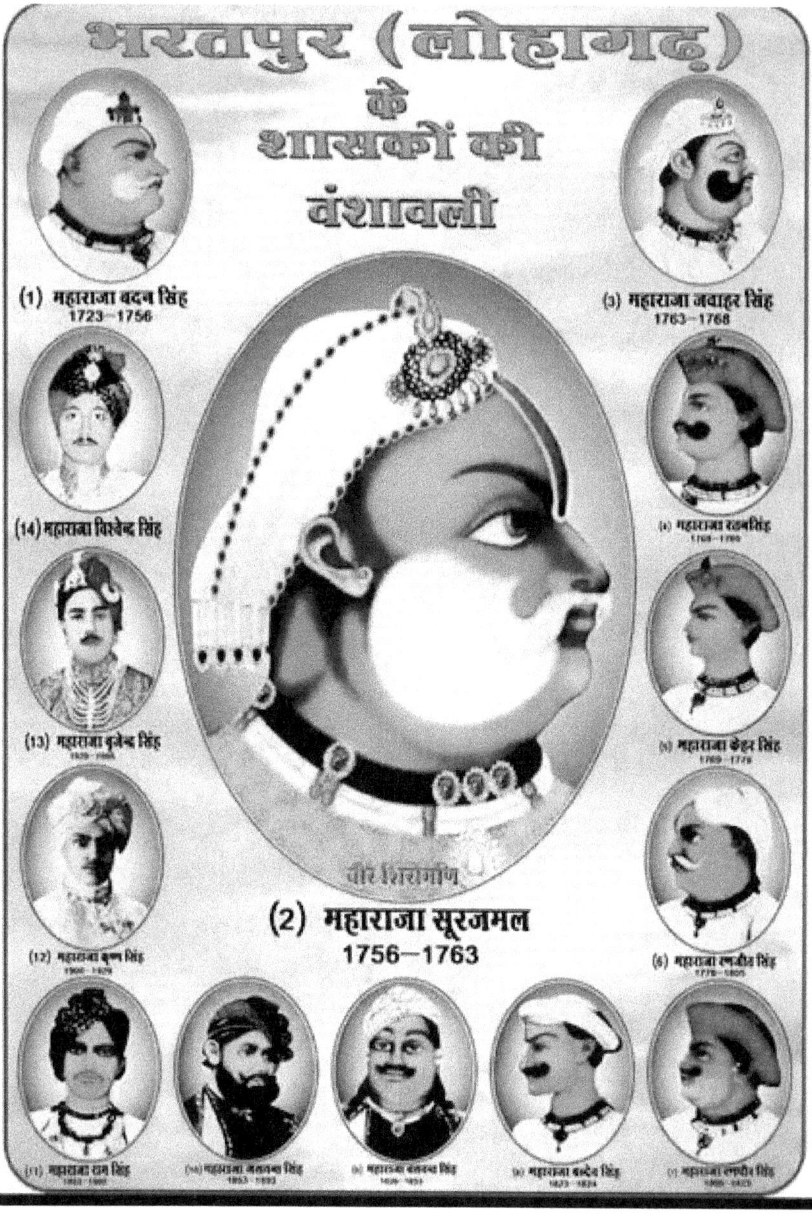

भरतपुर (लोहागढ़) के शासकों की वंशावली

भरतपुर शासकों का राज्य चिन्ह

11

करनसिंह माड़ापुरिया

करनसिंह माड़ापुरिया

करनसिंह माड़ापुरिया (भरतपुर राज्य का महान योद्धा)

करनसिंह माड़ापुरिया का नाम भरतपुर रियासत के प्रसिद्ध पहलवानों में लिया जाता है।

करनसिंह माड़ापुरिया का जन्म भरतपुर जिले के माड़ापुरा गांव के एक साधारण किसान परिवार में सिनसिनवार जाट के हुआ था। करनसिंह का बचपन बहुत साधारण था। घर में खेती होती थी। पढ़ाई में भी उनका बहुत मन नहीं लगता था। आगे पढ़ने का कोई विशेष अवसर नहीं मिला। उनके पिताजी उस समय के एक अच्छे पहलवान थे। उन्होंने ही करनसिंह को अच्छी पहलवानी सिखाने की ठानी। बचपन से ही उन्हें पहलवानी की शिक्षा दी गई। गांव के विद्यालय में ही इनकी प्राथमिक शिक्षा पूरी हुई थी।

घर के पास ही कुआँ तथा अखाड़ा था। जहां करनसिंह कुश्ती का अभ्यास करते थे। जब करनसिंह युवा हुए तो आस-पास के गांवों के दंगलों में जाकर कुश्ती जीतने लगे। इस तरह उनकी प्रसिद्धि दिनों-दिन फैलती चली गई।

करनसिंह माड़ापुरिया बजरंगी पुत्र हनुमान के सच्चे भक्त थे। अखाड़े के पास ही हनुमान मंदिर बना हुआ था, जहां आप पूजा अर्चना करते थे। आप मंगलवार का व्रत रखते थे।

करनसिंह माड़ापुरिया की लम्बाई 7 फुट 6 इंच थी। सीना 82 इंच का था। लंबे-चौड़े बदन के साथ-साथ कुश्ती की रोजाना दौड़ करते थे। दण्ड बैठकों के साथ-साथ कुश्ती का रोजाना अभ्यास करते थे। दण्ड करते समय पसीने से जमीन भीग जाती थी। उनकी खुराक में प्रतिदिन एक किलो बादाम-पिस्ता, एक किलो किशमिश, 10 किलो दूध, दो किलो घी, रोटी, नमकीन आदि शामिल थे। यह उनका शुद्ध आहार था।

एक बार खेत में नीम-बबूल के पेड़ बहुत बड़े हो गए थे। इनके पिताजी उन पेड़ों को काट कर उखाड़ने गए थे। थक गए, फिर वापस लौट आए। घर आकर पिताजी ने करनसिंह से कहा, "बच्चों को इतना खिलाने से क्या फायदा? खेत में पेड़ खड़े हैं मुहारो नहीं खोदे गये। जा

उन्हें कुल्हाड़ी-फावड़ा ले जाकर उखाड़ दे।"

करनसिंह माड़ापुरिया पिताजी की आज्ञा मानकर खेत पर गए। पेड़ों को बिना कुल्हाड़ी-फावड़े के पकड़कर उखाड़ दिया और खेत की मेड़ पर रखकर घर आ गए। दूसरे दिन सुबह इनके पिताजी खेत पर गए और पेड़ों को जड़ सहित उखड़ा हुआ देखकर दंग रह गए। इतने भारी-भरकम पेड़ों को कौन उखाड़ कर मेड़ पर रख गया। घर लौटे करनसिंह से कुछ नहीं पूछा। करनसिंह की ताकत की चर्चा चारों ओर होने लगी। यह खबर भरतपुर के तत्कालीन महाराजा तक आ गई।

भरतपुर के तत्कालीन महाराजा सवाई रणधीरसिंह ने अपने आदमी भेज कर करनसिंह को अपने यहां बुलाया। अच्छे नवयुवक को देखकर महाराजा ने कहा, छो"रा मेरी फौज में भर्ती है जा" करनसिंह ने हां भर दी और महाराजा की फौज में भर्ती हो गये। करनसिंह के खाने व रहने का अच्छा इंतजाम किया गया।

करनसिंह को फौज में घुड़सवारी, ऊंट व हाथी की सवारी के साथ-साथ तलवार चलाना व भला चलाने का अच्छा अभ्यास कराया गया। कुछ ही समय में करनसिंह सभी विद्याओं में पारंगत हो गये। करनसिंह के तेगा की लंबाई 6 फुट और उसका वजन 50 किलो था।

करनसिंह महाराजा साहब के अति विश्वास पात्र थे। महाराजा मानते थे कि जब तक करनसिंह किले के द्वार की रक्षा करेगा। तब तक दुश्मन उसे फतेह नहीं कर सकता। अकूत ताकत का खजाना था करनसिंह माड़ापुरिया। इनके गांव का नाम माड़ापुरा होने की वजह से ये करनसिंह से करनसिह माड़ापुरिया हो गए थे।

करन सिंह माड़ापुरिया में एक हाथ से दरवाजे को रोक रखा था। दूसरे हाथ से दुश्मनों को मौत के घाट उतार रहा था तभी शहर में यह हल्ला हो गया कि किले का द्वारा टूट गया है। यह समाचार महाराजा तक पहुंचा। महाराजा ने पूछा कि करन सिंह माड़ापुरिया मर गया या जिंदा है। संदेश वाहक ने कहा महाराजा आपकी कृपा से जिंदा है। महाराजा साहब ने कहा तो यह भ्रामक प्रचार है कि किले का दरवाजा टूट गया है। जब तक करनसिंह जिंदा है। तब तक के लिए का द्वार नहीं टूट सकता है । उसी समय यह कहावत प्रचलित हुईः-

"आठ फिरंगी नौ गोरा, लड़े जाट के दो छोरा।"

इतना बलशाली योद्धा दूसरा कोई नहीं था। बताते हैं कि एक कढ़ाह खीर को अकेला करनसिंह माड़ापुरिया खा जाता था। यह कढ़ाह आज भी भरतपुर के संग्रहालय में मौजूद है।

करनसिंह माड़ापुरिया का तेगा और ढाल भरतपुर के संग्रहालय की शोभा बढ़ा रहे हैं। मगर उनकी मूर्ति या उनके नाम से कोई चौराहा या पार्क नहीं है। उसके पैतृक गांव माड़ापुरा में उनकी छतरी, कुआं, अखाड़ा, हाथी, घोड़े, गाय, भैंसों के पानी पीने की प्याऊ देखरेख के अभाव में अंतिम सांस ले रहे हैं। उनके परिवार जन आज तक उसी गांव में बसे हुए हैं।

लक्ष्य के रूप में कुछ युवकों ने मिलकर आपस में धन संग्रह करके उस महान योद्धा की मूर्ति बनवाई। भरतपुर के बयाना पत्थर से बनवाई है। मूर्ति विशाल है। इसे बनाने में कई वर्ष का समय लगा है। गांव के पूर्व दिशा की ओर धौली नागर नामक स्थान पर स्थापित किया

गया है। जो एक काबिले तारीफ काम है। इसमें सरकारी धन का कोई सहयोग नहीं है।

करनसिंह माड़ापुरिया का पैतृक गांव एक ऐतिहासिक स्थान है। इस गांव को पर्यटन स्थल के रूप में विकसित किया जाना अत्यावश्यक है। जिससे खनुआ, रूपवास, आगरा, फतेहपुर सीकरी को देखने वाले पर्यटक बचता समय इस महान चौधरी को निहार सकें। आने वाली पीढ़ी इससे सुपरिचित हो। अगर हो सके तो इनके ऊपर पाठ्यक्रम में एक पाठ अवश्य जोड़ा जाये।

भारत वीरों की भूमि रही है। यहां पर वीर भारत भूमि हेतु अपना सर्वस्व न्यौछावर करने को हमेशा अग्रणी रहे हैं। जो वीर भारत में हेतु अपना रक्त बहाते हैं वे इस शरीर को छोड़कर जाने के बाद इतिहास उसका गुणगान करने पर गर्वित होता है। प्राचीन काल से ही यह अटल नियम चला आ रहा है कि वीर-पुरुष कभी मरता नहीं है वह मिट्टी में भी मिल जाने के बाद युगों तक जिंदा रहता है। उसकी गाथायें गाई जाती हैं। यहां लोहागढ़ के ऐसे ही वीर करनसिंह माड़ापुरिया की वीर गाथाएं जन-जन में आज भी सुनी जाती हैं।

- भारत में 19वीं शताब्दी की शुरुआत अंग्रेजों के अत्याचार-शोषण से हो रही थी। ऐसी स्थिति में भारत के दबे कुचले देश की नींद टूट रही थी। भारत में एक तरफ कुछ स्वार्थी अंग्रेजों के परम भक्त बनते जा रहे थे तो दूसरी तरफ लोहागढ़ का अंग्रेज हुआ अंग्रेजों के अत्याचार से मुकाबला करने सीना ताने खड़ा था। समकालीन भरतपुर नरेश की स्थिति को स्पष्ट हेतु इतिहास का निश्चित निष्कर्ष नजर नहीं आता था क्योंकि उसका सेनापति विश्राम प्रीतम का भतीजा था। **"करनसिंह माड़ापुरिया"**

भरतपुर से दक्षिण में 40 किमी., वाणासुर नगरी बयाना से 15 किमी. उत्तर-पूर्व में, फतेहपुर सीकरी, आगरा से दक्षिण पश्चिम में 20 किमी. व खनुआ के प्रसिद्ध रणस्थल से 10 किमी. दक्षिण पश्चिम में किलेनुमा कच्चे रास्ते पर बसा गांव माड़ापुर है। जहां चित्रसाल सिंह के दो पुत्र केहरीसिंह व करनसिंह पैदा हुए।

आज भी प्रसिद्ध वीर करनसिंह माड़ापुरिया के समय के अखाड़े मौजूद हैं। जिनके चार दरवाजे थे जिनमें आज मात्र एक दरवाजा बचा है। बचे समय के थपेड़ों में ध्वस्त हो गये। ठंडाई का शौक था। बुजुर्ग बताते हैं कि स्वयं करनसिंह ठंडाई को घोटकर जिस वर्तन में पीता था। वहां पत्थर की चट्टान है जिसमें आज 90-100 लीटर पानी अपने आप आता है। जिसे वह उठाकर पीता था। आज इस चट्टान का वजन भी 3–4 मन से कम नहीं है। उनके द्वारा पूर्वजों की बनवाई गई सफेद पत्थर की छतरियां भी उनके अवशेषों में हैं।

जनमानस में करनसिंह की वीरता की कहानियां, किवदंतियां खूब मिलती हैं। लोग आज दंगलों में अखाड़े वाले लोगों को उनके कार्य हेतु, नाय तू करनसिंह माड़ापुरिया है गयौ, व्यंग कहते हैं। कहते हैं करनसिंह के पुत्र ने अपनी पत्नी को किसी कहासुनी में थप्पड़ मार दिया। इस पर अपने पुत्र को फटकारा और एक नीम के पेड़ को कुहनियों से फाड़कर उसमें 60 किलो

का पत्थर भर कर कहा, तू ज्यादा ताकतवर बनता है तो इस पत्थर को इस नीम के पेड़ से निकालकर दिखा। लगभग 20–25 वर्ष पूर्व तक नीम के पुराने पेड़ में वह पत्थर फंसा हुआ था। खलिहान में आग लगने पर वह पेड़ जल गया। आज भी वह पत्थर ठा. बाबूसिंह के बाड़े में रखा हुआ है।

करनसिंह व केहरीसिंह दो भाई थे और दोनों ही वीरता में एक दूसरे से कम नहीं थे। दोनों के खलिहान भी "गोलावारे" पर पास–पास थे। किंवदंती है कि भाई केहरी सिंह की भैंसें करनसिंह के खलिहानों में पहुंच गई। नुकसान तो हुआ ही होगा। पूर्व से चल रहा रंजिश ने बड़ा रूप ले लिया। करनसिंह ने अपने खलिहान से भाई की भैंसों को पूंछ पकड़ कर फेंक दिया जिससे भैंसें मर गई। भाई केहरी सिंह क्रुद्ध होकर भरतपुर राजा की शरण में पहुंचा और अपने नुकसान के बारे में राजा से गुहार की। राजा ने अपने रक्षक भेजकर दरबार में करनसिंह को बुलवाया और जेल का हुक्म देकर, सेवर, जेल भेज दिया। तब कहीं जाकर शांति स्थापित हुई।

करनसिंह का आहार कम नहीं था। रोजाना 10 सेर आटे की रोटियां अकेला खाता था। जेल के अधिकारियों ने करनसिंह को सूखे 10 सेर चने प्रतिदिन के हिसाब से खुराक के रूप में देना तय किया क्योंकि 10 सेर आटे की रोटियां बनाने में दिक्कत थी।

इसी किवदंती में आगे जोड़ा गया है कि जब करनसिंह जेल में था उसी दौरान इंग्लैंड का सबसे बड़ा पहलवान भारत आया। अंग्रेजों का उस समय भारत पर अधिकार था। दिल्ली दरबार में उस अंग्रेज पहलवान से लड़ने को उस समय भारत के किसी पहलवान ने हां नहीं की। तब यह प्रस्ताव आया कि लोहागढ़, भरतपुर लाया जाये। भरतपुर दरबार में राजा ने यह प्रस्ताव रखा कि भरतपुर का कोई भी वीर इस पहलवान से बराबरी कर सकता है तो वह हमें बताया जाये। तब उन्हें करनसिंह के बारे में बताया कर यह भी कहा कि वह 10 सेर सूखे चने ही खाता है जेल में खुराक न मिलने के कारण कमजोर हो गया है। राजा ने कहा यदि इस अंग्रेज पहलवान को करनसिंह पहलवानी में पीट लेता है तो उसकी जेल माफ कर दी जायेगी।

करनसिंह को जेल से दरबार में बुलाया गया जहां प्रस्ताव के अनुसार करनसिंह ने शर्त स्वीकार कर ली। तभी करनसिंह ने उस पहलवान से अपना सिर दबाने को कहा परन्तु उस अंग्रेज पहलवान के सिर दबाने का कोई असर नहीं हुआ, जिस पर अंग्रेज पहलवान को सिर दबाने हेतु यह करनसिंह द्वारा बताया गया कि सिर कैसे दबाया जाता है। अंग्रेज पहलवान का करनसिंह ने सिर ऐसे दबाया मानो प्याज को दोनों हाथों से फोड़ा जाये व प्याज का पानी निकल जाए। ठीक उसी तरह अंग्रेज पहलवान के सिर को दबाते ही कान, मुंह व नाक में लेकर खून की धारा ऐसे निकली जैसे प्याज से पानी निकला हो। अंग्रेज पहलवान तड़पने लगा और किसी तरह अपने सिर को छुड़ाकर भागा कि यह करनसिंह से कुश्ती नहीं लड़ सकता। भरतपुर दरबार की कुश्ती का विकास नहीं था, जब भरतपुर का पहलवान इंग्लैंड के प्रसिद्ध पहलवान को बिना कुश्ती लड़े ही हरा चुका था। तुरंत दरबार से ही जेल माफ करने का हुक्म दिया। साथ ही इस प्रतिभा से करनसिंह को लोहागढ़ की फौज का सेनापति बना

दिया।

अब करनसिंह के सिर पर पूरी जिम्मेदारी आ चुकी थी। वह सवा मन 50 किलो की तलवार लेकर युद्ध करता था। आज की सोच और वीरता में अंतर है। आज सामान्य आदमी सवा मन की तलवार से युद्ध करने की बात स्वीकार नहीं करता। परंतु जब इस तलवार को भरतपुर मोती महल में देखा गया और कुछ समय पूर्व भरतपुर अजायबघर में रखा होना पाया गया तब लोगों में यह विश्वास बना।

1821 से 1825 तक भरतपुर पर अंग्रेजों ने चार बार आक्रमण किया। लोहागढ़ का निर्माण ही इस प्रकार था कि दुश्मन के तोपों के गोले या तो मिट्टी में धंसते थे या फिर हवा में जाते थे। अंग्रेज भी लोहागढ़ के गृह क्लेश का फायदा उठाना चाहते थे। परंतु सुदृढ़ किला व उत्तर दिशा की ओर से अंग्रेजों का जहां आक्रमण होता था उस दरवाजे पर दरवाजा चित्तौड़गढ़ के किले का था जिसे अलाउद्दीन खिलजी दिल्ली ले गया था व बाद में लोहागढ़ के राजा जवाहरसिंह ने दिल्ली जीतकर किले के दरवाजे को भरतपुर पर लगवाया था। करनसिंह व केहरीसिंह दोनों भाई बारी-बारी से युद्ध का नेतृत्व दरवाजे से करते व अंग्रेजों के सिरों से नहर की खाई पाट रहे थे।

1825 ई. में भरतपुर जाट राज्य में भाइयों में गृह क्लेश भी था व एक दूसरे का विरोध करने व दूसरों से करवाने में लगे हुए थे। परंतु लोहागढ़ की जनता अपने सभी भेद-भावों को भूलकर आजादी की इस लड़ाई में लड़ रहे थे। सभी जातियों, धर्म वाले एक होकर युद्ध में संलग्न थे। किसी को जीवन की परवाह नहीं थी। लोहागढ़ ही नहीं समूचे उत्तर भारत में स्वतंत्रता की लहर थी कि किसी तरह अंग्रेजों को खदेड़ा जाये। दुश्मन जब भी भरतपुर का किला घेरता था तभी उसे कुछ भी हाथ नहीं लगता था, यहां तक कि उसके तोपों के गोले भी मिट्टी में गिरते ही ठंडे हो जाते थे। चार बार हार जाने के बाद किस मुंह से इंग्लैंड को जवाब दें यह अंग्रेजों को समझ में नहीं आ रहा था। उधर वह रसिया करनसिंह खेल-खेल की तरह तलवार चला रहा था। अंग्रेज आक्रमण कर भी कभी-कभी इस प्रकार नाटक करते मानो पहाड़ की ओट में आग जलाकर सवेरे का अनुमान लगाया जाये। परंतु जैसे ही किले के दरवाजे पर करनसिंह दिखाई देता अंग्रेजों का जोश ठंडा पड़ जाता था।

कुछ ऐसे लोग भी वहां थे जो इस राज्य को अंग्रेजों के कुछ स्वार्थ में फंसकर गंवाना चाहते थे। जब करनसिंह पूर्णतः संग्राम में व्यस्त था व किले का एक दरवाजा एक हाथ से बंद कर रखा था व एक हाथ से आने वाले दुश्मनों को मार रहा था – काट रहा था उसी समय एक देशद्रोही राजा के पास पहुंचा और कहा कि “करनसिंह माड़ापुरिया मारा गया”। तब राजा ने कहा कि यदि करनसिंह मारा जाता तो भरतपुर अंग्रेजों के अधीन हो जाता। करन सिंह को वीरता कार्य में शरीर की भी शुधि नहीं थी वह वीरता में शराबोर थे। उसी समय युद्ध को देखने राजा व रानी उत्तर दिशा के मुख्य द्वार पर आए उन्होंने देखा कि वह हमें झूठा समाचार मरने का दिया। वीर रस में शराबोर करनसिंह का तहमद खुल चुका था। परंतु दुश्मन से लड़ते समय शर्म कैसी? वह लड़ते रहे। उधर राजा ने सोचा वीर नंगा हो गया है।

क्यों न मैं स्वयं इस तहमद पहना दूं जैसे ही करनसिंह ने राजा को तहमद पहनाते देखा पहनते देखा तो करनसिंह को वह शर्म महसूस हुई कि मुझे राजा व रानी ने नंगे बदन देख लिया है। फिर भी आगे नौ अंग्रेज उसमें उस युद्ध कर रहे थे उन्हें तलवार फेंक कर बाहों में भर लिया और नहर में कूद गए। बाद में अंतिम संस्कार को उसके शरीर का कोई भी हिस्सा इस नहर में नहीं मिला।

"करण" सा वीर करन सिंह माड़ापुरिया लोहागढ़ से चला गया, यह दुर्दिन भी भारत मां को देखना था, परंतु उसके कदमों पर उसके कितने वीरों ने जन्म लिया। लोहागढ़ के इस अद्भुत पराक्रमी वीर को कोई भूला नहीं पा रहा था तथा उनकी वीरता का बखान अंग्रेजों ने भी इंग्लैंड में किया। ऐसे वीर को भारतवासी नमन करते हैं। जिसके नाम पर वीरता किए पंक्तियां मशहूर हुई; -

हुई मसल मशहूर विश्व में, आठ फिरंगी नौ गोरा।
लड़ें किले की दीवारों पर खड़े जाट के दो छोरा।।

12

समाचार पत्र कटिंग

समाचार पत्र कटिंग

राजस्थान

गंगा दशहरा आज • बंसी पहाड़पुर के लाल-गुलाबी पत्थर से बना है मंदिर, विशेष अभियानों में चांदी की गंगाजली को हाथी पर ले जाते थे महाराज

90 साल में बनकर तैयार हुआ था उत्तर भारत का सबसे विशाल गंगा मंदिर, गंगाजल ही यहां प्रसाद

गंगा मंदिर

अमर उजाला

एप डाउनलोड करें

2 of 5

बांकेबिहारी मंदिर - फोटो : अमर उजाला

जानकारों का कहना है कि श्रीबांकेबिहारी मंदिर की स्थापना 1863 में भरतपुर के राजा ने कराई थी। यह मंदिर भरतपुर राजा के हास-परिहास बगीचे में बनाया गया। इसका कुल क्षेत्रफल 3600 वर्ग फीट है, जबकि 1200 वर्ग फीट स्थल पर भक्तों को ठाकुर जी के दर्शन का लाभ मिलता है।

NEXT

बांके बिहारी मंदिर

नंदराय मंदिर, नंदगांव

श्रीराधारानी की जन्मस्थली बरसाना के उत्तर में 7 कि.मी. की दूरी पर उत्तर दिशा में नंदगांव स्थित है। नंदराय के वर्तमान मंदिर का निर्माण वि.सं. 1800 में भरतपुर के सिनसिनवार जाट सरदार रूपसिंह ने कराया था। यह मंदिर कृष्ण के पिता नंदराय को समर्पित है। इस मंदिर तक पहुंचने के लिए पहाड़ी पर थोड़ी सी चढ़ाई करनी पड़ती है। इसी नन्दीश्वर पर्वत पर कृष्ण भगवान व उनके परिवार से संबंधित अनेक दर्शनीय स्थल भी हैं जिनमें नरसिंह, गोपीनाथ, नृत्य गोपाल, गिरधारी, नंदनंदन और माता यशोदा के मंदिर हैं।

नंदराय मंदिर, नंदगांव

जवाहर बुर्ज के 1 फीट मोटे इस लौह स्तंभ पर अंकित है भरतपुर के राजाओं की वंशावली

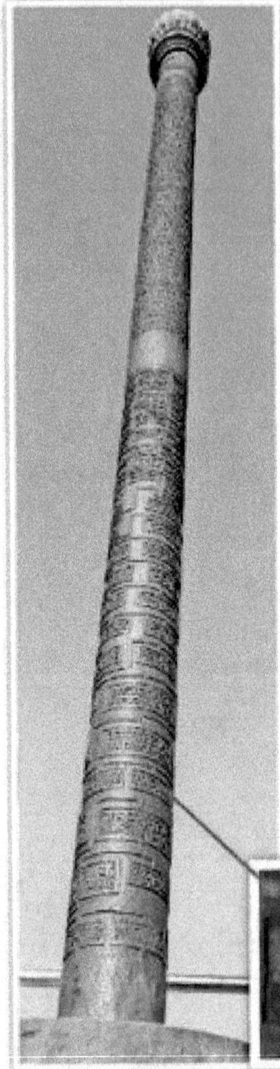

महाराजा बदनसिंह- 1723-1756 पहली बार इन्हें राजा का खिताब मिला। इनके सूरजमल समेत 26 पुत्र थे

महाराजा सूरजमल : 1707-1763 इनके 5 पुत्र जवाहरसिंह, नाहरसिंह, रतनसिंह, नवलसिंह और रणजीतसिंह थे।

महाराजा जवाहर सिंह- 1763-1768 इनके कोई संतान नहीं थी। भाई रतनसिंह को राजपाट मिला।

महाराजा रतन सिंह- 1768-1769 इनके पुत्र केहरी सिंह हुए।

महाराजा केहरी सिंह- 1769-1776 कोई संतान नहीं थी। महाराजा जवाहर सिंह के भाई रणजीतसिंह को राजपाट मिला।

महाराजा रणजीतसिंह- 1776-1805 इनके 4 पुत्र रणधीरसिंह, बल्देवसिंह, पृथ्वी सिंह और लक्ष्मणसिंह हुए।

महाराजा रणधीरसिंह- 1805-1823 इनके कोई संतान नहीं थी। उनके छोटे भाई बल्देव सिंह को राजपाट मिला।

महाराजा बल्देवसिंह- 1823-1825 इनके पुत्र बलवंत सिंह हुए।

महाराजा बलवंतसिंह- 1826-1853 इनके पुत्र जसवंत सिंह हुए।

महाराजा जसवंतसिंह- 1853-1893 इनके 4 पुत्र फतहसिंह, रामसिंह, नारायणसिंह और रघुनाथसिंह हुए।

महाराजा रामसिंह- 1893-1900 इनके 2 पुत्र कृष्ण सिंह और गिरिराज सिंह हुए।

महाराजा कृष्णसिंह- 1900-1929 इनके 4 पुत्र ब्रजेंद्रसिंह, मानसिंह, गिरेंद्रसिंह, गिरिराज सरन सिंह हुए।

महाराजा ब्रजेंद्रसिंह- 1929-1948 इनके पुत्र पर्यटन मंत्री विश्वेंद्रसिंह हैं।

इतिहासकार रामवीर सिंह वर्मा के अनुसार भरतपुर-करौली के **शासक भगवान श्रीकृष्ण के वंशज और यदुवंशी क्षत्रिय हैं।** इस वंश में विजय पाल हुए। इनके 12वें वंशज तहनपाल के पुत्र धर्मपाल से करौली और मदन पाल से भरतपुर के परिवार निकले। मदन पाल को भगवान श्रीकृष्ण का 77वां वंशज माना जाता है। मदन पाल के पुत्र सोहनदेव ने सिनसिनी गांव बसाया। यह भरतपुर राजपरिवार का पैतृक गांव माना जाता है।

जवाहर बुर्ज भरतपुर

स्वतंत्रता दिवस विशेष • अंग्रेजों को भरतपुर ने पहली बार मात दी तो गूंजा

आठ फिरंगी नौ गोरा, लड़ें जाट के दो छोरा...

आजादी की अलख जगाने में कवियों और गीतकारों की भी खास भूमिका रही

भास्कर संवाददाता | भरतपुर

भरतपुर के लोगों में आजादी का स्वभाव जन्म से ही है। मुगलों के अत्याचारों से बगावत हो या 1805 में अंग्रेज सेना से युद्ध। हर मैदान को भरतपुर ने जज्बे से जीता है। तत्कालीन गीतकारों ने इसे अपने शब्दों में भी ढाला। इस भूमि के कण-कण में शूरता, वीरता और पराक्रम को लेकर ब्रज भाषा के सुपरिचित कवि वियोगी हरि ने लिखा था... यही भरतपुर दुर्ग है, दुजय, दीह भयकार, जहँ जट्टन क छोहरे, दिए सुभट्ट पछार...। भरतपुर की मर्दानगी की कहानी अंग्रेजों को अच्छी तरह मालूम थी। वर्ष 1805 में जसवंत राव होलकर का पीछा करते हुए लार्ड लेक भरतपुर आया तो महाराजा रणजीतसिंह ने होलकर को सौंपने के बजाए युद्ध करना बेहतर समझा। शरणागत की रक्षा में हुए इस युद्ध ने भरतपुर को ख्याति दिलाई, क्योंकि इसमें अंग्रेज सेना को भारी हानि उठानी पड़ी थी। करीब दो महीने चले इस युद्ध में अंग्रेज सेना के 3 हजार 203 सैनिक मारे गए और करीब 8 हजार सैनिक घायल हुए थे। कर्नल निकलसन ने अपनी पुस्तक नेटिव स्टेट आफ इंडिया में लिखा है कि जो नीति भरतपुर के राजा ने अपनाई उससे उनको माली घाटा तो बहुत हुआ। लेकिन, जाटों को कीर्ति, प्रसिद्ध और गौरव मिला। इसीलिए राजपूताने में किवदंती मशहूर हुई थी...आठ फिरंगी नौ गोरा, लड़ें जाट के दो छोरा...। वर्ष 1940 के दशक में आजादी का आंदोलन जब चरम पर था उस समय भी कवियों और गीतकारों ने अपनी रचनाओं से लोगों के जनमानस को झिंझोड़ा और देश के लिए मर मिटने को प्रेरित किया। इनमें जन कवि गिरेंद्रसिंह गिरीश की रचना बहुत लोकप्रिय हुई थी, जिसे लोग बार-बार सुनना चाहते थे। इसके बोल थे...धन्य क्रांति के अग्रदूत, सिंहनाद उचारा है [illegible] कौमी नारा [illegible] शुरू हुआ तो उन्होंने लिखा...अब नौजवान हिंद को आजाद बनाओ, कब तक रहोगे गुलाम यह बताओ, कहती है शहीदों की रूह भूल न जाना, जालिम को उसके जुल्म का कुछ फल तो चखाओ, धिक्कार नौजवान तुमको, तुम्हारा वतन गुलाम, किस काम फिर आएगी जवानी यह तो बताओ...। कुम्हेर के नानक चंद ने सरदार भगतसिंह की शहादत पर लिखा सतजल की पार पै रोबे भगतसिंह तेरी बहन...। जिसे सुनकर श्रोताओं की अश्रुधारा बह उठती थी। प्रजा परिषद से जुड़े प्रेमशंकर के दो गीत देशभक्ति की ज्वाला को दहकाते थे। उनका लिखा गीत..सर बांध कफनियां हो शहीदों की टोली निकली....। इस गीत को जब वे गाते थे तो युवाओं की भुजाएं फड़कने लगती थी। भारत छोड़ो आंदोलन के दिनों में उन्होंने लिखा कुछ करो या मरो आज, यह बापू का आदेश मिला, भारत छोड़ो के नारों से पल भर में ब्रह्मांड हिला..। स्वतंत्रता सेनानी मुंशी आले मोहम्मद आजाद हिंद की शाखाओं में गाया करते थे कि...आजाद हिंद का तू फरतरा उड़ाए जा, हिंदोस्तां के नाम का डंका बजाए जा, हिंदू जो शीर हो तो मुसलमान हो शकर, आपस में इत्तफाक का रिश्ता बढ़ाए जा, गुलामी और रूसवाईयों से भर चुकी तारीख, इज्जत के चार चांद तू इसमें लगाए जा, भारत से अब उठा लो बिस्तर भारत वर्ष हमारा है, ऋषियों की इस पुण्यभूमि पर क्या अधिकार तुम्हारा है...।

आठ फिरंगी नौ गोरा, लड़ें जाट के दो छोरा

13

महाराजा बदन सिंह (बृजराज) भरतपुर

महाराजा बदन सिंह (बृजराज) भरतपुर

भरतपुर राज्य के संस्थापक महाराजा बदन सिंह (शासनकल - 1723 -1756) –

ठाकुर भावसिंह और राधा (अचल सिंह सोगरिया की पुत्री) का पुत्र था, ठाकुर बदन सिंह
-

बदनसिंह ने सावधानी से शुरुआत की, जिसमें उन्होंने दबाव और सुलह, बल और तुष्टीकरण तथा राजसी वैभव और विनम्रता का मिश्रण किया। बदनसिंह ने पैदल सेना और घुड़सवार सेना से युक्त एक सुसज्जित सेना तैयार की। थून, सोगर और सिनसिनी किलों को पहले ही नष्ट कर दिया गया था, उनके स्थान पर उन्होंने डीग और कुम्हेर में नए किले बनवाने शुरू किए, जिनमें से डीग किले की नींव जयसिंह ने रखी थी।

बदनसिंह आमेर (जयपुर) शासक सवाई – जयसिंह के अधीन एक जागीरदार बन गया था उसके सेवाभाव एवं विनम्रता से प्रभावित होकर जयसिंह ने बदनसिंह का टीका किया और निशान, नक्कारा, पचरंगा झण्डा और **बृजराज की उपाधि** प्रदान की। बदनसिंह अपनी सैन्य शक्ति में वृद्धि कर जयसिंह के सहयोग से भरतपुर राज्य का संस्थापक बन गया।

बदनसिंह अपने प्रारम्भिक जीवन में चूरामन का सहयोगी था तथा मुगल साम्राज्य के विरुद्ध जाटों के विद्रोह में उसका प्रमुख योगदान था। चूरामन की मृत्यु के बाद उसका पुत्र मोहकम सिंह उसका उत्तराधिकारी बना। बदनसिंह की मोहकम सिंह से अनबन हो गई अत: वह भागकर आमेर के शासक सवाई जयसिंह से मिल गया। उसकी सहायता से जयसिंह ने थून गढ़ पर आक्रमण किया। मोहकम सिंह ने अपनी पराजय निकट देखकर बारूद में आग लगा दी तथा खजाना लेकर रातों रात भाग गया। जयसिंह ने थून के किले को जीत लिया, यह घटना सन 1722 की है। इस सफलता से प्रसन्न होकर जयसिंह ने बदन सिंह को **बृजराज** की पदवी दी तथा उसे जाट क्षेत्र का शासक घोषित कर दिया। बदले में बदनसिंह ने जयसिंह को 83000 रुपये की पेश की। फिर भी बदनसिंह ने कभी भी अपने को नरेश घोषित नहीं

किया तथा वह अपने को आमेर का सामंत कहा करता था। यह उसकी कूटनीति थी क्योंकि इस प्रकार वह अन्य जाट जमींदारों की ईर्षा का शिकार होने से बच गया।

चूरामन के भाई - भाव सिंह के 2 पुत्र बदन सिंह और रूपसिंह थे और चूरामन के पुत्र जुलकरन सिंह, मोहकम सिंह, थान सिंह, बख्तावर सिंह, चंद सिंह, कीरत सिंह, सुजान सिंह, देवी सिंह और किरण सिंह थे।

इतिहासकारों के अनुसार अनेक जातियों की रानी राजा बदनसिंह के रनिवास में थी जिनकी औपचारिक या अनौपचारिक तरीके से शादी हुई थी। जाट राजा ने जाट, गुजर, अहीर, यादव, राजपूत, कछवाह, माली आदि समाजों के प्रतिष्ठित घरानों में वैवाहिक संबंध स्थापित कर अपनी प्रशासनिक, कूटनीतिक और राजनीतिक दूरदर्शिता का परिचय दिया। वेंदेल के अनुसार बदनसिंह की स्त्रियाँ की संख्या 150 से अधिक थी और 30 से अधिक पुत्र बताते हैं। पुत्रियाँ भी पुत्रों के बराबर बताई जाती हैं। परन्तु मुगलों के भय से कहीं राजपूत रजवाड़ों की भांति समझोते या बल प्रयोग द्वारा देनी न पड़ जायें, जीवित ही नहीं रखी जाती थी। जिनमे से कुछ इस प्रकार हैं: –

क्रमांक – रानी का नाम - रानी की जाति – गौत्र – पिता – गांव – पुत्र

1. भया कौर – जाट - पचेरे - खेमकरण - - - रामबल
2. भगवती – गुजर – खारी – महाबल – सांता (जयपुर) – अखैसिंह
3. तुरसा – जाट – देसवार – सीताराम – बुड़ाबई (मथुरा) – गुमान सिंह
4. मीठों – जाट – नोहवार – सलेमशाह - बजाना - मानसिंह
5. रूप कौर – जाट – सोलंकी – राम सिंह - बंचारी (हरयाणा) – सुल्तान सिंह
6. हरकी – गुजर - - राम सिंह - अघापुर – जोधसिंह
7. मानकौर – गुजर – खारी – पंचइस – सांता (जयपुर) - सभाराम
8. महा कौर – गुजर – खारी – असीराम - सांता (जयपुर) – देवीसिंह
9. पान कौर - गुजर – खारी – असीराम – सांता (जयपुर) – मेद सिंह
10. भजन कौर – जाट – मदेरना – गिरवर सिंह – शेरीनेकपुर – भवानी सिंह
11. किसन कौर - नाई - - बलदेव – धनसई – दलेल सिंह
12. राम कौर – अहीर - - भगतराम – नोनेरा – रामकिशन
13. वीर कौर – बनिया - - कल्लूराम – सामंतगढ़ – खुशाल सिंह
14. लच्छो – कायस्थ - भटनागर – बीरबल – तुरसीगढ़ (अलीगढ़) – लाल सिंह
15. गोढ़ा – माली - - तिमासिया – तुरसीगढ़ (अलीगढ़) – बलराम
16. किशन कौर – खाती - - हरदास – गड़ना – वीरनारायन

सूरजमल भरतपुर के कृषक प्रधान रियासत के पहले महाराजा बदन सिंह एवं रानी देवकी के ज्येष्ठ पुत्र था।

महाराजा बदनसिंह

सवाई महाराज जयसिंह जी से इनका बड़ा मेल-जोल था। अधिकांश समय उनका जयपुर ही में बीतता था। जयपुर में उनके नाम से एक स्थान **बदनपुरा** भी है। संवत् 1775 में यह डीग के मालिक बने। डीग में उन्होंने अच्छी-अच्छी इमारतें बनवाईं और कुम्हेर में सुदृढ़ दुर्ग का निर्माण कराया।

महाराजा बदनसिंह लड़ाई-झगड़े की अपेक्षा राज्य-व्यवस्था में अधिक संलग्न रहे। फिर भी उन्होंने अठारह लाख की आमदनी का जयपुर का इलाका प्राप्त कर लिया और कुछ हिस्सा आगरे की ओर दबा लिया। **कामर** के सरदार चौधरी मोहनराम और सहार के रईस की लड़की से शादी करने के कारण इनका प्रभाव मथुरा जिले पर हो गया था। आपने अपने दूसरे पुत्र प्रतापसिंह को वैर का मालिक बनाया। महाराजा सूरजमल इनके सभी पुत्रों में श्रेष्ठ थे। अठारह लड़कों की संतानें **कोठरी-बन्द** के नाम से मशहूर हैं। आपको जयपुर के महारज जयसिंह सवाई 'ब्रजराज' कहा करते थे।

राजा बदनसिंह जी का स्वर्गवास संवत् 1812 विक्रमी में हुआ था। उस समय श्री सुजानसिंह उपनाम सूरजमल जी 22 वर्ष के थे।

जाट राज्य का संस्थापक बदनसिंह

उथल-पुथल से भरी अठारहवीं शताब्दी की लगभग पांचवीं दशाब्दी तक न कोई जाट राज्य था, न कोई राजनीतिक दृष्टि से संगठित जाट-राष्ट्र और न कोई ऐसा जाट-शासक था जिसे सर्वमान्य नेता कहा जा सके। चूड़ामनसिंह इस स्थिति तक पहुँचे थे, परंतु उन्होंने अपने लोगों को सहन-शीलता की बड़ी-बड़ी परीक्षाएँ ली थीं और बदनसिंह के कैद करने के बाद वह अपनी प्रतिष्ठा बहुत कुछ खो बैठे थे। वह अभिमानी, हठी, एवं अपनी ही बात पर अड़े रहने वाला नेता था। बदनसिंह के सामने जो बाधाएँ थीं, उनका उसे भली भांति ज्ञान था। अपने ही कुटुम्बी सिनसिनवारों में उसे मुखिया स्वीकार नहीं किया गया। चूड़ामनसिंह के पुत्रों, मोहकमसिंह और जुलकरनसिंह ने न अपना दावा छोड़ा और न शत्रुता ही। वरिष्ठ कौम के ये अधिकार वंचित उत्तराधिकारी सदा अवसर की ताक में रहे थे। अन्य सरदारों ने सतर्क रह कर प्रतीक्षा करने की नीति अपनायी थी।

बदनसिंह के सामने जो गंभीर समस्याएँ थीं, उनका सामना करने के लिए उसमें सभी गुण थे। वह अपने कार्य में असाधारण कौशल और अथक परिश्रमशील धैर्य के साथ जुट गया। उसने बल-प्रयोग और अनुनय-विनय दोनों का ही बुद्धिमानी से प्रयोग किया। दुश्मनों को विनाश करने, सहयोगियों को पुरस्कृत करने, अपने राज्य को सुदृढ़ करने और अपने प्रभाव-क्षेत्र के विस्तार करने में उसने मनुष्य को ज्ञात सभी उपायों से काम लिया। आवश्यकता पड़ने पर वह युद्ध करता था, खुलकर रिश्वत देता था, शक्तिशाली जाट परिवारों में वैवाहिक सम्बन्ध स्थापित करके उसने अन्य जाट-पालों से आत्मीय सम्बन्ध

बनाये। सौम्य शिष्टाचार तथा बहुत अभ्यास से अर्जित सार्वजनिक विनम्रता के पीछे उसकी लोहे-सी इच्छा-शक्ति एवं दृढ़ संकल्प छिपा रहता था। जयपुर के मिर्जा राजा जयसिंह का सहयोग उसकी सफलता का प्रतीक था। चूड़ामन की 'गद्‌दी' पर बदनसिंह को बिठाकर जयसिंह ने असाधारण दूरदर्शिता दिखाई थी। जाटों को अपना विरोधी बनाने के बजाय उन्हें अपने पक्ष में रखना प्रत्येक दृष्टि से समझदारी का काम था।

मिर्जा राजा जयसिंह ने बदनसिंह से मेवों की उच्छृंखल गतिविधियों का दमन करने को कहा, जो भरतपुर के पहाड़ी क्षेत्रों में बसे थे। इस्लाम धर्मी मेव बड़े उपद्रवी थे, इनकी जीविका का साधन सिर्फ लूटमार था। बदनसिंह ने मेवों से निपटने का उत्तरदायित्व अपने किशोर पुत्र सूरजमल को सौंपा। सूरजमल ने उत्तरदायित्व को बड़ी निष्ठा से निभाया। परिणाम बहुत संतोषजनक रहा। सूरजमल के सुसंगत आचरण और साहस से उनके सैनिक बहुत प्रभावित हुए। इस अभियान की सफलता से जयसिंह अति प्रसन्न हुआ। उसने सूरजमल को न केवल 'निशान', नगाड़ा और पंचरंगा झण्डा ही, बल्कि सबसे महत्वपूर्ण 'ब्रजराज' की उपाधि भी प्रदान की।

18 लाख रुपये की वार्षिक आय वाला मेवात भी बदनसिंह के अधीन कर दिया। जयसिंह की इस उदारता का आभार वह सबके सामने स्वीकार करता था। धीरे-धीरे उसने जयसिंह का पूर्ण विश्वास प्राप्त कर लिया और जयसिंह ने इस जाट सरदार को बाकायदा आगरा, दिल्ली और अजमेर राजमार्गों पर गश्त करने और इन राजमार्गों का उपयोग करने वालों से पथ-कर वसूलने का कार्य सौंप दिया। इस प्रकार बदनसिंह को प्रभुत्व, उपाधि और राज्य-क्षेत्र तीनों ही वस्तुएँ प्राप्त हो गयीं, जो अन्य किसी जाट सरदार के पास नहीं थीं। यह चतुर सिनसिनवार बहुत समझदारी के साथ 'राजा' की उपाधि धारण किये रहा। उसकी दृष्टि वास्तविक शक्ति पर थी, न कि थोथे दिखावे पर।

महात्मा प्रीतमदास की सलाह पर बदनसिंह ने अपनी राजधानी डीग बनाई। थून के साथ अप्रिय स्मृतियां जुड़े होने तथा सिनसिनी में पर्याप्त पानी के अभाव के कारण उसने इन स्थानों को राजधानी के रूप में नहीं चुना। बदनसिंह के नींव खुदवायी समारोह में महात्माजी को भी बुलवाया। कु. नटवरसिंह 'महाराजा सूरजमल' पुस्तक में लिखते हैं— "जब महात्मा प्रीतमदास भूमि खोदते हुए ग्यारह बार फावड़ा चला चुके तब बदनसिंह ने कहा, बाबाजी आप थक गये होंगे, ग्यारह काफी हैं। प्रीतमदास ने फावड़ा छोड़ दिया और अपना हाथ बदनसिंह के कंधे पर रखते हुए कहा, तुम्हारा वंश ग्यारह पीढ़ी तक शासन करेगा।" उनकी भविष्यवाणी बिल्कुल सही निकली।

राजधानी डीग के किले, बगीचों और महलों के निर्माण का कार्य सन् 1725 ई. में आरम्भ हुआ और उस शताब्दी के समाप्त होने तक चलता रहा। बदनसिंह लगभग निरक्षर था लेकिन उसमें आश्चर्यजनक सौन्दर्य-बोध था। इन अति सुन्दर एवं रमणीय उद्‌यान-प्रासादों की भव्य रूपरेखा उसी ने और अकेले उसी ने रची थी। डीग एवं भरतपुर के राज-प्रासादों, उद्‌यानों एवं दुर्गों का विस्तृत वर्णन पुस्तक 'भरतपुर का इतिहास' में किया है। दिल्ली और

आगरा के श्रेष्ठ कारीगर, समूह के रूप में बदनसिंह और सूरजमल के दरबारों में रोजगार की तलाश में आते थे। इन दोनों ने ही अपने विपुल एवं नव-अर्जित धन का उपयोग कलाकृतियों के सृजन के लिए किया। परन्तु इसके लिए धन के अतिरिक्त कुछ अन्य वस्तु भी आवश्यक थी — सौन्दर्य-बोध एवं सुव्यवस्था। भरतपुर राज्य में जीवन तथा सम्पत्ति की सुरक्षा थी तथा सुव्यवस्था थी, जो अन्य जगह दुर्लभ थी, जिसके लिए लोग तरसते थे। इसके विपरीत, दिल्ली और आगरा की अशान्ति और अव्यवस्था जिसका अधिकांश श्रेय जाटों को भी था, न कला और न शिल्प ही पनप पाये। इस समय बदनसिंह के पास जन, धन और साधन सभी कुछ था। अपने विशाल भवन-निर्माण कार्यक्रम की देखरेख के लिए उसने जीवनराम बनचारी को निर्माण मन्त्री नियुक्त किया, जो योग्य और सुरुचि-सम्पन्न व्यक्ति था। बदनसिंह ने रोजगार की तलाश में भटकते मजदूर-कारीगरों को उचित पारिश्रमिक पर रोजगार उपलब्ध कराया। बीस हजार स्त्री-पुरुषों को लगभग एक चौथाई शताब्दी तक दिन-रात जुटाकर डीग, भरतपुर, कुम्हेर, वैर तथा वृन्दावन, गोवर्धन एवं बल्लभगढ़ में छोटे-मोटे निर्माण कार्यों को पूरा करवाया।

एक पीढ़ी में ही भरतपुर और डीग के आधुनिक रूप बदल गये थे। पहले डीग एक छोटा, साधारण-सा गाँव था। अब वह बहुत सुन्दर तथा सुसज्जित उद्यान-नगर बन गया था, जहाँ पहले बदनसिंह और बाद में सूरजमल के आगरा और दिल्ली से होड़ करने वाले शानदार दरबार लगा करते थे।

भारत के 'गज़ेटियर' में बेनेट ने लिखा है – "अपने चरम उत्कर्ष के दिनों में सूरजमल ने वे निर्झर-प्रसाद बनवाये, जिन्हें 'भवन' कहा जाता है। भारत में सौन्दर्य तथा कारीगरी की दृष्टि में केवल आगरा का ताजमहल ही इनसे बढ़ कर हैं।" जेम्स फर्ग्युसन भी इसी निष्कर्ष पर पहुंचा है कि ये महल "अप्सरा-लोक की कृतियाँ हैं।" सन 1650 से लेकर 1850 तक के 200 वर्षों में हिन्दुस्तान में जयपुर के गुलाबी शहर और डीग के जल-महलों के अतिरिक्त कला की दृष्टि से उत्कृष्ट, धर्म से असम्बद्ध कोई भवन बना ही नहीं।

भरतपुर के पास सिनसिनवारों के अलावा, एक अन्य प्रमुख जाट-परिवार सोगर गांव के सोगारवालों का था। यह चारों ओर से जंगलों से घिरा था और बरसात में इस गाँव में पहुँचना बड़ा कठिन था। रक्षा और सामरिक दृष्टि से यह आदर्श स्थान था। युद्ध के समय वाण-गंगा और रूपारेल-इन दो नदियों का पानी आसपास के क्षेत्र को जलमग्न करने के लिए छोड़ा जा सकता था, जिससे शत्रु आगे न बढ़ने पाये। अठारहवीं शताब्दी के शुरू में ठाकुर खेमकरनसिंह सोगरिया ने सोगर तथा आसपास के गाँवों पर अधिकार जमा लिया था। जिसके विरुद्ध बदनसिंह कुछ कर न सका। अनेक वर्षों तक वह और उसका कुटुम्ब फलता-फूलता रहा, उसका प्रभाव और प्रतिष्ठा बढ़ती गयी, यहाँ तक कि सिनसिनवार भी सोगरियों में विवाह करना अपनी शान मानते थे। बदनसिंह की माँ अचलसिंह सोगरिया की बेटी थी। परन्तु भरतपुर में इतना स्थान नहीं था कि वहाँ ये दोनों अभिमानी वंश साथ-साथ शान्ति-पूर्वक रह सकें। अधिकार में दूसरे को हिस्सा देना जाटों को नहीं आता। बदनसिंह अपने बिल्कुल पास

में किसी प्रतिद्विन्दी की शक्ति को सहन करने को तैयार नहीं था। इसलिए सन 1732 ई. में उसने अपने 25 वर्षीय पुत्र सूरजमल को आक्रमण हेतु भेजा। सोगरिया लोग जमकर लड़े, परन्तु हार जाने पर उन्होंने नए शासन को स्वीकार कर लिया। फतहगढ़ी, चौबुर्जा सूरजमल के अधिकार में आ गया।

कहते हैं, बदनसिंह ने पुत्र को विजय की आवश्यकता और समझौते की उपयोगिता—दोनों सिखलायीं। सोगरिया डूंगों को विरोधी न बनाकर, उनके सुलगते क्रोध को व्यवहार-कौशल, सद्भावना तथा अनुनय-विनय द्वारा शान्त कर दिया।

किंवदन्ती है कि खेमकरण सोगरिया की गढ़ी पर अधिकार करने के बाद एक दिन शिकार को सूरजमल घोड़े पर सवार होकर आसपास के जंगलों में निकल गया। वह एक निर्जन स्थान एक झील पर जा पहुँचा। वहाँ एक सिंह और एक गाय बिल्कुल पास खड़े पानी पी रहे थे। इस अद्भुत दृश्य से चकित सूरजमल आश्चर्य-विमोहित हो गया। पास ही एक साधु का आश्रम था। आसपास का दृश्य मनोहारी था। सूरजमल ने साधु-आश्रम में जाकर दर्शन किया। साधु ने उसे आशीर्वाद दिया और अपनी राजधानी वहीं बनाने की सलाह दी।

यहाँ किले को बनाने का काम सन 1732 ई. में आरम्भ हुआ। एक बार शुरू हो जाने के बाद निर्माण कार्य साठ वर्ष तक रुका ही नहीं। मुख्य किले बंदियां आठ वर्षों में पूरी हो पायीं। इनमें दो खाईयां भी सम्मिलित थीं। तब यह किला पूरा बन कर तैयार हो गया, तब यह हिन्दुस्तान का सबसे अजेय किला था। विमान के आविष्कार से पहले इसे जीतना असम्भव था। लार्ड लेक का मान इसी लोहागढ़ के किले ने धूल में मिलाया था। सन 1805 में जनवरी से अप्रैल तक, चार महीने लार्ड लेक भरतपुर पडा रहा। लेकिन भरतपुरिया जाटों ने अंग्रेजों को ऐसी अपमान-जनक पराजय दी, वैसी हिन्दुस्तान में अन्यत्र कहीं नहीं मिली।

यह किला दुर्ग-निर्माण की एक अद्भुत रचना थी। इसकी बाहरी खाई लगभग 250 फुट चौड़ी और 30 फुट गहरी थी। इस खाई में पानी भरा रहता था। खाई के अंदर 25 फुट ऊँची और 30 फुट मोटी दीवार बनाई गई, जिसे मिट्टी से पाटा गया था। इसके चारों ओर दस बड़े दरवाजे थे, जिनके आवागमन पर निगरानी रखी जाती थी। इनके नाम थे — मथुरा पोल (दरवाजा), वीनारायण पोल, अटलबंद पोल, नीम पोल, अनाह पोल, कुम्हेर पोल, चाँद पोल, गोवरधन पोल, जघीना पोल, और सूरजमल पोल। दिल्ली दरवाजा एवं केतन बाद में निर्मित हुए। भरतपुर दुर्ग एवं इन सभी पोलों का विस्तृत वर्णन पुस्तक "भरतपुर का इतिहास" में किया है।

किले की भीतरी खाई 175 फुट चौड़ी और 40 फुट गहरी थी। दोहरी और तिहरी प्राचीरें थीं, जिन पर चढ़कर किले के बुर्जों तक पहुँचा जाता था। पूर्वी दरवाजे के किवाड आठ धातुओं के मिश्रण से बने है, इसलिए इसे अष्ट धातु द्वार कहा जाता है। महाराजा जवाहरसिंह ने इसे दिल्ली से विजय-चिन्ह के रूप में लाये थे। मुख्य किले की दीवारें 100 फुट ऊँची हैं और उनकी मोटाई 40 फुट है। यह इस तरह निर्मित है कि इस पर तोपों की गोलाबारी का कोई असर नहीं होता था। किले के अंदर की इमारतें दोनों प्रकार की थीं — [illegible] और

काम आने वाली भी। आठ बुर्ज बनाये गये थे। इनमें सबसे ऊंचा है जवाहर बुर्ज, इस पर चढ़ कर आकाश साफ़ हो तो, फतहपुर सीकरी का बुलन्द दरवाजा देखा जा सकता है। आज भी पुराने बने हुए बुर्जों पर चढ़कर आस-पास का दृश्य साफ दिखाई देता है। किले की प्राचीरों पर बड़ी-बड़ी तोपें लगी थीं। सर जदुनाथ लिखते हैं — "सूरजमल का मुख्य लक्ष्य यह था कि भरतपुर को ऐसी मजबूत किलेबंदी दी जाये कि वह बिल्कुल अजेय हो और उसके राज्य की उपयुक्त राजधानी बन सके। इन सभी किलों में रक्षा की सुदृढ़ व्यवस्था की गई थी। अनेक तोपें लगवाई गईं, जिनमें शत्रुओं से छीनकर या खरीदकर प्राप्त की गईं, बड़ी तोपें उन्होंने स्वयं ढलवायीं थीं।"

इन सब तोपों को चलाना या प्रयोग में लाना भी आसान काम नहीं था — 48 पाउंड का गोला फेंकने वाली एक तोप ऐसी थी, जिसे खींचने के लिए 40 जोड़ी बैल लगते थे।

वैर और कुम्हेर में अपेक्षाकृत छोटे किले बनाये गये थे। वैर में सूरजमल का छोटा भाई प्रतापसिंह रहता था। यह बदनसिंह की बुद्धिमत्ता ही थी कि प्रतापसिंह को अलग क्षेत्र देकर उस विद्वान राजकुमार को अध्ययन एवं संगीत में लीन कर दें।

भरतपुर दुर्ग का निर्माण कार्य प्रारम्भ करने के कुछ समय बाद बदनसिंह की नेत्र ज्योति कमजोर होने लगी। अतः उसे विवश होकर राज-काज अपने सबसे योग्य और विश्वास पात्र पुत्र सूरजमल को सौंप देना पड़ा। सूरजमल का शासन सीखने का समय बहुत लंबा रहा, परंतु तथ्य है कि इस काल में भी शासन वही करता था, बदन सिंह तो केवल राज करता था। बदन सिंह राज्य-परिषद में अध्यक्ष बनकर बैठता था और उसे सब बातों की पूरी जानकारी दी जाती थी। प्रत्येक नए साहस-कार्य, उपक्रम या अभियान के लिए सूरजमल उसकी अनुभूति और आशीर्वाद लेने आता था। जब सन 1739 में नादिरशाह का आक्रमण हुआ, तब एक बदनसिंह एक सामान्य जमींदार से बढ़कर, फादर वैंदेल के शब्दों में शीघ्र ही एक ऐसा राजा बन गया था, जिसमें अपने लोगों के विरोध होते हुए भी अपने पद पर बने रहने लायक यथेष्ट शक्ति भी इतनी थी कि लोग न केवल उसका सम्मान करें, अपितु अंतततोगत्वा उससे डरने भी लगे।" फादर वैंदेल लिखता है कि बदनसिंह की 50 पत्नियां थी। लेकिन कुंवर नटवर सिंह के अनुसार - 'बदनसिंह की सचमुच अनेक पत्नियां थी और उस काल के चलन के अनुसार, कई रखैल भी थी। उसके 26 पुत्रों के नाम मिलते हैं। वैंदेल की बात को ये काल्पनिक उड़ान मानते थे। सूरजमल राज्य का शासन चलाता था, परन्तु बाकी पच्चीस में से प्रत्येक को जागीरें दी गईं थी। उनके वंशजों का भरतपुर में आज भी आदर होता है। वे 'कोठरीबन्द ठाकुरों' के रूप में विख्यात हैं।

सूरजमल के प्रारम्भिक युद्ध

मुगल साम्राज्य की अवनति के साथ ही मेवाड़, मारवाड़ और आमेर के प्रमुख घरानों की भी क्षीणता और पतन शुरू हो गया। कोई भी बाहरी शक्ति राजपूतों की मरण-इच्छा से होड़ नहीं कर सकती थी। जदुनाथ सरकार के अनुसार — "जयपुर और जोधपुर के राजघराने स्वयं नष्ट कर डालने में एक-दूसरे से आगे बढ़ जाना चाहते थे। कोई पाप न था, जिसे राजपूत

अपनी जमीन के लिए कर न डालते। बाप बेटे को मार डालता था और आप की हत्या कर देता था। कुलीनतम परिवारों की स्त्रियाँ अपने विश्वासी कुटुंबियों को जहर दे देती थीं। घरेलू झगड़ों को निपटाने के लिए कोई भी उपाय करते थे, यहाँ तक कि भगवान राम के कुलीनतम वंशज भी, धन देकर किसी विदेशी लुटेरे की सहायता लेने से नहीं हिचकिचाते थे।"

इस शोचनीय स्थिति पर चाहे कितनी ही लीपा-पोती क्यों न की जाय, किन्तु वास्तविकता नहीं छिप सकती। भगवान ने चिर-दुखी लोगों पर नितांत अयोग्य शासक थोप दिये थे। जिन वर्षों में राजपूतों का समृद्धि सूर्य अस्त हो रहा था, उन्हीं में मराठों, जाटों और सिखों का सूर्य उदय होने लगा था।

सन 1720 और 1730 ई. से शुरू होने वाली दशाद्वियों में भरतपुर के जाट फूंक-फूंक कर पांव रख रहे थे, और बदनसिंह ऐसा आदमी नहीं था कि नौका को ले जाकर चट्टान से टकरा दे। बदनसिंह और सूरजमल ने अपने जीवन का एक-एक दिन अपनी आंतरिक स्थिति को सुधारने में लगाया। बदनसिंह ने जयपुर नरेश के साथ मित्रता एवं सम्मानपूर्ण सम्बन्ध बनाये रखे। जयसिंह इस जाट राजा की हर तरह से आवभगत करता और उससे वैसा व्यवहार करता जैसा किसी राजा से किया जाता है। जयपुर के जिस उपनगर में बदनसिंह ठहरता था, उसका नाम 'बदनपुरा' रख दिया गया।

सन् 1736 ई. में पेशवा बाजीराव जयपुर आया। उसके सम्मान में जयसिंह ने एक बड़ा दरबार किया। बदनसिंह का प्रतिनिधि सूरजमल इस दरबार में गया। जयसिंह ने सूरजमल का एक राजकुमार का सा स्वागत किया। दरबार में पेशवा का व्यवहार कुलीन नहीं था। दरबार के इन दिनों में जयसिंह ने पेशवा के अनुग्रह जताते से रुख को देखकर एक बार बाजीराव ने पूछा कि "आप मेरे साथ वैसा ही व्यवहार क्यों नहीं करते, जैसा कि उदयपुर के साथ करते हैं?" बाजीराव का कूटनीतिक उत्तर था — "उदयपुर के राणा तो पद और प्रतिष्ठा में मेरे अपने राजा, शाह महाराज के समकक्ष हैं, जिन्होंने दिल्ली के मुसलमान बादशाह को कभी अपना स्वामी नहीं माना, जबकि आप तो खाली एक मुगल मनसबदार हैं। यही नहीं उसने घाव पर नमक छिड़का। उसने हुक्के का दम भरा और उसका धुआं अपने मेजबान के मुँह पर छोड़ दिया।"

अतिथियों की मर्यादाओं को ध्यान में रखते हुए जयसिंह ने कुछ अधिक नहीं कहा, किन्तु इससे बाजीराव अपमानित और भी क्रोधित हो जाता।

जब जयसिंह ने सूरजमल का परिचय मराठा पेशवा से कराया, तब बाजीराव ने सूरजमल के कुल के विषय में कुछ तिरस्कारपूर्ण शब्द कहे। तब तरुण सूरजमल खिन्न नहीं हुआ और उत्तर में केवल गौरवपूर्वक मौन ही रहा। परन्तु उसके अंगरक्षक हलेना के ठाकुर शार्दुलसिंह से न रहा गया और उन्होंने उत्तर देते हुए पेशवा को याद दिलाया कि शिवाजी तो इससे भी निम्न कुल में थे।

इन शब्दों को सुनकर बाजीराव को विशेष क्रोध आया। वह हुक्के की मुंहनाल को चबा गया। पहली जाट-मराठा भेंट सुखद नहीं रही। शीघ्र ही दरबार बरखास्त कर दिया गया।

1739 ई. में दिल्ली पर नादिरशाह के आक्रमण के बाद जो अव्यवस्था फैली, उसका जाटों ने पूरा लाभ उठाया और मुगल राज्य-क्षेत्र में अपने पाँव पसार लिये। ज्यों-ज्यों प्रदेशों पर उनका अधिकार बढ़ता गया और उनकी सम्पत्ति बढ़ती गयी, सूरजमल की नेतृत्व शक्ति और उसके सैनिकों के पराक्रम की ख्याति तेजी से फैल गयी। देश के उच्चतम शासकों की ओर से बार-बार उसके पास सैनिक सहायता की माँग आने लगी।

अपने क्षेत्र के बाहर सूरजमल की सबसे पहली रण-यात्रा सन 1745 के मई माह में हुई। जब वह सम्राट मुहम्नदशाह के साथ अली मुहम्मदशाह रुहेले के विरुद्ध एक जाट सेना लेकर गया और "उस लड़ाई में ऐसा लड़ा कि उसकी धाक जम गयी।" अगले वर्ष उसने असद खाननजाद से अपनी जागीर वापस लेने में अलीगढ़ के राज्यपाल फतहअली खाँ की मदद की।

सूरजमल ने चंडौस में असद की सेना को पराजित किया। असद युद्ध में मारा गया। इस प्रकार लड़ते हुए सूरजमल ने जो अद्भुत वीरता प्रदर्शित की, उसका बड़ा रोचक एवं विस्तृत वर्णन सूरजमल के जीवन-चरित्र कविसूदन ने अपने 'सुजान-चरित्र' में किया है।

बांगडू के युद्ध

महाराजा जयसिंह की मृत्यु 21 सितम्बर 1743 ई. को हो गयी। उनकी मृत्यु के बाद उनके पुत्रों, ईश्वरसिंह और माधोसिंह में गद्दी के लिए युद्ध हुआ। मेवाड़ के राणा, मराठे, जोधपुर, बूंदी और कोटा के शासकों ने माधोसिंह का समर्थन किया। केवल भरपूर के जाटों ने जयसिंह को दिये वचन को निभाहते हुए ईश्वरीसिंह का साथ दिया। बदनसिंह ने सूरजमल को उसकी सहायता के लिए जयपुर जाने को कहा। सूरजमल 10,000 चुनिन्दा घुड़सवार, 20,000 पैदल और 2,000 बर्छेबाज लेकर कुम्हेर से चला। ईश्वरीसिंह ने उसका भारी सम्मान करते हुए स्वागत किया। जयपुर की सेना का नेतृत्व शिवसिंह कर रहा था। ईश्वरसिंह और माधोसिंह की सनाओं का सामना 21 अगस्त, 1748 ई. को जयपुर से 18 मील दक्षिण-पश्चिम में स्थित बांगडू में हुआ।

महाराजा जयसिंह की मृत्यु 21 सितम्बर 1743 ई. को हो गयी। उनकी मृत्यु के बाद उनके पुत्रों ईश्वरसिंह और माधोसिंह के बीच गद्दी के लिए युद्ध छिड़ गया। इस संघर्ष में मेवाड़ के राणा, मराठे और जोधपुर के शासक भी सम्मिलित हो गये। उस समय की राजनीतिक परिस्थितियाँ अत्यन्त जटिल थीं और प्रत्येक शासक अपने स्वार्थ के अनुसार पक्ष ले रहा था।

ईश्वरी सिंह के विरोधियों की सेना की संख्या सात गुनी थी। माधो सिंह के पक्ष में अनेक प्रसिद्ध और प्रभावशाली योद्धा थे - मल्हारराव होलकर, गंगाधर टाटिया, मेवाड़ के महाराज, जोधपुर नरेश तथा कोटा और बूंदी के राजा। ईश्वरी सिंह की ओर केवल राजकुमार सूरजमल था।

माधोसिंह को जयपुर की गद्दी पर बैठाने के लिए अनेक शक्तियों का समर्थन मिला, किन्तु ईश्वरीसिंह भी अपने अधिकार के लिए दृढ़ था। इस संघर्ष ने राजस्थान की राजनीति

को और अधिक अस्थिर बना दिया। इसी समय जाट शक्ति भी उभर रही थी और महाराजा सूरजमल अपनी योग्यता तथा वीरता से उत्तर भारत की राजनीति में महत्वपूर्ण स्थान प्राप्त कर रहे थे।

महाराजा सूरजमल ने इस संघर्ष में बड़ी सूझ-बूझ से कार्य किया। उन्होंने परिस्थितियों को समझते हुए अपनी शक्ति का प्रयोग किया और अपने राज्य के हितों की रक्षा की। उनके नेतृत्व में जाट शक्ति का विस्तार हुआ और भरतपुर राज्य की प्रतिष्ठा बढ़ती गयी। सूरजमल केवल एक वीर योद्धा ही नहीं थे, बल्कि एक कुशल राजनीतिज्ञ भी थे। उन्होंने मित्रता और कूटनीति दोनों का उपयोग करते हुए अपने राज्य को सुदृढ़ बनाया। उनके शासनकाल में भरतपुर राज्य की शक्ति और प्रभाव निरन्तर बढ़ता गया।

बांगडू के युद्ध का अत्यंत सजीव वर्णन कविसूदन ने 'सुजान-चरित्र' काव्य में और बूंदी के राजकवि ने भी किया है। सूरजमल की प्रशंसा में उसने इस आशय की पंक्तियाँ लिखी हैं: -

नहीं जाटनी ने सही व्यर्थ प्रसव की पीर,
जन्मा उसके गर्भ से सूरजमल-सा वीर।
शत्रुदमन वह, और था प्रिय उसको आमेर,
जूझ पडा मल्हार से रंच न लागी देर।
सूरज था ज्यों सूर्य, और होलकर था ज्यों छांह,
दोनों की जोड़ी फबी युद्ध भूमि के माँह।

बांगडू युद्ध के कुछ माह बाद भगवान ने सूरजमल को अपना बल प्रमाणित करने और अपनी योग्यता दिखाने का एक अन्य अवसर प्रदान किया। 20 जून, 1749 को जोधपुर के नरेश महाराजा अभयसिंह की मृत्यु हो गयी। उसकी मृत्यु के बाद रामसिंह उसका उत्तराधिकारी हुआ। रामसिंह के उत्तराधिकार को उसके मामा बख्तसिंह ने चुनौती दी। रामसिंह ने आमेर के राजा ईश्वरीसिंह से सहायता माँगी। मुगल सम्राट अहमदशाह ने बख्तसिंह का समर्थन किया और नवम्बर में मीरबख्शी सलावतजंग को 18 हजार सेना के साथ उसकी सहायता के लिए भेजा। मीर बख्शी ने निश्चय किया कि वह सीधे दिल्ली–आगरा मार्ग से अजमेर न जाकर मेवात के रास्ते जाएगा, जो जाट राजा के अधीन था। योजना यह थी कि सलावतजंग जाटों से आगरा और मथुरा के उन भागों को भी वापस ले लेगा, जिन पर उन्होंने कब्ज़ा कर लिया था। जाटों से निपटने के बाद मीर बख्शी को आगे अजमेर चले जाना था और बख्तसिंह से जा मिलना था।

मीरबख्शी ने मेवात को लूटा और जाट-राज्य में निमराना के मिट्टी से बने किले पर अधिकार कर लिया। इस तुच्छ सी सफलता से मीरबख्शी को अपने ऊपर जरूरत से ज्यादा घमंड हो गया। उसने अभिमानपूर्वक सूरजमल के दूत को बात किए बिना ही वापस भेज दिया और सूरजमल को सबक सिखाने का निश्चय किया। अजमेर और जोधपुर की बात कुछ समय के लिए भुला दी गयी। सूरजमल अपने हाथ रोके मौके की ताक में था। जब

मीरबख्शी सरायसोमचंद पहुँचा, तब जाट उसके सिर पर आ धमके। सूरजमल ने अपनी 6 हजार द्रुतगामी सेना लेकर सन 1750 ई. के नव वर्ष के दिन मुगलों को सब ओर से घेर लिया। सूरजमल के साथ प्रमुख जाट सरदार भी थे। जाटों ने बड़ी तेजी से और दृढ़ निश्चय के साथ आक्रमण किया और बहुत से आदमी मार डाले। मरने वालों में दो प्रमुख मुगल सेनाध्यक्ष भी थे — अली रुसतम खाँ और हकीम खाँ सलावत खाँ अब सूरजमल के वश में था।

तीन दिन बाद सलावत खाँ ने बहादुरी के बजाय समझदारी से काम लिया और सन्धि की याचना की। सूरजमल किसी शाह उमरा के खून से अपने हाथ रंगना नहीं चाहता था और उसने कृपापूर्वक सन्धि प्रस्ताव को स्वीकार कर लिया। यह बड़ी राजमर्यादा का कार्य था, वह जीत रहा था लेकिन उसने दरियादिली दिखाई। सूरजमल ने बख्शी से सन्धि-चर्चा करने का दायित्व अपने विश्वस्त किशोर पुत्र जवाहरसिंह को सौंपा। एक सैनिक राजदूत के रूप में कार्य करने का इस तरुण राजकुमार का यह पहला अवसर था। उसने इस कार्य को बड़े अच्छे ढंग से निभाया।

उसकी कार्यशैली से उसके पिता और दादा को पूरा सन्तोष हुआ।

जाटों से सन्धि के लिए निम्न शर्तें रखी और मीरबख्शी ने इन्हें स्वीकार कर लिया:—

(1) सम्राट की सरकार पीपल के वृक्षों को नहीं कटवायेगी।

(2) इस वृक्ष की पूजा में कोई बाधा नहीं डालेगी।

(3) इस प्रदेश के हिन्दू मन्दिरों का अपमान या नुकसान नहीं करेगी।

(4) सूरजमल अजमेर प्रान्त की मालगुजारी के रूप में राजपूतों से 15 लाख रुपये लेकर उसे खजाने में दे देगा, बशर्ते मीरबख्शी नारनौल से आगे न बढ़े।

जाटों को मनोवांछित लाभ हुए। किसी अमीर-उल-उमरा पर विजय रोज-रोज नहीं मिला करती है। सलाबतजंग को पता चल गया कि उस एक मात्र शक्ति से, जो उसके आगरा सूबे की रक्षा कर सकती थी, विरोध पालना ठीक नहीं। इस सफलता से सूरजमल और उसके जाटों में नया आत्म-विश्वास भर गया। जाटों की सैनिक शक्ति प्रमाणित हो गई।

इस सन्धि को जाटों ने स्पष्ट रूप से ब्रज-मण्डल में भरतपुर के शासकों की उत्कृष्ट स्थिति को मान्यता दे दी, जिससे **'ब्रजराज'** उपाधि उचित ही ठहरती थी। 43 वर्ष की आयु में सूरजमल भारतवर्ष का उगता हुआ नक्षत्र था।

सन 1748 ई. में निजाम-उल-मुल्क की मृत्यु के बाद सैनिक बल, कूटनीतिक कौशल, प्रशासनिक योग्यता और अथाह राजनीतिक चतुराई से उस समय के भारत को पहचानने में उसकी बराबरी करने वाला कोई न था।

14

महाराजा बृजेन्द्र बहादुर सूरजमल

महाराजा बृजेन्द्र बहादुर सूरजमल

महाराजा बृजेन्द्र बहादुर सूरजमल (राज्यकाल 1756 - 1763)

जन्म और बचपन: -

जाटों के हृदय-सम्राट, जाट शिरोमणि, जाटों के प्लेटों, युग निर्माता, अजेय योद्धा, कुमार बहादुर ब्रजेन्द्र जैसे आयुद्धों से युक्त और उस समय के भारत के महानतम शासक महाराजा सूरजमल का जन्म 13 फरवरी 1707 ई. (माघ शुक्ल पक्ष दशमी विक्रम संवत 1763) को हुआ था।

सूरजमल भरतपुर के कृषक प्रधान रियासत के पहले महाराजा बदन सिंह एवं रानी देवकी के ज्येष्ठ पुत्र था। समकालीन हिन्दी कवि सूदन एवं आचार्य सोमनाथ, समकालीन फारसी इतिहासकार गुलाम अली, फ्रैंज गोटालिब कुइन (उपनाम फ्रांसू), हरसुखराय एवं आनंदराय तथा अन्य अनेक स्रोतों से स्पष्ट है कि सूरजमल कामा (कामर) के सुप्रसिद्ध जाट परिवार चौधरी अखैराम की पुत्री और चौधरी महाराम की बहन देवकी की कोख से उत्पन्न बदनसिंह का औरस एवं ज्येष्ठ पुत्र था। इनको बचपन से ही कुश्ती, अश्वारोहण, तलवार व भाले (नेजे) चलाने एवं तीरंदाजी का बड़ा शौक था। ये अपने ताऊ शार्दूल सिंह के विशेष प्रिय थे और उन्हीं की देखरेख में इन्होनें अस्त्र-शस्त्र संचालन, घुड़सवारी, छापामार युद्ध, कूटनीति व वाकपटुता आदि गुणों की शिक्षा प्राप्त की। सूरजमल का कद लम्बा (औसत लम्बाई से कुछ अधिक), शरीर से हृष्टपुष्ट था। उसका रंग कुछ सावंला, आखें असामान्य रूप से चमकीली थीं और उसको देखने से लगता था कि वह अत्यंधिक क्रोधी है, परन्तु मिलनसार, सौम्य था। सादगीपूर्ण रहन-सहन में प्राय: सामान्य वस्त्र पहनता और अपनी मातृ भाषा ब्रज बोलता था। वह बुद्धिमान, चतुर और साहसी था।

इतिहासकारों के अनुसार दस वर्ष की आयु में ही सूरजमल ने निगाहदारता फौज व मुल्कगीरी में भाग लेना प्रारम्भ कर दिया था। दस्तूर कौमवार से ज्ञात होता है कि अपने

पिता के प्रतिनिधि के रूप में 20 मार्च 1721 ई. को सूरजमल मामा भज्जू के साथ प्रथमवार केन्द्रीय मंत्रियों तथा अमीर-उमरावों से वार्ता करने के लिए दिल्ली गया था, वहां उसने काठेड़ (भरतपुर क्षेत्र) जनपद के जाट अन्य प्रमुख विरादरी के जमींदारों के साथ मिलकर सवाई जयसिंह से भेंट की और सवाई जयसिंह ने जाटों में शिरोमणि डूंग के वंशानुगत भू स्वामी के पुत्र सूरजमल का अपने दरबार में परम्पारगत समुचित आदर सत्कार किया था। उसको प्रथम भेंट में एक जडाऊ कलंगी, एक घोड़ा, एक लगाम व वाग के साथ सिरोपाव प्रदान करके उसे मान्यता प्रदान की थी।

इसके आरंभिक समय के बारे में गुलाम अलीखां ने लिखा है "समझदारी और चतुराई में तथा राजस्व और नागरिक विषयों के प्रबंध में आसफजहां बहादुर प्रथम निजाम, को छोड़कर हिंदुस्तान के सरदारों में उसका कोई सानी नहीं था।" वह एक कुशल राजनीतिज्ञ भी था। 1728 ई. तक सूरजमल तेजस्वी योद्धा और कुशल नेतृत्व के गुणों में पारंगत हो चुका था और अपने पिता का सहयोगी बन गया था। 1728 ई. में बयाना और रूपवास के उपद्रवी गुर्जरों को दबाने के लिए सूरजमल के नेतृत्व में एक सैनिक टुकड़ी भेजी गई, जिसने बहुत चतुराई वह वीरता से उपद्रवी गुर्जरों का दमन कर शांति स्थापित की। उसने उनके किलो को ध्वस्त कर दिया और उसे क्षेत्र पर अपना अधिकार जमा लिया। अब सूरजमल पूर्ण परिश्रम के साथ सैन्य संचालन और डींग दरबार की राजनीतिक गतिविधियों में नियमित भाग लेने लगा। अपने पिता के जीवन काल में सूरजमल का पहला प्रमुख कार्य 1732 ई. में जाट नेता खेमकरण सोगरिया को हराकर भरतपुर पर कब्जा करना था। इसके साथ ही सूरजमल ने भरतपुर नगर के दक्षिणी हिस्से में लोहागढ़ नामक दुर्ग बनवाना आरंभ किया, जो 8 वर्ष में पूरा हुआ। इसके चारों ओर खाईयां खोद कर सुरक्षित किया गया था, जिससे यह दुर्ग अजेय बन गया था।

इसके बाद 1738 ई. में सूरजमल ने मथुरा एवं आगरा किले के फरह, ओल, अछनेरा और उसके आसपास के पड़ोसी क्षेत्रों पर कब्जा किया। उसके बाद सूरजमल की सबसे बड़ी सफलता 1748 ईस्वी में लड़े गए **बगरू के युद्ध** की थी। इस युद्ध में उसने जयपुर के शासक ईश्वरसिंह का साथ दिया था और उसके विरोध में उसके प्रतिद्विन्द्धी छोटे भाई माधोसिंह की सेवा के साथ मदद के लिए आई मेवाड़, कोटा, बूंदी, जोधपुर व मराठों की सम्मिलित सेना थी। 20 अगस्त 1748 ई. को इस युद्ध में महाराजा सूरजमल अपनी 10000 जाट वीर सैनिकों के साथ शेर की भांति शत्रु सेना पर टूट पड़ा। घोड़े की लगाम मुंह में थामें और दोनों हाथों में लंबी तलवार लिए उसने अकेले ने ही शत्रु सेवा के 50 सैनिकों को काट डाला और करीब 150 को गंभीर घायल कर दिया। शत्रु सेना जाटों के इस भयंकर आक्रमण को सह न सकी और भाग खड़ी हुई। महाराजा ईश्वरसिंह की विजय हुई। इस तरह शत्रु पक्ष की छः राज्यों की सम्मिलित सेना को हराने पर सूरजमल का शौर्य शिखर पर पहुंच गया और सूरजमल व जाटों की वीरता की ख्याति दूर-दूर तक फैल गई। इस पर बूंदी के कवि सूर्यमल मिश्रण ने अपने ग्रंथ वंश-भास्कर में सूरजमल की वीरता पर लिखा कि- "जाटनी ने व्यर्थ में

ही प्रसव-पीड़ा सहन नहीं की।"

इस दौरान दिल्ली की गद्दी पर मुगल सम्राट अहमदशाह बैठा था, जो अक्षम और असक्त था और अपना अधिकतर समय विलासिता और बचकाने कार्यों में व्यतीत करता था। उसने अपना समस्त राज कुचक्री और भ्रष्ट हिजड़े जावेदखां को सौंप रखा था, जो शासन संबंधी कार्यों से नितांत अनभिज्ञ था। राजमाता उधमबाई में न तो क्षमता थी और न कोई समझ। राजकोष खाली होने के बावजूद वह जश्न आदि कार्यों पर पैसा पानी की तरह बहाती थी। वस्तुतः मुगल साम्राज्य 'बच्चों का खेल' बन गया था। क्योंकि शासन में डर नाम की चीज नदारद हो चुकी थी, इसलिए अमीर और जमींदार मन भर के जायदादें हथिया रहे थे। साम्राज्य की इन परिस्थितियों में सूरजमल को अपनी संपत्ति बढ़ाने तथा तत्कालीन राजनीति में अपनी महत्ता प्रदर्शित करने का एक अनोखा अवसर मिला। उसने अवसर का लाभ उठाते हुए काफी बड़े शाही इलाके पर कब्जा कर लिया। इस पर दिल्ली के वजीर ने सूरजमल को संदेश भेजा कि जो शाही इलाका उसने हड़प रखा है, उसे वह लौटा दे और कासिमखां बंगश को लेकर सूरजमल के विरुद्ध चढ़ा। परन्तु युद्ध में कासिमखां हार गया और मारा गया। अतः वजीर को वापस दिल्ली लौटना पड़ा। इसके बाद मुगल मीरबक्शी (प्रधान सेनापति) सलावतखां जुल्फिकार जंग ने सूरजमल पर हमला किया। सराय शोभाचंद नामक स्थान पर सूरजमल ने मीरबक्शी को बुरी तरह हराया और उसे सुलह के लिए सूरजमल से प्रार्थना करनी पड़ी। मीरबख्शी ने प्रस्ताव भेजा कि मुगल उसे सारी जमीन को छोड़ देंगे, जिस पर सूरजमल ने अभी-अभी कब्जा किया है। अंत में 4 जनवरी 1750 ई. को दोनों में समझौता हो गया। इस तरह **सराय शोभाचंद का युद्ध** राजा सूरजमल के जीवन की एक शानदार और सम्मानजनक घटना थी। इसके पहले कोई भी जाट नेता मुगल साम्राज्य के मुख्य सेनापति को इस प्रकार धूल नहीं चटा सका था। उसकी इस सफलता से जहां सूरजमल को मेवात का क्षेत्र प्राप्त हुआ, वहीं उसके सम्मान में अत्यधिक वृद्धि हुई और उसमें आत्मविश्वास भी बढ़ा।

इस बीच मुगल वजीर सफदरजंग को पठानों के भयंकर विद्रोह की खबर मिली। अब उसे मदद की जरूरत थी ताकि अफ़गानों के विद्रोह को कुचल सके। वजीर ने सहायता के लिए अब सूरजमल से निवेदन किया और उससे मिलने खिजराबाद के निकट किशनदास के तालाब तक गया। शाही वजीर का स्वयं चल कर आना सूरजमल के प्रति ऐसे अद्वितीय और अभूतपूर्व सम्मान का प्रदर्शन था जो शासन के सर्वोच्च अधिकारी द्वारा किसी भी जाट नेता को नहीं दिया गया था। इस प्रकार पारस्परिक लाभों की संभावनाओं के कारण 1750 ईस्वी में वजीर और सूरजमल दोनों में मैत्री-सम्बन्ध स्थापित हो गये। बाद में सूरजमल ने रूहेलखंड में अफ़गानों के विरुद्ध वजीर का पहले व दूसरे दोनों अभियानों में पूरा साथ दिया। लेकिन इसी बीच अहमदशाह अब्दाली के हिंदुस्तान पर आक्रमण की सूचना मिलने पर वजीर अफ़गानों से अप्रैल 1752 ईस्वी में शांति समझौता कर दिल्ली लौट आया। इसके बाद वजीर सफदरजंग ने 20 अक्टूबर 1752 ई. को अपने मित्र और सहयोगी सूरजमल को

मुगल सम्राट के सामने पेश किया, जिसने बदन सिंह को **'महेंद्र'** की उपाधि प्रदान की और इस तरह से राजा बना दिया और सूरजमल को भी **'कुमार बहादुर बृजेंद्र'** की उपाधि प्रदान की तथा नगाड़े बजवाने का भी अधिकार दिया। कुछ दिनों बाद सूरजमल को मथुरा का फौजदार भी नियुक्त कर दिया गया। इसके फलस्वरूप एक वार्षिक नजराने पर सूरजमल के हाथ में आगरा सूबे के यमुना के दोनों ओर के अधिकांश भाग की सूबेदारी आ गई। इन सबके साथ 4000 जात और 3500 सवार की मनसब भी प्रदान की गई थी।

सूरजमल को दिए गए इस सम्मान ने जाट वजीर सम्बन्धों और भरतपुर राज्य के उदय और विकास में महत्वपूर्ण योगदान दिया। इन सबका अर्थ मुगल सम्राट द्वारा जाट राज्य को मान्यता देना भी था। इस बीच में 1753 ईस्वी में मुगल दरबार में वजीर अपने विरोधियों की चतुराई के कारण राजमहल और राजधानी पर अपना नियंत्रण खो बैठा और उसे अपने दिल्ली निवास स्थान को छोड़ने के लिए विवश होना पड़ा। वजीर ने सहायता के लिए सूरजमल को आमंत्रित किया और उसे पुरानी दिल्ली को लूटने का आदेश दिया। जाटों और वजीर के सिपाहियों ने 9 मई 1753 ई को दिल्ली को ध्वंस करना शुरू किया। प्रतिदिन लूट का यह क्रम चलता रहा। शहर में भयंकर तहलका मच गया। आतंकित लोग जो कुछ ले जाना संभवत था, उसे लेकर तितर-बितर हो गये और उन्होंने नए शहर में पनाह ली। एक सप्ताह में पुराना शहर पूरी तरह लूटकर ध्वस्त कर दिया गया। इस तरह जाटों की भारत की राजधानी दिल्ली की यह पहली लूट थी जिसे 'जाटगर्दी' के नाम से पुकारा गया। इससे जाटों के हौसले इतने बढ़े कि बाद में उन्होंने मुगल सम्राट व उनके अधिकारियों की कोई परवाह नहीं की और शाही क्षेत्रों पर कब्जा करते रहे। जाटों ने शाही जमीनों के साथ मीरबक्शी इमाद की खुद की फरीदाबाद की जागीर पर भी कब्जा कर लिया था। इससे मीरबक्शी आग बबूला हो गया और वह सूरजमल को दंड देने के लिए अपनी सेवा के साथ आगे बढ़ा। उसने मराठों को भी अपनी सहायता के लिए आमंत्रित किया। संपन्न इलाकों को लूटने और दूसरों से धन वसूलना मराठों की नीति की चिरस्थायी विशेषता थी। धन संपन्न जाट राज्य को लूटने व जाटों की मराठा विरोधी नीति ने मराठों को भी इमाद का साथ देने के लिए तैयार कर दिया।

जाटों पर इमाद-मराठों का संयुक्त आक्रमण (नवंबर 1753 - मई 1754 ई.)

सूरजमल ने मराठों को मुगलों से अलग करने के लिए बातचीत शुरू की इस पर मल्हार राव होल्कर ने दो करोड रुपयों की मांग की, परंतु जाट दूत केवल चार लाख रुपये से ज्यादा देने को तैयार नहीं हुआ। अतः कोई नतीजा नहीं निकला। सूरजमल ने अब इस सम्मिलित शक्ति का मुकाबला करने के लिए पूरे जोश-खरगोश के साथ युद्ध की तैयारियां शुरू कर दी। उसने अपने सहयोगियो की सहायता से डीग, भरतपुर, कुम्हेर और वैर के मुख्य किलों की कड़ी प्रतिरक्षा की व्यवस्था की। मुगलों, मराठों, व जयपुर की सम्मिलित सेना जिसकी संख्या बढ़कर 80,000 तक पहुंच गयी, जाटों के गांव को लूटती हुई कुम्हेर के किले तक पहुंच गई, जहां सूरजमल अपनी पूरी प्रतिरक्षा के साथ मौजूद था। शत्रु सेना ने किले को घेर लिया और तोपों की सहायता से उसे नष्ट करने में लग गये। जाटों ने शत्रु सेना पर

जब-तब छापे मार कर और मुठभेड़ करके इसका प्रतिउत्तर दिया। दुश्मन की गोलाबारी से जब-तब क्षतिग्रस्त किले की दीवारों की मरम्मत के लिए जाटों ने अथक प्रयास किया। फ्रेंच लेखक वैन्देल लिखता है कि दिन में पड़ी दरारों को रात होते ही जाटों द्वारा इस तरह भर दिया जाता था कि दूसरे दिन उसके चिन्हों का पता लगाना भी मुश्किल होता था। इस युद्ध में मल्हारराव होल्कर का इकलौता बेटा खांडोंजीराव मारा गया था, जिससे वह आगबबूला हो गया और भरतपुर राज्य का नामोनिशान मिटाने पर आमदा हो गया। महाराजा सूरजमल पूरे चार महीने तक दिड्डी दल की भांति इस सम्मिलित शत्रु सेना का सफलतापूर्वक मुकाबला करता रहा। जब लगा कि कुम्हेर के किले का पतन कुछ ही दिनों की बात है, तब रानी किशोरी ने अपने राजनीतिक सूझबूझ का परिचय दिया। उन दिनों मल्हारराव होलकर वह जयप्पा सिंधिया में उत्तर भारत पर कब्जा करने को लेकर दोनों के बीच प्रतिद्विन्दता चल रही थी और दोनों एक दूसरे के दुश्मन बने हुए थे। तब रानी किशोरी ने अपने पति सूरजमल को सलाह दी कि वह मल्हारराव होलकर के दुश्मन जयप्पा सिंधिया को पगड़ी बदल धर्मभाई बनावे और उसे सहायता के लिए आग्रह करे। तदनुसार महाराजा सूरजमल ने पगड़ी व मैत्री का पैगाम ग्वालियर भेजा। जयप्पा सिंधिया ने इसका उत्साहपूर्वक जवाब दिया। इधर चार महीने तक अधिक परिश्रम करने व अपनी पूरी ताकत लगाने के बावजूद मुगलों व मराठों की सम्मिलित ताकत कुम्हेर के किले को जीत नहीं सकी थी। जब होलकर को सिंधिया की मदद का पता चला तो उसने घबराकर 18 मई 1754 ई. को सूरजमल से 30 लाख रुपया तीन बार से किस्तों में लेने की शर्त पर घेरा उठाकर चल दिया। महाराजा सूरजमल ने उसे समय केवल दो लाख रुपये दिए और बाकी के लिए फिर देने का वायदा किया, लेकिन बाद में कोई रुपया नहीं दिया। दिल्ली के मुगल वजीर को खाली हाथ दिल्ली लौटना पड़ा। इस तरह यह भयंकर संकट टल गया और युद्ध समाप्त हो गया।

इस तरह अपने शांत अपराजेय साहस, कुशल प्रतिरक्षात्मक रणनीति और दूरदर्शिता पूर्ण कूटनीति से सूरजमल 80,000 सेना के गठबंधन के मंसूबों को विफल करने में सफल हुआ। इससे सारे भारत में उसे अत्यधिक प्रसिद्धि मिली। प्रतिरोधी इमाद और लुटेरे मराठों ने सूरजमल के अस्तित्व को मिटाने में कोई कसर नहीं छोड़ी थी, पर वे अपने उद्देश्य में असफल रहे। जाट एक बड़ी ताकत के रूप में हिंदुस्तान में उभर कर आये और इसके बाद उन्होंने मुगल व मराठों की कोई परवाह नहीं की। कुछ समय बाद राजा बदनसिंह की 9 जून 1756 ई. को मृत्यु होने पर एक लंबे समय से वास्तविक शासक सूरजमल अब सिंहासनारुढ़ हुआ और **महाराजा बृजेंद्र बहादुर की उपाधि** धारण की। इस दौरान उसे एक भयंकर बाहरी आक्रमणकारी के संकट का सामना करना पड़ा।

अहमदशाह अब्दाली का जाटों के विरुद्ध अभियान

इस समय ईरान के बादशाह अहमदशाह अब्दाली का हिंदुस्तान पर आक्रमण हुआ। उसने दिल्ली पर अधिकार कर लिया और वहां मुगल बादशाह आलमगीर को अपदस्थ तथा इमाद को गिरफ्तार कर लिया तथा दिल्ली को लूटा। अब्दाली की सेना के कहर से बचने

के लिए शहर की लगभग आधी आबादी ने सूरजमल के राज्य में शरण ली। इससे अब्दाली सूरजमल से नाराज हो गया और उसे दंड देने के लिए उसके राज्य की ओर बढ़ा। अफगानों ने अनेक जाट गांवों पर हमला किया। उन्हें लूटा और जितने ग्रामीणों को वे मार सकते थे, उन्हें मारा। अफ़गानों ने आगे बढ़कर बल्लभगढ़ पर 3 मार्च 1757 ई. को हमला किया और उसे पर अधिकार कर लिया। अब्दाली ने कत्लेआम और लूटपाट का आदेश दिया। बल्लभगढ़ और फरीदाबाद के आसपास के शेष क्षेत्र वीरान हो गए और बचे हुए भयभीत लोग सुरक्षा के लिए अन्यत्र भाग गये।

इसके बाद अब्दाली स्वयं चारों ओर मृत्यु और विनाश फैलाता दक्षिण की ओर बढ़ा। अफगान सेना जिधर भी लूटपाट के लिए निकलती, भयंकर विनाश पैदा करती। जहाँ भी नजर जाती, कटे हुए सिर ही दिखाई देते। इस तरह का कत्लेआम और लूटमार प्रतिदिन होती रही। अकबराबाद तक ग्रामीण इलाकों का कोई भी हिस्सा इस लूटमार से अछूता न रहा। मथुरा पहुँचने पर अफगान इस अरक्षित शहर पर टूट पड़े और अंधाधुंध लोगों को मारा, कुचला और लूट लिया गया। प्रत्येक गली और बाजार में मारे गये लोगों के सिर कटे पड़े थे और पूरा शहर जला दिया गया था। पूजा स्थलों को अपवित्र किया गया, मंदिर नष्ट किये गये और मूर्तियाँ तोड़ दी गई। अफगानों ने चारों ओर बलात्कार और भीषण रक्तपात मचाया। मथुरा पर जब अब्दाली व रुहेलों की सेना ने कत्लेआम मचाया और वहाँ भारी लूटपाट की और महिलाओं के साथ बलात्कार जैसे कृत्य किये तो इस पावन तीर्थ स्थान को अपवित्र तथा ध्वस्त होने से बचाने के लिए न तो राजपूताना का कोई राजपूत शासक आया और न हिन्दू पतपातशाही का नारा लगाने वाला मराठा-सरदार या सैनिक। यदि मथुरा के पवित्र स्थान की रक्षा का भाव किसी में था तो वह वहाँ के जाटों में था। मथुरा से आठ मील दूर चौमुहा में दस बारह हजार जाट जवाहरसिंह के नेतृत्व में नौ घंटे तक लड़े, तब तक कि वे पराजित न कर दिये गये। जाटों का निश्चय था कि आक्रमणकारी उनकी लाशों पर होकर ही ब्रज में प्रवेश कर सकेंगे। 06 मार्च 1757 ई. को एक अन्य पवित्र स्थल वृन्दावन के लोगों को तलवार के घाट उतार दिया गया और संपत्ति लूट ली गई। इसके बाद 16 मार्च को अफगानों ने गोकुल पर हमला किया, जहाँ 4000 लड़ाकू सन्यासियों ने अफगान सेना का मुकाबला किया। इसके बाद आगरा पर हमला कर वहाँ लूटपाट की गई।

इस दौरान राजा सूरजमल को शुल्क देने के लिए बराबर अब्दाली की ओर से उसके किले के साथ नष्ट करने की धमकियाँ मिलती रहीं। सूरजमल भी समझौते की वार्ताओं के साथ युद्ध की तैयारी करता रहा, कुम्हेर में टिका रहा और अब्दाली के सामने पेश नहीं हुआ। इसी बीच अहमदशाह अब्दाली ने वापस स्वदेश यात्रा शुरू कर दी। सैनिक शिविरों में फैली बीमारी की महामारी, सूरजमल के कड़े रुख, मराठा सेनाओं का जयपुर तक पहुँचना और लूट के धन को सुरक्षित स्वदेश ले जाना आदि अनेक कारणों ने अब्दाली को वापस ईरान जाने को विवश कर दिया। इस तरह जाट राजा सूरजमल अब्दाली के विरुद्ध भी अधिक दृढ़ रहा। अपनी प्रबल सेना के बावजूद अब्दाली सूरजमल या उसके प्रमुख किलों को नष्ट करने में उतनी

सफलता प्राप्त नहीं कर सका, जिस प्रकार तीन वर्ष पूर्व मुगल–मराठा गठबंधन असफल रहा था। इसके विपरीत मराठों के साथ उसने अब्दाली से एक बड़ी ही प्राप्ति कर ली। इस प्रकार सूरजमल और भरतपुर जाट राज्य सूरजमल ने अकबर की एक और तुर्की (अवध की राजधानी) को अपने अधिकार में ले लिया, जबकि मुगल सम्राट और उसके दरबारी उसी समय किले में पड़े थे। इस तरह राजा सूरजमल उत्तर भारत में एक प्रतिष्ठित और सम्मानित राजा के रूप में उभर कर सामने आया।

अब्दाली की वापसी के बाद राजा सूरजमल के लिए तत्कालीन चुनौती यमुना के दोनों किनारों पर अपनी शक्ति को फिर से स्थापित करना था, जिन्हें अब्दाली की सेना के आगे उसे खाली करना पड़ा था। राजा सूरजमल ने आगरा के किले पर पुनः कब्जा करने के साथ पुराने कब्जे वाले स्थानों में कुछ और बढ़ोतरी करते हुए दोआब के जिलों के प्रायः सारे खालसा परगनों पर जुलाई 1757 ई. तक अधिकार कर लिया। मई 1758 ई. तक वह मेरठ के ईर्द-गिर्द के इलाकों पर अधिकार करने में व्यस्त रहा। इसके कुछ ही दिनों बाद अहमदशाह अब्दाली फिर हिन्दुस्तान पर आक्रमण करने आया। उसने फिर दिल्ली पर कब्जा किया। दिल्ली का वजीर अपने परिवार के साथ भागकर जाटों की शरण में आ गया। वैदेल लिखता है, “यह वही शाही वजीर था जिसने कुछ ही समय पहले कुम्हेर में सूरजमल को समाप्त कर डालने के लिए सारे हिन्दुस्तान को शस्त्र-सज्जित कर दिया था। मुस्लिम अहंकार की इतनी कठोर और इतनी अपमानजनक पराजय इससे पहले कभी नहीं हुई थी।” वैन्देल के मत में अपने कट्टर शत्रु वजीर को शरण देने की यह अकेली घटना इस देश के इतिहास में सूरजमल को सदा यशस्वी और प्रतिष्ठित बनाए रखेगी। अब्दाली दिल्ली से खिजराबाद के बाद शाहदरा होते हुए 6 फरवरी 1760 ई. को राजा सूरजमल को दंड देने डींग पहुँचा और अगले दिन उसने किले को घेर लिया। परंतु कुछ दिनों के अनुभव के बाद उसने महसूस किया कि राजा सूरजमल के इस किले को जीतना कितना कठिन है? इसी समय मराठों के उत्तर भारत की ओर बढ़ने के समाचार को सुनकर अब्दाली ने डींग के घेरे को उठा लिया और सिकन्दराबाद में मल्हारराव होल्कर को पराजित किया।

पेशवा बालाजी बाजीराव ने अपने चाचाजान भाई सदाशिव भाऊ और अपने पुत्र विश्वासराव को एक लाख सैनिकों के साथ भारत से अब्दाली को भगाने के लिए उत्तर भारत की ओर रवाना किया। भाऊ ने राजा सूरजमल से भी सहायता देने का आग्रह किया। मराठों द्वारा उसके देश में उपद्रव न करने तथा चौथ वसूली के सम्बन्ध में तकाजा न करने की शर्त पर वह मराठों को सहायता देने के लिए तैयार हो गया।

भाऊ ने बाणगंगा नदी के दक्षिण में स्थित अपने शिविर से दो मील आगे बढ़कर सूरजमल का सम्मानपूर्वक स्वागत किया। मराठों व जाटों की सम्मिलित सेना ने 22 जुलाई 1760 ई. को दिल्ली पर कब्जा कर लिया। भाऊ द्वारा वजारत की यथास्थिति बनाये रखने से मुकरने, दीवान-ए-खास की चाँदी की छत को राजा सूरजमल की इच्छा के विरुद्ध उतार लेने, भारी भरकम तोपखाने तथा बड़ी संख्या में गैर लड़ाकू लोगों को [illegible] रखने,

दिल्ली में एक सुदृढ़ आधार को बनाये रखने तथा परम्परागत शैली को अपनाते हुए अब्दाली से युद्ध लड़ने के राजा सूरजमल के सुझावों को भाऊ द्वारा अस्वीकार करने के कारण राजा सूरजमल ने देख लिया कि मराठों का अंत निश्चित है; वह मराठों को छोड़कर वापस अपने 'देश' लौट आया।

हालाँकि जाट राजा के पलायन का पता लगने पर भाऊ ने आग बबूला होते हुए कसम खाई थी कि अफगानों के युद्ध से मुक्त होने के बाद वह हिन्दुस्तान में केवल जाटों की याद भर छोड़ेगा, परन्तु ऐसा न हो सका। 14 जनवरी 1761 ई. को लड़े गये पानीपत के तृतीय युद्ध में अब्दाली ने मराठों को धूल चटा दी। भाऊ व विश्वासराव युद्ध करते हुए मारे गये। मराठों का भारी विनाश हुआ। बचे हुए मराठे भागकर राजा सूरजमल के राज्य में शरण लेने हेतु पहुँचे। जाट राजा ने उनके लिए भोजन, कपड़े, कंबल, निवास का प्रबन्ध किया और घायलों के लिए चिकित्सा सुविधाएँ प्रदान कराईं। इस तरह सूरजमल ने इस मानवीय सेवा के कार्य के लिए करीब दस लाख रुपये खर्च किये, जिससे बहुत से लोगों की प्राण रक्षा हुई।

पानीपत के तृतीय युद्ध में मराठों द्वारा विदेशी आक्रमणकारी के खिलाफ अभियान में सहायता देने के लिए जब हिन्दुस्तान के राजाओं का आह्वान किया गया तो कोई भी राजपूत राजा उनकी सहायता के लिए नहीं आया, एकमात्र जाट राजा सूरजमल उनकी सहायता के लिए आगे आया और यदि मराठे राजा सूरजमल द्वारा बताई गई पद्धति से युद्ध लड़ते तो मराठे पानीपत के तृतीय युद्ध में विजयी होते।

फिर भी पानीपत की तीसरी लड़ाई में हारने के बाद लगभग 50,000 मराठा सैनिकों को सूरजमल ने अपने यहाँ शरण दी थी और उनकी चिकित्सा तथा भोजन इत्यादि पर लगभग दस लाख रुपये खर्च किये थे। विपत्ति के इस अवसर पर महाराजा सूरजमल की रानी किशोरी ने भी भागती मराठा सेना को शरण व सहायता देने में मदद की। उसने मराठा सेना के लिए भोजन, कपड़े, कंबल, निवास व चिकित्सा इत्यादि का उचित प्रबन्ध कर मानवता का परिचय दिया। उन्होंने सदाशिवराव भाऊ की विधवा पत्नी पार्वतीबाई को भी सांत्वना बंधाई और उनके ठहरने का उचित प्रबन्ध किया। वह कई दिनों तक मराठा सेना की देखरेख करती रही। जाते समय मराठा सैनिकों को अपनी सेना की सुरक्षा में न केवल यमुना नदी को पार कराया, बल्कि पार्वतीबाई के लिए भी सम्मानित व्यक्तियों के साथ सवारी के लिये पालकी, अंगरक्षकों की एक टुकड़ी और ग्वालियर तक पहुँचने के लिए मार्ग व्यय के लिए एक लाख रुपये भेंट किये।

यह महाराजा सूरजमल की अनुपम उदारता ही थी कि उसने दुश्मन इमाम मराठा सेना के प्रति मानवीय व्यवहार किया और उसकी हर तरह से मदद की। प्रत्यक्षदर्शी फ्रेंच लेखक वैदेल लिखता हैं कि "यदि सूरजमल चाहता तो पानीपत की दु:खद कहानी कहने के लिये एक भी जीवित मराठा दक्षिण तक नहीं पहुँच पाता। उसकी महानता में यह तथ्य भी वृद्धि करता है कि उसने यह जानते हुए भी कि ऐसा कर वह अब्दाली को जाट राजा से नाराज होने का एक कारण और दे रहा है। यह राजा सूरजमल की सबसे बड़ी महानता थी।" उसके

उदार व्यवहार पर सभी ने उसकी भूरि-भूरि प्रशंसा की। मराठे आज भी उस अवसर पर अपने पूर्वजों के प्रति दर्शायी गई जाट उदारता के प्रति गहनतम कृतज्ञता का अनुभव करते हैं। उधर अहमदशाह अब्दाली भी मुगल तख्त पर शहंशाह के रूप में शाहआलम को स्वीकार कर तथा इमाद को वजीर व नजीब को मीरबख्शी नियुक्त कर 20 मार्च 1761 ई. को अपने देश ईरान के लिए रवाना हो गया।

उत्तर पानीपत कालीन विस्तार और सूरजमल तथा नजीब के बीच युद्ध

पानीपत में मराठों की पराजय और उसके विजेता अहमदशाह अब्दाली के स्वदेश लौट जाने पर उत्तर भारत में एक शून्य की स्थिति पैदा हो गई थी। जिसे भरने के लिए विभिन्न ताकतें दौड़ पड़ीं। जाट, अफगान, राजपूत, बुंदेला और शूजा सभी इस दौड़ में शामिल हो गये और सब एक साथ मराठों की कब्जे वाली जमीनों पर टूट पड़े। दोआब इलाका, मेरठ, सिकंदराबाद, डासना, बागपत और सात मराठा महाल और हरियाणा के गोहाना, दादरी, रोहतक, हांसी-हिसार जैसे कई परगनों को नजीब ने हथिया लिया जो इस समय दिल्ली में सर्वोच्च बना बैठा था। सूरजमल भी इमाद के माध्यम से दिल्ली पर नियंत्रण करने और अपने कट्टर दुश्मन नजीब को उखाड़ फेंकना चाहता था। जिसने सूरजमल के नियंत्रण वाले प्रदेश मेरठ और सिकंदराबाद के आसपास के क्षेत्रों पर अधिकार जमा लिया था। अतः सूरजमल और नजीब के बीच युद्ध होना अनिवार्य था।

राजा सूरजमल 1761 ई. के शुरुआती महीनों में चुप रहने के बाद मई के मध्य 1761 ई. में वह आगरा के शाही किले पर फिर कब्जा करने निकला और एक माह से भी कम की घेराबंदी के बाद किले पर अधिकार कर लिया और इस प्रकार जाट महान मुगलों की प्राचीन राजधानी आगरा का स्वामी बन गया। इसके बाद सूरजमल मथुरा से चलकर कोल पहुंचा और उस क्षेत्र में अपने पुराने कब्जे वाले क्षेत्रों पर उसने पुनः अधिकार स्थापित किया। इसके बाद तत्कालीन परिस्थितियों के अनुरूप सूरजमल ने कई मराठा इलाकों पर भी दबाव डाला। अक्टूबर 1761 ई. के लगभग जाट राजा ने दनकौर में पड़ाव डालकर उसकी फौजों ने यमुना के उस पार झज्जर तथा अन्य परगनों को हथिया लिया। इसके बाद आगे के दो वर्षों 1762–1763 ई. में सूरजमल का बड़ा लड़का जवाहर सिंह यमुना के पश्चिम में मेवात और हरियाणा में व्यस्त था, जबकि दूसरा पुत्र नाहरसिंह नदी के पूर्व में दोआब में सक्रिय था। रेवाड़ी के ग्रामीण क्षेत्रों को अपने कब्जे में कर लेने के बाद जवाहरसिंह के नेतृत्व में जाटों ने सराय बसंत और संभल (दिल्ली से 20 मील दूर) तक अपनी चौकियां स्थापित कर दी थी। उनके गांव राजधानी से 12 मील दूर तक फैले हुए थे और उन पर जाटों का प्रशासन था। उधर दूसरी और नाहरसिंह ने धीरे-धीरे आज के बुलंदशहर जिले के अधिकांश भागों पर और गंगा तक मेरठ जिलों की भागों पर कब्जा कर लिया था। इसके पूर्व में अलीगढ़, आगरा और एटा (जलेसर आदि जो पहले जाट राज्यों के अंग थे) जिलों पर कब्जा कर चुके थे।

इस तरह 1763 ई तक सूरजमल के नेतृत्व में जाट शक्ति गौरवपूर्ण शिखर तक पहुंच गई थी, जो पहले या बाद में कभी नहीं पहुंच पाई। सूरजमल एक विशाल राज्य, अत्यधिक

समृद्ध कोष और समकालीन भारत में सर्वाधिक अजेय और वीर योद्धाओं वाली सेवा का स्वामी था। अब उसकी निगाह दिल्ली पर कब्जा करने की थी।

सूरजमल और नजीब के मध्य युद्ध (दिसम्बर 1763 ई.)

1763 ई. के अन्त में जाटों ने अपनी विस्तारवादी नीति अपनाते हुए विरोधियों को शरण देने वाले फर्रुखनगर के स्वामी मुसाबीखा पर हमला किया जो उनके राज्य में लूटपाट करते थे। राजा सूरजमल ने फर्रुखनगर के मजबूत किले को घेर लिया और दो माह की घेराबंदी के पश्चात अपने तमाम साजो-सामान के साथ फर्रुखनगर का किला जाटों के अधीन हो गया और उसके स्वामी मुसाबीखा को कैद कर भरतपुर के जेल में डाल दिया। नजीबखाँ दिल्ली से मुसाबीखां की मदद के लिए आया परंतु वह कुछ न कर सका। इससे राजा सूरजमल नजीब से अत्यधिक नाराज हो गया और उसने उससे दो-दो हाथ करने का निश्चय किया।

23 दिसम्बर 1763 ई. को राजा सूरजमल फर्रुखनगर से जवाहरगढ़ के पास शक्तिशाली दुर्गरक्षक सेना छोड़कर दिल्ली की तरफ कूच किया। उसने दिल्ली के दक्षिण में यमुना पार की और हिंडन के पश्चिमी तट पर अपना डेरा स्थापित किया। उसकी टुकड़ियों ने गाजियाबाद के आसपास के गांवों को लूट लिया और उसमें आग लगा दी। यह समाचार मिलने पर रूहेला सरदार नजीब भी अपनी सेना के साथ दिल्ली से बाहर निकल आया। अब दोनों सेनाएं हिंडन के किनारे पर एक-दूसरे के सामने खड़ी थीं। वहां छिटपुट मुठभेड़ें हुईं जिनमें जाटों ने अपनी वीरता प्रदर्शित की। दोनों पक्षों के बीच गोलाबारी भी हुई जो तीन बजे दोपहर तक चली।

इसके बाद सूरजमल ने अपने दुश्मनों को तीन ओर से घेरने की योजना बनाई। उसके 5000 सैनिक नजीब के पीछे तैनात किये। उसी दिन रविवार 25 दिसम्बर 1763 ई. को सूर्यास्त के समय एक छोटे से दस्ते के साथ सूरजमल ने ज्यों शाहदरा के पास हिंडन नदी पार करने की कोशिश की, घात लगाये छिपे सैय्यद सैनिकों ने अपनी बंदूकों की गोलियों और अग्निबाणों की जबरदस्त बौछार से सूरजमल और उसके साथियों को धराशायी कर दिया। नेताविहीन जाट इस जबरदस्त धक्के से हतप्रभ होकर उसी रात अपना शिविर उठा ले गये। नजीबखाँ अपनी सेना की सुरक्षा के लिए रात भर वहाँ खड़ा रहा और जाट सेना के जाने के बाद ही उसे सूरजमल के मारे जाने के समाचार पर विश्वास हुआ। दूसरे दिन नजीबखाँ दिल्ली को लौट गया। उसे ऐसी विजयश्री प्राप्त हो गई जिसकी किसी ने भी कल्पना नहीं की थी। वैदेल लिखता है कि नजीब और उसके लोग बिना जाने ही विजयी हो गये थे और सूरजमल दिल्ली को विजय करने के सौभाग्य से वंचित हो गया था। इस प्रकार नियति ने 55 वर्ष की आयु में ही जाटों की नेत्रज्योति और उनका प्रकाशमान दीपक और प्लेटो राजा सूरजमल ब्रजेन्द्र को इस संसार से छीन लिया। अपनी असाधारण कूटनीतिक चातुर्यता, विलक्षण बुद्धिमत्ता और वीरतापूर्ण धैर्य से वह न केवल अपने सारे दुश्मनों की कार्यवाहियों को नाकाम करने में सफल हुआ वरन् लगातार आए मराठों, अहमदशाह अब्दाली व मुगलों के संकटों के बावजूद वह अपनी सम्पत्ति व राज्य को बढ़ाने में सफल हुआ।

उसकी मृत्यु के समय जाट राज्य लम्बाई में 200 मील पूर्व-पश्चिम और चौड़ाई में 140 मील उत्तर-दक्षिण में फैला हुआ था। मोटे तौर पर उसमें आगरा, मथुरा, धौलपुर, अलीगढ़, बुलन्दशहर, मैनपुरी, मेरठ, रोहतक, गुड़गाँव, रेवाड़ी के जिलों के साथ उसका मूल राज्य भरतपुर शामिल थे और राज्य की वार्षिक आमदनी 1 करोड़ 75 लाख रुपये थी। वह अपने उत्तराधिकारी के लिए खजाने में 10 करोड़ रुपये से भी अधिक छोड़ गया। कोष के अतिरिक्त सैन्यबल में 5000 घोड़े, 60 हाथी, 15000 घुड़सवार, 25000 से भी अधिक पैदल (दुर्गों में अतिरिक्त बल), 300 से भी अधिक तोपें और उसी अनुपात में बारूद छोड़कर गया था। इस तरह जाट प्लेटो सूरजमल ने एक ऐसा राज्य सौंपा जो भलीभांति कृषि सम्पन्न, शांतिपूर्ण और अचानक हमलों के खतरों से मुक्त था।

महाराजा सूरजमल ने जहाँ अपने शाही शानो-शौकत में वृद्धि की, वहीं उसने कला और साहित्य को भी संरक्षण प्रदान किया। उसने अनेक विद्वानों को आश्रय दिया, जिन्होंने व्यापक साहित्य का निर्माण किया। उसके राज्य में उसके दरबारी कवि सोमनाथ ने 'सुजान विलास', 'ब्रजेंद्र विनोद', 'माधव विनोद', 'ध्रुव विनोद', 'प्रेम पचीसी', 'संग्राम दर्पण', 'श्रृंगार विलास', 'रामचरित रत्नाकर' तथा 'लीलावती' नामक कई ग्रंथ लिखे। वहीं उसके दरबारी कवि सूदन ने 'सुजान चरित्र' नामक ग्रंथ लिखा। कवि शिवराम ने 'नवधा भक्ति रागरस सार', कवि अखयराम ने 'सिंहासन बत्तीसी', 'विक्रम विलास' तथा 'सुजान विलास' की रचना की। इसी तरह कविदत्त ने 'कृपान वीर रस' तथा महाकवि देव ने 'सुजान विनोद' नामक ग्रंथ रचा।

महाराजा सूरजमल की निर्माण कला में भी बड़ी रुचि थी। उसने अपने दरबार को संवारने के लिए आगरा से मुगल शानो-शौकत की चुनी हुई वस्तुएँ लाया, वहीं उसने डीग, भरतपुर, कुम्हेर तथा वैर के किलों पर करोड़ों रुपये खर्च करके वहाँ सुन्दर और आकर्षक इमारतें, सुन्दर जल-महल और उद्यान बनवाये। उनकी इमारतों में डीग का राजप्रासाद वास्तुकला की दृष्टि से सबसे अधिक भव्य और उत्कृष्ट है। एक प्रत्यक्षदर्शी ने लिखा है, "डीग के राजप्रासाद को देखे बिना उसके विस्तार और शान की कल्पना करना कठिन है। मैंने हिन्दुस्तान में और कोई ऐसा प्रासाद नहीं देखा, जो इसकी भव्यता की बराबरी कर सके।"

महाराजा सूरजमल को गोवर्धन, मथुरा, वृन्दावन तथा अन्य अनेक धार्मिक स्थलों में कई सरोवर, लता-निकुंज, मंदिर बनवाने का श्रेय प्राप्त है। सचमुच डीग के शाही उत्कृष्ट राजप्रासाद और भरतपुर के भव्य किले दोनों की हिन्दुस्तान में कोई तुलना नहीं है।

महाराजा सूरजमल अपने समय का सबसे शक्तिशाली और समृद्ध शासक था और उस समय हिन्दुस्तान का कोई भी शासक उसकी बराबरी नहीं कर सकता था। उसमें वीरता और साहस के साथ चतुराई, दुनियादारी और सूझ-बूझ का समन्वय था। विपत्ति में पड़े मराठा शत्रुओं को शरण देने का काम महाराजा सूरजमल जैसा महान व्यक्ति ही कर सकता था। वास्तव में वह अपने समय का निपुण कूटनीतिज्ञ था।

जब तक वह जीवित रहा, उसने अपने सहयोगियों व जनता से अपार स्नेह, आदर और प्रशंसा अर्जित की। आज भी 250 वर्ष बीत जाने के बाद भी शाहदरा स्थित उसकी समाधि जाटों के लिये श्रद्धा का स्थान बनी हुई है, जहाँ प्रतिवर्ष उसकी पुण्यतिथि 25 दिसम्बर को हजारों की संख्या में जाट एकत्रित होकर उसे अपनी श्रद्धांजलि अर्पित कर उसकी स्मृति को ताजा बनाये रखते हैं।

सूरजमल भरतपुर के महाराजा और प्रताप सिंह वैर के राजा घोषित हुए एवं अन्य 16 राजकुमारों को निम्नानुसार गांवों की जागीरे (16 कोठरियां) दी गई –

रामबल को खटका, अखैसिंह को नाम, गुमान सिंह को गादौली, मान सिंह को गादौली, सुल्तान सिंह को खोहरा, जोधसिंह को बाजौली, सभाराम को हसनपुर, देवीसिंह को पीपरी, मेदसिंह को बछामदी, भवानी सिंह को सिनसिनी, दलेल सिंह को अस्तामन, रामकिशन को महलौनी, खुशाल सिंह को आजौली, लाल सिंह को सुहान्स, बलराम को अजनौली तथा वीरनारायण को बांसी गांव दिये गए।

ऐतहासिक तथा अन्य दस्तावेजों के आधार पर महाराजा सूरजमल की रानियों का विवरण अलग-अलग मिलता है। फिर भी जिनमें से आठ का विधिवत विवाह हुआ और 6 रानियों का सामाजिक रीति के अनुसार नहीं हुआ।

आठ पत्नियाँ –

क्रमांक – नाम रानी – नाम - पिता, गांव – जाति - गौत्र

1. किशोरी – काशीराम, होडल – जाट – सोलंकी
2. हंसिया – रतीराम, सलेमपुर कलाँ – जाट – नौहवार
3. कल्याण कौर – बिजैराम, पथेना – जाट - गड़ासिया
4. गंगा – हीराला, मढ़ामई – जाट - सोलंकी
5. खेत कुँवर – भागमल, बाजना (उ. प्र.) जाट – नौहबार
6. गया देई – भगवत, सादाबाद (उ. प्र.) जाट - सोरोत
7. इंद्र कौर (इंद्रा) – तुलाराम काचरा (बैलारे वाले) – जाट – मोरी
8. कविरज कौर (विरजा) – रामकिशन, बंचारी – जाट – सोलंकी

अन्य संभावित पत्नियाँ –

1 – किशन कौर – राजाराम, अबारखेरा (मथुरा) – जाट – नौहबार

2- सदा कुँवर – बदना, बनचारी – जाट -सोलंकी

3- जस कुँवर – बदना, बनचारी – जाट – सोलंकी

4- गंगिया – वैरीसाल कछवाया, धीमासिरी (मथुरा) राजपूत - कछवाहा

5 – कमाल कौर (कवरिया) – मनका (मथुरा) मालिन

6 - पैम कौर – बालौली – जाट - एलिया

महाराज सूरजमल के पाँच पुत्र - रत्न और उनकी माताएँ –

जवाहर सिंह, रतन सिंह (रानी गगिया)

नाहर सिंह (रानी कल्याण कौर)

रणजीत सिंह (रानी गंगा)

नवल सिंह (रानी कमल कौर/कवरिया, मालिन)

विभिन्न मतानुसार – रानी हंसिया व रानी किशोरी को ही एक माना है, कुछ के अनुसार रानी हंसिया ने जवाहर सिंह व रानी किशोरी ने रणजीत सिंह को गोद लिया। कुछ के अनुसार रानी किशोरी ने जवाहर सिंह को गोद लिया।

महाराजा सूरजमल (जन्म 13 – 02 – 1707, - शहीद 25 दिसम्बर 1763)

जाट समाज के बहुमुखी, बहुआयामी व्यक्तित्व के धनी महाराजा सूरजमल महाराजा बदनसिंह व महारानी देवकी के पुत्र थे, जिनका जन्म माघ महीना, शुक्ल पक्ष, दशमी, संवत 1763 (13 फरवरी सन 1707 ईसवी) को हुआ था। राजकुमार सूरजमल ने सन 1740 ईसवी के आरम्भ से लेकर सन 1763 ईसवी तक भरतपुर (राजस्थान) रियासत की बागडोर अपने हाथों में रखी। इनके (सूरजमल के) पांच पुत्रों ने महारानी किशोरी की छत्र–छाया में सन 1763 ईसवी बाद से लेकर सन 1805 ईसवी तक अधिकतर शासन किया। मुगल दरवार में सूरजमल को **कुंवर बहादुर राजेन्द्र** की उपाधि दी गई। यह किसान की पोशाक एवं केवल ब्रज भाषा बोलने वाला जाट राजकुमार सम्राट अकबर व पंजाब के महाराजा रणजीत सिंह जैसे शासकों के समान बुद्धिजीवी और प्रतिभावानों की गिनती में आता है। महाराजा सूरजमल अपनी मृत्यु के समय पूर्व से पश्चिम लगभग सवा तीन सौ और उत्तर से दक्षिण तकरीबन ढाई सौ किलोमीटर क्षेत्र में जाट साम्राज्य छोड़ कर गया था। जाट सेना की संख्या 25000 पैदल, 15000 घुड़सवार, 5000 घोड़े, 60 हाथी और 30 प्रकार की तोपें थीं और खजाने में 10 करोड़ रुपये थे।

प्रबल प्रतापी सबन में, सूरज मल्ल कुमार। जग जाहिर जाको विकट, अरि मर्दन तलवार॥

बुधिबल मंडित अखंडित सुजस जाकौ। विकट बला कौ बांकौं सिंहनी कौ जायौ है॥

पायौ है मान सनमान जगती तल पै। बढ़्यौ रण आगें पग पीछें ना हटायौ है॥

लायौ है लूट देस देसन कौं सूजन वीर। धीर वरवीर बदनेस मन भायौ है॥

छायौ है अपार सुख देख कल कीर्ति जाकी। जीते जी राजन युवराज सो बनायौ है।

(भरतपुर कौ इतिहास - काव्यमय से साभार)

महाराजा सूरजमल में असाधारण साहस, युद्ध कौशल और राजनैतिक सूझबूझ एवं योग्यता थीं जो निम्नलिखित उपलब्धियों से स्पष्ट रूप से प्रदर्शित होती है –

सन 1733 ईसवी में अपने पिता बदनसिंह के समक्ष खेमकरण सोगरिया से भरतपुर की गद्दी प्राप्त की थी।

आमेर राज्य के उत्तराधिकारी युद्ध में मराठा, मुगल तथा राजपूतों को सम्मिलित शक्ति को परास्त कर ईश्वरी सिंह को आमेर में सिंहासन पर सन 1742 ईसवी में दिलाया था।

तृतीय महत्वपूर्ण घटना चण्डौस, जिला अलीगढ़ उत्तर–प्रदेश का युद्ध था, जब सन 1745 ईसवी में दिल्ली का बादशाह नवाब फतेहअली खा से रुष्ट हो गया था, अतः उसने नवाब को दंडित करने हेतु असद खां नामक अफगान सरदार को भेजा। असद खां से अपनी बर्वादी और अपमान को बचाने के लिए फतेह अली खां ने महाराजा को एक शक्ति के रूप में उदय होने का अवसर मिला।

महाराजा सूरजमल के ऐतिहासिक महत्व की चौथी घटना दिल्ली के वजीर सफदरजंग, मीर बख्शी तथा बादशाह विकसित जाट शक्ति से परिचित थे, क्योंकि जाटों ने फरीदाबाद पर अपना अधिकार कर लिया था। बादशाह ने फरीदाबाद को वजीर सफदरजंग और मीर बख्शी को जागीर में दे दिया था। दोनों ने अलग–अलग दिशाओं से महाराजा सूरजमल पर आक्रमण करने की योजना बनाई और महाराजा को संदेश भेजा कि वे फरीदाबाद को छोड़ दें। महाराजा पर इसका कोई असर नहीं हुआ। वजीर ने समय और अपव्यय देखकर सूरजमल से मित्रता कर ली। वजीर का उद्देश्य था कि फर्रुखाबाद के बंगश पठान को पराजित करने में सूरजमल की सहायता ली जाये। महाराजा ने इसका आश्वासन दिया और बदले में मथुरा की फ़ौजदारी प्राप्त की।

मीर बख्शी महाराजा सूरजमल के निमराना किले को नष्ट करने के उद्देश्य से मेवात पर आक्रमण कर बैठा और 30 अगस्त, सन 1749 ईसवी में निमराना किले पर मीरबख्शी का अधिकार हो गया। उसके पश्चात नारनौल की ओर जाने की अपेक्षा आगरा की ओर बढ़ गया और सराय शोभाचन्द्र के समीप ठहरा। महाराजा सूरजमल के निर्देशन में 5 हजार जाट सैनिकों ने मीर बख्शी को घेर लिया। गोहाद का राणा भी 200 सवारों के साथ मिला। मीर बख्शी के पानी, संचार–साधन, खाद्यान्न के मार्गों को नष्ट कर दिया गया। मीर बख्शी को विवश होकर महाराजा से सन्धि करनी पड़ी।

पांचवी महत्वपूर्ण घटना के अन्तर्गत वजीर सफदरजंग की सहायता कर पठन–उद्ध में रूहेला शक्ति को पराजित किया और इसी खुशी में वजीर ने महाराजा सूरजमल को "कुँवर बहादुर राजेन्द्र" का खिताब प्रदान किया। मथुरा की फ़ौजदारी तथा फर्रुखाबाद के अहमदशाह वंगश के राज्य का भाग प्राप्त हुये। इस प्रकार भरतपुर राज्य की सीमायें एक ओर इटावा, दूसरी ओर धौलपुर तथा तीसरी ओर बल्लभगढ़ तक स्पर्श करने लगीं।

छठवी धटना, सन 1752 ईसवी में वजीर सफदरजंग ने बादशाह अहमदशाह के किसी खोजे को कत्ल करा दिया, जिस पर बादशाह ने गाजीउद्दीन को वजीर बनाया तथा सफदरजंग के दिल्ली प्रवेश पर प्रतिबन्ध लगा दिया। सफदरजंग ने महाराजा सूरजमल से सहायतार्थ प्रार्थना की। महाराजा पंद्रह हजार वीर सैनिकों के साथ फरीदाबाद पहुंचे। सफदरजंग के साथ रहकर गाजीउद्दीन की मुगल सेना से भयंकर युद्ध किया। मुगल सेना पराजित हुई और भरतपुर की सेना ने दिल्ली के लाल द्वार को तोड़कर नगर में प्रवेश किया

तथा मुगलों की शान को धराशायी कर दिल्ली पर अपराजेय शक्ति की छाप छोड़ी।

सातवी घटना – सन 1754 ईसवी में बादशाह ने गाजीउद्दीन वजीर को पद से पृथक कर दिया। उसने इसके पीछे महरजा सूरजमल को दोषी माना, उसने जयपुर के असंतुष्ट माधौसिंह, मल्हारराव होल्कर से मिलकर तीनों ने भरतपुर राज्य पर आक्रमण कर दिया।

भरतपुर, डीग और कुम्हेर को घेर लिया गया। उस समय महाराजा सूरजमल कुम्हेर के किले में थे। उन्होनें कुँवर जवाहर सिंह के नेतृत्व में एक सेना बरसाने की ओर भेजी और कुछ टुकड़ियों को कुम्हेर के चारों ओर लगा दिया। युद्ध की सम्पूर्ण व्यवस्था के पश्चात महाराजा ने शांति वार्ता प्रारम्भ की, लेकिन वे तो उन्हें समाप्त करने पर अडिग थे, अतः शांति वार्ता तोप के गोलों में परिणित हो गई।

कुम्हेर पर हुई गोलाबारी और प्रत्युत्तर में तोप के गोलों से मल्हारराव होल्कर के एकमात्र पुत्र खांडेराव होल्कर का देहान्त हो गया। मल्हारराव होल्कर दुखी होकर युद्ध भूमि से लौट गया, अकेला गाजीउद्दीन महाराजा की शक्ति के सामने घुटने टेक गया। उसने महाराजा की ओर मैत्री का हाथ बढ़ाया, जिसे महाराजा ने स्वीकार कर लिया, क्योंकि गाजीउद्दीन मुगल राज्य के एक शक्तिशाली गुट का नेता था।

सन 1757 ईसवी में महाराजा बदनसिंह की मृत्यु के पश्चात महाराजा सूरजमल को हिन्दू शास्त्रानुसार विधिवत मंत्रोंच्चार के साथ सिंहासन पर बैठाया गया। आप बदनसिंह के 26 पुत्रों मे से पांचवे पुत्र थे।

कुम्हेर की शक्ति परीक्षण से पेशवा को आभास हो गया था कि महाराजा सूरजमल को परास्त करना असम्भव है, अतः उसने महाराजा से मित्रता का हाथ बढ़ाया, जिसे उन्होनें स्वीकार कर लिया। प्रस्ताव में पेशवा ने महाराजा से अपने राज्य की सीमा में होल्कर मराठा सेना को दिल्ली जाने एवं बदले में आगरा के अधिकांश भाग, जिस पर मराठा अधिकार था, देने का प्रस्ताव था। मराठाओं ने सिकन्दराबाद का किला सूरजमल को दे दिया। अवसर का लाभ उठाते हुए महाराजा ने एक सुदृढ़ सेना वजीर की जागीर पलवल (हरियाणा) पर अधिकार करने को भेज दी। सेना ने उसके कानूनगो सन्तोषराज को कत्ल करके पलवल पर अधिकार कर लिया। यह वही सन्तोषराज था, जिसने अकीवत खां को बल्लभगढ़ के संस्थापक बलराम जाट को मारने हेतु उत्तेजित किया था।

पलवल पर अधिकार होने के पश्चात इमादुलमुल्क को चिन्ता सताने लगी। उसने नजीब खां को सूरजमल की शक्ति को नष्ट करने की आज्ञा दी। 29 जून सन 1755 ईसवी को नजीब खां निकला पड़ा। दोनों सेनाओं में कुछ मुठभेड़ें हुईं, किन्तु शाही दीवान नागरमल जी की मध्यस्थता से 26 जुलाई सन 1755 ईसवी को डासना नामक स्थान पर दोनों में सन्धि हुई। सन्धि के अनुसार अलीगढ़ का जो भू-भाग महाराजा के अधिकार में था, उसे भरतपुर का भाग मान लिया गया। लेकिन महाराजा को मुगल शासक के कोष में 26 लाख रुपये देने पड़े तथा सिकन्दराबाद का किला खाली करना पड़ा था।

इस सन्धि के पश्चात महाराजा सूरजमल ने बल्लभगढ़ पर पुनः अधिकार कर लिया, फतेहसिंह बड़गूजर से घासेरा का किला छीन लिया तथा 23 मार्च सन 1756 को मुगल राज्य के अलवर किले को छीन लिया। सन्धि में उन्हें कभी घाटा नहीं हुआ, यदि उन्हें एक किला देना पड़ा, तो बदले में दो किले हस्तगत किए। यह उनकी राजनैतिक कुशलता का प्रमाण था।

अब्दाली के साथ महाराजा सूरजमल ने कूटनीति और रणकौशल से कार्य लेते हुए उसके वजीर को दो लाख रुपये का प्रलोभन देकर अपने पक्ष में कर लिया। दूसरे अपने वीर एवं रणचातुर्य पुत्र जवाहर सिंह को शक्तिशाली सेना के साथ मथुरा की रक्षार्थ तैनात किया। स्वयं कुम्हेर के किले में रहकर युद्ध के लिए तैयार रहे और मराठा सेना के आगमन की प्रतीक्षा करते रहे।

बल्लभगढ़ के किले पर जवाहरसिंह तथा अब्दाली की टक्कर हुई। अब्दाली ने किले का विध्वंस करने हेतु दिल्ली से तोप मँगवाई। जवाहरसिंह ने बर्वादी से बचाने के लिए किला खाली कर दिया और उसे अपनी सेना को अन्दर घुसने दिया। चौमुहा पर पुनः मुठभेड़ हुई। विशाल सेना के समक्ष जवाहर सिंह अधिक न तिक सके और अब्दाली ने मथुरा, वृन्दावन तथा गोकुल के मंदिर तोड़ दिये। उसके बाद अब्दाली ने डींग किले की ओर मुख किया, परन्तु उसकी सेना में हैजा फैल गया और उसे वापिस लौटना पड़ा।

महाराजा सूरजमल ने विदेशी आक्रांताओं से उत्तरी भारत को बचाने हेतु हरियाणा, पंजाब, एवं राजस्थान के शासकों का पुष्कर में सम्मेलन बुलाया, जिससे एक संगठन हो तथा मराठों से उत्तरी भारत को बचाया जा सके। इसे मूर्त रूप देने में सर्वप्रथम सन 1761 ईसवी में आगरा के किले को छीन लिया। महाराजा जवाहर सिंह ने मुसावी खां से फर्रूखनगर किला जीत लिया। रेवाड़ी, गढ़ी, हरसू, रोहतक, बहादुर शाह से बहादुरगढ़, सराय बसंत, सोहाना आदि पर महाराजा का अधिकार हो गया। दिल्ली के आसपास की फ़ौजदारी प्राप्त करने के उद्देश्य से नजीबुद्दौला से युद्ध हुआ और 25 दिसंबर सन 1763 ईसवी को (हिंडन नदी के पास गाजियाबाद क्षेत्र) महाराजा का वीर गति को प्राप्त हो गये थे। आप समदृष्टा थे, जाति–पाति नहीं मानते थे। उन्होनें मंदिरों के साथ–साथ मस्जिदों का भी निर्माण कराया था।

उनकी स्मृति में महाराजा सूरजमल संस्थान सी – 4 जनकपुरी, नई दिल्ली – 58 में स्थापित हैं जहा शैक्षणिक गतिविधियों के साथ मासिक पत्रिका "सूरज सुजान" का भी प्रकाशन होता है और विभिन्न प्रकार के तात्कालिक और आवश्यकतानुसार गंभीर विषयों पर साम्य-समय पर विचार गोष्ठियों का आयोजन भी होता है।

सन 1763 में सूरजमल अपनी मृत्यु के समयतक सूरजमल के क्षेत्र रोहतक, बहादुरगढ़, झज्जर, फरुखनगर, फरीदाबाद, बल्लभगढ़, रेवाड़ी, पलवल, होडल, कोसी, छाता, मथुरा, गोवर्धन, अलवर, डींग, कुम्हेर, भरतपुर, वैर, बयाना, फहेहपुर सीकरी, आगरा, मैनपुरी, जलेसर, एटा, कोल (कोइल/अलीगढ़), बुलंदशहर, सिकंदराबाद, गाज़ियाबाद आदि तक था।

बाद में सन 1767 तक जवाहर सिंह ने धौलपुर, अटेर, भिंड गोहद आदि क्षेत्रों पर भी अधिकार कर लिया था।

प्रथम घटना -

राम खिलावन के अनुसार मथुरा का फौजदार जुमला खां बहुत ही कामुक प्रवृत्ति का व्यक्ति था और वह प्रायः हिन्दू स्त्रियों का अपने आदमियों से अपहरण कराता रहता था। उसके कुछ ख़ास आदमी उसके लिए सुन्दर हिन्दू युवतियों का अपहरण करते रहते थे। जुमला खां उन अपहृत युवतियों को एक से दो माह तक अपने हरम में रख कर उनका दैहिक शोषण करता और फिर जी भर जाने के बाद उनको अपने अनुचरों में बाँट देता था। जुमला खां अपहरण करने वाले युवकों को सभी तरह का संरक्षण प्रदान करता था और उन पर किसी तरह की आंच नहीं आने देता था। जमना (मन्हेरी गांव के जमींदार जगत सिंह की बेटी) का अपहरण जुमला खां ने कराने का प्रयास किया, तथा उसके भाईयों को मथुरा जेल में कैद कर रखा था।

फौजदार जुमला खां मथुरा का वध - सूरजमल के साथ जावेद अली ने शाही खजाना और शस्त्रागार को लूटा, रामखिलावन व रूपराम कटारिया ने जमना के भाईयों को कैद से छुडाया, और जसराम ने मथुरा के सभी द्वारों पर अधिकार किया। सूरजमल ने फौजदार जुमला खां को उसकी हवेली से पकड़ा था, बाद में फौजदार जुमला खां का वध किया था।

द्वितीय घटना - सन 1733 ईसवी में अपने पिता बदनसिंह के समक्ष खेमकरण सोगरिया से भरतपुर की गद्दी प्राप्त की थी।

तृतीय घटना - आमेर राज्य के उत्तराधिकारी युद्ध में मराठा, मुगल तथा राजपूतों को सम्मिलित शक्ति को परास्त कर ईश्वरी सिंह को आमेर में सिंहासन पर सन 1742 ईसवी में दिलाया था।

चतुर्थ महत्वपूर्ण घटना चण्डौस, जिला अलीगढ़ उत्तर–प्रदेश का युद्ध था, जब सन 1745 ईसवी में दिल्ली का बादशाह नवाब फतेहअली खां से रुष्ट हो गया था, अतः उसने नवाब को दंडित करने हेतु असदखां नामक अफगान सरदार को भेजा। असदखां से अपनी बर्वादी और अपमान को बचाने के लिए फतेहअली खां ने महाराजा को एक शक्ति के रूप में उदय होने का अवसर मिला।

सूरजमल की सफलता की श्रृंखला में एक महत्वपूर्ण कड़ी है, अफगान सरदार असदखां को धूल चटाना। कोइल (अलीगढ़) परगना में टप्पल, जावरा, ईखू, चण्डौस, खुर्जा तथा नूंह का क्षेत्र शामिल था। यह अत्यंत उर्वरक तथा उपजाऊ क्षेत्र भी था। इसका मुग़ल-हाकिम मीरजादा साबित खां था। उसके पास शस्त्रों से सुसज्जित एक शक्तिशाली सेना भी थी। नादिरशाह के आक्रमण से दिल्ली-प्रशासन की शिथिलता तथा प्रभावहीनता स्थिति का लाभ उठाकर, उसने अपनी स्वतन्त्र सत्ता स्थापित कर ली थी और अलीगढ़ में एक विशाल तालाब तथा किला भी बना लिया था। उसकी मृत्यु के पश्चात, उसके बेटे फतहअली ने, खुद को स्वयंभू उत्तराधिकारी घोषित कर दिया था। अतः सम्राट ने, उसके [illegible]

के लिए, अफगान सरदार असदखां खानजादा को आठ हजार सैनिक एवं हल्के तोप खाने के साथ, रवाना कर दिया था। इस भयंकर स्थिति से बचने के लिए, फतहअली ने, सूरजमल की सहायता पाने के उद्देश्य से अपना एक दूत भेजा। उस समय, सूरजमल शिकार खेलने के उद्देश्य से, नौंहझील के समीप शिविर डाले हुए था। फतहअली के दूत से, उसने कहा कि अपने स्वामी को वार्ता के लिए भेजिये। फलतः ईखू (तहसील खैर) नामक स्थान पर दोनों मिले। फतहअली ने पांच-सौ अश्वारोही सैनिकों के साथ सूरजमल की अगवानी की। एक खुले मैदान में दोनों की बात हुई। संभवतः सैनिक-व्यय के भुगतान की शर्त पर, फतहअली को सहायता का आश्वासन दिया गया। शर्त की स्वीकृति के बाद, दोनों दल अपने-अपने शिविरों में चले गए। सूरजमल नौहझील लौट गया।

यहां से, सूरजमल ने अपने बख्शी के नेतृत्व में जाट, गुजर, राजपूत, अहीर और मेवों की एक सैनिक टुकड़ी चण्डौस (अलीगढ़) से 30 मील उत्तर-पश्चिम की तरफ भेज दी। उधर फतहअली भी अपने दो-हजार सैनिकों के साथ, अलीगढ़ से आगे आ गया। दूसरी ओर, घासेड़ा का बहादुर सिंह बडगुजर एक हजार सैनिकों के साथ, असदखां से मामले सुलझाने की कोशिश की, लेकिन विफलता हाथ लगी। इसके बाद नवम्बर 1745 में असदखां तोपखाने के साथ चण्डौस के पास आ जमा। उसने, दूसरे दिन पौ-फटते ही, युद्ध का आरम्भ इसलिए कर दिया कि उसे भय था कि यदि एक-दो दिन युद्ध प्रारम्भ नहीं हुआ, तो जाट-सैनिक, उसकी आपूर्ति-व्यवस्था को भंग कर देंगे और उस स्थिति में, समर्पण के अलावा और कोई उपाय न रहेगा।

हाथी पर सवार असदखां मैदान में आ डटा। दूसरी ओर दो हजार सैनिकों के साथ फतहअली भी सामने आ गया। सूरजमल ने अपनी सेना की व्यूह-रचना में, रामचन्द्र तंवर, ठाकुरदास सेंगर, फतेहसिंह, अमरसिंह चंदेल तथा भेदसिंह चौहान को सामने, गजसिंह, श्योसिंह, विप्र उदयभानु एवं हरनारायण को अपने सामने और अन्य सेनापतियों को चण्डौस में आपूति, शिविर तथा सेना की रक्षा में लगा दिया। इसके बाद, वह स्वयं हाथी पर, अपनी सेना के मध्य में, जम गया। ठीक दस बजे युद्ध प्रारम्भ हुआ। असदखां के प्रहारों से फतहअली की सेना विचलित हो उठी। उसको संयत करने के लिए, हाथी से उतर कर, वह घोड़े पर सवार हुआ और अपनी सेना का मनोबल बढाने लगा। उसी समय, सूरजमल के सैनिकों ने शत्रु पर प्रहार करने प्रारम्भ कर दिये। उनको पीछे धकेलने के लिए असदखां क्रोध से भरा आगे बढ़ा था, तभी जाट-सैनिकों की गोली से घायल होकर वह हौदे में गिर गया। इसके बाद, केवल कुछ मिनटों तक युद्ध चलता रहा, पर शाही-सेना जाट-सैनिकों के प्रहारों का सामना न करके भागने लगी। शत्रु के हाथी, घोड़े, हथियार तथा आपूर्ति पर जाटों ने अधिकार कर लिया। चण्डौस की विजय के बाद, अलीगढ़ परगना की ओर बहुत दिनों तक, किसी को सिर उठाने का साहस नहीं हुआ। सूरजमल की विजयों की शृंखला में एक कड़ी और जुड़ गयी।

पांचवी घटना - महाराजा सूरजमल के ऐतिहासिक महत्व की **पांचवी घटना** दिल्ली के वजीर सफदरजंग, मीर बख्शी तथा बादशाह विकसित जाट शक्ति से परिचित थे, क्योंकि

जाटों ने फरीदाबाद पर अपना अधिकार कर लिया था। बादशाह ने फरीदाबाद को वजीर सफदरजंग और मीर बख्शी को जागीर में दे दिया था। दोनों ने अलग–अलग दिशाओं से महाराजा सूरजमल पर आक्रमण करने की योजना बनाई और महाराजा को संदेश भेजा कि वे फरीदाबाद को छोड़ दें। महाराजा पर इसका कोई असर नहीं हुआ। वजीर ने समय और अपव्यय देखकर सूरजमल से मित्रता कर ली। वजीर का उद्देश्य था कि फर्रुखाबाद के बंगश पठान को पराजित करने में सूरजमल की सहायता ली जाये। महाराजा ने इसका आश्वासन दिया और बदले में मथुरा की फ़ौजदारी प्राप्त की।

मीर बख्शी महाराजा सूरजमल के निमराना किले को नष्ट करने के उद्देश्य से मेवात पर आक्रमण कर बैठा और 30 अगस्त, सन 1749 ईसवी में निमराना किले पर मीरबख्शी का अधिकार हो गया। उसके पश्चात नारनौल की ओर जाने की अपेक्षा आगरा की ओर बढ़ गया और सराय शोभाचन्द्र के समीप ठहरा। महाराजा सूरजमल के निर्देशन में 5 हजार जाट सैनिकों ने मीर बख्शी को घेर लिया। गोहाद का राणा भी 200 सवारों के साथ मिला। मीर बख्शी के पानी, संचार–साधन, खाद्यान्न के मार्गों को नष्ट कर दिया गया। मीर बख्शी को विवश होकर महाराजा से सन्धि करनी पड़ी।

छठी महत्वपूर्ण घटना के अन्तर्गत वजीर सफदरजंग की सहायता कर पठान–युद्ध में रूहेला शक्ति को पराजित किया और इसी खुशी में वजीर ने महाराजा सूरजमल को **"कुँवर बहादुर राजेन्द्र"** का खिताब प्रदान किया। मथुरा की फ़ौजदारी तथा फर्रुखाबाद के अहमदशाह वंगश के राज्य का भाग प्राप्त हुये। इस प्रकार भरतपुर राज्य की सीमायें एक ओर इटावा, दूसरी ओर धौलपुर तथा तीसरी ओर बल्लभगढ़ तक स्पर्श करने लगीं।

सातवीं घटना, सन 1752 ईसवी में वजीर सफदरजंग ने बादशाह अहमदशाह के किसी खोजे को कत्ल करा दिया, जिस पर बादशाह ने गाजीउद्दीन को वजीर बनाया तथा सफदरजंग के दिल्ली प्रवेश पर प्रतिबन्ध लगा दिया। सफदरजंग ने महाराजा सूरजमल से सहायतार्थ प्रार्थना की। महाराजा पंद्रह हजार वीर सैनिकों के साथ फरीदाबाद पहुंचे। सफदरजंग के साथ रहकर गाजीउद्दीन की मुगल सेना से भयंकर युद्ध किया। मुगल सेना पराजित हुई और भरतपुर की सेना ने दिल्ली के लाल द्वार को तोड़कर नगर में प्रवेश किया तथा मुगलों की शान को धराशायी कर दिल्ली पर अपराजेय शक्ति की छाप छोड़ी।

आठवीं घटना – सन 1754 ईसवी में बादशाह ने गाजीउद्दीन वजीर को पद से पृथक कर दिया। उसने इसके पीछे महरजा सूरजमल को दोषी माना, उसने जयपुर के असंतुष्ट माधौसिंह, मल्हारराव होल्कर से मिलकर तीनों ने भरतपुर राज्य पर आक्रमण कर दिया।

भरतपुर, डीग और कुम्हेर को घेर लिया गया। उस समय महाराजा सूरजमल कुम्हेर के किले में थे। उन्होनें कुँवर जवाहर सिंह के नेतृत्व में एक सेना बरसाने की ओर भेजी और कुछ टुकड़ियों को कुम्हेर के चारों ओर लगा दिया। युद्ध की सम्पूर्ण व्यवस्था के पश्चात महाराजा ने शांति वार्ता प्रारम्भ की, लेकिन वे तो उन्हें समाप्त करने पर अडिग थे, अतः शांति वार्ता तोप के गोलों में परिणित हो गई।

कुम्हेर पर हुई गोलाबारी और प्रत्युत्तर में तोप के गोलों से मल्हारराव होल्कर के एकमात्र पुत्र खांडेराव होल्कर का देहान्त हो गया। मल्हारराव होल्कर दुखी होकर युद्ध भूमि से लौट गया, अकेला गाजीउददीन महाराजा की शक्ति के सामने घुटने टेक गया। उसने महाराजा की ओर मैत्री का हाथ बढ़ाया, जिसे महाराजा ने स्वीकार कर लिया, क्योंकि गाजीउद्दीन मुगल राज्य के एक शक्तिशाली गुट का नेता था।

सिंहासन -

सन 1757 ईसवी में महाराजा बदनसिंह की मृत्यु के पश्चात महाराजा सूरजमल को हिन्दू शास्त्रानुसार विधिवत मंत्रोंच्चार के साथ सिंहासन पर बैठाया गया। आप बदनसिंह के 26 पुत्रों मे से पांचवे पुत्र थे।

घटना -

कुम्हेर की शक्ति परीक्षण से पेशवा को आभास हो गया था कि महाराजा सूरजमल को परास्त करना असम्भव है, अत: उसने महाराजा से मित्रता का हाथ बढ़ाया, जिसे उन्होनें स्वीकार कर लिया। प्रस्ताव में पेशवा ने महाराजा से अपने राज्य की सीमा में होल्कर मराठा सेना को दिल्ली जाने एवं बदले में आगरा के अधिकांश भाग, जिस पर मराठा अधिकार था, देने का प्रस्ताव था। मराठाओं ने सिकन्दराबाद का किला सूरजमल को दे दिया। अवसर का लाभ उठाते हुए महाराजा ने एक सुदृढ़ सेना वजीर की जागीर पलवल (हरियाणा) पर अधिकार करने को भेज दी। सेना ने उसके कानूनगो सन्तोषराज को कत्ल करके पलवल पर अधिकार कर लिया। यह वही सन्तोषराज था, जिसने अकीवत खां को बल्लभगढ़ के संस्थापक बलराम जाट को मारने हेतु उत्तेजित किया था।

पलवल पर अधिकार होने के पश्चात इमादुलमुल्क को चिन्ता सताने लगी। उसने नजीब खां को सूरजमल की शक्ति को नष्ट करने की आज्ञा दी। 29 जून सन 1755 ईसवी को नजीब खां निकला पड़ा। दोनों सेनाओं में कुछ मुठभेड़ें हुईं, किन्तु शाही दीवान नागरमल जी की मध्यस्थता से 26 जुलाई सन 1755 ईसवी को डासना नामक स्थान पर दोनों में सन्धि हुई। सन्धि के अनुसार अलीगढ़ का जो भू-भाग महाराजा के अधिकार में था, उसे भरतपुर का भाग मान लिया गया। लेकिन महाराजा को मुगल शासक के कोष में 26 लाख रुपये देने पड़े तथा सिकन्दराबाद का किला खाली करना पड़ा था।

घटना घासेरा -

इस सन्धि के पश्चात महाराजा सूरजमल ने बल्लभगढ़ पर पुन: अधिकार कर लिया, फतेहसिंह बड़गूजर से घासेरा का किला छीन लिया तथा 23 मार्च सन 1756 को मुगल राज्य के अलवर किले को छीन लिया। सन्धि में उन्हें कभी घाटा नहीं हुआ, यदि उन्हें एक किला देना पड़ा, तो बदले में दो किले हस्तगत किए। यह उनकी राजनैतिक कुशलता का प्रमाण था।

अब्दाली के साथ महाराजा सूरजमल ने कूटनीति और रणकौशल से कार्य लेते हुए उसके वजीर को दो लाख रुपये का प्रलोभन देकर अपने पक्ष में कर लिया। दूसरे अपने वीर एवं

रणचातुर्य पुत्र जवाहर सिंह को शक्तिशाली सेना के साथ मथुरा की रक्षार्थ तैनात किया। स्वयं कुम्हेर के किले में रहकर युद्ध के लिए तैयार रहे और मराठा सेना के आगमन की प्रतीक्षा करते रहे।

बल्लभगढ़ के किले पर जवाहरसिंह तथा अब्दाली की टक्कर हुई। अब्दाली ने किले का विध्वंस करने हेतु दिल्ली से तोप मँगवाई। जवाहरसिंह ने बर्वादी से बचाने के लिए किला खाली कर दिया और उसे अपनी सेना को अन्दर घुसने दिया। चौमुहा पर पुन: मुठभेड़ हुई। विशाल सेना के समक्ष जवाहर सिंह अधिक न तिक सके और अब्दाली ने मथुरा, वृन्दावन तथा गोकुल के मंदिर तोड़ दिये। उसके बाद अब्दाली ने दीग किले की ओर मुख किया, परन्तु उसकी सेना में हैजा फैल गया और उसे वापिस लौटना पड़ा।

आगरा फ़तेह घटना

महाराजा सूरजमल ने विदेशी आक्रांताओं से उत्तरी भारत को बचाने हेतु हरियाणा, पंजाब, एवं राजस्थान के शासकों का पुष्कर में सम्मेलन बुलाया, जिससे एक संगठन हो तथा मराठों से उत्तरी भारत को बचाया जा सके। इसे मूर्त रूप देने में सर्वप्रथम सन 1761 ईसवी में आगरा के किले को छीन लिया। महाराजा जवाहर सिंह ने मुसावी खां से फर्रूखनगर किला जीत लिया। रेवाड़ी, गढ़ी हरसू, रोहतक, बहादुर शाह से बहादुरगढ़, सराय बसंत सोहाना आदि पर महाराजा का अधिकार हो गया। दिल्ली के आसपास की फ़ौजदारी प्राप्त करने के उद्देश्य से नजीबुद्दौला से युद्ध हुआ और 25 दिसंबर सन 1763 ईसवी को (हिंडन नदी के पास गाजियाबाद क्षेत्र) महाराजा का वीर गति को प्राप्त हो गये थे। आप समदृष्टा थे, जाति–पाति नहीं मानते थे। उन्होनें मंदिरों के साथ–साथ मस्जिदों का भी निर्माण कराया था।

उनकी स्मृति में **महाराजा सूरजमल संस्थान**, सी – 4 जनकपुरी, नई दिल्ली – 58 में स्थापित है। जहा शैक्षणिक गतिविधियों के साथ मासिक पत्रिका '**सूरज सुजान**" का भी प्रकाशन होता है। और विभिन्न प्रकार के तात्कालिक और आवश्यकतानुसार गंभीर विषयों पर समय-समय पर विचार गोष्ठियों का आयोजन भी होता है।

महाराजा सूरजमल (जाट इतिहास- ठाकुर देशराज)

महाराज सूरजमल एक लम्बे-तगड़े और सुदृढ़ शरीर के योद्धा थे। उनके चेहरे को देखने से ऐसा मालूम होता था, मानो अग्नि निकल रही है। वे नेक मिजाज और सादे चाल-चलन के व्यक्ति थे। उसमें राजनैतिक योग्यता, सूक्ष्म-दृष्टि तथा निश्चल बुद्धिमत्ता एक बड़े अंश में विद्यमान थी। 'इमादुस्सादत' का लेखक लिखता है कि-

"यद्यपि वह (सूरजमल) एक कृषक जैसा पहनावा पहनता था और कमवल अपनी ब्रज भाषा ही बोल सकता था, परन्तु वास्तव में वह **जाट-जाति का प्लेटो** था। चतुराई, बुद्धिमत्ता और लगान तथा अन्य माल के महकमे में आसिफजाह बहादुर निजाम के सिवाय भारत के प्रसिद्ध पुरुषों में और कोई उसकी समानता नहीं कर सकता था। जोश, साहस, चतुराई, अटूट दृढ़ता तथा अजय और न दबने वाला स्वभाव आदि अपनी जाति के अच्छे-अच्छे गुण सूरजमल में एक विशेष अंश में पाये जाते थे।"

महाराजा सूरजमल का चालबाज मराठे और धोखेबाज मुगल दोनों से ही पाला पड़ा था, किन्तु उन्होंने दोनों ही को असफल बना दिया था। अपनी शक्ति और राज का विस्तार दोनों ही के जाल के होते हुए भी बढ़ा लिए थे। सबसे पहले सन् 1732 ई. में महाराज सूरजमल जी ने भरतपुर को रात के समय खेमकरन सोगरिया पर चढ़ाई करके विजय किया। तब से भरतपुर की राज्यश्री की उत्तरोत्तर वृद्धि होने लगी। इन्होंने राजा जयसिंह जयपुर नरेश से मित्रता पैदा कर ली। वह भी इनको पुत्रवत् प्यार करते थे। जब सवाई जयसिंह के बाद ईश्वरीसिंह और माधौसिंह में झगड़ा हुआ तो सूरजमलजी ने उनके बड़े ईश्वरीसिंह जी को सहायता दी और माधौसिंह के हिमायतियों को जिनमें मल्हार होल्कर, गंगाधर तांतियां और मेवाड़, मारवाड़ और कोटा, बूंदी के राजा शामिल थे, एक साथ ही परास्त किया। इस युद्ध में पचास शत्रुओं को स्वयं महाराज सूरजमल ने अपने हाथ से काट डाला और एकसौ आठ को घायल किया था। यह घटना सन् 1749 की है। बूंदी के कवि सूदन ने इस समय की महाराज की वीरता का इस भांति वर्णन किया है-

"सह्यो भले ही जट्टिनी, जाए अरिष्ट अरिष्ट।
जाठर तस रवि मल्ल हुव, आमेरन को इष्ट।।
बहुरि जट्ट मलहार सन्, लरर लग्यो हर बल्ल।
आंगर है हुलकर, जाट मिहिर, मल्ल प्रति मल्ल।।"

अर्थात्-जाटिनी ने व्यर्थ ही प्रसूति की पीड़ा नही सही। उसके गर्भ से शत्रु का संहारक और आमेर के राजा का हितैषी सूरजमल उत्पन्न हुआ। फिर जाट सेना के आगे के भाग में मल्हारराव से युद्ध करने लगा (क्योंकि पीछे का भाग उसने जीत लिया) होलकर (रात्रि की) छाया और जाट सूर्य था। दोनों वीर अच्छी तरह युद्ध में भिड़े।

इस युद्ध के पश्चात् महाराज सूरजमल की कीर्ति सारे भारत में फैल गई, क्योंकि उन्होंने शिशोदियों, राठौरों, चौहानों और मराठों को एक ही साथ हरा दिया था। यह बात राजस्थान क्या भारत के इतिहास में एकदम विचित्र और अपूर्व थी।

सन् 1748 ई. में पलवल के स्थान पर महाराज सूरजमलजी ने सआदत अलीखां को और 1752 ई. में घासहरे के ठाकुर रावबहादुरसिंह बडगूजर को परास्त किया। मेवों को तो अपने पिता के आगे ही परास्त कर चुके थे। सआदत-अलीखां ने महाराज की इन दो शर्तो को मान लिया था कि उसके अधीन मनुष्यों में से कोई न तो पीपल का पेड़ काटेगा, न हिन्दू-मन्दिरों का अपमान करेगा।

महाराज सूरजमल ने वैवाहिक-सम्बन्धों द्वारा भी अपना राज्य विस्तृत किया। उन्होंने अपनी शादी होडल के मुखिया चौधरी काशीरामजी, जो एक समृद्धिशाली जाट सरदार था, की सुपुत्री रानी किशोरी से की थी। इसी भांति अपने पुत्र नवल सिंह की शादी कोटमणि के शक्तिशाली सरदार सीताराम की लड़की से की थी।

आपने बल्लभगढ़ के राजाओं की मुगलों से सहायता की। उन्होंने 1831 ई. में अहमद बंगश की राजधानी फर्रुखाबाद को भी लूट लिया। 1752-53 ई. में इन्हें मराठों के साथ दुबारा युद्ध करना पड़ा। गाजीउद्दीन इमादुलमुल्क ने अहमदशाह के पुराने मन्त्री सफदरजंग को महाराजा सूरजमल के खिलाफ लड़ने के लिए निमन्त्रित किया। सन् 1753 ई. में रघुनाथ राव पेशवा, होल्कर, इमाद की अध्यक्षता में मराठा और कुछ राजपूत राजाओं ने मिलकर हमला कर दिया। जनवरी सन् 1754 में इनकी सेनाओं ने **कुम्हेर को घेर लिया**। तीन महीने तक लगातार युद्ध होता रहा। इसी बीच महाराजा सूरजमल ने देहली के बादशाह और ग्वालियर के सिन्धिया से मित्रता कर ली, इसलिए मराठों को कुम्भेर का घेरा उठा लेना पड़ा।

सन् 1757 ई. में अहमदशाह अब्दाली ने अपने तमाम साथियों को यह आज्ञा दी कि भरतपुर के समस्त शहरों को नष्ट कर डालो और जो जितने जाटों के सिर को इकट्ठा करेगा, उसे उसका पंचगुना रुपया इनाम में दिया जाएगा।

सबसे पहले **बल्लभगढ़ पर धावा** हुआ। यहां उस समय जवाहरसिंह अपने थोड़े से साथियों के साथ ठहरे हुए थे। दिन भर लड़ने के पश्चात् रात के समय उन्होंने भरतपुर की ओर कूंच कर दिया। 28 फरवरी सन् 1757 को दुर्रानी की सेना ने **मथुरा** पर आक्रमण किया। यहां महाराज सूरजमल की तरफ से 5000 सैनिक थे। अचानक घिर जाने पर भी उन्होंने बड़ी बहादुरी के साथ पठानों का सामना किया और तीन हजार जाट धर्म की रक्षा करते हुए शहीद हो गए।

मथुरा को तबाह करने के बाद अब्दाली आगरे की तरफ बढ़ा, क्योंकि उसने सुना था कि उधर की तरफ बड़े-बड़े मालदार जाट हैं। किन्तु इसी बीच उसकी फौज में बीमारी फैल गई और उसके 150 सैनिक प्रतिदिन मरने लगे। वह महाराज से सिर्फ अपने खर्चे के लिए पहले एक करोड़ और फिर दस लाख रुपया मांगता रहा, किन्तु महाराज ने उसे कानी कौड़ी भी न दी। वह जाट-राज्य को धूल में मिला देने के इरादे से आया था, किन्तु अपना-सा मुंह लेकर उसे लौट जाना पड़ा।

अब्दाली के आक्रमणों के समय भयंकर परिस्थितियों में महाराज सूरजमल के लिए बड़ा कठिन था कि वह मराठा और अब्दाली में से किस के साथ मैत्री स्थापित करें । एक और देश को मराठे तबाह कर रहे थे और दूसरी और अब्दाली। अब्दाली यदि विधर्मी था तो मराठे चंचल मनोवृत्ति वाले और अविश्वासी थे।

(1. घेरा उठाने का मुख्य कारण मल्हार राव के पुत्र खांडेराव की मृत्यु और महाराज सूरजमल की राजनीतिक चतुरता थी - सम्पादक

2. अब्दाली के लौटने के कारण थे - भरतपुर की सेना की छापामार लड़ाई, महाराज सूरजमल का खरा जवाब, उसके सैनिकों में बैठा जाटों की तलवार का भय और आने वाले गर्मी के मौसम का डर - संपादक)

लेकिन आदर्श इसी में था जो कि स्वयं महाराज सूरजमल ने पसन्द किया था कि वह स्वदेश हित के लिए मराठों में मिल गए। देहली के मंत्रित्व पद के लिए [illegible]

गाजीउद्दीन और नजीबुद्दौला दोनों ही दांत गड़ाए हुए थे। गाजीउद्दीन के पक्ष में रघुनाथराव जो मराठों का उस समय सबसे बड़ा सरदार था झुका हुआ था। उसने पंजाब से लौट करके देहली को जीत लिया और गाजीउद्दीन को वजीर बना दिया था। नजीबुद्दौला होल्कर की शरण में पहुंचा। लेकिन महाराज सूरजमल देहली का मंत्रि-पद शुजाउद्दौला को दिलाने के पक्ष में थे। वह चाहते थे कि नजीबुद्दौला को खतम कर दिया जाए क्योंकि वह धोखेबाज है और गाजीउद्दौला का इसलिए हटा दिया जाय कि उसका कोई प्रभाव नहीं है। इस तरह महाराज सूरजमल उस भावी भय को मिटा देना चाहते थे, जिसकी आशंका अब्दाली के आक्रमण के समय से ही हुई थी। दत्ताजी सिंधिया और रघुनाथराव महाराज सूरजमल के विचार का समर्थन करते थे, किन्तु मल्हारराव होल्कर ने इमाद के प्रति अपने मोह के कारण इस समय भंयकर भूल की।

होल्कर की इस भूल का परिणाम दो ही वर्ष आगे चलकर के स्पष्ट हो गया। कुछ समय पहले रघुनाथराव ने पंजाब से अब्दाली के लड़के और हाकिमों को खदेड़ दिया था। इसलिए एक तो स्वयं उसकी इच्छा थी कि मराठों से वह बदला ले, दूसरे नजीबुद्दौला और देहली के बादशाह ने उसे भारत आने के लिए निमन्त्रण भी भेजा। अब्दाली के इस भंयकर आक्रमण से सारे उत्तरी-भारत में आतंक छा गया। जिनके पास धन और मान कुछ खोने के लिए था, वे जाट रियासत भरतपुर में भाग आये जो कि हिन्दू व मुसलमान प्रत्येक पीड़ित व्यक्ति और जाति के लिए शरणस्थल बन गया था। मराठा सरदारों ने भी अपनी स्त्री और बाल-बच्चों को महाराजा सूरजमल की रक्षा में भेज दिया। यहां तक कि हिन्दुस्तान के उस वजीर गाजीउद्दीन ने भी, जो कि महाराज का परम शत्रु था, अपने स्त्री-बच्चों को उन्हीं की शरण भेजना उचित समझा। महाराजा सूरजमल की इच्छा थी कि सिंधिया सरदार की वह किसी आपत्ति के समय में सहायता करे। क्योंकि वह सिंधिया के उस अहसान से उऋण होना चाहते थे, जो कि उसने कुम्हेर पर चढ़ाई के समय किया था।

अब्दाली और दत्ताजी में देहली के समीप **बादली** नामक स्थान पर घोर युद्ध हुआ। मराठे दिल तोड़कर लड़े। किन्तु विजय अब्दाली की हुई। वजीर गाजीउद्दीन भय के मारे देहली छोड़कर भाग गया। भाग्य ने उसका साथ जब कहीं न दिया तो लाचार होकर उसे भी भरतपुर की शरण लेनी पड़ी, जिसे कि वह कुछ दिन पहले नष्ट कर देने के लिए आतुर था। महाराज ने उसके पूर्व कुटिल व्यवहार को भुलाकर उसे शरण दी और यथोचित स्वागत-सत्कार के साथ रहने की व्यवस्था कर दी।

अब्दाली से हारने के बाद घायल और पीड़ित मराठों का भरतपुर में पूरी तरह से उपचार किया गया। अब्दाली महाराज सूरजमल के इस व्यवहार से चिढ़ गया कि उन्होंने उसके शत्रुओं को आश्रय दिया है इसलिए उसने दण्ड-स्वरूप महाराज से एक करोड़ रुपया मांगा। लेकिन महाराज शत्रु को इतनी बड़ी रकम देकर और अधिक बलवान बनाने के पक्ष में न थे, अतः उन्होंने उस धन को शत्रु से युद्ध करने में व्यय करना उचित समझा।

एक ओर तो महाराज सूरजमल थे कि अपने कट्टर शत्रु मराठों को इसलिए मदद दे रहे थे कि वे स्वदेशवासी और स्वधर्मी हैं। दूसरी ओर आमेर के माधौसिंह और मारवाड़ के विजयसिंह आदि राजपूत राजा थे, जो विदेशी और विधर्मी अब्दाली की विजय का स्वागत कर रहे थे।

2 फरवरी सन् 1760 को अहमदशाह अब्दाली ने महाराज सूरजमल के विरुद्ध भरतपुर की ओर प्रस्थान किया और तारीख 7 फरवरी को उसने डीग को घेर लिया। इस समय महाराज सूरजमल ने एक चाल चली। मराठा सेना की एक टुकड़ी उन्होंने रेवाड़ी की ओर, दूसरी बहादुरगढ़ की ओर भेज दी और जाट-सेना का तीसरा दल अलीगढ़ की तरफ भेज दिया। 17 मार्च को जाट-सेना ने अलीगढ़ को लूट लिया और वहां के किले को नष्ट कर दिया। अब्दाली को डीग का घेरा उठा लेना पड़ा। उसने मेवात में मराठों का पीछा किया। होल्कर भी इस समय महाराज सूरजमल का मित्र बन गया था। सिकन्दरा नामक स्थान पर अब्दाली ने जनरल साहबपसन्दखां से पराजित होने पर उसने भी भरतपुर में शरण ले रखी थी।

सन् 1760 ई. के पूरे साल, महाराज सूरजमल को केवल शस्त्रों से ही लड़ाइयां नहीं लड़नी पड़ीं, बल्कि राजनैतिक चालों से भी अब्दाली का सामना करना पड़ा।

आखिर सन् **1761 ई.** में उस युद्ध के आसार प्रकट होने लगे जो भारतवर्ष के इतिहास में **पानीपत के दूसरे युद्ध** के नाम से पुकारा जाता है। पेशवा बालाजी बाजीराव ने अपने भाई सदाशिव और लड़के विश्वासराव को एक बड़ी सेना देकर भारतवर्ष के भाग्य के अन्तिम निपटारे के लिए रवाना किया। पेशवा ने राजपूताने के समस्त राजाओं के पास हिन्दू-धर्म की रक्षा के नाते युद्ध में सम्मिलित होने का निमन्त्रण दिया। किन्तु किसी भी राजपूत राजा ने पेशवा के इस आह्वान को स्वीकार नहीं किया। चम्बल के किनारे पहुंचकर जब भाऊ ने महाराजा सूरजमल को, एक लंबा पत्र लिखकर, धर्म के नाम पर सहायता करने के लिए भेजा, तब महाराजा ने एक सच्चे हिन्दू की भांति मराठों के निमन्त्रण को स्वीकार किया और वह 20,000 जाट सैनिकों के साथ मराठों के कैम्प में पहुंच गए।

मराठा कमाण्डर-इन-चीफ ने आगरे में एक सभा की और उसमें युद्ध-विषयक परामर्श किया गया। उस समय महाराज ने मराठों को बड़ी उत्तम राय दीं और कहा कि हमें लड़ाई किसी छोटे-मोटे सरदार से नहीं लड़नी है । यह युद्ध तमाम मुसलमानों से है और बड़ा भंयकर युद्ध है। इसलिए इसके पूर्व स्त्रियों को किसी सुरक्षित दुर्ग में भेज देना चाहिए। हमारे साथ पैदल सेना, तोपें अत्यधिक हैं और मैदान में हैं। रसद तक का यथोचित प्रबन्ध नहीं है। इसलिए मेरी समझ से अगर कोई दूसरा स्थान न हो सके, तो मेरे यहां किले में पैदल सेना के साथ स्त्रियों,बालबच्चों और सामान को रखना चाहिए। नहीं तो शत्रु सेना कभी भी नष्ट करने में सफल हो सकती है। यद्यपि होल्कर वगैरह ने इस बात का समर्थन किया, परन्तु भाऊ ने इसे उचित सलाह न बताकर ऊट-पटांग बातें कीं, जिससे महाराज सूरजमल ने दूसरी बार भी विवेचनापूर्ण एक-एक पहलू को समझाने की कोशिश की, परन्तु सब बेकार हुई। ठीक कहते हैं 'विनाशकाले विपरीत बुद्धिः'। अर्थात् नाश होने का वक्त आ जाने पर बुद्धि विपरीत हो

जाती है।

एक दूसरी बात सूरजमल के रुष्ट होने की यह और हुई कि भाऊ ने लालकिला देहली के आमखास की चांदी की छत को उनकी इच्छा के विरुद्ध तुड़वा दिया। महाराज उस छत के एवज में पांच लाख रुपया देने को तैयार थे। पर लालची भाऊ को कहीं उससे भी अधिक का माल उसमें दिखाई दे रहा था। वह अपने हठी और लालची स्वभाव होने के कारण महाराज सूरजमल से बिगाड़ बैठा। छत तुड़वा देने पर भी उसे जब 3 लाख रुपये का ही माल मिला तो महाराज सूरजमल ने फिर कहा कि

"आप इस छत को फिर बनवा दीजिए जिससे देहली की प्रजा और आपके प्रति सरदारों का बढ़ा हुआ असन्तोष दूर हो जाए। सहयोगियों की सलाह से राज्य-कार्य कीजिए जिससे शासन के प्रति प्रेम उत्पन्न हो और मैं अब भी कहता हूं कि स्त्रियों को मेरे यहां के किले में भेज दीजिए। क्योंकि भरतपुर के आस-पास में जमींदार खुशहाल हैं इसलिए वहां रसद भी इकट्ठी हो जाएगी। आपको रसद और सैनिकों से मैं पूरी सहायता देता रहूंगा।"

महाराज सूरजमल ने यह बात मार्मिक शब्दों में कही थी, परन्तु भाऊ के पत्थर-हृदय पर कुछ भी असर न हुआ। महाराज ने देख लिया कि इस समय इसके सिर पर दुर्भाग्य सवार है और वह बिना कुछ कहे अपने शिविर को लौट आया।

भाऊ इतने ही से सन्तुष्ट नहीं हुआ, किन्तु उसने निश्चय किया कि सूरजमल

(1. महाराज ने एक परामर्श यह भी दिया था कि लम्बी मार की तोपों को मैदान में न ले जाया जाये और अब्दाली का सामना मैदान में जमकर नहीं, छापामार लड़ाई से किया जाय - संपादक)

के डेरों को लूट लिया जाय और उसे गिरफ्तार कर लिया जाय। किन्तु महाराज सूरजमल को होल्कर के द्वारा सूचित किए जाने पर षड्यंत्र का पता लग गया और वह उसी रात अपने लश्करे समेत भरतपुर की ओर रवाना हो गये। भाऊ के सैनिकों ने सुरक्षित उनका पीछा किया, लेकिन वह बल्लभगढ़ के किले में पहुंच चुके थे।

पानीपत के मैदान में वही हुआ, जिसकी कि आशंका की जा रही थी। मराठों को बुरी तरह से परास्त होना पड़ा, क्योंकि इस्लाम के नाम पर मुसलमान सब संगठित हो चुके थे। शुजाउद्दौला भी उनकी सेना में मिल गया था। इस लड़ाई में मराठों को भारी हानि उठानी पड़ी। उनके बड़े योद्धा इस युद्ध में मारे गए। शेष जो बचे वे बड़ी बुरी दशा में पड़ते-गिरते भरतपुर पहुंचे। महाराज सूरजमल ने मराठों की पुरानी बातों को भूल करके उनकी बड़ी आवभगत की। ब्राह्मण सैनिकों को दूध और पेड़ा खिलाया जाता था। घायल सैनिकों की सेवा-सुश्रूषा और इलाज किया गया। **महारानी किशोरी** ने स्वयं उनकी आवभगत में बड़ी दिलचस्पी ली। उस समय महाराज ने प्रजा में मुनादी करवा दी थी कि जो कोई दुखी सैनिक जिसके यहां पहुंचे उसकी यथोचित सहायता की जाये। इस आवभगत में महाराज का **दस लाख रुपया खर्च हुआ**। बाजीराव पेशवा की मुसलमान स्त्री से जंग बहादुर नाम का एक लड़का था। महाराज ने उसके उपचार का पूरा प्रबन्ध किया, किन्तु वह बच न सका । उस

समय महाराज के यहां बड़े-बड़े सरदारों ने आश्रय लिया था। सदाशिव भाऊ की स्त्री पार्वती बाई भी दुर्दिनों के फेर से वहां पहुंच गई थी। महाराज ने उन सबका उचित सम्मान योग्य प्रबन्ध किया और पार्वती बाई और सरदारों को एक-एक लाख रुपया देकर अपनी अधिरक्षता में दक्षिण की ओर भिजवा दिया। अन्य सभी महाराष्ट्रीय ब्राह्मणों को महारानी किशोरी ने पांच-पांच रुपया और वस्त्र वगैरह देकर विदा किया।

नाना फड़नवीस ने महाराजा सूरजमल के इस सद्व्यवहार के सम्बन्ध में इस प्रकार लिखा था -

"अब हम ग्वालियर में होल्कर के साथ ठहरे हुए हैं। भरतपुर में हमें सूरजमल ने आराम देने में कोई कसर नहीं रखी। हम 15-20 दिन तक वहां रहे, उन्होंने हमारा बड़ा आदर सम्मान किया और हाथ जोड़कर कहा-मैं तुम्हारे ही घर का हूं, मैं तुम्हारा एक सेवक हूं तथा ऐसे ही शिष्टाचार के अन्य शब्द भी कहे। उन्होंने हमें ग्वालियर तक बड़ी हिफाजत के साथ पहुंचा दिया है। अफसोस है कि उस जैसे बहुत थोड़े मनुष्य होते हैं।"

पेशवा यह पत्र पढकर सूरजमल के लिए बड़ा प्रसन्न हुआ।

जब पानीपत की लड़ाई के पश्चात् अब्दाली देहली आया तो वह मराठों को शरण देने के कारण सूरजमल पर चढ़ाई करने की सोचने लगा। नागरमल नाम के व्यक्ति को सूरजमल के पास इसलिए भेजा कि यदि सूरजमल कुछ भेंट दे दे तो लड़ाई स्थगित कर दी जाए। महाराज खूब जानते थे कि पठान अभी जल्दी कोई नई लड़ाई नहीं लड़ सकते हैं। इसलिए **मार्च सन् 1761 ई.** तक सन्धि के भुलावे में ही अब्दाली को डाले रहे और इसी बीच में **आगरे पर अधिकार** जमा लिया। शहर और किले की लूट से उन्हें 5,00000 रुपये मिले। ऐसे मौके पर एक लाख रुपया शाह को दे दिया। 21 मई सन् 1761 ई. को अब्दाली अपने देश के लिए प्रस्थान कर गया। अब महाराज सूरजमल को अपने राज्य को बढ़ाने का पूरा अवसर मिल गया।

महाराज ने हरयाणे के प्रदेश पर जहां कि जाटों की अधिक आबादी थी और अनेक छोटे-छोटे मुसलमान जागीरदार राज्य कर रहे थे, को विजय करने के लिए **जवाहरसिंह** की अध्यक्षता में सेना भेजी। छोटे लड़के नाहरसिंह की अध्यक्षता में द्वाबा में अधिकार स्थापित करने और पूर्वी रुहेला सरदारों की चाल का निरीक्षण करने के लिए दूसरी सेना भेजी। जवाहरसिंह ने **फर्रुखनगर** पर जो कि एक बिलोची सरदार मुसाबीखां के अधिकार में था, चढ़ाई की। यह किला बड़ा मजबूत था, इसलिए महाराज स्वयं तोपखाना लेकर जवाहरसिंह की सहायता को पहुंचे। दो महीने के घेरे के पश्चात् मुसाबीखां ने किले को खाली कर दिया। उसे कैद करके भरतपुर भेज दिया गया। फर्रुखनगर जाट-राज्य में मिला लिया गया। रेवाड़ी, गढ़ी-हरसरू और रोहतक तो पहले ही जाटों के अधिकार में आ चुके थे और वे **नवलसिंह** तक उनके अधिकार में रहे थे। कहा जाता है कि गढ़ी हरसरू की चढ़ाई में सूरजमल का हाथी जो कि किले के बड़े फाटक को तोड़ने के लिए जुटाया गया था, थककर बिना फाटक तोड़े लौट आया। तब **सरदार सीता राम** ने जो कि जाट था, यह देखा तो कुल्हाड़ी लेकर आगे आया। और

बड़ी वीरतापूर्वक फाटक को काट डाला। इसके बाद सूरजमल ने दूसरे सरदार बहादुरखां के किले पर चढ़ाई कर दी। इसी समय जाट सेना का एक दूसरा भाग नाहरसिंह

और बलराम सिंह तथा अन्य प्रसिद्ध सेनानायकों की अध्यक्षता में मुगल सरकार के अफसरों के हाथ से अनेक स्थानों को जीतते हुए जल्दी से जल्दी नजीबुद्दौला से भिड़ने के लिए तैयार हो रहा था । लेकिन नजीबुद्दौला इस मौके को टालना चाहता था और सूरजमल इस मौके से लाभ उठाना चाहते थे। इससे पहले सूरजमल के अधिकार में इतना प्रदेश आ गया था कि पूर्व में उनके राज्य की सीमा रुहेला राज्य तक पहुंच गई थी। **कोल, जलेसर,** एटा के जिले उन्ही के राज्य में थे। जमुना के इस किनारे पर देहली के फाटकों से लेकर चम्बल तक उनके सिवाय और किसी का राज्य नहीं था और गंगा की ओर भी करीब-करीब यही हालत थी। आगरे का किला ले लेने के पश्चात् उन्हें दक्षिण में अपने राज्य का फैलाने के लिए बहुत कुछ नहीं करना था। उनका ध्यान देहली के पश्चिम की ओर लगा हुआ था। इसलिए उन्होंने नजीबुद्दौला के सामने दिल्ली के आसपास के जिलों की गर्वनरी देने का प्रस्ताव रखा। पहले तो नजीबुद्दौला संधि की चर्चा चलाता रहा। लेकिन आखिर जब उसने समझ लिया कि सूरजमल से बिना लड़ाई लड़े अथवा गर्वनरी दिए तीसरी युक्ति से काम नहीं चल सकता तो दस-बारह हजार घुड़सवार और पैदलों की सेना लेकर **24 दिसम्बर सन् 1763 ई.** को सूरजमल से लड़ने के लिए जमुना पर कदम रखा। हिंडन नदी के किनारे दानों सेनाओं ने आमने-सामने डेरे लगा दिए। पहले दिन की लड़ाई में जाट ही विजयी रहे। जब कि घमासान युद्ध मच रहा था, महाराज सूरजमल केवल 30 घुड़सवारों के साथ मुगल और बिलोचियों की सेना में पिल पड़े और **वीरगति को प्राप्त हुए**। जाट सेना इतनी सुव्यवस्थित थी कि सूरजमल की मृत्यु के समाचार चारों ओर फैल जाने पर भी एक भी योद्धा विचलित न हुआ। वे इस भांति लड़ते रहे मानो कुछ भी नहीं हुआ है। जाट-सेना ने विजेताओं की भांति युद्ध-क्षेत्र को छोड़ा। महाराज सूरजमल की लाश शत्रुओं के हाथ न पड़ी। उनकी मृत्यु का विश्वास भी तब तक दुश्मनों को नहीं हुआ, जब तक कि जाट हिंडन को छोड़कर भरतपुर की तरफ न चल दिए।

फादर वेण्डिल ने महाराजा सूरजमल के स्वर्गवास का **25 दिसम्बर रविवार सन् 1763** ई. माना है। उनका मत इसलिए भी सही माना जा सकता है कि उन्होंने भरतपुर का इतिहास इस घटना के 5 वर्ष बाद ही लिखा था।

महाराजा सूरजमल वास्तव में अपने समय के योद्धाओं में भीम, नीतिज्ञों मे कृष्ण और अर्थशास्त्रियों में कौटिल्य थे। एक मुसलमान यात्री ने तो उन्हें **भारत का अन्तिम हिन्दू-सम्राट लिखा** है। यथार्थ में, वह नवीन युग के प्रवर्तक थे, राष्ट्रीय चेतना के जनक और देश को नयी दिशा देने के लिए प्रतिबद्ध थे।

15

पिता-पुत्र (सूरजमल-जवाहर सिंह) विद्रोह

पिता-पुत्र (सूरजमल-जवाहर सिंह) विद्रोह

कुम्हेर-घेरा में सूरजमल की शासन, वित्तीय तथा सैनिक व्यवस्था पर विपरीत प्रभाव पड़ा था। कुम्हेर-घेरा उठने पर उसे कुछ चैन मिला। दिल्ली की स्थिति बिगड़ी हुई थी। इससे सूरजमल का मराठों से समझौता हो गया कि वह उनके धावों का विरोध नहीं करेगा। रघुनाथराव ने सूरजमल को छूट दे दी कि वह आगरा प्रांत के अधिकाँश प्रदेश पर अधिकार कर ले। यह प्रदेश अब तक मराठों के पास था। सूरजमल और जवाहरसिंह ने पलवल पर अधिकार कर लिया, बल्लभगढ़ वापस ले लिया और सबसे महत्वपूर्ण बात यह कि मार्च, 1756 में अलवर अपने नियंत्रण में ले लिया। यह सब बिना किसी परेशानी के नहीं हुआ। एक नए व्यक्ति ने साम्राज्य के मामलों में प्रवेश किया, वह भयावह व्यक्ति अफगान रूहेला नजीव खां था।, जून, 1755 में नजीब खां नये वजीर-इमाद-उल-मुल्क के आदेश पर इन इलाकों को वापस लेने के लिए निकला, जिन पर गंगा यमुना के दोआब में सूरजमल ने कब्जा कर लिया था। चूँकि दोनों पक्षों में से कोई भी लम्बे संग्राम के लिए उत्सुक नहीं था, इसलिए राजकीय भूमि के दीवान नागरमल ने एक सन्धि की रूपरेखा तैयार की। यह दोनों में से किसी भी पक्ष के लिए पूरी तरह से संतोषजनक नहीं थी। इस डासना-संधि की शर्तें निम्न थीं:-

1. अलीगढ़ जिले में सूरजमल ने जिन जमीनों पर कब्जा किया हुआ है, वे उसी के पास रहेंगी।
2. इन जमीनों का स्थायी राजस्व 26 लाख रुपये तय हुआ, जिसमें से 18 लाख रुपये उन जागीरों के बदले मुआवजे के रूप में लिये जाने थे, जो अहमदशाह के शासनकाल में खोजा जाविद खान ने सूरजमल के नाम पर दी गयी, परन्तु उन दिनों की निरंतर अशान्ति के कारण जिन्हें वापस हस्तांतरित नहीं किया जा सका था।

3. सूरजमल सिकन्दराबाद के किले और जिले को खाली कर देगा, जो मराठों ने उसे दे दिया था।
4. बाकी आ लाख रुपयों से, जो कि शाही राजकोष को मिलने थे, सूरजमल दो लाख रुपये डासना-सन्धि पर हस्ताक्षर करते समय और बाकी छः लाख, एक साल के अन्दर चुका देगा।

"डासना-सन्धि" बेलाग विजय तो नहीं थी, परन्तु इसे बड़ी पराजय भी नहीं कहा जा सकता। कहा जाता है कि जोड़ बराबरी का छूटा, जिसमें सारे समय जाटों की पलड़ा भारी रहा।

अब तक सूरजमल का भाग्य-नक्षत्र जोर से चमक रहा था और जाटों के आकाश को अपनी दीप्ति से जगमगाता रहा था, लेकिन ईश्वर की लीला बड़ी विचित्र है। अचानक ही कुछ ऐसी घटनाओं ने उसके जीवन को झकझोर दिया। पहले तो उसके पिता बदनसिंह का जून 1756 में डींग में देहावसान हो गया। यह अन्त कुछ अप्रत्याशित नहीं था, क्योंकि बृद्ध ठाकुर का स्वास्थ्य बहुत समय से गिरता जा रहा था। वह अंधे हो चुके थे और अपने महल में रहते थे। वे अपने पूजा-स्थलों गोकुल, वृन्दावन और गोवर्धन के मंदिरों में भी नहीं आ जा रहे थे। जब तक वे थे, तब तक सूरजमल बड़े उत्साह पूर्वक अपने भविष्य-निर्माण में लगा रह सकता था, और वे समस्या का हल भी निकाल देते थे। उनकी मृत्यु से सूरजमल की चिन्ताएं, बोझ और परेशानियां तथा जिम्मेदारियां बढ़ गयीं। अब वह वैधानिक तथा वास्तविक - दोनों रूपों में एक विशाल एवं सामरिक दृष्टि से महत्वपूर्ण राज्य का शासक था। इस राज्य को उसके पिता ने, जो किसी भी दृष्टिसे देखने पर एक अत्यंत सत्वशाली पुरुष थे, बिलकुल शून्य में से गढ़कर तैयार किया था।

अभी वह अपने पिता की मृत्यु के शोक से उबर भी नहीं पाया था कि उसके पुत्र जवाहरसिंह ने विद्रोह का झंडा खड़ा करके उस पर मर्मातक आघात किया।

विद्रोह का प्रचालन सा ही चल पड़ा था। अफगान, सिख, मराठे, राजपूत और जाट भी इससे ग्रस्त हो गये थे। विद्रोह से किसी का कभी कुछ भी लाभ नहीं हुआ था। विद्रोह करना आसान था लेकिन उसे सफल करना उतना आसान नहीं था जितना कि विद्रोही समझता था।

निश्चित तो नहीं लेकिन किवदंती है कि राजा सूरजमल की 14 रानियां थी जिनमें सबसे प्रसिद्ध दो हैं - रानी हंसिया और रानी किशोरी। विवाह को राजनीतिक साधन बनाने में सूरजमल अपने पिता के समान ही चला था। रानी हंसिया का पुत्र नाहर सिंह था। रानी गंगा, जिसके दो पुत्र थे - जवाहरसिंह और रतनसिंह। रानी गंगा चौहान राजपूत की पुत्री थी। रानी कांवरिया और रानी खेतकुमारी ने क्रमशः नवलसिंह और रणजीतसिंह को जन्म दिया। रानी किशोरी के कोई संतान नहीं थी, उसने जवाहरसिंह को गोद ले लिया। जवाहर सिंह के साथ अन्य चार भाइयों की कोई बराबरी थी ही नहीं। उसमें गुणों की कमी नहीं थी परंतु उसके

स्वभाव के दोष भी कम नहीं थे। क्रोधी जवाहर सिंह धैर्य तथा शांतिपूर्ण लगन के मूल्य को तरजींह नहीं देता था। अनियंत्रित महत्वाकांक्षा विनाश का कारण बनती है। साहसी जवाहर सिंह अपने अहम में औरों की बुद्धिमत्ता की अवहेलना कर देता था। वह खुशामद से प्रसन्न हो जाता लेकिन उसके कान आलोचना सुनने को तैयार नहीं थे। उसे यह गलतफहमी थी कि जो लोग नरमी से काम लेते हैं, वे यश और धन अर्जित नहीं कर पाते। उसमें अपने पिता की सी निष्कपट भावना और सतर्क समझदारी नहीं थी। जवाहर सिंह के निरंतर चिड़चिड़ेपन के फलस्वरुप पहले मतभेद और उसके बाद विद्रोह होना अवश्यम्भावी था। छोटी-छोटी बातों पर छोटे-छोटे मतभेद प्रायः बड़े संघर्षों का कारण बन जाते हैं। विद्वान कहते हैं, "जो धनुष झुक सकता है उसका बाण बहुत दूर जाता है।' जवाहर सिंह झुकी नहीं सकता था।

जवाहर सिंह धन की मांग निरंतर करता रहता था। सूरजमल धन के विषय में सावधान रहता था, परंतु उसका पुत्र नहीं, अतः कलह का आरंभ होना ही था। जवाहर सिंह का रहन-सहन आय से अधिक था। सूरजमल सदा अपने को जमीदार ही मानता था जब जवाहर सिंह अपने को महाराजा का राजकुमार मानता था। खुशामदी और दरबारियों ने बाप-बेटों में झगड़ा किया। जवाहर सिंह के आसपास ऐसे युवक सामंतो का एक ऐसा झुंड जमा हो गया जो उसकी दुर्बलताओं का लाभ उठाकर उसे उकसाते रहते थे। इतिहासकारों ने इस कलह का कारण पिता और पुत्र की विरोधी मानसिक वृत्तियों को ही बतलाया है। सूरजमल ने करोड़ों रुपयों की संपत्ति एकत्रित कर ली थी। वह एक विशाल साम्राज्य का स्वामी था, किन्तु उसने परम्परागत साधारण रहन-सहन और पहनावे को नहीं छोड़ा, जबकि जवाहरसिंह शाही तड़क-भड़क का हामी था। सूरजमल को फिजूलखर्ची बिलकुल पसंद नहीं थी, वह उसे समझाता-बुझाता भी था परन्तु जवाहर पर उसका कोई असर नहीं होता था।

जवाहर सिंह को खुश करने के लिए उसने उसे डीग का किलेदार (कमान्डेंट) बना दिया। इस पद और स्थान दोनों से ही समझदार व्यक्ति को संतुष्ट हो जाना चाहिए था, परन्तु जवाहरसिंह के जीवन में समझदारी का स्थान नहीं के बराबर था। उसके पिता ने उसे सलाह दी कि अच्छे लोगों की संगति में रहे, परन्तु उसने उस पर ध्यान नहीं दिया। अनिवार्यतः: भरतपुर दरबार गुटों में बंट गया। एक पक्ष के नेता वयोवृद्ध बलराम और मोहनराम थे। इनमें पहला सूरजमल का साला और सेना का अध्यक्ष तथा भरतपुर का राज्यपाल था। मोहनराम वित्त तथा राजकीय तोपखानों का अध्यक्ष था। वे और जवाहरसिंह एक दूसरे को फूटी आँखों देख नहीं सकते थे। वे तीनों प्रभावशाली पुरुष थे, जिनकी बात सूरजमल और रानी हंसिया सुनते और मानते थे।

दूसरे दल के नेता रतनसिंह, ठाकुर अजीतसिंह, राजकुमार रतनसिंह और रानी गंगा, जवाहरसिंह के पक्ष में थे। तीसरे दल की नेता रानी किशोरी थी। इसका सबसे प्रमुख सदस्य रूपराम कटारिया था। उसने पिता-पुत्र में मेल करा देने की भरसक चेष्टा की, परन्तु विफल रहा। एक और सक्रिय सामन्त था, गादौली गाँव का सरदार ठाकुर सभाराम। वह धनी था और समय-समय पर जवाहरसिंह को बड़ी-बड़ी धन-राशियाँ भेंट देता रहता था। एक बार सभाराम

ने जवाहरसिंह को सात लाख रुपये दिये। जब राजा सूरजमल ने उसे डाँटा कि इस प्रकार वह जवाहर की आदत बिगाड़ देगा, तब सभाराम ने विनीत होते हुए उत्तर दिया, "चिड़ियों के पानी-पीने से तालाब खाली नहीं होता। हम सभी कमाने वाले हैं यदि एक बच्चा ऐसा है तो क्या हुआ, आपका नाम रोशन करेगा।"

ठाकुर बदनसिंह की मृत्यु के बाद स्थिति पराकाष्ठा पर पहुँच गयी। अपने जीवन में पहली बार सूरजमल ने कच्ची बाजी खेली और यह संकेत दिया कि उसका उत्तराधिकारी नाहरसिंह बनेगा। सूरजमल ने यह ठीक ही भाँप लिया था कि उसका पुत्र जवाहरसिंह जाटों के विनाश का कारण बनेगा। अपने पिता का यह निर्णय जवाहरसिंह को एकदम असह्य था और उसने बिना कुछ हिचकिचाए अपने को स्वतंत्र घोषित कर दिया। इसके लिए बढ़ावा उसके साथी युवक सामन्तों ने दिया। जब सूरजमल ने जवाहरसिंह को होश में लाने के सब सम्भव उपाय आजमाकर देख लिये और कोई लाभ न हुआ, तब उसके समक्ष इनके विरुद्ध कठोर कदम उठाने के अलावा कोई विकल्प नहीं रहा कि वह अपने विद्रोही पुत्र पर चढ़ाई कर दे। जवाहरसिंह ने दिखा दिया कि कोई माटी का माधो नहीं है। उसने कड़ा प्रतिरोध किया। उसने डीग के किले से बाहर निकलकर सूरजमल की सेना पर आक्रमण किया। शहर के परकोटे के नीचे जमकर लड़ाई हुई। जिन बदमाशों ने जवाहरसिंह को इस दुष्कर्म के लिए उकसाया था, उन्हें पीछे धकेल दिया गया। परन्तु जवाहर सिंह झपटकर वहां जा पहुंचा जहां घनघोर युद्ध हो रहा था और असाधारण वीरतापूर्वक लड़ने लगा। उसे एक तलवार लगीं, एक बरछा लगा और एक बन्दूक की गोली उसके पेट के निचले भाग में लगी और पार हो गयी। वह बुरी तरह घायल हो गया। अपने पुत्र के घावों को देखकर सूरजमल को उससे भी अधिक व्यथा हुई, जितनी की डींग के विनाश से हुई थी। वह बदहवास होकर अपने पुत्र कोउन लोगों के हाथों से छीन लेने को झपटा, जो उसके सब निषेधों और चीख-पुकार की परवाह न करते हुए उसका मलीदा बनाये दे रहे थे। उसके घावों को भरने में बहुत समय लगा, परन्तु वह जीवन भर पूरी तरह से ठीक नहीं हो सका। वह जीवन भर लंगड़ाता रहा।

फादर बेंदेल जो उस समय डीग में रहा था, जिसे उस कलहपूर्ण वातावरण का कुछ ज्ञान था, कहता है - यद्यपि यह बिल्कुल सत्य है कि जवाहरसिंह इस अप्रिय कार्य में कुछ तो अपने स्वभाव के कारण और कुछ अपने साथियों की सलाह के कारण फँसा था, फिर भी यह कहा जाता है कि उसके पिता सूरजमल उससे बहुत अधिक टोकाटाकी करता था, उसकी कंजूसी के कारण जवाहरसिंह स्वयं को गरीब अनुभव करता था। इस कारण और जवाहरसिंह को अपने साथियों के लिए धन देने वाले लोगों की दोस्ती के कारण जवाहरसिंह अन्त में वह हिंसात्मक कदम उठाने के लिए विवश हो गया था, जिसके लिए उसे उचित ही धिक्कारा गया है। उन दोनों में मनमुटाव का एक और भी कारण था। अपनी मृत्यु से पूर्व बदनसिंह ने युवक जवाहरसिंह को (जो उसे बहुत प्रिय था और जिसे वह औरों से अधिक पसंद करता था) एक कागज का पुर्जा दिया था। यह समझा जाता था कि इसमें एक बहुत बड़े, छिपाकर रखे गये खजाने की जानकारी दी गई थी। सूरजमल कागज के इस पुर्जे को प्राप्त करने के

लिए बहुत बेचैन था। जो लोग यह कहानी सुनाते हैं, वह इसलिए बहुत सम्भव जान पड़ती है, क्योंकि सभी भले लोगों ने निर्विवाद रूप से इसकी सत्यता का विश्वास दिलाया है। प्रतीत होता है कि उसी दिन और उसी समय, जबकि सूरजमल के सामने ही जवाहरसिंह के घावों की मरहम-पट्टी हो रही थी, जवाहरसिंह बेहोश हो गया और बिल्कुल मरने को हो गया। तब सूरजमल ने उससे कई बार पूछा—"बाबा ने जो कागज का पुर्जा दिया था, वह कहाँ रखा है?" इस पर जवाहरसिंह ने सिर दूसरी ओर फेर लिया और हाथ से इशारा किया, जिससे सूरजमल के लोभी स्वभाव के प्रति अरुचि प्रकट होती थी, जो ऐसी दशा में अपनी आँखों के सामने मरते हुए पुत्र की अपेक्षा उस खजाने के लिए अधिक चिंतित जान पड़ता था।"

यह वर्णन न केवल काल्पनिक है, अपितु बेहूदगी की सीमा तक जा पहुँचा है। "महाराजा सूरजमल" के लेखक कुं. नटवरसिंह भी बेदेल के उपरोक्त वर्णन को अमान्य मानते हुए लिखते हैं— "क्या हम यह कल्पना कर सकते हैं कि सूरजमल एक ओर तो अपने पुत्र की जीवन-रक्षा के लिए प्रार्थना कर रहा हो और दूसरी ओर अपने मृत-प्राय पुत्र से बदनसिंह के उस पुर्जे को माँग रहा हो, जिसका कभी कोई अस्तित्व था ही नहीं? और वह भी सब लोगों के सामने? इतना ही बेहूदा यह सुझाव भी है कि बदनसिंह कोई रहस्य जवाहरसिंह को तो बताने को तैयार था। सूरजमल को नहीं, जो पिछले बीस वर्षों से राज्य का वास्तविक शासक था, वह बात सोची भी न जा सकती है कि सूरजमल के पिता ने उसे विश्वासपात्र न माना हो।" अतः हम बेदेल के इस कथन को अमान्य कर सकते हैं, वैसे ही जैसे कि हम उसके इस आरोप को गलत मानते हैं कि सूरजमल बदनसिंह का पुत्र नहीं था।

यह निर्विवाद है कि इस दुखद एवं उग्र कलह से बाप-बेटे के पारस्परिक रिश्तों में कटुता आ गयी। सूरजमल भविष्य के लिये आशंकित हो गया कि उसकी मृत्यु के बाद उसके पुत्रों में प्राणघाती युद्ध होगा, क्योंकि जवाहरसिंह को लड़ने में मज़ा आता था। उसे यह भी आशंका थी कि बलराम और मोहनराम जवाहरसिंह को अपना शासक स्वीकार नहीं करेंगे। जरूरत पड़ने पर वे युद्ध से इसका निर्णय करेंगे। विजेता कोई भी हो, इससे हानि जाट-राष्ट्र को ही होगी। प्रो. कानूंगो लिखते हैं कि जवाहरसिंह अपने लोगों को समझ नहीं पाया था, जबकि उसका पिता समझता था। कानूनगो का कथन है कि— "जवाहरसिंह अभिजात-वर्गीय होने का दिखावा करता था और वह अपने निकटतम सम्बन्धियों तथा रिश्तेदारों को यह जताये बिना न रहता था कि वह अपने कुल के कारण उनसे बड़ा है और उन पर शासन करने का हकदार है। हर एक जाट को यही बात सबसे बुरी लगती है, वह अफ़गानों की तरह किसी भी झूठे दावेदार को उसके मुँह पर यह कहने नहीं डरता कि 'तू ऐसा क्या है, जो मैं नहीं हूँ? तू ऐसा क्या बन जायेगा, जो मैं नहीं बनूँगा?' " इसके अलावा, इस राजकुमार का चरित्र भी ऐसा था कि उससे अन्य लोगों में विश्वास बिल्कुल उत्पन्न नहीं होता था। जवाहरसिंह ने आगे चलकर अपने पिता की उन सभी शंकाओं को सत्य कर दिया, जो उन्हें थीं। सूरजमल की मृत्यु के बाद, उसने उस सब को गँवाते और नष्ट करते जरा भी विलम्ब नहीं किया जो उसके पिता और दादा ने बड़े परिश्रम और साहस से जीता और संचित किया था।

16

महारानी किशोरी भरतपुर राज्य की संरक्षिका

महारानी किशोरी भरतपुर राज्य की संरक्षिका

रतन सिंह (राज्यकाल: 1768 – 1769)

केहरी सिंह (राज्यकाल:1769 - 1771)

नवल सिंह (राज्यकाल:1771 - 1776)

महारानी किशोरी भरतपुर

महारानी किशोरी (18 वीं शताब्दी) भारत के राजस्थान राज्य के भरतपुर के महाराजा सूरजमल की पत्नी थीं। वे हरियाणा के पलवल (पूर्व जिला फरीदाबाद और गुरुगांव) जिले में स्थित होडल नामक कस्बे की रहने वाली थीं, जो मथुरा और भरतपुर के निकट है। महारानी किशोरी चौधरी काशी राम सोरोत की पुत्री थीं। स्वामी ओमानंद के उनके परिवार से घनिष्ठ संबंध थे और उन्होंने संग्रहालय के लिए कई ऐतिहासिक सामग्रियां प्राप्त कीं। उनके पति द्वारा भरतपुर में उनके लिए बनवाया गया महल अब राजस्थान सरकार द्वारा संरक्षित एक स्मारक है।

कहा जाता है कि महाराजा सूरजमल होडल के पास अपने हाथी पर सवार थे जब उन्होंने एक क्रोधित बैल को लोगों को डराते हुए देखा। किशोरी अपने सिर पर घड़ा लेकर कुएँ से लौट रही थी और बैल को काबू में करने के लिए उसकी लगाम पर चढ़ गई। उन्होंने ढीली लगाम पर अपना पैर रखकर बैल को काबू में कर लिया। किशोरी एक बहादुर, हष्ट-पुष्ट और सुंदर युवती थीं। सूरजमल उनसे बहुत प्रभावित हुए और कुछ समय बाद उन्होंने अपने पुरोहित को विवाह का प्रस्ताव लेकर भेजा। कहा जाता है कि उनके पिता इस रिश्ते के लिए राजी हो गए, लेकिन उनकी इच्छा थी कि उनका दर्जा भी प्रतिष्ठित राजा के बराबर हो। यह सुनकर महाराजा सूरजमल ने उन्हें चौधरी की उपाधि प्रदान की और होडल परगना से राजस्व वसूलने का अधिकार भी दिया। विवाह लगभग 1730 के आसपास संपन्न हुआ।

कवि सूदन के अनुसार **महाराजा सूरजमल ने 21 मार्च 1750** (फाल्गुन सुदी पन्द्रह) को महारानी किशोरी से विवाह किया था । चौधरी काशी राम सोरोत के किशोरी के अलावा दो और बेटे थे जो बुज लाल और गुमान सिंह थे। महाराजा सूरजमल ने काशीराम को गांव तावडू (परगना नूह) का प्रबंधक नियुक्त किया और इस तरह महारानी किशोरी से विवाह के माध्यम से उन्होंने मेवात में अपनी स्थिति मजबूत कर ली।

कुछ इतिहासकार, जैसे के आर कानूनगो , जदुनाथ सरकार, डॉ.रणजीत सिंह,और उपेन्द्र नाथ शर्मा उल्लेख करते हैं कि महारानी किशोरी और हंसिया अलग नहीं थीं। हंसिया महारानी किशोरी का ही नाम था। कवि सूदन की कविता भी यही कहती है। लेकिन ठाकुर गंगासिंह और कुंवर नटवरसिंह, किशोरी और हंसिया को महाराजा सूरजमल की अलग-अलग रानियाँ मानते हैं और उन्हें (सूरजमल को) महारानी किशोरी सबसे ज्यादा पसंद थीं। उन्होंने लोहागढ़ किले के भीतर महारानी किशोरी महल का निर्माण कराया। उन्होंने वृन्दावन में महारानी किशोरी मंदिर और गोवर्धन में महारानी किशोरी खास महल का भी निर्माण कराया।

भरतपुर राज्य के संरक्षक की भूमिका

महारानी किशोरी को "स्थानीय जनता के लिए गौरव का प्रतीक" बताया गया है, महाराजा सूरजमल की मृत्यु के बाद भी उन्होंने "तीन पीढ़ियों (रतनसिंह, केहरी सिंह, नवल सिंह) तक भरतपुर राज्य के संरक्षक की भूमिका निभाई"।

महारानी किशोरी के बाद स्थापित संस्थानों की सूची

- महारानी किशोरी मेमोरियल कन्या महाविद्यालय होडल, पलवल (पूर्व फ़रीदाबाद), हरियाणा
- महारानी किशोरी जाट कन्या कॉलेज रोहतक, जिला रोहतक, जिला रोहतक, हरियाणा
- महारानी किशोरी सीनियर सेकेंडरी स्कूल चिड़ावा, जिला झुंझुनू राजस्थान
- महारानी किशोरी देवी गर्ल्स स्कूल बीकानेर जिला बीकानेर, राजस्थान

महारानी किशोरी के कूटनीतिक प्रयास

महारानी किशोरी के ऐतिहासिक महत्व के प्रमुख योगदान निम्नलिखित हैं:

- **1. जब सन् 1754 में होल्कर और अन्य लोगों ने कुम्हेर** के किले को तीन महीने तक घेरे रखा, तो रानी किशोरी ने **राम रूप कटारिया** को एक पत्र, पगड़ी और राखी के साथ ग्वालियर के सिंधिया को भेजा, जिसमें उन्होंने कहा कि उनकी बहन का सम्मान खतरे में है। सिंधिया उनकी मदद के लिए आए। इस युद्ध में मल्हारराव होल्कर के पुत्र खाण्डेराव होल्कर शहीद हो गए। इस प्रकार, इस कूटनीतिक कदम से महारानी किशोरी ने राज्य को बचा लिया।

- **2.** उसने जवाहर सिंह की जान बचाई, जब महाराजा सूरजमल और जवाहर सिंह के बीच लड़ाई छिड़ गई।

- **3. सदाशिव राव भाऊ ने पानीपत के तीसरे युद्ध** में सहायता मांगी। महाराजा सूरजमल ने उनकी सहायता की, लेकिन उन्हें सलाह दी कि वे भारी तोपें और मराठा महिलाएं भरतपुर किले में ही छोड़ दें। भाऊ ने उनकी बात अनसुनी कर दी और युद्ध हार गए। उनकी सेना और महिलाएं बेहद दयनीय हालत में भरतपुर लौटीं। महारानी किशोरी ने 10 लाख रुपये खर्च करके मराठा महिलाओं और सेना की इज्जत और जान बचाई। मराठा आज भी इस कार्य के लिए जाटों के प्रति कृतज्ञ हैं।
- **4. महारानी किशोरी** हमेशा **महाराजा सूरजमल** के साथ युद्ध के मैदान में रहती थीं।
- **5.** महाराजा सूरजमल की मृत्यु के बाद उन्होंने यह शर्त रखी कि जो भी पुत्र सूरजमल और जाटों का सम्मान बहाल करेगा, वही राजा बनेगा।

- **6.** जब जवाहर सिंह राजा बनने के बाद आशीर्वाद लेने गए।

महारानी किशोरी के कूटनीतिक प्रयास

मराठों ने 20 जनवरी 1754 ई. को कुम्हेर किले पर आक्रमण किया। उन्होंने 18 मई 1754 तक किले को घेरे रखा। युद्ध लगभग चार महीने तक चला। युद्ध के दौरान,मल्हारराव के पुत्र खांडेराव होल्कर एक दिन खुली पालकी में अपनी सेना का निरीक्षण कर रहे थे, तभी किले के अंदर से उन पर तोप का गोला दागा गया और उनकी मृत्यु हो गई। अपने इकलौते पुत्र की मृत्यु से मल्हार राव बहुत क्रोधित हुए और बदला लेने की ठान ली उन्होंने कसम खाई कि वे महाराजा सूरजमल का सिर काट देंगे और किले को नष्ट करके उसकी मिट्टी यमुना में बहा देंगे। मराठों ने दबाव बढ़ा दिया, लेकिन सूरजमल ने शांतिपूर्वक अपना बचाव किया। सूरजमल अकेले थे और कोई भी शासक उनकी मदद के लिए तैयार नहीं था। इस समय, महाराजा सूरजमल ने महारानी किशोरी से परामर्श किया, जिन्होंने उन्हें चिंता न करने का आश्वासन दिया और कूटनीतिक प्रयास शुरू किए। उन्होंने दीवान रूपराम कटारा से संपर्क किया। उन्हें पता था कि मल्हार राव होल्कर और जयप्पा सिंधिया के बीच गहरी शत्रुता है और जयप्पा सिंधिया अपने इरादों में बहुत दृढ़ हैं। उन्होंने महाराजा सूरजमल को मराठों के बीच आपसी मतभेदों का लाभ उठाने की सलाह दी। दीवान रूपराम कटारा, जयप्पा सिंधिया के मित्र थे। उन्होंने दीवान रूपराम कटारा से महाराजा सूरजमल का पत्र संधि के प्रस्ताव के साथ ले जाने का अनुरोध किया। जयप्पा सिंधिया ने सहायता का आश्वासन दिया और रघुनाथराव से संपर्क किया, जिन्होने बदले में होल्कर को सूरजमल के साथ संधि करने की सलाह दी। मल्हार राव होल्कर ने स्थिति का आकलन किया और अलगाव और भयंकर युद्ध के भय से संधि के लिए सहमती दे दी । इसके परिणाम स्वरूप **18 मई 1754** को दोनों शासकों के बीच संधि हुई। यह संधि महाराजा सूरजमल के लिए बहुत

लाभदायक साबित हुई।

के.आर. कानूनगो उल्लेख करते हैं: - यद्यपि मृत्यु के प्रति समान रूप से उदासीन, **जाटनी महिला**, जो अधिक स्वतंत्र वातावरण में पली-बढ़ी थी, और राजपूत महिला की तुलना में विश्वदृष्टि व्यापक और मानवीय चरित्र की गहरी समझ रखती थी, अधिक आशावादी और साधन संपन्न सिद्ध हुई। हंसिया (सूरजमल की पत्नी, 'मुस्कुराती हुई') ने अपने पति के गिरते मनोबल को जगाया, उन्हें उस पर भरोसा करने और अपने मन से निराशा को दूर करने के लिए कहा। उसने **जयजी अप्पा सिंधिया** के बारे में सुना था, जो एक उदार, सीधे-सादे और वीर पुरुष थे, जिन पर किसी भी अन्य मराठा सरदार से अधिक भरोसा किया जा सकता था; मराठा नेताओं के बीच आपसी ईर्ष्या और रिश्वत के प्रति उनकी सहजता भी उससे अछूती नहीं थी। शत्रु खेमे में फूट डालने के लिए, उसने एक रात रूपराम के पुत्र **तेजराम कटारा को सूरजमल** का पत्र और उसकी पगड़ी के साथ जयजी सिंधिया के पास भेजा, ताकि वह पगड़ी के आदान-प्रदान के बदले उनकी सुरक्षा और मित्रता की याचना करे। जयाजी ने बड़ी उदारता से जवाब दिया, सूरजमल का वचन स्वीकार किया और बदले में उन्हें अपनी पगड़ी, प्रोत्साहन पत्र और अपने संरक्षक देवता (बेल भंडार) को अर्पित की गई बेल की पत्ती भेजकर अपनी निष्ठा का सबसे पुख्ता प्रमाण दिया। इस घटना की खबर फैल गई और होल्कर निराश हो गए।

महारानी किशोरी द्वारा किया गया पुष्कर स्नान

महाराजा सूरजमल की पत्नी महारानी किशोरी, जिन्होंने जवाहर सिंह को गोद लिया था, राजनीतिक दांव-पेचों में माहिर थीं। उन्हें यह देखकर दुख हुआ कि महाराजा जवाहरसिंह परिवार के सदस्यों और सरदारों के प्रति अनुकूल नीति नहीं अपना रहे थे। वह जानती थीं कि उन्हें युद्ध में उलझाए रखने से ही उन्हें वश में किया जा सकता है। वह यह भी जानती थीं कि राजपूत जाटों के इस अचानक उदय को कभी बर्दाश्त नहीं कर पाएंगे और सत्ता हासिल करने के उनके प्रयासों का हमेशा विरोध करेंगे। दोनों समस्याओं का समाधान युद्ध में ही निहित था।

महारानी किशोरी ने अपने वीर पुत्र जवाहर सिंह से पुष्कर में पवित्र स्नान करने की इच्छा व्यक्त की। जवाहर सिंह ने बताया कि पुष्कर उनके चिर शत्रु राजा माधो सिंह के क्षेत्र में स्थित है, जो उनके बड़े दल-बल के साथ पुष्कर आने को सहन नहीं करेंगे। जवाहर सिंह ने उन्हें सलाह दी कि यदि वे पुष्कर स्नान करने की इच्छुक हैं, तो वे केवल कुछ अनुयायियों और पुरोहित रूपराम के साथ ही जाएं।

महारानी ने पलटवार करते हुए कहा कि वह महाराजा जवाहर सिंह की माता और महाराजा सूरजमल की महारानी हैं, और मारवाड़ी महिलाओं की तरह स्नान करना उनके स्वाभिमान को ठेस पहुंचाएगा, और वह वहां मौजूद राजपूत रानियों के साथ स्नान करना पसंद करेंगी।

वह राजपूत रानियों से भी अधिक दान देना चाहती थी। उसने कहा कि उसे समझ नहीं आता कि जाटों को राजपूतों से डरने की क्या ज़रूरत है। जवाहर सिंह भली-भांति जानता था कि इससे युद्ध और रक्तपात होगा।

जवाहर सिंह 60,000 घुड़सवारों, 1 लाख पैदल सैनिकों और 200 तोपों के साथ पुष्कर की ओर अग्रसर हुए। लहराते झंडों और बजते ढोलों के साथ वे जयपुर क्षेत्र में प्रवेश कर गए और पुष्कर के रेतीले मैदानों में एक भव्य शिविर स्थापित किया।

महारानी किशोरी को सोने से तौला गया, जिसे दान में दे दिया गया। इस अवसर पर उपस्थित अन्य रानियों को अपमानित महसूस हुआ क्योंकि वे महारानी किशोरी के दान के बराबर दान देने की स्थिति में नहीं थीं। राजपूतों का गौरव आहत हुआ।

जब मराठों को पानीपत के तीसरे युद्ध में हार का सामना करना पड़ा और लगभग एक लाख मराठा सैनिक दक्षिण लौटते समय बिना हथियारों, कपड़ों और भोजन के सूरजमल के क्षेत्र में पहुँचे, तो महारानी किशोरी और महाराजा सूरजमल ने उनका हार्दिक स्वागत किया और हर मराठा सैनिक या साथी को मुफ्त राशन दिया। घायल सैनिकों की तब तक देखभाल की गई जब तक वे यात्रा करने के योग्य नहीं हो गए। यह मानवता के प्रति उनके अटूट प्रेम का एक उदाहरण है।

भरतपुर राजवंश को विलुप्त होने से बचाया

जुलाई 1778 में, मिर्ज़ा नजफ़ खान राव राजा के साथ शांति समझौता करने के लिए विवश हो गया, और उसने अलवार तथा जाटों से जीते गए अन्य क्षेत्रों पर उसके अधिकार को मान्यता दी। उसने रणजीत सिंह के विरुद्ध हमदानी को वापस भेजा और स्वयं आगरा के लिए रवाना हो गया। सितंबर 1778 में वह जाटों के मामलों को समाप्त करने के लिए एक बड़ी सेना के साथ कुम्हेर के समक्ष उपस्थित हुआ।

कुम्हेर की घेराबंदी बड़े जोश के साथ जारी रही, लेकिन सम्राट के आने की उम्मीद में किले की सेना ने कड़ा प्रतिरोध किया। घेराबंदी अंतहीन प्रतीत होने पर मिर्जा नजफ़ खान अधीर हो गए। नीति और जनहित को ध्यान में रखते हुए अमीर-उल-उमरा ने एक चेतावनी भरा पत्र भेजा... जिसमें रणजीत सिंह को याद दिलाया गया कि आत्मसमर्पण के माध्यम से क्षमा प्राप्त करने और वफादार सेवा द्वारा अपनी पिछली गलती का प्रायश्चित करने का अभी भी समय है, बिना हजारों सैनिकों को विनाश में घसीटे। यह सलाह रणजीत सिंह के हृदय में कोई स्थान नहीं पा सकी - वह पहले की तरह ही अभिमानी और हठी बने रहे। घेराबंदी करने वाली सेना ने अपने प्रयासों को दोगुना कर दिया और जल्द ही किले को अभेद्य बना दिया। अपने सबसे बड़े संकट के क्षण में, उन्हें बूढ़ी महारानी किशोरी की याद आई, जो भरतपुर वंश की महिमा से परे जी चुकी थीं और महाराजा जवाहर सिंह की मृत्यु के बाद उपेक्षा और एकांत में जी रही थीं। महाराजा रणजीत सिंह के शुभचिंतकों ने उन्हें सलाह दी कि वे वृद्ध महारानी किशोरी को मुगल शिविर में भेज दें, क्योंकि उन्हें अमीर-उल-उमरा के उच्च अधिकारियों का सम्मान और सद्भाव प्राप्त था, और संभवतः उनकी मध्यस्थता से

उनके पिछले अपराधों के लिए क्षमा मिल सकती थी। लेकिन रणजीत सिंह ने उनकी सलाह पर अमल करने में संकोच किया, कहीं ऐसा न हो कि मिर्ज़ा उन्हें मुगल शिविर में रोककर बिना शर्त आत्मसमर्पण करने के लिए विवश कर दे। एक रात वे कुछ मित्रों के साथ कुम्हेर को उसके हाल पर छोड़कर भाग निकले। अगली सुबह मुस्लिम सेना ने किले की दीवारों पर चढ़कर रक्षकों को पराजित कर दिया। महारानी किशोरी उनके हाथों बंदी बन गईं और उन्हें पूरे सम्मान के साथ नवाब के शिविर में ले जाया गया। उनके आदेशों का पालन करते हुए, उनके शासन के अधिकारियों ने उनके निवास के लिए ऊंचे और एकांत तंबू बनवाए और उनकी सेवा के लिए कुशल सेवक नियुक्त किए गए, ताकि कुछ दिनों में उनका दुःख कम हो जाए।

जब नवाब ने उसे बुलाया, तो वह किसी कैदी के संशय और डरपोक कदमों से विजेता से मिलने नहीं गई, बल्कि एक दुखी माँ की आशा और विश्वास के साथ अपने पालक बच्चे से मिलने गई। नवाब के पास पहुँचकर, वह एक स्नेही नर्स की तरह अमीर-उल-उमरा के चारों ओर घूमी और सच्चे दिल से उसके सारे दुख अपने कंधों पर ले लिए। नम आँखों से उसने अपने दुख की व्यथा सुनाई। जब नवाब अमीर-उल-उमरा को उसके हृदय का दुख पता चला, तो वह दया से भर उठा और बड़ी उदारता से उसे अपनी माँ के समान शरण दी। उसने उसे कुम्हेर का किला रहने के लिए और उसके आसपास के *महल* उसके भरण-पोषण के लिए दे दिए। उसे प्रसन्न करने के लिए, उसने रणजीत सिंह का अपराध क्षमा कर दिया और उसे भरतपुर का किला और सात लाख रुपये मूल्य की जागीर दे दी । उसकी उदारता वहां सफल हुई जहां अब्दाली की बर्बर क्रूरता विफल हो गई थी।

होडल

होडल (एएस, पी.1031): होडल दिल्ली-मथुरा रेल मार्ग दिल्ली से 53 मील दूर है। 1720 ई. दिल्ली में मुगल सम्राट मोहम्मदशाह रंगीले और सैयद अब्दुल्ला की सेना इसी स्थान के निकट हुई थी। इस युद्ध में जूनून के संस्थापक **चूड़ामन जाट** भी अब्दुल्ला की ओर से लड़े थे। अब्दुल्ला की सेना पूरी तरह से नष्ट हो गई थी। अब्दुल्ला और उनके भाई हुसैन के परावर्तक मुगलकालीन इतिहास के विद्वान नृपकर ने कहा है क्योंकि दिल्ली के तश्तरी पर एक के बाद एक कई बादशाहों को मनमाने तरीके से विशेषज्ञ राज्यशक्ति स्वयं अपने हाथ में रख लिया था। जूनून के राजा सूरजमल ने होडल निवासी चौधरी काशी की पुत्री से विवाह किया था, जो कि **महारानी किशोरी** या हसिया रानी कहलाई से आगे था। रानी किशोरी का जूनून-राज्य के इतिहास में प्रमुख स्थान है। वह जूनून को कई बार आकस्मिक राजनीतिक साक्षियों से मिला था।

महाराजा रतनसिंह (शासनकाल जून सन 1768 से अप्रैल सन 1769 ईसवी) –

महाराजा रतनसिंह महाराजा जवाहर सिंह का सहोदर भाई था। सन 1761 ईसवी में महाराजा सूरजमल ने आगरा का किला फतह किया। इसके बाद उन्होनें आगरा को पृथक प्रांत बना दिया। जवाहर सिंह के आग्रह पर उसका छोटा भाई रतनसिंह यहाँ का गवर्नर

नियुक्त हुआ। जवाहर सिंह तथा दानशाह उसके साथ थे। जिस समय जवाहर सिंह की मृत्यु हुई रतनसिंह मोहबा में था और उसी के साथ दानशाह भी था। उसके बाद डींग में भादों वदी पड़वा संवत 1825 (जून सन 1768 ईसवी) को रतनसिंह ने जाट राज्यसिंहासन ग्रहण किया।

महाराजा जवाहर सिंह द्वारा छोड़ी गई अनुशासित, युद्ध कुशल, सुव्यवस्थित सेना महाराजा रतनसिंह के लिए एक लौह कवच के समान थी। इस कारण राजा मुगल शासकों एवं राजपूत रजवाड़ों की भांति, ऐशों-आराम, नृत्य, संगीत और सुरा–सुंदरी से भरपूर रंगरेलियों में वृन्दावन जाकर हिलोरें लेने लगा। रतनसिंह एक बार नर्तकियों को साथ लेकर वृन्दावन गए और साथ में कैप्टेन मेडेक, राजा हीरा सिंह और दानशाह आदि भी थे। 11 अप्रैल सन 1769 को एक धूर्त गुंसाई रूपानन्द द्वारा कतार से घातक वार कर मृत्यु की गोद में सुला दिया। महाराजा रतनसिंह का दाह संस्कार यमुना के किनारे ही किया गया और आज भी इस शौकीन मिजाज, शाही जाट महाराजा की छतरी नीली छतरी के नाम से विख्यात है।

महाराजा रतनसिंह

जवाहरसिंह की मृत्यु के पश्चात् मई 1968 में महाराज रतनसिंह गद्दी पर बैठा। यह जवाहरसिंह का छोटा भाई था। परन्तु उसमें शासन-योग्यता की कमी थी। उसके शासन-काल में विशेष उल्लेखनीय घटना नहीं हुई। दुस्सादत के लेखक अनुसार उसने दस महीने तेरह दिन राज्य किया। कहते हैं कि वह एक जादूगर गुसाईं के बहकावे में आ गया। उसने उन्हें सोना बनाकर दिखाने का चमत्कार बतलाया। जब महाराज ने उसे बना हुआ सोना दिखलाने के लिए कहा तो उसने एकान्त में अकेले राजा को दिखाने का वायदा किया और जब राजा को अकेला पाया तो तो उन्हें तलवार से मार डाला और स्वयं भी मर गया।

महाराजा केहरीसिंह

यह रतनसिंहजी के सुपुत्र थे। जिस समय उनके पिता का स्वर्गवास हुआ, उस समय वे केवल दो वर्ष के थे। दानशाह नामक एक सरदार को महाराज के शासन-कार्य में सहकारी नियुक्त किया गया। किन्तु उससे महारानी किशोरी असन्तुष्ट थीं, इसलिए उसे निकालकर कुंवर नवलसिंह जी को महाराज का सहकारी नियुक्त किया गया। यह महाराज जवाहर सिंह के भाई थे। महारानी किशोरी और उनका मनमुटाव आरम्भ से ही था। फिर भी महारानी किशोरी चाहती थीं कि राज-काज भली प्रकार चले। इसलिए एक दिन उन्होंने इन्हें कुम्हेर में इसलिए बुलाया कि वैमनस्य की पहली बातें भूला दी जाएं। किन्तु नवलसिंह जी को कुम्हेर जाने पर कुछ सन्देह मालूम हुआ। उन्हें बताया गया कि आपको यहां धोखे रो बुलाया गया है। वह चुपचाप वहां से चल दिए और पांच हजार सैनिक लेकर कुम्हेर पर चढ़ाई कर दी। राव रणजीतसिंह भी इस चिन्ता में थे कि भरतपुर पर उनका अधिकार जमे। इस समय को लड़ाई के लिए उपयुक्त समझा और नवलसिंह के मुकाबले पर आ डटे। उन्होंने सिख और मराठों की बीस हजार सेना किराए पर मंगा ली। इस बार विजय कुंवर नवलसिंह की ही हुई। यह घरेलू युद्ध बराबर चार महीने चला था।

रणजीत सिंह जी को अपनी हार से दुःख हुआ था इसलिए वे चुप न बैठे। फिर उन्होंने मराठों का बुलाया। इस बार मराठा एक लाख सेना लेकर चढ़ आये। नवलसिंह ने बीस-पच्चीस हजार नागे कर मराठों का मुकाबला किया। अऊ नामक स्थान पर युद्ध हुआ। लगातार पांच दिन तक युद्ध होता रहा। विजय का कोई उपाय न देखकर नवलसिंह ने मराठों को सत्तर लाख रुपये देकर अपने देश को वापस चले जाने पर तैयार कर लिया। इस सन्धि के अनुसार यमुना के पूर्ववर्ती देश भी मराठों को देने पड़े। लौटते हुए मराठों से राव रणजीतसिंह ने **रूपवास** में भेंट करके - "आप तो हमें राज दिलाने आये थे, अब कहां जा रहे हैं?" मराठों ने कहा - "हम आपको राज्य तो दिलाना चाहते हैं।" इस पर उनका मान बिगाड़ने के लिए रणजीतसिंह ने कहा - "भरतपुर तो हमारा है ही, आप क्या दिलाएंगे?" वास्तव में उनके हृदय को एकदम इतनी हानि होते देखकर दुःख हुआ था। वे अपने भाई नवलसिंह के पास गोवर्धन पहुंचे, क्योंकि इस समय नवलसिंह गोवर्धन में ही थे।

भरतपुर के राज-परिवार को इस तरह घरेलू झगड़ों और शाही युद्धों में फंसा हुआ देखकर माचेड़ी के राव प्रतापसिंह ने जो कि किसी समय भरतपुर में शरणागत रहा था, भरतपुर के अधीनस्थ अलवर, बहादुरपुर, देहरा, मिदौली, वानसूर, बहरोर, बरौद, रामपुर, हरसौरा, हाजीपुर, नारायनपुर, थानागाजी और गढ़ी मासूर पर अधिकार कर लिया। अलवर को प्रतापसिंह ने युद्ध द्वारा और बहादुरी के साथ प्राप्त नहीं किया, किन्तु अलवर के किलेदारों को लालच देकर अपनी ओर मिलाया था। उन लोगों की कई महीने की तनख्वाहें चढ़ी हुई थीं। राजधानी भरतपुर में आन्तरिक कलह छिड़ा हुआ था। प्रताप सिंह एक स्वतंत्र राजा बन गया और **अलवर का किला** भरतपुर के हाथ से कतई निकल गया। यह घटना सन् 1775 से 1782 के बीच की है।

इससे भी पहले नजफखां ने आगरे पर 1773 ई. में आक्रमण किया। दुर्ग के जाट सिपाहियों ने डटकर युद्ध किया, किन्तु नजफखां सवाया पड़ा। नजफखां जब रुहेलखण्ड की ओर गया तो कुंवर नवलसिंह ने बदला चुकाने के लिए उसकी राजधानी देहली पर चढ़ाई की। दस हजार सवारों से ही सिकन्दराबाद को विजय कर लिया। किन्तु अपने सरदारों के षड़यंत्र के कारण वापस लौट आए। **आगरा जाटों के ही अधिकार** में रहा। दूसरी बार नवलसिंह ने समरू की सेना लेकर देहली पर फिर चढ़ाई की। किन्तु उस समय नजफखां रुहेलखण्ड से लौट आया था।

थोड़े ही दिनों बाद नजफखां ने धोखे से बरसाने और डीग पर चढ़ाई कर दी। लगातार चौदह महीने तक नवलसिंह ने उससे युद्ध किया। विवश होकर उन्हें डीग छोड़नी पड़ी। इन्हीं दिनों सम्वत् 1833 वि. में नवलसिंह की मृत्यु हो गई। **नवलसिंह** जी साहित्यिक पुरुष थे। उनके पास शोभाराम नाम का कवि रहता था। उसने 'नवल रसनिधि' नामक काव्य पुस्तक लिखी है।

नवलसिंह की मृत्यु के पश्चात् राव रणजीतसिंह महाराज केहरीसिंह के मंत्री नियुक्त हुए। दानशाह ने इनको थोड़े दिन भी आनंद से मंत्रित्त न करने दिया। वह रुहेलों को [illegible]

लाया। अचानक रात्रि में रुहेलों ने रणजीतसिंह की सेना पर छापा मारकर बहुत नुकसान पहुंचाया। दानशाह ने कुम्हेर के किलेदार को भी बहकाना चाहा। किन्तु वह दानशाह की बातों में नहीं आया। राव रणजीतसिंह को इसी वर्ष डीग पर अधिकार करके नजफखां से भी लड़ना पड़ा।

संवत् 1834 वि. में जबकि महाराज केहरी सिंह केवल बारह वर्ष के थे उनके शीतला (चेचक) निकल आई और इसी संक्रामक रोग में उनका स्वर्गवास हो गया। नवलसिंह ने केहरीसिंह के राज्य की रक्षा के लिए घर और बाहर के सभी लोगों से युद्ध किए थे। किन्तु केहरीसिंह राज का सुखोपभोग करने का समय आने से पहले ही इस संसार से चल बसे। इस समय यह प्रश्न खड़ा हुआ कि जाट-राज्य का अधीश्वर किसे बनाया जाए?

महाराजा केहरी सिंह (शासनकाल सन 1769 से सन 1776 ईसवी तक) -

राजकुमार केहरी सिंह का जन्म सन 1766 ईसवी में नाहरसिंह पुत्र महाराजा सूरजमल के यहाँ हुआ था और जाटों की राजधानी डींग में दानशाह को मुन्तजिम या रीजेंट घोषित कर 2 साल के बालक का सन 1969 ईसवी में राजतिलक कर महाराजा बना दिया गया। परन्तु जाट सरदारी एवं महारानी किशोरी इस व्यवस्था से संतुष्ट नहीं थे इसलिए प्रधान सेनापति दानशाह ने रीजेंट का पद त्याग कर जिम्मेदारिया ज्येष्ठ राजकुमार नवलसिंह को सौंप दी। कैप्टेन समरू और एम मैडेक के तोपखाने व बंदूकची नवलसिंह के साथ कंधे से कंधा मिलाकर दानशाह की सेना में खड़े हुए थे। इसलिए जब सोलंकी सरदार, महारानी किशोरी, राजकुमार रणजीत सिंह ने भी नवलसिंह के रीजेंट होने पर भी एतराज किया तो एक गृह युद्ध का माहौल उत्पन्न हो गया जिसका अन्त नवल सिंह की जीत से ही हुआ क्योंकि सैनिक शक्ति का स्रोत उसके पास था। सन 1769 के अन्त में मराठों की एक विशाल सेना जिसमें मराठा सेनानायक तुकोजी होल्कर, बीसाजी पंडित आदि मौजूद थे उत्तर भारत की ओर निर्बल राजपूत राजा, गोहद नरेश आदि से धन वसूलने आ धमके। मराठों ने जाट राजघरानों की आपसी रंजिस का लाभ उठाने की प्रयत्न किया और राजा रणजीत सिंह को सहायता का प्रलोभन दिया। कितने खेद का विषय है कि जिन मराठों को नवल सिंह व रणजीत सिंह के पिता महाराजा सूरजमल और ज्येष्ठ भाई महाराजा जवाहर सिंह ने दस वर्ष पूर्व ही पानीपत के संहार में स्त्रियॉ की अस्मत बचाई रोटी, कपड़ा, दवाई और सहारा दिल खोलकर प्रदान किया, वही आज एहसान फरामोशी दिखा रहे थे। हिन्दू धर्म, सामाजिक मानवता और देशभक्ति सब पीछे छोड़कर स्वार्थ और लालच ही इस समय इन दक्षिणी लुटेरों का सबब था।

आगे चलकर सौंख–अडीग के मैदान में अप्रैल सन 1770 ईसवी में मराठा सेना ने जाट सेना को परास्त किया जिसमें नेतृत्व की कमी नजर आई और कैप्टेन समरू व मैडेक ने रक्षात्मक नीति अपनाई। उसके पश्चात नजफ़ खां ने सन 1773 ईसवी में आगरा की बाजी भारी रही। परन्तु अन्त में आगरा जाटों के अधिकार में ही रहा। नवलसिंह अक्सर बीमार रहा करते थे और 10 अगस्त सन 1775 ईसवी में उनका निधन हो गया। महाराजा केहरी सिंह

का संवत 1834 (सन 1777 ईसवी) में रोग पीड़ित होकर बाल्यावस्था में ही मृत्यु हो गई।

नवल सिंह (1771 - 1776)

महाराजा नवल सिंह, भरतपुर महाराजा सूरजमल के पुत्र थे। 1771 में तत्कालीन शासक महाराजा केहरी सिंह के असामयिक निधन के बाद वे भरतपुर रियासत के शासक बने। उन्होंने 1771 से 1776 तक शासन किया। 1776 में उनकी मृत्यु के बाद उनके भाई महाराजा रणजीत सिंह ने भरतपुर पर शासन किया और 1776 से 1805 तक गद्दी संभाली।

सूरजमल के तीसरे पुत्र नवल सिंह ने अधिकारपूर्वक अपने भाई के उत्तराधिकारी के रूप में शासनभार संभाला। लेकिन उनके छोटे भाई, रणजीत सिंह, जो शासन करने के महत्वाकांक्षी थे, ने मुगल साम्राज्य के सर्वोच्च सत्ताधारी मिर्ज़ा नजफ़ खान की शरण ली और उन्हें अपने पक्ष में शामिल होने के लिए आमंत्रित किया। मिर्ज़ा ने ऐसा ही किया और आगरा पर कब्ज़ा कर लिया । लेकिन इसके तुरंत बाद रोहिलखंड बुलाए जाने पर, नवल सिंह ने हौसला पाकर शत्रु देश में युद्ध छेड़ने का निश्चय किया। इसलिए उन्होंने दिल्ली पर चढ़ाई की और सिकंदराबाद पर कब्जा कर लिया । वहां आक्रमण का सामना करते हुए और वहां से खदेड़े जाने के बाद , वे पीछे हट गए, लेकिन **समरू** के प्रशिक्षित भाड़े के सैनिकों से सुदृढ़ होकर उन्होंने फिर से आक्रमण किया। वे दिल्ली से आठ मील दक्षिण में स्थित होडल शहर पहुँचे ही थे कि मिर्ज़ा नजफ़ खान ने, जो रणजीत सिंह के साथ इस उद्देश्य से वापस आए थे, उन पर हमला कर उन्हें खदेड़ दिया। नवल सिंह और समरू ने फिर पहले कोटवन और अंततः डीग के किले पर आक्रमण किया, और मिर्ज़ा ने उनका पीछा किया। बाद में, डीग को अत्यंत शक्तिशाली पाकर, उसने जाटों को बरसाना में बुलाया, जहाँ उसने उन पर हमला किया और उन्हें पूरी तरह से पराजित कर दिया। डीग ने बारह महीने तक प्रतिरोध किया, जिसके बाद उसे पकड़ लिया गया।

ज्वाला सहाय लिखते हैं... 1773 में नजफ खान ने आगरा किले पर कब्ज़ा कर लिया और 1774 में, भरतपुर के खिलाफ अभियान की योजना बनाते समय, उन्हें रूहेलखंड बुलाया गया। उनकी अनुपस्थिति से उत्साहित होकर नवल सिंह ने दिल्ली की ओर कूच किया और 10,000 घुड़सवारों के साथ सिकंदराबाद पर कब्जा कर लिया। दिल्ली में मौजूद सेना उनका प्रतिरोध करने के लिए अपर्याप्त थी। लेकिन अपने ही अनुयायियों के बीच षड्यंत्र का पता चलने पर नवल सिंह को पीछे हटना पड़ा।

सुमरू के नेतृत्व में नियमित सैनिकों और तोपों से सुदृढ़ होकर नवल सिंह ने कुछ ही समय बाद दिल्ली पर पुनः आक्रमण किया, परन्तु तब तक नजफ खान रुहेलखंड से लौट चुका था। रणजीतसिंह, बल्लभ गढ़ के राजा हीरा सिंह और नजफ़ कुली खान के साथ, नजफ़ खान ने **1774** के बाद नवल सिंह का विरोध करने के लिए अग्रसर हुआ। होडल से खदेड़े जाने के बाद नवल सिंह ने **कोटवन के किलेबंद** गाँव में मोर्चा संभाला, जहाँ मिर्ज़ा ने उन्हें घेरने का प्रयास किया। दो सप्ताह तक झड़पों से मिर्ज़ा को व्यस्त रखने के बाद नवल सिंह फिर से डीग की ओर पीछे हट गए, जिसे मिर्ज़ा ने घेर लिया था। इसी बीच बरसाना में एक

भीषण युद्ध हुआ, जहाँ जाटों ने हताशापूर्वक आक्रमण किया और स्वयं मिर्ज़ा के घायल होने से क्षणिक अफरा-तफरी मच गई; परन्तु अंततः साम्राज्यवादियों ने विजय प्राप्त की और **सुमरू की अनुशासित सेना का प्रतिरोध केवल नवल सिंह** की वापसी को व्यवस्था का प्रदर्शन करने के लिए ही सहायक सिद्ध हुआ। जाटों की ताकत और दृढ़ संकल्प इतना प्रबल था कि **मार्च 1776** तक 14 महीनों तक चली कड़ी घेराबंदी भी नाकाम साबित हुई। अंत में किले पर कब्जा कर लिया गया और जागीरदार पास के कुम्हेर किले में भाग गए। मिर्जा ने भारी मात्रा में गोला-बारूद, तोपखाने, चांदी की थालियां, आलीशान साजो-सामान, आभूषण और 6,00,000 रुपये नकद से भरे संदूक के साथ किले पर कब्जा कर लिया। उन्होंने जवाहरगंज में **लक्ष्मणजी के मंदिर** के पास एक मस्जिद बनवाई और उनकी सेना ने असहाय निवासियों पर हर तरह की हिंसा की, जिसमें उनके मंदिरों और मूर्तियों को तोड़ना भी शामिल था।

महाराजा नवलसिंह की मृत्यु

के. आर. कानूनगो उल्लेख करते हैं... राजा नवलसिंह कोअपने उस मूर्खतापूर्ण कार्य की भारी कीमत चुकानी पड़ी, जिसमें उन्होंने युद्ध को पुनः प्रज्वलित किया था।

युद्ध की ज्वालाएँ जो उसे मृत्यु तक भस्म करने के बाद भी शांत नहीं हुईं। अनेक आपदाओं और हारों के बावजूद जाट सरदार पहले की तरह ही दृढ़ थे। विजयी मुगल सेना दीग के द्वारों पर गरज रही थी, उनसे आत्मसमर्पण या अंत तक युद्ध की मांग कर रही थी। लेकिन नवलसिंह ने दोनों को ही दृढ़ता से अस्वीकार कर दिया। उनके कानों में आशा की एक किरण थी कि उन्हें अभी सफलता से निराश नहीं होना चाहिए। अब्दुल अहद खान ने मिर्जा नजफ खान की सेना को विफल करने या मोड़ने के लिए हर संभव कूटनीति और षड्यंत्र का प्रयास किया। वह मराठों को मिर्जा की दुर्जेय शक्ति को कुचलने के लिए उकसा रहा था - जो अंग्रेजों के साथ गठबंधन के कारण उनकी राष्ट्रीय सुरक्षा के लिए और भी खतरनाक था, क्योंकि अंग्रेजों ने रघुबा के दावों का समर्थन किया था। दक्कन में **अर्रास का युद्ध** (18 मई, 1775) लड़ा गया था, जिसका परिणाम सत्ता हथियाने वाले के समर्थकों के लिए बहुत उत्साहजनक नहीं था। नवल सिंह मराठों के आक्रमण की संभावना से उत्साहित थे। बरसात के मौसम के बाद हिंदुस्तान में शांति छा जाएगी, जिससे मिर्ज़ा को जाटों के इलाके से पीछे हटना ही पड़ेगा। ज़बीता खान और सिखों के गठबंधन तथा शाही क्षेत्रों पर उनके संयुक्त आक्रमण की खबर अधिक आशाजनक थी। नजीब-उद-दौला का पुत्र अमीर-उल-उमरा के पद और दिल्ली के आसपास के सभी क्षेत्रों को अपनी विरासत का हिस्सा मानता था, जिसे मिर्ज़ा नजफ खान और मराठों ने सम्राट के अधिकार को बहाल करने के बहाने उससे छीन लिया था। वह अपने पिता की तरह शाही दरबार में तानाशाह बनना चाहता था; रूहेला संघ के समाप्त हो जाने के बाद उसने सिखों पर भरोसा किया, जिन्हें मराठों के विरुद्ध खड़ा किया जाना था। सिखों ने पहाड़गंज (कदम शरीफ और रायसीना के बीच दिल्ली का पश्चिमी उपनगर) को लूटा और जला दिया, और रुहेला सरदार स्वयं दोआब को तबाह कर रहा था। स्थिति इतनी भयावह थी कि सम्राट के मन में गंभीर चिंता उत्पन्न हो गई, जिन्होंने

विद्रोहियों के विरुद्ध सहायता के लिए नवाब आसफ-उद-दौला को पत्र लिखा। मिर्ज़ा नजफ़ खान ने आधे-अधूरे पराजित शत्रु को अपने पीछे अपमानित करने के लिए छोड़ने से इनकार कर दिया और डीग पर कब्ज़ा किए बिना उससे मुंह न मोड़ने का निश्चय किया। ईश्वर ने जाट सरदार को अपने अपरिहार्य विनाश को देखने की पीड़ा से बचा लिया।

देश और जनता, राजा नवल सिंह, जिन्होंने युद्ध के मैदान में न मरने की प्रतिज्ञा ली थी, 10 अगस्त, 1775, गुरुवार को सूर्यास्त के दो घंटे बाद बीमारी के बिस्तर पर अंतिम सांस लेने में प्रसन्न थे। वे शारीरिक रूप से कमजोर, कार्यों में कायर और निर्णयों में जल्दबाज़ थे। वे गलत पक्ष में हठी और अपनी व्यक्तिगत सुरक्षा को छोड़कर हर चीज में साहसी थे। एक सैनिक और देशभक्त के रूप में वे डेमोस्थेनस जैसे थे, जो एथेंस के मंच पर फिलिप्पी का भाषण तो दे सकते थे, लेकिन चारोनिया के मैदान में फिलिप की सेना का सामना करने का साहस नहीं रखते थे। यद्यपि उन्होंने अपनी घबराहट और कायरता से महत्वपूर्ण क्षणों में अपने अधिकारियों और सैनिकों को निराश किया था, फिर भी उन्हें विश्वास था कि अगली बार वे बेहतर व्यवहार करेंगे। "उनमें प्रशासनिक क्षमता और सेनापति कौशल की कमी थी।" फिर भी, वे अपने मिलनसार गुणों और उदारता के कारण अपनी प्रजा के प्रिय थे, और उनकी मृत्यु पर सभी ने हार्दिक शोक व्यक्त किया।

17

महाराजा रणजीतसिंह भरतपुर

महाराजा रणजीतसिंह भरतपुर

महाराजा रणजीतसिंह भरतपुर (राज्यकाल: 1777-1805)

अंग्रेजी सेनाओं का 13 बार भरतपुर अपराजेय किले पर हमला

हैरान रह गए थे अंग्रेज - लॉर्ड लेक खुद इस किले की युद्धरोधी क्षमता को देखते और आंकते रहे। संधि का संदेश फिर दोहराया गया और राजा रणजीत सिंह ने अंग्रेजी सेना को एक बार फिर ललकार दिया। अंग्रेजों की फौज को लगातार रसद और गोला बारूद आते जा रहे थे और वह अपना आक्रमण जारी रखती रही। परंतु भरतपुर के किले, और जाट सेनाएं अंग्रेजों के हमलों को झेलती रही। इतिहासकारों का कहना है कि लार्ड लेक के नेतृत्व में अंग्रेजी सेनाओं ने 13 बार इस किले में हमला किया और हमेशा उसे मुंह की खानी पड़ी और अंग्रेजी सेनाओं को वापस लौटना पड़ा।

दिल्ली से उखाड़कर लाया गया किले का दरवाजा - इस किले के दरवाजे की अपनी अलग खासियत है। अष्टधातु के जो दरवाजे अलाउद्दीन खिलजी पद्मिनी के चित्तौड़ से छीन कर ले गया था उसे भरतपुर के राजा महाराज जवाहरसिंह दिल्ली से उखाड़ कर ले आए। उसे इस किले में लगवाया। किले के बारे में रोचक बात यह भी है कि इसमें कहीं भी लोहे का एक अंश नहीं लगा। इस दरवाजे को चितौड़ के राजपूतों ने वापिस प्राप्त करना चाहा और महाराजा जवाहर सिंह को सन्देश भेजा कि 'हम अपनी राजकुमारी का विवाह आपसे करवा देंगे आप ये दरवाजा हमें वापिस कर दो' लेकिन महाराजा जवाहर सिंह ने उनके रिश्ते को ठुकराकर जवाब दिया कि 'जिस तरह हम इसे जीत कर लाए है उसी तरह आप भी हमसे ये छीन कर ले जा सकते है लेकिन राजपुतो में जाटों से दुश्मनी मोल लेने की ताक़त पैदा नहीं हुई और उन्होंने इस दरवाजे को भूलना ही बेहतर समझा। किले के एक कोने पर जवाहर बुर्ज है, जिसे जाट महाराज द्वारा दिल्ली पर किए गए हमले और उसकी विजय के स्मारक स्वरूप सन 1765 में बनाया गया था। दूसरे कोने पर फतह बुर्ज है इस 1805 में अंग्रेजी के सेना को

परास्त करने की याद में बनाया गया।

महाराजा रणजीतसिंह भरतपुर

ठाकुर देशराज लिखते हैं कि महाराज केहरीसिंह के बाद भरतपुर और जाट-जाति का अधीश्वर महाराज रणजीतसिंह को बनाया गया। अब वे राव से महाराज हो गए। डीग इस समय तक भी नजफखां के अधिकार में था। किन्तु उसके पीछे लोगों ने विद्रोह खड़ा कर दिया। विद्रोह को शान्त करने के लिए जब नजफखां डीग की ओर आया तो महाराज रणजीतसिंह और महारानी किशोरी देवी ने मार्ग में उससे मुलाकात की और उसकी आवभगत भी की। नजफखां जानता था कि जाट डीग को उसके कब्जे में रहने नहीं देंगे, इसलिए उसने अपना अहसान करने की गर्ज से नौ लाख की आमदनी के अन्य परगने महाराज रणजीतसिंह को दे दिए और आप इस तरफ के झगड़ों से निश्चिन्त हो गया।

सन् 1782 ई. में नजफखां मर गया। महादाजी ने जो कि अपना राज्य बढ़ाने की चेष्टा में लगा हुआ था, मिर्जा नजफखां के दिए हुए इलाके को अपने कब्जे में करने के लिए लड़ाई छेड़ दी। महाराज रणजीतसिंह अभी अपनी शक्ति का संगठन भी भली प्रकार नहीं कर पाये थे, इसलिए वे सिंधिया पर विजय प्राप्त न कर सके। उनके हाथ से परगने निकल गए। सन् 1783 ई. में मुगलों के कर्मचारियों की अनबन से लाभ उठाकर महाराज रणजीतसिंह ने डीग पर अपना अधिकार जमा लिया। उन्हीं दिनों मिर्जा शफी की रणजीतसिंह के राज्य में अऊ नामक स्थान पर मृत्यु हो गई। महादाजी सिंधिया जब ग्वालियर से आगरा आया तो उसने सन्देह किया कि शफीखां को महाराज रणजीतसिंह ने मरवा डाला है। किन्तु जब वह देहली की ओर जाने लगा तो राजमाता किशोरी और महाराज रणजीतसिंह ने उससे मार्ग में भेंट करके सब बातें समझाई। वह बहुत प्रसन्न हुआ। उसने महाराज रणजीसिंह से मित्रता कर ली और दस लाख वार्षिक आमदनी के ग्यारह परगने उसने महाराज को दे दिए।

सन् 1786 ई. में महादाजी सिंधिया का जयपुर और जोधपुर के सम्मिलित राजाओं से 'तोंगा' नामक स्थान पर युद्ध हुआ। सिंधिया की इस बार हार हुई। महाराज रणजीतसिंह ने मित्र के नाते सिंधिया की सेवा-सुश्रूषा की और उसे ग्वालियर पहुंचा दिया। सिंधिया के ग्वालियर चले जाने पर रुहेलों ने भरतपुर पर धावा किया। महाराज रणजीतसिंह ने मराठों की फौज के द्वारा उनको मार भगाया।

उन दिनों मराठों की ओर से अलीगढ़ में पैरन नाम का फ्रांसीसी अफसर और हाकिम था। महाराज रणजीतसिंह ने कई बार उसे सहायता दी। इस सहायता के बदले में कामी, खोरी, पहाड़ी के तीन परगने उससे प्राप्त किये। महाराज सूरजमल और जवाहरसिंह के समय जिन सारे प्रान्तों पर अधिकार था आज वे मराठा, रुहेले और पठानों के हाथ में चले गए थे। थोड़े से परगने वापस करके वे बड़ा अहसान करते थे। अलवर का नरुका कछवाहा जैसा आदमी भी इस समय से लाभ उठा चुका था। सबसे अधिक कृतघ्न मराठे थे जिनकी सहायता महाराज सूरजमल ने भारी विपत्तियों में की थी, उन्होंने उनके पुत्र और पौत्र के राज्य को चारों ओर से दबा लिया था। धौलपुर के महाराज लोकेन्द्रसिंह जी ने तो आखिर इनसे तंग आकर अंग्रेजों

से मित्रता कर ली। सन् 1803 ई. में जब **लार्ड लेक** ने आगरा जीत लिया तो पड़ौसी के नाते से महाराज रणजीतसिंह ने भी अंग्रेजों से मित्रता कर ली। उस समय ऐसी मित्रताएं खेल हो रही थीं। ऐसा अविश्वास फैलाया था मराठों ने।

इस समय अंग्रेजों का सूर्य उत्तरोत्तर चढ़ता जाता था। सारे देशी राजा उनके मित्र और मांडलिक बन चुके थे। केवल जसवंतराय होल्कर ही ऐसा आदमी था जो अंग्रजों के अधीन नहीं हुआ था और उनकी जड़ उखाड़ फैंकना चाहता था। उसकी अंगेजों से कई स्थानों पर मुठभेड़ भी होती रही थी। अंत में 20 हजार सैनिक और 130 तोपें लेकर उसने दिल्ली पर चढ़ाई कर दी। किन्तु दिल्ली के रेजीडेण्ट ने बड़ी बहादुरी और योग्यता से होल्कर का सामना किया। होल्कर दिल्ली से लौट कर डीग पहुंचा। महाराज रणजीतसिंह की अंग्रेजों से मित्रता हो चुकी थी। किन्तु शरणागत को आश्रय न देना उनके धर्म के विरुद्ध था। ऐसा भी कहा जाता है कि यह अफवाह उड़ रही थी कि अंग्रेजों का गोवध की ओर झुकाव है, इसी से महाराज ने सहधर्मी होल्कर की सहायता करना उचित समझा। होल्कर ने डीग में शरण ही नहीं ली, किन्तु वहां बैठकर उसने अंग्रेजों से युद्ध भी किया। विजय-लक्ष्मी होल्कर के पक्ष में न थी। वहां भी उसे हारना पड़ा और भागकर भरतपुर आया। महाराज ने उसे किले में ले लिया। लार्ड लेक को जो कि होल्कर के पीछे पड़ा हुआ था, महाराज रणजीतसिंह का यह कृत्य बहुत अखरा। उसने सन् **1805** ई. की दूसरी जनवरी को भरतपुर पर चढ़ाई करने के लिए डीग कूच कर दिया। भरतपुर के पश्चिम की ओर अंग्रजी-सेना ने डेरे डाल दिए। सेनाध्यक्ष मेटलेंड दुर्ग की ओर गए। चौथी जनवरी सन् 1805 ई. को खाइयां खोदी गई। छठी जनवरी को किले पर गोलाबारी करने के लिए टीले बनाए गए। इस प्रकार तैयारी करके सातवी जनवरी को लार्ड लेक ने किले पर हमला कर दिया। बिना अवकाश लिए **भरतपुर किले** पर अंग्रेज दो दिन तक गोलाबारी करते रहे। जाट वीर भी चुप न थे। वे बड़े धैर्य के साथ अंग्रजों का मुकाबला करते रहे। वे भी गोलों का जवाब गोलों से दे रहे थे। नवमीं जनवरी को अंग्रेजों को प्रतीत हुआ कि दीवार में सूराख हो गया है। अंग्रेजी फौजों को उस सूराख के रास्ते किले में घुसने की आज्ञा दी। संध्या के सात बज चुके थे। बादल हो रहे थे और कभी-कभी बिजली भी चमक रही थी। अंग्रेजी सेना ने तीन भागों में विभक्त होकर, तीन ओर से, किले पर आक्रमण किया। पहले भाग का सेनापति **लेफ्टीनेण्ट रिपन** था। उसके साथ 240 गोरे और देशी सिपाही थे। अपनी सेना की तोपों के बायीं ओर से उसने किले पर आक्रमण किया। दूसरे भाग के सेनापति मिस्टर हाक्स ने दो गोरी और दो काली पल्टनें लेकर दक्षिण की ओर से धावा किया। **लेफ्टीनेण्ट मेटलेण्ड** बीच के भाग से 500 गोरे और एक पल्टन देशी सिपाहियों के साथ टूटे हुए हिस्से की ओर बढ़े। जाट-योद्धाओं को चतुर अंग्रेजों की इस चाल का पता लग गया। उन्होंने अन्धाधुन्ध गोले बरसाने आरम्भ कर दिए। रात्रि के बारह बजे तक गोले बरसते रहे। गोलों की वर्षा रात्रि के अंधकार, जाटों की किलकिल ने मेटलेण्ड की अक्ल को चकरा दिया। वह मार्ग भूल गया और दलदल में जा फंसा। अंग्रेज साहसी होते हैं। आन के लिए प्राणों का लोभ उन्हें भयभीत नहीं करता। एक अंग्रेज युवक विल्सन अपने 20 साथियों

के साथ टूटी हुई दीवार में से निकलकर ऊपर चढ़ गया। किन्तु जाटों ने उन सब को दीवार के ऊपर से ढकेल दिया। अंग्रेजी सेना हानि उठाकर वापस आई। इस आक्रमण में तीन अंग्रेज, दो सौ देशी सैनिक मारे गए।

लार्ड लेक इस हानि से हताश हुआ। उसने दूसरे आक्रमण की आयोजना की। छः दिन तक तैयारी की गई। तारीख **16 जनवरी** को भरतपुर किले पर **दूसरा आक्रमण** किया गया। इस बार भारी-भारी तोपों को काम में लाया गया। जाट लोगों ने इन दिनों में टूटे हुए स्थानों की मरम्मत कर ली थी। दोनों ही दल समझते थे कि अबकी बार में फैसला हो जाएगा। सोलहवीं जनवरी को बड़े जोर से अंग्रेजी सेना ने किले पर धावा किया। गोलों के धमाकों से दीवार का एक हिस्सा टूट गया। किन्तु जाटों ने गोलों की बौछार में लकड़ी और पत्थर डालकर सूराख को पाट दिया और दीवार की मरम्मत भी कर दी। चार दिन तक अंग्रेजी सेना दीवार को तोड़ती रही और जाट वीर उसकी मरम्मत करते रहे। मरने का भय किधर भी नहीं था। जाट गोरों से लड़ने में बड़े प्रसन्न होते थे। अपनी स्त्रियों को उनकी सूरतें दिखाकर ताली पीटकर हंसते थे। लगातार गोलों की मार से दीवार में एक बड़ा छिद्र हो गया। दीवार के सहारे जो खाई थी उसमें जाटों ने पानी भरने के नल खोल दिए। मोती-झील से इन नालियों का सम्बन्ध था। पानी लबालब भर दिया। इधर महाराज रणजीतसिंह ने अमीरखां को बुला लिया। अमीरखां के आने की खबर सुनकर जाट वीरों में और भी साहस भर गया। वे अंग्रेजों के आने की बाट देखने लगे। अंग्रेजों ने भी इस समय एक चाल चली। तीन देशी सैनिक भरतपुर के किले की और दौड़ाए और उनके पीछे गोरे सैनिक लगा दिए। वे देशी सैनिक चिल्लाते थे कि हमें फिरंगियों से बचाओ। जाट गोता खा गए, उन्होंने उन देशी सैनिकों को जो कि चांदी के टुकड़ों के गुलाम बनकर यह प्रपंच रच रहे थे, किले में घुसा लिया। वे थोड़ी ही देर में दीवार और भीतरी बातों को देखकर उल्टे भाग गए और सारा भेद दीवार और सेना का अंग्रेज सेनापतियों को बता दिया।

21वीं जनवरी को बड़ी प्रसन्नता और आशाओं के साथ अंग्रेजों ने किले पर आक्रमण करने की तैयारी की। कप्तान लिण्डसे 470 सैनिक और उन भेदी सिपाहियों को साथ लेकर आगे बढ़े। खाई को पार करने के लिए पुल और सीढ़ियां बनाई गई थीं किन्तु वे ओछी रहीं। और भी अंग्रेजी सेना कप्तान लिण्डसे की सहायता को पहुंच गई। खाई तैर कर पार करने की सोची गई। खाई में धड़ा-धड़ अंग्रेजी सैनिक कूदने लगे, किन्तु जाटों ने एक को भी टूटी दीवार तक न पहुंचने दिया। 1517 कूदने वालों को जाटों ने गोली का निशाना बना दिया, जिनमें 17-18 तो अफसर थे। इस तीसरे आक्रमण में जहां अंग्रेजी के इतने आदमी मारे गए, भरतपुर वालों ने केवल 25 आदमी ही खोये। इधर तो अंग्रेज खाई पर जूझ रहे थे, उधर पीछे से अमीरखां पिंडारी ने हमला करके उनके कैम्प में लूट-पाट मचा दी।

अंग्रेजी सेना हिम्मत हार चुकी थी, किन्तु लार्ड लेक के लिए यह बड़ी शर्म की बात होती कि वह हार कर लौट जाता। इसलिए उसने सैनिकों में एक घोषणा पत्र बांटकर उत्साह पैदा करने की चेष्टा की। रसद कम हो चुकी थी। तारीख 23 जनवरी को मि. वेल्स मथुरा की

ओर से रसद ला रहे थे। अमीरखां ने अचानक ही आक्रमण करके रसद को लूट लिया। उसके पास चार तोपें थीं। मि. वेल्स उसके धावे का सामना नहीं कर सके। 28 जनवरी को आने वाली अंग्रेजी की रसद पर होल्कर, रणजीतसिंह और अमीरखां तीनों की सेनाओं ने आक्रमण किया, किन्तु सफलता नहीं मिली। क्योंकि इस समय अंग्रेज सावधान हो चुके थे।

छठी फरवरी को अंग्रेजी सेना ने अपने डेरे पश्चिम की बजाय भरतपुर की दक्षिण ओर जमाये। खाई को पार करने के लिए 40 फुट लम्बे और 16 फुट चौड़े बेड़े बनाए। अमीरखां अपने देश को लौट गया, क्योंकि महाराज रणजीतसिंह उससे नाराज हो गए थे। अंग्रेजों ने एक सुरंग बनायी, किन्तु जाटों को जब पता चल गया तो वे उसमें घुस गए और जिस समय अंग्रेजों के कारीगर उसे आगे खोदने को पहुंचे तो जाटों ने उनको मारकर औजार छीन लिए। इस युद्ध में अंग्रेजों को नुकसान रहा। 20वी फरवरी को अंग्रेजी सेना ने किले पर फिर आक्रमण किया। इस बार सेनाध्यक्ष मि. डेन थे। तोपों की धूंआधार मार से दीवार का कुछ हिस्सा टूट गया। लेफ्टीनेण्ट डेन ने अपनी सेना को उस टूटे हुए स्थान की ओर बढ़ने को कहा। किन्तु अंग्रेजी सेना इतनी भयभीत थी कि आगे बढ़ने से उसने साफ इन्कार कर दिया। दीवार का हिस्सा अवश्य टूट गया था, किन्तु यह किसी को विश्वास नहीं होता था कि वे जाटों के निकट पहुंचकर जीवित भी रह सकेंगे। डेन के बराबर कहने और धमकी देने पर इतनी बड़ी सेना में से केवल 14 आदमी तैयार हुए। वे दीवार तक पहुंच गए और ऊपर भी चढ़ गए, किन्तु जाटों ने उनकी बड़ी दुर्गति की। साथ ही उस बारूद में आग लगा दी जो टूटे हुए स्थान पर बिछा रखी थी। डेन आगे की ओर थोड़ा भी और बढ़ जाता तो चन्द ही मिनटों में उसे चौथे आसमान की सैर करनी होती।

इस आक्रमण में 49 अंग्रेज सिपाही और अंग्रेजी सेना के 113 देशी सिपाही मारे गए और 176 अंग्रेज तथा 556 इंडियन सिपाही घायल हुए।

लार्ड लेक बड़ा हैरान हुआ। उसका अब तक जो अभिमान था वह मिट गया। उसे पता चल गया कि हिन्दुस्तान में ऐसे लोग हैं जो यूरोपियन सैनिकों के होश ठिकाने कर सकते हैं। उसने अपने साथियों को इकट्ठा किया और हारने के दुष्परिणाम पर स्पीच देते हुए बताया कि - हम यदि यहां से हारकर लौटते हैं तो हमारी स्थिति क्या हो जाएगी?

21वी फरवरी को चौथा आक्रमण फिर किया गया। इस बार अंग्रेज सैनिक प्राणों की बाजी लगाकर आगे को बढ़ने लगे। जाटों की तोपें दीवारों के ऊपर ऊंचे-ऊंचे चबूतरों पर रखी हुई थीं। अंग्रेजी सेना से वीर बिना बुर्जों पर पहुंचे हुए जाटों का कर ही क्या सकते थे। इसलिए दीवारों पर चढ़ने के लिए अंग्रेजी सेना के सिपाही दीवार पर एक-दूसरे के कंधे पर चढ़कर चढ़ने लगे। किन्तु जाटों ने ऊपर से लकड़ी और ईंट-पत्थर फेंककर उनके इस प्रयत्न को निष्फल कर दिया। आगे बढ़ने वाले को गोली का निशाना बना देते थे। तोपों के गोलों से जो छेद अंग्रेजी सेना ने किए थे, उसमें से घुसने का प्रयत्न भी किया गया, किन्तु वहां भी पिटना पड़ा। ऊपर की ओर जो कोई चढ़कर पहुंचता था, वह लुढ़क पड़ता तो उसके साथ ही कई और भी लुढ़क जाते थे। गोलियों, पत्थरों और लक्कड़ों की मार से जाटों ने अंग्रेजी सेना के पैर उखाड़ दिए।

किन्तु इस समय लेफ्टीनेण्ट 'टेम्पल्टन' नामक एक अंग्रेज किसी तरह से दीवार पर चढ़ गया और बुर्ज पर चढ़कर अंग्रेजी पताका को फहराना ही चाहता था कि जाट वीरों ने उसे मार डाला और पैर पकड़कर खाई में फेंक दिया। इस समय जाट वीरों ने अपने कौशलों को और भी बढ़ा दिया। गोले-गोलियों के सिवा मिट्टी और लकड़ियों के कुण्डों में बारूद भरकर उसमें बत्ती लगा कर फैंकने लगे। यही क्यों, ईंटों की वर्षा भी आरम्भ कर दी। इस निकट मार से अंग्रेज-सेना मैदान छोड़कर भाग खड़ी हुई। इस बार के आक्रमण में अंग्रेजों के कई प्रसिद्ध-प्रसिद्ध सेना-नायक मारे गए। चारों लड़ाइयों में अंग्रजी सेना के 3203 आदमी मारे गए, ऐसा अंग्रेज लेखकों ने लिखा है। यदि इसी बात को सही माना जाए तो 8-10 हजार घायल भी हुए होंगे। खाई लोथों से पट गई थी, जिन पर होकर आने-जाने वालों ने अपना रास्ता बना लिया।

इस चौथी बार भी हार होने के कारण लार्ड लेक की चिन्ता और भी बढ़ गई। वह बहुत सोचता था किसी भांति विजय प्राप्त हो, किन्तु विजय स्वप्न मालूम होती थी। जाटों ने इसी समय उनके तोपखाने में आग लगा दी, इससे अंग्रेजों का और भी नुकसान हुआ। लार्ड लेक को आज की जैसी कठिनाई का पहले मौका न पड़ा था। अब उसने फौज हटा कर छः मील की दूरी पर उत्तर-पूर्व में अपने डेरे डाले।

महाराज रणजीतसिंह की यद्यपि विजय हुई थी, फिर भी उन्होंने यही उचित समझा कि टंटे को मिटा दिया जाए। क्योंकि वह पिछले 6-7 वर्ष से लगातार युद्धों में फंसे हुए थे। राह-कोष में भी घाटा था। इसलिए संधि की चर्चा चलाई गई। मि. लेक को तो मानो मन चाही वस्तु मिल गई। वे संधि करने पर तैयार हो गए। लार्ड लेक ने भरतपुर वालों का बड़ा सम्मान किया। अंत में दोनों ओर से निम्न शर्तों पर सन्धि हो गई -

1. डीग का किला अभी कुछ दिन अंग्रेजों के ही पास रहेगा। यदि भरतपुर महाराज अंग्रेजों से शत्रुता न करेंगें तो डीग का किला उन्हें लौटा दिया जाएगा।

2. भरतपुर नरेश बिना अंग्रेजों की राय के किसी भी यूरोपियन कर्मचारी को अपनी सेना में भर्ती न करेंगे।

3. वह इस युद्ध के व्यय स्वरूप बीस लाख रुपये अंग्रजों को देंगे।

4. भरतपुर नरेश और अंग्रेज परस्पर एक-दूसरे के मित्र और शत्रु को अपना मित्र और शत्रु समझेंगे।

5. उनका एक पुत्र इस सन्धि की पूर्ति में सदैव ब्रिटिश फौजी अफसरों के साथ दिल्ली अथवा आगरे में रहेगा।

6. महाराजा रणजीतसिंह यह बीस लाख रुपया किस्तों में दे सकेंगे।

7. ईस्ट-इंडिया कम्पनी वचन देती है कि जब अन्तिम किस्त के पांच लाख देने को शेष रह जाएंगे तो गवर्नमेण्ट महाराजा साहब की मित्रता का प्रमाण पाएगी तो वह किस्त छोड़ देगी।

इस सन्धि-पत्र पर महाराज रणजीतसिंह और लार्ड लेक के हस्ताक्षर हो गए।

भरतपुर में लार्ड लेक की इस हार को विलायत तक बड़े-बड़े रंग देकर पहुंचाया था। स्वयं **लार्ड लेक की इस हार का विवरण** इस प्रकार दिया था -

"भरतपुर की भूमि उबड़-खाबड़ है। साथ में कोई अच्छा इंजीनियर नहीं था, इससे पूर्व कभी उसकी परिस्थिति का पता लगा नहीं। बस यही कारण था कि विजय प्राप्त नहीं हुई।"

ड्यूक आफ विलिंगटन ने जो तत्कालीन गवर्नर जनरल लार्ड बेलेजली के भाई थे, लार्ड लेक की हार का कारण इस तरह बताया था - ...उन्हें नगर-वेष्टन (परकोटे) का कुछ ज्ञान न था इसलिए असफलता हुई ।

इसमें कोई सन्देह नहीं इस युद्ध का प्रभाव अंग्रेजों के शत्रुओं पर बहुत बुरा पड़ा। भरतपुर के गौरव-गान की चर्चा तो गीत-काव्यों में गाई जाने लगी।

महाराज रणजीतसिंह आजीवन अंग्रेजों के मित्र बने रहे। उन्होंने सन्धि का पूर्णतः पालन किया। भरतपुर-युद्ध को साल भर भी न हो पाया था कि दिसंबर 1805 ई. में उनका स्वर्गवास हो गया। उनके चार पुत्र थे, बड़े **राजकुंवर रणधीर सिंह** थे। वही गद्दी पर बिठाए गए।

लोकोक्ति - रात मेरी अम्मां भरतपुर लुट ग्यो

'भरतपुर लुट गया' वाली लोकोक्ति

जगदीश चंद्रिकेश अपनी पुस्तक 'झूठ नहीं बोलता इतिहास' में लिखते हैं कि 'भरतपुर लुट गया' वाली लोकोक्ति बहुत समय तक परेशान किए रही कि आखिर यह लोकोक्ति प्रचलन में आई तो आई कैसे ? इसका सूत्र मिला पं. सुंदरलाला की इतिहास पुस्तक 'भारत में अंगरेजी राज' पढ़ते समय, जिसमें 'बिटवीन्स द लाइन्स' पढ़ने वाली लाइने थीं, 'मुझे यह लिखते दुःख है कि खाई इतनी अधिक चौड़ी और गहरी निकली कि उसे पार करने की जितनी कोशिशे की गईं, सब बेकार गईं.... हम पर इतनी देर तक जोर से और ठीक निशानों के साथ फसील की तोपों के गोले बरसते रहे कि हमारा बहुत अधिक नुकसान हुआ।'

- ये वे पंक्तियां हैं, जो जनरल लेक ने अपनी विफलता के बारे में गवर्नर जनरल मार्क्विस वेल्जली को लिखी थीं। भरतपुर को हथियाने के लिए अंग्रेजों ने पूरी तैयारी के साथ **21 जनवरी, 1805** को **दूसरे हमले** में भरतपुर की घेराबंदी कर बारह दिन तक गोलाबारी की, लेकिन पहले हमले की तरह इस बार भी वे भरतपुर का कुछ न बिगाड़ सके। अंततः उन्हें पीछे हटना पड़ा। फिर 20 फरवरी को **तीसरा हमला** किया गया। वह भी बेकार गया। इस तरह तीन-तीन बार के जबरदस्त हमलों को झेलकर भरतपुर की फसीलों ने अंग्रेजों के घमंड को इस बुरी तरह चूर कर दिया कि अंग्रेजों ने बीस साल तक भरतपूर की ओर आँख उठा कर भी नहीं देखा। फिर भी भरतपुर उनके दिल में काँटे की तरह चुभता रहा, तभी तो इन तीन-तीन हमलों के नौ साल बाद भी **लॉर्ड मेटकॉफ** को लिखना पड़ा कि,

'...हमारी सैनिक कीर्ति का अधिकतर भाग भरतपुर में दफन हो गया।'

इसके बाद जाट इतिहास और राजा सूरजमल को पढ़ने पर पूरी तस्वीर उभरकर सामने आई कि भरतपुर के अभेद्य दुर्ग और जाटों की दुर्दम्य जुझारू शक्ति उस कालखंड में अपने

सर्वोच्च पर थी और इसने अंग्रेजों को जितना आतंकित किया और सताया था। उसी का बदला अंग्रेजों ने भरतपुर को बुरी तरह लूटकर लिया। भरतपुर की आबादी को बेदर्दी से मारा-काटा गया। जिनके पास कुछ भी नहीं था उन लोगों के बाल तक उखाड़ लिए। किसी के पास कुछ नहीं छोड़ा, तभी तो भरतपुर का लुटना लोकोक्ति बन गया।

जब जाटों ने अंग्रेजों का सूर्य उदय होने से रोक दिया

एक कहावत है कि 'अंग्रेजों के राज में उनका सूर्य कभी अस्त नहीं होता था' यह सच है कि इनके अधीन जमीन पर हमेशा कहीं ना कहीं दिन रहता था। भारत के इतिहास में अंग्रेजों के विरुद्ध केवल प्लासी की लड़ाई का वर्णन किया जाता है जबकि यह लड़ाई पूरी कभी लड़ी ही नहीं गई, बीच में ही लेन-देन शुरू हो गया था। सन् 1857 के गदर का इतिहास तो पूरा ही मंगल पाण्डे, नाना साहिब, टीपू सुलतान, तात्या टोपे तथा रानी लक्ष्मीबाई के इर्द-गिर्द घुमाकर छोड़ दिया गया है, लेकिन जब जाटों का नाम आया और उनकी बहादुरी की बात आई तो इन साम्यवादी और ब्राह्मणवादी लेखकों की कलम की स्याही ही सूख गई। इससे पहले सन् 1805 में भरतपुर के महाराजा रणजीतसिंह (पुत्र महाराजा सूरजमल) की चार महीने तक अंग्रेजों के साथ जो लड़ाई चली वह अपने आप में जाटों की बहादुरी की मिशाल और भारतीय इतिहास का गौरवपूर्ण अध्याय है। भारत में अंग्रेजों का भरतपुर के जाट राजा के साथ समानता के आधार पर सन्धि करना एक ऐतिहासिक गौरवशाली दस्तावेज है जिसे 'Permanent Friendship Treaty on Equality Basis' नाम दिया गया। इस प्रकार की सन्धि अंग्रेजों ने भारतवर्ष में किसी भी राजा से नहीं की। (वास्तव में दूसरों के साथ सन्धि करने की आवश्यकता ही नहीं पड़ी क्योंकि हमारे बहादुर कहे जाने वाले राजाओं ने जाटों को छोड़ अंग्रेजों की बगैर किसी हथियार उठाये गुलामी स्वीकार कर ली थी।) इतिहास गवाह है कि भारत के अन्य किसी भी राजा ने अंग्रेजों के खिलाफ प्लासी युद्ध व मराठों के संघर्ष को छोड़कर अपनी तलवार म्यान से नहीं निकाली और बहादुरी की डींग हाकनेवालों ने नीची गर्दन करके अंग्रेजों की गुलामी स्वीकार की। पंजाब में जब तक 'पंजाब केसरी' महाराजा रणजीतसिंह जीवित थे (सन् 1839), अंग्रेजों ने कभी पंजाब की तरफ आँख उठाकर देखने की हिम्मत नहीं की और सन् 1845 में उन्होंने पंजाब में प्रवेश किया, वह भी लड़ाई लड़कर। अंग्रेज इन लड़ाइयों के अन्त में विजयी रहे लेकिन कुछ हिन्दुओं की महान् गद्दारी की वजह से (आगे पढें)।

भरतपुर की लड़ाई पर एक दोहा प्रचलित था -

हुई मसल मशहूर विश्व में, आठ फिरंगी नौ गोरा।
लड़ें किले की दीवारों पर, खड़े जाट के दो छोरा।

इस लड़ाई का विवरण अनेक पुस्तकों में लिखा मिलता है, जैसे कि 'भारत में अंग्रेजी राज' 'जाटों के जोहर' और 'भारतवर्ष में अंग्रेजी राज के 200 वर्ष।' लेकिन विद्वान् सवाराम सरदेसाई की पुस्तक "अजय भरतपुर" प्रमुख है। विद्वान् आचार्य गोपालप्रसाद ने तो यह पूरा इतिहास पद्यरूप में गाया है जिसका सारांश इस प्रकार है -

अड़ कुटिल कुलिस-सा प्रबल प्रखर अंग्रेजों की छाती में गढ़,
सर-गढ़ से बढ़-चढ़ सुदृढ़, यह अजय भरतपुर लोहगढ़।
यह दुर्ग भरतपुर अजय खड़ा भारत माँ का अभिमान लिए,
बलिवेदी पर बलिदान लिए, शूरों की सच्ची शान लिए॥

जब राजस्थान के राजपूत राजाओं ने अंग्रेजों के विरोध में तलवार नहीं उठाई तो जोधपुर के राजकवि बांकीदास से नहीं रहा गया और उन्होंने ऐसे गाया -

पूरा जोधड़, उदैपुर, जैपुर, पहूँ थारा खूटा परियाणा।
कायरता से गई आवसी नहीं बाकें आसल किया बखाणा॥
बजियाँ भलो भरतपुर वालो, गाजै गरज धरज नभ भौम।
पैलां सिर साहब रो पडियो, भड उभै नह दीन्हीं भौम॥

अर्थ है कि "है जोधपुर, उदयपुर और जयपुर के मालिको ! तुम्हारा तो वंश ही खत्म हो गया। कायरता से गई भूमि कभी वापिस नहीं आएगी, बांकीदास ने यह सच्चाई वर्णन की है। भरतपुर वाला जाट तो खूब लड़ा। तोपें गरजीं, जिनकी धूम आकाश और पृथ्वी पर छाई। अंग्रेज का सिर काट डाला, लेकिन खड़े-खड़े अपनी भूमि नहीं दी।"

अंग्रेजों ने स्वयं अपने लेखों में भरतपुर लड़ाई पर जाटों की बहादुरी पर अनेक टिप्पणियाँ लिखीं। जनरल लेक ने वेलेजली (इंग्लैंड) को 7 मार्च 1805 को पत्र लिखा:-

"मैं चाहता हूँ कि भरतपुर का युद्ध बंद कर दिया जाये, इस युद्ध को मामूली समझने में हमने भारी भूल की है।"

इस कारण भरतपुर का लोहागढ़ का किला अजयगढ़ कहलाया। उस समय कहावत चली थी लेडी अंग्रेजन रोवें कलकते में क्योंकि अंग्रेज भरतपुर की लड़ाई में मर रहे थे, लेकिन उनके परिवार राजधानी कलकत्ता में रो रहे थे। इतिहास गवाह है कि जाटों ने चार महीने तक अंग्रेजों के आंसुओं का पानी कलकत्ता की हुगली नदी के पानी में मिला दिया था। स्वयं राजस्थान इतिहास के रचयिता कर्नल टाड ने लिखा - अंग्रेज लड़ाई में जाटों को कभी नहीं जीत पाए।

इस प्रकार अंग्रेजों का सूर्य जो भारत में बंगाल से उदय हो चुका था भरतपुर, आगरा व मथुरा में उदय होने के लिए चार महीने इंतजार करता रहा, फिर भी इसकी किरणें पंजाब में 41 साल बाद पहुंच पाईं। भारतवर्ष में केवल जाटों की दो रियासतों भरतपुर व धौलपुर ने कभी भी अंग्रेजों को खिराज (टैक्स) नहीं दिया। यह भी ऐतिहासिक तथ्य है कि भरतपुर में लौहगढ़ का किला भारत में एकमात्र ऐसा गढ़ है जिसे कभी कोई दूसरा कब्जा नहीं कर पाया। इसलिए इसका नाम अजयगढ़ पड़ा। भरतपुर के महाराजा कृष्णसिंह ने भारतवर्ष में भरतपुर शहर में सबसे पहले नगरपालिका की स्थापना की थी। अंग्रेजों ने मद्रास, कलकता व बम्बई में सबसे पहले मुनिस्पल कार्पोरेशन की स्थापना की। इसी जाट राजा कृष्ण सिंह ने भरतपुर में हिन्दी साहित्य सम्मेलन करवाया सन् 1925 में राजा जी ने पुष्कर (राजस्थान) में जाट महासम्मेलन करवाया जहां चौधरी छोटूराम जी भी पधारे थे। इन्होंने जनता के लिए

'भारत वीर' नाम का पत्र प्रकाशित करवाया था। (यह सभी तथ्य डॉ. धर्मचन्द्र विद्यालंकार ने अपनी पुस्तक 'जाटों का नया इतिहास' में इन्हें संजोया है।)

18

महाराजा रणधीर सिंह, बलदेव सिंह, बलवन्त सिंह, जसवन्त सिंह, राम सिंह

महाराजा रणधीर सिंह, बलदेव सिंह, बलवन्त सिंह, जसवन्त सिंह, राम सिंह

रणधीर सिंह (शासनकाल: 1805 – 1823)।

बलदेव सिंह (शासनकाल: 1823 - 1825)।

बलवन्त सिंह (शासनकाल: 1825 – 1853)।

जसवंत/यशवंत सिंह (शासनकाल: 1853 – 1893)।

राम सिंह (शासनकाल: 1893 - 1900)।

महारानी गिरिराज कौर (शासनकाल: 1900 – 1918)।

महाराज रणधीर सिंह (शासनकाल दिसम्बर 1805 से अक्टूबर सन 1823 ईसवी तक)

महाराजा रणजीत सिंह की मृत्यु के बाद उसका वीर ज्येष्ठ पुत्र रणधीर सिंह दिसम्बर माह सन 1805 ईसवी को भरतपुर के राजसिंहासन पर आसीन हुआ। जनवरी–फरवरी माह सन 1805 के चार आक्रमणकारी युद्धों में राजकुमार रणधीर सिंह के ही हाथों में मुख्यत: सेना की कमान रही थी। महाराजा रणजीत सिंह की महारानी रामकौर, विजय कौर, रतन कौर व जल कौर से क्रमश: राजकुमार रणधीर सिंह, बलदेव सिंह, लक्ष्मण सिंह एवं पृथ्वी सिंह का जन्म हुआ था।

महाराजा रणधीर सिंह का सिंहासन तिलक पौष वदी पड़वा संवत 1862 (सन 1805 ईसवी) को हुआ था। उस समय रणधीर सिंह की उम्र लगभग 35 वर्ष की थी, जिसने भरतपुर की आन-बान और शान के विदेशी शक्ति को तोड़ कर रख दिया था। राजकाज में दक्ष, कुशल

प्रशासक, और वित्त प्रबन्ध में निपुण होने के कारण महाराजा रणधीर सिंह ने चार महीने चारों ओर व्याप्त जन, धन व मकानात व सैन्य दल की विशेष क्षति को सुव्यवस्थित एवं पुनर्गठित किया।

महाराजा रणजीत सिंह की छतरी का गोवर्धन और कचहरी का किले में भव्य निर्माण कराया गया। सन 1814 ईसवी में महाराजा रणधीर सिंह ने अपने छोटे भाई राजा लक्ष्मण सिंह व उसके पुत्र दुर्जन साल के साथ आगरा के निकट किरावली में गवर्नर जनरल लॉर्ड मोरैया से मुलाक़ात की और कम्पनी के सम्बन्धों में सुधार आया। भरतपुर की सेना का कम्पनी सेना को पिंडारी दमन में सहायता और रसद भी प्रदान की गई। महाराजा के तीन रानियों से दो राजकुमारों का बाल्यावस्था में ही निधन हो गया था। बड़ी रीति के साथ 18 वर्ष तक आपने राज किया। महाराजा रणधीर सिंह अक्टूबर माह सन 1823 ईसवी को परलोकवासी हो गए।

महाराज बलदेवसिंह

महाराज रणधीरसिंह निःसंतान मरे थे। इसलिए नियम के अनुसार उनके भाई बलदेवसिंह राजा बनाए गए। किन्तु रानी 'लक्ष्मी' जो कि महाराज रणधीरसिंह की महारानी थी, इनसे नाराज थीं, वे किले की कुंजियों को लेकर वृन्दावन चली गई। वहीं उनका स्वर्गवास हो गया। इस तरह देवर-भाभी का यह झगड़ा तो शांत हो गया, किन्तु उनके छोटे भाई राव लक्ष्मणसिंह के पुत्र दुर्जनसाल और माधौसिंह उपद्रव पर उतारू हो गए। उन्होंने एक दिन तो महाराज बलदेवसिंह पर जवाहर बुर्ज में आक्रमण कर दिया। उनके स्थान को तोड़ डाला। किन्तु माधौसिंह को पकड़ लिया गया और झगड़ा बढ़ने नहीं पाया। इस घटना के बाद महाराज को सन्देह हो गया कि मेरे पश्चात् यह मेरे पुत्र बलवंतसिंह को अवश्य हानि पहुंचाएंगे। इसलिए उन्होंने सर डेविड अक्टरलोनी को बुलाकर बालक बलवंतसिंह को स्वत्वाधिकारी स्वीकार करा दिया। इसके कुछ दिन ही बाद 26 फरवरी 1825 ई. को बलदेव सिंह जी का स्वर्गवास हो गया। उनके स्वर्गवास के पश्चात् वही हुआ, जिसकी कि उन्हें आशंका थी। दुर्जनसाल और उसके पुत्र जगतसिंह ने सेना को अपनी ओर मिला लिया। माधौसिंह जो कि अब तक कैद में था, उसे कैद से छुड़ा लिया और बालक महाराज बलवंतसिंह और मांजी अमृतकुवरि को कैद कर लिया। राज्य पर दुर्जनसाल और माधौसिंह ने कब्जा तो कर लिया, किन्तु अनेक सरदार उनके विद्वेषी और बालक बलवन्तसिंह के पक्षपाती थे। अक्टरलोनी के स्थान पर मुकर्रिर हुए।

थोड़े दिन ही बाद माधौंसिंह और दुर्जनसाल में भी अनबन हो गई। माधौसिंह डीग में जाकर सेना-संगठन करने लगा। परिस्थिति अनुकूल देखकर सर चार्ल्स मेटकाफ ने भरतपुर पर चढाई करने की घोषणा जारी की। 10 दिसम्बर सन् 1825 को अंग्रेजी सेनाएं लार्ड केम्बलमियर की अध्यक्षता में भरतपुर पहुंच गई। 23 दिसम्बर से लड़ाई आरम्भ हो गई। 5 जनवरी सन 1826 तक भरतपुर पर गोले बरसाए जाते रहे। कई बार किले पर धावा किया गया। कई बार किले में घुसने की चेष्टा की गई। 18 जनवरी तक यही होता रहा। [illegible]

में अंग्रेजी-सेना के 61 अंग्रेज, 41 देशी सिपाही मारे गए और 282 अंग्रेज, 183 हिन्दुस्तानी घायल हुए।

इस गृह-कलह के कारण 60 लोहे की तोपें और 73 पीतल की तोपें भरतपुर की अंग्रेजों के हाथ लगीं। अजेय दुर्ग भरतपुर केम्बलमियर ने जीत लिया। यह बात भरतपुर के इतिहास में लिखी गई। केवल गृह-कलह से ही ऐसा हुआ। भरतपुर विजय के बाद अंग्रेजो की धाक समस्त राजपूताने पर बैठ गई।

महाराज बलदेव सिंह (शासनकाल अक्टूबर, सन 1823 से फरवरी, सन 1825 तक)

महाराजा रणधीर सिंह के पुत्रों की मृत्यु हो जाने का कारण भरतपुर की राजगद्दी पर उनके छोटे भाई बलदेव सिंह ने महाराजा की पदवी ग्रहण कर ली। परन्तु पहले तो महारानी लक्ष्मी पत्नि महाराजा रणधीर सिंह, अपने देवर महाराजा बलदेव सिंह से रुष्ट होकर वृंदावन चली गई और सन 1824 ईसवी में उनकी मृत्यु हो गई। उसके पश्चात ही बलदेव सिंह के छोटे भ्राता राजा लक्ष्मण सिंह के पुत्र कुँवर दुर्जन साल, माधोसिंह, उमराव सिंह और बखत सिंह में से कुँवर दुरजनसाल और माधोसिंह ने उपद्रव प्रारम्भ कर दिया।

भरतपुर के राजघराने में आपसी रंजिस को समाप्त करते हुए दिल्ली में कम्पनी के एजेन्ट सर डेविड ओक्टर लोनी ने राजकुमार बलवन्त सिंह पुत्र बलदेव सिंह को रियासत के उत्तराधिकारी की मान्यता प्रदान करवा दी। महाराजा बलदेव सिंह ने अपनी रुग्ण अवस्था के मद्देनजर सुचारु शासन व्यवस्था हेतु कम्पनी से सलाह मशविरा कर चार सदस्यीय कौंसिल की स्थापना की। कुछ समय पश्चात महाराजा बलदेव सिंह का 26 फरवरी सन 1825 को मृत्यु पर्यंत अल्प शासनकाल का भी अंत हो गया।

महाराजा बलवन्त सिंह (शासनकाल 27 फरवरी, सन 1825 से 21 मार्च सन 1853 ईसवी तक) –

राजकुमार बलवन्त सिंह 27 फरवरी, सन 1825 ईसवी को भरतपुर के सिंहासन पर आसीन हुए थे। राजमाता अमरूत कौर ने राजा बलवन्त सिंह के साथ जवाहर बुर्ज के निकट निर्मित महलों में निवास स्थान बना रखा था। यद्यपि दूसरी ओर इससे पूर्व समय से दुर्जनसाल ने राजा के अधिकार पाने के लिए एजेन्ट सर डेविड ओक्टर लोनी के पास जाट सरदार दूत बना कर भेजे किन्तु अंग्रेजी अफसरानों ने कोई हल निकालने के बजाय फरवरी माह सन 1805 का बदला चुकाने का षडयन्त्र रच डाला। जिस विदेशी सिपहसालार लॉर्ड लेक से हिन्दुस्तानी राजा घबराते थे उसे भरतपुर के योद्धाओं ने सन 1805 ईसवी में पराजित कर फिरंगी शक्ति पर जो एक प्रश्न चिह्न लगा दिया था उसे हटाना आवश्यक था। कहा गया है कि 'चार्ल्स मैटकोफ ने गवर्नर जनरल को लिखा – हमारी सैनिक कीर्ति का अधिकांश भाग तो भरतपुर में ही दफन हो गया'। अक्टूबर माह सन 1825 ईसवी में सर ओक्टर लोनी के स्थान पर दिल्ली में कम्पनी ने एजेन्ट सर चार्ल्स मैटकोफ को नियुक्त कर दिया। उधर भरतपुर में दुर्जनसाल और माधोसिंह ने राजमाता अमरूत कौर व बालक राजा बलवन्त सिंह को नजरबन्द कर आपसी रंजिस को एक गम्भीर रूप प्रदान कर दिया। तत्पश्चात दोनों

भाई दुर्जनसाल और माधो सिंह में भी मनमुटाव पैदा हो गया। ऐसी परिस्थितियों का लाभ उठाते हुए सर चार्ल्स मैटकोफ ने दिसम्बर माह सन 1825 ईसवी में अंग्रेज़ सेना को भरतपुर के अजेय लोहागढ़ पर आक्रमण के लिए कूच करा दिया। 20 जनवरी, सन 1826 ईसवी को गद्दार मीरजाफ़र और विरोधियों (जयचंदों) की मेहरबानी से तोपों में बाजरा भर दिया गया, अजेय दुर्ग के दरवाजों के फाटक खोल दिये और फिरंगी तथा गोरों की सेना आखिर जाटों के गढ़ में घुस ही गई। महावीर करनसिंह माड़ापुरिया चौबुर्जा के अष्टधातु दरवाजे पर युद्ध करता हुआ शहीद हो गया। शत्रु सेना के सेनापति लॉर्ड कैम्बलमियर और सर चार्ल्स मैटकोफ ने कैद से राजमाता व बालक राजकुमार बलवन्तसिंह को आजाद कर 5 फरवरी, सन 1826 ईसवी को राजतिलक कर दिया। दिनांक 20 फरवरी, 1805 ईसवी को कम्पनी ने अपने तम्बू – डेरा उखाड़ कर कैम्प ने वापस कलकत्ता (वर्तमान कोलकाता) की ओर चले गए। यही वह युद्ध था जब दुर्जनसाल को शत्रु सेना ने पराजय के बाद परिवार समेत किले से भागते हुए बन्दी बना लिया। यही वह युद्ध था जब **"भरतपुर लुट गयौ रात मोरी अम्मा"** सारे हिंदुस्तान में गरजन के साथ गूंज उठी। भरतपुर की पराजय के साथ ही हिंदुस्तान की 100 वर्ष की गुलामी का एलान भी डंके की चोट पर अंग्रेजों ने कर दिया।

लेखक पंडित गोकुल चन्द्र दीक्षित ने ब्रजेन्द्र वंश – भास्कर में लिखा है कि 'जघीने दरवाजे पर अंग्रेजी सेना का अनेक वीर काम आये, परन्तु अंग्रेजी सेना बढ़ती ही गई। जब भरतपुरीय सेना ने देखा कि अब जीतना असम्भव है तो दुर्जनसाल ने 180 सवारों के साथ कुम्हेर दरवाजे पर पहुंचने की कोशिश की। भरतपुर के ही किसी मनुष्य की जासूसी करने पर वह पकड़ लिए गये और सपरिवार काशी वास के लिए भेज दिये गये। इस युद्ध में अंग्रेजी सेना के 61 अंग्रेज़ और 41 हिन्दुस्तानी सिपाही धराशाही हुए। 283 अंग्रेज़ और 183 हिन्दुस्तानी सिपाही आहात घायल हुए। इसी से भरतपुरीय सेना की क्षति का अनुमान किया जा सकता है कि कितनी हानि हुई होगी। 60 लोहें की तोपें, 73 पीतल की तोपें अंग्रेजों के हाथ लगी और असंख्य द्रव्य प्राप्त हुआ। विजय हो चुकने पर लॉर्ड कैम्बलमियर ने 41 लाख 11 हजार सेना में पारितोषक के भांति बांटा और भरतपुर के अजय दुर्ग को गृह – कलह वश, इन कपूतों के कारण अपने पर पराजय का कलंक लेना पड़ा। जिस बात को महाराजा रणजीत सिंह ने अपनी बुद्धिमता और चतुराई से बनाये रखने का प्रयत्न किया, उसी का इन्होनें भंडाफोड़ कर दिया। इस युद्ध से अंग्रेजी सेना का सिक्का जम गया।

महाराजा बलवन्त सिंह राज्य प्रबन्ध में कुशलता हासिल किए हुये थे। उन्होनें गंगा मंदिर और जामा मस्जिद का निर्माण करवाया। उनके यहाँ फागुन वदी 14 संवत 1907 को राजकुमार जसवन्त सिंह का जन्म गंगा माता की कृपा से हुआ। महाराजा बलवन्त सिंह ने तीन दशक तक न्यायपूर्ण शासन किया और 21 मार्च, सन 1853 ईसवी को मृत्यु को प्राप्त हो गये।

गंगा मन्दिर और जुमा, मस्जिद हु न्यारी। दोउन की ही नींव, नृपति बलवन्त सुड़ारी॥
हिन्दू मुस्लिम सतत, सुमत नृप गुन सब गाते। दोनों ही मिल वासे यो गूजरा गयाते॥

(भरतपुर कौ (काव्यमय) इतिहास – साभार)

महाराजा बलवन्तसिंह

अंग्रेजो ने भरतपुर को विजय करने के पश्चात् वहीं दरबार किया और उसी दरबार में 5 फरवरी सन् 1826 ई. को महाराज बलवन्तसिंह को राज-गद्दी दी गई। मांजी श्रीमती अमृतकौर की रेजेन्सी में राज्य-प्रबन्ध सौंपा गया। संवत् 1884 विक्रमी (1827 ई.) में महाराज का पिछोरवाल राजपुत्री से विवाह हुआ। महाराज ने युवा होते ही भोलानाथ दीवान और उसके साथियों को कैद कर लिया। संवत् 1899 (1842 ई.) में लार्ड एलनवरा से मिलकर आपने बल्लभगढ़ के राजा को पुनः उसका राज दिलाया।

संवत् 1907 विक्रमी (1850 ई.) में आपको पुत्र लाभ हुआ जिनका शुभ नाम **महाराज यशवंत सिंह** रखा गया। आपकी प्रजा आपसे बहुत प्रसन्न थी। आप भी प्रजा की प्रसन्नता के लिए सदैव प्रयत्न करते रहते थे। इस प्रकार 27 वर्ष सुख-शांति के साथ राज करके 21वीं मार्च सन् 1853 ई. को आप इस संसार से पधार गये। महाराज काव्य-प्रेमी थे। उनके दरबार में कई कवि रहते थे। वह स्वयं भी कविता करते थे।

महाराजा जसवन्त सिंह (यशवन्तसिंह) (शासनकाल 22 मार्च 1853 ईसवी से 22 दिसम्बर सन 1893 ईसवी तक)

महाराजा जसवन्त सिंह का जन्म संवत 14 वदी 1907 (सन 1850) में हुआ था। उस समय उनकी उम्र केवल तीन वर्ष थी जब पिता महाराजा बलवन्त सिंह का देहान्त हुआ था। ऐसे वक्त पर अंग्रेज़ सरकार का पोलिटिकल एजेन्ट मेजर मोरिसन तथा सन 1857 ईसवी की क्रांति के बाद कैप्टेन जी पी निकसन को नियुक्त किया गया। धाऊ ग्यासीराम को शासन संचालन के लिए रीजेंट का कार्य सौंपा गया जबकि धाऊ गुयाबसीनह बालक राजा बलवन्त सिंह की देखभाल के लिए जिम्मेदार था और धाऊ गंगाराम ने जाट सेना की कमान संभाल रखी थी। सन 1857 ईसवी में हिंदुस्तान की प्रथम क्रान्ति के समय यद्यपि रियासत की फौज औपचारिक तौर से अंग्रेज़ कम्पनी की सहायता के लिए अवश्य भेजी गई थी किन्तु इतिहास इसका साक्षी है कि भरतपुर की सेना ने आगरा, मथुरा आदि स्थानों पर क्रांतिकारी जत्थों से युद्ध करने से साफ इन्कार कर दिया बल्कि उनका साथ दिया। महाराजा जसवन्त सिंह को शासन अधिकार मार्च सन 1871 ईसवी में जाकर ही प्राप्त हो पाए। इनके ही समय में कौंसिलऑफ रीजेन्सी को इजलास खास और पोलिटिकल एजेन्सी में बदल दिया गया। महाराजा की पढ़ाई हिन्दी, अंग्रेजी व उर्दू में हुई थी और वे प्रशासन, राजनीति एवं आर्थिक मामलों में काफी पकड़ रखते थे। **उन्हें एक शासक के तौर पर 19 तोपों की सलामी अधिकार का भी प्रदान किया गया।** उन्होनें "जसवन्त हाउस होल्ड इन्फेन्ट्री" नाम से सैनिक टुकड़ी का गठन किया। महाराजा जसवन्त सिंह के कार्यकाल में आर्यसमाज के प्रवर्तक ऋषि दयानन्द सरस्वती भ्रमण करते हुए भरतपुर पधारे थे। महाराजा जसवन्त सिंह जी ने उन्हें एक बाग में कई दिन तक ठहराया तथा उनका आदर–सत्कार करते हुए धर्म की चर्चा भी की। महाराज साहब बड़ी धार्मिक वृत्ति के थे। इसी प्रकार उन्होनें भरतपुर शहर में स्थित गढ़ी सालिगग्राम,

गोलमोल, अलक–झलक एवं मस्तराम बगीचीयों में निवास करने वाले संतों को प्रश्रय देकर उनका आशीर्वाद प्राप्त किया। विशेषकर गोल–मोल बगीची के सन्त की प्रेरणा से भरतपुर राज्य के व्यापार व वैभव की समृद्धि के ईईए हीरादास के पास "श्री जसवन्त प्रदर्शनी एवं पशु मेला" को प्रारम्भ कराया, जो आज भारत में "भरतपुर नुमाइश" के नाम से सुविख्यात है। ऐसी भी किवदन्ती है कि महाराज साहब की दीर्घ आयु के लिए इन चारों संतों ने भजन व तप किया।

महाराजा जसवन्त सिंह धार्मिक प्रकृति के राजा थे और जनता की आवश्यकताओं का धन रखते थे और उसकी सुविधाओं के हेतु कम्पनी सरकार से मुद्दा उठाने का साहस रखते थे। भरतपुर राज्य नमक व्यवसाय में अग्रणी था और सन 1879 में नमक बनाना अंग्रेज़ सरकार की सलाह से बंद किया, जिसकी एवज में रियासत को केंद्र सरकार की ओर से अनुदान मदद प्रदान की गई। केवलादेव राष्ट्रीय उद्यान जो उस समय घना अभयारण्य के नाम से जाना जाता था वन गायों की शरण स्थली था जिसके चारों ओर कंटीले तार एवं झाड़ों की बाद लगाई गई। सेवर स्थित बिहारी जी मंदिर इस राजा की ही देन है। यदि महाराजा जसवन्त सिंह को बदन सिंह, सूरजमल, जवाहर सिंह और रणजीत सिंह जैसे पूर्वजों की योग्यता में आँका जाय तो यह उनके व्यक्तित्व के साथ न्यायपूर्ण समीक्षा कही जा सकती है। इस महान देश भक्त महाराजा का देहान्त 22 दिसम्बर, सन 1893 ईसवी को हो गया। कुछ इतिहासकारों द्वारा सन 1857 ईसवी के स्वतन्त्रता संग्राम में इनका नकारात्मक या देशद्रोही योगदान अत्यन्त अन्याय पूर्ण विश्लेषण है। एक तो राजा 7 वर्ष का बालक था और उसका एजेन्ट स्वयं अंग्रेज़ अफसर था जिसके अनुरोध पर ही रियासत के महत्वपूर्ण पदों पर गुर्जर धाऊ विराजमान थे। इस सबके बावजूद परोक्ष या अपरोक्ष रूप में भरतपुर राज्य की जाट सेना ने क्रांतिकारियों का ही साथ देकर देश भक्ति धर्म निभाया।

तीन वर्ष के ही हुते, श्री जसवन्त कुमार। जवै नृपति बलवंत नै त्याग्यौ यह संसार॥
अर्गलपुर के कमिश्नर, टेलर नृप के मीत। आयै ब्रज रजधानिमें, भेंटन नृपहि सप्रीत॥
(भरतपुर कौ (काव्यमय) इतिहास – साभार)

महाराजा यशवन्तसिंह

जिस समय बलवन्तसिंह का स्वर्गवास हुआ, उस समय उनके प्यारे पुत्र यशवन्तसिंह की आयु केवल तीन वर्ष की थी। इसलिए राज्य का कार्य-भार भाऊ ग्यासीरामजी करने लगे। चार महीने बाद ही महाराज की मां का भी स्वर्गवास हो गया। मेजर मोरीसन महाराज के अभिभावक (A.D.C.) नियुक्त हुए। सिपाही-विद्रोह में भरतपुर ने भी अंग्रेजों को सहायता दी। सिपाही-विद्रोह के पश्चात् मोरीसन चले गए और कप्तान निक्सर भरतपुर के पोलीटिकल एजेण्ट नियुक्त होकर आए। महाराज यशवन्तसिंह को अंग्रेजी, हिन्दी, फारसी की शिक्षा दी गई। उसमें आपने पूर्ण निपुणता प्राप्त की। सन् 1858 ई. में आपका विवाह पटियाले के महाराज नरेन्द्रसिंह की सुपुत्री के साथ हुआ। सन् 1868 ई. में रानीजी से कुंवर भगवन्तसिंह का जन्म हुआ। किन्तु 5 दिसम्बर सन् 1869 को भगवन्तसिंह का स्वर्गवास

हो गया। पुत्र शोक में महारानी जी भी 7 फरवरी सन् 1870 ई. को इस संसार से चल बसीं।

11 मार्च सन् 1862 ई. को ब्रिटिश सरकार की ओर से महाराज को भी भारत के अन्य महाराजाओं की भांति गोद लेने का अधिकार मिल गया था।

सन् 1871 ई. में महाराज को राज्य के पूर्ण अधिकार प्राप्त हुए। महाराज ने मेयो कालेज की स्थापना के लिए पचास हजार रुपये दान दिए थे। आपने अलवर के महाराज श्यौदानसिंह को मथुरा के सेठों से तीन लाख रुपया कर्जा भी दिलाया था।

सन् 1871 ई. में महाराज अजमेर गए थे। वहां से लौटकर मि. जैकब के साथ जयपुर ठहरे और आमेर के महलों को नंगी तलवारों के साथ देखा। इस तरह बीस दिन तक जयपुर में रहे। राज्य का प्रबन्ध महाराज यशवन्तसिंह ने बड़ी योग्यता के साथ किया। आज तक प्रजा उनके न्याय और प्रेम का बखान किया करती है।

9 सितम्बर सन् 1872 ई. में युवराज रामसिंह का जन्म हुआ। बड़ी धूम-धाम के साथ उत्सव मनाया गया। सन् 1875-76 ई. में प्रिन्स आफ वेल्स सप्तम एडवर्ड भारत में पधारे। उस समय महाराज ने उनको भरतपुर में बुलाकर खूब आव-भगत की। देहली में जो प्रथम दरबार हुआ था, उसमें आपको सरकार की ओर से जी. सी. एस. की उपाधि दी थी। उन्होंने अपने यहां से पोलीटिकल एजेण्ट को हटा दिया था, क्योंकि वह अपने काम में किसी का हस्तक्षेप नहीं चाहते थे। उस समय पोलीटिकल एजेण्ट 'हरि पर्वत' आगरे में रहने लग गया था। संवत् 1934 में राज्य में भारी अकाल पड़ा। तब आपने प्रजा की पूरी सहायता की। लगान तो माफ कर दिया साथ ही कर्जा भी दिया और बोहरों से भी अपनी जिम्मेदारी पर दिलाया। डीग और भरतपुर में सदावर्त खोल दिए। लोंगों को काम देने के लिए घने का बाड़ा बनवाया और किले की मरम्मत कराई।

भरतपुर का नमक बड़ा प्रसिद्ध है। भरतपुर में नमक का कटरा नाम की एक मंडी अब तक है। प्रतिवर्ष 1,50,000 मन नमक तैयार होता था, जिसकी वार्षिक आय 3,00,000 रुपये भरतपुर राज्य को और 45,00,0000 रुपये की आय भरतपुर सरकार को होती थी। राज्य में नमक बनाने की 51 फैक्ट्रियां थी। भरतपुर के 50,000 प्रजाजनों का नमक के व्यापार से निर्वाह होता था। सन 1879 ई. में भारत-सरकार के परामर्श से नमक बनाना बन्द कर दिया गया। कहा जाता है यह बन्दी 50 वर्ष के लिए हुई थी। गवर्नमेण्ट ने क्षति-निवारणार्थ 1,50,000 रुपये नकद महाराज को दिया और एक हजार मन सांभर नमक प्रतिवर्ष देने का वचन दिया।

सन 1884 ई. में महाराज ने सिवाय मादक वस्तुओं के अन्य सब चीजों पर से चुंगी उठा ली। काबुल के अमीर और अंग्रेजों में जब लड़ाई हुई तो महाराज ने अंग्रेजों को मदद दी। सन 1886 ई. मे महाराज ने 'माफी' की जमीनों की पटवारियों द्वारा पैमायश कराई। किन्तु पथैने के ठाकुरों (जाट सरदारों) ने महाराज की इस आज्ञा को नहीं माना और लड़ाई के लिए तैयार हो गए। महाराज ने एक सेना भेजकर उनका दमन किया। पथैने के गढ़ को गिरा दिया। राजपाल जो कि मन्हींसिंह का कारिन्दा था, इस युद्ध में बड़ी बहादुरी से लड़ा। पथेने

वालों के 25 आदमी मारे गए और 15 घायल हुए। पथैने के ठाकुरों को परास्त करने के बाद महाराज ने उनके साथ भलमनसाहत का व्यवहार किया।

सन 1886 ई. की 30वीं नवम्बर को महाराज कुमार नारायणसिंह और सन 1887 ई. की 7वीं जनवरी को महाराजकुमार रघुनाथसिंह का जन्म हुआ।

सन 1890 ई. में भारत सरकार ने महाराज की तोपों की सलामी 17 की बजाए 19 कर दी। 1892 ई. में एक दुःखद घटना यह हुई कि राजकुमार नारायणसिंह का स्वर्गवास हो गया। महाराज यशवन्तसिंह ने अपने जीवन में ऐसे कृत्य किए, जिनसे उनका यशवन्तसिंह होना सार्थक हो गया। प्रजा के साथ हिल-मिलकर बैठना, भाई-चारा निभाना, दुःख-सुख में शामिल होना यह उनकी विशेषताएं थीं। वे बड़े हंस-मुख, हृष्ट-पुष्ट व्यक्ति थे। उनके चेहरे से तेज टपकता था। वह धार्मिक जीवन बिताते थे। प्रातः काल चार बजे बिस्तरे से उठकर नित्य-नियम करते थे। इन्साफ का कार्य भी आप खूब सुनते थे। यही कारण है कि जब सन् 1893 ई. की 22 दिसम्बर को आपका स्वर्गवास हुआ तो प्रजा में हाहाकार मच गया। कोई ऐसा जन न था जिसने महाराज के लिए आंसू न बहाए हों। वे स्वतन्त्रता प्रिय और दबंग नरेशों में से थे।

महाराजा राम सिंह (शासनकाल 25 दिसम्बर सन 1893 ईसवी से सन 1900 ईसवी तक) -

महाराज कुमार रामसिंह का जन्म 7 दिसम्बर, सन 1872 ईसवी को भरतपुर के सेवर किले में हुआ था। उनका राजतिलक 25 दिसम्बर सन 1893 ईसवी में हुआ था। राजकुमार राम सिंह और राजकुमार रघुनाथ सिंह दो भाई थे। आपके तीन महारानियाँ थीं, राज कौर, गिर्राज कौर व पासवान जो पहाड़न वाली दादी जी के नाम से बाद में विख्यात रहीं। महाराजा राम सिंह सन 1895-96 ईसवी में विलायत दौरे पर गए थे जहां के शाही परिवार की शिकरगाहें उन्होनें देखी और उसी तरीके से उन्होनें 'घना' के दलदली जंगलों को विकसित करने की सलाह दी जिसे गुजरात राज्य में मौरवी के राजा हरभाम जी ने घना को वर्तमान शिकारगाह का रूप दिया जहां लॉर्ड कर्जन ने सन 1902 ईसवी में जंगली मुगाबियों का आखेट प्रारम्भ किया।

महाराजा राम सिंह ने अपने एक सहायक को क्रोध में आकार गोली मार दी थी जिस कारण अंग्रेज़ कम्पनी ने उन्हें सिंहासन से सन 1900 ईसवी में अपदस्थ कर दिया और बालक राजा कृष्ण सिंह का राजतिलक कर दिया गया। भरतपुर में दीवली, भुसावर की महारानी गिर्राज कौर राजकुमार कृष्ण सिंह की माँ थीं। रानी पासवान से कुँवर गिर्राज (गिरिराज) सिंह का जन्म सन 1902 ईसवी में हुआ था। महाराजा रामसिंह के प्रयत्नों से बारैठा का भी बान्ध निर्माण किया गया बाद में इनके ही पुत्र के नाम से किशन महल का भी निर्माण हुआ। महाराजा रामसिंह का कांधारी कोठी आगरा शहर में 29 अगस्त सन 1929 ईसवी को देहान्त हो गया।

महाराजा रामसिंह

महाराज यशवन्तसिंह की मृत्यु के पीछे उनके ज्येष्ठ पुत्र राज सिंहासन पर विराजे। 25 दिसम्बर सन् 1893 ई. को उनका राज-तिलक हुआ। इनके सहकारियों में कुछ अयोग्य लोग प्रविष्ट हो गए जो प्रजा के शुभ-चिन्तक की अपेक्षा अहितकारी थे। संयमी न होने के कारण उनका स्वास्थ्य बिगड़ गया था, ऐसा इतिहासकार मानते हैं। सन् 1900 ई. में महाराज रामसिंह ने एक नाई को गोली से मार दिया। इसी घटना से आपको अंग्रेजी सरकार ने गद्दी से हटाकर देहली की छावनी में भेज दिया। इनके दो सुपुत्र हुए थे। एक स्वनाम-धन्य महाराज श्री कृष्णसिंह और दूसरे कुंवर गिरराजसिंह ।

सन् 1922 ई. में आप देवली से आगरा आ गए थे और कोठी भरतपुर में रहते थे। सन् 1929 ई. में आपका स्वर्गवास हो गया।

19

महाराजा कृष्ण सिंह (किसन/किशन सिंह)

महाराजा कृष्ण सिंह (किसन/किशन सिंह)

महाराजा कृष्ण सिंह (किसन/किशन सिंह) (शासनकाल: 1900-1929)

"लैफ्टिनेंट कर्नल हिज हाईनेस, महाराजा श्री व्रजेन्द्र सवाई कृष्णसिंह बहादुर जंग"

महाराजा कृष्णसिंह (किशन/किसन सिंह) – (शासनकाल – अगस्त सन 1900 से मार्च सन 1928 तक) –

महाराजा कृष्णसिंह का जन्म 04 अक्टूबर, सन 1899 ईसवी में हुआ था। महाराजा रामसिंह को अपदस्थ करने के पश्चात अंग्रेजों ने अगस्त माह सन 1900 ईसवी में ही बालक राजा कृष्णसिंह का राजतिलक कर दिया था। 28 नवंबर सन 1918 ईसवी में लॉर्ड चेक्सफोर्ड ने महाराजा कृष्णसिंह को पूर्ण शासन अधिकार किये। 24 दिसम्बर, सन 1922 इसवीं में राजमाता गिर्राजकौर का देहावसान हो गया। यह महाराजा के लिए बहुत बड़ा झटका था क्योंकि राजमाता की प्रशासन पर जबर्दस्त पकड़ थी और समय–समय पर राजकाज में पूर्ण सहायता मिलती रहती थी। महाराजा कृष्णसिंह ने मेयो कालेज में शिक्षा प्राप्त की थी।

महाराजा कृष्णसिंह का विवाह 3 मार्च, सन 1913 ईसवी को पंजाब में फरीदकोट रियासत की राजकुमारी राजिन्दर कौर के साथ हुआ था। उन्होनें अपने जीवनकाल में एक पत्नि धर्म का निर्वाह किया। सवाई बृजेन्द्र महाराजा कृष्ण सिंह का महारानी गिर्राज कौर के साथ निवास महल खास में था जो ड्योड़ियात के नाम से जाना जाता था। महाराजा रामसिंह, आगरा में पाँच बंगला या कांधारी कोठी में रहने के अलावा जब भरतपुर आते थे तो सेवर फोर्ट के महलों में ही रहते थे। महाराजा कृष्णसिंह ने प्रथम विश्व युद्ध में जर्मनी के साथ युद्ध करने के लिए अंग्रेज़ सरकार से अनुमति मांगी जिसे अस्वीकार कर दिया गया कि वे अभी वयस्क नहीं हुए थे। महाराजा का धाउ गुर्जर जाति के रघुबीर सिंह को नियुक्त किया गया था जो स्टेट काउंसिल के सदस्य भी थे। बालक नरेश महाराजा कृष्णसिंह विलायत में मई माह सन 1910 ईसवी में किंग जॉर्ज सप्तम के अंतिम संस्कार में शामिल होने गए थे और

दिल्ली राजधानी में सन 1911 ईसवी में किंग जॉर्ज पंचम के सिंहासनारूढ़ होने के उत्सव में मौजूद थे।

महाराजा कृष्णसिंह के छोटे से शासन काल में विकास की गतिविधियां बड़ी तेजी से क्रियान्वित की गई। गंगा जी मन्दिर निर्माण कार्य चलता रहा, मोती महल, लाल कोठी, गोलबाग का निर्माण सन 1914 में कराया गया। श्री हिन्दी साहित्य समिति के भवन सहित सन 1912 ईसवी में स्थापना में सहयोग देना महारानी गिर्राज कौर और महाराजा कृष्णसिंह का एक देश भक्ति का अनूठा कदम था। सन 1918 ईसवी तक किशन सागर के उत्तर पूर्व में किशन महल व बसन्त भवन दरबार के लिए बनवाया था। मथुरा दरवाजे बाहर डी सी करेंट का बिजली घर बनवाया गया।

सन 1925 ईसवी में पुष्कर जी, अजमेर में महाराजा कृष्णसिंह की अध्यक्षता में जाट महासभा का अधिवेशन हुआ जहां सर छोटूराम और पंडित मदन मोहन मालवीय जैसी महान हस्तियाँ भी उपस्थित थीं। आपके सानिध्य में 1927 ईसवी में सेवर फोर्ट में हिन्दी साहित्य सम्मेलन का 27 वां अधिवेशन हुआ, जिसमें विश्व कवि रवीद्र नाथ टैगोर, मदन मोहन मालवीय जैसी हस्ती आपके ही प्रयास से पधारी। इस राजा ने लक्ष्मण मन्दिर में जाटवों को धार्मिक अनुष्ठान की अनुमति, हिन्दी को राजभाषा का दर्जा, विधवा पुनर्विवाह एवं सबसे महत्वपूर्ण जन प्रतिनिधि शासन समिति के विधान की घोषणा निर्वाचन प्रक्रिया के साथ करे। इस देश भक्त भरतपुर के लाल ने हिंदुस्तान के क्रांतिकारियों से अंदरूनी सम्बन्ध बना रखे थे और हर प्रकार की मदद को तत्पर रहते थे। इन्हीं कारणों से फिरंगी सरकार ने सन 1928 में शासन के अधिकार छीन कर महाराजा कृष्ण सिंह को दिल्ली रवाना कर दिया। यहा पर मार्च माह सन 1929 को उनका निधन हो गया।

महाराजा कृष्णसिंह

ठाकुर देशराज लिखते हैं कि आपका जन्म 4 अक्टूबर सन् 1899 ई. को हुआ था। महाराज रामसिंह के गद्दी से हट जाने पर सन 1990 ई. की 26 अगस्त को आपको राजगद्दी पर बिठाया गया था। चूंकि आप नाबालिग थे, इसलिए सरकार ने राज्य का प्रबन्ध स्टेट-कौंसिल के हाथ में दिया।महाराज यशवंतसिंह के समय में 'पंचायत' नाम की राज-सभा थी, उसी का रूप पलटकर स्टेट-कौंसिल हो गया। राजमाता श्रीमती गिर्राज कुमारी जी ने आपके लालन-पालन और शिक्षा का पूणतः प्रबन्ध किया। जब महाराज साहब कुछ सयाने हुए तो 'मेयो कॉलेज' अजमेर में पढ़ने के लिए भेजे गए। सन् 1910 ई. में आप इंग्लैंड भी गए। उन्हीं दिनों सप्तम एडवर्ड का स्वर्गवास हुआ था। महाराज भी बादशाह की अर्थी में शामिल हुए। सन् 1914 ई. में महाराज ने दुबारा अपनी माताजी के साथ विलायत की यात्रा की। लड़ाई के लिए भरतपुर से 25 लाख से ऊपर सहायता सरकार को दी गई। इंग्लैंड से लौटकर महाराज फिर मेयो कॉलेज में पढ़ने लगे।

आपका विवाह फरीदकोट की वीर राजकुमारी श्रीमती राजेन्द्रकुमारी के साथ हुआ था।

28 नवम्बर सन् 1918 ई. को भारत के तत्कालीन लार्ड चेम्सफोर्ड ने भरतपुर आकर महाराज को अधिकार दिए। इसी प्रसन्नता के समय एक महान् खुशी यह हुई कि 30 नवम्बर सन् 1918 ई. को श्रीमानजी के यहां युवराज श्री बृजेन्द्रसिंह जी देव का शुभ जन्म हुआ। प्रजा में भारी खुशी हुई। नगर-नगर और गांव-गांव में आनन्द-बधाए गाए जाने लगे।

सन् 1919 ई. में महाराज ने सेना का पुनः संगठन किया। राजमाता हिन्दी और लिपि देवनागरी कर दी गई, क्योंकि अंत तक राजकीय सारा कार्य उर्दू में होता था। 24 सितम्बर सन् 1922 को श्रीमती राजमाता गिर्राजकुमारी जी का स्वर्गवास हो गया। महाराज ने लंका की भी यात्रा की थी और शिमले में 'ब्रज-मण्डल' की स्थापना की। आपके समय में प्रारम्भिक शिक्षा अनिवार्य कर दी गई। समाज-सुधार-एक्ट पास किया गया। क्रेडिट बैंक व सोसायटी तथा ग्राम-पंचायत-एक्ट पास किया गया। क्रेडिट बैंक व सोसायटी तथा ग्राम-पंचायत-एक्ट जारी करके प्रजा को प्रबन्धाधिकार दिए। राज्य भर में देशी औषधालयों की स्थापना की। व्यापार और कला-कौशल में प्रजा की रुचि बढ़ाने के लिए प्रति वर्ष क्वार के महीने में भरतपुर में प्रदर्शिनी करने की नींव भी आप ही ने डाली। आपकी मित्रता भारत के अनेक राजा, रईस और अंग्रेजों से थी। बेलजियम के बादशाह से भी आपका सामाजिक सम्बन्ध था। वह अपनी महारानी समेत भरतपुर में पधारे भी थे। गौ-रक्षा के लिए राज्य के प्रत्येक बड़े नगर में प्रबन्ध किया गया। सन् 1924 ई. की भयंकर बाढ़ में प्रजा के जान-माल की रक्षा के लिए जो आपने कष्ट उठाए और प्रजा की सेवाएं कीं, वे भारत के वर्तमान देशी नरेशों के लिए अनुकरणीय थीं।

महाराज को इस बात पर बड़ा अभिमान था कि मैं जाट हूं। वह अपने जातीय गौरव से पूर्ण थे। सन 1925 ई. में पुष्कर में होने वाले जाट-महासभा के अधिवेशन के आप ही प्रेसीडेण्ट थे। आपने कहा था-

"मैं भी एक राजस्थानी निवासी हूं। मेरा दृढ़ निश्चय है कि यदि हम योग्य हों तो कोई शक्ति संसार में ऐसी नहीं है जो हमारा अपमान कर सके। मुझे इस बात का भारी अभिमान है कि मेरा जन्म जाट-क्षत्रिय जाति में हुआ है। हमारी जाति की शूरता के चरित्रों से इतिहास के पन्ने अब तक भरे पड़े हैं। हमारे पूर्वजों ने कर्तव्य-धर्म के नाम पर मरना सीखा और इसी से, बात के पीछे, अब तक हमारा सिर ऊंचा है। मेरे हृदय में किसी भी जाति या धर्म के प्रति द्वेषभाव नहीं है और एक नृपति-धर्म के अनुकूल सबको मैं अपना प्रिय समझता हूं। हमारे पूर्वजों ने जो-जो वचन दिए, प्राणों के जाते-जाते उनका निर्वाह किया था। तवारीख बतलाती है कि हमारे बुजुर्गों ने कौम की बहबूदी और तरक्की के लिए कैसी-कैसी कुर्बानियां की हैं। हमारी तेजस्विता का बखान संसार करता है। मैं विश्वास करता हूं कि शीघ्र ही हमारी जाति की यश-पताका संसार भर में फहराने लगेगी।"

आपने अपने व्यय से भरतपुर में हिन्दी-साहित्य-सम्मेलन भी कराया था। देश के प्रत्येक हितकर कार्य में वे भाग लेते थे। प्रजा में ज्ञान और जीवन पैदा करने के लिए उन्होंने 'भारत-वीर' नाम का पत्र भी निकलवाया था। वे प्रजा को शासन-कार्य में सहयोगी बनाना चाहते थे

इसी उद्देश्य से उन्होंने शासन-समिति की स्थापना की थी। म्यूनिसिपल कमेटियां कायम की थीं। महाराज जहां एक ओर समाज-सुधार और प्रजा-हित के कार्य कर रहे थे, वहां दूसरी ओर उनके विरोधियों की संख्या बढ़ रही थी। सन् 1928 ई. में उन्हें अपव्ययी सिद्ध करके सरकार ने राज्य छोड़ देने पर विवश किया। उन्होंने गवर्नमेण्ट के इस कार्य का विरोध किया। वे न्याय के लिए अन्त तक लड़े। देहली में उनके जन्म-दिवस के अवसर पर, जब इन लाइनों का लेखक उनकी सेवा में उपस्थित हुआ था, तब उन्होंने कहा था -

"मैं अपने अधिकार को छोड़ने के लिए तैयार नहीं हूं। तुम्हारा (प्रजा का) अधिकार (शासन-समिति) में पहले ही दे चुका हूं।"

आज सारा भारत कहता है कि महाराज श्रीकृष्णसिंह वीर थे, देश-भक्त और समाज-सुधारक थे। वे भारत के मौजूदा राजाओं में से सैकड़ों से बहुत श्रेष्ठ थे। ऐसे महारथी का देहली में मार्च सन् **1929** ई. को स्वर्गवास हो गया। उनके लिए राजा-प्रजा, हिन्दू-मुसलमान, गरीब-अमीर सभी श्रेणियों के लोग रोए। उनकी मृत्यु से सारे भारत के हृदयवान् लोगों के हृदय को धक्का लगा। दूसरे केवल पांच ही महीने बाद राजमाता श्रीमती राजेन्द्रकुमारी का जुलाई सन् 1929 को स्वर्गवास हो गया। आपने चार राजकुमार और तीन राजकुमारियां छोड़ी जिनमें मंझली बहन का सन् 1930 में विछोह हो गया।

महाराजा श्री किसनसिंह जी बहादुर के जीवन की एक झांकी

लेखक - चौधरी मूलचन्द

(यह लेख सर्वप्रथम वर्ष 1957 में प्रथम स्वतंत्रता संग्राम (1857) की प्रथम वर्ष गांठ के अवसर पर लिखा और प्रकाशित किया गया था स्वामी ओमानन्दसरस्वती द्वारा वर्ष 2000 में सम्पादित और प्रकाशित भी किया गया था)

भरतपुर की भूमि वीर-प्रसूता रही है। भरतपुर की भूमि ने अनेक वीरों, दूरदर्शी नेताओं तथा अत्यन्त सफल लोकप्रिय राजाओं को जन्म दिया है। वर्तमान राजवंश के राजाओं ने भरतपुर राज्य की स्थापना सन 1733 ई. में की थी। इसी पुण्य भूमि में 4 अक्तूबर 1899 में एक बालक का जन्म हुआ जो बाद में "लैफ्टिनेंट कर्नल हिज हाईनेस, महाराजा श्री व्रजेन्द्र सवाई कृष्णसिंह बहादुर जंग" के नाम से प्रसिद्ध हुआ। श्री रामसिंह को गद्दी से उतारने पर श्री कृष्णसिंह जी को 26 अगस्त 1900 ई. में राज्याधिकारी घोषित किया। सन 1918 तक जब तक ये नाबालिग रहे, राज्य का प्रबन्ध कौंसिल आफ एजेन्सी द्वारा किया जाता था जो कि ब्रिटिश सरकार के पोलिटिकल एजेन्ट की देख-भाल तथा नियंत्रण में कार्य करती थी। इनकी माता गिरराजकौर सी. आई. इस काल में राजप्रबन्ध की पूरी देखभाल रखती थी। 28 नवम्बर को कृष्णसिंह जी राजगद्दी पर बैठे। इसके राजा होने पर प्रजा को बड़ी प्रसन्नता हुई। सर्वत्र खुशियाँ मनाई गईं। महाराजा जसवन्तसिंह के बाल्यकाल में भी राज-प्रबन्ध एक पंचायत द्वारा किया जाता था जो कि राज्य कार्यकारिणी सभा थी। उसी पंचायत का संगठन पुनः किया गया और उसका नाम अब 'स्टेट कौंसिल' रखा गया। इस कौंसिल के प्रधान धाऊ बख्शी रघुवीरसिंह जी के ऊपर बाल महाराजा श्री कृष्णसिंह के पालन-पोषण

का पूर्ण उत्तरदायित्व था। राजमाता अत्यन्त समझदार विदुषी थी। वही श्री कृष्ण को शिक्षा दिलाती थी। इन्होंने प्रारम्भ में इनको मेयो कालेज अजमेर भेजा। सन 1916 में इन्होंने वहाँ से डिप्लोमा प्राप्त किया। कालेज के जीवन काल में भी आपसे प्रिंसीपल तथा प्रोफेसर बड़े प्रभावित हुए।

सन 1916 में महाराजा ने जार्ज पंचम 'प्रिंस आफ वेल्स' तथा साम्राज्ञी 'मेरी प्रिंसेज आफ वेल्स' से आगरे में भेंट की। 1917 में जार्ज पंचम के राज्याभिषेक पर आपने देहली दरबार में आयोजित सभा में भाग लिया। आपने सन 1910 में 'कमोरी महल' से भेंट की और 1914 में इंग्लैंड की यात्रा की। इस प्रकार बाल्यकाल से ही इन्होंने अंग्रेज शासकों से भी सम्पर्क बना लिया।

सन 1914 में प्रथम विश्व महायुद्ध की ज्वाला प्रज्वलित हुई। छोटी आयु होते हुए भी इन्होंने युद्ध में जाने की बड़ी इच्छा प्रकट की। ब्रिटिश सरकार ने इनकी बड़ी प्रशंसा की। युद्ध में जाने की अनुमति न दी। भरतपुर की सेनायें भेजीं जो वीरता में सारे यूरोप में प्रशंसनीय थीं। महाराजा को इससे बड़ी प्रसन्नता हुई कि भरतपुर के वीरों ने अपनी वीरता दिखाकर गौरव रखा। भरतपुर के वीरों की सर्वत्र प्रशंसा होने लगी। ये सैनिक फ्रांस, यूनान, अफ्रीका आदि के रण-क्षेत्रों में भी गये, सब स्थानों पर भरतपुर की वीरता व साहस की अमिट छाप छोड़ गये। इन वीरों की रणप्रशंसा का स्मारक विक्टोरिया हास्पिटल के समीप बना हुआ है। यह सेनाएं युद्ध के समाप्त होने पर ही भरतपुर लौटीं। महाराजा ने अंग्रेजों को आर्थिक सहायता भी प्रयाप्त दी। महाराजा का हृदय उदार था। भिन्न-भिन्न फंडों में आपने 15 लाख रुपये की सहायता दी। यह बात ध्यान देने योग्य है कि भरतपुर की सेनायें युद्ध समाप्ति तक रणक्षेत्र में रहीं किन्तु अन्य किसी राज्य की न रहीं।

3 मार्च 1913 को महाराजा का विवाह पंजाब की रियासत फरीदकोट के राजा की छोटी बहिन के साथ बड़ी धूम-धाम से हुआ। महाराजा के 7 सन्तानें हुईं जिनमें 4 राजकुमार तथा 3 राजकुमारियाँ थीं। 30 नवम्बर 1928 को सबसे बड़े राजकुमार सवाई ब्रजेन्द्रसिंह का जन्म हुआ जो कि भरतपुर के वर्तमान महाराजा हैं। महाराजा कृष्णसिंह का सम्बन्ध नाभा तथा जींद रियासतों से था तथा वैवाहिक सम्बन्ध पटियाला तथा फरीदकोट रियासतों से था।

महाराजा ने 1919 में सैनिक बोर्ड की स्थापना की। अनाथ, अपाहिज, अंग-भंग सैनिकों की सहायता की। प्रजा को सन्तान के बराबर समझते थे। वीरगति को प्राप्त हुए सैनिकों के परिवारों को आर्थिक सहायता देते तथा बड़ी सहानुभूति रखते थे। प्रजा भी आपको पिता समान समझती थी। सारा राज्यप्रबन्ध आपने बड़े सुचारू रूप से चलाया। राज्य में एक राजा होते हुए भी प्रजातंत्र था। भरतपुर की आर्थिक स्थिति को अपने सुदृढ़ किया। सारा रुपया प्रजा का है। वह प्रजा के काम में आना चाहिये, यह आपका विश्वास था। वह अपने आप को ट्रस्ट का ट्रस्टी समझते थे। जनता में पूर्ण सन्तोष था। महाराजा ने राज्य की सर्वतोमुखी उन्नति की। सेना का संगठन व पुनर्गठन किया। महाराजा सैंकड़ों सैनिकों की देखभाल करते थे। उनकी सुविधा का ध्यान रखते थे। उनसे व्यक्तिगत सम्पर्क रखते थे। महाराजा गौतों के

बड़े भक्त थे। स्वयं गाय रखते थे और नगरों में गोशालायें स्थापित करवाते थे। इन्होंने राज्य में अनेक सुधार किये। म्युनिसिपैलिटी की स्थापना भी आपने की। प्रजा के हितार्थ अनेक परिवर्तन भी शासन व्यवस्था में किये। सारी प्रजा सम्पन्न तथा प्रसन्न थी। श्रीमान जी अनुभवी तथा कुशल शासक रहे। 24 सितंबर 1922 ई. को इनकी माता का देहान्त हो गया। जिससे सारी प्रजा को बड़ा दुःख हुआ। राजमाता बड़ी न्यायप्रिय और दयालु थी। महाराजा को भी उनकी मृत्यु से बड़ा धक्का लगा। वे इसी कारण रोगग्रस्त हो गये। सारी प्रजा में दुःख के बादल छा गए। सर्वत्र मन्दिर मस्जिदों में उनके स्वस्थ होने की प्रार्थना की जाने लगी। उनके स्वस्थ होने पर प्रजा फूली न समाई।

महाराजा को शिक्षा से बड़ा प्रेम था। प्रारम्भिक शिक्षा को अनिवार्य कर दिया। पठित जनों को आदर दिया। योग्य छात्रों को छात्रवृत्तियां दी जाने लगीं। हिन्दी भाषा को बड़ा महत्त्व दिया। सभी राज्यकार्य हिन्दी में होने लगा। इसीलिये आपने भरतपुर में हिन्दी साहित्य सम्मेलन भी करवाया जिसमें रवीन्द्रनाथ टैगोर भी सम्मिलित हुए। आपने जनता के हितार्थ 'भारत वीर' नामक पत्र भी प्रकाशित कराया।

इन्होंने एक एक्ट जारी किया जिसमें भरतपुर राज्य की विधवाओं को सहायता देकर उनका उपकार किया। सहकारी समितियाँ तथा सरकारी बैंक व ग्राम पंचायतों की स्थापना की और इनके सम्बंध में एक एक्ट जारी किया। उसके प्रबन्ध का अधिकार जनता को दे दिया। ग्रामों में आयुर्वैदिक अस्पताल खुलवाये। पशुओं के लिए प्रदर्शनी खुलवाई जिसका नाम जसवन्त नुमाइस पड़ा जो अब भी दशहरे के अवसर पर होती है। व्यापार तथा वाणिज्य की वृद्धि के लिए राजा ने सारे शहर में टेलीफोन तथा बिजली का भी प्रबन्ध कराया।

सन 1928 ई. में जयपुर तथा अजमेर राज्य का पानी बाँध टूटने पर भरतपुर के चारों तरफ भर गया। उस समय महाराजा ने प्रजा के प्राणों की रक्षा की और जन और धन की रक्षा की। आहतों को सहायता प्रदान की। इस प्रकार के कार्यों से वह सर्वजन के हृदय में प्रीतिभाजन हो गए।

महाराजा को जाट होने का गौरव था। 1925 ई. में पुष्कर में आयोजित जाट महासभा के अध्यक्ष पद को आपने ही ग्रहण किया था। आप में कर्तव्य-परायणता कूट-कूट कर भरी थी। वे किसी भी जाति व धर्म से द्वेष नहीं करते थे। किसनसिंह बड़े उच्च भाव वाले पथप्रदर्शक नृपति थे। आपने अनेक संशोधन राज्य के प्रबन्ध में किए जिसके कारण भरतपुर राज्य का भविष्य उज्ज्वल बन सका। भूमिसुधार की ओर से भी आपने अनेक सुधार किए।

इतना होते हुए भी सन 1928 में तत्कालीन भारत सरकार ने इन्हें राज्य छोड़ने पर विवश किया। इन पर अपव्ययता तथा राज्य कुप्रबन्ध के आरोप लगाये। इनके भरतपुर प्रवेश पर रोक लगा दी गई जिनसे इनके हृदय को बड़ी ठेस पहुँची। इन्होंने सरकार का विरोध किया। वे न्याय के लिए अन्त तक लड़ते रहे। भरतपुर निर्वासन के 16 महीने बाद 27 मार्च 1929 को यह सितारा हमेशा के लिए विलीन हो गया।

महाराजा अनन्य देशभक्त, वीर तथा महान समाज सुधारक थे। भरतपुर की जनता इस

महारथी को सदैव स्मरण करती रहेगी।

महाराजा श्रीकृष्णसिंह

आपका जन्म 4 अक्टूबर सन् 1899 ई. को हुआ था। महाराज रामसिंह के गद्दी से हट जाने पर सन् **1900 ई. की 26 अगस्त** को आपको राजगद्दी पर बिठाया गया था। चूंकि आप नाबालिग थे, इसलिए सरकार ने राज्य का प्रबन्ध स्टेट-कौंसिल के हाथ में दिया। महाराज यशवंतसिंह के समय में 'पंचायत' नाम की राज-सभा थी, उसी का रूप पलटकर स्टेट-कौंसिल हो गया। राजमाता श्रीमती गिर्राज कुमारी जी ने आपके लालन-पालन और शिक्षा का पूणतः प्रबन्ध किया। जब महाराज साहब कुछ सयाने हुए तो 'मेयो कॉलेज' अजमेर में पढ़ने के लिए भेजे गए। सन् **1910 ई.** में आप इंग्लैंड भी गए। उन्हीं दिनों सप्तम एडवर्ड का स्वर्गवास हुआ था। महाराज भी बादशाह की अर्थी में शामिल हुए। सन् **1914 ई.** में महाराज ने दुबारा अपनी माताजी के साथ विलायत की यात्रा की। लड़ाई के लिए भरतपुर से 25 लाख से ऊपर सहायता सरकार को दी गई। इंग्लैंड से लौटकर महाराज फिर मेयो कॉलेज में पढ़ने लगे।

आपका विवाह फरीदकोट की वीर राजकुमारी श्रीमती राजेन्द्रकुमारी के साथ हुआ था।

28 नवम्बर सन् 1918 ई. को भारत के तत्कालीन लार्ड चेम्सफोर्ड ने भरतपुर आकर महाराज को अधिकार दिए। इसी प्रसन्नता के समय एक महान् खुशी यह हुई कि 30 नवम्बर सन् 1918 ई. को श्रीमानजी के यहां युवराज श्री बृजेन्द्र सिंह जी देव का शुभ जन्म हुआ। प्रजा में भारी खुशी हुई। नगर-नगर और गांव-गांव में आनन्द-बधाए गाए जाने लगे।

महाराज श्रीकृष्णसिंह

सन् 1919 ई. में महाराज ने सेना का पुनः संगठन किया। राजमाता हिन्दी और लिपि देवनागरी कर दी गई, क्योंकि अंत तक राजकीय सारा कार्य उर्दू में होता था। 24 सितम्बर सन् 1922 को श्रीमती राजमाता गिर्राजकुमारीजी का स्र्वगवास हो गया। महाराज ने लंका की भी यात्रा की थी और शिमले में 'ब्रज-मण्डल' की स्थापना की। आपके समय में प्रारम्भिक शिक्षा अनिवार्य कर दी गई। समाज-सुधार-एक्ट पास किया गया। क्रेडिट बैंक व सोसायटी तथा ग्राम-पंचायत-एक्ट पास किया गया। क्रेडिट बैंक व सोसायटी तथा ग्राम-पंचायत-एक्ट जारी करके प्रजा को प्रबन्धाधिकार दिए। राज्य भर में देशी औषधालयों की स्थापना की। व्यापार और कला-कौशल में प्रजा की रुचि बढ़ाने के लिए प्रति वर्ष क्वार के महीने में भरतपुर में प्रदर्शिनी करने की नींव भी आप ही ने डाली। आपकी मित्रता भारत के अनेक राजा, रईस और अंग्रेजों से थी। बेलजियम के बादशाह से भी आपका सामाजिक सम्बन्ध था। वह अपनी महारानी समेत भरतपुर में पधारे भी थे। गौ-रक्षा के लिए राज्य के प्रत्येक नगर में प्रबन्ध किया गया। सन् 1924 ई. की भयंकर बाढ़ में प्रजा के जान-माल की रक्षा के लिए जो आपने कष्ट उठाए और प्रजा की सेवाएं कीं, वे भारत के वर्तमान देशी नरेशों के लिए अनुकरणीय थीं।

महाराज को इस बात पर बड़ा अभिमान था कि मैं जाट हूं। वह अपने जातीय गौरव से पूर्ण थे। सन् 1925 ई. में पुष्कर में होने वाले जाट-महासभा के अधिवेशन के आप ही प्रेसीडेण्ट थे। आपने कहा था-

"मैं भी एक राजस्थानी निवासी हूं। मेरा दृढ़ निश्चय है कि यदि हम योग्य हों तो कोई शक्ति संसार में ऐसी नहीं है जो हमारा अपमान कर सके। मुझे इस बात का भारी अभिमान है कि मेरा जन्म जाट-क्षत्रिय जाति में हुआ है। हमारी जाति की शूरता के चरित्रों से इतिहास के पन्ने अब तक भरे पड़े हैं। हमारे पूर्वजों ने कर्तव्य-धर्म के नाम पर मरना सीखा और इसी से, बात के पीछे, अब तक हमारा सिर ऊंचा है। मेरे हृदय में किसी भी जाति या धर्म के प्रति द्वेषभाव नहीं है और एक नृपति-धर्म के अनुकूल सबको मैं अपना प्रिय समझता हूं। हमारे पूर्वजों ने जो-जो वचन दिए, प्राणों के जाते-जाते उनका निर्वाह किया था। तवारीख बतलाती है कि हमारे बुजुर्गों ने कौम की बहबूदी और तरक्की के लिए कैसी-कैसी कुर्बानियां की हैं। हमारी तेजस्विता का बखान संसार करता है। मैं विश्वास करता हूं कि शीघ्र ही हमारी जाति की यश-पताका संसार भर में फहराने लगेगी।"

आपने अपने व्यय से भरतपुर में हिन्दी-साहित्य-सम्मेलन भी कराया था। देश के प्रत्येक हितकर कार्य में वे भाग लेते थे। प्रजा में ज्ञान और जीवन पैदा करने के लिए उन्होंने 'भारत-वीर' नाम का पत्र भी निकलवाया था। वे प्रजा को शासन-कार्य में सहयोगी बनाना चाहते थे, इसी उद्देश्य से उन्होंने शासन-समिति की स्थापना की थी। म्यूनिसिपल कमेटियां कायम की थीं। महाराज जहां एक ओर समाज-सुधार और प्रजा-हित के कार्य कर रहे थे, वहां दूसरी ओर उनके विरोधियों की संख्या बढ़ रही थी। सन् 1928 ई. में उन्हें अपव्ययी सिद्ध करके सरकार ने राज्य छोड़ देने पर विवश किया। उन्होंने गवर्नमेण्ट के इस कार्य का विरोध किया। वे न्याय के लिए अन्त तक लड़े। देहली में उनके जन्म-दिवस के अवसर पर, जब इन लाइनों का लेखक उनकी सेवा में उपस्थित हुआ था, तब उन्होंने कहा था -

"मैं अपने अधिकार को छोड़ने के लिए तैयार नहीं हूं। तुम्हारा (प्रजा का) अधिकार (शासन-समिति) में पहले ही दे चुका हूं।"

आज सारा भारत कहता है कि महाराज श्रीकृष्णसिंह वीर थे, देश-भक्त और समाज-सुधारक थे। वे भारत के मौजूदा राजाओं में से सैकड़ों से बहुत श्रेष्ठ थे। ऐसे महारथी का देहली में मार्च सन् **1929 ई.** को स्वर्गवास हो गया। उनके लिए राजा-प्रजा, हिन्दु-मुसलमान, गरीब-अमीर सभी श्रेणियों के लोग रोए। उनकी मृत्यु से सारे भारत के हृदयवान् लोगों के हृदय को धक्का लगा। दूसरे केवल पांच ही महीने बाद राजमाता श्रीमती राजेन्द्रकुमारी का जुलाई सन् 1929 को स्वर्गवास हो गया। आपने चार राजकुमार और तीन राजकुमारियां छोड़ी जिनमें मंझली बहन का सन् 1930 में विछोह हो गया।

भरतपुर राज्य में नगर पालिका द्वारा कचरा डालने पर लगाई विदेशी कार रोल्स रॉयसः

भरतपुर के महाराजा श्री कृष्ण सिंह जिन्हें राज्य में महाराजा किशन सिंह के नाम से भी सम्बोधित किया जाता था। सुरूचिपूर्ण सौंदर्य बोध वाले राजा थे, और उन्हें फूल-पत्तियों से

गहरा लगाव था। उन्हें राज्य के अन्दर 19 तोपों की और राज्य के बाहर 17 तोपों की सलामी दी जाती थी। महाराजा किशन सिंह को ठाट-बाट से रहना पसन्द था। उन्हें बेहतरीन चमड़े की गद्दियों से सुसज्जित करने का शौक था। श्रीकृष्ण सिंह विदेशी कर एवं मंहगे आयातित सामान रखने के भी शौक़ीन थे।

1917 ईस्वी में एक ब्रिटिश यात्रा के दौरान महाराज कृष्ण सिंह ने रोल्स रॉयस कार की सुंदरता व आकर्षण को देखकर कर एक कार खरीदने की मंशा जाहिर करते हुए, कार निर्माता कंपनी को कार भेजने का आदेश भिजवा दिया। उन्हें कंपनी द्वारा अवगत कराया गया कि उनकी सलामी की तोपों की संख्या अपेक्षाकृत कम होने के कारण वह शाही व बेशकीमती कार पाने के पात्र नहीं हैं। महाराजा मन में कुछ ठान कर अपने राज्य लौट आए। उनके मन की बात टटोल कर उनके मित्र ग्वालियर के महाराजा ने उन्हें अपनी दो ऱोल्स रॉयस कारें उपहार में दे दी। महाराजा श्रीकृष्ण सिंह ने उन दोनों कारों को नगर पालिका में कूड़ा-मैला ढोने में लगा दिया। कुछ दिनों के बाद प्रिंस ऑफ वेल्स वायसराय के दल में केवलादेव घना भ्रमण एवं डक शूटिंग (शिकार) करने रोल्स-रॉयस कंपनी का मालिक भी भरतपुर आया। उसने रास्ते में देखा कि भरतपुर नगर पालिका का कूड़ा ढोने में रोल्स-रॉयस कारें लगी हैं। उसे यह दृश्य देख जैसे बिजली का सा जोरदार झटका लगा। उसे माजरा समझते देर नहीं लगी। वह इस दृश्य को देखकर आत्म ग्लानि महसूस करने लगा।

महाराजा श्री कृष्णसिंह ने विदेशी मेहमानों के स्वागत में अरबी घोड़ों का प्रबंध, 250 के.वी. का जनरेटर आयोजित किया। पांच घोड़ों को चांदी की बग्घी और मोती महल में ठहरने व शाही स्वागत की पूर्ण व्यवस्था की थी। मोती महल में रात्रीकालीन शाही भोज आमंत्रित किया गया।

मोती महल पर डिनर लेने के बाद वायसराय से कंपनी के मालिक ने कहा कि ऐसे ठाट वाले राजसी राजा को रोल्स-रॉयस कार न देकर मुझसे बड़ी गलती हुई है। आपसे आग्रह है कि महाराजा साहब से मेरी व्यक्तिगत भेंट करा दें। दो मिनट की व्यक्तिगत मुलाकात में कंपनी मालिक ने महाराजा साहब से क्षमा याचना की और कहा - महाराजा साहब यदि दुनिया में यह संदेश गया कि विश्व विख्यात शाही कार भरतपुर में मैला ढो रही है तो मेरी कंपनी की बड़ी बदनामी होगी। कार को फिर कौन खरीदेगा? मैं अभी आपको एक नहीं बल्कि चार रोल्स रॉयस कार की स्वीकृति प्रदान करता हूँ। महाराजा साहब उसके विनीत लहजे पर मुस्करा दिये। ऐसे राजशाही ठाट-बाट वाले थे भरतपुर के प्रिय शासक। और भरतपुर राज्य के शासक को तत्काल चार कारें भिजवा दी गयी। जिनमें दो कार तो भरतपुर के अंतिम शासक कर्नल सवाई महाराजा बृजेन्द्र सिंह के पास भी रहीं थीं।

20

महाराजा व्रजेन्द्र सिंह

महाराजा व्रजेन्द्र सिंह

महाराजा व्रजेन्द्र सिंह (राज्यकाल 1929 – 1948)

महाराजा व्रजेन्द्रसिंह

महाराज सर श्री कृष्णसिंह . सी. एल. आई. के स्वर्गवास के पश्चात् उनके ज्येष्ठ राजकुमार श्री बृजेन्द्रसिंह देव भरतपुर की गद्‌दी पर बैठाए गए। आपके तीन छोटे भाइयों के नाम हैं - मीठू सिंह, बच्चू सिंह, और मान सिंह।

महाराज व्रजेन्द्रसिंह

महाराज बृजेन्द्रसिंह के पुत्र महाराज विश्वेन्द्रसिंह हैं।

बच्चू सिंह पुत्र हैं - अनूप सिंह और अरुण सिंह। अनूप सिंह पंजाब में व्यापार कर रहे हैं तथा अरुण सिंह का स्वर्गवास हो गया है। अरुण सिंह डीग से दो बार विधायक रहे हैं।

मानसिंह के तीन पुत्रियाँ हैं जिनमें सबसे बड़ी राजकुमारी कृष्णनेन्द्र कौर (दीपा सिंह) हैं।

महाराजा बृजेन्द्र सिंह (शासनकाल - दिसम्बर सन 1918 से जुलाई सन 1995 ईसवी तक)

महाराजा कर्नल सवाई बृजेन्द्र सिंह का जन्म 1 दिसम्बर, सन 1918 ईसवी में सेवर के महलों में हुआ था। इन्हें 27 मार्च, सन 1929 ईसवी को पिता महाराजा कृष्णसिंह का भरतपुर हाउस, शाहजहाँ रोड, नई दिल्ली में देहावसान होने के पश्चात केवल 11 वर्ष की आयु में सिंहासन पर बैठाया गया था। आपकी बड़ी बहिन थी कुसुम कौर, ब्रज कौर और पदम कौर और छोटे भाई थे राजकुमार गिरेंद्रराज सिंह, "मिट्ठू" (सन 23 - 12 – 1920 से 20 - 09 - 1940), राजकुमार (एडवर्ड) मानसिंह, "मान" (04-अक्टूबर सन 1921 - से – 21 फरवरी 1985 ईसवी), राजकुमार गिर्राजशरण सिंह, "बच्चू", (30 – 11 - 1922 सन 1924 से 1970 ईस्वी)

बहिन –

राजकुमारी कुसुम कौर का जन्म दिनांक 10 सितम्बर 1916 का है, आपकी शादी (26 फरवरी 1933) को, कुँवर सुरेन्द्रपाल सिंह ऊंचागांव जिला बुलन्दशहर उत्तर प्रदेश से हुई जो कई बार लोकसभा सांसद एवं भारत सरकार में मंत्री रहे। जिला बुलन्दशहर में एटोमिक पावर प्लांट नरौरा, शुगर मिल अनूपशहर आदि उन्हीं की देन हैं। जगतसिंह, कुँवर सुरेन्द्रपाल सिंह के सुपुत्र हैं।

राजकुमारी ब्रज कौर – इनका अल्प आयु में ही निधन हो गया था।

राजकुमारी पदम कौर – का जन्म दिनांक 18 सितम्बर 1919 का है। आपकी शादी ब्रिजेन्द्र सिंह मुरादाबाद उत्तर प्रदेश से हुई थी।

भाई –

राजकुमार गिरेंद्रराज सिंह का जन्म 23 दिसम्बर 1920 को हुआ और वे अल्प आयु में दिनांक 20 सितम्बर 1940 को चल बसे।

राजकुमार (एडवर्ड) मानसिंह का जन्म 05 दिसम्बर 1921 को हुआ था। सन 1928 से 1942 तक इंग्लैण्ड से शिक्षा ग्रहण की तथा इंजीनियर की डिग्री प्राप्त की। आपकी शादी (09 मार्च 1945) वैजयंती राजे पुत्री (दत्ताजी राव घाटगे/अनंतवाला बाई घाटगे) कोल्हापूर से हुई। जिनसे तीन पुत्रियाँ हुई। आप लगातार 7 बार विधायक 1952 से 1984 तक निर्दलीय रहे।

वर्ष 1985 के आठवी विधान सभा चुनाव के दौरान भरतपुर के राजा मानसिंह डींग विधान सभा से निर्दलीय चुनाव लड़ रहे थे। 20 फरवरी 1985 को तत्कालीन मुख्यमंत्री शिवचरण माथुर भरतपुर के राजा मानसिंह के खिलाफ चुनाव लड़ रहे कांग्रेस के प्रत्याशी विजेंद्र सिंह के समर्थन में चुनावी सभा के लिए डींग आए थे। चुनावी भाषण में तत्कालीन मुख्यमंत्री माथुर ने भरतपुर राजघराने पर कटाक्ष और प्रतिकूल टिप्पणी करना प्रारम्भ कर दिया। मुख्यमन्त्री माथुर के समर्थकों ने राजा साहब के झंडों व बैनरों को फाड़ दिया। मुख्यमंत्री की सभा के पास ही राजा मान सिंह सर्मथकों के साथ जनसम्पर्क में व्यस्त थे। तत्कालीन मुख्यमंत्री माथुर द्वारा की गई टिप्पणी व समर्थकों के बेहूदा कार्यों के बारे में लोगों ने तत्काल राजा मान सिंह को अवगत करा दिया। राजा मानसिंह यह सुनकर आपा खो बैठे। उन्हें इतना ज्यादा गुस्सा आया कि वह स्वयं अपने जौंगा (जीप) के साथ तेजी से सभास्थल पहुंचे और मंच को धराशाई कर दिया। तोरण द्वार तोड़ दिया तथा अपनी जीप को मुख्यमन्त्री माथुर के हैलीकोप्टर से टकरा दिया। माथुर सभा किए बिना ही वापस लौट गए। राजा मान सिंह के खिलाफ पुलिस ने केस दर्ज कर लिया। अगले दिन 21 फरवरी 1985 को जब राजा मान सिंह डींग अनाज मंडी में बैठे थे तब मुख्य मंत्री माथुर के निर्देश पर पुलिस अधीक्षक कान सिंह भाटी ने उन्हें घेर कर उन पर फायरिंग किया। मानसिंह के साथ ही सुमेर सिंह और हरी सिंह को भी गोली लगी। भरतपुर अस्पताल में तीनों को मृत घोषित कर दिया। 22 फरवरी 1985 को दिल्ली से माखनलाल फोतेदार का माथुर को फोन आया कि आलाकमान का निर्देश है कि आप मुख्यमंत्री के पद से इस्तीफा दे दीजिये। इस तरह माथुर

से त्याग पत्र लेकर हीरालाल देवपुरा को मुख्यमंत्री बनाया गया।

राजकुमारी गिजेन्द्र कौर की शादी ब्रिगेडियर जितेंद्रपाल सिरोही (उत्तर–प्रदेश) से हुई जिनसे एक पुत्र और एक पुत्री हैं।

राजकुमारी प्रवीण कौर अविवाहित रही।

राजकुमारी कृष्णनेन्द्र कौर (दीपा सिंह) का जन्म 10 अप्रैल 1954 का है और शादी (26 मार्च 1982) को विजय सिंह सिरोही से हुई जिनसे एक पुत्र और एक पुत्री हैं।

दीपा सिंह विधायक डींग (1985–1993) एवं 2003 से तथा लोकसभा सांसद भरतपुर (1991-1995) रही।

राजकुमार गिर्राज शरण सिंह (बच्चू सिंह) का जन्म 30 नवंबर सन 1922 को हुआ था। परन्तु उनके घर व दोस्तों का नाम बच्चू सिंह था। इसी नाम से ज्यादा प्रसिद्ध हुए। राजा बच्चू सिंह जब 1940 में अंग्रेजी सेना की क्षत्रिय सैन्य शक्ति के परम्परा के तहत भारतीय वायु सेना में शामिल हुए। यह उस समय राज परिवारों में नियम के तहत अनिवार्य था। वे एक बहुत अच्छे पायलट थे और वायुसेना में फ्लाइनिग ओफ़ीसर थे।

उनके भाई महाराजा बृजेन्द्र सिंह जी गुप्त रूप से स्वतन्त्रता आन्दोलन व हर वर्ग की जन सेवा में सक्रिय रहते थे। सेना के साथ साथ बच्चू सिंह भी गुप्त रूप से स्वतन्त्रता आन्दोलन में भी भाग लेने लग गए। लेकिन जब आजाद हिन्द फौज ने भारत में अंग्रेजों पर आक्रमण किया तो अंग्रेजों ने उन्हें नेताजी पर हमला करने के लिए कहा इस पर वे भड़क गए और उन्होनें कहा कि वे अपने देश के नागरिकों पर हमला नहीं करेंगें। इस पर अंग्रेजों ने उनके एक साथी को वहां भेजने का आर्डर तो बच्चू सिंह ने समझाया पर वह नहीं रुका। इस पर उन्होने यान में खराबी कर दी जिस कारण से उसकी मृत्यु रास्ते में ही हो गई। महाराज के डर से बाकी पायलट भी नहीं गए जिस कारण अंग्रेज़ वायु सेना को आजाद हिन्द फौज के खिलाफ प्रयुक्त नहीं कर सकी।

आजाद हिन्द फौज के युद्ध की समाप्ति के बाद अंग्रेजों ने उन क्रांतिकारियों को पकड़ना शुरू कर दिया तो महाराज बच्चू सिंह ने जनवरी 1946 में वायुसेना में विद्रोह कर दिया पूरी सेना हड़ताल पर बैठ गई। उन्होनें आजाद हिन्द फौज के झंडे लहराए और यह विद्रोह तेजी से फैलने लगा। वायुसेना के बाद 15 फरवरी तक नौसेना, पुलिस थल सेना आदि हर विभाग में फेल गया। कई जगह हिंसक घटनाएँ भी हुई। मानो नेताजी के बाद फिर से आजाद हिन्द फौज तैयार हो गई हो और जैसे नेताजी, महाराज बच्चू सिंह के रूप में वापस आ गए हों। अंग्रेज़ काँप उठे महाराज की मांग थी कि आजाद हिन्द फौज के सैनिकों को रिहा किया जाए। सैनिकों की स्थिति में सुधार हो, और भारतीय के साथ भेदभाव बंद हो। असल में इस विद्रोह का उद्देश्य सेना में वागावत करना था व ब्रिटिशों को बताना था कि अब उनके साथ कोई नहीं हैं प्रेम से चले जाएँ, नहीं तो भारतीय उनका बहुत बुरा हाल करेंगे।

अंग्रेज़ बुरी तरह से काँप उठे थे लेकिन वायसराय ने केबिनेट मिशन की घ्शना करके सभी राजनैतिक पार्टियों को अपनी ओर कर लिया तो सत्ता के लालच में कांग्रेस ने इस

विद्रोह को दबाने के लिए अंग्रेजों का साथ दिया। महाराज से सम्झौता न हो सका तो उन्हें चुपके से बंदी बना लिया गया और लोंगों को दिखाया गया कि तलवार पूत से आंदोलन संचालित हो रहा है। तलवार पूत में कांग्रेस, कामरेड व मुस्लिम लीग के झंडे लहराए गए। और आन्दोलन को हाइजेक कर लिया गया। अगले दिन कांग्रेस और उनके सहयोगियों की योजना के अनुसार तलवार पूत ने हथियार डाल दिए और कहा कि मांगे पूरी हो चुकी हैं इससे आन्दोलन ठंडा पड़ गया।

भले ही यहां कांग्रेसी कामयाब हुए होंगें लेकिन महाराजा बच्चू सिंह ने फ़ौजियों में बगावत भर दी कि अब पूरी फौज उनके खिलाफ खड़ी हो चुकी है। कोई भी विद्रोह कर सकता है। इसके बाद बच्चू सिंह भरतपुर आ गए उन्होने एक सम्मेलन किया जिसमें सभी मुख्य राजाओं को बुलाया और अंग्रेजों के वायसराय को भी बुलाया। यहां उनका मकसद राजाओं के मन में अंग्रेजी सियासत का डर दूर करना था। उन्होनें बहाना बनाकर सबके सामने वायसराय को खूब लताड़ा, वाइसराय कांपने लगा और बच्चू सिंह ने मारने की धमकी दे डाली। यह देखकर सब हैरान रह गए, क्योंकि वह जानता था कि ये जो कहते हैं करके छोड़ते हैं। वह वायसराय वहां से जाते ही कम्पनी को फोन किया कि कोई दूसरा वायसराय भेजिए, में यहां नहीं रह सकता और उसने यहाँ के हालत बताए।

इसके बाद नया वायसराय आजादी की खबर के साथ ही आया। 1946 में ब्रिटेन के प्रधानमंत्री एटली ने भारत को आजाद करने की घोषणा कर दी। उससे संसद में सवाल किया गया तो उसने सा कहा कि भारत की फौज उनकी बगावत कर चुकी है किसी भी समय हमारे अधिकारियों की हत्या हो सकती है। अब भारत पर राज करने के लिए ब्रिटेन से फौज लेकर जाना पड़े तो हमारी औकात नहीं। इस तरह महाराज ने अपनी भारत माता को आजादी दिलवाई। इस तरह सही शब्दों में कहा जाए तो अनेकों बलिदानों के पश्चात अंतिम समय में आजाद हिन्द फौज व महाराज बच्चू सिंह के संघर्ष के कारण हमें आजादी मिली।

आपकी शादी (गिर्राज शरण सिंह) (19 फरवरी 1942) को सुशीला देवी (जन्म 14 दिसम्बर 1918) कपूरथला से हुई थी। सुशीला देवी की मृत्यु दिनांक 16 नवंबर 1974 को शिमला में हो गई थी।

आपके (गिर्राज शरण सिंह/राजा बच्चू सिंह) के दो पुत्र हुए – राजकुमार अनूप सिंह का जन्म 25 दिसम्बर 1942/1944 का है। राजकुमार अनूप सिंह की शादी दिसम्बर 1969 को विजया कुमारी पुत्री ठाकुर गोपाल सिंह भज्जी (हिमाचल प्रदेश) से हुई लेकिन सन 1974 में सम्बन्ध विच्छेदित हो गये। फिर दूसरी शादी (19 अप्रैल 1980) को सुरिंदर कौर (जन्म दिनांक 24 अप्रैल 1947) पुत्री टीका जगत सिंह शाहजादपुर (हरियाणा) से हुई।

दूसरे राजकुमार अरुण सिंह का जन्म 13 फरवरी 1947 का है। आप दो बार विधायक डींग 1993 से 2006 तक रहे और आपका देहावसान 15 मार्च 2008 को हो गया।

राजा बच्चू सिंह लोकसभा सांसद प्रथम लोकसभा (1952) में भरतपुर से निर्दलीय तथा चौथी लोकसभा में मथुरा (1967) में निर्दलीय चुने गये थे। राजा बच्चू सिंह का दिनांक 16

दिसम्बर सन 1969 को देहांत हो गया था।

चारों राजकुमारों को विलायत, हेलनबेरी विद्यालय में अध्ययन के लिए भेजा गया था। राजकुमारों के संरक्षक के स्थान पर कैप्टेन बुध सिंह ने साथ ही इंग्लैण्ड को प्रस्थान किया।

राजकुमार बृजेन्द्र सिंह के बाल्यकाल में ही प्रिंस ऑफ वेल्स, दिसम्बर सन 1921 ईसवी में भरतपुर पधारे और मोती महल में अतिथि बनाकर ठहरे। उस समय ही केवला देव राष्ट्रीय उद्यान के ऐतिहासिक प्रिंस ऑफ वेल्स गेट का निर्माण हुआ और जाटौली के बजाय वर्तमान हैरिटेज गेट से प्रवेश आरंभ किया गया। उसके बाद ही सितम्बर माह सन 1924 ईसवी में भयंकर बाढ़ का प्रकोप भरतपुर, कुम्हेर, नदबई आदि क्षेत्रों को झेलना पड़ा था। मोती महल भी पानी की चपेट में आ गया था जिसका निशान महल के खस खाने में आज भी मौजूद है।

महाराजा बृजेन्द्र सिंह को शासन अधिकार ब्रिटेन से लौटने के बाद 21 अक्टूबर सन 1939 ईसवी में दिये गए। महाराजा का विवाह मैसूर रियासत की राजकुमारी जया चामुंडेश्वरी देवी के साथ 18 जून सन 1941 ईसवी में मैसूर में ही सम्पन्न हुआ। इनके (जया) पिताजी थे महाराजा कान्तिराव नरसिंह राज वाडियार और उनके बड़े भाई थे राजकुमार जय चामराज वाडियार जो बाद में आजाद हिंदुस्तान में मैसूर राज्य के केन्द्र सरकार द्वारा राज्यपाल घोषित किए गए। महारानी जया सबसे छोटी थी जिनकी दो बड़ी बहनें सूजा एवं विजया भी थीं। महारानी जया ने पाँच पुत्रियों में प्रथम महाराज कुमारी पर्वत कौर (सन 1942 ईसवी), द्वितीय महाराज कुमारी पुष्पेंद्र कौर (सन 1944 ईसवी), तृतीय महाराज कुमारी रेणुका कौर (सन 1946 ईसवी) चतुर्थ महाराज कुमारी दीर्घ कौर (सन 1952 ईसवी) और पंचम महाराज कुमारी रोहिणी कौर (सन 1954 ईसवी)। महारानी जया कम उम्र में ही 26 जुलाई, सन 1954 ईसवी को देहावसान हो गया।

महाराजा बृजेन्द्र सिंह का दूसरा विवाह 22 जून सन 1961 में राजकुमारी विदेह कौर के साथ सम्पन्न हुआ था। जिनसे एक पुत्र महाराजकुमार विश्वेन्द्र सिंह (ज्योति) और एक पुत्री महराजकुमारी भानू शंकरी देवी को जन्म दिया।

महाराजा बृजेन्द्र सिंह को जुलाई माह सन 1942 ईसवी में मानद कर्नल की रैंक प्रदान की गई। 15 अगस्त, सन 1947 ईसवी को भारत आजाद हो गया परंतु विभाजन के साथ और मार्च माह सन 1948 ईसवी में भरतपुर का विलय भारतीय गणतन्त्र के अंदर मत्स्य यूनियन में हो गया। महाराजा बृजेन्द्र सिंह ने विलय के कागजों पर हस्ताक्षर कर दिये परंतु अंग्रेज़ सरकार ने ऐसा षडयंत्र रचा कि हिन्दू–मुस्लिम सांप्रदायिक दंगे भरतपुर व दिल्ली के मध्य मेवात क्षेत्र में भड़क उठे। उस समय इस क्षेत्र के पाकिस्तान में विलय की आवाजें भी उठने लगी। ऐसे समय पर महाराजा ने राजा बच्चू सिंह को सेना की कमान के साथ देश व हिन्दू धर्म की रक्षा का आदेश दिया जिसमें वीरशिरोमणि सफल रहे। आजादी के समय खजाने के लाखों रुपये भारत सरकार को भरतपुर राज्य की तरफ से दिये गये और चांदी की बग्गी राष्ट्रपति को प्रदान की गई। आजाद भारत में कई देशों के बादशाहों की मेहमान नवाजी भरतपुर में शाही ठाट–बाट से महाराजा बृजेन्द्र सिंह ने की। शहंशाह ईरान, रजा शाह

पेहलवी, फरवरी माह सन 1956 ईसवी में मल्लिका सुरैय्या के साथ आए। नेपाल नरेश अप्रैल सन 1957 ईसवी, अफगानिस्तान का बादशाह जहीर शाह सन 1958 ईसवी बादशाह मलाया दिसम्बर माह सन 1961 में भरतपुर आकार महाराजा बृजेन्द्र सिंह की मेहमानदारी का पूरा आनन्द उठाया। सन 1967 में आप लोकसभा सांसद भी चुने गए।

महाराजा कर्नल सवाई बृजेन्द्र सिंह का देहावसान मोती महल में ही 8 जुलाई 1995 ईसवी को 75 वर्ष की आयु में हो गया। आपका अंतिम संस्कार गोवर्धन धाम में ही उनकी इच्छानुसार अपने पूर्वजों के साथ कर महाराजा विश्वेन्द्र सिंह ने अपने पुत्र धर्म का निर्वाह किया।

भारत के प्रथम राष्ट्रपति को भरतपुर के जाट महाराजा सवाई महाराजा बृजेन्द्र सिंह ने चांदी जड़ित बग्घी और उस समय 80 लाख रुपये दिये थे। आजादी के बाद लगातार 4 साल तक भारत के प्रथम राष्ट्रपति डाक्टर राजेन्द्र प्रसाद जिस बग्घी में बैठकर गणतन्त्र दिवस समारोह में शामिल हुए थे, चांदी से जड़ित वह बग्घी भरतपुर महाराजा की थी। जिसमें चार घोड़े जोते जाते थे।

महाराजा कर्नल सवाई बृजेन्द्र सिंह विशेष रूप से दशहरा पर इसमें सवार होकर शहर में निकलते थे। दशहरा की सवारी बिलकुल गणतन्त्र दिवस जैसी ही होती थी। इसमें आमजन को रियासत की सैनिक शक्ति, वैभव, कला और संस्कृति से रूबरू कराने के लिए विभिन्न प्रदर्शन एवं झांकियां निकलती थीं।

15 अगस्त 1947 को भारत को स्वतन्त्रता मिलने के बाद जब गृहमन्त्री सरदार बल्लभ भाई पटेल ने भारत की देशी रियासतों को भारत सरकार में मिलाया, तब उस अवसर पर 18 मार्च 1948 ईसवी को भरतपुर रियासत को मत्स्य संघ में मिला दिया गया।

आपत्तियां - महाराजा श्रीकृष्णसिंह के निर्वासन के समय से ही राजपरिवार और प्रजाजनों पर आपत्तियां आनी आरम्भ हो गई थीं। महाराजा बृजेन्द्र सिंह के समय में तो कुछेक पुलिस के उच्च कर्मचारियों ने अन्याय की हद कर दी थी। सुपरिन्टेंडेंट पुलिस मुहम्मद नकी ने हिन्दू जनता के धार्मिक कृत्यों पर पाबंदी लगा दी थी। यही क्यों, भरतपुर के राजवंश के बुजुर्गों के स्मृति दिवस न मनाने के लिए भी पाबंदी लगाई गई। जयंती मनाने वालों के वारंट काटे गए जिनमें ठाकुर देशराज भी थे। आपका एक ही कसूर था कि उसने दीवान मेकैंजी और और एस पी नकी मुहम्मद के भाय प्रदर्शन की कोई परवाह न करके 6 जनवरी सन 1928 ईसवी को महाराजा सूरजमल की जयंती का आयोजन किया और महाराजा कृष्णसिंह की जय बोली। इस बात के लिए दीवान मेकैंजी ने अपने पद से वारंट पर लिखा था –‘ मैं देशराज को दफा 124 में गिरफ्तार करने का हुक्म देता हूँ और उसे जमानत पर भी बिना मेरे हुक्म के न छोड़ा जावे।‘

सन 1929 ईसवी के दिसम्बर में भरतपुर सप्ताह मनाने का आयोजन हुआ। सारे भारत के जाटों ने भरतपुर के दीवान मेकैंजी और मियां नकी मुहम्मद की अनुचित हरकतों की गाँव – गाँव और नगर – नगर में सभायें करके निंदा की।

दीनबन्धु सर छोटूराम जी रोहतक, राव बहादुर चौधरी अमरसिंह जी (पाली रईस जिला बुलन्दशहर उ. प्र. – संस्थापक अमरसिंह डिग्री कालिज लखावटी), ठाकुर झम्मन सिंह जी एडवोकेट अलीगढ़, और कुँवर हुकमसिंह जी रईस आंगई जैसे प्रसिद्ध जाट नेताओं ने देहातों में पैदल जा–जाकर जाट सप्ताह में भाग लिया। उन्हीं दिनों आगरे में जात महासभा का एक विशेष अधिवेशन सर छोटूराम जी की अध्यक्षता में हुआ। उसमें श्री बृजेन्द्र सिंह जी विलायत भेजने और दीवान मेकैंजी की पक्षपात नीति व अन्याय के विरोध के प्रस्ताव पास किए। इस समय भरतपुर के हित के लिए महाराजा श्री उदयभान सिंह राणा (धौलपुर) जी ने सरकार के पास काफी सिफ़ारिशें भेजीं।

आखिरकार ब्रिटिश सरकार ने कुछ दिनों के बाद दीवान मेकैंजी को भरतपुर से दूसरे स्थान पर बदल दिया। वह 1928 से 1933 तक भरतपुर रहा।

इस प्रशासनिक शासन में सबसे कलंकपूर्ण बात यह हुई कि 'सूरजमल शताब्दी' जो कि बसंत पंचमी सन 1933 ईसवी में जाट महासभा की ओर से भरतपुर में मनायी जाने वाली थी, उसको न मनाने का हुक्म दिया गया। इस दिन जनवादी आन्दोलन हुआ, जाट लोगों के जत्थे भरतपुर पहुँच गये और नगर में घूम–घूमकर उन्होनें सूरजमल शताब्दी मनाई।

इसके बाद 'भरतपुर राज्य प्रजा संघ' के नेतृत्व में ब्रिटिश विरोधी आन्दोलन का श्रीगणेश हुआ। सन 1938 में 'भरतपुर राज्य प्रजा परिषद की स्थापना के बाद दिसम्बर 1947 ईसवी तक' उत्तरदायी शासन' की मांग को लेकर लगातार आन्दोलन चलते रहे। बेगार प्रथा बंद करने, पूर्ण उत्तरदायी शासन तथा लोकप्रिय मंत्रिमंडल की मांगों को लेकर जनवरी 1947 ईसवी में प्रजा परिषद लाल झण्डा, किसान सभा तथा मुस्लिम कान्फ्रेंस का सामूहिक अंतिम आन्दोलन चला। लगभग 22 दिन तक नगर में पूर्ण हड़ताल रही। शिक्षण संस्थायें बंद रही। कर्नल सवाई महाराजा बृजेन्द्र सिंह ने सोमवार 4 अक्टूबर, 1943 ईसवी के दिन विधान निर्मात्री समिति 'ब्रज जया प्रतिनिधि समिति' और ग्रामों में साधिकार निर्वाचित पंचायतें स्थापित करके स्वायत्त शासन को प्रोत्साहन दिया। प्रजा परिषद तथा अन्य राजनैतिक दलों के व्यापक आन्दोलन को अस्थायी मंत्रिमंडल की स्थापना करनी पड़ी थी।

21

राजा मानसिंह भरतपुर

राजा मानसिंह भरतपुर

राजा मानसिंह भरतपुर (7 बार विधायक)

राजकुमार (एडवर्ड) मानसिंह का जन्म 05 दिसम्बर 1921 को हुआ था। सन 1928 से 1942 तक इंग्लैण्ड से शिक्षा ग्रहण की तथा इंजीनियर की डिग्री प्राप्त की। आपकी शादी (09 मार्च 1945) वैजयंती राजे पुत्री (दत्ताजी राव घाटगे/अनंतवाला बाई घाटगे) कोल्हापूर से हुई। जिनसे तीन पुत्रियाँ हुई। आप लगातार 7 बार विधायक 1952 से 1984 तक निर्दलीय रहे।

वर्ष 1985 के आठवी विधान सभा चुनाव के दौरान भरतपुर के राजा मानसिंह डींग विधान सभा से निर्दलीय चुनाव लड़ रहे थे। 20 फरवरी 1985 को तत्कालीन मुख्यमंत्री शिवचरण माथुर भरतपुर के राजा मानसिंह के खिलाफ चुनाव लड़ रहे कांग्रेस के प्रत्याशी विजेंद्र सिंह के समर्थन में चुनावी सभा के लिए डींग आए थे। चुनावी भाषण में तत्कालीन मुख्यमंत्री माथुर ने भरतपुर राजघराने पर कटाक्ष और प्रतिकूल टिप्पणी करना प्रारम्भ कर दिया। मुख्यमन्त्री माथुर के समर्थकों ने राजा साहब के झंडों व बैनरों को फाड़ दिया। मुख्यमंत्री की सभा के पास ही राजा मान सिंह सर्मथकों के साथ जनसम्पर्क में व्यस्त थे। तत्कालीन मुख्यमंत्री माथुर द्वारा की गई टिप्पणी व समर्थकों के बेहूदा कार्यों के बारे में लोगों ने तत्काल राजा मानसिंह को अवगत करा दिया। राजा मानसिंह यह सुनकर आपा खो बैठे। उन्हें इतना ज्यादा गुस्सा आया कि वह स्वयं अपने जौंगा (जीप) के साथ तेजी से सभास्थल पहुंचे और मंच को धराशाई कर दिया। तोरण द्वार तोड़ दिया तथा अपनी जीप को मुख्यमन्त्री माथुर के हैलीकोप्टर से टकरा दिया। माथुर सभा किए बिना ही वापस लौट गए। राजा मानसिंह के खिलाफ पुलिस ने केस दर्ज कर लिया। अगले दिन 21 फरवरी 1985 को जब राजा मानसिंह डींग अनाज मंडी में बैठे थे तब मुख्य मंत्री माथुर के निर्देश पर पुलिस अधीक्षक कान सिंह भाटी ने उन्हें घेर कर उन पर फायरिंग किया। मानसिंह के साथ ही सुमेर सिंह और हरी सिंह को भी गोली लगी। भरतपुर अस्पताल में तीनों को मृत घोषित कर दिया।

22 फरवरी 985 को दिल्ली से माखनलाल फोतेदार का माथुर को फोन आया कि आलाकमान का निर्देश है कि आप मुख्यमंत्री के पद से इस्तीफा दे दीजिये। इस तरह माथुर से त्याग पत्र लेकर हीरालाल देवपुरा को मुख्यमंत्री बनाया गया।

भरतपुर स्टेट का झंडा के सम्मान में अंग्रेजों की नौकरी छोड़ी और अपना बलिदान दिया। सात बार के निर्दलीय विधायक राजा मानसिंह...20 फरवरी 1985 को डीग में बुर्ज से उतरे झंडा विवाद के कारण बलिदान हुए थे। राजा मानसिंह..21 फरवरी 1985 को भरतपुर में भयंकर रोस कर्फ्यू के मध्य हुआ था। राजा मानसिंह का अंतिम संस्कार उस समय के तत्कालीन मुख्यमंत्री शिवचरण माथुर एक चुनाव चुनावी सभा के लिए डीग विधानसभा चुनाव सभा के लिए आए थे इसकी पूर्व रात्रि में डीग दुर्ग पर लगे स्टेट झंडे को उतार कर जला दिया गया। इस कृत्य से राजा मानसिंह जो कि शान्त प्रवृति के जनप्रिय विधायक अत्यंत नाराज हुए और मुख्यमंत्री शिवचरण माथुर के खड़े हेलीकॉप्टर वह मंच को अपने प्रिय वाहन वैपिन करियर से टकराने से टूट गया। राजा मानसिंह अपने वाहन वेपन करियर में साथियों कार्यकर्ताओं व भजन मंडली के साथ बैठकर डीग अनाज मंडी के रास्ते जा रहे थे तभी तत्कालीन डीएसपी कान सिंह भाटी ने मय पुलिस फोर्स अपनी पुलिस की जीप वेपन करियर के सामने अडाकर खुलेआम गोलियां चलाकर राजा मानसिंह वह उनके तीन सहयोगियों का सीधी गोली चलाकर उनकी हत्या कर दी।

यह राजस्थान का सबसे बड़ी राजनीतिक हत्या थी।

एक ऐसे भरतपुर स्टेट के राजा जो कि आजादी से पूर्व इंग्लैंड में रहकर मैकेनिकल इंजीनियरिंग करने के बाद इंग्लैंड से ही सेकंड लेफ्टिनेंट के रूप में फौज में भर्ती हो गए। लेकिन वह अपने वहां पर फौजी एवं भरतपुर स्टेट के झंडे को लगाते थे। अंग्रेजों के भरतपुर स्टेट के झंडे को लगाने के ऑब्जेक्शन पर राजा साहब ने नौकरी छोड़ दी और भरतपुर स्टेट के मोटर गैराज परिवहन वह जंगलात के मंत्री 1946 तक...राजा मानसिंह मंत्री रहे एडवर्ड राजा मानसिंह भरतपुर महाराजा सवाई कर्नल बृजेंद्र सिंह के छोटे भाई थे। राजा मानसिंह जनता में अत्यंत लोकप्रिय एवं जन आधार वाले नेता थे। वह गरीब, किसान, जन सामान्य में अत्यधिक लोकप्रिय थे। इसलिए आजाद भारत के पहले चुनाव 1952 से शहीद होने तक 1985 तक लगातार सात बार निर्दलीय विधायक चुने गये। एक बार नदबई, एक बार कुहेर व पांच बार डीग से जीवंत पर्यंत निर्दलीय विधायक चुने गए थे। लोकप्रिय राजा मानसिंह वे जनप्रिया के साथ ही कुशल राजनीतिक, प्रशासक इंजीनियर व प्रगतिशील किसान का संयुक्त रूप थे। ऐसे एक राजा जो सात बार के विधायक का झंडे के लिए बलिदान होने से भरतपुर में पहली बार 7 दिनों तक कर्फ्यू लगा व आगजनी जनजीवन अस्त-व्यस्त हो गया। जनता सड़कों पर उतर गई अराजकता का माहौल हो गया था। मुख्यमंत्री माथुर को पद से इस्तीफा देना पड़ा।..उस समय यह एनकाउंटर राजस्थान का सबसे बड़ा राजनीतिक एनकाउंटर था। उसी समय अजमेर के प्रदीप चौधरी का एनकाउंटर या अलवर का हाई प्रोफाइल एनकाउंटर बड़े नेताओं के इशारे पर कराए गए। राजनीतिक

एनकाउंटर थे।..शहीद राजा मानसिंह जैसे लोकप्रिय राजा विधायक को न्याय की लड़ाई उनकी सुपुत्री पांच बार की विधायक, सांसद व मंत्री रही। कृष्णेन्द्र कौर "दीपा" ने 32 वर्षों तक लंबी कानूनी लड़ाई में 1560 तारीख, 19 जजों ने सुनवाई की, 14 वकील बदलने के बाद राजा मानसिंह व तीन अन्य की एनकाउंटर में हत्या के आरोप में मथुरा उत्तर प्रदेश कोर्ट में डीएसपी कान सिंह भाटी व अन्य 13 पुलिस कर्मियों को आजीवन कारावास की सजा सुनाई गई। 2 वर्ष पूर्व एनकाउंटर के मुख्य आरोपी डीएसपी कान सिंह भाटी की जेल में ही मृत्यु हो गई। वह अन्य तेरह अभियुक्त जो कि औसतन 70 वर्ष की उम्र के पूर्व पुलिसकर्मी जेल में आजीवन कारावास की सजा काट रहे हैं।...राजा मानसिंह हत्याकांड से भरतपुर में राजनीतिक हलचल में पूर्वी राजस्थान भरतपुर से उसे समय पूर्ण रूप से चुनाव में कांग्रेस का सफाया हो गया।..दीपा सिंह को रिकार्ड मतों से डीग विधानसभा से जिताकर गिनीज बुक ऑफ रिकॉर्ड, राजनीति में बनाया और अपने लोकप्रिय राजा मानसिंह को श्रद्धांजलि अर्पित की। राजा मान सिंह को आभार कि उन्होंने इस फर्जी मुटभेड़ को बड़ी मेहनत से अंजाम तक पहुंचाया। डॉक्टर सुधा चौधरी लेखक एवं इतिहासकार को बहुत बहुत साधुवाद।

22

राजा बच्चू सिंह (गिरिराज शरण सिंह) भरतपुर

राजा बच्चू सिंह (गिरिराज शरण सिंह) भरतपुर

गिरिराज शरण सिंह (बच्चू सिंह) - - (जन्म - 30 – 11 - 1922, मृत्यु - 16 – 12 - 1969) , सांसद (लोकसभा) भरतपुर (1952 - 1957), मथुरा – (1967 - 1969)

ठाकुर देशराज लिखते हैं कि महाराज सर श्रीकृष्णसिंह के. सी. एल. आई. के स्वर्गवास के पश्चात् उनके ज्येष्ठ राजकुमार श्री व्रजेन्द्रसिंह देव भरतपुर की गद्दी पर बैठाए गए। आपके तीन छोटे भाइयों के नाम हैं - मीठू सिंह (गिरेन्द्र राज सिंह) (23 – 12 - 1920 - - 20 – 09 - 1940) अविवाहित)

एडवर्ड महाराज मानसिंह (जन्म 05 दिसम्बर 1921, हत्या - 21 फरवरी 1985) और बच्चू सिंह गिरिराज शरण सिंह (बच्चू सिंह) - - (जन्म - 30 – 11 - 1922, मृत्यु - 16 – 12 - 1969)।

महाराज ब्रजेन्द्र सिंह के पुत्र विश्वेन्द्र सिंह हैं।

महाराज बच्चू सिंह के पुत्र हैं - अनूप सिंह और अरुण सिंह। अनूप सिंह पंजाब में व्यापार कर रहे हैं तथा अरुण सिंह का स्वर्गवास हो गया है। अरुण सिंह डीग से दो बार विधायक रहे हैं।

महाराज मानसिंह के तीन पुत्रियाँ हैं जिनमें सबसे बड़ी राजकुमारी दीपासिंह हैं।

राजा बच्चू सिंह (जन्म : 30 नवम्बर, 1922; मृत्यु :16 दिसम्बर 1969) जिन्हें गिरिराज सरन सिंह भी कहा जाता था, भरतपुर राज परिवार से थे। वे भरतपुर के महाराजा किसन सिंह (कृष्ण सिंह) के सबसे छोटे पुत्र थे। वे एक कुशल सैन्यविद थे। 1947 में देश विभाजन के दौरान, उन्होंने जीप पर सवार होकर भरतपुर राज्य की सेना का नेतृत्व किया। उनके जीप में मशीनगन लगी हुई थी। भरतपुर के विधायक राजकुमार अरुण सिंह उनके पुत्र थे।

आपकी शिक्षा विलिंगडन कॉलेज, बर्कशायर इंग्लैंड से हुई थी। आप भारतीय सेना में कमीशन अधिकारी वर्ष (1940-1946) भी रहे थे। वर्ष (1946-1948) भरतपुर राज्य मंत्री रहे थे।

प्रथम लोकसभा के सदस्य: - वे भरतपुर निर्वाचन क्षेत्र से स्वतन्त्र उम्मीदवार के रूप में प्रथम लोकसभा (1952) के लिए चुने गए थे। वे मथुरा निर्वाचन क्षेत्र से चौथी लोकसभा (1967) के लिए भी स्वतन्त्र उम्मीदवार के रूप में चुने गए थे।

टेनिस, स्क्वैश, घुड़सवारी और शिकार पसंदीदा शौक और मनोरंजन थे।

आपकी शादी श्रीमती पी.एन.कृष्णा से 1961 में हुई जिनसे दो पुत्र अनूप सिंह और अरुण सिंह हुए।

भरतपुर के विधायक (1993-2006) राजकुमार अरुण सिंह उनके पुत्र थे।

टेनिस, स्क्वैश, घुड़सवारी और शिकार पसंदीदा शौक और मनोरंजन थे।

शादी – (19 – 02 - 1942) सुशीला देवी (जन्म 14 – 12 - 1918) कपूरथला, मृत्यु (16 – 11 - 1974) शिमला

(1961), ब्रिन्दा देवी, पुत्री गंभीरचंद (जुब्बाल)

पुत्र 2.

1. अनूप सिंह (जन्म 25 – 12 - 1942/44) पुत्र (गिरिराज शरण सिंह/सुशीला देवी)

शादी - दिसंबर 1969, विच्छेदित 1974 विजया कुमारी पुत्री ठाकुर गोपाल सिंह भज्जी (हिमाचल प्रदेश)

द्वितीय - (19 – 04 - 1980) सुरिंदर कौर (जन्म 24 – 04 - 1947) पुत्री - टिक्का जगत सिंह शाहजदपुर (हरियाणा), संतान - नही।

1. अरुण सिंह (जन्म 13 – 02 - 1947) पुत्र (गिरिराज शरण सिंह/सुशीला देवी) विधायक डींग – (1993 – 2006) मृत्यु 15 – 03 - 2008 अविवाहित।

23

महाराज विश्वेन्द्र सिंह

महाराज विश्वेन्द्र सिंह

विश्वेन्द्र सिंह (जन्म 23 – 05 - 1962) चेयरमैन जिला परिषद (1988-1989), विधायक भरतपुर (1993 - 1998), सांसद लोकसभा (1989–1991,1999-2004, 2004-2009), विधायक डींग (2013, 2018), शादी – (15 – 02 - 1989) दिव्या कुमारी (जन्म 06 – 11 - 1963) पुत्री सुरेन्द्र सिंह जूदेव राव बेहरी, सदस्य - जिला पंचायत - 1966, सांसद (लोकसभा) - भरतपुर (1996 – 1998), वाइस प्रेसीडेंट (आई.एन.एल.डी) 2006 तक, विधायक डींग (2007 – 2008).

पुत्र - एक:- अनिरुद्ध सिंह (जन्म 03- 07 – 1990)

महाराज विश्वेन्द्र सिंह का जन्म 23 जून 1962 को मोती महल भरतपुर में हुआ। आप 8 जुलाई 1985 को पिता के उत्तराधिकारी बने। आपका विवाह 15 फ़रवरी 1989 को महारानी दिव्या कुमारी के साथ हुआ। सन 1993 से 1998 तक राजस्थान विधान सभा के सदस्य रहे। महाराज विश्वेन्द्र सिंह 9 वीं (1989-1991), 13 वीं (1999-2004) और 14 वीं (2004-2009) लोकसभा में सांसद बने।

महाराजकुमार विश्वेन्द्र सिंह का जन्म 23 जून सन 1962 ईसवी को हुआ था। महाराज कुमार विश्वेन्द्र सिंह ने महाराजा कर्नल सवाई बृजेन्द्र सिंह से अस्त्र–शस्त्र एवं आग्नेय शास्त्रों की दीक्षा, वन्य जीव आखेट, हवाई मुगाबी का शिकार, स्क्वैश, टेनिस, तैराकी आदि में प्रवीणता हासिल की। पिता महाराजा के संरक्षण में विलक्षण प्रतिभाओं की भांति अंग्रेजी, जर्मन, लेटिन, तमिल, कन्नड व हिन्दी भाषाओं के साथ-साथ वास्तुकला और शाही व्यंजन पकाने की भी महारत और कौशल प्राप्त किया।

महाराज कुमार विश्वेन्द्र सिंह की वर्षों तक शिक्षा–दीक्षा देश के जाने माने शिक्षण संस्थान मोर्डन स्कूल, बराखंभा रोड दिल्ली में हुई थी।

महाराज कुमार विश्वेन्द्र सिंह ने पिता महाराजा बृजेन्द्र सिंह के साथ जनता की सेवा में सक्रिय रूप से क्रियान्वित हो गए। सन 1984 में वयस्क होते ही कुँवर नटवर सिंह को पहले

ही चुनाव में महाराजा के सहयोग से भारी मतों से जितवाकर अपनी राजनीतिक क्षमता का परिचय दिया। राजनीतिक क्षेत्र में चौधरी देवीलाल के अनुनय–विनय पर सन 1989 ईसवी में भरतपुर से दिल्ली की संसद में युवा सांसद बनकर उभरे। तत्पश्चात पिछड़े वर्ग के आरक्षण मुद्दे पर संसद से इस्तीफा देकर पूरे उत्तर भारत में अपने राजनीतिक उसूलों का लोहा मनवाया।

महाराज विश्वेन्द्र सिंह का विवाह 15 फरवरी सन 1989 ईसवी में बेरी स्टेट की राजकुमारी दिव्या सिंह (जन्म 6 नवंबर 1963) पुत्री सुरेन्द्र सिंह जूदेव राव के साथ आगरा शहर में सम्पन्न हुआ था। महारानी दिव्या सिंह ने एक बार जिला पंचायत सदस्य (1996), वाइस प्रेसीडेंट (आई एन एल डी) 2006 तक व डींग विधानसभा क्षेत्र से विधायक (2007-2008) चुन कर यह साबित कर दिया कि आप राजनीतिक प्रतिभा की धनी और प्रजा की चहेती हैं। महारानी दिव्या सिंह लखनऊ विश्वविद्यालय से उच्च स्तर की शिक्षा ग्रहण कर शुरू से ही समाज सेवा में संलग्न रहीं है। जिसके फलस्वरूप आपको राजस्थान राज्य अधीनस्थ सेवा आयोग का अध्यक्ष एवं उसके बाद राजस्थान लोक सेवा आयोग, अजमेर का सदस्य मनोनीत किया। आपके पुत्र महाराज कुमार अनिरुद्ध सिंह का जन्म 03 जुलाई सन 1990 ईसवी को हुआ था जो अत्यंत कुशाग्र बुद्धि के धनी है आप ब्रिटेन में यूनिवर्सिटी कालेज ऑफ लन्दन से बिजनेस स्टडीज़ में अध्ययन किया।

विश्वेन्द्र सिंह ने चेयरमेन जिला परिषद (1988-1989), विधायक भरतपुर (1993–1998), लोकसभा सांसद (1984,1989 तथा 1999) रहे। तथा वर्ष (2013, 2018) में फिर विधायक डींग-कुम्हेर से चुने जाने के बाद राजस्थान सरकार में मंत्री के पद पर है।

महाराजा विश्वेन्द्र सिंह की बहिने –

महाराजकुमारी पर्वत कौर का जन्म 25 अक्टूबर सन 1942 का है। आपकी शादी हरिन्दर जीत सिंह से हुई जिनसे गुविंदर जीत सिंह, जगजीत सिंह और किरण कौर संताने हुई।

महाराजकुमारी पुष्पेंद्र कौर का जन्म 12 दिसम्बर 1944 का है और शादी सन 1969 में कृष्ण शमशेर जंग राणा पुत्र शांता शमशेर बहादुर राणा नेपाल से हुई।

महाराजकुमारी रेणुका कौर का जन्म 11 मार्च 1947 का है, की शादी दिनांक 11 दिसम्बर 1969 को कुँवर महेंद्र सिंह पुत्र गुलजार सिंह रियासत पिसावा जिला अलीगढ़ (उत्तर-प्रदेश) के साथ हुई।

महाराजकुमारी दीर्घ कौर का जन्म सन 1954 का है और आपकी शादी दिनांक 12 दिसम्बर 1970 को हनुमन्त सिंह मालवेन्द्र बहादुर (जन्म 5 दिसम्बर 1948) नाभा से हुई। हनुमन्त सिंह मालवेन्द्र बहादुर के माता-पिता महारानी उर्मिला देवी और प्रताप सिंह मालवेन्द्र बहादुर हैं। महारानी उर्मिला देवी महाराजा उदयभान सिंह राणा धौलपुर की पुत्री है जिनकी शादी नाभा महाराजा से हुई थी। देहान्त दिनांक 4 अप्रैल 2026 दिन शनिवार को हो गया।

महाराजकुमारी रोहिणी कौर का जन्म सन 1963 का है जिनकी शादी सरदार रविंदर वीरसिंह ग्रेवाल पुत्र वीरसिंह ग्रेवाल (तत्कालीन मुख्यमंत्री फरीद कोट) से हुए थी।

महाराजकुमारी भानु शंकरी देवी

1. पुत्री - भानु शंकरी देवी (जन्म 05- 02 -)

2. पुत्र - विश्वेन्द्र सिंह (जन्म 23 – 05 - 1962) चेयरमैन जिला परिषद, 1088 - 1989, विधायक भरतपुर 1993 - 1998, सांसद लोकसभा (1989–1991,1999-2004, 2004-2009) शादी – (15 – 02 - 1989) दिव्या कुमारी (जन्म 06 – 11 - 1963) पुत्री सुरेन्द्र सिंह जूदेव राव बेहरी, सदस्य - जिला पंचायत - 1966, सांसद (लोकसभा) - भरतपुर (1996 – 1998), वाइस प्रेसीडेंट (आई.एन.एल.डी) 2006 तक, विधायक डींग 2007 – 2008.

पुत्र -1, अनिरुद्ध सिंह (जन्म 03- 07 – 1990)

सूरजमल जयंती और भरतपुर-सप्ताह का आयोजन

महाराज श्रीकृष्णसिंह के निर्वासन के समय से ही राजपरिवार और प्रजाजनों पर विपत्तियां आनी आरम्भ हो गई थीं। उनके स्वर्गवास के पश्चात् तो कुछेक पुलिस के उच्च अधिकारियों ने अन्याय की हद कर दी थी। सुपरिण्टेंडेण्ट पुलिस मुहम्मद नकी को तो उसके काले कारनामों के लिए भरतपुर की जनता सदैव याद रखेगी। धार्मिक कृत्यों पर उसने इतनी पाबन्दियां लगवाईं कि हिन्दु जनता कसक गई। यही क्यों, भरतपुर-राज्यवंश के बुजुर्गों के स्मृति-दिवस न मनाने देने के लिए भी पाबन्दी लगाई गई। जिन लोगों ने हिम्मत करके अपने राज के संस्थापकों की जयंतियां मनाई, उनके वारंट काटे गए। ऐसे लोगों में ही इस इतिहास के लेखक का भी नाम आता है। आज तक उसे भरतपुर की पुलिस के रजिस्टरों में 'पोलीटिकल सस्पैक्ट क्लाए ए' लिखा जाता है। उसका एक ही कसूर था कि उसने दीवान मैकेंजी और एस. पी. नकी मुहम्मद के भय-प्रदर्शन की कोई परवाह न करके 6 जनवरी सन् 1928 ई. को महाराज सूरजमल की जयंती का आयोजन किया और महाराज कृष्णसिंह की जय बोली। इसी अपराध के लिए दीवान मि. मैंकेंजी ने अपने हाथ से वारण्ट पर लिखा था: -

"मैं देशराज को दफा 124 में गिरफ्तार करने का हुक्म देता हूं और उसे जमानत पर भी बिना मेरे हुक्म के न छोड़ा जाए।"

हवालातों के अन्दर जो तकलीफें दी गई, पुलिसमैनों के जो कड़वे वचन सुनने पड़े, उन बातों का यहां वर्णन करना पोथा बढ़ाने का कारण होगा। पूरे एक सौ आठ दिन तंग किया गया। सबूत न थे, फिर भी जुटाए गए। गवाह न थे, लालच देकर बनाए गए - उनको तंग करके गवाही देने पर विवश किया गया। किन्तु आखिर जज को यही कहना पड़ा कि पुलिस सबूत जुटाने में और देशराज से बहस करने में फेल हुई।

जिस किसी प्रजाजन और राजकर्मचारी पर यह सन्देह हुआ कि यह जाट-हितैषी और स्वर्गीय महाराज श्रीकृष्ण का भक्त है, उसे दण्ड दिया गया। दीवान ने महाराज और महारानी तथा बाबा साहब (श्री रामसिंह) के अंत्येष्ठि कर्मों के समय पर सम्मानित भाव से उपेक्षा की। आखिर जाटों के लिए यह बात असहय्य हो गई और सन् 1929 ई. के दिसम्बर के अन्तिम दिनों में भरतपुर-सप्ताह मनाने का आयोजन हुआ। सारे भारत के जाटों ने भरतपुर के दीवान मैंकेंजी और मियां नकी की अनुचित हरकतों की गांव-गांव और नगर-नगर में सभाएं करके निन्दा की। राव बहादुर चौधरी छोटूराम जी रोहतक, राव बहादुर चौधरी अमरसिंह जी पाली, ठाकुर झम्मन सिंह जी एडवोकेट अलीगढ़ और कुंवर हुकमसिंह जी रईस आंगई जैसे प्रसिद्ध जाट नेताओं ने देहातों में पैदल जा-जा कर जाट-सप्ताह में भाग लिया। आगरा जिला में कुंवर रत सिंह, पं. रेवतीशरण, बाबू नाथमल, ठाकुर माधौसिंह और लेखक ने रात-दिन करके जनता तक भरतपुर की घटनाओं को पहुंचाया। महासभा ने उन्हीं दिनों आगरे में एक विशेष अधिवेशन चौधरी छोटूराम जी रोहतक के सभापतित्व में करके महाराज श्री ब्रजेन्द्रसिंह जी देव के विलायत भेजने और दीवान के राजसी सामान को मिट्टी के मोल नीलाम करने वाली उसकी पक्षपातिनी नीति के विरोध में प्रस्ताव पास किए। इस समय भरतपुर के हित के लिए महाराज राजा श्री उदयभानसिंह देव ने सरकार के पास काफी सिफारिशें भेजीं।

सूरजमल शताब्दी में जाने वाला पहला जत्था

आखिरकार गवर्नमेण्ट की आज्ञा से कुछ दिनों बाद दीवान मैकंजी साहब की भरतपुर से दूसरे स्थान की नियुक्ति का हुक्म हुआ। जबकि उन्हें शहर की म्यूनिस्पलटी की ओर से मान-पत्र दिया जा रहा था, पं. हरिश्चन्द्रजी पंघेरे ने उनको उसी समय छपा हुआ विरोध-पत्र देकर रंग में भंग और मान में अपमान का दृश्य उपस्थित कर दिया। मुकदमा चला और पं. जी को एक साल की सजा हुई। उसके थोड़े ही दिन बाद नरेन्द्रकेसरी (महाराज श्री कृष्णसिंह के जीवन चरित्र) को बेचते हुए बालक दौलतराम पंघोर को गिरफ्तार किया गया। कहा जाता है कि जिस समय श्रीमान् दीवान साहब भरतपुर से विदा हुए उस समय ठा. उम्मेदसिंह तुरकिया और पं. सामंलप्रसाद चौबे ने उन्हें काले झण्डे स्टेशन भरतपुर पर दिखाए। उनके बाद में भी मियां नकी अपनी चालें बराबर चलता रहा। भुसावर के आर्य-समाजियों को अनेक तरह से केवल इसलिए तंग किया कि वे उधर जोरों से वैदिक-धर्म का प्रचार कर रहे थे। पं. विश्वप्रिय, ला. बाबूराम, ला. रघुनाथप्रसाद, **चौधरी घीसीराम पथैना** पर केस भी चलाया गया। पेंघोर के पटवारी किरोड़सिंह और कमलसिंह पर तो 'भरतपुर तू वीरों की खानि'

जैसी भजन पुस्तकों के छापने के कारण मुकदमा चलाया गया और सजा दी गई। उनके भाई प्यारेलाल पटवारी को अलग किया गया। एक मास्टर और बीहरे पर केवल इस पुस्तक को रखने के कारण मुकदमा चला। सन् 1928 ई. से सन् 1933 ई. तक जब तक मियां नकी जी भरतपुर में रहे किसी को दफा 124 ए. व 108 में और किसी को दफा 153 में रगड़ते रहे। ऐसे लोगों में श्रीमान् गोकुलजी वर्मा और पं. गोकुलचन्द दीक्षित विशेष उल्लेखनीय।

हैं। वर्माजी को तो दो बार जेल पहुचाने से भी मियां साहब को संतोष नहीं हुआ। इसी प्रकार उसने **राव राजा श्री रघुनाथसिंह जी** के विरुद्ध भी मुकदमा बनाने की धृष्टता की। दीवानों को बना लेना उसके बाएं हाथ का काम था। भले से भले दीवान को उसने हिन्दुओं के विरुद्ध कर दिया। स्वर्गीय महाराज साहब द्वारा पंधार के जिन महंत श्री स्वामी सच्चिदानन्दजी को महामान्य की उपाधि मिली थी उन्हीं को राजद्रोही साबित करने की चेष्टा की गई। बाबू दयाचन्द, भोली नम्बरदार, जगन्नाथ, किशनलाल और उसके बूढ़े बाप आदि अनेक सीधे नागरिकों को तंग किया गया। यह सब कुछ महाराज श्री कृष्णसिंह के स्वर्गवास के बाद उनकी प्यारी प्रजा के साथ हुआ। यही क्यों, मेव-विद्रोह के लक्षण भी दीखने आरंभ हो गए थे। यदि दीवान श्री हैडोंक साहब थोड़े समय और सावधान न होते तो स्थिति भयंकर हो जाती।

इस एडमिन्सट्रेशनरी शासन में सबसे कलंकपूर्ण बात यह हुई कि 'सूरजमल शताब्दी' जो कि **बसंत पंचमी सन् 1933 ई.** में भरतपुर की जाट-महासभा की ओर से मनाई जाने वाली थी, हेकड़ी के साथ न मनाने की आज्ञा दी गई। ठाकुर झम्मनसिंह और कुंवर हुक्मसिंह जैसे जाट-नेताओं को कोरा जवाब दे दिया गया। इस घटना ने जाट-जाति के हृदय को हिला दिया। यद्यपि महासभा नहीं चाहती थी कि कानून तोड़कर भरतपुर में 'सूरजमल शताब्दी' मनाई जाए। किन्तु उत्साह और जोश के कारण जाट लोगों के जत्थे बसंत-पंचमी 30 जनवरी सन् 1933 ई. को भरतपुर पहुंच गए और नगर में घूम-घूमकर उन्होंने **'सूरजमल शताब्दी'** मनाई। इसी शताब्दी-उत्सव का 'जाटवीर' में इस भांति वर्णन छपा था - **सूरजमल शताब्दी नियत समय पर मनाई गई।**

जाट-जगत् यह सुनकर फूला नहीं समाएगा कि बसन्त पंचमी ता. 30 जनवरी सन् 1933 ई. को नियत समय पर भरतपुर में परम प्रतापी महाराज सूरजमल की शताब्दी अपूर्व शान और धूम-धाम के साथ मनाई गई।

पिछली बातें

जाट-जगत् को सूरजमल शताबदी के सम्बन्ध की पिछली बातों की खबर तो 'जाटवीर' द्वारा मिलती ही रही हैं इसलिए उन सब बातों पर प्रकाश डालने की जरूरत नहीं, किन्तु कुछेक बातों का लिखना उचित भी है। ता. 13 जनवरी को जाट-महासभा के डेपूटेशन को भरतपुर के कुचक्रियों द्वारा बहकाए हुए प्रेसिडेण्ट मि. हेडोंक ने जो सूखा जवाब दे दिया था उससे जाट-जगत् तिलमिला उठा था। ता. 22 जनवरी की मीटिंग की ओर सभी जाट भाइयों की निगाह लगी हुई थी।

यद्यपि भरतपुर के प्रतिष्ठित प्रेसिडेण्ट कौंसिल साहब के सूखे और कड़वे फैसले ने बड़े-बड़े राज-भक्त और उपाधिकारी जाटों के दिल पर गहरा आघात किया था, किन्तु फिर भी उन्होंने अपनी ब्रिटिश शासन-परस्ती का सबूत देने के लिए बड़ी सहनशीलता से काम लिया और सूरजमल शताब्दी को मुल्तबी कर दिया। लेकिन सर्व-साधारण जाट-जगत् ने भरतपुर के प्रेसिडेण्ट साहब के फैसले को अपमानजनक और अन्यायपूर्ण समझा और वह तिलमिला उठा। चारों ओर से यही सुनाई देने लगा कि वह आज्ञा ऐसी है जैसी असभ्य सरकार भी नहीं

दे सकती।

बस यही बात थी प्रायः भारतवर्ष के सभी प्रान्तों के जाट-युवक व वृद्ध भरतपुर की ओर सूरजमल की जयन्ती मनाने के लिए चल पड़े।

उत्साह

यद्यपि महासभा शताब्दी को मुल्तबी कर चुकी थी फिर भी **सूरजमल शताब्दी समिति**, जिसका कि जन्म आदि-सृष्टि की भांति हुआ था, के पास बीसियों स्थानों से तार आने लगे कि हम आ रहे हैं। लगभग दो हजार मनुष्यों के बिस्तर भरतपुर-दर्शन के लिए बंध चुके थे। फिर भी ता. 30 जनवरी को हिंडोन, खेरली, जाजन पट्टी, आगरा और मथुरा में 500 जाट आ चुके थे जो स्वागत-समिति ने यहीं रोक दिए।

सूचना

ता. 29 जनवरी को शताब्दी स्वागत समिति के सेक्रेटरी ने भरतपुर के प्रेसिडेण्ट साहब को इस आशय का तार दिया -

"सूरजमल शताब्दी हमारा धार्मिक उत्सव है। उसे कल बसन्त-पंचमी को भरतपुर में मनाया जाएगा और कल 10 बजे रेलवे-स्टेशन से प्रेसिडेण्ट का जुलूस निकलेगा। अतः सहयोग देने की कृपा करें।" इसी तरह का एक तार भरतपुर के पोलिटीकल एजेण्ट महोदय को भी दिया गया।

भरतपुर में इस तार के पहुचते ही जो कार्यवाही हुई, वह इस तरह सुनने में आई है कि - दीवान ने कौंसिल के मेम्बरों को बुलाकर मीटिंग की। एक मेम्बर इस पक्ष में थे कि उन्हें यहां आते ही गिरफ्तार किया जाय, पर नहीं मालूम कि उनकी राय का क्या हुआ? रात के नौ बजे सी. आई. डी. वालों को स्टेशन पर तथा शहर के दरवाजों पर नियुक्त कर दिया। उन्होंने उसी समय से स्टेशन पर प्रत्येक ट्रेन के मुसाफिरों में सूरजमल के जयन्ती के आगत जनों की तलाश की। कहा जाता है कि स्वयं दीवान साहब भी बेचैनी के साथ स्टेशन तक लगातार भागदौड़ करते रहे।

बसन्त-पंचमी

भरतपुर में यद्यपि इस खबर को छिपाने की काफी कोशिश अधिकारियों की ओर से हुई थी, कि यहां ब्रज के धर्म-प्रिय और हिन्दु जाट सरदार शताब्दी मनाने आ रहे हैं। फिर भी अधिकारियों की फुस-फुस से जनता को पता चल ही गया। इधर ठीक 10 बजे की ट्रेन से बसन्ती पोशाक में सजे हुए **शताब्दी के प्रेसिडेण्ट ठाकुर भोलासिंह** मय अपने साथियों के स्टेशन पर उतरे। 'महाराज सूरजमल की जय', 'महाराज ब्रजेन्द्रसिंह की जय' और 'जाट-जाति की जय' से प्लेटफार्म गूंज गया। बैंड बाजे से (भरतपुर) प्रेसिडेण्ट तथा उनके साथियों का स्वागत हुआ। बैंड बाजे और बीन बाजे वालों ने बाजे में यही एक स्वागत-गान गाया। जिस समय जुलूस प्लेटफार्म से बाहर निकला, उस समय सरकारी मोटरें और गाड़ियां इधर-उधर से जुलूस का चक्कर काटने लगीं। **ठाकुर हुक्मसिंह, ठाकुर रामबाबूसिंह** 'परिहार' के भतीजे **कुं. बहादुरसिंह, कुं. प्रतापसिंह** और चिरंजीव **फूलसिंह परिहार-वंश के** [illegible]

अपनी भड़कीली बसन्ती पोशाक में जनता के मन को मोह रहे थे। **चौधरी गोविन्दराम, चौ. थानसिंह, कुं. जगनसिंह, कुं. नारायणसिंह**, राजस्थानी सैनिक तथा अन्य जाट-वीर अपनी गम्भीर मुद्रा से हंसते हुए उत्साह प्रकट कर रहे थे। साथ में लम्बे बांसों में महाराज सूरजमल तथा भरतपुर के अन्य महाराजगान के फोटू थे, जिन पर पुष्प-मालाएं लहरा रही थीं।

गिरफ्तारी की आशंका

आशंका यह थी कि पुलिस जुलूस को भंग करेगी और लोगों को गिरफ्तार करेगी, किन्तु पुलिस ने उस समय तक कुछ नहीं किया, जब तक कि जुलूस प्रवेश द्वार गोवर्धन दरवाजे तक पहुंचा। किन्तु हुआ यह कि एक भले-मानस मोटर लेकर आए। पहले तो मोटर को जुलूस के आगे-पीछे घुमाया और फिर कहने लगे -

आप लोग मोटर में बैठकर चलिए, इतनी तकलीफ क्यों उठाते हो? मालूम होता है कि जुलूस को वह मोटरों के द्वारा शीघ्रता से घुमाकर बाहर निकाल देना चाहते थे, किन्तु उनसे साफ कह दिया कि आपकी महरबानी को सधन्यवाद अस्वीकार करते हैं। बेचारे अपना-सा मुंह लेकर चले गए। यइस मौके पर अधिकारियों ने एक और भी चाल चली। हिन्दी-साहित्य-समिति के द्वारा भी सूरजमल-शताब्दी मनाने का आयोजन कर डाला और उसके जुलूस को इसके जुलूस में मिला दिया। यह कार्यवाही इसलिए की गई जान पड़ती है कि भरतपुर की आम पब्लिक को इस बात से अंधेरे में रखा जाए कि दीवान की हेकड़ी में दी हुई आज्ञा का उल्लंघन करके यह वृज-वासी हिन्दु तथा जाट लोग शताब्दी मना रहे हैं। साहित्य-समिति का जुलूस भी इसी जुलूस में शामिल हो गया। **ठाकुर भोलासिंह** से काफी तौर पर कहा कि प्रेसिडेण्ट साहब पैदल न चलिए, घोड़ा गाड़ी में बैठ जाइए या मोटर ले लीजिए। किन्तु उन्होंने अस्वीकार कर दिया और राज-महलों से आगे निकलकर अपना जुलूस भी अलग कर लिया और बाजार में होते हुए नाज-मण्डी में गंगा-मन्दिर के पास, जहां सभा का आयोजन किया गया था, ठहर गए।

दूसरा जत्था

सूरजमल शताब्दी में जाने वाला दूसरा जत्था

भरतपुर पुलिस की अब तक की स्वच्छन्दता और प्रेसिडेण्ट साहब की भूल से यह बात सही-सी जान पड़ रही थी कि स्टेशन से जाने वाला पहला जत्था शहर में पहुंचने से पहले ही गिरफ्तार कर लिया जाएगा। इसी खयाल से दूसरा जत्था दूसरे रास्ते से शताब्दी-समिति के मंत्री ठा. **कुंवर लालसिंह**, कुंवर **बलवन्तसिंह**, आगरे जिले के कुंवर **श्री रामसिंह**, सेन्ट्रल इण्डिया के भाई जादवेन्द्र, राजस्थानी भाई **सूरजमल**

और **दलेलसिंह** सरदार थे। ज्यों ही इन्होंने भरतपुर में चौबुर्जा पर इक्कों से उतरकर 'महाराजा सूरजमल की जय' बोली कि सी. आइ. डी. वाले अचानक शहर में इस तरह जत्थे को आता देखकर भौचक्के हो गए। यह जत्था भी गंगाजी के मन्दिर के पास, ठीक साथ ही साथ, अपने पहले आए जत्थे में मिल गया।

सभा-समारोह

यद्यपि इन लोगों के साथ ही हजारों मनुष्यों की भीड़ थी फिर भी कुछ उत्साही भाइयों ने प्रमुख मुहल्लों में बुलावा दे दिया। थोड़ी ही देर में मंडी खचा-खच भर गई। चारों ओर भीड़ जमा हो गई। मंगल-गान के बाद स्वागताध्यक्ष **कुंवर बहादुरसिंह** (सुपुत्र स्वर्गीय ठाकुर पीतमसिंह परिहार, जमींदार **कठबारी**) ने अपना छपा हुआ भाषण पढ़ा। अनन्तर **ठाकुर हुक्मसिंह परिहार** ने ठाकुर भोलासिंह जी फौजदार का प्रख्यात नाम इस महोत्सव के प्रधान बनाए जाने के लिए पेश किया।

कुंवर प्रतापसिंह परिहार सुपुत्र ठाकुर रामसरनसिंह परिहार ने समर्थन व कुंवर लालसिंह ने अनुमोदन किया। करतल-ध्वनि के बीच ठाकुर भोलासिंह सभापति के आसन पर आसीन हुए और अपने छपे हुए वीर-रस पूर्ण भाषण को पढ़ा। इसके बाद ठाकुर तारासिंह का मर्मस्पर्शी भाषण हुआ और तत्पश्चात् निम्नलिखित प्रस्ताव सर्व-सम्मति से पास हुए -

(1) यह शताब्दी महोत्सव निश्चय करता है कि प्रत्येक दसवें वर्ष महाराजा सूरजमल की यादगार में सूरजमल शताब्दी-महोत्सव मनाया जाया करेगा।

(2) क्योंकि महाराजा सूरजमल की तरह महाराजा जवाह सिंह भी जाट इतिहास में खास स्थान रखते है, इसलिए इस महोत्सव की राय है कि उनकी भी शताब्दी मनाई जाया करे।

(3) पंजाब-केसरी महाराज रणजीतसिंह की सन् 1939 ई. में शताब्दी मनाने का जो आयोजन सिख-समाज की ओर से हो रहा है, उस पर यह महोत्सव हर्ष प्रकट करता है और सर्व जाट भाइयों से निवेदन करता है कि इस पवित्रा कार्य में सहयोग दें। महाराज रणजीतसिंह जाट-जाति के ही सपूत थे।

(4) इस महोत्सव की राय है कि प्रतिवर्ष महाराज श्री कृष्णसिंहजी की स्मृति मनाई जाया करे।

कार्यवाही समाप्त होने ही को थी कि सी. आई. डी. ने कहा कि आप लोग कोतवाली के सामने पहुंचते ही गिरफ्तार कर लिए जाएंगे। अतः सब लोग शेष यात्रा करने 'सूरजमल कीर्ति-गान' (जाट-जाति के सुप्रसिद्ध कवि ठाकुर रामबाबूसिंह 'परिहार' द्वारा रचित) गाते हुए कोतवाली के सामने पहुंचे ओर आध घण्टे तक 'सूरजमल-गान' को दुहरा-दूहरा कर गाया। अन्त में महाराज सूरजमल की जय बोलकर बीसों सहयोगियों तथा आठों बैंड वालों के साथ ट्रेन में बैठकर रवाना हो गए। इस तरह महाराज सूरजमल की यह एतिहासिक शताब्दी सफलतापूर्वक सम्पन्न हो गई।

धारणाएं

लोगों का कहना है कि भरतपुर कौंसिल के प्रेसिडेण्ट साहब ने जाटों के वास्तविक जोश का ख्याल करके अपनी त्रुटि को संभाल लेने की चेष्टा कर ली थी।

विशेष बातें

जिन लोगों को दूसरे दिन के लिए रोका जा रहा था, वे इस बात के लिए नाराज हो रहे थे कि हमें आज ही क्यों नहीं भेजा जाता। **कठबारी** के मुख्य-मुख्य सरदार ठा. छिद्दासिंहजी, ठा. गोपीचन्दजी, ठा. कलियानसिंहजी, (ठा. रामबाबूसिंहजी 'परिहार' के बड़े भाई) और

महाशय प्यारेलालजी ने आए हुए लोगों की आव-भगत में अपनी पूरी शक्ति लगा दी थी। शाम को जब दोनों जत्थे महाराज सूरजमल की जय बोलते हुए वापस लौटे तो परिहार बन्धुओं ने आगे बढ़कर स्वागत किया। **श्रीमती ठकुरानी उत्तमादेवीजी** ने सबकी आरती उतारी। इसके पश्चात् ठा. तारासिंहजी, ठा. भोलासिंहजी, कुं पन्ने सिंह, सरदार हरलाल सिंह जी आदि के भाषण हुए।

मीठी विजय

भरतपुर कौंसिल के प्रेसिडेण्ट को उल्टा-सीधा समझाकर जो लोग जाट-जाति को कोरी बातून जाति साबित करने की चेष्टा में थे उनकी यह धारणा भ्रम-मूल सिद्ध हुई। उनके इस भ्रम को मिटाने के लिए यह एक जीता-जागता उदाहरण है। फिर भी भरतपुर के दीवान साहब ने असलियत को समझकर ऐसा काम किया, जिसके लिए उन्हें हृदय से धन्यवाद देना पड़ता है और जाट-जाति तथा ब्रजवासियों को इस 'सूरजमल जयन्ती' के मनाने के निश्चय को साहसपूर्वक नियत समय पर पूर्ण करने के लिए बधाई है।

नोट - भरतपुर राजघराने की वर्तमान जानकारी ठाकुर देशराज की पुस्तक में नहीं थी जो जाटलैंड टीम द्वारा जोड़ी गयी है। सुधार के लिए जाटलैंड सदस्य बहादुर सिंह ने सराहनीय प्रयास किये।

24

कुम्हेर की लड़ाई

कुम्हेर की लड़ाई

कुम्हेर का युद्ध महाराजा सूरजमल के नेतृत्व वाले भरतपुर साम्राज्य और मराठों सहित अपने सहयोगियों द्वारा समर्थित मुगल साम्राज्य के बीच का संघर्ष था।

युद्ध

कुम्हेर किले की स्थापना जाट सरदार कुम्भ ने की थी। 1754 में, जब सूरजमल राजा थे, तब मराठों ने किले को घेर लिया, क्योंकि पेशवा बालाजी बाजीराव के छोटे भाई रघुनाथराव (सिंधियों और होल्करों के समर्थन से) उनके अधीन रहना चाहते थे। हालांकि, घेराबंदी सफल नहीं हुई। 1754 में, मुगल सम्राट आलमगीर द्वितीय के आदेश पर, खांडेराव ने भरतपुर के सूरजमल के कुम्हेर किले को घेर लिया, जिसने आलमगीर द्वितीय के शत्रु सिराज-उद-दौला का साथ दिया था। इसके तुरंत बाद, सम्राट की सेना के सर्वोच्च सेनापति, अमीर बख्शी, गाजीउद्दीन खान ने मराठों के साथ गठबंधन कर लिया और अपने साथ पच्चीस से तीस हजार सैनिकों की एक बड़ी सेना लेकर आए। जयपुर के हरगोविंद नटानी के नेतृत्व में शेष सैनिकों के साथ इस गठबंधन के परिणामस्वरूप 80,000 से अधिक सैनिकों की एक विशाल सेना द्वारा कुम्हेर को पूरी तरह से घेर लिया गया। विशेष रूप से, इन सैनिकों को उस समय क्षेत्र में मौजूद किसी भी अन्य सैनिक से श्रेष्ठ माना जाता था। मल्हार राव होल्कर और इमाद-उल-मुल्क सहित 80,000 सैनिकों के खिलाफ सूरजमल के नेतृत्व में एक दुर्जेय रक्षा का सामना करने के बावजूद, घेराबंदी करने वालों को पीछे हटने के लिए विवश होना पड़ा।

कुम्हेर में, मल्हार राव होल्कर के पुत्र, खांडेराव, एक जाट तोप से मारे गए। अलग-अलग मत हैं: एक का कहना है कि उन्हें एक नाचने वाली लड़की ने बहला-फुसलाकर मार डाला, जबकि दूसरे का दावा है कि उनकी हत्या तोपखाने का निरीक्षण करते समय हुई थी। सर जदुनाथ सरकार का कहना है कि खांडेराव को नशे की हालत में खाइयों का निरीक्षण करते समय गोली मार दी गई थी। उनकी नौ पत्नियों ने उनकी चिता पर आत्मदाह कर लिया,

सिवाय अहिल्याबाई के, जो उस समय गर्भवती थीं। शोक से व्याकुल मल्हारराव ने बदला लेने की कसम खाई। असाधारण रूप से विनम्र सूरजमल ने संवेदना और वस्त्र भेजे। खांडेराव के वध स्थल पर एक मंदिर बनाया गया है।

पीछे हटने के बाद, कुम्हेर में मिली सफलताओं से उत्साहित जाटों ने शाही राजधानी के आसपास के क्षेत्रों को लूटने का अवसर लपक लिया। इसके बाद, सूरजमल और रघुनाथराव के बीच एक समझौता हुआ। सूरज मल ने उत्तर भारत में मराठों के आक्रमणों का विरोध न करने का वचन दिया, जबकि रघुनाथराव आगरा सूबे के अधिकांश क्षेत्र पर कब्ज़ा स्वीकार करने के लिए सहमत हो गए। इस राजनयिक समझौते ने जाट शक्ति के क्षेत्रीय विस्तार को बहुत सुगम बनाया। 1758 तक, इन घटनाओं ने क्षेत्र के राजनीतिक परिदृश्य को काफी हद तक बदल दिया था, जो उत्तर भारत की शक्ति समीकरणों में एक महत्वपूर्ण मोड़ था।

कुम्हेर दुर्ग महाराजा सूरजमल को अपने पिता बदन सिंह से जागीर के रूप में प्राप्त हुआ था। ई. 1753 में मराठों की सेना ने मल्हारराव होलकर के पुत्र खांडेराव के नेतृत्व में राजपूताने में पैर रखा। जयपुर नरेश माधो सिंह से कर लेकर ई.1754 में मराठा भरतपुर रियासत की ओर बढ़े। राजा सूरजमल भरतपुर की रक्षा का भार अपने पुत्र जवाहर सिंह को सौंप कर स्वयं कुम्हेर के दुर्ग में मोर्चाबंदी करके बैठ गया।

मराठों को ज्ञात था कि सूरजमल दिल्ली से अथाह खजाना लूट कर लाया है, मराठों को वह खजाना चाहिए था। महाराजा सूरजमल ने खांडेराव के समक्ष मित्रता का प्रस्ताव भिजवाया, किन्तु होलकर के सेनापति रघुनाथराव ने सूरजमल के समक्ष 2 करोड रुपए की मांग रखी। सूरजमल के मंत्री रूपराम ने 40 लाख रुपए देने स्वीकार किए, किन्तु मल्हारराव होलकर ने कहलवाया कि जाटों को चाहिए कि वह दो करोड रुपए से अधिक की राशि दें। इस पर नाराज होकर सूरजमल ने मराठों के सेनापति रघुनाथराव को तोप के पांच गोले तथा थोड़ा सा बारूद भिजवाया और कहलवाया कि या तो 40 लाख रुपए ले लें या परिणाम भुगतने को तैयार रहे। जनवरी 1754 में खांडेराव, रघुनाथराव तथा मल्हारराव की सेना ने कुम्हेर को बुरी तरह घेर लिया। इमादुलमुल्क के नेतृत्व में मुगल सेना भी मराठों के साथ हो गई। सूरजमल के शत्रुओं की सेवा में 80000 सैनिक थे।

मराठों ने कुम्हेर के चारों ओर 15 मील के घेरे में समस्त फैसले जलाकर राख कर दी। कुम्हेर को जाने वाले समस्त रास्तों को बंद कर दिया तथा होडल पर अधिकार कर लिया। मुगल तो पहले से ही जाटों के शत्रु थे। अब मराठा भी शत्रुता पर उतर आए थे और जयपुर का राजा तटस्थ हो गया था। इस कारण सूरजमलपुर उत्तर भारत में अकेला पड़ गया किंतु उसने हिम्मत नहीं हारी।

जयपुर नरेश माधोसिंह नहीं चाहता था कि जाट राज्य को उसके पुरखों ने अपने हाथों से स्थापित किया। उस राज्य को नष्ट करने में वह योगदान करें। दूसरी तरफ वह मराठों को भी नाराज नहीं करना चाहता था। इसलिए उसने एक छोटी सी कछवाहा सेना मराठों के साथ भेज कर अपनी कर्तव्य की इति श्री कर ली।

राजा सूरजमल ने चार माह तक मराठों और मुगलों की सम्मिलित सेना से लोहा लिया। 27 फरवरी 1754 को खांडेराव दुर्ग के बाहर खुदवाई गई खंदको का निरीक्षण कर रहा था। इस समय जाटों ने दुर्ग के भीतर स्थित तोप से गोला चलाया जिससे खांडेराव मर गया और उसकी नौ रानियां उसके सबके साथ सती हो गई।

उसकी रानी अहिल्याबाई गर्भवती होने के कारण सती नहीं हो सकी। पुत्र शोक में पागल होकर मल्हार साहब ने प्रतिज्ञा की कि वह जाटों का समूल नाश करेगा। अब मराठों ने कुम्हेर पर हो रहे आक्रमण को भयानक बना दिया। ऐसी स्थिति में सूरजमल की रानी हंसिया ने रूप राम के पुत्र तेजराम कटारिया को सूरजमल की पगड़ी और एक पत्र देकर ग्वालियर के सिंधिया राजा को भेजा।

उस समय सिंधिया होलकर के साथ था। जब सिंधिया को रानी हंसिया का प्रस्ताव मिला तो उसने बदले में अपनी पगड़ी एक उत्साहवर्द्धक पत्र और अपनी कुलदेवी के प्रसाद का एक बिल्लव पत्र रानी को भिजवाया। जब हंसिया ने पत्र वाहक और सिंधिया के बीच हुए पत्र व्यवहार की जानकारी मल्हारराव को हुई तो उसके हौसले टूट गए।

जब मराठे जाटों पर पर्याप्त दबाव नहीं बना पाए, तो मुगलों के वजीर इमादउलमुल्क ने दिल्ली से सहायता मंगवाई। बादशाह को लगा कि यदि मराठे, कुम्हेर को तोड़ लेंगे तो जाटों की अपार सम्पति मराठों के हाथ लग जायेगी। इसलिए उसने अतिरिक्त सेना नहीं भिजवाई। इन सब कारणों से मराठों को बाजी अपने हाथ से जाती हुई लगी और उन्होंने सूरजमल से संधि कर ली।

सूरजमल ने रुपाराम कटारिया के माध्यम से मराठों को आश्वासन दिया कि वह मराठों को तीन साल में तीस लाख रुपए देगा किंतु केवल रूपए दो लाख ही दिए। मराठे अपना घेरा उठाकर दक्षिण में चले गए। इस सफलता से सूरजमल की धाक जम गई। मुगल वजीर इमादुल मुल्क अपना सिर धुनता रहा और दिल्ली चला गया, जहां उसने बादशाह अहमदशाह की आंखें फोड़ कर उसे कैद कर लिया और उसकी हत्या कर दी।

राजा सूरजमल ने कुम्हेर दुर्ग में अपनी रानी हंसिया के लिए भव्य महलों का निर्माण करवाया। वर्तमान में कुम्हेर का दुर्ग लगभग नष्ट हो गया है। दुर्ग में स्थित पांच मंजिला महलों के एक या दो तल ही शेष बचे हैं। कुम्हेर से बाहर रानी किशोरी देवी के मंदिर खंडहर स्थित है। (डॉक्टर मोहनलाल गुप्ता)

'भरतपुर लुट गया' वाली लोकोक्ति

जगदीश चंद्रिकेश अपनी पुस्तक 'झूठ नहीं बोलता इतिहास' में लिखते हैं कि 'भरतपुर लुट गया' वाली लोकोक्ति बहुत समय तक परेशान किए रही कि आखिर यह लोकोक्ति प्रचलन में आई तो आई कैसे ? इसका सूत्र मिला पं. सुंदरलाला की इतिहास पुस्तक 'भारत में अंगरेजी राज' पढ़ते समय, जिसमें 'बिटवीन्स द लाइन्स' पढ़ने वाली लाइने थीं,

'मुझे यह लिखते दुःख है कि खाई इतनी अधिक चौड़ी और गहरी निकली कि उसे पार करने की जितनी कोशिशे की गईं, सब बेकार गईं... हम पर इतनी देर तक जोर से और तीक्ष

निशानों के साथ फसील की तोपों के गोले बरसते रहे कि हमारा बहुत अधिक नुकसान हुआ।'

- ये वे पंक्तियां हैं, जो जनरल लेक ने अपनी विफलता के बारे में गवर्नर जनरल मार्क्विस वेल्जली को लिखी थीं। भरतपुर को हथियाने के लिए अंग्रेजों ने पूरी तैयारी के साथ **21** जनवरी, **1805** को दूसरे हमले में भरतपुर की घेराबंदी कर बारह दिन तक गोलाबारी की, लेकिन पहले हमले की तरह इस बार भी वे भरतपुर का कुछ न बिगाड़ सके। अंततः उन्हें पीछे हटना पड़ा। फिर 20 फरवरी को तीसरा हमला किया गया। वह भी बेकार गया। इस तरह तीन-तीन बार के जबरदस्त हमलों को झेलकर भरतपुर की फसीलों ने अंग्रेजों के घमंड को इस बुरी तरह चूर कर दिया कि अंग्रेजों ने बीस साल तक भरतपुर की ओर आँख उठा कर भी नहीं देखा। फिर भी भरतपुर उनके दिल में काँटे की तरह चुभता रहा, तभी तो इन तीन-तीन हमलों के नौ साल बाद भी **लॉर्ड मेटकॉफ** को लिखना पड़ा कि,

'...हमारी सैनिक कीर्ति का अधिकतर भाग भरतपुर में दफन हो गया।'

इसके बाद जाट इतिहास और राजा सूरजमल को पढ़ने पर पूरी तस्वीर उभरकर सामने आई कि भरतपुर के अभेद्य दुर्ग और जाटों की दुर्दम्य जुझारू शक्ति उस कालखंड में अपने सर्वोच्च पर थी और इसने अंग्रेजों को जितना आतंकित किया और सताया था उसी का बदला अंग्रेजों ने भरतपुर को बुरी तरह लूटकर लिया। भरतपुर की आबादी को बेदर्दी से मारा-काटा गया। जिनके पास कुछ भी नहीं था उन लोगों के बाल तक उखाड़ लिए। किसी के पास कुछ नहीं छोड़ा, तभी तो भरतपुर का लुटना लोकोक्ति बन गया।

जब जाटों ने अंग्रेजों का सूर्य उदय होने से रोक दिया

एक कहावत है कि 'अंग्रेजों के राज में उनका सूर्य कभी अस्त नहीं होता था' यह सच है कि इनके अधीन जमीन पर हमेशा कहीं ना कहीं दिन रहता था। भारत के इतिहास में अंग्रेजों के विरुद्ध केवल प्लासी की लड़ाई का वर्णन किया जाता है जबकि यह लड़ाई पूरी कभी लड़ी ही नहीं गई, बीच में ही लेन-देन शुरू हो गया था। सन् 1857 के गदर का इतिहास तो पूरा ही मंगल पाण्डे, नाना साहिब, टीपू सुलतान, तात्या टोपे तथा रानी लक्ष्मीबाई के इर्द-गिर्द घुमाकर छोड़ दिया गया है, लेकिन जब जाटों का नाम आया और उनकी बहादुरी की बात आई तो इन साम्यवादी और ब्राह्मणवादी लेखकों की कलम की स्याही ही सूख गई। इससे पहले सन् 1805 में भरतपुर के महाराजा रणजीतसिंह (पुत्र महाराजा सूरजमल) की चार महीने तक अंग्रेजों के साथ जो लड़ाई चली वह अपने आप में जाटों की बहादुरी की मिशाल और भारतीय इतिहास का गौरवपूर्ण अध्याय है। भारत में अंग्रेजों का भरतपुर के जाट राजा के साथ समानता के आधार पर सन्धि करना एक ऐतिहासिक गौरवशाली दस्तावेज है जिसे 'Permanent Friendship Treaty on Equality Basis' नाम दिया गया। इस प्रकार की सन्धि अंग्रेजों ने भारतवर्ष में किसी भी राजा से नहीं की। (वास्तव में दूसरों के साथ सन्धि करने की आवश्यकता ही नहीं पड़ी क्योंकि हमारे बहादुर कहे जाने वाले राजाओं ने जाटों को छोड़ अंग्रेजों की बगैर किसी हथियार उठाये गुलामी स्वीकार कर ली थी।) इतिहास गवाह है कि भारत के अन्य किसी भी राजा ने अंग्रेजों के खिलाफ प्लासी युद्ध व मराठों के संघर्ष

को छोड़कर अपनी तलवार म्यान से नहीं निकाली और बहादुरी की डींग हाकनेवालों ने नीची गर्दन करके अंग्रेजों की गुलामी स्वीकार की। पंजाब में जब तक 'पंजाब केसरी' महाराजा रणजीतसिंह जीवित थे (सन् 1839), अंग्रेजों ने कभी पंजाब की तरफ आँख उठाकर देखने की हिम्मत नहीं की और सन् 1845 में उन्होंने पंजाब में प्रवेश किया, वह भी लड़ाई लड़कर। अंग्रेज इन लड़ाइयों के अन्त में विजयी रहे लेकिन कुछ हिन्दुओं की महान् गद्दारी की वजह से (आगे पढ़ें)।

भरतपुर की लड़ाई पर एक दोहा प्रचलित था -

हुई मसल मशहूर विश्व में, आठ फिरंगी नौ गोरा।
लड़ें किले की दीवारों पर, खड़े जाट के दो छोरा।

इस लड़ाई का विवरण अनेक पुस्तकों में लिखा मिलता है, जैसे कि 'भारत में अंग्रेजी राज' 'जाटों के जोहर' और 'भारतवर्ष में अंग्रेजी राज के 200 वर्ष।' लेकिन विद्वान् सवाराम सरदेसाई की पुस्तक "अजय भरतपुर" प्रमुख है। विद्वान् आचार्य गोपालप्रसाद ने तो यह पूरा इतिहास पद्यरूप में गाया है जिसका प्रारंभ इस प्रकार है -

अड़ कुटिल कुलिस-सा प्रबल प्रखर अंग्रेजों की छाती में गढ़,
सर-गढ़ से बढ़-चढ़ सुदृढ़, यह अजय भरतपुर लोहगढ़।
यह दुर्ग भरतपुर अजय खड़ा भारत माँ का अभिमान लिए,
बलिवेदी पर बलिदान लिए, शूरों की सच्ची शान लिए॥

जब राजस्थान के राजपूत राजाओं ने अंग्रेजों के विरोध में तलवार नहीं उठाई तो जोधपुर के राजकवि बांकीदास से नहीं रहा गया और उन्होंने ऐसे गाया -

पूरा जोधड़, उदैपुर, जैपुर, पहूँ थारा खूटा परियाणा।
कायरता से गई आवसी नहीं बाकें आसल किया बखाणा॥
बजियाँ भलो भरतपुर वालो, गाजै गरज धरज नभ भौम।
पैलां सिर साहब रो पडियो, भड उभै नह दीन्हीं भौम॥

अर्थ है कि "है जोधपुर, उदयपुर और जयपुर के मालिको! तुम्हारा तो वंश ही खत्म हो गया। कायरता से गई भूमि कभी वापिस नहीं आएगी, बांकीदास ने यह सच्चाई वर्णन की है। भरतपुर वाला जाट तो खूब लड़ा। तोपें गरजीं, जिनकी धूम आकाश और पृथ्वी पर छाई। अंग्रेज का सिर काट डाला, लेकिन खड़े-खड़े अपनी भूमि नहीं दी।"

अंग्रेजों ने स्वयं अपने लेखों में भरतपुर लड़ाई पर जाटों की बहादुरी पर अनेक टिप्पणियाँ लिखीं। जनरल लेक ने वेलेजली (इंग्लैंड) को 7 मार्च 1805 को पत्र लिखा: -

"मैं चाहता हूँ कि भरतपुर का युद्ध बंद कर दिया जाये, इस युद्ध को मामूली समझने में हमने भारी भूल की है।"

इस कारण भरतपुर का लोहागढ़ का किला अजयगढ़ कहलाया। उस समय कहावत चली थी लेडी अंग्रेजन रोवें कलकत्ते में क्योंकि अंग्रेज भरतपुर की लड़ाई में मर रहे थे, लेकिन उनके परिवार राजधानी कलकत्ता में रो रहे थे। इतिहास गवाह है कि जाटों ने चार महीने

तक अंग्रेजों के आंसुओं का पानी कलकत्ता की हुगली नदी के पानी में मिला दिया था। स्वयं राजस्थान इतिहास के रचयिता कर्नल टाड ने लिखा - अंग्रेज लड़ाई में जाटों को कभी नहीं जीत पाए।

इस प्रकार अंग्रेजों का सूर्य जो भारत में बंगाल से उदय हो चुका था भरतपुर, आगरा व मथुरा में उदय होने के लिए चार महीने इंतजार करता रहा, फिर भी इसकी किरणें पंजाब में 41 साल बाद पहुंच पाईं। भारतवर्ष में केवल जाटों की दो रियासतों भरतपुर व धौलपुर ने कभी भी अंग्रेजों को खिराज (टैक्स) नहीं दिया। यह भी ऐतिहासिक तथ्य है कि भरतपुर में लौहगढ़ का किला भारत में एकमात्र ऐसा गढ़ है जिसे कभी कोई दूसरा कब्जा नहीं कर पाया। इसलिए इसका नाम अजयगढ़ पड़ा। भरतपुर के महाराजा कृष्णसिंह ने भारतवर्ष में भरतपुर शहर में सबसे पहले नगरपालिका की स्थापना की थी। अंग्रेजों ने मद्रास, कलकता व बम्बई में सबसे पहले मुनिस्पल कार्पोरेशन की स्थापना की। इसी जाट राजा कृष्ण सिंह ने भरतपुर में हिन्दी साहित्य सम्मेलन करवाया सन् 1925 में राजा जी ने पुष्कर (राजस्थान) में जाट महासम्मेलन करवाया जहां चौधरी छोटूराम जी भी पधारे थे। इन्होंने जनता के लिए 'भारत वीर' नाम का पत्र प्रकाशित करवाया था। (यह सभी तथ्य डॉ. धर्मचन्द्र विद्यालंकार ने अपनी पुस्तक 'जाटों का नया इतिहास' में इन्हें संजोया है।)

25

डीग-जौहर

डीग-जौहर

जौहर, जिसे कभी-कभी जोव्हर या जुहार भी लिखा जाता है, भारतीय उपमहाद्वीप में राजपूत क्षत्रिय महिलाओं और लड़कियों द्वारा सामूहिक आत्मदाह की एक प्रथा थी। यह प्रथा युद्ध के दौरान निश्चित हार का सामना करने पर बंदी बनाए जाने, यौन दासता, गुलामी और बलात्कार से बचने के लिए अपनाई जाती थी। जौहर की कुछ रिपोर्टों में महिलाओं द्वारा अपने बच्चों के साथ आत्मदाह करने का उल्लेख है। जौहर आक्रमणकारी मुस्लिम सेनाओं द्वारा बलात्कार से बचने के लिए किया जाता था। यह प्रथा ऐतिहासिक रूप से भारत के उत्तर-पश्चिमी क्षेत्रों में प्रचलित थी, और दर्ज इतिहास में सबसे प्रसिद्ध जौहर राजस्थान के हिन्दू राजपूत राज्यों और विरोधी मुस्लिम सेनाओं के बीच युद्धों के दौरान हुए थे। जौहर केवल युद्ध के दौरान किया जाता था, आमतौर पर जब हार आसन्न होती थी। जौहर प्रथा में हिंदू राजपूत महिलाएं अपरिहार्य सैन्य पराजय के सामने गिरफ्तारी और दुर्व्यवहार से बचने के लिए अपने बच्चों और कीमती सामान के साथ एक विशाल आग में आत्महत्या कर लेती थीं। उसी समय या उसके तुरंत बाद, पुरुष निश्चित मृत्यु की अपेक्षा करते हुए रस्म के तौर पर युद्ध के मैदान की ओर मार्च करते थे, जिसे क्षेत्रीय परंपरा में सक कहा जाता है। इस प्रथा का उद्देश्य यह दिखाना था कि इसे करने वाले लोग अपने जीवन से अधिक अपने सम्मान को महत्व देते हैं।

हिंदू राज्यों द्वारा जौहर का दस्तावेजीकरण दिल्ली सल्तनत और मुगल साम्राज्य के मुस्लिम इतिहासकारों द्वारा किया गया है। जौहर के सबसे अधिक उद्धृत उदाहरणों में से एक 1303 ईस्वी में राजस्थान के चित्तौड़गढ़ किले की महिलाओं द्वारा दिल्ली सल्तनत के खिलजी वंश की आक्रमणकारी सेना का सामना करने पर किया गया सामूहिक आत्महत्या है। जौहर की घटना भारत के अन्य भागों में भी देखी गई, जैसे कि उत्तरी कर्नाटक के कम्पिली राज्य में, जब यह 1327 में दिल्ली सल्तनत की सेनाओं के हाथों हार गया।

चित्तौड़गढ़ में जौहर मेला नामक एक वार्षिक वीरता उत्सव मनाया जाता है, जहां स्थानीय लोग अपने पूर्वजों को याद करते हैं।

शब्द-साधन

जौहर शब्द संस्कृत शब्द जतुगृह से जुड़ा है, जिसका अर्थ है "लाख और अन्य ज्वलनशील पदार्थों से लेप किया हुआ घर जिसमें लोगों को जिंदा जलाया जाता है"। इसे गलत तरीके से फारसी शब्द गोहर से व्युत्पन्न भी माना गया है, जिसका अर्थ है "रत्न, मूल्य, सद्गुण"। लेखक जॉन स्ट्रैटन हॉली के अनुसार, यह भ्रम इस तथ्य से उत्पन्न हुआ कि जीवहर और जौहर को एक ही तरह से लिखा जाता था और v और u को दर्शाने के लिए एक ही अक्षर का प्रयोग किया जाता था। इस प्रकार, जीवहर को भी गलत तरीके से जौहर के अर्थ से जोड़ दिया गया है।

अभ्यास

जौहर की प्रथा को सती से सांस्कृतिक रूप से संबंधित बताया गया है, और दोनों ही महिलाओं द्वारा आत्मदाह के माध्यम से आत्महत्या करने के तरीके हैं। हालांकि, दोनों में केवल सतही समानता है, और इनके बीच का मूल कारण काफी भिन्न है। सती एक हिंदू विधवा द्वारा अपने पति की चिता पर बैठकर आत्महत्या करने की प्रथा थी। जौहर आक्रमणकारियों द्वारा हार के समय बंदी बनाए जाने और गुलामी में धकेले जाने से बचने के लिए महिलाओं द्वारा सामूहिक आत्मदाह था। साधारण आत्महत्या की तुलना में आत्मदाह को प्राथमिकता दी जाती थी क्योंकि इससे उनके मृत शरीर के किसी भी प्रकार के अपवित्र होने की संभावना समाप्त हो जाती थी, जिसे उनके पति, बच्चे और/या कुल के लोगों को देखना पड़ सकता था।

कौशिक रॉय कहते हैं कि जौहर केवल हिंदू-मुस्लिम युद्धों के दौरान ही प्रचलित था, न कि राजपूतों के बीच हिंदू-हिंदू आंतरिक युद्धों के दौरान। हालाँकि, जॉन हॉली इस दावे से असहमत हैं; वे इसे यूनानी विजेताओं से जोड़ते हैं जिन्होंने भारतीय महिलाओं को भी बंदी बनाया था, और तर्क देते हैं कि जौहर की प्रथा इस क्षेत्र में यूनानी अभियानों के साथ शुरू हुई होगी। वीना तलवार ओल्डेनबर्ग भी असहमत हैं, उनका कहना है कि "राजपूत राज्यों के बीच आंतरिक युद्धों ने लगभग निश्चित रूप से जौहर के पहले अवसर प्रदान किए, मुस्लिम आक्रगणों से बहुत पहले, जिनके साथ यह प्रथा लोकप्रिय रूप से जुड़ी हुई है" और यह कि "उत्तर-पश्चिम की भू-राजनीति, जहाँ से आक्रमणकारियों की एक श्रृंखला ने उपमहाद्वीप में प्रवेश किया, ने राजस्थान को एक निरंतर युद्ध क्षेत्र बना दिया, और इसलिए इसका सामाजिक रूप से सबसे सम्मानित समुदाय ब्राह्मण नहीं बल्कि क्षत्रिय या राजपूत जातियाँ थीं, जिन्होंने भूमि को नियंत्रित और संरक्षित किया। यह इतिहास मुसलमानों के आगमन से एक सहस्राब्दी से भी अधिक पुराना है। राजस्थान और विजयनगर में खुदाई में मिले और

दिनांकित स्मारक पत्थर दोनों लिंगों की मृत्यु को चिह्नित करते हैं। उनकी तिथियाँ, जिन्हें विश्वसनीय रूप से निर्धारित किया जा सकता है, युद्ध के समय और क्षेत्रों से पूरी तरह मेल खाती हैं।"

जौहर की घटना को हिंदू और मुस्लिम समुदायों में अलग-अलग तरह से देखा और समझा गया है। हिंदू परंपराओं में, जौहर किसी समुदाय की उन महिलाओं का वीरतापूर्ण कार्य माना जाता था जो शत्रु के हाथों निश्चित हार और दुर्व्यवहार का सामना कर रही होती थीं। मुस्लिम इतिहासकारों के लिए, जौहर को उनकी संस्कृति द्वारा महिलाओं पर थोपा गया कार्य माना जाता था। तुलनात्मक धर्म के प्रोफ़ेसर अरविन्द शर्मा के अनुसार, कवि विद्वान अमीर खुसरो ने इसका वर्णन करते हुए कहा, "निस्संदेह यह जादुई था, फिर भी यह वीरतापूर्ण था।"

घटना

जौहर के सबसे अधिक उद्धृत मामलों में राजस्थान के चित्तौड़ (चित्तौड़गढ़, चित्तौड़गढ़) के किले में 1303, 1535 और 1568 ईस्वी में हुई तीन घटनाएं शामिल हैं। जैसलमेर में जौहर की दो घटनाएं हुईं, एक 1299 ईस्वी में अलाउद्दीन खिलजी के शासनकाल के दौरान और दूसरी 1326 में तुगलक वंश के शासनकाल के दौरान। जौहर और सक को वीरतापूर्ण कार्य माना जाता था, और इस प्रथा को राजस्थान के स्थानीय लोकगीतों और लोककथाओं में महिमामंडित किया गया था।

मैसेडोनिया के सिकंदर के आक्रमण के दौरान जौहर

उत्तर-पश्चिमी भारत की अगल्स्सोई जनजाति द्वारा सामूहिक आत्मदाह का उल्लेख, अरियन द्वारा रचित सिकब्दर महान के सैन्य इतिहास, ' द एनाबेसिस ऑफ अलेक्जेंडर (336 से 323 ईसा पूर्व के बीच का इतिहास) के छठे खंड में मिलता है। अरियन ने सिकंदर की सेना द्वारा उत्तर-पश्चिमी भारतीय उपमहाद्वीप के लोगों को जीतने और गुलाम बनाने का उल्लेख किया है। एक युद्ध के दौरान, जिसमें मैसेडोनियन और अगलस्सोई सेनाओं के कई सैनिक मारे गए, अगलस्सोई शहर के लगभग 20,000 पुरुषों, महिलाओं और बच्चों ने शहर में आग लगा दी और आत्मदाह कर लिया, जब उन्हें लगा कि सैन्य पराजय निकट है।

मल्ली जनजाति ने भी इसी तरह का कृत्य किया, जिसे पियरे हरमन लियोनार्ड एगमोंट जौहर मानते हैं। एरियन का कहना है कि उन्होंने अपने घरों को खुद के साथ जलाना शुरू कर दिया, हालाँकि अपने घरों में जीवित पकड़े गए किसी भी भारतीय को यूनानियों द्वारा मार डाला गया।

सिंध का जौहर: मुहम्मद बिन कासिम

712 में, मुहम्मद बिन कासिम और उनकी सेना ने भारतीय उपमहाद्वीप के पश्चिमी क्षेत्रों के विभिन्न राज्यों पर आक्रमण किया। उन्होंने सिंध क्षेत्र के तत्कालीन हिंदू राजा दाहिर की राजधानी को घेर लिया। दाहिर की हत्या के बाद, रानी (लादी) ने कई महीनों तक राजधानी की रक्षा का समन्वय किया। जब भोजन की आपूर्ति समाप्त हो गई, तो उन्होंने और राजधानी की महिलाओं ने आत्मसमर्पण करने से इनकार कर दिया, चिताएं जलाईं और जौहर कर लिया। शेष पुरुष आक्रमणकारी सेना के हाथों अपनी मृत्यु को गले लगाने के लिए बाहर चले गए।

ग्वालियर का जौहर: इल्तुतमिश

दिल्ली सल्तनत के मुस्लिम शासक शम्स उद-दीन-इल्तुतमिशने 1232 में ग्वालियर पर आक्रमण किया, जो उस समय राजपूतों के नियंत्रण में था। राजपूत महिलाओं ने इल्तुतमिश की सेना के सामने आत्मसमर्पण करने के बजाय जौहर कर लिया। ग्वालियर किले के उत्तरी छोर पर स्थित वह स्थान जहाँ महिलाओं ने सामूहिक आत्महत्या की, जौहर-ताल (या जौहर कुंड, जौहर टैंक) के नाम से जाना जाता है।

रणथंभौर का जौहर: अलाउद्दीन खिलजी

सुल्तान अलाउद्दीन को खदेड़ दिया गया; रणथंभोर की महिलाओं ने जौहर किया। भारतीय, पहाड़ीशैली की चित्रकारी, लगभग 1825 की।

1301 में, मुस्लिम खिलजी वंश के अलाउद्दीन खिलजी , जो दिल्ली सल्तनत के शासक थे, ने रणथम्भोर किले को घेर लिया और उस पर विजय प्राप्त कर ली। निश्चित हार का सामना करते हुए, बचाव करने वाले शासक हम्मीरदेव ने अपने सैनिकों के साथ मृत्यु तक लड़ने का फैसला किया, और उनके मंत्री जाजा ने जौहर के आयोजन की देखरेख की। हम्मीरदेव की रानियों, बेटियों और अन्य महिला रिश्तेदारों ने जौहर किया।

हम्मीरदेव की पत्नी रानी रंग देवी और उनकी बेटी पद्माला ने अन्य महिलाओं के साथ मिलकर आक्रमणकारी इस्लामी सेना से अपनी प्रतिष्ठा बचाने के लिए जौहर करने का निर्णय लिया। हालांकि, जौहर करने के लिए विशाल अग्नि और वेदी की व्यवस्था करने का उन्हें समय नहीं मिला, इसलिए उन्होंने किले के जलाशय में कूदकर सामूहिक आत्महत्या कर ली। उनके सम्मान में जलाशय का नाम " पद्माला तालाब " रखा गया है।

रणथंभोर में जौहर का वर्णन अलाउद्दीन के दरबारी अमीर खुसरो ने किया था, जो इसे फ़ारसी भाषा के पाठ में वर्णित पहला जौहर बनाता है।

चित्तौड़ का प्रथम जौहर: अलाउद्दीन खिलजी

कई विद्वानों के अनुसार, चित्तौड़गढ़ का पहला जौहर 1303 में चित्तौड़ किले की घेराबंदी के दौरान हुआ था। यह जौहर राजस्थानी पौराणिक कविताओं का विषय बन गया, जिसमें रानी पद्मिनी मुख्य पात्र हैं, और जिनमें वह और अन्य राजपूत महिलाएं दिल्ली सल्तनत के मुस्लिम शासक अलाउद्दीन खिलजी द्वारा बंदी बनाए जाने से बचने के लिए जौहर करती हैं। चित्तौड़ के पहले जौहर की ऐतिहासिकता राजस्थानी पारंपरिक मान्यताओं के साथ-साथ मलिक मुहम्मद जायसी द्वारा रचित पद्मावत जैसे इस्लामी सूफी साहित्य पर आधारित है।

काम्पिली का जौहर: मुहम्मद बिन तुगलक

उत्तरी कर्नाटक के कम्पिली राज्य की हिंदू महिलाओं ने जौहर किया जब यह 1327 में मुहम्मद बिन तुगलक द्वारा शासित दिल्ली सल्तनत की मुस्लिम सेनाओं के हाथों गिर गया।

कुवा का जौहर: महमूद बेगड़ा

1486 में, मुजफ्फरिद वंश के राजकुमार खलील खान ने झालावाड के राणा वाघोजी के विरुद्ध विद्रोह कर दिया , क्योंकि वह बागी थे। ध्रांगधरा से 6 किमी उत्तर में सैदपुर के पास दोनों के बीच युद्ध हुआ, जिसमें झालस को निर्णायक विजय प्राप्त हुई और खलील खान को पकड़ लिया गया, हालांकि बाद में उन्हें रिहा कर दिया गया। इसके बाद महमूद बेगडा ने कुवा (अब कंकावती), जो उस समय झालस की राजधानी थी, की ओर कूच किया। राणा वाघोजी ने अपने किले में अपने सामंतों को इकट्ठा किया और युद्ध की तैयारी की। युद्ध के दौरान राणा वाघोजी का झंडा गिर गया और उनकी रानियों ने यह गलत समझा कि वे अब जीवित नहीं हैं। इसलिए वाघोजी की 8 रानियों ने 750 महिलाओं के साथ कुएं में कूदकर जल जौहर कर लिया।

1486 में कुवा में राणा वाघजी की रानियों का जल जौहर

राणा वाघोजी को जब पता चला कि उनकी सभी पत्नियों ने जौहर कर लिया है, तो वे व्यथित होकर अपने सैनिकों के साथ युद्ध के मैदान में शहीद होने का निश्चय कर लिया। राणा वाघोजी की मृत्यु पर, महमूद बेगडा ने कुवा के किले को लूटा और नष्ट कर दिया, इस दिन को कुवा-नो-केर (कुवा का विनाश) के नाम से जाना जाता है।

चंदेरी का जौहर: बाबर

सन् 1568 में चित्तौड़गढ़ की घेराबंदीके दौरान हिंदू महिलाओं द्वाराआत्मदाह (जौहर) करना।

16वीं शताब्दी के आरंभ में हिंदू राजपूत राजा मेदिनी राय ने उत्तरी मध्य प्रदेश के चंदेरी पर शासन किया। उन्होंने मुगल साम्राज्य के संस्थापक बाबर की मुस्लिम सेनाओं के विरुद्ध खानुआ के युद्ध में राणा सांगा की सहायता करने का प्रयास किया। जनवरी 1528 ईस्वी में, उनके किले पर बाबर की आक्रमणकारी सेनाओं ने कब्जा कर लिया। चंदेरी किले की महिलाओं और बच्चों ने जौहर किया, पुरुषों ने भगवा वस्त्र धारण किए और 29 जनवरी को साका की रस्म अदा की।

चित्तौड़ का दूसरा जौहरः बहादुर शाह

खानवा की लड़ाई के बाद 1528 ईस्वी में राणा सांगा का निधन हो गया। इसके कुछ समय बाद, मेवाड़ और चित्तौड़ उनकी विधवा रानी कर्णावती के अधीन आ गए। राज्य को गुजरात के मुस्लिम सुल्तान बहादुर शाह ने घेर लिया। रानी ने 8 मार्च 1535 को अन्य महिलाओं के साथ जौहर किया, जबकि राजपूत सेना ने घेराबंदी करने वाली मुस्लिम सेना का सामना करने के लिए मोर्चा संभाला और साका किया।

चित्तौड़गढ़ पर गुजरात के सुल्तान के आसन्न हमले के मद्देनज़र, कर्णावती ने मुगल सम्राट हुमांयू से सहायता मांगी, जिन्हें उन्होंने कभी राखी भेंट की थी। बहादुर शाह ने दूसरी बार किले पर हमला किया। कर्णावती ने 13,000 अन्य महिलाओं के साथ बारूद से भरे एक भवन में खुद को बंद कर लिया, उसमें आग लगा दी और इस प्रकार सामूहिक आत्महत्या कर ली।

हालांकि, कर्णावती द्वारा हुमांयू को राखी भेजने की कथा स्पष्ट रूप से एक काल्पनिक कहानी है जो 17वीं शताब्दी (घटना के 200 वर्ष बाद) की एक अविश्वसनीय अफवाह के आधार पर लोककथा का गलत हिस्सा बन गई। समकालीन फ़ारसी और हिंदू विद्वानों ने इस कहानी का बिल्कुल भी उल्लेख नहीं किया।

चित्तौड़ का तीसरा जौहरः अकबर

मुस्लिम मुगल सम्राट अकबर की सेनाओं ने सितंबर 1567 में चित्तौड़ के राजपूत किले को घेर लिया। राजस्थान में चित्तौड़गढ़ पर विजय प्राप्त करने के बाद, हिंदू महिलाओं ने 1568 ईस्वी के वसंत में जौहर किया, और अगली सुबह, हजारों राजपूत पुरुषों ने शका अनुष्ठान किया। मुगल सेना ने किले से बाहर निकले सभी राजपूतों को मार डाला। अबू-अल-फजल-इब्र मुबारक, जो प्रत्यक्षदर्शी नहीं थे, ने अकबर और उनकी सेना द्वारा देखे गए घटनाक्रम का मौखिक विवरण दिया। अबू-अल-फजल ने आरोप लगाया कि महिलाएं राजपूत पुरुषों की शिकार थीं और अनिच्छुक भागीदार थीं, और ये राजपूत अपनी जान देकर मरने के लिए

बाहर निकले थे। डेविड स्मिथ के अनुसार, जब अकबर ने 1568 में चित्तौड़गढ़ किले में प्रवेश किया, तो वह "एक विशाल श्मशान के अलावा कुछ नहीं" था।

लिंडसे हार्लन के अनुसार, 1568 का जौहर क्षेत्रीय किंवदंती का हिस्सा है और स्थानीय रूप से हिंदू त्योहार होली पर अकबर की सेना द्वारा चित्तौड़गढ़ नरसंहार के दिन के रूप में याद किया जाता है, जिसमें "लाल रंग उस दिन बहे खून का प्रतीक है"।

रायसेन के तीन जौहर: हुमायूँ

मध्य प्रदेश के रायसेन 16वीं शताब्दी के आरंभ में मुस्लिम मुगल सेना द्वारा बार-बार आक्रमण किया गया। 1528 में, पहला जौहर रानी चंदेरी के नेतृत्व में हुआ। मुगल सेना के चले जाने के बाद, राज्य ने दिल्ली से आदेश मानने से इनकार कर दिया। रायसेन किले की लंबी घेराबंदी के बाद, जिससे किले के भीतर सभी रसद समाप्त हो गई, रानी दुर्गावती और 700 रायसेन महिलाओं ने 1532 में दूसरा जौहर किया, जबकि लक्ष्मण तुआर के नेतृत्व में पुरुषों ने साका किया। मुगल शासन के आगे झुकने से इनकार जारी रहा, और 1543 में तीसरा जौहर रानी रत्नावली के नेतृत्व में हुआ।

बुन्देलखण्ड का जौहर: औरंगजेब

औरंगजेब की विशाल मुस्लिम सेना ने दिसंबर 1634 ईस्वी में मध्य प्रदेश के बुन्देला को घेर लिया। किले के पतन के साथ ही वहां की महिलाओं ने जौहर कर लिया। जो महिलाएं जौहर की रस्म पूरी नहीं कर पाईं और जीवित बच गईं, उन्हें हरम में भेज दिया गया। पुरुषों को जबरन इस्लाम धर्म अपनाना पड़ा, जबकि इनकार करने वालों को मार डाला गया।

दद्दानाला का जौहर: मीर फजलुल्लाह

1710 ईस्वी में, विद्रोही मुस्लिम मुगल अमीर फजलुल्लाह ने आंध्र प्रदेश के प्रकाशम जिले के दद्दनाला शहर पर आक्रमण किया, जो दुपति सायपनेनी नायकों की राजधानी थी। संघर्ष के दौरान प्रभारी सायपनेनी पेद्दा वेंकटद्री नायडू की मृत्यु हो जाने पर, एकत्रित सभी सायपनेनी महिलाओं ने किले में घरों में आग लगा दी और जलकर मर गईं। पांच वर्षीय राजकुमार मल्लिकार्जुन नायडू को एक दासी ने बचा लिया, जिसने उसे किले की दीवारों में एक छेद के रास्ते चुपके से बाहर निकाल दिया, और उसका पालन-पोषण उसके रिश्तेदारों ने किया।

मुगलों में जौहर

जौहर जैसी प्रथाएँ केवल हिंदुओं तक ही सीमित नहीं थीं। मुस्लिम शासकों द्वारा भी अपनी महिलाओं की हत्या करने के उदाहरण मिलते हैं ताकि उनकी प्रतिष्ठा को ठेस न पहुँचे। 1617 में, ढाका के पास हार का सामना करते हुए, मुगल गवर्नर कासिम खान और उनके साथियों ने अपनी पत्नियों को बंदी बनाए जाने से बचाने के लिए उनका सिर काट दिया। जौहर की यह प्रथा राजपूतों की एक परंपरा थी जो राजनीतिक और वैवाहिक गठबंधनों के माध्यम से मुगल साम्राज्य की संस्कृति में समाहित हो गई थी और अब बंगाल तक पूर्व में भी प्रचलित थी।

अपने संस्मरणों में, हिंदुस्तान के मुस्लिम सम्राट जहांगीर ने कहा कि उनके सरदार खान-ए-जहाँ ने अपने शत्रु शेर शाह सूरी के साथ युद्ध के दौरान अपनी पत्नियों को जौहर करने का आदेश दिया था। अहोम साम्राज्य के साथ युद्ध के दौरान , मिर्ज़ा नाथन ने आदेश दिया कि यदि उनकी मृत्यु हो जाए तो उनके शिविर में सभी मुगल महिलाओं को मार दिया जाए। बाद में उन्होंने उन्हें जौहर करने का आदेश दिया।

उपरोक्त लेख में कहीं भी जाट स्त्रियों के जौहर का उल्लेख नहीं है। सामाजिक व्यक्तियों से मिलना, पुराना इतिहास जानने की जिज्ञासा के कारण महाकवि बलवीर सिंह "करुण" चौहान अलवर (राजस्थान) जी के कई बार ग्वालियर प्रवास के समय निरंतर सम्पर्क से डींग के जौहर की कहानी सुनी। महाकवि बलवीर सिंह "करुण" चौहान पुत्र चौधरी अमन सिंह मूलतः गांव किरठल/किरथल तहसील छपरौली जिला बागपत उत्तर-प्रदेश के जाट चौहान परिवार से हैं। आपके द्वारा 26 से अधिक पुस्तकें प्रकाशित की जा चुकी हैं, जिनमें "डींग का जौहर" नामक पुस्तक (प्रकाशन 1 जनवरी 2019, प्रकाशक - ओरीजिनल्स दिल्ली - 52) काफी शोधन के उपरान्त लिखी गयी है।

डींग का जौहरः-

डींग का जौहर (29 अप्रैल 1776, डीग का किला (भरतपुर, राजस्थान))

महाराजा रणजीत सिंह ने कुम्हेर को सुरक्षित करने के बाद, डीग किले में रानियों की रक्षा के लिए सैनिक तैनात किए थे। दुश्मन सेना (नजफ खां) किले में प्रवेश कर गई थी।

महारानी खेत कौर के नेतृत्व में, जब दुश्मन सेना रनिवास (महिलाओं के महल) के करीब पहुंच गई, तो रानियों ने खुद को दुश्मन के हवाले करने के बजाय तलवार उठाकर सामूहिक आत्मदाह (स्वयं का वध) किया। वजीर नजफ खां रानियों के इस अभूतपूर्व बलिदान को देखकर नतमस्तक हो गया।

यह घटना इतिहास में जाट वीरांगनाओं के अदम्य साहस और आन-बान के लिए प्रसिद्ध है।

भारत का अंतिम जौहरः जब डींग के महल में 60 रानियों और दासियों ने स्वाभिमान की रक्षा के लिए अपने हाथों से काट दिए थे, खुद के शीश।

आँसू पोंछे, आहें भरी, गगन निहारा डीग दुर्ग में घूमते हुए पग-पग पर रोमांच के साथ उत्साह, गर्व, निराशा, उत्कंठा, करुणा और आँसू साथ देते चले। यहीं कहीं तो तलवारों की

धारों पर वह जौहर हुआ होगा। उन वीर ललनाओं के शव इसी परिसर में कहीं गिरे होंगे और यहीं बह-बहकर धरती में समा गया होगा उनका पवित्र रक्त। इन्हीं दीवारों से टकराकर सदा-सदा को शान्त हुई होंगी "माँ-माँ" की वे अबोध पुकारें जब जागे, सोये, अधजागे बालकों के सीनों में माताओं ने कृपाणें भोंकी होंगी और इसी मिट्टी में टपटप टपके होंगे उन माताओं की आँखों से अनमोल मोती। और उधर वे अभ्रस्पर्शी प्राचीरें। इन्हीं पर खड़े होकर अम्बर पर बैठे देवताओं को अन्तिम प्रणाम करके अपनी छाती से चिपटे प्राणप्रिय शिशुओं को अपने हाथों से कटारें घोंपकर नीचे जल भरी खाई में फेंका होगा वीर क्षत्राणियों ने और फिर अपने वक्षों में खड्ग उतारकर स्वयं भी कूद गई होंगी। इस मिट्टी में लोटपोट होने को मन करता है जैसे नेवला युधिष्ठिर के यज्ञ की राख में लोटपोट हो गया था। इन दीवारों पर माथा टेकने की इच्छा होती है जैसे तुलसी बाबा ने संकट मोचन हनुमान मन्दिर की देहरी पर टेका था। कई बार चुपचाप आँसू पोंछे, आहें भरी और गर्व से गगन निहारा। – “डींग का जौहर” पुस्तक की भूमिका "बात बस इतनी सी थी" से।

भरतपुर राजस्थान पुस्तक के लेखक रामवीर सिंह वर्मा (इतिहासकार)

भारत के इतिहास में 30 अप्रैल 1776 का दिन भारत के अंतिम जौहर के रूप में दर्ज है। जब जाट साम्राज्य की 60 रानियों और दासियों ने स्वाभिमान की रक्षा के लिए अपने हाथों से खुद की शीश धड़ से अलग कर दिए थ। डीग का ये जौहर इतिहास में भारत के अंतिम जौहर के रूप में अमर हो गया।

भरतपुरः- राजस्थान की धरती शौर्य पराक्रम और बलिदान की भूमि के रूप में पहचानी जाती है। राजस्थान का पूर्वी प्रवेश द्वार (Eastern Gateway of Rajasthan) भरतपुर अपने अभेद्य दुर्ग लोहागढ़ किले के लिए दुनियाभर में विख्यात है। भरतपुर के महाराजा सूरजमल और जाट योद्धा अपनी वीरता के लिए पहचाने जाते हैं, तो यहां की रानियां भी अपने स्वाभिमान और जौहर के लिए इतिहास में अपना नाम अमर कर गईं। भारत के इतिहास में 30 अप्रैल 1776 का दिन भारत के अंतिम जौहर के रूप में दर्ज है। जब जाट साम्राज्य की 60 रानियों और दासियों ने स्वाभिमान की रक्षा के लिए अपने हाथों से खुद की शीश धड़ से अलग कर दिए थे। डीग का ये जौहर इतिहास में भारत के अंतिम जौहर के रूप में अमर हो गया।

सात माह तक डीग किले का घेराः भरतपुर के जाट साम्राज्य पर गर्दिश के बादल छाए हुए थे। जाट साम्राज्य का वीर प्रतापी महाराजा सूरजमल के बलिदान (1763) के साथ ही मानो शक्ति का 'सूरज' अस्त हो गया था। इतिहासकार रामवीर सिंह वर्मा ने बताया कि 1775 के अंत में दिल्ली के वजीर नजफ खां ने डीग किले पर हमला बोल दिया। युद्ध की बागडोर अवयस्क महाराज रणजीत सिंह के हाथ में थी। सात महीने तक महाराज रणजीत सिंह ने दुश्मन से जमकर लोहा लिया। दुष्ट नजफ खां की सेना में हर दिन नए सैनिक शामिल हो रहे थे और इधर जाट सैनिकों की संख्या लगातार कम हो रही थी।

किले में घुस गई दुश्मन सेना: रामवीर वर्मा ने बताया कि लगातार बिगड़ते हालातों को देखते हुए महारानी खेत कौर ने महाराजा रणजीत सिंह को अपने छोटे भाई महाराजा केशरी सिंह को सुरक्षित कुम्हेर किले पहुंचाने का आदेश दिया। महाराजा रणजीत सिंह 29 अप्रैल 1776 को डीग के राजा बदन सिंह महल के रनिवास की रक्षा में विश्वस्त सैनिक तैनात कर छोटे भाई को सुरक्षित पहुंचाने के लिए कुम्हेर निकल गए। उधर दुश्मन सेना सात माह के युद्ध के बाद किले में प्रवेश करने में सफल हो गए। निवास में महारानी खेत कौर को इसकी सूचना मिली।

उधर, नजफ खां के सैनिक किले में उत्पात मचाते हुए मंदिरों को ध्वस्त करते हुए आगे बढ़ रहे थे। जैसे ही सैनिक रनिवास की तरफ बढ़े तो रानियों की सुरक्षा में तैनात सैनिकों ने दुश्मन सैनिकों पर ताबड़तोड़ फायरिंग कर दी। सैनिकों ने दुश्मन से जमकर मुकाबला किया। दुश्मन सैनिकों के किले में प्रवेश करने और सुरक्षा घेरा कमजोर पड़ने की सूचना के साथ ही महारानी खेत कौर और करीब 60 अन्य रानियां और दासियां एकजुट हो गई। महारानी खेत कौर और सभी रानियां व दासियों ने अपने स्वाभिमान और सतीत्व की रक्षा का प्रण लिया। सभी रानियों और दासियों ने खड़ग (तलवार) उठाए और अपने शीश धड़ से अलग कर दिए। रामवीर वर्मा ने बताया कि डीग का जौहर इतिहास में भारत का अंतिम जौहर माना जाता है। डीग किले को जीतने के बाद जब वजीर नजफ खां रनिवास पहुंचा तो रानियों के जौहर को देखकर नतमस्तक हो गया।

26

बल्लभगढ़ रियासत जिला फरीदाबाद हरियाणा

बल्लभगढ़ रियासत जिला फरीदाबाद हरियाणा

बल्लभगढ़ (वर्षगढ़) भारत के हरियाणा के फरीदाबाद जिले का एक शहर और तहसील है।

राजा नाहर सिंह (1823-1858) इस रियासत के राजा थे। जाट राजा नाहर सिंह के पूर्वजों ने 1739 ई. के आसपास यहां एक किला बनवाया था। बल्लभगढ़ का छोटा सा राज्य दिल्ली से केवल 20 मील की दूरी पर है। 1857 के स्वतंत्रता संग्राम में शहीद होने वाले वीरों में जाट राजा नाहर सिंह का नाम सदैव उच्च माना जायेगा।

बल्लभगढ़ रियासत के संस्थापक जनौली गाँव से आए थे, जो 2000 वर्ष से अधिक पुराना है। तेवतिया जाट सरदार गोपाल सिंह ने 1705 में जनौली (पलवल में) छोड़ दिया और बल्लभगढ़ से लगभग 5 किमी की दूरी पर बल्लभगढ़ में तेवतिया जाटों के गांव सीही में बस गए। मुगल शासक औरंगजेब की मृत्यु हो चुकी थी. गोपाल सिंह ने दिल्ली-मथुरा क्षेत्र में सत्ता स्थापित करनी शुरू कर दी। 'लागोन' गांव के गुजरों की मदद से उन्होंने उस क्षेत्र के राजपूत चौधरी पर हमला किया और फ़रीदाबाद के मुगल अधिकारी मुर्तज़ा खान के साथ समझौता किया और 1710 में फ़रीदाबाद परगने के चौधरी बन गए। वह अपनी सेना का विस्तार करना चाहते थे और भारी धन इकट्ठा करना चाहते थे लेकिन उनकी मृत्यु हो गई जल्द ही। उनके उत्तराधिकारी चरण दास थे। चरण दास भी महत्वाकांक्षी थे और जब मुगल शासन कमजोर होता देखा तो उन्होंने मालगुजारी देना बंद कर दिया। मुगलों की सेना ने चरण दास को गिरफ्तार कर लिया।

चरणदास के पुत्र, बलराम सिंह, बाद में एक शक्तिशाली शासक बने। बल्लभगढ़ रियासत का नाम उन्हीं के नाम पर रखा गया है। उस समय शाही दिल्ली-आगरा मार्ग परजाट दमनकारी मुग़ल शासन के खिलाफ विद्रोह कर रहे थे। इस इलाके के तेवतिया पहले ही इस इलाके में खुद को जवाबी ताकत के तौर पर स्थापित कर चुके थे। बलराम सिंह जिन्हें

अक्सर स्थानीय लोग बल्लू भी कहते थे, कुछ हाथियों, घोड़ों और ऊँटों पर बड़े ढोल (नगाड़े) और धौंसे (बड़ा बैंड) लादकर चलते थे और उनके पीछे उनकी स्थानीय सेना होती थी। बल्लू इस दल के साथ जहाँ भी गया, यह मान लिया गया कि वह क्षेत्र अब मुगलों का नहीं है और बल्लू ने उसे जीत लिया है। यह एक प्रकार का अश्वमेध यज्ञ था जो उन्होंने किया था। यहीं से एक कहावत शुरू हुई "**धींग-धींग बल्लू का राज**"। तुरंत उन क्षेत्रों में शांति लौट आई, जिन्हें बल्लू ने जीत लिया था।

मुर्तिजा खान के बेटे अकवितमहमूद ने 29 नवंबर 1753 को बलराम सिंह की हत्या कर दी। बलराम सिंह के बाद महाराजा सूरजमल ने बलराम सिंह के बेटों बिसन सिंह और किसन सिंह को किलेदार नियुक्त किया। उन्होंने 1774 तक बल्लभगढ़ पर शासन किया, जब हीरा सिंह बल्लभगढ़ के शासक बने।

राजा नाहर सिंह 1829 में गद्दी पर बैठे और एक न्यायप्रिय शासक साबित हुए। राजा नाहर सिंह बल्लभगढ़ के 101 गांवों के शासक थे।

बल्लभगढ़ के शासक राजवंश तेवतिया

रामसरूप जून लिखते हैं कि... सीही के चौधरी गोपाल सिंह ने मुगल क्षेत्र पर छापा मारना शुरू कर दिया। गूजरों के साथ मिलकर उन्होंने राजपूत चौधरी की हत्या कर दी, फरीदाबाद के मुगल गवर्नर ने उन्हें चौधरी के रूप में मान्यता दी, लेकिन कुछ समय बाद उन्होंने शाही खजाने को राजस्व का भुगतान बंद कर दिया और चौधरी चरण दास को गिरफ्तार कर लिया गया। उनके बेटे, बलराम ने राजस्व जमा करने का गंभीर वादा किया और अपने पिता को रिहा कर दिया।

लेकिन वह पैसों का इंतजाम करने में असफल रहा। पिता और पुत्र ने परगना के गवर्नर मुर्तजा खान की हत्या कर दी और राजा सूरजमल के यहां शरण ली और अपनी बेटी की शादी उससे कर दी। उनकी मदद से उन्होंने दिल्ली दरबार से क्षमा मांगी और अंततः बलराम को बल्लभगढ़ के शासक के रूप में बहाल किया गया।

वह सूरजमल की सेना में एक बहादुर सैनिक थे। इस वंश के अंतिम शासक को 1857 में अंग्रेजों ने फाँसी दे दी।

सूरजमल ने नवाब वजीर सफदरजंग के खिलाफ बल्लमगढ़ के जाटों की मदद की -

के आर कानूनगो उल्लेख करते हैं... [पृ.45]: पहले से ही मथुरा जिले के स्वामी, सूरजमल ने दिल्ली के पड़ोस पर अपनी नज़र रखी थी और अपने अधिकार को दक्षिण की ओर बढ़ाने के अवसर की प्रतीक्षा कर रहे थे। बल्लभगढ़ के जाटों ने, जो कि फरीदाबाद के फौजदार के दबाव में थे उनसे मदद मांगी और इससे वे मुग़ल सरकार के साथ और उलझ गए। हम यहाँ बल्लभगढ़ के जाट सामंती घराने के इतिहास का संक्षेप में पता लगा सकते हैं। तेवतिया का एक गोपाल सिंह जाट (सितम्बर) लगभग 1705 में बल्लभगढ़ से तीन मील उत्तर में एक गाँव सीही में बस गया और मथुरा दिल्ली रोड पर राजमार्ग डकैती से अमीर और शक्तिशाली बन गया। उसने तेवतिया गाँव (बल्लभगढ़ से 8 मील पूर्व; लंबाई 77°-30',

अक्षांश 28°-25') के गूजरों के साथ गठबंधन किया और उनकी मदद से पड़ोसी गांवों के राजपूत चौधरी को मार डाला। फरीदाबाद के स्थानीय मुग़ल अधिकारी मुर्तज़ा खान ने विद्रोही को दंडित करने के बजाय, उसे फरीदाबाद परगना के चौधरी के रूप में नियुक्त करके उसके साथ शांति स्थापित की, जो 1710 में राजस्व पर रुपये में एक आना के उपकर (दर) का हकदार था। मृत्यु के बाद गोपाल सिंह के पुत्र चरनदास उनके उत्तराधिकारी बने। और यह देखकर कि नजदीकी जिलों में भी शाही पकड़ कितनी कमजोर होती जा रही थी, उन्होंने राजस्व रोक दिया और मुर्तजा खान के अधिकार की अवहेलना की। हालाँकि, चरणदास को पकड़ लिया गया और फरीदाबाद की जेल में डाल दिया गया। कुछ समय बाद, उसके बेटे बलराम ने खान कोफिरौती की झूठी रकम देकर धोखा दिया और उसे ठिकाने लगा दिया।

कहानी यह है कि बलराम ने एक बड़ी रकम देने का वादा किया था; नकद में सीधे उसके पिता को मुक्त कर दिया गया। पिछली शर्तों के अनुसार, चरणदास को बल्लभगढ़ के पास एक टैंक के किनारे पहरा देकर लाया गया, और जब खजाना लाने वाली गाड़ी ऊपर आ गई, तो चरणदास को जाने दिया गया। वह तुरंत अपने बेटे के साथ एक बेड़े के घोड़े पर सवार हो गया। अन्य थैलों में केवल तांबे के सिक्के (पैसे) पाए गए। दिल्ली, गजेटियर, फुट नोट, पृ. 213, स्वतंत्रता, पिता और पुत्र भरतपुर भाग गए, और सूरजमल की सहायता से मुर्तजा खान की हत्या कर दी (दिल्ली गजेटियर, पृष्ठ 213)।

विद्रोही आक्रामकता का यह कृत्य सम्राट अहमद शाह (1747) के सिंहासनारोहण तक दण्डित नहीं। वजीर ने बलराम और राजा सूरजमल को उपरोक्त परगने छोड़ने के लिए बार-बार लिखा, लेकिन झूठे दिखावे और गोलमोल जवाब देकर टाल दिया गया। यह वज़ीर के क्रोध को भड़काने और उसे जाटों के पूर्ण विनाश की शपथ दिलाने के लिए पर्याप्त था। इसलिए उसने अमीर-उल-उमरा के साथ लगभग उसी समय, 1162 हिजरी (जनवरी, 1749) में उनके खिलाफ मैदान संभाला और फरीदाबाद पर कब्ज़ा कर लिया। सूरजमल, मुगल साम्राज्य के कमांडर-इन-चीफ के नेतृत्व वाली एक शाही सेना पर अपनी हालिया सफलता से उत्साहित थे, विवाद वाले स्थानों पर शांति से इस्तीफा देने के वज़ीर के प्रस्तावों को सुनने के मूड में नहीं थे। उन्होंने अपने सभी संसाधनों के साथ सीही के जाटों का समर्थन करने की तैयारी की और डीग और कुम्हेर के किलों को रक्षा की स्थिति में रखते हुए, वज़ीर के खिलाफ मार्च किया (जून, 1749)। भाग्य ने सूरजमल से मित्रता कर ली; वज़ीर को, अवध के अपने सूबे के निकट पड़ोस में भयानक रूहेला विद्रोह की खबर मिलने पर, जाटों के साथ अपने समझौते को स्थगित करना पड़ा और दिल्ली लौटना पड़ा। उन्होंने इन अफ़गानों से लड़ाई की, और उनकी अशांति को दबाने के बाद, अपने डिप्टी नवल रे को उनसे छीने गए जिलों का प्रभारी बना दिया (1750 की शुरुआत)। फिर उसने जाटों के खिलाफ अपना अभियान फिर से शुरू किया और उनके खिलाफ एक सेना भेजी। जाट लड़ाई के लिए तैयार हो गए, वजीर ने बारिश के दौरान (जुलाई 1750) उनके खिलाफ शुरुआत की और खिजिराबाद तक आगे बढ गए। लगभग इसी समय, एक बड़ी आपदा की खबर, अर्थात् [illegible] खान

बंगश के हाथों नवल राय की हार और मृत्यु ने वजीर को सूरजमल के साथ झगड़ा करने के लिए प्रेरित किया। मराठा वकील की मध्यस्थता से एक समझौता हुआ। दिखावे को बचाने के लिए बलराम

1. उसकी कलाइयां आपस में बंधी हुई हैं,

2. यह बलराम ही बल्लभगढ़ के किले का निर्माता है। वह अपने नाम के समान व्यक्ति नहीं है, जो सूरजमल **की पत्नी हंसिया** का भाई था। इस बलराम की हत्या 29 नवंबर, 1753 को एक अकीबत महमूद खान द्वारा की गई थी, जैसा कि *वका-ए-शाह आलम सानी* में निम्नलिखित प्रविष्टि (पृ. 83) से पता चलता है : "2रे सफ़र (1167 हिजरी) को अकीबत खान, जिसने अपनी जागीर के मामले को निपटाने के लिए बल्लू जाट (बलराम) के पास गए, जाट के साथ कठोर शब्दों का आदान-प्रदान हुआ। उन्होंने उक्त जाट का सिर काट दिया और उसका सिर महामहिम (अहमद शाह) के पास ले आए। यह अक़िबत महमूद मुर्तज़ा खाँ का पुत्र था, जिसे बलराम ने मार डाला था। हालाँकि, बल्लभगढ़ और फरीदाबाद सूरजमल के कब्जे में रहे, जिन्होंने बलराम के पुत्र **किशन सिंह** और **बिशन सिंह को बल्लभगढ़** का क़िलादार और नाज़िम नियुक्त किया। उन्होंने 1774 तक अपना पद बरकरार रखा। (देखें दिल्ली गजेटियर, पृष्ठ 213) अन्य सभी की तरह, गजेटियर में यह तारीख भी संदिग्ध है। मराठा दूत के साथ वज़ीर की उपस्थिति में गया, जिसने विनम्रतापूर्वक उसे माफ कर दिया और उसके अवैध अधिग्रहणों को परोक्ष मंजूरी दे दी। राजा सूरजमल को *खिलअत* के 6 टुकड़े और उनकी *बख्शी को* दो टुकड़ों की एक बख्शी दी जाती थी। योग्यता और क्षमता की पारस्परिक सराहना ने नवाब वज़ीर और महान जाट के बीच सच्ची दोस्ती की नींव रखी, जो बाद में सबसे विकट परिस्थितियों में भी अपने सहयोगी के साथ ईमानदारी से खड़ा रहा।

बल्लमगढ़ पर आक्रमण: 3 मार्च 1757

गिरीश चन्द्र द्विवेदीलिखते हैं.... **अहमद शाह अब्दाली का जाट अभियान:** [पृ.179]: सूरजमल को आंतरिक संकट से राहत मिली ही थी कि अब्दाली ने भारत पर आक्रमण कर दिया, (दिसंबर, 1756)। आंशिक रूप से अपने दम पर और आंशिक रूप से मुगलानी बेगम, नजीब और अन्य लोगों की प्रार्थनाओं पर, अहमद शाह अब्दाली ने रास्ते में किसी भी प्रभावी प्रतिरोध का सामना किए बिना संकटग्रस्त राजधानी (जनवरी, 1757) पर धावा बोल दिया। आक्रमणकारियों ने राजधानी की जनता को योजनाबद्ध तरीके से बर्खास्त किया, प्रताड़ित किया और नाराज किया। आलमगीर को अपदस्थ कर दिया गया, इमाद को कैद कर लिया गया और विज़ारत ने शाह को दो करोड़ देने का वादा करने पर इंतिज़ाम को सम्मानित किया। अफगानी कहर से बचने के लिए, शहर की लगभग आधी आबादी लोकप्रिय शरण, जाट प्रभुत्व में चली गई। हालांकि, अपने पहले के व्यवहार के विपरीत, इस बार जाटों ने बदरपुर से मथुरा तक प्रत्येक चौकी पर शरणार्थियों से धन उगाही करके उनके दुख को और

बढ़ा दिया। फिर भी, इतनी भारी आमद जारी रही कि मथुरा में आवास मिलना मुश्किल हो गया।

गिरीश चन्द्र द्विवेदी लिखते हैं.... [पृ.182]: अब्दाली ने जाट राजा के खिलाफ व्यक्तिगत रूप से मार्च करने का संकल्प लिया और उसने फरीदाबाद में एक दल भेजा। जवाहर सिंह, जो उस समय बल्लभगढ़ में थे, 5 से 6 हजार लोगों को लेकर उस पर टूट पड़े और उसे भगा दिया, लगभग 60 लोगों को मार डाला और 150 घोड़ों को पकड़ लिया। इससे दुर्रानी क्रोधित हो गया और उसने अब्दुस समद खान को रात में बाहर जाने, घात लगाकर बैठने, जाटों को उनके छिपने के स्थान से बाहर निकालने के लिए 100 सवार भेजने और फिर उन्हें नष्ट करने का आदेश दिया। अब्दुस्समद ने सचमुच अपने गुरु का अनुसरण किया। जवाहर सिंह अफगानी चाल का शिकार बनने से बाल-बाल बचे। वह बल्लभगढ़ भाग गया, लेकिन उसके कई लोग मारे गए। इसके बाद अफ़गानों ने कई जाट गांवों पर हमला किया और लूटपाट की, जितना संभव हो सके उतने निवासियों को मार डाला। वे लूट का माल और 500 कटे हुए सिर लेकर फरीदाबाद लौट आये।

22 फरवरी को अहमद शाह अब्दाली ने दिल्ली छोड़ दी और धीरे-धीरे चलते हुए 26 फरवरी को फरीदाबाद आ गया। सबसे पहले उन्होंने पास के बल्लभगढ़ को नजरअंदाज कर दिया, यह घोषणा करते हुए कि उनकी वस्तुएं डीग और कुम्हेर थीं। लेकिन इमाद की जिद और वहां जवाहर सिंह की मौजूदगी ने उन्हें अपनी योजना बदलने पर मजबूर कर दिया. उन्होंने व्यक्तिगत रूप से बल्लभगढ़ में निवेश किया, (लगभग 27 फरवरी को) जहान खान के अधीन 20,000 और नजीब के अधीन अन्य 20,000 के अपने मोहरा को निर्देशों के साथ भेजा:

शापित जाट की सीमाओं में चले जाओ, और उसके कब्जे वाले प्रत्येक शहर और जिले में हत्या करो और लूटपाट करो। मथुरा शहर हिंदुओं का एक पवित्र स्थान है... इसे पूरी तरह से तलवार की धार पर रख दिया जाए। अपनी शक्ति के अनुसार राज्य और देश में कुछ भी मत छोड़ो। अकराबाद तक एक भी स्थान खड़ा न छोड़ें।

ऐसा न हो कि अफ़ग़ान आदेश का अक्षरशः पालन करने में विफल हो जाएं, उन्होंने एक सामान्य आदेश भी जारी किया:

वे जहां भी पहुंचे वहां लूटपाट और कत्लेआम करने लगे। उनके द्वारा प्राप्त की गई कोई भी लूट उन्हें मुफ्त उपहार में दी जाती थी। जो कोई काफ़िरों के सिर काट कर लाएगा, उसे मुख्य मंत्री के तम्बू के सामने फेंक देना चाहिए, जिससे एक ऊँची मीनार बनाई जा सके। एक लेखा-जोखा तैयार किया जाएगा और प्रति व्यक्ति पांच रुपये उन्हें सरकारी निधि से भुगतान किया जाएगा।

बल्लमगढ़ पर आक्रमण: (3 मार्च 1757): यह सबसे कमजोर जाट दुर्गों में से एक था। कुंडा टुकड़े और बंदूकें दुर्रानी के मोर्टार के खिलाफ इस किले की एकमात्र आग थीं। इसके अलावा जवाहर सिंह, जो अभी-अभी चौमुहा में पराजित होकर लौटे थे, नई ताकत जुटा।

में सक्षम नहीं रहे होंगे। वह दुश्मन की गोलीबारी के सामने अधिक समय तक टिकने में असमर्थ रहा और वह मराठा सरदारों (अंताजी और शमशेर बहादुर) के साथ रात के अंधेरे में (3 मार्च) क़िज़िलबाशेज़ के रूप में भाग निकला। अफ़गानों ने किले के दरवाज़े तोड़ दिए और बचे हुए हिस्से को तलवार से मार डाला। इमाद ने जवाहर सिंह पता लगाने के लिए लाशों की तलाश की। आक्रमणकारियों ने 12,000 रुपये, चांदी और तांबे के बर्तन, उपहार मूर्तियां, 14 घोड़े, 11 ऊंट, बड़ी मात्रा में अनाज और कपड़े हड़प लिए। अब्दाली दो दिन और रुका और सामान्य नरसंहार और लूटपाट का आदेश दिया। फरीदाबाद का परिवेश उजाड़ हो गया और आतंक से बचे लोग सुरक्षा के लिए अन्यत्र भाग गए।

बलराम को सन् 1753 ई. की 29 नवम्बर को आकवितमहमूद ने इसलिए मरवा डाला कि बलराम ने उसके बाप मुर्तिजाखां को कत्ल किया था। बलराम के मारे जाने के बाद में महाराज सूरजमल ने उनके लड़के **विशनसिंह** को किशनसिंह का किलेदार और नाजिम बनाया। वे सन् 1774 तक बल्लभगढ़ के कर्ता-धर्ता रहे। उनके बाद **हीरासिंह** बल्लभगढ़ का मालिक हुआ।

कैथल व उनके सजातीय बन्धुओं के साथ बल्लभगढ़ के राजाओं ने वैवाहिक सम्बन्ध करने के लिए एक सभा भी कराई थी, क्योंकि मांझ के जाट मलोई जाटों को अपने से हेटा समझते थे।

बल्लभगढ़ के राजाओं का खिताब राजा का था। अंग्रेजी-राज्य के समय में इनका सूर्यास्त हो गया।

राजा नाहर सिंह तेवतिया प्रतिमा अनावरण समारोह दिनांक 31 दिसम्बर 2023. बल्लभगढ़ हरियाणा।

सन 1857 क्रान्ति के महानायक अमर शहीद राजा नाहर सिंह तेवतिया जी की प्रतिमा का अनावरण आचार्य देवव्रत राज्यपाल गुजरात द्वारा एवं 52 पाल की सरदारी द्वारा उनकी रियासत बल्लभगढ़ हरियाणा में दिनांक 31 दिसम्बर 2023 को किया गया। इस अवसर पर भूतपूर्व मुख्यमंत्री हरियाणा सरकार श्री ओमप्रकाश चौटाला और श्री भूपेंद्र सिंह हुड्डा भी उपस्थित थे। राजा नाहर सिंह जी के जीवन और उनके संघर्ष को कोटि-कोटि नमन एवं 52 पाल की सरदारी का आभार।

27

मेव - मेवात

मेव - मेवात

मेवातः उपद्रव का एक आकर्षक क्षेत्र

जाने-माने जादौन वंश के मुसलमानों की संख्या पूर्वी राजस्थान में अच्छी-खासी है। यह क्षेत्र पश्चिम में सोहना और अलवर, पूर्व में चंबल तथा दक्षिण में करौली और सबलगढ़ तक फैला हुआ है। इन जादौन मुसलमानों को खानजादे और मेवों के रूप में जाना गया। जादौन राजा लक्ष्मणपाल खानजादों के प्रसिद्ध कुल का संस्थापक था और उसके अन्य चार भाइयों के बारे में कहा जाता है कि वे मेवों की जादौन शाखाओं के संस्थापक रहे थे। फिरोजशाह तुगलक के शासनकाल के दौरान ये जादौन मुसलमान बन गये, इनमें से सम्भवतः कुछ तो झिरका (फिरोजपुर झिरका) के आसपास अपने पूर्व के मालिकाना हक़ वाली जमीन पर कब्जा पाने के लिए मुसलमान बने जबकि कुछ ने सजा से बचने के लिए ऐसा किया। मेवात के खानजादों के शासक परिवार का संस्थापक बहादुर खान तैमूर के आक्रमण के पहले और बाद के लगभग 12 वर्षों तक दिल्ली के इतिहास का एक प्रमुख व्यक्ति रहा था। तब से दिल्ली के शाही परिवारों के विद्रोहियों ने मेवात की अगम्य पहाड़ियों में शरण लेना शुरू किया था। कहा जाता है कि बहादुर खान ने ही अलवर से करीब 22 किलोमीटर उत्तर-पूर्व में स्थित विशाल बहादुर किले की स्थापना की थी।

पहले मुगल सम्राट (बाबर) के एक समकालीन हसन खान ने अपने पूर्वजों से मेवात की सरकार प्राप्त की थी जिन्होंने निरंतर करीब दो सौ वर्षों तक इसका शासन संभाला था। वे दिल्ली के सुल्तानों के समक्षक सिर्फ अपूर्ण किस्म से ही झुके थे। वास्तव में इस मुल्क की पर्वतीय प्रकृति के कारण सुल्तान मेवात को कभी अपने अधीन कर ही नहीं पा रहे थे। अलवर जिले का तिजारा हसन खान के पूर्वजों की राजधानी हुआ करता था। खानवा के प्रसिद्ध दुःखान्त युद्ध में राणा सांगा की तरफ से लड़ते हुए हसन खान एक तोपदार बंदूक की गोली से मर गया था। युद्ध के बाद बाबर ने उदारता बरतते हुए हसन खान के पुत्र का समर्थन अपने पक्ष में हासिल कर लिया था और उसके समर्थन व गुजर बसर के लिए उसे गई लाख

का एक परगना दिया था। लेकिन मेवात के राज्य क्षेत्र को उसने दिल्ली की अपनी राजधानी में जोड़ दिया था। सन 1530 में जब हुमायूँ राजगद्दी का उत्तराधिकारी बना तो उसने अपने भाई हिंदाल मिर्जा को मेवात प्रान्त पर शासन करने के लिए नियुक्त कर दिया था। उग्र मेवों को संतुष्ट व शान्त करने के लिए हुमायूँ ने अपने बाद के वर्षों में अपने कुलीनों को मुल्क के जमींदारों के साथ वैवाहिक गठबंधन कायम करने का आदेश दे दिया था। जमाल खान की बड़ी बेटी के साथ स्वयं विवाह करने के बाद उसने बैरम खाँ को उसकी छोटी बेटी से विवाह करने को कहा था। जमाल खान विख्यात हसन खाँ का भतीजा था। बैरम खान की मेवाती शादी से हुई संतान प्रख्यात हिन्दी कवि और अकबर के दरबार के नवरत्नों में से एक मिर्जा अब्दुल रहीम खान-ए-खान थे। अकबर के राज्यारोहण के तत्काल बाद मेवात को स्थायी रूप से दिल्ली के मुगल साम्राज्य से जोड़ लिया गया था और इसे आगरा सूबे का हिस्सा बना दिया गया था।

मेवात की आबादी का अधिकांश हिस्सा मेव हैं। अकबर के दरबारी इतिहासकार अबुल फ़ज़ल मेवात शब्द का उल्लेख करते हुए कहते हैं कि ये लोग मेवात के निवासी हैं और धावक के रूप में प्रसिद्ध हैं। इनमें से एक हजार को अकबर द्वारा डाकिया के रूप में नियुक्त कर दिया गया था और उन्हें डाक मेवात कहा जाता था। मेवों का दावा है कि वे राजपूत मूल के हैं और उन्हें बहराइच के शाहिद सालार द्वारा मुसलमान के रूप में धर्मांतरित किया गया था। अनेक सदियों तक मेव हिन्दुओं के अनेक सामाजिक रीति-रिवाजों और प्रथाओं को अपनाते रहे थे।

शुरुआत में मेव 12 पालों या कुलों और 40 गाँवों या छोटे कुलों में बँटे हुए थे। मेवात में अलवर जिले का आधा पूर्वी हिस्सा, भरतपुर जिले का आधा उत्तरी हिस्सा और फरीदाबाद एवं गुड़गाँव जिलों के आधे दक्षिणी हिस्से के साथ-साथ मथुरा जिले का एक हिस्सा भी शामिल है।

मेवों के सभी विवाहों व अंत्येष्टियों में मीरासी उनके गायक या चारण हुआ करते थे। विवाह के दावत के अवसर पर सबसे लोकप्रिय गीत दरिया खान और राशिदा (शशि) बदनी मीनी की प्रेम कहानी हुआ करती थी। ज्यादातर मेव किंवदंतियों के केन्द्र बिन्दु के रूप में कामां से करीब 6 किलोमीटर पश्चिम में स्थित पुराने किले अजानगढ़ को रखा जाता था। अजानगढ़ के जमींदार टोडरमल अक्सर निम्नलिखित छंद दोहराया करते थे:

"पाँच पहाड़ का राज्य है, और पूरे तेरो दल्ल
आधा अकबर बादशाह, आधे पावत टोडर मल्ल।"

एक दिन अकबर के दरबारियों ने उन्हें यह छंद गाकर सुनाया था। अकबर ने टोडरमल को बुलाकर पूछा कि आखिर उसने अपने-आपको सम्राट के समतुल्य क्यों बताया है। टोडरमल ने जवाब दिया—

"क्योंकि मैं पाँच पहाड़ों का जमींदार हूँ जिसकी आधी उपज मेरी होती है और आधी महाराज आपकी होती है।"

इस जवाब से अकबर इतना प्रसन्न हुआ कि उसने टोडरमल को अपनी सेना में उचित दर्जा देने के साथ ही उसे एक जागीर भी सौंप दी। इसके बाद यह घटना हुई कि टोडरमल को मेवात क्षेत्र के एक जमींदार बडाराव मीणा के साथ एक सैन्य अभियान पर भेजा गया। बडाराव टोडरमल को अपने घर ले गया जहाँ दोनों ने साथ बैठकर शराब पी और दोस्त बन गये। तब टोडरमल ने मीणा से कहा—

"मेरी पत्नी जल्द ही बच्चे को जन्म देने वाली है, अगर लड़की पैदा हुई तो मैं उसकी शादी आपके बेटे से कराऊँगा और अगर बेटा हुआ तो वह आपकी बेटी से विवाह करेगा।"

टोडरमल की पत्नी ने एक पुत्र को जन्म दिया जिसका नाम दरियाखान रखा गया जबकि बडाराव की पत्नी ने पुत्री को जन्म दिया जिसका नाम राशिदा (शशि) बदनी (यानि चाँद जैसा चेहरा) रखा गया।

जब ये बच्चे दस वर्ष की उम्र के हो गये तो बडाराव ने टोडरमल के पुत्र दरिया खान के लिए टीका भेज दिया और इसके एक वर्ष के बाद सैकड़ों मेवों के साथ अजानगढ़ से बडाराव के गाँव के लिए बारात निकली। दूल्हा जब विवाह स्थल पहुँचा तो (रिवाज के मुताबिक) घोड़े के साथ छलांग लगाकर उसने द्वार के ऊपर टंगे तोरण को तोड़ दिया, क्योंकि एक बालक होने के कारण तोरण तक नहीं पहुँच सकता था। विवाह की रस्में इस तरह पूरी हो गयीं, लेकिन चूँकि मीणा की इच्छा थी कि मेव गोश्त खायें और साथ ही शराब भी पियें, मेवों ने एक ढोंग रचा कि दिल्ली के सम्राट के सैनिकों ने उनके गाँव पर हमला कर दिया है, इसलिए पूरी बारात पार्टी दुल्हन राशिदा (शशि) बदनी को छोड़ वहाँ से वापस चली गयी।

लड़की जब बड़ी हो गयी तो उसने एक पत्र दरिया खान को भेजा लेकिन दुर्भाग्यवश यह टोडरमल के हाथों पड़ गया जिस पर टोडरमल ने संदेशवाहक की पिटाई कर दी। उसके बाद भेजा गया एक दूसरा पत्र सुरक्षित दरियाखान को मिल गया। वह तत्काल घोड़े पर सवार होकर मीणा गाँव की ओर चल पड़ा। वह जैसे ही गाँव में पहुँचा गोबर की टोकरी लेकर जा रही एक महिला ने उसे देखा तो अपनी टोकरी फेंक कर वह तत्काल राशिदा (शशि) बदनी के पास भाग कर गयी जिससे उसने यह कहा—

"बेटी बडाराव की सुनियो म्हारी टेर,
आवत देखो मालिक को मैंने अखर जारी हेल।"

दरिया खान का उसके ससुर ने कृपापूर्वक स्वागत किया और दोनों ने साथ बैठकर इत्मीनान से जमकर शराब पी लेकिन जब मीणा ने अपने दामाद पर कुछ कबाब खाने के लिए जोर डाला तो दरिया खान ने उसके मुँह पर तड़ाक से एक घूँसा जड़ दिया जिससे उसके दो दाँत टूट गये। तब वहाँ मौजूद सभी मीणाओं ने अपनी तलवारें निकाल लीं और वे उसी क्षण दरिया खान राशिदा (शशि) बदनी को साथ लेकर भाग गया। क्रोधित मीणाओं ने उनका पीछा किया लेकिन वह किसी प्रकार अपने चाचा के घर सुरक्षित पहुँचने में सफल हो गया। तब जाकर मीणाओं ने उनका पीछा करना बंद किया।

दरिया खान और राशिदा (शशि) बदनी का यह प्रेम-प्रसंग मेवात में काफी लोकप्रिय है और हर नयी शादी में मीरासियों या चारणों द्वारा उनके गीत गाये जाते हैं। इस प्रसंग का एक परिणाम यह हुआ कि मेव और मीणा लोगों के बीच शादी-विवाह बंद हो गये जो उस समय तक काफी आम थी। उपरोक्त कहानी में सच्चाई चाहे जो भी हो लोग आमतौर पर मेवों और मीणाओं के बीच सामाजिक मेल-मिलाप बंद होने का इसे ही एक कारण बताते हैं। इन दोनों समुदायों के पूर्ववर्ती अंतर्विवाह शायद इसलिए संभव हुए होंगे क्योंकि मेव निश्चित रूप से मीणाओं के सजातीय वंश के रहे होंगे और उनकी सामाजिक हैसियत भी समान रही होगी—दोनों ही अपनी उत्पत्ति राजपूतों से हुई मानते रहे थे।

मेवों के बीच दूसरा गीत जो इसी प्रकार लोकप्रिय है, वह है लाली की कहानी को लेकर। यह कहानी भी अकबर के शासनकाल की मानी जाती है। कहा जाता है कि अकबर के शासनकाल के दौरान अहलाद सिंह चौहान नाम के एक अधिकारी को सम्राट ने मेवात में तैनात किया था। उसके कुछ सैनिक अजानगढ़ के अलख-का-कुआँ नामक एक प्रमुख कुएँ के निकट पड़ाव डाले हुए थे। उन दिनों लाली नाम की एक मेवाती महिला ने एक बेटे को जन्म दिया। यह महिला राय भान के पुत्र जोध सिंह की पत्नी थी। बच्चे के जन्म के छठे दिन (यानी छठी के दिन) उसने स्थानीय रिवाज के मुताबिक अलख कुएँ पर पूजा करने की जिद की। उसके पति ने उसे रोकने का प्रयास किया लेकिन वह इस बात पर दृढ़ व अटल थी। अपने अच्छे कपड़ों में सजधज कर वह कुएँ पर जाने के लिए निकल पड़ी। जैसे ही वह निकली उसके पति जोधसिंह की दूसरी पत्नी ने ताना मारते हुए कहा, "क्या तुम शाही खानदान की महिला हो कि कुएँ पर इस वक्त पूजा करने जा रही हो?" इस पर लाली ने जवाब दिया:

"ससुर बसे पहाड़ में और बाप बसे पाली,
कुँआ पूजन अलख को, तो नाम नहीं लाली।"

फिर वह अपने पति की ओर मुखातिब हुई और बोली:

"रायभान के जोध सिंह जागो तेरी तेग,
कुँआ पूजन के अलख का ना तो फिर ना चढ़ियो सेज।"

वह अपनी सहेलियों के साथ लोकगीत गाते हुए जैसे ही कुएँ पर गयी चौहान के सैनिक उन्हें चिढ़ाने और छेड़ने लगे। इस पर अजानगढ़ के मेवों और चौहान के सैनिकों के बीच पहले कहा-सुनी हुई और फिर गंभीर युद्ध छिड़ गया जिसमें जोध सिंह और कई अन्य लोग मारे गये।

कुएँ पर पूजा करने के बाद लाली पहले अपने घर लौटी और फिर एक लोटा पानी लेकर परंपरानुसार अपने पति को पिलाने के लिए कुएँ पर वापस दौड़ी। वहाँ उसने अपने पति को मृत पाया। उसकी मूंछें अस्त-व्यस्त थीं और दाँत बाहर निकले हुए थे, मानो क्रोध में दाँत पीस रहा हो। लाली तब शोक में चिल्लाई:

"मुँछरिया फड़-फड़ करें, हँसे बतीसों दाँत,
अब धौ धायो नहीं, मेरा बड़ा जुझारू कंत।"

मेवों को हमेशा उनके उपद्रवी स्वभाव के लिए जाना जाता रहा है और लाली की यह लोक कथा महज उसी आम राय को पुष्ट करती है, क्योंकि इस महिला को अच्छी तरह पता था कि उसके कुएँ पर जाने से झगड़ा-फसाद होगा। मुस्लिम शासन की शुरुआती शताब्दियों के दौरान मेवातियों के साथ बहुत ही बेरहमी और निर्दयता के साथ व्यवहार किया जाता था। सन 1260 में नसीरुद्दीन मोहम्मद के मंत्री उलघ खान ने मेवात की पहाड़ियों पर आक्रमण किया था और हजारों मेवातियों की निर्ममता व भयावहता से हत्या कर दी गई थी। छह वर्षों के बाद उसी नेता ने, जो तब तक सुल्तान बलबन बन चुका था, पुनः मेवात पर आक्रमण किया और कहा जाता है कि तब उसने एक लाख मेवातियों को मौत के घाट उतार दिया था, जैसा कि 'तबकात-ए-नसीरी' के रिकॉर्ड में दर्ज है।

मेवातियों से बर्ताव का यह तरीका इतना आम हो गया था कि यह कहावत ही बन गयी थी कि मेवातियों से बर्ताव का यही उचित तरीका है। यह कथन अकबर से जोड़ा जाता है लेकिन संभवत: यह उनके राज्यकाल से भी पूर्व से प्रचलित था - 'पहले लात पीछे बात' यानी पहले पिटाई फिर बातचीत। इसी कारण उनकी प्रवृत्ति को लेकर अनेक कहावतें भी प्रचलित हैं। एक पुरानी कहावत प्रचलित है—

"देखी तेरी मेवात
पहले गाली, पीछे बात।"

दरअसल कुछ लोग इस गाली को खुद मेवातियों की चर्चा के संदर्भ में लेते हैं, जिनके बारे में कहा जाता है कि वे लोग अपनी बात गालियों से शुरू करते हैं। लोक में एक लोकप्रिय कहावत मेवों की अधीरता का संकेत करती है, जो अपने दुश्मन के प्रति उनका व्यवहार दिखाती है— **"पहले लात, पीछे बात।"** मेवातियों के साथ इसी तरह का सख्त रवैया दिल्ली के शासनकाल में भी जारी रहा जब विद्रोहियों को दण्ड देने के लिए उन्हें अक्सर पेड़ों के नीचे खड़ा कर बिना किसी विचार-विमर्श के आम फाँसी दे दी जाती थी। हालांकि बाद में यह प्रथा समाप्त हो गयी, क्योंकि यह पाया गया कि मेवातियों के क्रूर उत्पीड़न बढ़ते ही रहे। आगे जाकर उन्हें आतंक और चिंता में रखा जाता था। सन 1807 ई. में दिल्ली के तत्कालीन रेजीडेन्ट श्री सेटोन द्वारा कुछ मेव सरदारों के साथ वार्ता शुरू की गई और मेवातियों के प्रति मेल-मिलाप के कुछ हलके मामूली उपाय भी अमल में लाया गये थे।

मेवातियों की अशांत प्रवृत्ति व उपद्रव हमेशा से लोक कथाओं का विषय रहे हैं। उनकी इस उपद्रवी प्रवृत्ति का अंतिम उदाहरण फिरोजपुर झिरका के जमींदार शम्सुद्दीन खान ने पेश किया था। उसने 1836 ई. में अपने दो नौकरों को दिल्ली में गवर्नर जनरल के एजेंट मिस्टर फ्रेजर की हत्या का काम सौंप दिया था। मशहूर लॉर्ड लेक द्वारा 1803 में शम्सुद्दीन के पिता अहमद बख्श खान को इलाके की जागीर सौंपी गई थी। शम्सुद्दीन अपने छोटे भाई को जायदाद में से उसका उचित हिस्सा देना नहीं चाहता था, जिसका फ्रेजर ने विरोध किया। तब उसने अपने दो नौकरों को फ्रेजर की हत्या कराने के काम पर लगा दिया। उसे यह उम्मीद थी कि गवर्नर फ्रेजर का उत्तराधिकारी उसके विचारों के प्रति ज्यादा पक्षधर होगा। लेकिन

अंततः दिल्ली में उसे फांसी दे दी गई।

जहां तक मेवों और जाटों के बीच संबंध का मामला है, इन दोनों समुदायों में स्वाधीनता और निजी आज़ादी के प्रति एक जैसी भावना होने के कारण इतिहास के ज्यादातर मौकों पर दोनों के बीच अच्छी मित्रता बनी रही। स्थानीय ब्रजभाषा का एक दोहा इस बात की पुष्टि करता है कि ब्रजमंडल के बड़े हिस्से की अर्थव्यवस्था, सामाजिक ढांचे व संस्कृति पर इन दोनों समुदायों का दबदबा था—

"ब्रज की रज दुर्लभ देवन कूं,
कछु जाटन कूं, कछु मेवन कूं।"

मुगलों के समय में भी इन दोनों कबीलों में साम्राज्यवादी ताकतों के खिलाफ कंधे से कंधा मिलाकर लड़ाई लड़ी थी। मेव तिलपत के गोकुला के विश्वासपात्र मित्र व सहयोगी थे। जब जयपुर की सेना ने मुगल सम्राट के भाड़े के सैनिकों के रूप में थून गढ़ी पर पहला डेरा डाला था तो मेवों ने चूरामन के जाटों की भरपूर मदद की थी। भौगोलिक रूप से पड़ोसी होने के नाते दिल्ली साम्राज्य के रूप में उन दोनों का दुश्मन एक ही था। जब मल्हार राव होल्कर ने सन 1754 ई. में कुम्हेर की घेराबंदी की थी तब मेवों ने डीग किले के उत्तर-पश्चिम बुर्ज की रक्षा की थी।

जाट और मेवों के बीच एक अनूठे किस्म का बंधन था। मथुरा जिले के उत्तर-पश्चिम के करीब डेढ़ दर्जन से ज्यादा सीमावर्ती गांवों के जाट भैनवार (या बेनीवाल) गोत्र के हैं और सूरजमल की मां भी इसी गोत्र से ताल्लुक रखती थी। ठीक सीमा के पार, जो हरियाणा राज्य में पड़ता है, के करीब डेढ़ दर्जन गांव आज मेवों के हैं, जो अपने-आपको मूल रूप से भैनवार व्यवहार गोत्र के बताते हैं। इस्लाम अपनाने के पहले यह लोग मथुरा जिले के अपने पड़ोसी भाइयों की तरह भैनवार गोत्रीय जाट थे।

जाटों के ठाकुर के रूप में मान्यता मिलने के बाद बदन सिंह ने मेवात की ओर अपनी नज़रें टिकाई थी। शाही दरबार ने राजा जय सिंह पर दबाव डाला और जय सिंह ने विद्रोही मेवातियों पर लगाम कसने के लिए बदन सिंह को उकसाया। बदन सिंह ने मेवात की गाड़ियों की घेराबंदी के लिए अपने पुत्र सुल्तान सिंह को भेजा था। अनेक भिडंतों के बाद ही मेवात के चौधरियों को मुगल सरकार को लगान अदा करने के लिए बाधित किया जा सका था, लेकिन सुल्तान सिंह को मेवातियों के साथ हुए खोहरी युद्ध के बाद अपनी जान से हाथ धोना पड़ा था। धीरे-धीरे बदन सिंह ने मेवात की जागीरदारी हासिल कर ली थी। सन 1731 ई. में पुनः मेवातियों ने साम्राज्य के खिलाफ विद्रोह का झंडा उठा लिया था। उसके बाद से जय सिंह को मथुरा में शिविर डालना पड़ा था। उसने अप्रैल में बदन सिंह को "राव" की पदवी प्रदान कर सम्मानित किया और सूरजमल ने मेवात पर जोरदार हमला बोला और गढ़ी गुलपाड़ा पर कब्जा कर लिया। बड़ी संख्या वाली सेना से डरकर मेवातियों ने सूरजमल के समक्ष हथियार डाल दिए थे। सन 1731 ई. में ही टप्पा हथिया (परगना सहार) के मेवों ने एक बार फिर विद्रोह किया और सूरजमल को पुनः खुद वहां कूच करना पड़ा था लेकिन अंततः मेव सरदार

मिर्जा डाबर जंग को उसके समक्ष आत्मसमर्पण करना पड़ा था। सन 1739 ई. में नादिरशाह के कुख्यात दिल्ली आक्रमण के बाद मेवातियों ने खोहरी परगना और कस्बे में भारी उपद्रव किया था। सूरजमल मौके के लिए रवाना हुआ और वहां जल्द व्यवस्था कायम कर दी। अनेक वर्षों बाद, तमाम सैन्य कार्रवाइयों तथा बातचीत के प्रयासों के साथ बदन सिंह ने मेवात पर कब्जा करने में सफलता हासिल कर ली थी और तब से मेवाती लोग सूरजमल की उत्साही सेना के एक महत्वपूर्ण हिस्से के रूप में शामिल रहे और मेवात भरतपुर जाट राज्य का एक प्रमुख क्षेत्र बन गया।

28

राजा हठी सिंह

राजा हठी सिंह

राजा हठी सिंह को कुछ इतिहासकारो ने राजा हाथी सिंह भी लिखा है। यह ब्रज के अजेय पहलवान भी थे। इनमें हाथियों जितना बल होने के कारण ही इनको हाथी सिंह भी बोला जाता था। इनकी वीरता का वर्णन समकालीन (तत्कालीन) ब्रज साहित्य में भी मिलता है। जिनमे से सुजान चरित्र एक मुख्य स्रोत है।

कवि ने राजा हठी सिंह की वीरता का चित्रण निम्न प्रकार से किया है।

जीत रण हथिसिंह वीर बड्डा है, पाखर सुमल्ल जो करतु रण हडाक
जब होत असवार भुव मार के निवारक, तब खुटेला झुझार वीर वार दे

सुजान चरित्र में कवि लिखता है कि राजा हठी सिंह महावीर हुए हैं उनके नेत्रों में अग्नि समान ज्वाला शत्रु नाश के लिए लालायित रहती थी।मूंछो पर ताव देते हुए वो दुश्मन पर सिंह समान गर्जना करते हुए उनका संहार कर देते थे।

सस्त्ज वस्त्र बधाई जान चढ़ दीये नर वाहन
झलझलात रस रूद्र नैन मानो कन दाहन
धरिय मुच्छ पर हथ्थ तथ्थ सैधुहि घुराहीय
गुण गाइक गावत चिरद गिर्द सुभट संघट्ट हुव
बल बढ़िय कधीय पुनि सदन तै महाधीर हाथीसिंह हूव

पाण्डव गाथा नामक पुस्तक में राजा हठी सिंह द्वारा ब्रज से दृष्टो के संहार और शांति स्थापित करने के संबंध में लिखा गया है कि: -

जग को दुष्ट विहीन बना दिया,तलवारों की धार से
रक्तिम नदी बही धरती पर बर्छी और कटारो से

कोलाहल मच गया जग में,राजा हठी की हुंकारों सेब्रज के वैभव नामक पुस्तक में पंडित गोकुलप्रसाद चौबे लिखते हैं कि ब्रज का खोया हुआ वैभव राजा हठी सिंह ने मोहम्मदपुर

को पुनः गोर्वधन करके लौटा दिया था उन्होंने ना केवल ब्रज की रक्षा की बल्कि मंदिरों के संरक्षण में योगदान दिया था सच्चे अर्थों में राजा हठी सिंह ब्रज केसरी थे।

मुगलो को सौंख घेरे के दौरान अल्पायु में ही ऐसे करारे हाथ दिखाए की मुगल 4 माह तक सौंख घेरे में असफल रहे थे।

फ़ारसी अखबारात के अनुसार मात्र 13 वर्ष की आयु में राजा हठी सिंह ने ब्रज भूमि गोवर्धन से मुगलो की सैन्य चौकियां नष्ट कर दी थी।

यह वह दौर था जब वीर गोकुला धर्म के लिए बलिदान हो चुके थे. उनके साथ खुटेल पट्टी के सैकड़ों वीर बलिदान हुए. उनकी वीरता के किस्सों ने हाथी सिंह के बाल मन पर गहरा असर किया. उनके अन्दर जन्मजात विद्रोह के बीज अंकुरित हो गये थे. राजा हठीसिंह ने मथुरा में मुगलिया सल्तनत के खिलाफ विद्रोह का बिगुल बजा दिया था। औरंगज़ेब ने ब्रज की हिन्दू संस्कृति को खत्म करने के लिए ब्रज के प्राचीन नगरों के नाम तक बदल डाले थे. उसने मथुरा को इस्लामाबाद, वृन्दावन को मेमिनाबाद और गोवर्धन को मुहम्मदपुर का बना दिया था गोवर्धन में मानसी गंगा पर निर्मित मनसा देवी का भव्य मंदिर भी तोड़ दिया गया था।

तब राजा हठी सिंह ने गोवर्धन को पुनः उसके प्राचीन नाम से पहचान दिलवाई थी।

कवि इक़बाल सिंह ने लिखा है कि: -

मथुरा, वृंदावन, गोवर्धन आज अपना नाम लिए ना होते
राजा हठी सिंह ने यदि आर पार के संग्राम, किए ना होते

औरंगजेब के काल मे तोड़े गए मनसा देवी मंदिर का ब्रह्म घाट पर पुनः निर्माण राजा हठी सिंह ने करवाया था।राजा हठी सिंह ने सौंखगढ़ ,गोवर्धन के किले का पुनः निर्माण करवाया था।

मथुरा मैमयर्स नामक पुस्तक में राजा हठी सिंह के राज्य को सम्पन्न और पाँच मुख्य भागो में विभक्त बताया गया है। यह पाँच भाग सौंखगढ़, सोनोठ, अडींग, गोवर्धन और फराह है।

राजा हठी सिंह के प्रमुख दुर्ग

सौंखगढ़ मथुरा

राजा हठी सिंह ने इस किले का पुनः निर्माण करवाया था। यह एक मात्र ब्रज जटवाड़ा क्षेत्र का ऐसा किला है जिस पर विदेशी इतिहासकार (जर्मन) ने शोध किया है। जर्मन इतिहासकार की पुस्तक *एक्सकैवशन एट सौंख* में इस शोध का पूर्ण वर्णन किया है।यह पुस्तक इंग्लिश (अंग्रेजी) और जर्मन भाषा मे उपलब्ध है। इतिहासकार डॉ. हरवट हर्टल और फेडरिक ग्राउस के अनुसार राजा अनंगपाल तोमर के समय इसका निर्माण किया गया था। उनके पुत्र सोहनपाल के नाम पर इसको सौनक बोला जाता था। उनके वंशज कुंतल (तोमर) आज भी यहाँ (सौंख) निवास करते है। अनुसंधान से यह किला पांडव कालीन प्रतीत होता है। इस किले के प्रथम निर्माता अर्जुन के वंशज कौन्तेय जाट थे जिनके द्वारा किए गए निर्माण

कार्यो के अवशेष आज भी यहां खुदाई में मिलते है कुषाणों ने भी इसका जीणोद्धार करवाया था इसलिए कुषाणकालीन अवशेष भी यहां मिलते है। यह किला मोहम्मद गौरी, कुतुबुद्दीन, अलाउदीन खिलजी, सिकन्दर लोधी और औरंगजेब, नजीब खान के हमलों का भी साक्षी रहा है। यात्री ह्वेनसांग के अनुसार यहाँ के लोग गणतांत्रिक व्यवस्था को ज्यादा महत्व देते थे खुद के झगड़ो को खुद ही सुलझा लेते थे यहाँ का राजा किसी को भी प्राणदंड नहीं देता था क्रय विक्रय में सिक्को और कोडियो का प्रचलन था।

डॉ. हरवट हर्टल के निर्देशन में खुदाई का कार्य शुरू हुआ जो 1966 से 1974 ई. तक लगातार चला था। टीले से प्राप्त मूर्ति, पाषाण कुषाण, गुप्त जाट(तोमर कालीन) बर्तन, सिक्के, राजकीय संग्रहालय मथुरा की शोभा बढ़ा रहे हैं। खुदाई में त्रिशूल, टेराकॉटा की मूर्तियां भी मिलीं। तोमरवंशी कौन्तेय की वीरता का प्रतीक यह किला आज उत्तर प्रदेश सरकार के पुरातत्व विभाग द्वारा संरक्षित क्षेत्र घोषित है।

प्राचीन समय में इस किले का निर्माण जल्दी नष्ट होने वाली वस्तुओ से किया गया था। इसके निर्माण में लाल पत्थर और ईटो का उपयोग किया गया था| इसके चार मुख्य दरवाजे बनाए गये थे।

जिनमे से दिल्ली दरवाजा मुख्य था ऐसा बताया जाता है इस किले से एक सुरंग यमुना नदी के पार तक जाती थी। जर्मन पुराविद डॉ. हरवट हर्टल के अनुसार यहाँ 3000 ईस्वी पूर्व (पांच हज़ार साल पुराने पांडव कालीन) के साक्ष्य प्राप्त हुए है सबसे निचले स्तर से चित्रित सलेटी मृदभांड कृष्ण लोहित मृदभांड के साथ प्राप्त हुए है हरवट हर्टल को यहाँ आहत के अलिखित सिक्के मिले है। सौंख किले के 28 वे स्तर पर एक सिक्का भी मिला है। जिस पर मोमितस लिखा हुआ है जो किसी राजा गोमित्र का है। डॉ हरवट हर्टल के अनुसार यहाँ पक्की ईटो का प्रयोग किया गया है। उत्खनन में यहाँ दो भवन भी मिले है जो सम्भवत: अनंगपाल कालीन किले के अवशेष है इसमें एक 2.70 x 6.50 मीटर बड़ा सभा भवन है जहाँ दरबार का आयोजन होता होगा इसके सामने एक आँगन में बाग़ था इसकी उत्तर दक्षिण लम्बाई 10 मीटर और पूर्व पश्चिम की लम्बाई 5 मीटर थी इस किले में 16 कक्षों का अवशेष प्राप्त हुए है।

राजा अनंगपाल के समय यह व्यापार का केंद्र भी था यहाँ से दुकानों के भी चिन्ह प्राप्त हुए है। सौंख में अनंगपाल कालीन दो मंदिरों के अवशेष भी प्राप्त हुए है। कुछ इतिहासकार इन मंदिरों को दूसरी शताब्दी के बताते है परन्तु उस काल में यहाँ मंदिरों का निर्माण नहीं हुआ था।

यहाँ से देवी की प्रतिमा भी प्राप्त हुई है जो अनंगपाल के कुलदेवी की हो सकती है देवी की पूजा पांडव वंश द्वारा ही की जाती थी।

मंदिर संख्या एक का निर्माण खुले मैदान में किया गया है। मंदिर संख्या दो के सामने अश्वपाद आकर के गर्भ गृह का निर्माण किया गया था। गर्भ गृह के चारो तरफ पदक्षीनापथ के प्रमाण मिले हैं। इन मंदिरों को कुषाणकालीन बताना इतिहास के साथ एक धोखा है।

कनिष्क खुद बौद्ध धर्मी था और बौद्ध धर्म मूर्ति पूजा के खिलाफ था अतः एक बौद्ध धर्मी राजा हिन्दू मंदिर का निर्माण क्यों करवाता यह हो सकता है यह उस समय बौद्ध विहार रहा होगा जिस पर मंदिर निर्माण जाट राजा अनगपाल ने करवाया हो मंदिर संख्या दो को मंदिर संख्या एक से अधिक प्राचीन माना गया है। इसका प्रवेश द्वार पूर्व दिशा में था। मंदिर की लंबाई 3.80 मीटर थी इसके स्तम्भो का निर्माण 0.84 मीटर की दूरी पर किया गया था। मंदिर में पत्थर की रेलिंग के कुछ अवशेष मिले हैं। मंदिर संख्या दो से नाग आकृति का प्राप्त होना इसके शिव या नाग मंदिर होने के प्रमाण हैं। तोमर वंश के राजा भी सिक्को पर शिव के नंदी का अंकन करवाते थे यहाँ कांसे की एक युगल मूर्ति और विष्णु भगवान की पत्थर की प्रतिमा और देवी की प्रतिमा प्राप्त हुई है।

सौंख से सात भवनों के निर्माण की योजना स्पष्ट रूप से प्राप्त होती है। इस किले का सबसे अंत में पुनः निर्माण अनंगपाल के वंशज राजा हाथी (हठी) सिंह ने करवाया था यह किला नाजिम खान के साथ चार महीने चले युद्ध में नष्ट हुआ था। इस किले में खुदाई में तोप के गोले भी प्राप्त हुए है। जो मुगलों और जाटों के मध्य हुए संघर्ष के प्रतीक चिन्ह मात्र है। राजा हठी सिंह ने किले के समीप ही तीन किलेनुमा हवेलीयों का भी निर्माण करवाया था। इन हवेलियो को सुरंग दुवारा किले से जोड़ा गया था। इन में से दो हवेली पूर्णतया नष्ट हो चुकी है जबकि एक हवेली की दीवार अभी तक मौजूद है।

पुरातात्विक विभाग के बोर्ड में उल्लेखित जाट काल:-

सौंख किले और गोवर्धन क्षेत्र के पुन निर्माण के बारे में विभिन्न इतिहासकारों के कथन:-

1. जर्मन इतिहासकार Annette Achilles-Brettschneider ने अपनी बुक die besonderen scherben" von sonkh में लिखा है- Die Nachkommen von Anangpal Tomar ließen sich in Sonkh nieder Zu seinen Nachkommen gehörte Jat Raja Ahlad Singh Ahlad Singh und König von Anangpals Nachkommen hatten Raja gesungen, der das Fort von Sonkh wiederaufgebaut hatte.

अर्थ – अनंगपाल तोमर के वंशज सौंख में बस गए उनके वंशजों में जाट राजा अहलाद सिंह हुए थे। अहलाद सिंह और अनंगपाल के वंश में हठी सिंह राजा थे, जिन्होंने सौंख किले का पुनःर्निर्माण किया था।

2. जर्मन बुक Jahrbuch der Stiftung Preussischer Kulturbesitz, Volume 12 में लेखक gebr पेज 136 पर लिखता है- Saunkh altes Fort, das von einem named hathi singh jat wieder aufgebaut wurde. Maharaja Hati Singh Soukch war zeitgenössisch für Maharaja Surajmal von Bharatpur.

अर्थ – सौंख के पुराने किला जिसका पुन निर्माण जाट राजा हठी सिंह ने करवाया था जो महाराजा सूरजमल के समकालीन थे।

3. German scholars on India contributions to Indian Studies Volume 2 page 70 76 77 (लेखक -Friedrich Max Muller) - हिंदी रूपांतर – सौंख का किला

मजबूत किला था जिसका निर्माण हठी सिंह ने करवाया था।

4. रत्न चन्द्रिका – ओरिएंटल स्टडीज में लेखक देवेन्द्र हंडा और अश्वनी अग्रवाल पेज 76 पर लिखते हैं कि सौंख के किले पर राजा हठी सिंह राज करता था।

5. Indian Archaeological Survey of India, 1975 phase 11 पेज 43 पर लिखा है कि सौंख के किले का पुन निर्माण जाट राजा हठी सिंह ने करवाया था।

6. Mathura-Brindaban-The Mystical Land of Lord Krishna नामक बुक के पेज 421 पर सौंख के किले का पुनःनिर्माण जाट राजा हठी सिंह ने करवाया था।

7. बुद्धिस्ट इंडिया नामक बुक में रमेश चन्द्र शर्मा लिखते हैं - राजा हठी सिंह ने सौंख के किले का दुबारा से निर्माण करवाया था।

8. Cultural News from India, Volume 17 – 1976 सौंख के किले का अंतिम निर्माण हाथी सिंह नाम के जाट राजा ने करवाया था।

9. एक्सकैवशन एट सौंख के लेखक हेर्बेट हर्टल ने लिखा है कि सौंख के किले का पुनः निर्माण राजा हठी सिंह ने करवाया था।यह दिल्ली के राजा अनंगपाल सिंह के वंशज है।

10. संग्रहालय पुरातत्व पत्रिका वॉल्यूम 14 के अनुसार सौंख के किले का पुनः निर्माण राजा हठी सिंह ने करवाया था।

सोनोठ गढ़ अनंगपाल का किला

इस किले का निर्माण भी राजा अनगपाल देव तोमर ने करवाया था। उनके पूत सोहनपाल देव के नाम से यह किला सोनोठ गढ़ के नाम स प्रसिद्ध हुआ था। सोहनपाल देव के बाद उनके गोद लिए पुत्र सोनदेव को यह किला जागीरी में मिला था। इस किले के समीप ही महाराजा अनंगपाल देव ने अपनी कुल देवी माँ मनसा के मंदिर का निर्माण करवाया था। पुरातत्व विभाग द्वारा यह क्षेत्र संरक्षित घोषित है। वर्तमान में यहां 384 ग्राम खुटेलपट्टी में अनगपाल के वंशज निवास करते हैं।

जगाओ की हस्त लिखित पोथी से भी इस किले का निर्माण राजा अनंगपाल द्वारा करवाये जाने का उल्लेख है। इसी के समीप मंदिर कुल देवी का मंदिर भी राजा अनंगपाल ने बनवाया था। किले और मंदिर का निर्माण इस तरह से किया गया है, कि राजा अनंगपाल अपने किले से ही देवी के दर्शन कर सके इसी किले में राजा अनंगपाल देव अपने जीवन के अंतिम दिनों में भक्ति किया करते थे। यही पर राजा अनंगपाल की मृत्यु चैत्र शुक्ल 1081 ईस्वी में हुई थी। यह किला अधिक ऊँचाई पर होने के कारण कई सौ किलोमीटर का क्षेत्र यहां से दिखाई देता था। किले में तीन मुख्य दरवाजे थे। किले के चारो तरह पानी से भरी हुई खाइयाँ थी। गुलामवंशी सुल्तान बलवन के हमले का यह दुर्ग साक्षी रहा था। अंग्रेज़ो के समय मे खजाने के लालच में किले की खुदाई कर के नष्ट कर दिया गया है। यह क्षेत्र वर्तमान में पुरातत्व विभाग द्वारा संरक्षित था।

सोंसा की गढ़ी:

सोंसा की गढ़ी का निर्माण भी राजा अनंगपाल तोमर ने करवाया था। वर्तमान में यह अस्तित्व में नही है।

गोवर्धन किला:

गोवर्धन के किले का वर्तमान में स्वतंत्र अस्तित्व नही मिलता है। लेकिन इस किले का वर्णन ग्रोवस ने अपनी पुस्तक में किया है।

फराह किला:

वर्तमान में फराह में कोई भी किले का अस्तित्व नही है लेकिन इतिहासकारो ने यहां किले के होने का ज़िक्र किया है।

अडींग किला:

अडिंग में किले का निर्माण जाट राजा अनंगपाल देव ने करवाया था। अपने शासको की वीरता अडिंगता के कारण अडिंग नाम से प्रसिद्ध हुआ अडिंग के किले का पुनः निर्माण करवाने का श्रेय अनंगपाल के वंशज जाट राजा अडिंग फौंदासिंह को जाता है। इस किले पर अनूपसिंह, अतिराम सिंह, फौदा सिंह, जैत सिंह ने शासन किया था। यह किला ऊंचे टीले पर स्थित है। इस किले के निर्माण में ब्रज की जाट स्थापत्य कला की झलक देखने को मिलती है।

यह किला छोटी छोटी पक्की ईटो से निर्मित है। किले के अंदर एक प्राचीन जल कुण्ड है। यह किला वर्तमान में पुरातत्व विभाग द्वारा संरक्षित है।

राजा हठी सिंह के प्रमुख युद्ध

राजा हठी सिंह बड़े वीर थे। अपने जीवन काल मे उन्होंने अनेको युद्ध किए और उन युद्धों में विजय प्राप्त की थी। "The Jats - Their Role in the Mughal Empire" के लेखक पंडित गिरीशचन्द्र द्विवेदी लिखते हैं कि: - तोमर खुटेल जाट सरदार सुखपाल सिंह, हठी सिंह, फौदासिंह अडिंग ने चूरामन के साथ मिलकर मुगलों के नाक में दम कर दिया था। इन घटनाओं से तंग आकर बाद में मुगलों ने हिम्मत हार कर के चूरामणि, सरदार हठी सिंह, फौदासिंह अडिंग ने जिन के क्षेत्रो पर अधिकार किया था। उन क्षेत्रों को इनके अधीन मानकर इन्हें राजा घोषित किया था।

'दस्तरूल इंसा' के लेखक 'यार मोहम्मद' के अनुसार "आगरा तथा दिल्ली का शाही मार्ग दो महीने तक इन जाटों वीरों के विद्रोह के कारण पूर्णतः बन्द रहा, जिससे हजारों यात्रियों को अपनी सरायों में ही रुकना पड़ा। इन काफिलों में सुप्रसिद्ध योद्धा अमीन्नुद्दीन सम्भाली की पत्नी भी शामिल थी। उसे भी जाट वीरों के कारण मार्ग में दो महीने तक रुकना पड़ा। ब्रज क्षेत्र को मुगलों के आतंक से मुक्ति दिलवाने में इन वीरों का बड़ा योगदान रहा।

सौंख युद्ध, सितम्बर सन 1688 ईस्वी: 1688 ईस्वी तक ब्रज के जाट वीरों ने मुगलों की सभी सैनिक चौकियां ब्रज क्षेत्र में नष्ट कर दी थी। ऐसा करके इन्होंने ब्रज क्षेत्र से मुगल साम्राज्य का नामोनिशान मिटा दिया गया था। ऐसे में मुगलों ने जाटों से युद्ध करने के लिए अपने मुगल सेनापति विशन सिंह आमेर को जाटों से लड़ने सौंखगढ़ भेजा था। मुगलों द्वारा

नियुक्त बिशनसिंह आमेर विशाल मुगल फौज लेकर सितम्बर 1688 ईस्वी में सौंखगढ़ पहुँचा था। विशन सिंह का यह मानना था कि विशाल फौज देखकर जाट आत्मसमर्पण कर देंगे लेकिन शीघता से उसका यह भ्रम भी दूर हो गया जब जाटों ने विशाल मुगल सेना के सामने अपने मोर्चे लगा दिए थे। चार महीनों तक जाट-मुगल संघर्ष चलता रहा लेकिन कम संख्या में होते हुए भी जाटों ने बड़ी वीरता से मुगलों की विशाल फौज को रोके रखा था। सौंखगढ़ को जीतने में मुगलों की शक्तिशाली सेना को भी चार महीने का समय लग गया। हठी सिंह के पिता उस समय यहाँ के अधिपति थे। जनवरी सन 1689 ईस्वी में बड़े संघर्ष और अपने कई अजेय योद्धाओं को खोने के बाद ही मुग़ल सेनापति बिशन सिंह इस पर कब्ज़ा कर पाए परन्तु कुछ ही वर्ष बाद हठी सिंह ने इस पर पुनः कब्ज़ा कर लिया था।

गावत विजय गीत सुहागने चली आई बहि था
जहाँ खड़े रण रस में सने वीर बहादुर खुटेल जट्ट जवान

राजोरगढ़, बसवा का युद्ध 1689 ईस्वी

जाट वीरों ने राजोरगढ़ और दौसा, बसवा को निशाना बनाया था। जाटों ने 1689 ईस्वी में रैनी को लूट लिया था। यहाँ से योद्धाओं की टुकड़ी बसवा पहुंची यहाँ इन वीरों ने मुगलों और जयपुर की सभी निकटवर्ती सैनिक चौकियों से कर वसूल किया था। इतिहासकार डॉ राघवेंद्र सिंह राजा हठी सिंह और मुगल सेनापति विशनसिंह आमेर की सेनाओं के मध्य बसवा नामक स्थान पर भीषण युद्ध होना लिखते हैं। डॉ राघवेंद्र सिंह के अनुसार यह जाट मथुरा क्षेत्र (सौंख) के निवासी थे। इस युद्ध के साक्षी बहुत सी छतरी और चबूतरे आज भी यहां मौजूद हैं। प्राचीन दस्तावेजों के आधार यह युद्ध कार्तिक माह में संवत 1746 (1789 ईस्वी) को हुआ था। युद्ध का तत्कालीन कारण राजा हठी सिंह की सैनिक टुकड़ी द्वारा मुगलिया राजपूत सैनिकों से कर वसूली करना था। इस टुकड़ी ने अपनी विजय को अक्षुण्य बनाये रखने के लिए अपने नाम से खुटेला (खुटला) नाम जगह बसाई जो वर्तमान में एक गाँव के रूप में आज भी अस्तित्व में है।

यहां से एक टुकड़ी रणथम्भोर क्षेत्र में चली गई उन्होंने जिस जगह पड़ाव डाला। आज भी वो क्षेत्र कुंतलपुर जाटान कहलाता है। इन में से कुछ लोग टोंक जिले में स्थाई रूप से बस गए। अधिकांश पुनः सौंखगढ़ लौट आये थे।

सौंख युद्ध 1694 ईस्वी

सौंख पर पुनः अधिकार करने के पश्चात मुगलो का आसपास के क्षेत्र से सफाया करना अत्यधिक आवश्यक कार्य था। इसी कार्य के तहत जाटों का मुगल सैनिकों से पुनः 1694 ईस्वी में सौंख के निकट युद्ध हुआ था। इस युद्ध 80 से ज्यादा मुगल सैनिक बंदी बनाए गए थे जबकि इससे ज्यादा मुगल सैनिक अल्लाह को प्यारे हो गए थे।

सन 1701 ईस्वी का मुगल विरोधी अभियान

सौंख के हठी सिंह और थून के चूड़ामणि ने सिन-खूंट-सोंग-चाह संगठन के माध्यम से मुगल समर्थक रियासतों को सबक सिखाने की योजना बनाई थी इस योजना के अंतर्गत

मुगलो के अधीन कोटा, बूंदी, जयपुर रियासत के ठिकानों से कर वसूल करके मुगलो को ताकत का अहसास करवाना मुख्य उद्देश्य था। सौंख के हठी सिंह और थून के चूड़ामणि के नेतृत्व में ब्रज जटवाड़ा की सयुक्त सेना ने बूंदी रियासत में प्रवेश किया और बूंदी रियासत में पहुँचकर इन वीरो ने मुगल समर्थन ठिकानेदारों से कर वसूल किया मुगलो कि सैन्य चौकियों को नष्ट करते हुए यह लोग रणथम्भोर के रास्ते पुनः ब्रज जटवाड़ा क्षेत्र में लौट आये थे।

चम्बल युद्ध (सन 1707 ईस्वी)

औरंगजेब की मृत्यु के बाद उसके पुत्रो मुअज्जम (शाह आलम) और आजमशाह (बहादुर शाह) के मध्य दिल्ली की गद्दी पर उत्तराधिकार को लेकर जाजऊ का युद्ध हुआ था। इस युद्ध के बाद शाहआलम की सेना ग्वालियर की तरफ भाग खड़ी हुई थी। लेकिन ग्वालियर से पहले ही चम्बल नदी के बीहड़ खन्द्ररो में जाट छापेमार सैनिक राजा हठी सिंह व अन्य जाट सरदारों के साथ मोर्चा जमाए हुए थे। बहादुरशाह नामा के पृष्ठ 164 के अनुसार जब ग्वालियर जाने के लिए मुगल सेना चम्बल के नजदीक पहुँची तो यहां पहले से ही मोर्चा लगाए हुए जाट सैनिकों से 9 जून 1707 ईस्वी के दिन मुगलो का घनघोर युद्ध हुआ था। यह युद्ध चम्बल नदी के बीहड़ों में होने के कारण इतिहास में यह युद्ध "चम्बल का युद्ध " नाम से प्रसिद्ध है। बहादुर शाह नामा के अनुसार इस युद्ध मे जाटों (हठी सिंह के नेतृत्व में) ने मुगलो का भीषण नरसंहार किया था। चम्बल की घाटी (बीहड़) मुगल सेनिको के शवो से भर गई थी। इतिहासकार इर्विन के अनुसार जाटों ने मुगलो को इस युद्ध (चम्बल का युद्ध) मे करारी शिकस्त दी जाटों ने मुगलो के खजाने को जीत लिया था।

युद्ध मे घायल मुगल सैनिकों की चीत्कारे चारो तरफ सुनाई दे रही थी। यह चीत्कारें ऐसे प्रतीत हो रही थी की मानो जाटों के विजय और शौर्य का संजीव गुणगान हो।

मुगलो से खिराज वसूल करना

सन 1708 ईस्वी में हठी सिंह ने मथुरा परगने में मुगल अफगान लोगो से खिराज कर वसूलने करने का अभियान चलाया था। इस क्षेत्र में मुगल काल से कुछ गांवों में बलूच, अफगान लोग मुगलिया मुलाजिम के रूप में निवास करते थे। यह लोग मुगलो के लिए कर वसूल और सैनिक सहायता प्रदान करते थे। ब्रज क्षेत्र से जब मुगलो का नाश हो चुका था तब भी यह लोग कभी कभी अपना सिर उठाने का प्रयास करते थे इनका सम्मूल विनाश के उद्देश्य से हठी सिंह ने आहुआपुर और ओल ग्राम में निवास करने वाले अफगान लोगो पर हमला किया था। इतिहासकार नरेंद्र सिंह पृष्ठ 86 पर लिखते हैं आहुआपुर और ओल के अफगानों को युद्ध मे हराकर के राजा हठी सिंह ने अपने अधीन करने के बाद इन से कर वसूल किया था। इसके साथ बेरी ग्राम में हठीसिंह ने एक सैनिक चौकी स्थापित की और परखम गाँव मे धर्म परिवर्तन कराके पुनः बहुत से परिवारो को हिन्दू बनाया इस काल में अफगानों के गाँव के गाँव के नष्ट कर दिए गए थे।

इसी समय शेरपुर के बलूच मुस्लिमो ने मथुरा के सभी बलूच और थिरावली के अफगानी मुस्लिमो को साथ लेकर विद्रोह कर दिया था। थिरावली और शेरपुर के मुस्लिमो को हठी

सिंह ने युद्ध मे हराकर इनकी बस्तियों को यहां से उजाड़ दिया था। शेरपुर को नौह क्षेत्र के नौहवार जाटों के अधीन दे दिया गया जबकि थिरावली, जुड़ावई और औल में बमरौलिया राणा जाटों को जमीन देकर बसाया गया था।

मेवात विजय (1716 ईस्वी)

दिल्ली के मुग़ल बादशाह फर्खुसियार द्वारा नियुक्त सूबेदार सैय्यद गैर मुस्लिम प्रजा पर अत्याचार करता था। उसके आतंक से तंग होकर मेवात के हिन्दुओ का एक दल सौंख, थून के विद्रोही जाटों से मदत मांगने के लिए दिसम्बर 1715 ईस्वी में पाल पंचायत में पहुँचा पंचायत में राजा हठी सिंह ने मेवात के हिन्दुओ की सहायता की जिम्मेदारी ली थी।

कविवर ने इस घटना वर्णन अपने शब्दों में निम्न प्रकार से किया है -

जब मुस्लिमो ने हिन्द में आततायी फैलाई थी।
तब हठी सिंह हिन्दुओ को तेरी याद आई थी।।
जब मेवात का जख्मी हिन्दू रोया होगा।
हठी सिंह तब तू ना सोया होगा।।

राजा हठी सिंह ने जनवरी 1716 ईस्वी में अपने सैनिको के साथ सौंख गढ़ से प्रस्थान कर मेवात पर आक्रमण कर दिया इस लड़ाई में सौंख के चार हज़ार जाट सैनिको के साथ 3000 अन्य हिन्दू खापे पालो के योद्धाओ ने भाग लिया था। जाटों ने मुगलों पर प्रथम हमला तावडू में किया था।

इस लड़ाई में जाट वीरो ने अपार साहस दिखाते हुए तावडू की मुग़ल चौकी पर कब्ज़ा कर लिया था। इस लड़ाई में अनेक जाट वीरो ने अपने प्राणों की कुर्बानी दी। जिनमे फोंडर का हरपालसिंह, करना सिनसिनवार, चरणपाल चाहर, धारीवाल, सौरोत, रावत, डागर, छोंकर व अन्य जाट गोत्र के वीरो ने बलिदान दिया इस प्रथम हमले में विजयी सेना ने आगे बढ़ते हुए खासेरा की गढ़ी पर कब्ज़ा कर लिया था।

उद्दार करो ए पाण्डवराज मेवात ने यह आवाज़ लगाई थी।
तब हठी सिंह ने मेवात की छाती पर जंगी तलवार लहराई थी।

इस युद्ध मे मुगलो के 1200 से ज्यादा सैनिक युद्ध में मारे गए इस विजय के बाद जाट सेना ने राजा हठी सिंह तोमर के नेतृत्व में मेवात के प्रमुख किले जहाँ सैय्यद छुपा बैठा था, उस जगह को प्रस्थान किया और किले पर मजबूत घेरा डाल दिया सैय्यद की सेना ने नूंह के निकट जाटों का सामना करने का अंतिम असफल प्रयास किया लेकिन जाटों ने सैय्यद को बंदी बना लिया राजा हठी सिंह ने जनवरी 1716 को मेवात पर पूर्णरूप से कब्ज़ा कर लिया था। यहाँ के मुग़ल समर्थक लोगो से कर वसूला गया मुगलो की चौकिया नष्ट कर दी गई थी। इस विजय के बाद नूह के गोरवाल ब्राह्मणों ने राजा हठी सिंह को एक पोशाक और भगवान् कृष्ण का मोर पंख उपहार स्वरूप दिया था। राजा हठी सिंह ने कब्ज़े में आये मुग़ल खजाने से मंदिरों की मरम्मत के लिए धन राशि की व्यवस्था की हठी सिंह की शौर्य वीरता से पूरा विश्व गुंजयमान हो रहा था। जाट राजा हठीसिंह ने पूरे सात महीने तक मेवात पर कब्ज़ा

बनाए रखा था। मेवात विजय के संदर्भ में कुछ इतिहासकारों के कथन: -

"मरू भारती वॉल्यूम - 42 राजस्थान साहित्य बिडला एजुकेशन ट्रस्ट द्वारा प्रकाशित के अनुसार"-

सौंख के शासक हठी सिंह ने मेवात के मुग़ल फौजदार सैयद को हरा के मेवात पर कब्ज़ा कर लिया तब नारनौल का मुग़ल फौजदार गैरत खान को मेवात भेजा गया था। तब सैय्यद गैरत और हठी सिंह के मध्य में युद्ध हुआ इस युद्ध में गैरत खान परास्त होकर युद्ध स्थल से भाग गया था। नारनौल का मुग़ल फौजदार गैरत खान ने दिल्ली में मुगलों से सहायता भेजने को कहा तब मुगलों ने 16 मार्च 1716 को दुर्गादास के साथ एक बड़ी फ़ौज मेवात भेजी गई मार्च महीने में शुरू हुई इस मुग़ल सैनिक अभियान को जुलाई में तब सफलता मिली जब सौंख और थून की तरफ मुगल सेना भेजी गई।

नागरी प्रचारिणी पत्रिका वॉल्यूम 72 के अनुसार राजा हठी सिंह ने मेवात पर कब्ज़ा कर लिया था। 16 मार्च 1716 ईस्वी को अतरिक्त मुग़ल सेना को दिल्ली से भेजने का आदेश बादशाह ने दिया था। 31 मार्च 1716 ईस्वी को इस सेना की खासेरा नामक गढ़ी पर हठी सिंह से युद्ध हुआ था।

दुर्गादास राठोड ग्रंथमाला के अनुसार सौंख के जाट राजा हाथी सिंह ने मेवात पर कब्ज़ा कर लिया था। 18 फरबरी 1716 को दुर्गादास मुगलों के दरबार में उपस्थित हुआ।

तब दुर्गादास को जाट राजा हाथी सिंह के विरुद्ध युद्ध अभियान मार्च महीने में मेवात भेजा पर भेजा। लेकिन आधे रास्ते से ही दुर्गादास मुगलों को छोड़ सादड़ी लौट आया स्वतंत्रता प्रेमी दुर्गादास राठोड नामक किताब: ---

इस किताब में इस घटना उल्लेख है दुर्गादास 18 फरबरी 1716 ईस्वी में मुग़ल दरबार में उपस्थित हुआ और यहाँ से बादशाह ने हठी (हाथी) सिंह के विरुद्ध युद्ध में मुगलों की सहायता करने के लिए मेवात भेजा यह अभियान जुलाई 1716 ईस्वी तक चला।

16 मार्च 1716 ईस्वी से जुलाई 1716 ईस्वी तक पांच महीने 20 दिन तक यह युद्ध अनवरत चला था। राजा हठी सिंह ने मुस्लिम बाहुल्य मेवात में अपने गढ़ सौंख से कई सौ किलोमीटर दूर मुगलों के गढ़, किले अपने अधीन कर लिए थे। इतिहास में यह घटना कम ही देखने को मिलती है जब धर्म परायण राजा ने हिन्दुओ की रक्षा के लिए अपने प्राणों की परवा किए बिना ही शक्तिशाली शत्रु को उसी के घर में धुल चटा दी हो।

राजा हठी सिंह द्वारा दिल्ली की नाक के नीचे कब्ज़ा जमाय रखना बड़ी बहादुरी का काम था। राजा हठी सिंह के वीर रणबांकुरो ने मुगलों के सीने छलनी कर दिए रोज-रोज़ होने वाली मुठभेड़ में मुगलों को ज्यादा नुकसान उठाना पड रहा था।

इस समय थून के अधिपति ठाकुर चूड़ामणि सिनसिनवार भी खुल कर मुगलों की नाक में दम कर रहा था निराश मुग़ल यह समझ चुके थे की इनसे लड़ कर जीतना लगभग असंभव है इसलिए जब हठी सिंह को हराया नहीं जा सका तब मुगलों ने दबाब की नीति अपनाई उन्होंने मुग़ल सेनापति आमेर के जय सिंह के साथ 14 हज़ार की फ़ौज भरतपुर थून गढ़ और सौंख

गढ़ की तरफ रवाना की ताकि जाट राजा चूड़ामणि और राजा हठी सिंह पर दबाब बना सके मुग़ल जानते थे की हठी सिंह के परिवार जन सौंख गढ़ में है और यह जाट जो मौत से भी नहीं डर रहे अपने परिवार जन की सुरक्षा के लिए अवश्य जायेगे।

तब कही जाकर हठी सिंह मेवात गढ़ी को खाली कर सकुशल ब्रज में पंहुचा जहाँ जाट डूगो की विशाल पंचायत में वो सम्मलित हुआ था। जुलाई माह में ही जाट वीरो ने जय सिंह को सबक सिखाने की तैयारी कर ली थी। सितम्बर में जय सिंह ने बूंदी के राजा और मुग़ल सूबेदार के साथ मिलकर युद्ध अभियान को तेज कर दिया लेकिन लाख प्रयासों के बाद भी मुगलों के हाथ पराजय ही लगी थी।

मेवात विजय को समर्पित कविता

मुगलो की बर्बादी कैसे भूल जाए।
हठी सिंह तेरी कुर्बानी कैसे भूल जाये।।
जब मुस्लिमो ने हिन्द में आततायी फैलाई थी।
तब हठी सिंह हिन्दुओ को तेरी याद आई थी।।
जब मेवात का जख्मी हिन्दू रोया होगा।
हठी सिंह तब तू ना सोया होगा।।
करदो उद्दार ए पाण्डवराज मेवात ने यह आवाज़ लगाई थी।
तब हठी सिंह ने मेवात की छाती पर जंगी तलवार लहराई थी।।
मेवात में खुशी मनाई थी.......
मत डरो इन मुगलिया अँधियारे से अब भोर होने वाला है।
गर्जना सुन पा रहा हूँ हठी सिंह शेर आने वाला है।।
जल रहा है पूरा मेवात अब मुगलिया शासन हिलने वाला है।
सुना है अपने कानों से अब हठी सिंह राजा आने वाला है।।
तब मेवात की धरती पर ब्रज का शेर दहाड़ा था।
मुगलो के नरमुंडों का पर्वत वहाँ बनाया था।।
तब डर के सैय्यद वहां से भागा था।
तावडू की धरती पर विजय फताका लहराती है।।
मेवात विजय की यह गाथा घर घर मे गाई जाती है.

सौंख गढ़ के राजा हठी सिंह के मेवात विजय को समर्पित कवि इक़बाल सिंह की रागनी

जुल्म के सताये लोगो की जो अटकल खुली हिमायत सुनो
समय -समय पर जाट वीरों ने, की बड़ी-बड़ी शुरुआत सुनो (टेक)
राजा हठी सिंह ने सौंखगढ़ में, एक पंचायत बुलाई थी
दिवंगत जाट वीरों की उन्होंने जाटों को याद दिलाई थी
वीरों के बलिदान पर, जाट वीरों की नज़र टिकाई थी
जालिमो के विरुद्ध आर पार की, जंगी आवाज़ उठाई थी

फिर तावडू को कूच किया, देने दुश्मनों को मात सुनो (1)
होड़ लगाकर जाट वीरों ने, रणभूमि में बलिदान दिए थे
हर मोर्चे ओर राजा हठी सिंह ने गौरवशाली ऐलान किये थे
गद गद हो हिन्दू गौरवाल पंडितों ने, सेना के सम्मान किये थे
नूंह के निकट विभिन्न मोर्चो पर बड़े बड़े घमासान हुए थे
नबाब सैय्यद के काम ना आई थी, कोई भी करामात सुनो (2)
फिर नारनौल से नबाब की मदत को गैरत खान आया था
हर मोर्चे पर गैरत खान ने, अपना अपमान करवाया था।
पीट पीट कर रणभूमि से उसे, जाट वीरों ने भगाया था
डर के सात महीने तक कोई मुगल मेवात में नही आया था
कई सौ मील दूर जाटों ने यूँ फतेह की मेवात सुनो (3)
आर पार की जंग का सदा संकल्प लिया है जाटों ने
शोषित पीड़ित जनता को सदा न्याय दिया है जाटों ने
विपत्तियों में भी अपना जीवन शान से जिया है जाटों ने
राजा हठी सिंह की इक़बाल कवि, है ऐसी अनेको बात सुनो
जुल्म के सताये लोगो की ली अड़कर खुली हिमायत सुनो
समय -समय पर जाट वीरों ने, की बड़ी-बड़ी शुरुआत सुनो (टेक)

मुगलो ने अपनी फौज को मुगल सेनापति जयसिंह के नेतृत्व में हिंदुओं के विद्रोह को कुचलने के लिए ब्रज जटवाड़ा क्षेत्र में भेजा।

सौंख की गढ़ी को जीतने के लिए एक शाही सेना दिल्ली से रवाना की गयी इसकी सुचना चूड़ामणि को गुप्तचरों से मिलने पर सिन खुंट की पंचायत की गयी जिसमे फौदासिंह को गोवर्धन से सिनसिनवार सरदारी के जंगल तक अपने छापामार सैनिको को तैनात करने का आदेश पंचायत में दिया गया मुगलों की शाही सेना ने राधाकुंड पर कैम्प लगाया सौंखगढ़ के जाट वीरो ने मुगलो के सैनिक कैम्प को लूटकर नेस्तनाबूद कर दिया था। मुगलो के जाट गढ़ियों को जीतने के इस अभियान में आमेर के मुगल सेनापति जयसिंह और आगरा के मुगल प्रशासक नुसरतयार खान सम्मलित थे। इतिहासकार इरविन के अनुसार सन 1716 ईस्वी से 1718 ईस्वी तक चले इस अभियान में मुगलो को असफलता ही हाथ लगी थी।

बहज का युद्ध (नवम्बर 1716)

इतिहासकार इर्विन के अनुसार मुगल सेना जब थून की गढ़ी पर आक्रमण करने जा रही थी।

तब सिनसिनवार वतन में प्रवेश करने से पहले ही मुग़ल सेना की टुकड़ी को बहज गाम के पास सौंख के जाट राजा हठी सिंह ने घेर लिया था। इस समय हाथी सिंह के साथ अडिंग के जाट ठाकुर (राजा) फौदासिंह के बड़े कुंवर अनूप सिंह, हाथी सिंह के पुत्र श्याम सिंह, मोहकम सिंह (चूड़ामणि के पुत्र) और पांच सहस्त्र सैनिको की एक टुकड़ी ने इस युद्ध में भाग लिया

था। मुगल और जाट सेना के मध्य भीषण लड़ाई हुई जिसमे मुगलों के बहुत से सैनिक मारे गए थे। बहादुर खुटेल वीरो के आगे मुगलो की शाही सेना भी पीछे हट गई थी। फारसी लेखको ने इस लड़ाई को 13 जिल्हज के दिन होना लिखा है। यह युद्ध 1716 ईस्वी में नवम्बर माह में हुआ था। इस युद्ध के कुछ समय बाद ही मोकहम सिंह और मुगलों की शाही सेना के मध्य थून के जंगलो में एक बार पुनः संघर्ष (युद्ध) हुआ था। शिवदास सिंह कृति के अनुसार जाटों के डुंग सरदारों ने मुगलों और जय सिंह के इस अभियान को असफल बना दिया था।

रणभूमि भूमि में हठी सिंह और उनके साथीयों की वीरता के लिए ब्रज के कवि लिखते हैं कि :-

मुगलों की छाती भी दहल उठी
जब हठी सिंह रण भूमि में

सन 1720 ईस्वी में जाट खाप (पालों) की ब्रज में पंचायत हुई। जिसमें ठाकुर चूड़ामणि को अध्यक्ष और हठी सिंह को मुख्य पंच चुना गया। मुग़ल बादशाह मुहम्मदशाह ने ब्रज के जाटों की सभी शर्त मान ली थी। हिंदुओ के धार्मिक स्थल मुगलों के कब्ज़े से मुक्त हो गये। सम्राट् मुहम्मदशाह ने इस समय चाहर, कुंतल, सिनसिनवार, सोगरवार पालों के मुखिया को को अधिकार देकर सम्मानित किया। लंबे समय से चले आ रहे जाट मुगल संघर्ष कुछ समय के लिए थम गया था।

उत्तराधिकारी संघर्ष सन 1721 ईस्वी

थून के राजा चूड़ामणि की 1721 ईस्वी में आकस्मिक मृत्यु हो जाने के कारण सिनसिनवार पाल की सरदारी के प्रश्न पर सभी जाट गोत्र की पाले दो भागों में विभाजित हो चुकी थी। चूड़ामणि के पुत्र मोहकम सिंह के पक्ष में सोगरवार पाल के मुखिया ठाकुर खेमकरण सिंह, गढ़ासिया पाल के विजयसिंह, मांडू के जाट सरदार भूरीसिंह, दयाराम और डेहरा के तुलाराम सिंह थे। तो चूड़ामणि के भतीजे के पक्ष में खुटेला पाल के सौंख के हठी सिंह और अडींग के ठाकुर फौदा सिंह जाट, नाहरवार पाल के मुखिया और देशवाल पाल के मुखिया थे।

26 जून 1724 को सिन-खूंट सम्मलेन

उत्तराधिकारी के संघर्ष में विजयी होने के बाद बदनसिंह ने अपनी शक्ति को बढ़ाने के लिए सिनसिनवार और खुटेला तोमर जाटों के एक संगठन की स्थापना करने के उद्देश्य से सौंख के हठी सिंह और अडींग के फोन्दा सिंह के साथ कुछ समझौते किए थे। उत्तराधिकारी युद्ध के दौरान ब्रज क्षेत्र के जाटों की मुख्य चार डुंगो का संगठन सिन-सोंग-खूंट-चाहर पूर्णतः टूट चुका था। ऐसा समय मे सिन-खूंट संगठन की आवश्यकता थी।

खुटेला तोमर और सिनसिनवार जाटों ने अपनी अपनी सरदारी की सीमा निर्धारित की जिसके अंतर्गत फराह क्षेत्र के आसपास के गांव सौंखगढ़ में और हेलक का क्षेत्र सिनसिनी के अंतर्गत मिला दिया गया था। ब्रज की चार प्रमुख डुंग जिसमे सिनसिनवार जाटों का डीग, सिनसिनी, थून में, कुन्तल (खुटेला तोमर) सौंख, अडींग, गोवर्धन, फराह में, सोगरवार जाट

फतेहगढ़ी, सोगर में, चाहर जाट अकोला, चैकोरा पर अधिकार किए हुए थे। इनके अतिरिक्त ठेनुवा लोग हाथरस, मांडू, और नौहवार जाट बाजना, नौह झील पर सक्रिय रूप से अधिकार किए हुए थे।

मुगल जाटों के आगे झुकना(मुगल जाट समझौता 23 जनवरी 1726 ईस्वी)

सिनसिनवार पाल के मुखिया बदनसिंह और कुंतल (खुटेला तोमर) पाल के मुखिया फौदासिंह, राजा हठी सिंह की बढ़ी हुई शक्ति से भयभीत होकर दोनों को 23 जनवरी 1726 को राजा (ठाकुर) स्वीकार करते हुए सिरोपाव मुग़ल बादशाह ने प्रदान किया था। जयपुर इतिहास में यह तारीख भादो वदी 2 संवत 1783 अंकित है। साथ ही यह भी दर्ज है कि हठी सिंह और फौदाराम के पास 10 लाख आय का क्षेत्र इस समय मोजूद था। जयपुर इतिहास के अनुसार इसी वर्ष समझोते के बाद 1726 में कुम्हेर किले की नींव रखी।

सिन-खुंट संघ से जाटों की ताकत इतनी बढ़ गयी कि आमेर के राजा ने मालवा अभियान में उनसे सहायता मांगी। महाराजा सूरजमल ने अडिंग के राजा फौदासिंह कुंतल के पुत्र जैतसिंह और अपने पुत्र के नेतृत्व में एक सैनिक टुकड़ी सहायता के लिए भेजी।

मराठो को सशर्त चम्बल पार करने देना

"तारीखे के हिन्द" नामक मुग़ल कालीन दस्तावेज में इस घटना का ज़िक्र किया गया है। आमेर नरेश जयसिंह ने जाटों से सहायता की याचना करते हुए लिखा कि मराठा पेशवा आगरा के रास्ते मथुरा होते हुए दिल्ली जा रहा है। वह जाट मुल्क में लूट-पाट कर सकता है। आप हमारी सहायता करें।

बदन सिंह ने जाट सरदारों की सभा बुलाकर यह निर्णय किया कि जाटों की मुख्य चार पाल अपने अपने योद्धा भेजें जिसमे कौन्तेय (तोमर) पाल और सौंख के राजा हठीसिंह ने अपने पुत्र श्याम सिंह और अडिंग के राजा फौदासिंह के नेतृत्व में 3 हज़ार की सेना भेजी थी। सिनसिनवार पाल की तरफ से डीग महाराजा बदन सिंह ने कुंवर सूरजमल, तुलाराम, अखैसिंह के नेतृत्व में, सोगरिया पाल ने महाबल और रामबल के नेतृत्व में और चाहर पाल ने अमर सिंह और दयासिंह के नेतृत्व में सेनिक भेजे। जिनको पेशवा का रास्ता आगरा से आगे जाकर चम्बल के तट पर रोका. सेना पहुँच गया पर कुछ दिन वह वहीं डेरा डाले रहा, जाटों की मोर्चा बंदी के कारण आगे नहीं बढ़ा।

क्योंकि मराठो की सेना का रास्ता खुटेल पट्टी से गुजरता है तो मराठो ने जाट पालों के प्रधानों को आश्वासन दिया कि जाट मुल्क जटवाडा में उसके सिपाही किसी भी प्रकार का नुकसान नहीं करेंगे। उनके उत्तर से संतुष्ट हो कर पेशवा को मथुरा के रास्ते दिल्ली जाने दिया। पेशवा की सेना ने किसी भी प्रकार का कोई नुकसान नहीं किया था साथ ही दिल्ली से वापसी के समय उन्होंने जयपुर रियासत में लालसोट होते हुए जाना उचित समझा, जहाँ मराठा सैनिकों ने मुग़ल और राजपूत थानों में लुट पाट की थी।

राजा हठी सिंह की मृत्यु ब्रज वैभव पुस्तक के लेखक पंडित गोकुलप्रसाद चौबे जी के अनुसार राजा हठी सिंह की मृत्यु सन 1741 ईस्वी में हुई थी। जगाओ की हस्तलिखित पोथी

के अनुसार विक्रमी संवत सुदी सोमवार मार्गशीर्ष 1798 होना लिखा है।

29

महाराजा भारतेन्द्र जवाहर सिंह

महाराजा भारतेन्द्र जवाहर सिंह

महाराजा भारतेन्द्र जवाहर सिंह (शासन दिसम्बर 1763 ईसवी से जून 1768 ईसवी तक)

जवाहर सिंह का जन्म डीग राजधानी में बसन्त पंचमी के दिन सन 1733 ईसवी में महाराजा सूरजमल के यहाँ हुआ। राजकुमार जवाहर सिंह और राजकुमार रतन सिंह सहोदर भाई थे। महाराजा जवाहर सिंह एक युद्ध प्रवीण, निर्भीक, चतुर एवं कुशल राजनीतिक व्यक्तित्व का धनी था, परन्तु क्रोध, उग्रता व अधीरपन उसके नकारात्मक पहलू थे जो एक राजा के गुणों को धूमिल करते हैं। जवाहर सिंह का अधिकतर जीवन युद्ध क्षेत्र में ही व्यतीत हुआ।

महाराजा सूरजमल की मृत्यु के पश्चात सेनापति बलराम, मोहन सिंह, प्रधानमन्त्री व अन्य दरबारी राजकुमार नाहर सिंह को राजा बनाना चाहते थे किन्तु जवाहर सिंह के फर्रूखनगर से गुस्सा भरा संदेश व तेज रफ्तार ऊंट पर डींग पहुंचना ही विरोधियों के हौसले पस्त करने के लिए काफी था। 30 दिसंबर, 1763 ईसवी को भारतेन्द्र जवाहर सिंह का उत्तराधिकारी होने के नाते डींग में ताजपोशी होते ही जाट राज्य का स्वामी हो गया। माता महारानी किशोरी ने शोकाकुल होकर उलहाना दिया, 'बेटा, बाप की पगड़ी तो दिल्ली के युद्ध क्षेत्र में मुगलों की ठोकर खा रही है, यह तेरे सिर पर कैसे आ गई।' इस तलवार के धनी जवाहर सिंह ने अक्टूबर सन 1764 ईसवी में दिल्ली को चारों तरफ से घेर लिया। नजीब खां नवम्बर के मध्य दिल्ली के लाल किले से निकला जरूर किन्तु भयंकर युद्ध के पश्चात फिर युद्ध क्षेत्र से मुँह फेर कर किले के बिल में छिप गया। ऐसे समय पर राजा की 60000 भरतपुर की जाट सेना 100 तोपों के साथ होल्कर के 25000 मराठे सैनिक और 15000 घुड़सवार सिक्ख सैनिक वेतन पर आक्रमण में शामिल थे। मल्हारराव के विश्वासघात के कारण जीती हुई बाजी के बावजूद नजीब खां एवं सम्राट शाहआलम द्वितीय

से सन्धि करनी पड़ी हालांकि युद्ध का खर्चा 60 लाख रुपये वबादशाही का डोला दिया गया। राजमाता किशोरी दिल्ली की लड़ाई में लाल किले तक सेना के साथ मनोबल बढ़ाती रही किन्तु 'नजीब खां का सर' और 'मुगल सिंहासन' बाल–बाल बच गया। मार्च सन 1765 ईसवी में जवाहरसिंह डींग लौट आये और अपने शासन को सुव्यवस्थित किया। जवाहर सिंह ने विदेशी सेना की भर्ती की और जर्मन कैप्टेन समरू को सेना विशेषज्ञ के रूप में रखा।

अपने पिता महाराजा सूरजमल के शासनकाल से कुँवर जवाहर सिंह ने कई युद्ध लड़े थे। अब्दाली से बल्लभगढ़ और चौमुहाँ का युद्ध, पलवल मेवात, अलवर, फर्रूखनगर जैसे महत्व के स्थानों पर कब्जा और कुम्हेर के युद्ध में होल्कर के पुत्र राजकुमार खांडेराव से सामना हुआ। गंगारसौली पर खांडेराव की छतरी आज भी मौजूद है जो तोपों की गोलाबारी में शहीद हुआ था।

पुष्कर स्नान -

राजमाता किशोरी की याचना पर महाराजा जवाहर सिंह ने राजपूतों के गढ़ से होते हुए नवम्बर सन 1767 ईसवी को पुष्कर तीर्थ में राजमाता किशोरी को स्नान कराया और सेना के साथ वापस लौटते हुए जयपुर के महाराजा माधोसिंह ने 40000 की पैदल और घुड़सवार राजपूत सेना सहित मावण्डा के करीब जबर्दस्त हमला बोल दिया परन्तु इस भयंकर नरसंहार में हानि राजपूतों को ही हुई, भरतपुर के वीर आक्रमणकारियों को पीछे धकेलकर अपने किलों में आने में सफल हो गए।

गोहद के शासको के भरतपुर के शासको से सम्बन्ध

राणा भीमसिंह और भरतपुर महाराजा सूरजमल

20 जनवरी 1754 को मराठों ने महाराजा सूरजमल के गढ़ कुम्हेर दुर्ग पर का घेरा डाल दिया, तो सूरजमल के पक्ष में मराठों के विरुद्ध युद्ध में भाग लेने गोहद का राणा भीमसिंह कुम्हेर दुर्ग पहुंचा था। इस युद्ध में 15 मार्च 1754 को मल्हारराव होल्कर का पुत्र खांडेराव मारा गया था। मराठा कुम्हेर दुर्ग पर अधिकार नहीं कर सके। राणा भीमसिंह के भरतपुर महाराजा सूरजमल से मधुर सम्बन्ध थे।

राणा छत्रसिंह और भरतपुर महाराजा जवाहरसिंह

महाराजा सूरजमल चंबल नदी से रावी नदी तक का संपूर्ण उत्तर भारत के क्षेत्र में एक जाट परिसंघ की स्थापना करना चाहता था, लेकिन उसका यह सपना अधूरा रह गया था, जो जवाहरसिंह ने लगभग पूरा कर दिया था। जवाहरसिंह व सिक्खों के मध्य घनिष्ठ संबंध थे, तब भरतपुर राजगद्दी के उत्तराधिकार के गृह युद्ध में मल्हारराव ने धन के लालच में नाहरसिंह के पक्ष में जवाहरसिंह के विरुद्ध युद्ध करने मराठा सेना धौलपुर भेजी तो जवाहरसिंह ने अपने सिक्ख मित्रों की सेना की सहायता से नाहरसिंह के पक्ष में युद्ध करने आई मल्हारराव की मराठा सेना को धौलपुर के 13-14 मार्च 1766 को बुरी तरह परास्त कर दिया। तथा कुछ मराठा सैनिकों को कैद कर लिया।

उस समय उत्तर मालवा में भी जाट मूलवंश का दुर्दम्य साहस और अजेय शौर्य पंजाब और भरतपुर के समान उज्जवल नहीं था। गोहद का वीर राणा छत्रसिंह जुलाई 1765 में मराठों के विरुद्ध बहादुरी से संघर्ष कर रहा था। जब मल्हारराव ने मार्च 1766 में गोहद का घेरा डालकर आक्रमण कर दिया तो दिनांक 13-14 मार्च 1766 में गोहद के राणा छत्रसिंह मल्हारराव की मराठा सेना को बुरी तरह पराजित कर दिया। मराठों की गोहद तथा धौलपुर में एक साथ हुई पराजय पानीपत में हुई पराजय के समान थी।

जवाहरसिंह जानता था कि यदि राणा छत्रसिंह को पराजित करने में मराठों को सफलता मिल गई तो फिर संपूर्ण मराठा शक्ति उसके (जवाहर सिंह के) प्रति प्रयुक्त होगी। उसने अपने परिसंघ में राणा छत्रसिंह को भी शामिल कर लिया। मल्हारराव के ऊपर विजय में गौरवान्वित जवाहरसिंह ने यह संकल्प ले लिया था कि वह अपने मित्र राणा छत्रसिंह की सहायता करेगा और चंबल पार तथा जाट प्रदेश के बाहर मराठों का सफाया करेगा।

जवाहरसिंह व छत्रसिंह ने मल्हारराव के विरुद्ध युद्ध करने की योजना बनाई और उन्होंने उत्तर मालवा में अपनी सम्मिलित सेना लेकर मराठों के क्षेत्र में लूटमार करना प्रारंभ कर दिया। लेकिन उनके साथ आयी सिक्ख सेना ने गर्मी की वजह से आगे जाने से मना कर दिया, तो जवाहर सिंह को अपनी योजना को स्थगित कर देना पड़ा।

अक्टूबर-नवंबर 1766 के युद्धों में रघुनाथ राव गोहद के राणा छत्रसिंह से पराजित होने की वजह से अपने को अपमानित महसूस कर रहा था और राणा से बदला लेने के लिए कटिबद्ध था, तो जवाहरसिंह 30,000 से अधिक की पैदल तथा घुड़सवारों की सेना लेकर गोहद की ओर रवाना हुआ। उसने 11 नवंबर 1766 को धौलपुर पहुंचकर एक बाग में अपना शिविर ठहराया।

जवाहर सिंह ने अपने वकील मानसिंह को रघुनाथराव के पास भेज कर सूचित किया कि "गोहद का राणा छत्रसिंह उसका (जवाहर सिंह का) मित्र है इसलिए राणा को रघुनाथराव परेशान न करें, साथ ही रघुनाथराव के जो विचार जवाहरसिंह के प्रति हों, वह भी स्पष्ट करें। रघुनाथराव ने जवाहर रूपी संकट को टालने के लिए गोहद के मामले में अधिक उलझना उचित नहीं समझा और गोहद राज्य से बाहर चला गया। रघुनाथराव के जाने के बाद जवाहरसिंह ने गोहद के राणा की सहायता से अपना मराठा विरोधी अभियान प्रारंभ किया। वह 29 जनवरी 1767 तक बटेश्वर तथा भिंड में अपना थाना बैठाकर सिंध नदी पार मराठा क्षेत्रों में लूटमार करने लगा। इस प्रकार कुछ ही महीनों में एक मराठा संवाददाता के शब्दों में "कालपी प्रांत, कछवायघार, भदावर, तंवरघार, सिकरवारी, डांडोली तथा खितौली आदि सभी क्षेत्रों में जाट जवाहरसिंह का आधिपत्य हो गया केवल ग्वालियर तथा झांसी ही हमारे (मराठों के) अधिकार में रह गये। 6 अगस्त 1767 में राणा छत्रसिंह ने जवाहरसिंह से स्वयं मिलकर प्रार्थना की कि मराठों ने उनके (राणा के) कुछ थानों पर अधिकार कर लिया है, जिन्हें वापस दिलाने में वह (जवाहर सिंह) सहायता करें। जवाहर सिंह ने राणा को आश्वासन दिया के यदि दशहरा के बाद दक्षिण से मराठों की सहायता के लिए कोई बड़ी सेना नहीं आई

तो वह (जवाहर सिंह) राणा के थानों को मराठों से वापस दिला देगा।"

लेकिन जवाहर सिंह भरतपुर राज्य के अन्य मामलों में उलझ गया। मई 1768 में जवाहर सिंह ने राणा छत्रसिंह से मराठों के विरुद्ध संघर्ष करने के लिए समझौता किया। मराठा विरुद्ध अभियान में तेजी लाने के लिए जवाहर सिंह स्वयं जून 1768 के अंतिम सप्ताह में भिंड पहुंचा और वहां कुछ दिन ठहरने के उपरांत वह वापस भरतपुर लौट गया। इसके बाद जुलाई 1768 में सिक्ख सेनापतिदानशाह तथा जवाहरसिंह का भाई रतनसिंह भी भिंड पहुंचा। भिंड अटेर पर जाटों का अधिकार हो जाने के बाद सम्मिलित सेनन ने धुवां दुर्ग का घेरा डाला, लेकिन कुछ ही दिनों के बाद जवाहरसिंह के मारे जाने की सूचना मिली, जिससे जवाहर सिंह के मनोनीत उत्तराधिकारी रतनसिंह को वापस डींग लौट जाना पड़ा, जिसकी वजह से जाट गतिविधियों में शिथिलता आ गई। भरतपुर तथा गोहद दोनों ही जाट राज्य थे यद्यपि दोनों के गोत्र अलग-अलग थे। भरतपुर के जाट सिनसिनीवार गोत्र के तथा गोहद के जाट बमरोलिया गोत्र के थे, लेकिन फिर भी वह जाट थे। "जट-झट संघाते" अर्थात जाट तुरंत संघ में शामिल हो जाता है, कहावत चरितार्थ रही। दोनों राजवंशों ने हमेशा कंधे से कंधा मिलाकर मराठों के विरुद्ध युद्ध किये। इन दोनों राज्यों ने कभी भी एक-दूसरे के क्षेत्र पर कोई दावा नहीं किया। भरतपुर और गोहद राज्यों का आपस में कभी कोई सीमा विवाद नहीं रहा। राणा छत्रसिंह और जवाहर सिंह के मध्य घनिष्ठ संबंध थे।

जवाहरसिंह की हत्या: -

यह भी कहा गया है कि महाराजा जवाहर सिंह की 7 रानियाँ थीं जिनमें एक राजपूत बाकी 6 रानी जाट थीं और यह भी कहा गया है कि महाराजा जवाहर सिंह के चार पुत्र व पाँच पुत्रियाँ थीं जो सभी बाल अवस्था में मर गए। इस रण बांकुरे की मृत्यु के विवरण भी अनेक हैं परन्तु समय जुलाई सन 1768 ईसवी में कोई विवाद नहीं है। एम मेडेक के अनुसार हाथियों की लड़ाई सुन्दरबाग से देखते समय एक अंजान हत्यारे ने तलवार से सर धड़ से अलग कर दिया। कुछ इतिहासकारों का मत है कि जयपुर सेना की हार के कुछ माह पश्चात वहाँ के भेदियों ने हत्या करवाई। स्थानीय किवदन्ती के अनुसार सुजात नामक मेव जो कि राजा का कृपा पात्र था और जिस पर शाही हुक्का की चोरी का इल्जाम था, उसने दरबारियों के बहकाने पर जीने से उतरते समय छुरे से छिपकर महाराजा जवाहर सिंह पर घातक हमला कर लीला समाप्त कर दी।

भारतेन्द्र महाराजा जवाहरसिंह

महाराजा सूरजमल के चार रानियां थीं। जिनसे जवाहरसिंह, रतनसिंह, नवलसिंह, रणजीतसिंह और नाहरसिंह पांच पुत्र पैदा हुए थे। कहा जाता है जवाहरसिंह और रतनसिंह एक राजपूत रानी से थे, जिसके सौन्दर्य से मुग्ध होकर सूरजमल ने उसके साथ शादी की थी। फादर बेण्डिल और इमादुस्सात का लेखक दोनों ही इस बात का समर्थन करते हैं कि जवाहरसिंह की मां एक राजपूतानी थी।

महाराज सूरजमल अपनी सब रानियों में **वीर किशोरी रानी** की, जिसके कोई संतान नहीं हुई थी, अधिक प्यार करते थे। सौभाग्य से जवाहरसिंह को रानी किशोरी ने गोद ले लिया था और इसी के प्रभाव और प्यार के कारण विद्रोह-प्रिय जवाहरसिंह अपने पिता के क्रोध से बच गया था।

आरम्भ में नवयुवक जवाहरसिंह के हृदय में यवन शासकों के लिए भारी घृणा थी। उन्होंने देहली के वजीर को सिर्फ इस बात के लिए फटकार दिया था कि उसने उनके हाथ चूमकर अपवित्र क्यों कर दिया? महाराज सूरजमल की इच्छा **नाहरसिंह** को अपना उत्तराधिकारी बनाने की थी। नाहरसिंह अपने पिता की आज्ञाकारी, गुरुजनों का सम्मान करने वाला, नम्र और सादा स्वभाव का था। किन्तु वह आवश्यकता के अनुसार निर्भयता और वीरता के गुणों से भरपूर न था। जवाहरसिंह को न ईश्वर से भय था और न मनुष्य से। वह अपने इरादों को पूरा करने तथा बदला लेने में, दोनों मनुष्य और ईश्वर का सामना करने के लिए तैयार रहता था। वह रणकुशल, प्रबन्ध करने में योग्य, फुर्तीला, चतुर तथा वीर होने के कारण जन्म से ही शासक होने के योग्य था। किन्तु महाराज सूरजमल को उसकी निरन्तर लड़ाकू प्रवृत्ति होने से भय था कि बहुत संभव है जाट-जाति को यह नष्ट कर दे। इसी से वह इन्हें जाट-शक्ति अर्थात् अपना राज्य नहीं देना चाहते थे। महाराज सूरजमल जितने मितव्ययी थे, जवाहरसिंह उतने ही अपव्ययी। यही कारण था कि उन्होंने अपनी एक अलग पार्टी बना ली। अलग दरबार और सेना रखने लगे, जिसका कि खर्च सूरजमल को स्वीकार किए हुए धन से कहीं अधिक था। महाराज सूरजमल ने जवाहरसिंह की अल्हड़पन-युक्त वीरता से खूब लाभ उठाया। कठिन से कठिन मोर्चों पर उन्हें भेजा गया। किन्तु उनका खर्च **डीग** के इलाके की आमदनी से कहीं अधिक बढ़ चुका था। साथ ही जवाहरसिंह को कुछ ऐसे साथी मिले जिन्होंने उनको अपने पिता के विरुद्ध उभाड़ दिया।

महाराज सूरजमल उसके साथियों को दण्ड देना चाहते थे, इसलिए उन्होंने डीग पर चढ़ाई की। किन्तु जवाहरसिंह ने इसे अपना अपमान समझा और वे लड़ाई के मैदान में आ गए। थोड़े ही समय में उनके साथी तो भाग खड़े हुए, लेकिन वह मैदान में डटे रहे। अनेक लोगों से बीच में घिर जाने के कारण वह जख्मी हो गए। सूरजमल जो कि अपने वीर पुत्र की मृत्यु के मुकाबले में हार जाना पसन्द करते थे, घायल पुत्र के पास लपककर पहुंचे और अपने प्यारे पुत्र को छाती से लगा लिया। तब से वह जवाहरसिंह को बहुत प्रेम करने लगे। उनकी लड़ाकू-प्रवृत्ति को ध्यान में रखते हुए महाराज सूरजमल ने यह विचार किया कि जवाहरसिंह को **हरयाणा** प्रान्त का स्वतन्त्र शासक बना दिया जाए। यदि उनका यह विचार पूर्ण हो जाता तो महाराज जवाहरसिंह को पंजाब की ओर से आने वाले आक्रांताओं से साधन मिलते रहते, और फिर भारत का रूप ही दूसरा होता।

भरतपुर राज्य का विस्तार - महाराज सूरजमल की जिस समय मृत्यु हुई थी, उस समय **भरतपुर राज्य का विस्तार** और वैभव इस प्रकार था - आगरा, धौलपुर, मैनपुरी, हाथरस, अलीगढ़, एटा, मेरठ, रोहतक, फर्रुखनगर, मेवात, रेवाड़ी, गुड़गांव और मथुरा के जिले उनके

अधिकार में थे। गंगाजी का दाहिना किनारा इस जाट-राज्य की पूर्वी सरहद, चम्बल दक्षिणी, जयपुर का राज्य पश्चिमी और देहली का सूबा उत्तरी सरहद थे। इसकी लम्बाई पूर्व से पश्चिम की ओर 200 मील और उत्तर से दक्षिण की ओर 150 मील के करीब थी।

राज्य की माली हालत के बारे में फादर बेण्डिल लिखता है कि -

"**खजाने और माल** के विषय में जो कि सूरजमल ने अपने उत्तराधिकारी के लिए छोड़ा, भिन्न-भिन्न मत हैं। कुछ इसे नौ करोड़ बताते हैं और कुछ कम। मैंने उसकी वार्षिक आय तथा ब्याज का उन लोगों से जिनके हाथ में यह हिसाब था, पता लगाया है। जैसा कि मुझे मालूम हुआ है उसका खर्च 65 लाख से अधिक और 60 लाख सलाना से कम नहीं था और राज्य के अन्तिम 5-6 वर्षो में उसकी वार्षिक मालगुजारी एक करोड़ पचहत्तर लाख से कम नहीं थी। उसने अपने पूर्वजों के खजाने में 5-6 करोड़ रुपया जमा कर दिया। जवाहरसिंह के गद्दी पर बैठने के समय 10 करोड़ रुपया जाटों के खजाने में था। बहुत-सा गढ़ा हुआ न जाने कहां है। यहां के गुप्त खजाने में अब भी बहुत अमूल्य पदार्थ और देहली, आगरे की लूट की अद्वितीय तथा छंटी हुई चीजें जिनका मिलना अब बहुत मुश्किल है बताई जाती हैं। खजाने के सिवाय सूरजमल ने अपने उत्तराधिकारी के लिए 5000 घोड़े, 60 हाथी, 15,000 सवार, 25000 से अधिक पैदल, 300 से अधिक तोपें और उतनी ही बारूद-खाना तथा अन्य युद्ध का सामान छोड़ा। "

'सियार' का लेखक लिखता है -

"सूरजमल के तबेले में 12,000 घोड़े उतने ही चुनीदा सवारों सहित थे जिनको कि उसने दूसरों के घुड़सवारों पर निशाना लगाने का और फिर अपनी बन्दूकें सुरक्षित होकर भरने के लिए चक्कर खाने का अभ्यास कराया था। यह आदमी रोजाना के अभ्यास से इतने निपुण और भयानक निशानेबाज और मार्च में इतने चतुर बन गए थे कि **हिन्दुस्तान में कोई भी ऐसी सेना नहीं थी जो खुले मैदान में उनका सामना कर सके** और न ऐसे राजा के विरुद्ध लड़ाई मोल लेना ही फायदा के लिए सम्भव समझा जाता था।"

महाराज जवाहरसिंह तारीख 2 जनवरी सन् 1764 ई. को अपने बाप की गद्दी पर बैठे। उनको भरतपुर के महाराजा होने में कुछ कठिनाइयां भी उठानी पड़ीं। बलराम, जो कि सूरजमल की सेना का एक बड़ा सरदार और **नाहरसिंह** का मामा था, चाहता था कि नाहरसिंह को भरतपुर का राजा बनाया जाए। जवाहरसिंह उस समय फर्रुखनगर में थे। उन्होंने अपने भाइयों के लिए कहला भेजा कि यह समय उत्तराधिकारी बनने का क्षण नहीं किन्तु अपने पिता की मृत्यु का बदला लेने का है। मैं अपनी थोड़ी-सी सेना को जो कि मेरे पास है लेकर चढ़ाई करूंगा और पीछे देखूंगा कि पिता का उत्तराधिकारी कौन है? इस धमकी से नाहरसिंह तो भरतपुर को छोड़कर चला गया और बलराम ने इसमें बुद्धिमत्ता समझी कि जवाहरसिंह का साथी बन जाए। जवाहरसिंह की स्थिति निर्बल थी। **वैर** में उनका चचेरा भाई बहादुरसिंह अपनी स्वतंत्र रियासत कायम करने में लग रहा था। सरदारों की ओर से भी कोई अधिक सहयोग मिलने की आशा नहीं थी। फिर भी वे अपने पिता की मृत्यु का बदला लेने के लिए

नजीबुद्दौला (नजफखां) पर चढ़ाई करना चाहते थे।

सन् **1765 अक्टूबर** महीने के अंत में एक बड़ी भयानक सेना लेकर देहली के दरवाजे के सामने सूरजमल की मृत्यु का बदला लेने और पानीपत विजय के मुस्लिम प्रभाव को नष्ट करने के लिए **महाराज जवाहरसिंह** जा डटे। इसके साथ निजी 60 हजार पैदल और सौ तोपें थीं। 25,000 मराठे होल्कर की अध्यक्षता में और लगभग 25,000 सिख वेतन पर बुलाए गए थे। प्रत्येक सिपाही को एक रुपया रोज दिया जाता था।

महाराज जवाहरसिंह ने नजीबुद्दौला (नजफखां) को बाहर निकलकर लड़ने के लिए ललकारा। अफगानों को बाहर निकलने को मौका देने के लिए अपनी सेना को 4-6 कोस पीछे को हटा लिया। नजीबुद्दौला अफगानों के साथ बाहर निकला। जाट भूखे भेड़िये के समान अफगानों पर टूट पड़े। उन्होंने अफगानों को शहर में घुसा दिया। महाराज जवाहरसिंह ने होल्कर तथा दूसरे सरदारों को साथ लेकर जमुना को पार करके शाहदरे को लूट लिया। जाटों की 17 नवम्बर की तोपों की लड़ाई से नजीबखां की सेनायें मैदान छोड़कर किले में घुस गईं। अब किले और शहर पर गोला पड़ना शुरू हुआ। तीन महीने तक जाट अफगानों की नाक में दम करते रहे। फरवरी सन् 1765 को सब्जीमण्डी और पशुओं की पैठ के समीप की ऊंची भूमि पर खड़े होकर अफगानों ने सिख और जाटों पर गोलियों की बौछार की। किन्तु जाट गोलियों की कुछ भी परवाह न करके अफगानों के दल में घुस पड़े। विवश होकर अफगानों को फिर भागना पड़ा। जब कि जवाहरसिंह को पूर्ण विजय मिलने ही को थी उनके नमकहराम दोस्त मल्हारराव होल्कर ने उनकी आशाओं पर पानी फेर दिया। फादर वेण्डल लिखते हैं-

"मल्हारराव ने बड़ी लापरवाही और खुल्लम-खुल्ला नजीबखां की तरफदारी प्रगट की। ऐसे समय पर जब कि रुहेले बिना किसी शर्त के आत्म-समर्पण करने ही वाले थे, उसने तमाम मामले को बिगाड़ दिया। महाराज जवाहरसिंह को विवश होकर संधि की स्वीकृति देनी पड़ी। 14 फरवरी को नजीबुद्दौला की ओर से जाब्तिखां एक हाथी और अदब की पोशाक लेकर जवाहसिंह को भेंट करने आया।"

जवाहरसिंह इस संधि से प्रसन्न नहीं थे। वह मल्हारराव से खुनस मानते हुए डीग को लौट आए। फिर भी देहली की लड़ाई में लूट में उन्हें बहुत से जवाहरात और कीमती सामान हाथ लगे थे। "अष्ट धाती" नाम का फाटक जिसे कि **चित्तौड़** से मुसलमान बादशाह देहली में ले गये थे आज तक, भरतपुर में चढ़ा हुआ है। डीग के संगमरमर का सिंहासन भी दिल्ली की लूट का मौजूद है। भरतपुर के देहातों में अब भी ऐसी चीजें पाई जाती हैं जिन्हें वे देहली की लूट से लाया हुआ बतलाते हैं। जाटों में 'दिल्लीवारे की लूट' नाम की एक कहावत भी प्रचलित है।

देहली की चढ़ाई से लौट आने के पीछे उन्होंने अपरे आन्तरिक शत्रुओं के दमन करने की अत्यन्त आवश्यकता समझी। उन्हें यह भी सन्देह हो गया था कि उनकी सेना के सरदार मल्हारराव होल्कर की साजिश में शामिल थे। उनके पास **समरू** नाम का प्रसिद्ध जनरल आ चुका था। महाराज ने उसकी अध्यक्षता में एक अच्छी सेना तैयार की। कुछ समय के पश्चात्

वह आगरे गए और बलराम तथा दूसरे लोगों को गिरफ्तार करा लिया।

बलराम और एक दूसरे सरदार ने अपने अपमान के डर से आत्महत्या कर ली। महाराज जवाहरसिंह चाहते थे कि इन लोगों के पास बेईमानी पूर्वक इकट्ठा किया हुआ धन है, वह उन्हें प्राप्त हो जाए। कहा जाता था कि मोहनराय सरदार के पास निजी सम्पत्ति को छोडकर 80 लाख रुपये नकद थे। लेकिन मृत्यु पर्यन्त इन सरदारों ने जवाहरसिंह को कुछ नहीं बताया। महाराज जवाहरसिंह ने उनको, जिन पर कि कुछ भी धन होने का सन्देह था, अत्यन्त कष्ट दिया।

इतना करने पर भी महाराज जवाहरसिंह को जितनी आशा थी, उतना धन प्राप्त न हुआ, क्योंकि वे लोग जिन्हें पूरे धन का पता था, दुराग्रह-पूर्वक पता बतलाने से मर जाना उचित समझे हुए थे। इसके पश्चात् जवाहरसिंह के विरोध में एक शक्ति **बहादुरसिंह** की भी थी जिसने महाराज सूरजमल की सेवाओं द्वारा बहुत-सा पुरस्कार भी पाया था। यह जवाहरसिंह का चचेरा भाई था और वैर का

(यह ठीक है कि जवाहर सिंह ने दिल्ली को ध्वस्त करके नजीब का गर्व चूर्ण कर दिया था, लेकिन मल्हार राव की लालची प्रकृति के कारण, देश के जाट, भारत के इतिहास को नया रूप नहीं दे पाए. बाहरी आक्रान्ताओं के लिए उसे दुर्भेद्य नहीं बना पाए- संपादक स्वामी था। बहुत से धन के साथ ही यह एक अच्छी सेना भी रखता था।)

महाराज सूरजमल की मृत्यु के बाद बहादुरसिंह को अभिमान हो गया था। वह जाट-राज्य कायम करने और उस पर शासक होने का उतना ही अधिकार समझता था, जितना कि जवाहरसिंह। उसके तत्कालीन व्यवहारों द्वारा प्रकट होता था कि वह बेर के मैदानी क्षेत्र पर स्वतन्त्र शासक बनकर रहना चाहता था। वह जवाहरसिंह के रोकने पर भी बाज न आया। उसने किलेबन्दी करनी शुरू की। जवाहरसिंह अगस्त सन् **1765** में वैर पर चढ़ आये और चारों ओर से घेरा डाल दिया। बहादुरसिंह ने पहले से ही बड़ी तैयारी कर ली थी, इसलिए उसने डटकर सामना किया। तीन महीने तक इसी तरह आक्रमण होते रहे और बहादुरसिंह बेकार करता रहा। आखिरकार वह चालाकी से गिरफ्तार कर लिया गया। जवाहरसिंह द्वारा कैद होकर बहादुरसिंह भरतपुर लाया गया और नवम्बर सन् 1765 में ही छोड दिया गया।

इधर महाराज जवाहरसिंह बहादुरसिंह के दमन में लगे थे और उधर नाहरसिंह जवाहरसिंह का छोटा भाई धौलपुर रहते हुए भरतपुर पर अधिकार कर लेने की चेष्टा में था। वह यह अच्छी तरह जानता था कि जवाहरसिंह बहादुरसिंह से निपट कर तेरी और फिरेगा। संयोग से मल्हारराव होल्कर भी समीप के ही एक जाट सरदार की ताक में फिर रहा था। नाहरसिंह ने भरतपुर पर अधिकार करा देने के लिए उससे लिखा-पढ़ी शुरू की। मल्हारराव देहली की चढ़ाई के बाद से जवाहरसिंह से ऐंठ ही गया था और जब उसने (जवाहरसिंह ने) होल्कर पर विश्वासघात का अपराध लगा कर ठहरे हुए शेष 22 लाख रुपये देने से इनकार कर दिया तो वह और भी कुढ़ गया था। उसने इस अवसर को अपनी कसम निकाल लेने के लिए काफी समझा ओर अत्यन्त प्रसन्नता से नाहरसिंह की सहायता करना स्वीकार कर

लिया। उसने उसे (नाहरसिंह को) धर्मपुत्र बनाया और पुत्र की रक्षा के नाते से अपनी सेना चम्बल भेज दी, जो नाहरसिंह की सेना से मिलकर **धौलपुर-दुर्ग** की रक्षा करने लगी। इस अरसे में जवाहरसिंह भी चुपचाप न बैठा था। उसके पास कुल समाचार पहुंचते रहते थे और वह इस बुद्धिमानी से आक्रमण करने की तैयारी में था कि नाहरसिंह के सहायक मराठों का भी रास्ते में ही मान-मर्दन कर सके।

महाराज जवाहरसिंह ने शीघ्र ही अवसर देखकर अपने पंजाबी सैनिकों के साथ प्रस्थान कर दिया और दिसम्बर सन् 1765 में चम्बल के किनारे पहुंच गया। यहां मराठा सेना का एक हिस्सा, जो कि जाट-प्रदेश में घुस आया था, गिरफ्तार कर लिया गया। महाराज जवाहरसिंह ने जब धौलपुर पर आक्रमण किया तो नाहरसिंह और मराठों की सेना उससे लोहा न ले सकी और विजय-श्री ने महाराज जवाहरसिंह का साथ दिया। धौलपुर पर अधिकार करके वहां के बहुत से मराठों को उन्होंने कैद कर लिया। नाहरसिंह वहां से भाग निकला और धौलपुर में एक छोटे से राजपूत जागीरदार के किले में जाकर विश्राम किया। वहीं उसने विष खाकर आत्म-हत्या कर ली और उसका परिवार राजा जयपुर के यहां जाकर रहने लगा।

जवाहरसिंह महाराज सूरजमल की तरह नम्र विचार का न था। वह अवसर पाकर शत्रु को नष्ट कर देने की ताक में रहता था। उसकी इसी नीति के कारण, उसका अपनी सेना का गर्वनर तक, उसके पक्ष में न था। महाराज जवाहरसिंह ने धौलपुर पर अधिकार हो जाने पर देखा कि मराठों की शक्ति इतनी ही है तो वह उन्हें राजपूताने से निकाल भगाने की इच्छा करने लगा। परन्तु ग्रीष्म ऋतु आ जाने से उसके सिख सैनिकों ने अस्वीकार कर दिया। अतः उस समय उसने अपना इरादा स्थगित कर दिया।

परन्तु महाराज जवाहरसिंह के इरादे केवल इरादे ही न थे। उस समय की बढ़ती हुई शक्ति में सिख सैनिक उसकी अध्यक्षता में रहते थे। इसलिए समस्त उत्तरी भारत में सूरजमल के जाट-राज्य की डाली हुई नींव को वह पूरा और दृढ़ कर लेने के विचार में था। अब्दाली के मुकाबले में डटे रहने के लिए सिख काफी थे और इधर वह मराठों के लिए तरकीबें सोच रहा था। **मालवा के जाटों** को जाट-संघ में मिलाकर वह मराठों का इलाज करने की तैयारी कर रहा था।

गोहद का राणा छत्रसाल अत्यन्त वीरता और बहादुरी से मराठों से युद्ध कर रहा था। पंजाब और भरतपुर के जाटों की भांति वहां के जाटों ने भी अपने स्वतंत्र विचार और महान् साहस का परिचय दिया। मराठों की विशाल सेना के सामने भी वर्षों तक अपने स्वतन्त्र विचार और ध्येय को कायम रखा। महाराज जवाहरसिंह ने वीरवर राणा छत्रशाल की सहायता कर मराठों की शक्ति क्षीण करने की ठान ली।

जब माधोराव पेशवा को इस जबरदस्त **जाट-संघ** का पता चला तो उसे बड़ा भय हुआ। क्योंकि वह जानता था कि इसकी जड़ बड़ी मजबूत है और वह है जवाहरसिंह, जिसकी मार से मराठे धौलपुर से कुछ दिन पहले ही भाग आए थे और जिनके समाचारों को वह जान चुका था। उसने 1766 बसन्त ऋतु में रघुनाथराव को होल्कर के साथ 60 हजार घुड़सवार

और एक सौ बड़ी तोपों के साथ मराठों का दबदबा जमाने के लिए भेजा था। रघुनाथराव ने पहले ही गोहद पर घेरा डाल दिया और बड़ी कड़ी-कड़ी मांगे पेश कीं। जवाहरसिंह इस समय बहुत बीमार था, परन्तु शीघ्र ही स्वास्थ्य लाभ लेने पर मराठों से युद्ध करने पहुंच गया। पर जिस दुर्भाग्य से हमारे देश भर को कितनी ही बार भंयकर विपत्तियां सहनी पड़ी और देश इस चिन्त्य-दुर्दशा तक पहुंच चुका है, वही दुर्भाग्य वहां भी अड़ गया। महाराज के दल में दो दुष्ट जयचन्द खड़े हो गए। उन्होंने थोड़े से लालच

पर महाराजा जवाहरसिंह को उसी के कैम्प में कैद करा देने का वायदा किया। फूट जाने वाले विश्वासघाती अनूपगिरि गोसाई के भेद की सूचना गुप्तचरों द्वारा महाराज को ठीक समय पर लगी। उन्होंने अर्द्ध रात्रि के समय ही अपनी सेना को तैयार किया और एकदम से गोसाइयों के कैम्प पर हमला कर दिया। दुष्ट विश्वासघाती बड़ी कठिनता से भागकर प्राण बचा पाए, परन्तु उसके साथी एक बड़ी संख्या में कैद कर लिए गए। उनका कैम्प लूट लिया। जिसमें 1400 के करीब घोड़े, 10 हाथी, 100 तोपें व अन्य और भी कितना ही सामान महाराज के हाथ आया। इस प्रकार उन्हें उन्हीं की करनी का फल मिल गया।

इसी समय अब्दाली ने फिर पैर बढ़ाया और मराठों की तरह वह भी भारत में पुनः रौब-दौब बैठाने पंजाब में उपस्थित हुआ। अब्दाली से सामना करने के लिए जवाहरसिंह और रघुनाथराव में एक संधि हुई-एक तरह से उन्होंने झगड़ों का फैसला किया। आपस में तय पाया कि-1. जो कैदी भरतपुर में हैं छोड़ दिए जाएं, 2. यदि कि मराठे दूसरी सन्धि की शर्तों को पूरा कर दें तो जवाहरसिंह मल्हरराव के तय किए हुए बकाया रुपये दे देगा, 3. रघुनाथराव, महाराज जवाहरसिंह के राज्य के आस-पास का राजपूताने का हिस्सा राजा को 5,00000 रुपया सलाना लगान पर दे दें।

इस प्रकार ये शर्तें दोनों ओर से ही साफ दिल से नहीं हुई थीं और न इन्हें निभाने की इच्छा ही थी, अगर किसी आरे वालों को इसे तोड़ देने से लाभ दिखलाई पड़ता। सन् 1767 के मध्य तक सिखों के जोर पकड़ जाने से अब्दाली का भय न रहा। उस समय जवाहरसिंह चुपचाप बैठा न रहा। उसने वर्षा ऋतु में ही युद्ध के लिए कदम बढ़ाया। अटेर और भिंड जहां के राजा मराठों के अधीन थे, महाराज जवाहरसिंह पहले इन्हीं की ओर बढ़ा। वह उस ओर बहुत बढ़ गया, जितना कि उसने स्वयं न सोचा था। उसने अपनी शक्तिशाली सेना के साथ कालपी तक मराठे और छोटे-छोटे अन्य जागीरदारों को अपने अधिकार में कर लिया। इस तरह जाट-राज्य की सीमा उसने बहुत कुछ बढ़ा दी।

भारतवर्ष में एक शक्ति इस समय और पैर जमा रही थी और वह थी अंग्रेज। परन्तु अंग्रेज भी किसी ऐसे मित्र की खोज में थे जो उनकी मदद कर सके। चतुर अंग्रेजों ने महाराजा जवाहरसिंह के पास 19 अगस्त सन् 1765 ई. को एक पत्र भेजा, जिसमें लिखा था कि महाराज अगर समरू नामक फ्रेंच को अपने यहां से हटा दें तो अंग्रेज बाहरी आक्रमण के विरुद्ध भरतपुर की सहायता करेंगे। परन्तु महाराज ने इस पत्र पर किंचित भी ध्यान न दिया। यहां तक कि महाराज इसके लिए एकदम भूल गए। लेकिन अंग्रेज महाराज

जवाहरसिंह से संधि करने के लिए व्यग्र हो रहे थे। वे बार-बार इसकी चेष्टा कर रहे थे। जवाहरसिंह ने देखा कि संधि के लिए मराठे जब स्वयं प्रार्थना कर रहे हैं तो उनसे तो संधि के लिए दरख्वास्त की गई है, वह शीघ्र ही अब्दाली के विरुद्ध अंग्रेजों में जा मिला। संधि शर्तों को ईमानदारी से पालने के कारण वह अधिक अंग्रेजों की तरफ आकर्षित हुआ। जवाहरसिंह ने भी अपनी मित्रता को पूरी तरह निभाया। अंग्रेजों से मित्रता होने पर उसने अब्दाली से किसी तरह का सम्बन्ध न रखा और उसके प्रार्थना करने पर भी अपने निश्चय और पद पर अटल रहा। इसी तरह मराठों से अंग्रेजों के कारण मित्रता तोड़ दी। महाराज जवाहरसिंह ने इस समय भी जब भी मौका मिला, मराठों के राज्य पर हाथ मारा और उनकी उदासीनता के कारण मराठों के बहुत से अधिकृत प्रदेश पर अपना कब्जा कर लिया।

देहली के आस-पास और मेरठ के जाटों ने जब सुना कि जाट नरेश जवाहरसिंह देहली पर चढ़ाई करने को आया है, तो वे लाठी, बल्लम जो भी हाथ लगा, लेकर सेना में आ मिले। इसी तरह ब्रज के जाट भी उनके साथ सम्मिलित हुए थे। जब उन्होंने मालवे पर चढ़ाई की तो वहां के जाटों का हाल और प्रेम भी वह देख चुके थे। अब उनकी इच्छा राजपूताने के पश्चिम ओर के जाटों को देखने की हुई। उनका राज्य तीन ओर तो बढ़ चुका था, अब यह चौथी दिशा बाकी थी जिस पर कि उन्होंने अब तक ध्यान न दिया था।

मांवड़ा-मंढोली युद्ध : अलवर के राज्य के संस्थापक राजा प्रतापसिंह ने जवाहरसिंह को उधर की तरफ बढ़ने का अधिक प्रोत्साहन दिया। उसने समर्थन ही नहीं, बल्कि इनसे प्रार्थना की, क्योंकि वह जयपुर-नरेश से झगड़ा करके महाराज सूरजमल के संरक्षण में आया था। इसलिए वह चाहता था कि जिस राज्य ने इसके साथ अन्याय किया है, उसका बदला ले। वास्तव में भरतपुर और जयपुर के विरोध का कारण भी अधिकतर यही था। लेकिन बाद में इसी के विश्वासघात से महाराज जवाहरसिंह को भंयकर हानि उठानी पड़ी थी। इस हानि का फल भी जवाहरसिंह के लिए बहुत बुरा हुआ। महाराज ने जिसकी भलाई की, उसी ने धोखा दिया। ठीक ही है -

"पयः पानं भुजंगानां केवलं विषवर्द्धनम्।"

भारतेन्दु जवाहरसिंह ने **पुष्कर स्नान** के उद्देश्य से सेनासहित यात्रा शुरू की। प्रतापसिंह भी महाराज के साथ था। जाट-सैनिकों के हाथ में बसन्ती झण्डे फहरा रहे थे। जयपुर नरेश के इन जाटवीरों की यात्रा का समाचार सुन कान खड़े हो गए। वह घबड़ा-सा गया। हालांकि जवाहरसिंह इस समय किसी ऐसे इरादे में नहीं गए थे, पर यात्रा की शाही ढंग से। जयपुर नरेश या किसी अन्य ने उनके साथ कोई छेड़-छाड़ नही की और वह गाजे-बाजे के साथ निश्चित स्थान पर पहुंच गए।

स्नान-ध्यान करने के पश्चात् भी महाराज कुछ दिन वहां रहे। राजा विजयसिंह से उनकी मित्रता हुई। इधर महाराज के जाते ही राजपूत सामंतो में तूफान-सा मच गया। उधर के शासित जाट और इस शासक जाट राजा को वे एक दृष्टि से देखने लगे। इस क्षुद्र विचार के उत्पन्न होते ही सामंतों का संतुलन बिगड़ गया और वे झुण्ड जयपुर नरेश के पास पहुंचकर

उन्हें उकसाने लगे। परन्तु जाट सैनिकों से जिन्हें कि उन्होंने जाते देख लिया था, उनकी वीरता और अधिक तादात को देखकर, आमने-सामने का युद्ध करने की इनकी हिम्मत न पड़ती थी।

जवाहरसिंह को अपनी बहादुर कौम के साथ लगाव था, उसकी यात्रा का एकमात्र उद्देश्य पुष्कर-स्नान ही नहीं था, वरन् वहां की जाट-जनता की हालत को देखना भी था। उनको मालूम हुआ कि **तौरावाटी** (जयपुर का एक प्रान्त) में अधिक संख्या जाट निवास करते हैं तो उधर वापस लौटने का निश्चय किया। राजपूतों ने लौटते समय उन पर आक्रमण करने की पूरी तैयारी कर ली थी। यहां तक कि जो निराश्रित प्रतापसिंह भागकर भरतपुर राज की शरण में गया था और उन्होंने आश्रय ही नहीं, कई वर्ष तक अपने यहां सकुशल और सुरक्षित रखा था, षड्यन्त्र में शामिल हो गया। उसने महाराज की ताकत का सारा भेद दे दिया। राजपूत तंग रास्ते, नाले वगैरह में महाराज जवाहरसिंह के पहुंचने की प्रतीक्षा करते रहे। वे ऐसा अवसर देख रहे थे कि जाट वीर एक-दूसरे से अलग होकर दो-तीन भागों में दिखलाई पड़ें तभी उन पर आक्रमण कर दिया जाए।

तारीख **14 दिसम्बर 1767** को महाराज जवाहरसिंह एक तंग रास्ते और नाले में से निकले। स्वभावतः ही ऐसे स्थान पर एक साथ बहुत कम सैनिक चल सकते हैं। ऐसी हालत में वैसे ही जाट एक लम्बी कतार में जा रहे थे। सामान वगैरह दो-तीन मील आगे निकल चुका था। आमने-सामने के डर से युद्ध न करने वाले राजपूतों ने इसी समय धावा बोल दिया। विश्वास-घातक प्रतापसिंह पहले ही **महाराज जवाहरसिंह** का साथ छोड़कर चल दिया था। घमासान युद्ध हुआ। जाट वीरों ने प्राणों का मोह छोड़ दिया और युद्ध-भूमि में शत्रुओं पर टूट पड़े। जयपुर नरेश ने भी अपमान से क्रोध में भरकर राजपूत सरदारों को एकत्रित किया। जयपुर के जागीरदार राजपूतों के 10 वर्ष के बालक को छोड़कर सभी इस युद्ध में शामिल हुए थे। सब सरदार छिन्न-भिन्न रास्ते जाते हुए जाट-सैनिकों पर पिल पड़े। जाट सैनिकों ने भी घिर कर युद्ध के इस आह्नान को स्वीकार किया और घमासान युद्ध छेड़ दिया। आक्रमणकारियों की पैदल सेना और तोपखाना बहुत कम रफ्तार से चलते थे। जाट-सैनिकों ने इसका फायदा उठाया और घाटी में घुसे। करीब मध्यान्ह के दोनों सेनाएं अच्छी तरह भिड़ीं। इस समय महाराज जवाहरसिंह जी की ओर से मैडिक और समरू की सेनाओं ने बड़ी वीरता और चतुराई से युद्ध किया। जाट-सैनिकों ने जयपुर के राजा को परास्त किया। परन्तु जाटों की ओर से सेना संगठित और संचालित होकर युद्ध-क्षेत्र में उपस्थित न होने के कारण इस लड़ाई मे महाराज जवाहरसिंह को सफलता नहीं मिली। लेकिन वह स्वयं सदा की भांति असाधारण वीरता और जोश के साथ अंधेरा होने तक युद्ध करते रहे।

जयपुर सेना का प्रधान सेनापति दलेलसिंह, अपनी तीन पीढ़ियों के साथ मारा गया। यद्यपि इस युद्ध में महाराज को विजय न मिली और हानि भी बहुत उठानी पड़ी, परन्तु साथ ही शत्रु का भी कम नुकसान नहीं हुआ। कहते हैं युद्ध में आए हुए करीब करीब समस्त जागीरदार काम आये और उनके पीछे जो 8-10 साल के बालक बच रहे थे, वे वंश चलाने के

लिए शेष रहे थे। इसमें सन्देह नहीं कि महाराज जवाहरसिंह को वहां के जाटों की परिस्थिति और मनोवृत्ति का भी पता चल गया कि बहुत दिन तक शासित रहने के कारण उनका स्वाभिमान मर चुका है। नहीं तो क्या कारण था कि जब वह देहली की और चढ़ाई करने गया था तो यू.पी. और मेरठ के जाट प्रत्येक घर से लाठी कंधे पर रखकर उससे आ मिले और महाराज पर इधर आक्रमण होने पर भी उनके कानों पर जूं भी न रेंगी।

महाराज जवाहरसिंह की यात्रा शुभ फलदायक न हुई। अब उनका मध्याह्न सूर्य ढला। परिवर्तनशील संसार का यही नियम है कि यहां हमेशा एक-सी धाक (समय) नहीं रहती। इस महत्वाकांक्षी जाट सरदार को भी परिवर्तन का सामना करना पड़ा। उसके शत्रुओं ने जब सुना कि जवाहरसिह को जयपुर वाले युद्ध से हानि हुई है तो उन्होंने देख लिया कि अब मौका है। यह समाचार सुनते ही चम्बल पार का प्रदेश विद्रोही बन गया और जिस शीघ्रता से वह जाट-राज्य में मिला था, उसी तरह निकल भी गया। इधर माधौसिंह का भी साहस बढ़ गया था और भारी हानि उठाने के कारण बदला लेने के लिए 60 हजार सेना के साथ जाट-राज्य में घुस गया। फर्रुखनगर का नवाब मुसाबीखां बलोच (जो कि एक वर्ष पूर्व ही भरतपुर से उदारतापूर्वक कैद से रिहा हुआ था) और रुहेले राजपूतों की सहायता करने को तत्पर हो गए। ठीक ही कहा है, 'दुर्दिन पड़े रहीम कहि, भूलत सब पहिचान' की भांति सिख भी महाराज की मित्रता छोड़ने पर उतारू हुए और उसके दोनों बाहरी प्रान्तों को छोड़ना शुरू किया। माधौसिंह ने आगे बढ़ने और आगरे के दुर्ग को मुसाबीखां की सेना से मिलकर जीतने के लिए शाही हुक्मनामा भेजा।

इस समय प्रत्येक व्यक्ति महाराज जवाहरसिंह को राजपूतों से सुलह करने की सलाह दे रहा था, परन्तुं स्वाभिमानी जाट-सरदार ने गौरवपूर्ण समझौता युद्ध की बीच लड़कर तय कर लेना पसन्द किया। वह युद्ध के लिए तत्परता से तैयारी करने लगा। उसने सिखों को लूट के लोभ के बदले 7 लाख रुपये दिए। एम. मैडिक का भत्ता सेना बढ़ाने के लिए 5000 रुपये महावार बढ़ा दिया। जब राजपूतों को भय हुआ। वे सोच रहे थे जवाहरसिंह स्वयं सन्धि का प्रस्ताव करेगा, परन्तु अब उन्होंने देखा कि सिखों को उसने अपनी ओर कर लिया है, तो वे घबरा गए। उनके सभी इरादों पर पानी तो फिरा, लेने के देने पड़ गए। जाट-राज्य से सकुशल निकल जाना उन्हें असम्भव मालूम हुआ। आगत भय की आशंका से महाराज जवाहरसिंह से उन्होंने सन्धि कर लेना ही अपनी रक्षा का एक मात्र उपाय सोचा। जाट-नरेश से सन्धि-प्रार्थना कर सन्धि कर ली गई और वह शीघ्रता से अपने स्थान पर लौट गए। इस तरह से राजपूत पंजाब के भयानक घुड़सवारों के आने से पहले ही अपने देश में पहुंच गए।

जब से जवाहरसिंह राजपूताने से लौटा था, तब से वह शान्त न बैठा था। उसके शत्रुओं ने भूल की थी कि वह साहसहीन हो गया है, यद्यपि उस समय उसके शत्रुओं के एकदम खड़े हो जाने से उसे हानि तो बहुत उठानी पड़ी थी, पर वह अस्थिर न हुआ था। उसका स्वभाव ही अल्लहड़पन की वीरता से ओत-प्रोत था। वह यह तो जानता ही न था कि भय किसे कहते हैं। लड़ाई करने की इच्छा उसकी रग-रग में भरी थी। बिना लड़ाई उसके लिए जीवन नीरस।

था। माधौसिंह के चले जाने पर जब उसने देखा कि यह आया हुआ युद्ध रूपी खेल खेलने का अवसर निकल गया तो मैडिक के साथ एक किले को जहां राजपूतों का एक दूसरा वंश राज्य करता था, अधिकार में करने की तैयारी कर कूच कर दी। डेढ़ महीने पश्चात् वह किले पर चढ़ने में समर्थ हुआ। उसकी सेना जब किले के गोले-बारूद से भयभीत हो गई तो भी यह निडर भाव से डटा रहा। दूसरी बार वह किले की दराज के नीचे से गया और दुर्ग-रक्षक डरकर अधीन हो गये।

महाराज जवाहरसिंह इस तरह दृढ़चित्त और अदम्य उत्साह से फिर सम्भल बैठा था, जिसे जानकर शत्रुओं को भय होने लगा था। अत्यन्त शीघ्रता से महाराज ने बिगड़ी हई परिस्थिति को फिर वैसा ही बना लिया। उसके हथियार पहले की भांति चमकने लगे और राज्य धन-धान्य से समृद्ध होने लगा जिससे प्रजा का प्रेम भी प्राप्त हो गया। उसने अपनी सेना का यूरोपियन ढंग से संगठन किया, तोपखाने बढ़ाये जिससे बाहर वाले उसकी प्रतिष्ठा करने लगे। उसके शत्रुओं को बड़ा भय हुआ कि कहीं उसके क्रोध का ज्वालामुखी फिर से न उबल पड़े। परन्तु दुर्भाग्य से होना कुछ और ही था जिससे उसके शत्रुओं के घर में घी के चिराग जल गये। **जून सन् 1768** में जवाहरसिंह किसी घातक धोखे से मार डाले गये। 'ब्रजेन्द्र-वंश भास्कर' में उस घातक का नाम सुजात मेव लिखा है। 'इमाद' का लेखक लिखता है कि महाराज जबरसिंह ने केवल अजां देने पर एक मनुष्य की जिह्वा निकलवा ली थी। आगरे की मस्जिद को बाजार कर दिया था और उसमें अनाज की दुकानें खुलवा दी थीं। कोई भी कसाई मांस नहीं बेच सकता था। इससे सम्भावना होती है कि किसी तास्सुबी मुसलमान ने उन पर हमला करके मार डाला होगा।

महाराज जवाहरसिंह की मृत्यु के लिए इतना ही कहना पर्याप्त होगा कि जाटों का सितारा, हिन्दु-धर्म का रक्षक, जिसकी अभी भारी आवश्कता थी, असमय में ही विलुप्त हो गया। उनके निधन से जाट-साम्राज्य की गाड़ी तो रुक गई पर साथ ही हिन्दु-हितों को भी भारी ठेस लगी।

वह यह देख चुके थे कि हर मौके पर, भारत में रहने वाले ईरानी, तूरानी मुसलमान तथा बिलोच बाहरी आक्रान्ताओं का साथ देते थे, देश को फिर से अफगानों का गुलाम बनाने की योजना में लगे थे, यहां के कुछ सूफी सन्त फतवा जारी करके अब्दाली का समर्थन कर रहे थे। अतः उनको इस वर्ग से घृणा हो गई थी।

30

नागा साधुओं की फौज, भरतपुर राज्य

नागा साधुओं की फौज, भरतपुर राज्य

18वीं शताब्दी के उत्तराद्र्ध में नंगे साधुओं अर्थात नागाओं या गुसाइयों को मिलाकर बना सशत्र समूह एक अलग किस्म की प्रभावशाली फौज थी। इनमें विलक्षण किस्म के सैनिक शामिल थे, जिनका भारत के अलावा दुनिया के किसी हिस्से में कोई मुकाबला नहीं था। ये नंगे या फक्कड़ होते थे। जो दूसरों की कमाई पर फल-फूल रहे थे। संक्षेप में कहें तो यह समूह उन साधुओं की जमात थी जिन्होंने आम लोगों को सादगी और आस्था के कारण उनसे दान मांगने का विशेषाधिकार प्राप्त कर लिया था। उन्हें जो कुछ भी चाहिए होता और जब कभी चाहिए होता, वह इकट्ठा कर लेते। अपनी जरूरतों को पूरी करने के लिए वे हिंसा का इस्तेमाल करने में भी संकोच नहीं करते थे, और कोई उनका विरोध भी नहीं करता था।

इनमें वे प्रभावशाली गुण, असाधारण ताकत, अनुशासन और उत्साह होते थे, जो अपने संगठन में स्वाभाविक रूप से नेता के आदेशों के तहत ही चलते थे। वे एक क्षेत्र से दूसरे क्षेत्र में जाते रहते, वह सब कुछ करते जो उन्हें आवश्यक लगता और जहाँ पहुँच जाते वहाँ अपने ठहरने का फैसला करते तथा आसपास के इलाकों पर कब्जा कर लेते थे। भारत में ऐसे ही एक समूह ने कुछ दिनों के अंदर एक लाख से ज्यादा लोगों की सेना जुटा ली थी।

बाहरी आचरण में ये अपने रहन-सहन के बावजूद असामान्य नहीं थे। वे अपने बालों का खास ख्याल रखते और उन्हें इतना लम्बा बढ़ा लेते कि उनके लम्बे बाल उनके कंधों से नीचे तक लटकते रहते थे। उनके शरीर पर अक्सर उनकी कमर पर मात्र एक लाल रंग का छोटा सा लंगोट बंधा होता था और वे प्रायः नग्न ही रहा करते थे। बहुत से ऐसे भी थे जो शिष्टता की सीमाएं लांघ कर शरीर पर एक धागा भी नहीं पहनते थे। वे अपने शरीर पर मात्र गोबर की भभूत मल लेते थे।

भाले, तलवार, तीर, ढाल, चक्र, फरसा, बल्लम व अन्य हथियार रखने वाले इन साधुओं का दल युद्ध में बहुत विचित्र और भयावह प्रतीत होता था। उनके पास टेंट नहीं होता था

और न कोई माल ढोने का वाहन। सिर्फ एक ऊनी कम्बल या गांव जहां से भी गुजरते उन्हें उनकी जरुरत के अनुसार खाने-पीने का सामान मिल जाया करता था। वे अधिक संख्या में एकत्र होकर निकलते हुए मनचाहा हजारों रुपये का टैक्स स्थानीय लोगों पर लाद देते थे। उन्हें टालने का कोई उपाय नहीं होता था।

काफी ऊंची कीमत पाने के लिए वे युद्ध भी करते थे और कठिन परिस्थितियों में साहस का प्रदर्शन किया करते थे। उनके शिविरों में कोई महिला नहीं होती थी और न ही कोई विवाहित पुरुष उनके बीच होता था। यद्यपि कई अन्य कुवृत्तियों में भी संलिप्त रहते थे। जब कभी उनकी इच्छा होती तो वे युवा लड़कों का अपहरण कर लेते और उन्हें अपने पंथ में शामिल कर लेते थे। एक बार उनके हाथों में चले जाने के बाद कोई उन्हें छुड़ाने का साहस नहीं कर पाता था। इस तरह उनकी संख्या हमेशा बढ़ती जाती थी। वैसे भी ऐसे युवाओं की कोई कमी नहीं थी जो दूसरों के खर्चे पर चल रहे उनके रहन-सहन के ढंग से प्रभावित होकर उनके साथ शामिल हो जाते थे।

क्योंकि इनकी संख्या इतनी अधिक होती थी कि उन्हें नियंत्रित करना कठिन हो जाता था। कई बार वे अपने प्रभाव के बल पर आसपास के क्षेत्रों से धन और सामग्री भी प्राप्त कर लेते थे। भले लोग हमेशा उनसे त्रस्त रहते थे किन्तु फिर भी उन्हें आदर देते थे। उनके लिए ये नागा गोसाई थे यानी भगवान के आदमी और आराध्य। इन्हें कुछ देने से मना करना पाप समझा जाता था। यहां तक कि ऐसा करना किसी गृहस्थ का पुनीत कर्तव्य माना जाता था।

जब देश के विभिन्न भागों में युद्ध और अस्थिरता की स्थिति बनी हुई थी, तब इनकी सेवाएँ सैनिकों के रूप में सबसे पहले अवध के नवाबों ने भाड़े के सैनिकों के रूप में ली गईं। जुलाई, सन 1752 में जब नवाब वजीर सफदरजंग दिल्ली में अहमद शाह के दरबार में पहुँचा, तब राजेन्द्र गिरि गोसाई के नेतृत्व में नागा सैनिकों के एक बड़ी संख्या उसके कमान में थी। जब राम बलराम सिकन्दराबाद परगना को परेशान कर रहा था तो नवाब ने बलराम को कुचलने के लिए राजेन्द्र गिरि के नेतृत्व में नागा सैनिकों की एक टुकड़ी भेजी थी। नागा सैनिकों की इस मारक टुकड़ी ने बलराम को दनकौर के पार तक खदेड़ दिया था। बलराम जब अपने राज्य बल्लभगढ़ भागने के लिए यमुना नदी पार गया तब राजेन्द्र गिरि दिल्ली लौट आया।

सूरजमल की सेना में भी नागा सैनिक शामिल रहते थे। जब जवाहर सिंह ने मार्च 1753 घासेड़ा के चारों ओर घेरा डाला था गुरु महंत रामकिशन अपनी नागा पार्टी द्वारा सेना के मुख्य भाग सुरक्षा प्रदान कर रहे थे। जब सफदरजंग ने मई, 1753 में दिल्ली में अहमद शाह और इमाद-उल-मुल्क गाजीउद्दीन के खिलाफ गृह युद्ध छेड़ा तो विरोधी ताकतों के साथ संघर्ष में राजेन्द्र गिरि गोसाई सूरजमल की सहयोगी सेनाओं के साथ था। गिरि ने दिल्ली के बारहपुला इलाके में स्थित तूरानी सरदारों की हवेलियों पर हमला बोल दिया था।

- 8 मई को राजेन्द्र गिरि ने सूरजमल के साथ मिलकर नवाब सफदरजंग के इशारे पर पुरानी दिल्ली के लाल दरवाजे के क्वार्टरों को लूट लिया। 10 मई को मराठा अंताजी मानकेश्वर और इमाद-उल-मुल्क के सेनापति शादिल खान की संयुक्त सेनाओं ने यमुना नदी के तट पर भीषण युद्ध लड़ा और राजेन्द्र गिरि पर हमला कर दिया। इस संघर्ष में बड़ी संख्या में नागा सैनिक मारे गए।
- 14 मई 1753 को राजेंद्र गिरि के नेतृत्व में नागा सैनिकों ने काली पहाड़ी के मैदान में शत्रुओं पर आक्रमण किया, जिसमें उन्हें भारी क्षति उठानी पड़ीऔर गंभीर रूप से घायल हो गया। 15 मई 1753 को इस युद्ध का अंत हुआ और राजेन्द्र गिरि ने दम तोड़ दिया। इस दौरान नागा सैनिकों के साहस और बलिदान को सभी ने सराहा।
- इसके बाद नवाब ने राजेंद्र गिरि के शिष्य उमराव गिरि को नागा सेना का प्रमुख नियुक्त किया।
- 1 जुलाई 1753 को नवाब सफदरजंग ने नागा महंत उमराव गिरि और अनूप गिरि अन्य नागा नेताओं को सेना के संचालन का दायित्व सौंपा गया। नागा सैनिकों ने लगभग एक महीने तक लगातार युद्ध करते हुए अपनी वीरता और युद्ध कौशल का प्रदर्शन किया और दुश्मनों को कड़ी टक्कर दी। इन घटनाओं के काफी समय बाद मथुरा और वृन्दावन में अहमद शाह अब्दाली ने भारी जनसंहार करने के बाद महावन में डेरा डाल दिया था। 16 मई 1757 को उसने अफगान सैनिकों की एक टुकड़ी को गोकुल पर हमला करने और लूटपाट करने के लिए भेजा। यहां राजपूताना और उत्तर प्रदेश से आकर हजारों नागा सन्यासी पड़ाव डाले हुए थे । वे धर्म के नाम पर अपना जीवन बलिदान करने को तैयार थे। जैसे ही अफगान सेना पवित्र गोकुल शहर में पहुँची उसका मुकाबला पूरे शरीर पर भभूत लगाये नंग-धडंग चार हजार अफगानों और लगभग इतनी संख्या में नागा सन्यासियों की मौत के बाद थमा। राजा जुगल किशोर, जो उस वक्त अहमद शाह अब्दाली के खेमे थे, ने अफगान राजा को सलाह दी कि वे गोकुल से अपनी सनाओं को वापस बुला ले क्योंकि नागा सन्यासियों को अपने जीवन या पैसे से कतई मोह नहीं हैं।

अपने पिता सूरजमल की मौत का बदला लेने ले लिए 1765 की जनवरी के अंतिम सप्ताह में जब दिल्ली के आसपास नजीबुद्दौला की घेराबंदी कर रहा था तब 12000 नागा सन्यासी अवध या इलाहाबाद (प्रयागराज) से जा पहुंचे और उमराव गिरि गोसाई के जरिये जवाहरसिंह की सेना में शामिल हो गये। एक दिन वे जाट सैनिकों के साथ दिल्ली के दक्षिणी उपनगरीय क्षेत्रों में चले गये और रूहिल्ले सैनिकों से जमकर भीषण युद्ध किया लेकिन नजीब की कुशल सरदारी के सामने वे टिक नहीं पाये और दिन के अंत में भारी नुक्सान के साथ उन्हें मैदान छोड़ देना पडा।

1. में जवाहर सिंह ने धौलपुर के निकट मराठों पर हमला करने लिए गया। हालांकि इस युद्ध के दौरान कुछ मतभेदों के कारण नागा सैनिकों के बीच भी संघर्ष की स्थिति उत्पन्न हो गई। इसके बावजूद उन्होंने युद्ध में अपना योगदान जारी रखा। इसके बाद नवाब ने नागा सैनिकों के दो प्रमुख नेताओं—अनूप गिरि और उमराव गिरि—को अलग-अलग क्षेत्रों की जिम्मेदारी सौंपी। उन्होंने अपने-अपने क्षेत्रों में सैन्य कार्यवाही को जारी रखा और दुश्मनों के खिलाफ संघर्ष करते रहे। 23 और 24 दिसंबर 1766 की अर्धरात्रि को जवाहरसिंह अपने सैनिकों के साथ अचानक गोसाईयों के शिविर पर टूट पडा। इस युद्ध में बड़ी संख्या में 600 सैनिक मारे गए। इसके बाद तीन नागा प्रमुख उमराव गिरि, अनूप गिरि, और मिर्जा गिरि काफी कठिनाई के बाद बच निकले, लेकिन उनके अनुयायियों को अच्छी-खासी संख्या में बंदी बना लिया गया तथा उनके शिविर को पूरी तरह से लूट लिया गया। नागा सैनिकों के पास से 1400 घोड़े, 60 हाथी, 100 तोपें और दूसरे बहुमूल्य सामान जवाहरसिंह के हाथ पड़ गए। आगरा, डींग,और कुम्हेर में बसे इन गोसाई सरदारों के परिजनों व आश्रितों को एक जगह एकत्रित कर दिया गया और उन पर कडा पहरा बिठा दिया गया और गोसाईयों ने कुछ अवधि के लिए भरतपुर राज्य का संरक्षण खो दिया।

राजा रतन सिंह के शासनकाल के दौरान अप्रैल, 1769 में भी गोसाईयों के बारे में सुनाने को मिलता है। भरतपुर के राजा एक कीमियागार को जलसे के मौके पर अपने साथ वृन्दावन ले गये थे। लम्बे समय तक इस गोसाई रूपानंद ने राजा को माया जाल में फंसा रखा था कि वह जादुई तरीके से सोना बना सकता है। अंत में राजा ने उस पर दवाब डाला और सोना बना कर न दिखाने पर जान से मारने की धमकी दे दी। तब इस ढोंगी गोसाई ने राजा से वायदा किया कि वह उनकी मौजूदगी में सोना बनाकर दिखायेगा। शर्त यह रखी थी कि इसके लिए राजा को अविवेकी लोगों से दूर अकेले उसके साथ रहना होगा। जब राजा इसके लिए राजी हो गया तो ढोंगी किमियागार ने कटार के एक वार से राजा की हत्या कर दी। बाद में सदासुख और खुशालराय ने गोसाई का सिर कलम कर दिया।

अप्रैल 1770 में दो भाईयों नवलसिंह और रणजीत सिंह के बीच लड़ाई छिड़ी, तब नागा सैनिकों ने बहादुरी से भाग लिया। इस संघर्ष में नवलसिंह की ओर से लड़ते हुए नागा सैनिकों ने साहसपूर्वक युद्ध किया और अपने विरोधियों को कड़ी चुनौती दी।

पुनः अक्टूबर 1773 में मिर्जा नजफ खाँ ने नवलसिंह के खिलाफ रूहेला सेनाओं का नेतृत्व किया। बरसाना के निकट जमकर युद्ध हुआ। इस युद्ध में नवलसिंह ने अपनी सेना को तीन भागों में विभाजित किया। एक भाग का नेतृत्व स्वयं किया, जिसमें लगभग 10 हजार सैनिक और 12 हजार नागा बैरागी सैनिक शामिल थे। दूसरे भाग में अन्य सेनापति थे। दूसरी ओर विरोधी पक्ष की तरफ मुल्ला रहीमदाद खान अपने रूहेला सैनिकों के साथ नागा सैनिकों के खिलाफ युद्ध किया। इस युद्ध के निर्णायक चरणों में नवल सिंह की सेना

को भारी नुकसान उठाना पड़ा। अनेक सैनिक मारे गए और बड़ी संख्या में घायल हुए। अंततः इस संघर्ष में मुल्ला रहीमदाद खान की विजय हुई और नवल सिंह को पीछे हटना पड़ा। इस युद्ध में बालचन्द गोसाई और अनेक सैनिक घातक रूप से जख्मी हो गये थे।

सन 1776 में मुगल सैनिकों का नेतृत्व करते हुए मिर्जा नजफ खाँ ने डींग के चारों ओर घेरा डाला और जाटों के विरुद्ध अभियान चलाया। प्रारंभ में यह अभियान विशेष सफल नहीं रहा, लेकिन बाद में उसने अपनी रणनीति में बदलाव किया। शाह बुर्ज और गोपालगढ़ के बीच सामरिक दृष्टि से महत्वपूर्ण बाग में राजा रणजीत सिंह के अनेक हजार लोग पैदल सैनिक काबिज थे। इस स्थान से यह धाबा बोलते समय, घेरबंदी की खंदको पर छापा पड़ा मारते और शाही सैनिकों के लिए की जा रही खाद्यान्न आपूर्ति पंक्ति को काट डालते। निडर नागा संन्यासियों ने मुगल खेमे में खाद्यान्न और चारे की किल्लत पैदा कर दी थी। इस प्रकार घेराबंदी महीनों खिंच गई। इसी बीच हिम्मत बहादुर गोसाई, अवध की सेवा से हटाए जाने के बाद, अपने 6000 भाड़े के सैनिकों और 30-40 तोपों के साथ घुमड़ रहे बादलों के बीच से प्रकट हुए सूरज की भांति मिर्जा नजफ खान की सेवा में शामिल हो गया। उसने आते ही चारों ओर लूटपाट मचा दी और लूट का ढेर सारा पैसा नजीब खान को दे दिया जिससे कि वह अपने भूखे मर रहे सैनिकों को वेतन बांट सके। अपने सैनिकों को भुगतान करने के बाद नजीब खाने खुद कमान संभालते हुए जाटों की तरफ के निर्भीक नागा सैनिकों पर हमला बोल दिया जो उसकी सेना के रसद-पानी के काफिले का रास्ता बीच में रोकते रहते थे। सभी नागा गोसाई संघर्ष के लिए पूरी तरह तैयार होकर हाथों में तोड़ेदार बंदूक लिए मुगल सेना का मुकाबला करने के लिए निकल पड़े। पहले मुगलों के प्रयासों का मुंहतोड़ जवाब दिया और उन्हें भारी नुकसान भी उठाना पड़ा। लेकिन दूसरी बार एक लंबी और संघर्षमयी लड़ाई चली। इस लड़ाई में अन्य शाही सैनिकों के साथ मिर्जा का पसंदीदा दास खुसरों बाग मारा गया लेकिन अंत में ये नागा पराजित हो गए। गोसाई जो लंबे समय तक डींग की किलेबंदी वाली आरामगाह को ठुकराते रहे थे अपना बोरिया-बिस्तर बांधकर शहर में घुस गए। 29 अप्रैल, 1776 की रात हताश व घेराव से परेशान राजा रणजीत सिंह खुद अपने बचे-खुचे सैनिकों के साथ कुम्हेर की ओर भाग निकले। मिर्जा नजफ़ के हमजोली हिम्मत बहादुर गोसाई को किसी तरह इस बात की जानकारी लग गई और उसने अपने सैनिकों के साथ राजा रणजीत सिंह का रास्ता रोका। कतिपय झड़पों के बाद राजा रणजीत सिंह और उसका दल किसी तरह कुम्हेर पहुंचने में कामयाब हो गया।

बाद में 18 वीं शताब्दी के अंतिम दशक में हिम्मत बहादुर ने अपनी स्वामीभक्ति बदलकर मराठों के प्रति कर ली और सरदारों में शुमार हो गया। जाटों के प्रति प्रतिशोध के रूप में वह गोवर्धन में स्थित भरतपुर राजाओं के स्मारक (कुसुम सरोवर) से महंगे सामान उठाकर वृंदावन ले आया जहां इनका इस्तेमाल एक यमुना घाट के निर्माण में कर दिया जिस पर अभी भी उसका नाम अंकित है। शक्ति का ऐसा निर्लज्ज प्रदर्शन ज़रा सनसनीखेज लगता है। इसलिए यहां यह विस्तार से बताना अप्रासंगिक नहीं होगा कि योद्धा गोसाई

(हिम्मत बहादुर) कौन था।

बुंदेलखंड का मूल निवासी हिम्मत बहादुर प्रमुख महंत राजेंद्र गिरि का शिष्य बनकर गया जो दशनामियों या शंकराचार्य के अनुयायियों से विलग हुआ था। यह हिंदुओं के सबसे कट्टरपंथी पंथ का अनुयाई था। यह शैव नागा थे, जो थोड़े से धार्मिक ताने पर से ही भड़क उठते थे।

उसके उकसावों पर ही पहले पेशवा बाजीराव का अवैध पौत्र अली बहादुर सिंधिया के खिलाफ हथियार उठाने के लिए प्रेरित हो गया था और उसने बुंदेलखंड में वस्तुतः एक स्वतंत्र संप्रभु के रूप में अपने को स्थापित कर लिया था। 1802 में अली बहादुर कालिंजर की घेराबंदी में मारा गया। वह अपने पीछे अपने पुत्र शमशेर बहादुर को छोड़ गया। पहले तो इस उत्तराधिकारी को हिम्मत बहादुर ने समर्थन दिया। हालांकि वह चुपचाप, जहां तक संभव हो सका, अपना खुद का प्रभाव बढ़ाता रहा। अंग्रेजों के खिलाफ मराठा प्रमुखों के एकजुट होने पर इसके लिए शमशेर भी उनके साथ हो गया था। उनकी सफलता के परिणाम स्वरुप अपनी कमजोर स्थिति का आभास होते ही हिम्मत ने अंग्रेजों से सहयोग करने का निश्चय कर लिया।

4 सितंबर 1803 को अंग्रेज लार्ड वेलेजली और अनूप गिरि हिम्मत बहादुर के बीच एक संधि संपन्न हो गई। जिसके अनुसार काल्पी से लेकर इलाहाबाद तक यमुना के पश्चिमी किनारे के लहभग सभी क्षेत्र उसे सौंप दिए गए। इस समझौते के अगले वर्ष ही, हिम्मत बहादुर का निधन हो गया। तब ये क्षेत्र वापस ले लिए गए और इसके बदले उन्हें पेंशन दे दी गयी।

भारत के राजनीतिक मानचित्र पर अंग्रेजों के आने पर नागा साधुओं की यह परंपरा, जो कभी एक शक्तिशाली सैन्य संगठन के रूप में जानी जाती थी, समय के साथ कमजोर होती गई। फिर भी उनका योगदान भारतीय इतिहास में महत्वपूर्ण माना जाता है। यह अभी तक रहस्य बना हुआ है कि क्या नागा भरतपुर राज्य के सहयोगी थे या उसके विरोधी थे।

परिशिष्ट-सन्दर्भ

परिशिष्ट-सन्दर्भ

1. तथ्यों के परिप्रेक्ष्य में - जाट-इतिहास डॉ. नत्थनसिंह, प्रकाशक - जाट समाज कल्याण परिषद, एफ/13, डॉ. राजेन्द्र प्रसाद कॉलोनी तानसेन मार्ग ग्वालियर - 474002. (वर्तमान पता - जाट धर्मशाला हजीरा तानसेन मार्ग ग्वालियर- 474003.), मुद्रक : पवन प्रिंटर्स नवीन शाहदरा, दिल्ली -110032.
2. जाट सिंधिया सम्बन्ध - सिन्धिया-जाट सम्बन्ध गोहद के विशेष सन्दर्भ में लेखक डॉ. प्रद्धुम्न ओझा, प्रकाशक - जाट-वीर प्रकाशन, ग्वालियर, द्वारा जाट समाज कल्याण परिषद, एफ/13, डॉ. राजेन्द्र प्रसाद कॉलोनी तानसेन मार्ग ग्वालियर - 474002. (वर्तमान पता - जाट धर्मशाला हजीरा तानसेन मार्ग ग्वालियर- 474003.), मुद्रक : रुचिका प्रिंटर्स, दिल्ली - 110032.
3. जाट रियासतें - लेखक रनवीर सिंह, प्रकाशक - नोशन प्रेस, वितरक - नोशन प्रेस, अमेज़न, फ्लिप कार्ट, किन्ड्ल.
4. जाट बलिदानी - लेखक रनवीर सिंह, प्रकाशक - नोशन प्रेस, वितरक - नोशन प्रेस, अमेज़न, फ्लिप कार्ट, किन्ड्ल
5. महान व्यक्तियों की अमर गाथाएं - 2, सूरज की तलवार, लेखक - वीरेन्द्र सिंह चट्ठा, प्रधान संपादक महाराजा सूरजमल टाइम्स (मासिक पत्रिका), मुद्रक राज प्रिंटर्स, ट्रोनिका सिटी, गाज़ियाबाद, उ. प्र. Email: surajmaltimes01@gmail.com , मोबाइल 9250981999.
6. लोहागढ़ की यशोगाथा - रामवीर सिंह वर्मा, प्रकाशक - प्रदीप प्रकाशन, सूरजमल नगर, निकट केन्द्रीय विद्यालय, भरतपुर (राजस्थान).
7. वीर योद्धा - राजा खेमकरण सोगरिया, रामवीर सिंह वर्मा, प्रकाशक - प्रदीप प्रकाशन, सूरजमल नगर, निकट केन्द्रीय विद्यालय, भरतपुर - 321001. (राजस्थान).
8. रामवीर सिंह वर्मा की अन्य पुस्तकें - जाटों का गौरवशाली इतिहास, भरतपुर का इतिहास, भरतपुर रुलर्स, महाराजा सवाई जवाहर सिंह और उनका युग, भरतपुर की वीरांगना महारानी किशोरी, भरतपुर दर्पण, लोहागढ़ का सूरजमल आदि
9. महाराजा सूरजमल (1707-1763) (लेखक कुंवर नटवर सिंह) संस्करण 1981.
10. सूरजमल शौर्य गाथा (डॉक्टर धर्मचन्द विद्यालंकार)
11. महाराजा सूरजमल का युग एवं प्रवृत्तियां (अमेज़न)
12. जाट इतिहास (ठाकुर देशराज)
13. भरतपुर का सूरजमल, जाट योद्धाओं की अनुपम शौर्य गाथा (लेखक मुनीश त्रिपाठी)
14. युग निर्माता महाराजा सूरजमल (डॉ. मोहनलाल गुप्ता)

15. महाराजा सूरजमल और उनका युग (डॉ.प्रकाश चन्द्र चंदावत)
16. वैंदेल के वृत्तलेख हिन्दुस्तान में जाट-सत्ता, (आविर्भाव, विकास तथा 1768 की स्थिति) - सम्पादक एवं टिप्पणी - लेखक - डॉ. जां दलोश (फ्रेंच संस्करण), डॉ. वीर सिंह (हिंदी संस्करण), अनुवादक जेम्स वाकर (अंग्रेजी), विराज (हिंदी), प्रकाशक - राधाकृष्ण प्रकाशन प्राइवेट लिमिटेड 7/31, अंसारी मार्ग, दरियागंज नई दिल्ली -110002.
17. राजस्थान के जाटों का वृहद इतिहास भाग-1, डॉ. पेमाराम, प्रकाशक - तेजा फाउंडेशन, तेजा सर्किल, मानसरोवर मेट्रो, पिलर नुम्बर 1 के पास जयपुर राजस्थान, वितरक - राजस्थानी ग्रन्थाकार सोजती गेट, जोधपुर (राजस्थान) फोन - 0291-2657531, 2623933, Email: info@rgbooks.net
18. राजस्थान के जाटों का वृहद इतिहास भाग-2, जाटों की गौरव गाथाएं, डॉ. पेमाराम, प्रकाशक - तेजा फाउंडेशन, जयपुर, तेजा सर्किल, मानसरोवर मेट्रो स्टेशन के पास, गोपालपुरा वायपास, जयपुर (राजस्थान), वितरक - राजस्थानी ग्रन्थाकार प्रथम माला, गणेश मंदिर के सामने सोजती गेट, जोधपुर (राजस्थान) फोन - 0291-2657531, 2623933, Email: info@rgbooks.net
19. जाटों का नवीन इतिहास भाग-1, उपेंद्रनाथ शर्मा, प्रकाशक - ओरिजिनल्स (ऐन ईम्परिन्ट ऑफ़ लो प्राइज पब्लिकेशन) ए-6, नीमड़ी कमर्शियल सेंटर, अशोक विहार फेज - 4, दिल्ली - 110052.
20. जाटों का नवीन इतिहास 1685 - 1763, भाग-2 ब्रजेन्द्र बहादुर सूरजमल, उपेन्द्रनाथ शर्मा, प्रकाशक - ओरिजिनल्स (ऐन ईम्परिन्ट ऑफ़ लो प्राइज पब्लिकेशन) ए-6, नीमड़ी कमर्शियल सेंटर, अशोक विहार फेज - 4, दिल्ली - 110052.
21. जाटलैंड विकी
22. समरवीर गोकुला (प्रबन्ध काव्य) - बलवीर सिंह करूण, अलवर राजस्थान
23. डींग का जौहर - बलवीर सिंह करूण, अलवर राजस्थान (मूल निवास - किरठल जिला बागपत, उत्तर-प्रदेश)
24. सुजस प्रबंध- नत्थनसिंह, जाट वीर प्रकाशन ग्वालियर
25. महाराजा जवाहर सिंह और उनके उत्तराधिकारी - डॉ. वीरसिंह
26. जाटों का नवीन इतिहास-१: उपेन्द्रनाथ शर्मा
27. जाटों का नवीन इतिहास--२: उपेन्द्रनाथ शर्मा

शब्दावली

शब्दावली

पद-पदवी/उपाधि:- पद या पदवी अथवा उपाधि किसी व्यक्ति विशेष, जाति विशेष, समाज विशेष को उत्कृष्ट कार्यों के लिए प्रदान की जाती है। समाज सेवा, खेल कूद प्रीतियोगता आदि में इसका संबंध व्यक्ति के किसी महान कार्य, योगदान या उपलब्धि से होता है। सरकार, संस्था या मानव समूह द्वारा किसी व्यक्ति विशेष को प्रदत्त शब्द सूचक सम्मान ही उपाधि कहलाती है। उपाधि प्राप्त व्यक्ति की समाज में अलग पहचान स्थापित हो जाती है। उपाधि के पीछे प्रदत्तक का स्वार्थ भी छिपा होता है। यह व्यक्ति के लिए पारितोषिक भी है और कई बार यह सामाजिक बहिष्कार का कारण भी बन जाता है। अंग्रेजों ने कुछ प्रभावशाली लोगों को अपने पक्ष में करने के लिए 'राय साहब', 'सर', 'राय बहादुर' जैसी कई उपाधियाँ प्रदान की थी। अंग्रेज़ तो भारतीय राजाओं को उनके सम्मान में तोपों की भी सलामी देते थे। ब्रिटिश राज्य जिन भारतीय राजाओं को सलामी देते थे वे इस प्रकार है।

सलामी 21 तोप- बड़ोदा, ग्वालियर, हैदराबाद, जम्मू और कश्मीर, तथा मैसूर।

बृजराज - (महाराजा जय सिंह जयपुर ने बदन सिंह भरतपुर को प्रदाय की थी)

महेन्द्र - (मुग़ल सम्राट ने बदन सिंह भरतपुर को प्रदाय की थी)

कुंवर राजेन्द्र बहादुर - महाराजा सूरजमल (मुग़ल दरबार ने प्रदाय की थी)

ठाकुर - अक्टूबर 1720 में दिल्ली सम्राट मुहम्मद शाह ने चूड़ामन जाट को ठाकुर साहब की उपाधि से प्रदान की थी। ठाकुर, परगनों का प्रबंध और शांति सुरक्षा के लिए जिम्मेदार होता था। इसी प्रकार 18 मार्च 1723 के दिन जयपुर नरेश सवाई जयसिंह ने भी आमेर दरबार में जाट राजा बदन सिंह को ठाकुर की उपाधि से नवाजा था।

राजपूतों में इसका प्रयोग अधिक है। मथुरा, आगरा, अलीगढ़, बुलन्दशहर, भरतपुर के सिनसिनवार, राणा, सिकरवार, भृंगुर, गोधे, चापोत्कट, ठकुरेले, चाबुक (तोमर), रावत आदि गौत्रों के जाट ठाकुर कहलाते है।

जाट अपने नाईयों को ठाकुर और कुम्हार को प्रजापति कहते है। राजस्थान और अवध में तमाम राजपूत अपने को ठाकुर लिखते है, जबकि हरियाणा, राजपूताना, मालवा, मध्य-प्रदेश और पंजाब में जाट अपने को ठाकुर नहीं कहता है। कहीं-कहीं भगवान का नाम भी ठाकुर है। ठाकुर शब्द से जाति विशेष का पता नहीं लगता है।

फौजदार- मुगलकाल में यह उपाधि उन अधिकारियों को दी जाती थी, जो कई-कई प्रान्तों, इलाकों, क्षेत्रों, विभागों का काम-काज देखते थे। परन्तु वर्तमान में जो फौजदार कहलाते है, वे भरतपुर नरेश महाराजा सूरजमल द्वारा सम्मानित है। महाराज सूरजमल की सेना में प्राचीन राजवंशों से संबन्धित अनेक पदाधिकारी, सैनिक, अफसर, थे जिन्हें फौजदार की उपाधि से सम्मानित किया गया था। भरतपुर के सभी सिनसिनवार गौत्र के जाट, अलीगढ़, मथुरा के खूटेल (कुतल) डागर, चाहर, भगौर आदि गौत्रों के जाट फौजदार

कहलाते है, और अपने को फौजदार लिखने में गौरव का अनुभव करते है। यदि फौजदार साहब कहकर इन्हें संबोधित किया जाए तो ये गद-गद हो उठते है। समस्त फौजदार समाज ने राष्ट्र को बड़े-बड़े शूरमा, राजनेता, पत्रकार और उच्चाधिकारी दिए है, जिन्होने अपने-अपने कार्य क्षेत्र में बड़ा नाम कमाया है।

राणा या राना- यह उपाधि, जाटों, राजपूतों, गोरखों और गुर्जरों में अधिक है। जाटों में काकराणा, आदराणा, तातराणा, जाट राणा, शिव राणा, चौदह राणा आदि अपनी राणा उपाधि पर गर्व करते है। कुछ लोग अब इस उपाधि को अज्ञानतावश गौत्र के रूप में प्रयोग करने लगे है। गोहद और धौलपुर के राजाओं की उपाधि राणा की थी, इसी कारण गोहद नरेश भीम सिंह को भीम सिंह राणा लिखते है जबकि उनका बमरौलिया गौत्र है। जाटों में कई राज्यों में बसे लोग अपने को राणा लिखते है। राजपूत, गुर्जर, मुसलमान, पंजाबी और अन्य कई जातियों के लोग भी राणा लिखकर गर्व का अनुभव करते है। इन्हें राणा की जगह राणा जी कहकर पुकारा जाना अच्छा लगता है। मेवाड़, उदयपुर के राजपूत नरेशों की भी उपाधि राणाओं की थी। इन्हीं में से महाराणा प्रताप हुए है जो भारतीय युवा वर्ग के आज तक प्रेरणा स्रोत बने हुए है।

वर्मा – यह उपाधि/शब्द भी कई जातिया प्रयोग करती हैं, प्रायः स्वर्णकार, कायस्थ और जाट जाति इसका प्रयोग करते है। वर्मा शब्द शर्मा शब्द की तरह मिलता है, जाट समाज में विशेष रूप से वीरेंद्र वर्मा जो शामली (उ.प्र.) पूर्व राज्यपाल, साहिब सिंह वर्मा, पूर्व मुख्यमंत्री दिल्ली, विक्रम वर्मा-धार (म.प्र.) सांसद (राज्य सभा) मुख्य हैं। मथुरा जिले के गोधे (गोदारा) जाट गौत्र के लोग अधिकतर अपने को वर्मा लिखते है, इसी प्रकार मेरठ, सहारनपुर, मुज्जफरनगर क्षेत्र में भी अधिकतर वर्मा लिखते हैं, जबकि गौत्र अलग हैं।

अंग्रेजों द्वारा प्रदत्त उपाधियाँ

राय बहादुर या राव बहादुर या रॉय बहादुर भारत में ब्रिटिश शासन काल में प्रदान किया जाने वाला एक सम्मान था। राव का अर्थ हैं - राजा और बहादुर का अर्थ अधिक सम्माननीय। राय बहादुर की उपाधि हिन्दू और ईसाईयों को दी जाती थी। मुस्लिम को खान बहादुर और सिख को सरदार बहादुर की उपाधि दी जाती थी।

भाऊ: - 'भाऊ' का मुख्य अर्थ मराठी और कुछ अन्य भारतीय बोलियों में **'भाई'**, **मित्र/सहयोगी, सम्मान सूचक शब्द, स्नेह/प्रेम** होता है। यह शब्द आदर, स्नेह या घनिष्ठता दर्शाने के लिए पुरुष के लिए प्रयोग किया जाता है, जैसे किसी दोस्त या बड़े के लिए। इसके अलावा, यह महाराष्ट्र में नामों के साथ सम्मानजनक प्रत्यय (जैसे हरी-भाऊ) के रूप में भी आम है।

यह शब्द पंजाबी और मालवी बोलियों में भी आदर के साथ भाई के लिए उपयोग किया जाता है।

दाऊ: - 'दाऊ' का मुख्य हिंदी अर्थ बड़ा भाई, ज्येष्ठ भ्राता, पिता या आदरणीय पुरुष होता है। यह शब्द विशेष रूप से भगवान कृष्ण के बड़े भाई बलराम (बलदेव) के लिए **बलदाऊ**

प्रयोग किया जाता है, जिन्हें आदरपूर्वक **'दाऊजी'** भी कहते हैं। इसके अलावा, यह ग्रामीण क्षेत्रों में पिता के लिए दाऊ, पिता के बड़े भाई को ताऊ या किसी पूज्य बुजुर्ग के लिए भी इस्तेमाल होता है।

नोटः - हिंदी भाषी क्षेत्रों (विशेषकर ब्रज और बुन्देलखंड) में यह बहुत प्रचलित सम्बोधन हैं।

उमरावः-'उमराव' (अरबी मूल 'उमरा' का बहुवचन) का अर्थ प्रतिष्ठित, रईस, उच्च सरदार, या दरबारी होता है। यह शब्द कुलीन वर्ग, धनी जमींदारों, या सम्मानित व्यक्तियों को संदर्भित करता है, जो ऐतिहासिक रूप से मुगलों, राजाओं या शासकों के दरबार में उच्च पद रखते थे। यह महानता और उच्च सामाजिक स्थिति को दर्शाता है। **स्रोतः** यह अरबी भाषा से आया शब्द है।

महाराजा सूरजमल ने 80 युद्ध लड़े पर नहीं हरा पाया कोई भी राजा, तभी कहा जाता है : -

- **तोप चले, बंदूक चले, जाके रायफल चले इशारे ते।**
- **अबकै जाने बचाइले अल्लाह, या जाट भरतपुर वारे ते।।**

फौजदारः- फौजदार मुगलकालीन प्रशासनिक और सैन्य अधिकारी होता था, जो किसी क्षेत्र (सरकार/परगना) में कानून-व्यवस्था बनाए रखने, फौज रखने और जमींदारी कार्यों के लिए जिम्मेदार था। वर्तमान संदर्भ में, यह किसी सेना या पुलिस बल के छोटे अधिकारी या सेनापति को संदर्भित करता है।

फौजदार के अर्थ और भूमिकाः-

ऐतिहासिक संदर्भः - मुगल काल में, यह एक महत्वपूर्ण सैन्य अधिकारी था जिसे सम्राट द्वारा नियुक्त किया जाता था। वे कानून-व्यवस्था बनाए रखने के साथ-साथ कर वसूली में भी मदद करते थे।

अर्थः -फौजदार का शाब्दिक अर्थ 'सेना का प्रधान', 'सेनापति' या 'सेना का छोटा अफ़सर' होता है।

आधुनिक अर्थः - आधुनिक समय में, यह पुलिस या सेना के एक अधिकारी के रूप में जाना जाता है जो छोटे-मोटे अपराधों की जांच कर सकता है।

उप उपाधिः - यह एक प्रकार का जमींदार या प्रांतीय प्रशासन अधिकारी भी होता था।

खिराजः- खिराज मध्ययुगीन भारत और इस्लामी शासन में कृषि भूमि पर लगाया जाने वाला एक प्रमुख भूमि-राजस्व कर (भूमि कर) था। यह उपज का एक हिस्सा होता था, जो अक्सर गैर-मुस्लिम किसानों से उनकी भूमि के बदले लिया जाता था, जिसे राज्य की आय का मुख्य स्रोत माना जाता था।

खिराज के बारे में मुख्य बातेंः-

अर्थ और परिभाषाः -यह अरबी शब्द है जिसका अर्थ सरकार द्वारा लिया जाने वाला लगान या कर है।

किस पर लगता थाः -यह मुख्य रूप से कृषि भूमि के उत्पाद पर लगता था, जिसे आमतौर पर गैर-मुसलमानों से वसूला जाता था।

दरः - दिल्ली सल्तनत, विशेषकर अलाउद्दीन खिलजी के शासनकाल में, यह उपज का से लेकर (50%) तक होता था।

उद्देश्यः - राज्य की वित्तीय स्थिति मजबूत करना, सेना और प्रशासनिक खर्चों को पूरा करना।

ऐतिहासिक संदर्भः - यह मध्ययुग में किसानों से सीधे वसूला जाता था।

यह कर ज़कात (मुसलमानों के लिए धार्मिक कर) से भिन्न होता था।

रसदः-सेना में, रसद से मतलब युद्ध इकाईयों का समर्थन करने वाली भूमिकाओं में सशत्र बलों की इकाईयों की सभी गतिविधियों से है, जिसमें परिवहन, आपूर्ति संकेत संचार, चिकित्सा सहायता आदि शामिल हैं ।

मनसबः-'मनसब' अरबी भाषा का शब्द है, जिसका शाब्दिक अर्थ **'पद', 'स्थान' या 'ओहदा'** (Rank/Position) होता है। मुगल काल में अकबर द्वारा शुरू की गई यह एक प्रशासनिक और सैन्य व्यवस्था थी, जिसमें मनसबदार (मनसब धारक) को एक संख्यात्मक रैंक (जात और सवार) के आधार पर उनका वेतन, स्थिति और सैन्य जिम्मेदारियां निर्धारित की जाती थीं।

मनसब प्रणाली के मुख्य बिंदुः -

मूल अर्थः - पद, ओहदा, रैंक, या दर्जा।

उद्देश्यः - प्रशासनिक और सैन्य अधिकारियों को उनके योग्यतानुसार रैंक प्रदान करना और सेना को सुगठित करना।

प्रकारः - इसमें 'जात' (व्यक्तिगत पद/वेतन) और 'सवार' (रखे जाने वाले घुड़सवार) शामिल थे।

मनसबदारः- वह व्यक्ति जो इस रैंक को धारक करता था, उसे मनसबदार कहा जाता था।

अकबर द्वारा शुरूः - इस प्रणाली को विशेष रूप से मुगल बादशाह अकबर द्वारा लागू किया गया था।

सरल शब्दों में, मनसबदार का मतलब किसी व्यक्ति की मुग़ल प्रशासनिक ढांचे में ऊँची स्थिति या रुतबा है, जिसके साथ उसके अधिकार और कर्तव्य भी जुड़े होते थे।

नवाबः-नवाब का अर्थ मुग़ल और ब्रिटिश काल के दौरान भारत में एक उच्च-पदस्थ मुस्लिम शासक, सूबेदार, या गवर्नर होता था। यह उपाधि रईसों, क्षेत्रीय स्वामियों, या धनी व्यक्तियों को दी जाती थी जो अपने प्रान्त के प्रशासन और राजस्व के लिए जिम्मेदार थे। यह एक विलासितापूर्ण जीवन शैली वाले रईस को भी दर्शाता है।

कुमुकः- कुमुक का अर्थ सैनिक या किसी भी प्रकार की सहायता, मदद, या अतिरिक्त सुदृढीकरण से है। इसका उपयोग विशेष रूप से युद्ध या आपातकालीन स्थितियों में सैनिकों, रसद (सामान), या नई ताकत को सहायता के रूप में भेजने के लिए किया जाता है ताकि कार्य सुगमता से या शीघ्र पूरा हो सके।

खंडनीः- मालगुज़ारी की किस्त, कर, टैक्स, (मध्यकाल) राजाओं या ज़मींदारों से लिया जाने वाला कर, सार्वभौम राजा को मांडलिकों द्वारा दिया जाने वाला कर, टैक्स। इसे खंडी, खंडिनी भी कहते हैं।

रैय्यतः- सरल शब्दों में, रैय्यत - भूमि पर कृषि करने वाला व्यक्ति (किसान)।

रैयत' का अर्थ है किसान, कृषक या भूस्वामी, जो सीधे सरकार या जमींदार के अधीन भूमि धारण करता है और उस पर खेती करता है। यह अरबी शब्द 'रिआया' से आया है, जिसका अर्थ प्रजा या निवासी होता है। ऐतिहासिक रूप से यह जमींदार को लगान (कर) देते थे और अब इन्हें खतियान (अधिकार अभिलेख) में भूमि मालिक के रूप में मान्यता प्राप्त है।

रैयत के बारे में मुख्य बातें:-

परिभाषाः- जो व्यक्ति स्वयं, परिवार या मजदूरों की सहायता से कृषि भूमि पर खेती करता है।

इतिहासः- मुगल काल और ब्रिटिश औपनिवेशिक काल (विशेषकर रैय्यतवाडी व्यवस्था) में, 'रैयत' वे कृषक थे जो भू-राजस्व चुकाते थे।

अधिकारः- बिहार जैसे राज्यों में, रैयत के पास जमीन का मालिकाना हक होता है, जिसका विवरण 'खतियान' में दर्ज होता है।

प्रकारः- इसमें 'दाखिल-खारिज' करा चुके किसान भी शामिल हैं, जो अपनी जमीन को पट्टे पर भी दे सकते हैं।

भारकसः- परिवहन साधनः-

भारकस या परिवहन के साधनों में निरंतर परिवर्तन आ रहा है। पालकी से लेकर साधनों की जो शुरूआत हुई आगे बढ़ती हुई रथ, मंझोली, बैलगाड़ी, रेहडू, रेहड़ा, तांगा, ठोकर, टमटम, घोड़ा बग्गी, बुग्गी आदि अनेकों संसाधनों के माध्यम से भारकस साधनों में निरंतर परिवर्तन आता रहा। वर्तमान में बुग्गी के स्वरूप में भी परिवर्तन आ रहा है। वर्तमान में मोटरसाईकिल के पीछे दो पहियों की गाड़ी का प्रचलन लोकजीवन में शुरू हो चुका है। आने वाले दिनों मे बुग्गी भी अतीत का साधन बन जाएगी ऐसा लग रहा है। बुग्गी का एक चित्र आप लोगों से सांझा कर रहे हैं।

डींग का जौहर:- भारत का अंतिम जौहर :- जब डीग के महल में 60 रानियों और दासियों ने स्वाभिमान की रक्षा के लिए अपने हाथों से काट दिएथे खुद के शीश ।

भारत के इतिहास में 30 अप्रैल 1776 का दिन भारत के अंतिम जौहर के रूप में दर्ज है। जब जाट साम्राज्य की 60 रानियों और दासियों ने स्वाभिमान की रक्षा के लिए अपने हाथों से खुद की शीश धड़ से अलग कर दिए थे। डीग का ये जौहर इतिहास में भारत के अंतिम जौहर के रूप में अमर हो गया।

बख्शी:- 'बख्शी' फारसी मूल का एक ऐतिहासिक शब्द है, जिसका मुख्य अर्थ मुग़ल काल में **सेना का वेतन प्रबंधक, खजांची या मुंशी** होता था, जो फौज को वेतन बांटने और भर्ती का कार्य करते थे। यह शब्द फारसी 'बख्श' (देना/प्रदान करना) से बना है, जिसका अर्थ दाता भी होता है। वर्तमान में, यह एक उपनाम के रूप में भी प्रसिद्ध है।

बख्शी के मुख्य संदर्भ और अर्थ:-

ऐतिहासिक (मुगल प्रशासन): - सैनिकों को तनख्वाह बांटने वाला कर्मचारी, खजांची या सेना प्रमुख।

प्रशासकीय: - गाँव या कस्बों में कर वसूल करने वाला अधिकारी।

शब्द की उत्पत्ति: - फारसी शब्द **बख्शी** से, जिसका अर्थ 'दाता' या 'वितरक' है।

उपनाम: - यह कश्मीरी पंडितों और अन्य समुदायों में एक उपनाम के रूप में उपयोग किया जाता है।

संक्षेप में, यह एक पारंपरिक पदवी है जो वित्त और सेना से जुड़े प्रबंधन को दर्शाती है।

परगना:- परगना मध्यकालीन भारत (दिल्ली सल्तनत और मुगल काल) में प्रशासनिक और राजस्व व्यवस्था की एक प्रमुख इकाई थी, जो कई गाँवों के समूह से मिलकर बनती थी। यह आज की 'तहसील' या 'ब्लॉक' के समतुल्य थी, जहाँ से भू-राजस्व (लगान) एकत्र किया जाता था और स्थानीय प्रशासन (शिकदार, अमीन आदि) चलाया जाता था।

परगना प्रणाली की मुख्य विशेषताएँ:

परिभाषाः - एक ऐसा भू-भाग या प्रशासनिक इकाई जिसमें कई गाँव (मौजा) शामिल होते हैं।

प्रशासनिक इकाईः - यह मुगल साम्राज्य में सरकार (जिला) के अंतर्गत एक उप-जिला था।

उद्देश्यः - मुख्य रूप से राजस्व (लगान) की वसूली और ग्राम स्तर पर कानून-व्यवस्था बनाए रखना।

अधिकारीः - शेरशाह सूरी के समय परगना प्रशासन को मजबूत करने के लिए **शिकदार** (पुलिस प्रमुख), **अमीन/मुंसिफ** (राजस्व अधिकारी), और **करकुन** (रिकॉर्ड कीपर) नियुक्त किए जाते थे।

संरचनाः - एक परगना में कई मौजा (गाँव) होते हैं। यह शब्द फारसी मूल का है।

सरल शब्दों में, परगना गाँव और जिले (सरकार) के बीच की कड़ी थी, जो राजस्व प्रबंधन की एक महत्वपूर्ण ग्रामीण इकाई थी।

महालः- (राजस्व वसूली केन्द्र या परगना)

वह स्थान जहां बहुत से बड़े मकान हों, मुहल्ला, टोला, पाड़ा -

उदहारणः - ऐहैं जितेक महाल ते सब भानुजा मधि गंग के।

बंदोबस्त के काम के लिए किया हुआ जमीन का एक विभाग (भ-खंड) जिसमें कई गांव होते हैं। भाग, पट्टी, हिस्सा ।

उदाहरणः - कैधों रसाल के ताल फले कुच दोऊ महालजगीर अनंग के।

जनपदः- वैदिक युग में जन की सत्ता प्रधान थी। एक ही पूर्वज की वंश परंपरा में उत्पन्न कुल लोगों का समुदाय जन कहलाता था। शनैः शनैः जन का अनियत वास समाप्त होने लगा था और जन एक-एक स्थान में बद्धमूल हो गए थे। ऐसे प्रदेश या स्थान **जनपद** कहलाए।

पाणिनि ने अनेक जनपदों का उल्लेख किया है। भौगोलिक दृष्टि से उनके नाम और पहचान अलग-अलग थीं, किंतु जनपद भौगोलिक इकाई मात्र न थी। उसका सामाजिक, सांस्कृतिक और राजनैतिक स्वरूप अधिक महत्वपूर्ण था। लगभग एक सहस्त्र ईस्वी पूर्व से लेकर पाणिनि के समय तक का काल जनपदों के विकास और अभ्युदय का युग था। इसीलिए भारतीय इतिहास में यह 'महाजनपद युग' कहा जाता है।

पाणिनि ने अपने समय में जिन संस्थाओं का वर्णन किया, उनमें जनपद, चरण और गोत्र - इन तीनों का बहुत महत्व था। सामाजिक जीवन में गोत्र, शिक्षा के क्षेत्र में चरण और राजनीतिक जीवन में जनपद, इन तीनों संस्थाओं की बहुमुखी प्रवृत्तियां थीं और व्यक्ति के जीवन का अंश एक घनिष्ठ संबंध था। इन तीनों संस्थाओं के विषय में 'अष्टाध्यायी' में पर्याप्त विवरण मिलते हैं। वैदिक संस्था में और शाखा ग्रंथों में जनपद शब्द का उल्लेख नहीं मिलता। 'शतपथ ब्राह्मण' और 'ऐतरेय ब्राह्मण' के अंतिम अध्याय में एक-एक बार यह शब्द आता है; किंतु गृह्यसूत्र, पाणिनि और महाभारत में जनपद संस्था का पूर्ण विकास हो गया था।

राजाधीन और गणाधीन दो प्रकार के जनपद थे। एक जनपद के निवासी एक ही भाषा या बोली बोलते थे। उनमें पारस्परिक भातृ भाव का संबंध एवं समान देवताओं की मान्यता थी। एक जनपद के लोग परस्पर सजनपद कहे जाते थे। प्रत्येक व्यक्ति का एक अभिधान उसके जनपद के अनुसार ही पड़ता था, जैसे - अंग जनपद का निवासी आंगक कहलाता था।

जनपद का शाब्दिक अर्थ 'जनता का पैर रखना' या बसना है, जो प्राचीन भारत (लगभग 1500-600 ईसा पूर्व) में वैदिक जन (जनजाति) के स्थायी निवास स्थान को दर्शाता है। यह एक भौगोलिक क्षेत्र और प्रशासनिक इकाई थी, जहाँ लोग कृषि करते थे। वर्तमान में जनपद का अर्थ 'जिला' (District) से है, जो प्रशासन की प्रमुख भौगोलिक इकाई होती है।

जनपद के मुख्य बिंदुः -

प्राचीन अर्थः - वैदिक काल में, जब खानाबदोश जन (कबीले) एक निश्चित स्थान पर बसने लगे, तो वह क्षेत्र जनपद कहलाया।

प्रशासनिक इकाईः - ये शुरुआती छोटे राज्य थे, जिन पर एक राजा या मुखिया शासन करता था।

सामाजिक-सांस्कृतिकः - एक जनपद के लोग एक ही बोली बोलते थे और उनका सांस्कृतिक व्यवहार समान होता था।

महाजनपद का रूपः - आगे चलकर ये जनपद विकसित होकर 16 बड़े राज्यों या 'महाजनपदों' में बदल गए।

वर्तमान समयः - आज भारत में जनपद को 'जिला' (District) कहते हैं, जो प्रशासनिक और विकास कार्यों के लिए जिम्मेदार होता है।

उदाहरण के लिए, प्राचीन काल में कुरु, पांचाल, और मगध प्रसिद्ध जनपद थे।

महाजनपदः- महाजनपद प्राचीन भारत (6ठी शताब्दी ईसा पूर्व) में स्थित 16 बड़े और शक्तिशाली स्वतंत्र राज्य या प्रशासनिक इकाइयाँ थीं। 'महा' (बड़ा) और 'जनपद' (लोगों के बसने की जगह) से मिलकर बने ये राज्य लोहे के उपयोग और कृषि विकास के साथ विकसित हुए। प्रमुख महाजनपदों में मगध, कौशल, वत्स, अवंती, कुरु और पांचाल शामिल थे।

महाजनपद की मुख्य बातेंः-

उदयः - ये छोटे-छोटे जनपदों के एकीकरण और भौगोलिक विस्तार से बने।

प्रकारः - ये दो प्रकार के होते थेः राजतंत्र (राजा का शासन, जैसे-मगध) और गणतंत्र/संघ (सामूहिक शासन, जैसे-वज्जि और मल्ल)।

प्रशासनः - प्रत्येक महाजनपद की अपनी राजधानी (जैसे-मगध की राजगृह, कौशल की श्रावस्ती), सुव्यवस्थित सेना, और कराधान प्रणाली थी।

शक्तिः - बौद्ध ग्रंथ 'अंगुत्तर निकाय' के अनुसार 16 महाजनपदों में सबसे शक्तिशाली राज्य मगध था, जो बाद में एक साम्राज्य बना।

विकासः - इस दौर में नगरीकरण, व्यापार और बौद्ध-जैन धर्म का विकास हुआ।

सोलह महाजनपदः- भारत के सोलह महाजनपदों का उल्लेख ईसा पूर्व छठी शताब्दी से भी पहले का है। ये महाजनपद थे-

1. कुरु-मेरठ और थानेश्वरः राजधानी इन्द्रप्रस्थ।
2. पांचाल - बरेली, बदायूं और फर्रुखाबाद; राजधानी अहिच्छत्र तथा काम्पिल्य।
3. शूरसेन - मथुरा के आसपास का क्षेत्र; राजधानी मथुरा।
4. वत्स - इलाहाबाद और उसके आसपास; राजधानी कौशांबी।
5. कोशल - अवध ; राजधानी साकेत और श्रावस्ती।
6. मल्ल - जिला देवरिया; राजधानी कुशीनगर और पावा (आधुनिक पडरौना)
7. काशी - वाराणसी; राजधानी वाराणसी।
8. अंग - भागलपुर; राजधानी चंपा।
9. मगध – दक्षिण बिहार, राजधानी गिरिव्रज (आधुनिक राजगृह)।
10. वृज्जि – ज़िला दरभंगा और मुजफ्फरपुर; राजधानी मिथिला, जनकपुरी और वैशाली।
11. चेदि- बुंदेलखंड; राजधानी शुक्तिमती (वर्तमान बांदा के पास)।
12. मत्स्य - जयपुर; राजधानी विराट नगर ।
13. अश्मक – गोदावरी घाटी; राजधानी पांडन्य।
14. अवंति - मालवा; राजधानी उज्जयिनी।
15. गांधार-पाकिस्तान स्थित पश्चिमोत्तर क्षेत्र; राजधानी तक्षशिला।
16. कम्बोज – कदाचित आधुनिक अफगानिस्तान; राजधानी राजापुर।

इनमें से क्रम संख्या 1 से 7 तक तथा संख्या 11, ये आठ जनपद अकेले उत्तर प्रदेश में स्थित थे। काशी, कोशल और वत्स की सर्वाधिक ख्याति थी।

सूबाः- सूबा का अर्थ प्रांत, प्रदेश या राज्य का एक बड़ा प्रशासनिक हिस्सा है। मध्यकालीन भारत, विशेषकर मुगल काल में, पूरे साम्राज्य को कई प्रांतों में विभाजित किया गया था, जिन्हें 'सूबा' कहा जाता था। प्रत्येक सूबे का शासन एक सूबेदार (गवर्नर) द्वारा चलाया जाता था, जो कई जिलों का प्रमुख होता था।

सूबा शब्द की मुख्य विशेषताएंः -

मूलः - यह एक फारसी शब्द है।

प्रशासनिक इकाईः - यह परगना और सरकार से ऊपर की सबसे बड़ी प्रशासनिक प्रभाग थी।

शासकः - सूबे का प्रशासनिक और सैन्य प्रमुख 'सूबेदार' (नाजिम) कहलाता था, जिसकी नियुक्ति बादशाह (सम्राट) करता था।

संरचनाः-

एक सूबे में कई जिले (सरकार) और परगने शामिल होते थे।

संक्षेप में, आज के संदर्भ में जिसे 'स्टेट' या 'प्रांत' कहते हैं, उसे ही ऐतिहासिक रूप से 'सूबा' कहा जाता था।

काठेड़ क्षेत्र (इतिहास): -

काठेड़ भूभाग में अलवर जिले का पूर्वी क्षेत्र, आगरा का पश्चिमी क्षेत्र जो किरावली तहसील में आता है, बयाना और भरतपुर का समस्त भूभाग आता है। रियासत काल में यह भूभाग काठेड़ नाम से जाना जाता था। यह नाम काठी से पड़ा है। ये लोग कापिस नगर कंधार से विक्रमादित्य के समय में आए थे। यह नाम भरतपुर के सिनसिनवार जाटों ने दिया है क्योंकि सिनसिनवार **काठी** लोगों से ही संबन्धित थे। विक्रमादित्य द्वारा इनको उज्जैन से खदेड़ा गया तब यहाँ आकर ईसा की पहली शताब्दी में बस गए।

ठाकुर देशराज ने लिखा है .... अलवर राज्य में जाटों की आबादी लगभग चालीस हजार है। पंजाब में 2500 ईसा पूर्व कठ लोगों का एक गणराज्य था। जिनके यहाँ बालकों के स्वास्थ्य और सौन्दर्य पर विशेष ध्यान दिया जाता था। सिकन्दर महान से इन लोगों को कड़ा मुक़ाबला करना पड़ा। उसके बाद उनका एक समूह बृज के पश्चिम सीमा पर आ बसा। वह इलाका **काठेड़** के नाम से प्रसिद्ध हुआ। अलवर के अधिकांश जाट जो देशवासी नहीं हैं उन्हीं बहादुर कठों की संतान हैं।

भौगोलिक विवरण

इस भूभाग में इस नाम से कई गाँव हैं - कठूमर, कठवारी , (किरावली आगरा), कठेला (मथुरा), कटेलिया , कटेसरा, कटेवड़ा, कठ मठी, काथ, कठागढ़ी, कठाना, कठार, काठावाला, कठेड़ा, काठीखेड़ा, कठमाणा, कठमारी, कठोदा, कठौती, कथूरा,

कठवां, काठवाला, काठीवार।

मत्स्यक्षेत्र:-मत्स्य जनपद प्राचीन आर्यावर्त एक जनपद था। यहा आर्यों की मत्य नामक जाति राज्य करती थी का मत्स्य जनपद एक राजस्थान का जनपद था यह महाभारत काल के समय का माना जाता है यह जनपद राजधानी विराटनगर मानी जाती है तथा यो जयपुर अलवर के आसपास के क्षेत्र को कवर करता था यह महा जनपद यमुना नदी के पश्चिम मे और कुरुराज्य के दक्षिण मे था।

मत्स्य क्षेत्र (प्राचीन मत्स्य जनपद) मुख्य रूप से राजस्थान के अलवर, भरतपुर और जयपुर जिलों में फैला हुआ था, जो महाभारत काल में विराट नगर (आधुनिक बैराठ) के साथ एक प्रमुख राज्य था। यह क्षेत्र ऐतिहासिक रूप से जाट समुदाय के प्रभाव (जाटलैंड) के अंतर्गत भी आता है, जो दिल्ली, हरियाणा और राजस्थान के इस हिस्से में कृषि-प्रधान समृद्ध समाज का हिस्सा है।

मत्स्य क्षेत्र (जाटलैंड) की मुख्य विशेषताएं:-

ऐतिहासिक महत्व:- मत्स्य जनपद सोलह महाजनपदों में से एक था, जिसका शासन विराट नामक राजा के अधीन था।

भौगोलिक स्थिति:- यह यमुना नदी के पश्चिम में, कुरुराज्य के दक्षिण में और आधुनिक जयपुर-अलवर-भरतपुर क्षेत्र में स्थित था।

जाट संस्कृति:- यह क्षेत्र भरतपुर और अलवर के जाट बहुल क्षेत्र का हिस्सा है, जो वीरता और कृषि के लिए जाने जाते हैं। यहाँ की जाट रियासतें (विशेषकर भरतपुर) ऐतिहासिक रूप से अत्यंत शक्तिशाली थीं।

संस्कृतिः -मत्स्य जनपद का नाम आर्यों की एक जाति (मत्स्य) से लिया गया है।

मत्स्य जनपद का आधुनिक भाग, विशेष रूप से भरतपुर और अलवर, भारत के 'जाटलैंड' का एक प्रमुख हिस्सा है जो अपनी समृद्ध ऐतिहासिक और कृषि संस्कृति के लिए पहचाना जाता है।

डूंग:- ढेर, राशि, अटाला, टीला, पहाड़ी, पाल आदि

खाप/पाल:- खाप एक पारंपरिक सामुदायिक संगठन है जो किसी कबीले या गांवों के समूह का प्रतिनिधित्व करता है। **ये मुख्य रूप से जाटों**जैसे भारतीय समुदायों से जुड़े होते हैं। आधुनिक खाप मुख्या रूप से हरियाणा और पश्चिमी उत्तर प्रदेश राज्यों में पाए जाते हैं , और विशेष रूप से इन जाति-प्रधान गांवों में आम हैं। खाप राजस्थान और मध्य प्रदेश में भी मौजूद हैं । खाप **पंचायत** खाप बुजुर्गों की सभा होती है, जबकि **सर्व खाप** कई खाप पंचायतों की सभा होती है। ये निकाय औपचारिक सरकारी व्यवस्था का हिस्सा नहीं होते और इनके पास कोई आधिकारिक अधिकार नहीं होता। हालाँकि, ये अक्सर महत्वपूर्ण सामाजिक प्रभाव डालते हैं और अपने प्रतिनिधित्व वाले समुदाय के मामलों को संभालते हैं।

मेव, मेवात क्षेत्र:-

मेव:- मेव उत्तर-पश्चिमी भारत का एक मुस्लिम समुदाय है। मेव प्राचीन वैदिक इंडो आर्यन क्षत्रियों के वंशज है। इन्होंने लगभग 11वी शताब्दी के आस पास इस्लामिक सूफियों से प्रभावित होकर इस्लाम अपनाया। मगर इन्होंने इस्लाम के साथ साथ अपने आर्यन क्षत्रिय परंपराओं और रीति रिवाजों को भी अपनाए रखा। मेवो में 12 पाल यानि खापें और 52 गोत्र हैं। मेव एक वैदिक क्षत्रिय कोम है। इनके रीति रिवाज आज भी क्षत्रिय वाले है। इनमें चंद्रवंशी, सूर्यवंशी और अग्निवंशी क्षत्रियो के कई कुल है। और ये खुद को श्री कृष्ण और राम के वंशज मानते है। इन्होंने हमेशा बाहरी आक्रमणकारियों से इस देश की रक्षा की। इन्होंने समय समय पर अरब, तुर्क, अफ़ग़ान, मुगल, अंग्रेज सबसे लोहा लिया है, और कभी किसी के सामने घुटने नहीं टेके। जिस कारण कई बार इनको अपने क्षेत्र और कई रियासतें खोनी पड़ी थीं। इन्होंने दिल्ली के शासकों के साथ कई संघर्ष किए जिसके कारण मेव लोगों को बहुत सारी परेशानियों का सामना करना पड़ा। इसी कारण की वजह से उस समय के इतिहासकारों ने इन वीर मेवो को डाकू व लुटेरा कहा। क्योंकि उनसे और उनके शासकों से मेवो के संघर्ष होते थे। इसी कारण आज किसी भी ऐतिहासिक दस्तावेजों मै इस वीर और साहसी कोम के इतिहास के बारे में बहुत कम देखने को मिलता है। उन्होंने इनके इतिहास के साथ छेड़छाड़ की। आज के समय में ये वीर मेव हरियाणा के नूह और पलवल की हथीन तहसील और

राजस्थान के अलवर और भरतपुर जिलों मै भारी संख्या में रहते है। इसके अलावा पश्चिम उत्तर प्रदेश में भी ये रहते है। और आज इनको मेव या मेवाती के नाम से जाना जाता है।

ब्रज क्षेत्र:- **ब्रज**, जिसे व्रज, व्रजा, **ब्रज या ब्रजभूमि के नाम से भी जाना जाता है, भारत में यमुना** नदी के दोनों किनारों पर स्थित एक क्षेत्र है, जिसका केंद्र उत्तर प्रदेश राज्य में मथुरा-वृन्दावन है।

यह दिल्ली से 150 किमी दक्षिण और आगरा से 50 किमी उत्तर-पश्चिम में स्थित है।

पारिस्थितिक रूप से, पिछले 200 वर्षों में ब्रज का स्वरूप नाटकीय रूप से बदल गया है, वनों की कटाई के साथ-साथ जंगली जानवरों की संख्या में भारी गिरावट आई है। 1980 के दशक के उत्तरार्ध में लिखते हुए, एंटविस्टल ने उल्लेख किया कि इस क्षेत्र में केवल कुछ ही वन-वन बचे हैं, और कई पवित्र स्थलों पर मानव कृषि बस्तियों द्वारा अतिक्रमण किया जा रहा है।

शब्द-साधन:- ब्रज शब्द संस्कृत शब्द व्रज से लिया गया है । व्रज का उल्लेख सबसे पहले ऋग्वेद में मिलता है, और संस्कृत में इसका अर्थ मवेशियों के लिए चारागाह, आश्रय या रिसॉर्ट है, जो संस्कृत शब्द " व्रज " से लिया गया है जिसका अंग्रेजी में अर्थ "जाना" है।

रामगढ़ (अलीगढ़)

अलीगढ़

विजयेन्द्र कुमार माथुर ने लेख किया है ...अलीगढ़ (पृष्ठ - 43) प्राचीन नाम **कोइल या कोल** भी कहलाता है। अलीगढ़ शहर, उत्तरी भारत के उत्तर-मध्य उत्तर प्रदेश राज्य में है। यह दिल्ली के दक्षिण-पूर्व में स्थित है। इसके पास ही अलीगढ़ नाम का एक क़िला है। **कोल** नाम की तहसील अब भी अलीगढ़ ज़िले में है। अलीगढ़ नाम 'नजफ़ खाँ' का दिया हुआ है। 1717 ई. में 'साबित खाँ' ने इसका नाम 'साबितगढ़' और 1757 में जाटों ने **रामगढ़** रखा था। उत्तर मुग़ल काल में यहाँ सिंधिया का कब्ज़ा था। उसके फ्रांसीसी सेनापति पेरन का क़िला आज भी खण्डहरों के रूप में नगर से तीन मील दूर है। इसे 1802 ई. में लॉर्ड लेक ने जीता था। यह क़िला पहले रामगढ़ कहलाता था।

कोल

विजयेन्द्र कुमार माथुर ने लेख किया है ...कोल (पृष्ठ - 237) अलीगढ़, उत्तर प्रदेश के स्थान पर बसा हुआ एक प्राचीन नगर था। कोल नाम की तहसील अब भी अलीगढ़ ज़िले में है। संभवत: यह नगर वराह (कोल) भगवान की उपासना का केन्द्र था, जैसा कि यहाँ के बाराही के प्राचीन मंदिर से भी प्रमाणित होता है। एक किवदंती यह भी है कि इस स्थान पर बलराम ने कोल नामक राक्षस को मारा था। अलीगढ़ का प्राचीन नाम '**कोइल**' भी बताया जाता है।

अलीगढ़- कोल, अलीगढ़ किला:-

1524 - दिल्ली के लोधी बादशाहों ने इस किले का निर्माण कराया।

1717 - साबित ख़ां ने पुनः निर्माण कराया - साबित गढ़ कहलाया।

1757 - जाटों के अधिकार में आया - रामगढ़ कहलाया।

1785 - मराठों का अधिकार

1857 - विद्रोहियों का अधिकार

9 अप्रैल 1760 को अब्दाली का रामगढ़ पर अधिकार हो गया था। और रामगढ़ का नाम बदलकर अलीगढ़ कर दिया था। (जाट इतिहास पृष्ठ - 326, लेखक डॉक्टर नत्थनसिंह)

राजा महेन्द्र प्रताप सिंह विश्व विद्‌यालय अलीगढ़ की आधार शिला रखी

दिनांक 14 सितम्बर 2021 दिन मंगलवार को माननीय प्रधानमंत्री श्री नरेन्द्र मोदी जी भारत सरकार ने माननीय मुख्य मंत्री उत्तर-प्रदेश सरकार श्री योगी जी की उपस्थिति में राजा महेन्द्र प्रताप सिंह विश्व विद्‌यालय अलीगढ़ की आधार शिला रखी। प्रस्तावित लागत 100 करोड़ तथा निमार्ण अवधि लगभग 2 वर्ष निश्चित किया गया था। वर्तमान में विशाविद्‌यालय चल रहा है।

1 जनवरी शहीद दिवस जाट वीर गोकुल सिंह

हल्दीघाटी युद्‌ध (18 जून 1576) और पानीपत की तीनों लडाईयाँ (21 अप्रैल 1526, 5 नवम्बर 1556 तथा 14 जनवरी 1761) केवल एक एक दिन के हैं, जबकि तिलपत का युद्‌ध 6 दिन तक चला तब 1 जनवरी 1670 को वीर गोकुल सिंह शहीद हुए थे।

हल्दी घाटी का समर विकट, कुछ ही घंटो में गया निपट।
ये तीन दिवस बाहर जूझे, तिलपट में जूझे तीन दिवस।
अब लगे हाथ बतला ही दें, पानीपत के तीनों रण भी।
एकेक दिवस में गये निपट, देखा न दूसरा तो दिन भी।

संदर्भ समरवीर गोकुला - प्रबंध - काव्य लेखक श्री बलवीर सिंह करुण (अलवर - चौहान जाट) एवं जाट बलिदानी - लेखक रनवीर सिंह।

जाट सिंधिया सम्बन्ध

महारानी किशोरी पत्नि सूरजमल ने महादजी सिंधिया से अपने पति सूरजमल को उनसे व्यक्तिगत सम्बन्ध स्थापित कराए और इसी कारण पानीपत के युद्‌ध में मराठाओं की हार के बाद सिंधियां परिवार एवं मराठाओं की सम्पूर्ण मदद, सुरक्षा, चिकित्सा, आर्थिक सहयोग सभी प्रकार से यथा उचित सहयोग किया।

राजकुमार (एडवर्ड) मानसिंह का जन्म 05 दिसम्बर 1921 को हुआ था। सन 1928 से 1942 तक इंग्लैण्ड से शिक्षा ग्रहण की तथा इंजीनियर की डिग्री प्राप्त की। आपकी शादी (09 मार्च 1945) वैजयंती राजे पुत्री (दत्ताजी राव घाटगे/अनंतवाला बाई घाटगे) कोल्हापूर से हुई।

उसके बाद भी वसुंधरा राजे (पूर्व मुख्यमंत्री राजस्थान) पुत्री महाराजा जीवाजी राव एवं राजमाता विजयाराजे सिंधिया ग्वालियर तथा बहन माधवराव सिंधिया की शादी महाराजा हेमन्त सिंह धौलपुर से हुई थी।

पिसावा रियासत जिला अलीगढ़ उत्तर-प्रदेश के कुंवर यादवेन्द्र सिंह पुत्र कुंवर राजेन्द्रसिंह पुत्र राजा राव साहब शिवध्यान सिंह की शादी चन्द्रिका सिंह पुत्री सरदार उदय सिंह माधवराव घाटगे अकलकोट रियासत महाराष्ट्र से हुई।

नवतेज सिंह मंगत (जिनका वर्तमान निवास ए-10, डीबी सिटी, सचिन तेंदुलकर मार्ग ग्वालियर) पूर्व लॉयर, सोलिसिटर, सुप्रीम कोर्ट इंग्लैंड और वेल्स, मूलतः पटियाला (पंजाब) पुत्र दलीप सिंह मंगत (केन्या यूगांडा तंज़ानिया) और इनके दादाजी नाहर सिंह मंगत जो जलियानवाला बाग़ में शहीद हुए थे, की शादी कदम मराठा परिवार से हुई।

पानीपत की लड़ाई

नासिक जिले के जाट - जब मराठा पानीपत के तीसरा युद्ध हार गए, तो लुटे पिटे मराठों को लोहागढ़ (भरतपुर) राजस्थान के वीर सूरजमल जाट ने शरण दी और उनको सुरक्षित मराठवाड़ा पहुंचाने के लिए एक टुकड़ी भेजी जिसमें से कुछ जाट महाराष्ट्र के नासिक जिले की मालेगांव तहसील और कुछ जलगांव, औरंगाबाद, जालना, धुलिया में बस गए। बाद में कुछ जाट पंजाब और पश्चिमी राजस्थान से आकर यहां बस गए, आज यह 22 गाँव हैं जिनको बाईसी बोलते हैं।

नासिक (13 गांव) - तोकडा, जलकू, राजमाने, पाडलदे, हताने, सायतरपाडा, जाटपाड़ा, भूतपाड़ा, दापौरा, चिंचगहया, नरडाणा, पलासदरा, लखाने।

जलगांव (4 गांव) - पिंजार पाडा, राजूर, मनुर, तलोंदा।

औरंगाबाद (2 गांव) - पारडी, अंजन गांव।

जालना (2 गांव) - लोधे वाडी, बामनोद।

धुलिया (1 गांव) - कुलथे।

जाट इतिहास पुस्तकें

जाट इतिहास पुस्तकें

1. जाट इतिहास- आर एस फौजदार
2. क्षत्रियों का इतिहास-परमेश शर्मा & राजपाल शास्त्री
3. वीर शिरोमणि महाराजा सूरजमल (नाटक) - कुं. पुष्करसिंह
4. जाट बंधू (स्मारिका) - रामचरण बड़ाया
5. जाट आरक्षण आंदोलन - शिशुपालसिंह
6. जाट इतिहास - मामराजसिंह मूंड
7. एक अधूरी क्रांति - सहीराम
8. लूर (तेजाजी विशेषांक) - जयपालसिंह राठौड़
9. जाट पुराण - लादूराम जेवलिया
10. शैफाली - अजयसिंह गरसा
11. प्रेरणा (स्मारिका) - आर के जींजा
12. अमर शहीद चौधरी ताराचंद - चौधरी धर्मवीर
13. जाट चेतना - चांदमल वाना
14. महाराजा सूरजमल (स्मारिका) - रामवीरसिंह वर्मा
15. जाट ज्वाला (स्मारिका) - भंवरलाल बिजारणिया
16. जाट गौरव - आर के वर्मा
17. जाटों की उत्पति और विस्तार - डॉ अंतलसिंह खोखर
18. जाटों की गौरवगाथा - डॉ पेमाराम & विक्रमादित्य
19. जाट इतिहास - ठा देशराज
20. जाट यौद्धाओं के बलिदान - भलेराम बेनीवाल
21. जाट निर्देशिका - राजेश बेनीवाल
22. जाट जाग्रति - गणपतसिंह कुंवर
23. संघर्षों से जूझते एक दीप स्तम्भ की गाथा - अजयसिंह
24. कर्मयोगी शिक्षा संत स्वामी केशवानंद - शेरसिंह तूर
25. मालाणी के महामना - महेश चौधरी
26. समग्र सामाजिक क्रांति और चेतना का कार्यक्रम
27. अकेला-२: आशुतोष कुमार
28. संसार संघ-५: शिव कुमार
29. संसार संघ-९: शिव कुमार
30, जाट भंडारा
31. चौधराईन की चतुराई - विजयदान देथा

32. जाट समुदाय के प्रमुख आधार स्तम्भ - ओमपालसिंह तुगानिया
33. धरापुत्र चौधरी चरणसिंह और उनकी विरासत - भोलाशंकर शर्मा
34. महाराजा सूरजमल - के. नटवरसिंह
35. राजस्थान के किसान गांधी श्री नाथूराम मिर्धा - मोहनराम मारुका
36. राजस्थान में किसान आंदोलन - डॉ. विक्रमादित्य
37. जाट और मुगल साम्राज्य - डॉ. जी सी द्विवेदी
38. जाट जागृति (स्मारिका)- गोपालसिंह डागुर
39. असली लुटेरे कौन - हवासिंह सांगवान
40. महाराजा जवाहर सिंह और उनके उत्तराधिकारी - डॉ. वीरसिंह
41. जाट रे जाट- राजेन्द्र केडिया
42. उत्तरी राजस्थान में कृषक आंदोलन - प्रोफेसर पेमाराम
43. सरदार हरलालसिंह - डॉ. ज्ञानप्रकाश पिलानिया
44. ठाकुर देशराज - हरभानसिंह जिंदा
45. कुं नेतरामसिंह गौरीर - हरिनारायण शर्माव
46. स्वामी केशवानंद - गोविंद शर्मा
47. Souvenir Sir Chhoturam
48. सेवा श्रम और शिक्षा का अध्याय स्वामी केशवानंद - शेरसिंह तूर
49. जाट जागृति - गणपतसिंह कुंवर
50. जाट जागृति - गणपतसिंह कुंवर
51. से 61. तक स्वामी केशवानंद स्मारिकायें वर्षवार
62. इतिहास पुरुष महाराजा सूरजमल - डॉ नत्थनसिंह
63. जाटों का इतिहास - कालिकारंजन कानूनगो
64. क्षत्रिय वीर शिरोमणि तेजाजी - मनसुख रणवा
65. जाट चालीसा - औमवीरसिंह मालान
66. अमर शहीद वीर लोठू - मनसुख रणवा
67. कुम्भाराम आर्य - प्रो पेमाराम
68. धरतीपुत्र जाट- भागीरथसिंह नैन
69. जाटों की गौरवगाथा - प्रोफेसर पेमाराम
70. 55 - वर्षों के मेरे जीवन की कहानी - राजा महेन्द्र प्रताप
71. चंद्रवंश - महीपाल
72. जाट रत्न (स्मारिका) - भागीरथ नैन
73. जाट समाज सांचौर - जोगेन्दरसिंह जांणी
74. जाट समाज नोखा जानकारी पुस्तिका - किशनाराम सिद्धु
75. उटज उजिर से गुरु शिखर तक - डॉ अस्त अली खां मलकांण

76. से 99. जाट समाज पत्रिका अंक वर्ष 1985 to 2008
100. नूर ए हिंद किसान मसीहा - पूरणमल सूंडा
101. मरु माणक कुम्भाराम आर्य - मनसुख रणवा
102. जाट समाज स्मारिका - प्रोफेसर डी सी सारण
103. किसान केसरी बलदेवराम मिरधा स्मारिका - अशोक बगडिया
104. सर्वखांप पंचायत का राष्ट्रीय पराक्रम - निहालसिंह आर्य
105. जाट वीर स्मारिका - प्रेमसिंह आर्यवीर
106. सुमित्रा सौरभ - दयाराम महरिया
107. किंग मेकर चौधरी देवीलाल - अमरजीत सिहाग
108. अतीत की झलक - डॉ घासीराम वर्मा
109. संक्षिप्त रिपोर्ट - श्री जाट बोर्डिंग हाउस बाड़मेर
110. जाट धर्मशाला कुरुक्षेत्र - ओमपालसिंह तुगानिया
111. महान क्रांतिकारी राजा महेन्द्र प्रताप - डॉ. विजयेन्द्र स्नातक
112. दीनबंधू सर छोटूराम - धर्मचंद विद्यालकार
113. राष्ट्र नायक चौधरी चरणसिंह - विद्यालकार
114. राष्ट्र नायक महाराजा सूरजमल - धर्मचंद
115. नाहरसिंह कीर्तिगाथा - धर्मचंद
116. महाराजा सूरजमल गाथा - धर्मचंद
117. चौहानवंशी लांकड़ा जाटों का इतिहास - ओमपालसिंह तुगानिया
118. नेहरा पहाड़ बोलता है - राजेन्द्र कसवां
119. करोड़पति फकीर - राजेन्द्र कस्वां
120. गोकुला गौरव - धर्मचंद
121. महान क्रांतिकारी आर्यन पेशवा राजा महेन्द्र प्रताप - ओमपालसिंह तुगानिया
122. एक और कबीर - राजेन्द्र कस्वा
123. देख कबीरा रोया - राजेन्द्र कस्वां
124. हिंदुस्तान में जाट सत्ता - डॉ. जां दुलोश
125. जाटों का नवीन इतिहास-१: उपेन्द्रनाथ शर्मा
126. जाटों का नवीन इतिहास--२: उपेन्द्रनाथ शर्मा
127. जाट शासकों का इतिहास - दामोदरलाल शर्मा,
128. महाराजा सूरजमल - इंद्रा स्वप्न
129. दीनबंधु चौधरी छोटूराम - धर्मचंद
130. किसानों के कंस - रामनारासण चौधरी
131. चौधरी मूलचंद अभिनंदन ग्रंथ - गोपालप्रसाद कौशिक
132. दीनबंधू सर छोटूराम स्मारिका

133. - 1857 - की जन क्रांति और नाहरसिंह
134. ताऊ देवीलाल: व्यक्तित्त्व और चिंतन- डॉ. सूरजभान दहिया
135. Sir Chhoturam: the man & his mission - Balbeer Singh
136. जाट कल्याण स्मारिका - किशनलाल देशमा
137. जीट चेतना स्मारिका - बी पी ढाका
138. जाटों के विश्व साम्राज्य और उनके युग पुरुष - महावीरसिंह जाखड़
139. ऐसे निकला जाट राजनीति का जनाजा - रामनारायण चौ
140. भक्त शिरोमणि रानाबाई - सोहनलाल निठारवाल
141. तेजाजी भजनमाला - बीरमाराम सुंदरिया
142. जाट ज्वाला-4 स्मारिका: भंवरलाल बिजारणिया
143. जाट समाज पत्रिका - 2009
144. तथ्यों के परिपेक्ष्य में जाट इतिहास - नत्थनसिंह
145. सुजस प्रबंध- नत्थनसिंह, जाट वीर प्रकाशन ग्वालियर
146. श्री किसान बोर्डिंग हाउस के 75 वर्ष - रणवीर भादू
147. जाटवीर - सुखवीरसिंह दलाल
148. दीनबंधू सर छोटूराम - आर एस तोमर
149. चौधरी चरणसिंह - आर एस तोमर
150. वीर यौद्धा युग पुरुष महाराजा सूरजमल - डॉ जितेन्द्रसिंह
151. बाड़मेर के जाट गौरव - जोगाराम सारण
152. जाट चेतना स्मारिका - आर एस खैरवा
153. परिवार परिचय स्मारिका - श्यामवीरसिंह
154. बृजेन्द्र बहादुर महाराजा सूरजमल- उपेन्द्रनाथ शर्मा
155. The Jats-1 Dr Veer Singh
156. वसुंधरा - डॉ बी आर चौधरी
157. मारवाड़ का जाट इतिहास - ठाकुर देशराज
158. श्री बलदेवराम मिरधा - रघुवीरसिंह & यशपाल शास्त्री
159. शिक्षा संत स्वामी केशवानंद स्मारिका - संजय आर्य
160. जाट चेतना स्मारिका - बी पी ढाका
161. जाट समुदाय की प्रमुख विशेषता - ओमपालसिंह तुगानिया
162. स्मारिका - जे के गहलावत
163. दौलतराम सारण अभिनंदन ग्रंथ - रतनलाल मिश्र
164. स्मारिका - एम पी जांणी
165. जाट योद्धाओं के बलिदान - भलेरां बेनीवाल
166. झुंझुनू के संस्थापक जाट वीर झुंझा नेहरा - राजेन्द्र कस्वां

167. किसान यौद्धा - राजेन्द्र कस्वा
168. स्वामी गोपालदास - प्रेम मोहन लाखोटिया
169. किसान आंदोलन जनित चेतना और स्वाधीनता संग्राम - डॉ घासीराम
170. जाट ज्वाला-5 स्मारिका
171. वीर शिरोमणि महाराजा सूरजमल नाटक- कुं पुष्पेन्द्रसिंह
172. भगतसिंह: व्यक्तित्त्व एवं विचार-राजेन्द्र कस्वां
173. जाट इतिहास: समकालीन संदर्भ- प्रतापसिंह शास्त्री
174. मारवाड़ का गौरव बना गांव का लाल: हेमाराम चौधरी
175. हमारे शौर्य पुरुष- बजरंगलाल जेठू
176. जुल्म की कहानी किसान की जुबानी- भीमसिंह आर्य
177. जाट जाति के अस्तित् व अस्मिता के प्रश्न- कर्णसिंह सोलंकी
178. जाट चेतना-1992- आर के चौधरी
179. किसान छात्रावास बीकानेर स्मारिका - बी आर चौधरी
180. चौधरी गुल्लाराम समृति ग्रंथ - लक्ष्मीनारायण क्षीरसागर
181. जाट बलवान जाट इतिहास - महेन्द्र कुमार शास्त्री
182. जाट जात् प्रछन्न बौद्ध है - डॉ धर्मकीर्ति
183. जाट राष्ट्र निर्माता - ठाकुर देशराज
184. जाट इतिहास - श्रीमदाचार्य श्रीनिवासचार्य
185. वीरशिरोमणि देव श्री बिग्गाजी - श्री राम जाखड़
186. श्री जसनाथदटजी महाराज की शब्दवाणी - स्वामी सोमनाथ
187. अघरिया क्षत्रिय - डॉ विनिता नायक
188. अवरोधों के आरपार बाबा नाथूराम मिर्धा - भागीरथ नैण
189. गौरवशाली जाट इतिहास - भागीरथ नैण
190. जाट सूर्य स्मारिका - क. जगनसिंह रेपस्वाल
191. राजस्थान के जाटों का इतिहास - प्रोफेसर पेमाराम
192. जाटों का नया इतिहास - धर्मचंद विद्यालंकार
193. जाट परिचयावली - रघुवीरसिंह खैरवा
194. न टूटे न झुके- बैजनाथ पंवार
195. जाट परिवेश 2009 - डालूराम खोजा
196. जाट परिवेश 2010
197. जाट परिवेश 2011
198. मरु माणक कुम्भाराम आर्य-मनसुख रणवा
199. पथरीली राहों के राही चौधरी समरपालसिंह - शक्तिप्रसाद सकलानी
200. वैदिक हरियाणा की सर्वखाप पंचायत भलेराम बेनीवाल

201. बेनीवालों का इतिहास - भलेराम बेनीवाल
202. संस्तवन एक आलोक पुरुष का चौधरी चरणसिंह समृति ग्रंथ - डॉ किरणपालसिंह
203. जीवन झलक - झाबरमल्ल सूंडा
204. राजस्थान के संत सती और सूरमा - मनसुख रणवां
205. युग पुरुष स्वामी केशवानंद - शेरसिंह तूर
206. जाट समाज जोधपुर स्मारिका - भागीरथ नैन
207. जाट समाज के प्रमुख आधारव व्यवस्थाएं - ओमपालसिंह तुगानिया
208. जाट स्मारिका मालाणी बाड़मेर- राजेन्देर चौधरी
209. किसान केसरी बलदेवराम मिर्धा स्मारिका - अशोक बगड़िया
210. जाट ज्वाला-4: भंवरलाल बिजारणिया
211. जाट ज्वाला-2: भंवरलाला बिजारणिया
212. जाटों की लोक कथायें- विक्रमसिंह राठौड़
213. The Jats Vol IV - Dr veer singh
214. राष्ट्रीय ग्रामीण गरिमा जाट बंधू 2008 - रामचरण बडाया
215. दहिया स्मृति - सूरजभान दहिया
216. Jat Iran Sumer & Indus civilization - K C Dahiya
217. The Jats-II: Dr Veer Singh
218. People's role in 1857 uprising Delhi & Neighboring region - Dr Veer Singh
219. जाट चेतना - रामेश्वरलाल चौधरी
220. Smrati Granth : memories of Harnandrai - Sarla Chahal
221. अमर शहीद एस पी ताराचंद स्मारिका - मोहन आलोक
222. जाटों का पंचायती शासन - धर्मचंद विद्यालंकार
223. स्मारिका 2010 - लक्ष्मणराम महला
224. राजा नाहरसिंह का बलिदान - रणजीतसिंह सैनी
225. दीनबंधू सर छोटूराम एक किसान मसीहा - नारायणसिंह चौधरी
226. चौधरी छोटूराम का जीवनचरित - रघुवीरसिंह शास्त्री
227. जन नायक गंगाराम चौधरी - पोकरराम सऊ, तोगाराम गोदारा & जोगाराम सारण
228. मेरा गांव मेरा देश वाया शेखावाटी - राजेन्द्र कसवां
229. श्री सिद्ध चरित्र - सूर्यशंकर पारीक
230. जसनाथ दरशन - दीपक चौधरी
231. श्री जसनाथ लीला - महंत मोहननाथ कूकणा
232. जसनाथ बाड़ी दर्शन
233. श्री जसनाथ जी महाराज की गुणमाला और हवन मंत्र - किशन गौड़

234. राजस्थान जाट समाज सूरत स्मारिका - सुखराम डूकिया
235. अमर शहीद चौधरी ताराचंद - जोगाराम सारण
236. केशव नवनीत जाट बंधू-2005: रामचरण बड़ाया
237. जाट चेतना-2011: सुगनलाल चौधरी
238. अमर शहीद लोठू जाट द्विवतीय संस्करण - मनसुख रणवा
239. किसान केसरी बलदेवराम मिर्धा - भागीरथ नैण
240. प्राचीनतम भारत को जाटों की देन - के सी दहिया
241. श्री वीर तेजाजी इतिहास एवं जीवन चरित- संत कान्हाराम
242. तेजाजी स्मारिका - मुरलीराम
243. जाट/जट वंशावली अथ गोत्रावली - डॉ बी एस बालियान
244. गौरव गाथा तीसरा पुष्प - नत्थनसिंह
245. शेखावाटी किसान आंदोलन का इतिहास - प्रोफेसर पेमाराम
246. जाटों की लोक कथायें जोगाराम सारण
247. महावीर चक्रधारी दिगेन्द्र कुमार- मनसुख रणवा
248. धरती पुत्र स्मारिका - लक्षमणराम महला
249. उद्देश्य स्मारिका - लक्ष्मणराम महला
250. श्री आदूराम न्यौल अभिनंदन ग्रंथ - लक्षमणराम महला
251. स्वामी केशवानंद - एक युग पुरुष की अमर कथा- डॉ तमन्नासिंह मोठसरा
252. मालाणी के जाट गौरव - गजेन्द्र चौधरी
253. जाट मुख्यमंत्री - सत्य पारीक
254. श्री तेजा चालीसा - संत कान्हाराम
255. सच्चे सपूत - सी पी सिंह
256. महात्माजी महेन्द्र प्रताप - सी पी सिंह
257. से 301. जाट परिवेश के वर्षवार अंक
302. जाट प्लेटो महाराजा सूरजमल - एम आर ढाका
303. लोक देवता वीर बिग्गाजी स्मृति एवं शोध स्मारिका-डॉ दलवीरसिंह जाखड़
304. वीर तेजाजी- भागीरथ सिंह जयराम
305. राजस्थान में पंचायत व्यवस्था - डॉ शिव कुमार भनोत
306. संघर्षों से जूझते दीप स्तम्भ की गाथा- शैलराजसिंह एडवोकेट
307. History of the jats (a study of jats in western Rajasthan)- Etee bahadur
308. प्राचीव जाट और खोखर इतिहास- अमतलसिंह खोखर
309. जाट के पूर्वजों का इतिहास-के सी दहिया
310. जाट चेतना स्मारिका- २०११

311. जाट चेतना स्मारिका-२०१३ किंवाड़ा, ढाका, सारण, डागुर
312. युग निर्माता महाराजा सूरजमल- मोहनलाल गुप्ता
313. हमारे साहिब- रचना सिंधू
314. जाटों की कहावती कथायें- लखनलाल शर्मा
315. राजस्थान में कृषक आंदोलन- डॉ पेमाराम
316. राजस्थान में जाटों का उत्थान- डॉ पेमाराम
317. तेजाजी संदेश स्मारिका- मुरलीराम
318. जाट समाज के पथभ्रष्टक-मनोज दूहन
319. चौधरी कुम्भाराम आर्य स्मृति ग्रंथ- रतनलाल मिश्र
320. धरती की बेटी- राजेन्द्र कस्वां
321. दीनबंधू चौधरी छोटूराम- रघुवीरसिंह शास्त्री.
322. उद्देश्य-१- लक्षमणराम महला
323. उद्देश्य-२- लक्षमणराम महला
324. उद्देश्य-३- लक्षमणराम महला
325. रोहतक की जाट शिक्षण संस्थाओं का इतिहास- जगवीरसिंह नांदल
326. जाट वीरांगनाएं- सुखवीरसिंह दलाल.
327. the life and times of raja Mahendra Pratap- Dr veersingh
328. प्रखर हिंदु सम्राट महाराजा सूरजमल- साहिबसिंह
329. धरती पुत्र चौधरी चरणसिंह व्यक्त्व और विचार- दयाराम महरिया
330. शताब्दी पुरुषः रणबंका रणमलसिंह- दयाराम महरिया
331. The Jats iv- Dr veersingh
332. The Jats v- Dr veersingh
333. MY LIFE STORY (1856-1979) - - Dr veersingh
334. जाट दर्पण- ब्रहिमदेव भास्कर
335. श्री स्वाधीन जाट छात्रावास स्मारिका- विजय पूनिया
336. गंगाराम चौधरी मूर्ति अनावरण समारोह स्मारिका-पांचाराम चौधरी, आदर्शकिशोर जांणी, जोगाराम सारण
337. जागलान गोत् का इतिहास - महेन्द्रसिंह जागलान
338. सर छोटूराम, - तस्वीरसिंह दीपक गहलोत
339. क्षत्रिय शिरोमणि वीर तेजाजी - मनसुख रणवा 'मनु'
340. प्रथम स्वतंत्रता संग्राम के स्तम्भ - अमर शहीद लोटू जाट - - मनसुख रणवा 'मनु'
341. खाकी वर्दी में संत - चौधरी ताराचंद - जोगाराम सारण
342. मरू माणक कुम्भाराम - मनसुख रणवा 'मनु'
343. राजस्थान के संत-शूरमा एवं लोक कथाएँ - मनसुख रणवा 'मनु'

344. अखिल भारतीय तेजाजी जयंती समारोह स्मारिका - हरिराम किवांड़ा
345. सुजानगढ जाट समाज की स्मारिका-पीथाराम गुलेरिया
346. गोभक्त तेजा दर्शन- छातरमल ढेल
347. कृषक वैजयंती माला-रणजीत रणवा
348. देश की आजादी में जाट कौम का अतुल्य योगदान- भलेराम बेनीवाल
349. महादानी सेठ छाजूराम - भलेराम बेनीवाल
350. दर्पण का दर्पण- पृथ्वीसिंह बेधड़क 628 दीनबंधू सर छोटूराम- भलेराम बेनीवाल
351. आर्य यौद्धाओं के विश्व साम्राज्य- भलेराम बेनीवाल
352. जाट खांप एवं गोत्र- बलराजसिंह मलिक
353. बेनीवालों का इतिहास- भलेराम बेनीवाल
354. शहीद ए आजम भगतसिंह- भलेराम बेनीवाल
355. क्षत्रिय इतिहास के आईने में जाट-१-दिलसुख गहलोत
356. क्षत्रिय इतिहास के आईने में जाट-२- दिलसुख गहलोत
357. उत्तर भारत के जाटों की शासन व्यवस्था- डॉ एम सी प्रधान
358. जाटों का गौरनशाली इतिहास- रामवीरसिंह वर्मा
359. Jat the lebal & the people
360. किसान का गीत- नारायणसिंह तहलान
361. क्षत्रिय शिरोमणी वीर तेजाजी- मनसुख रणवा
362. नूर ए हिंद किसान मसीहा चौधरी चरणसिंह- दुर्गादेवी रणवा
363. शिक्षा संत स्वामी केशवानंद- दुर्गादेवी रणवा
364. जाट विभूतियां- सुखवीरसिंह दलाल
365. भरतपुर का इतिहास- रामवीरसिंह वर्मा
366. अजेय राज भरतपुर- रामवीरसिंह वर्मा
367. पंजाब में जाट राजपूत टूटन फिर भारत बंटवारा और आज- के सी दहिया
368. जाटों की लोक कथायें- विक्रमसिंह राठौड
369. संत शिरोमणि भक्त फूलांबाई- हिमताराम भांभू
370. गोभक् तेजा दर्शन- छीतरमल ढेल
371. समाज जागृति के सौ साल
372. दशम दीप्ति- नारायणसिंह तहलान
373. भारत मां के अलबेले वीर- भलेराम बेनीवाल
374. कुडू जाटों का इतिहास- डॉ धर्मवीर कूंडू
375. देशवाल गोत्र का इतिहास भाग - १ कप्तानसिंह देशवाल
376. नौगामा खांप का इतिहास- महेन्द्र सिंह जागलान
377. शिवम स्मारिका- रामलाल चौधरी,

378. नवजाट वीर
379. दाट जागृति- राकेश कुमार मंडा
380. पंवार वंश का इतिहास- राजेन्द्रसिंह पंवार
381. गठवाला मलिक खांप- जसवीरसिंह मलिक
382. जाट हकीकत- अजयसिंह गरसा
383. करमांबाई- शिवलाल सिहाग
384. जाखड शिरोमणि दर्शन, - ओमप्रकाश बांगड़वा
385. जाट पुराण- लादूराम जेवलिया
386. वीरम गाथा- सोनाराम बेनीवाल व जोगाराम सारण
387. बडियासर गोत्र के जाटों का इतिहास- डॉ. पेमाराम
388. तेजाजी गाथा- मदन मीणा
389. तेजाजी का मारवाड़ी खेल-: बंशीधर शर्मा
390. अतीत के झरोखे से- मदनकौर
391. चौधराईन की चतुराई- विजयदोन देथा
392. मदन बावनिया- राजेन्द्र केड़िया
393. सुनारी से श्री लंका तक एक शहीद की गाथा- बजरंगलाल जेठू
394. मूल निवासी बहुजनों के हृदय सम्राट दीनबंधू चौ छोटूराम- दयाराम व विक्रमसिंह पंवार
395. शहीदे आजम भगतसिंह की शहादत की हिफाजत क्योँ और कैसे- दयाराम व विक्रमसिंह पंवार
396. शेखावाटी में स्वाधीनता आंदोलन व जन आंदोलन में भजनोपदेशकों की भूमिका- डॉ पितरामसिंह गोदारा
397. रियासती भारत के जाट जनसेवक- ठा देशराज, डॉ अरविंद भास्कर
398. जाटों के सांस्कृतिक इतिहास का सफरनामा- के सी दहिया
399. सुनो गढी की कहानी- बजरंगलाल जेठू
400. तेजा दर्शन स्मारिक
401. धरती पुत्र परसराम मदेरणा- सत्य पारीक
402. उतरी राजस्थान में कृषक आंदोलन- डॉ पेमाराम
403. - 407. Sir chhoturam writing & speeches - 5 volumes
408. जाट प्राचीन शासक- बीएस दहिया
409. Charansingh slected speech-
410. पहाड का सच- राजेन्द्र कंस्वा
411. मारवाड में जातीय पंचायत- डॉ बलवीर चौधरी
412. महाराजा सूरजमल का युग एवं प्रवृतियां- डे मोहनलाल गुप्ता

413. शेखावाटी किसान आंदोलन एवं स्वतंत्रतता सेनानी- डॉ भरत देवडा व देवेन्द्र कुल्हार

414 - 415 राजस्थान के जाटों का वृहद इतिहास- डॉ पेमाराम

416. तेजवंत तेजाजी- डॉ बलवीरसिंह करूण

417. Jat officer's directory

418. कर्तव्य पथ पर- जयराम बुरडक

419. जाट देवता- रनबीरसिंह

420. भारत के जाट रत्न- प्रो पेमाराम

421. धतरवाल इतिहास एवं वंशावली- जेठाराम धतरवाल

422. लोहागढ की यशोगाथा- रामवीरसिंह वर्मा

423. भारत की प्राचीन न्याय प्रणाली- रघुवीरसिंह शास्त्री

424. The Jats -7th volume - Rajender kumar

425. आदूराम न्यौल अभिनंदन ग्रंथ लक्ष्मणराम महला

426. उद्देश्य-लक्ष्मणराम महला 994 तेजादर्शन स्मारिका- रमेश मिर्धा

श्री किसान शोध संस्थान लायब्रेरी गरल बाड़मेर में जाट इतिहास पर ये पुस्तकें उपलब्ध हैं।

जोगाराम सारण, श्री किसान शोध संस्थान, गरल बाड़मेर, राजस्थान।

कुछ जाट पुस्तकें लेखक रनवीर सिंह (तोमर) द्वारा प्रकाशित कराई गई हैं वे इस प्रकार हैं:-

427. जाट संत - रनवीर सिंह

428. जाट कवि - रनवीर सिंह

429. जाट मुख्यमंत्री - रनवीर सिंह

430. जाट राज्यपाल - रनवीर सिंह

431. जाट प्रधानमंत्री - रनवीर सिंह

432. जाट बलिदानी - रनवीर सिंह

433. जाट महिला खिलाड़ी - रनवीर सिंह

434. जाट प्लेयर्स (कॉमन वेल्थ गेम्स वर्मिंघम 2022.) - रनवीर सिंह

435. तोमर (तंवर, तनवर) - रनवीर सिंह

436. Tomar Dynasty - रनवीर सिंह

437. जटवारा चंबल सिंध - रनवीर सिंह

438. एक व्यक्तित्व राजा महेंद्र प्रताप - रनवीर सिंह

439. जाट रियासतें - रनवीर सिंह

440. हरियाणा के लाल – रनवीर सिंह

441. हरियाणा के राम - रनवीर सिंह

442. अजेय योद्धा एवं दुर्ग (महाराजा सूरजमल एवं भरतपुर)

(ये पुस्तक नोशन प्रेस, अमेजन, फिल्पकार्ट, किन्ड्ल (Kindle), पर ऑनलाइन उपलब्ध हैं)

443. सूरज की तलवार - वीरेन्द्र सिंह चट्ठा

444. बिखरे मोती (अमर शहीद शाहमल सिंह तोमर बिजरौल (मेरठ)) - तेजपाल सिंह

445. डींग का जौहर - बलवीर सिंह करूण, अलवर राजस्थान (मूल निवास - किरठल जिला बागपत, उत्तर-प्रदेश)

446. राजस्थान के जाटों का वृहद इतिहास भाग-1, डॉ. पेमाराम, प्रकाशक - तेजा फाउंडेशन, तेजा सर्किल, मानसरोवर मेट्रो, पिलर नुम्बर 1 के पास जयपुर राजस्थान, वितरक - राजस्थानी ग्रन्थाकार सोजती गेट, जोधपुर (राजस्थान) फोन - 0291-2657531, 2623933, Email: info@rgbooks.net

447. राजस्थान के जाटों का वृहद इतिहास भाग-2, जाटों की गौरव गाथाएं, डॉ. पेमाराम, प्रकाशक - तेजा फाउंडेशन, जयपुर, तेजा सर्किल, मानसरोवर मेट्रो स्टेशन के पास, गोपालपुरा वायपास, जयपुर (राजस्थान), वितरक - राजस्थानी ग्रन्थाकार प्रथम माला, गणेश मंदिर के सामने सोजती गेट, जोधपुर (राजस्थान) फोन - 0291-2657531, 2623933, Email: info@rgbooks.net

448. जाटों का नवीन इतिहास भाग-1, उपेंद्रनाथ शर्मा, प्रकाशक - ओरिजिनल्स (ऐन ईम्परिन्ट ऑफ़ लो प्राइज पब्लिकेशन) ए-6, नीमड़ी कमर्शियल सेंटर, अशोक विहार फेज - 4, दिल्ली - 110052.

449. जाटों का नवीन इतिहास 1685 - 1763, भाग-2 ब्रजेन्द्र बहादुर सूरजमल, उपेन्द्रनाथ शर्मा, प्रकाशक - ओरिजिनल्स (ऐन ईम्परिन्ट ऑफ़ लो प्राइज पब्लिकेशन) ए-6, नीमड़ी कमर्शियल सेंटर, अशोक विहार फेज - 4, दिल्ली - 110052.

450. तथ्यों के परिप्रेक्ष्य में - जाट-इतिहास डॉ. नत्थनसिंह, प्रकाशक - जाट समाज कल्याण परिषद, एफ/13, डॉ. राजेन्द्र प्रसाद कॉलोनी तानसेन मार्ग ग्वालियर - 474002. (वर्तमान पता - जाट धर्मशाला हजीरा तानसेन मार्ग ग्वालियर- 474003.), मुद्रकः पवन प्रिंटर्स नवीन शाहदरा, दिल्ली -110032.

451. जाट सिंधिया सम्बन्ध

सिन्धिया-जाट सम्बन्ध गोहद के विशेष सन्दर्भ में लेखक डॉ. प्रद्युम्न ओझा, प्रकाशक - जाट-वीर प्रकाशन, ग्वालियर, द्वारा जाट समाज कल्याण परिषद, एफ/13, डॉ. राजेन्द्र प्रसाद कॉलोनी तानसेन मार्ग ग्वालियर - 474002. (वर्तमान पता - जाट धर्मशाला हजीरा तानसेन मार्ग ग्वालियर- 474003.), मुद्रकः रुचिका प्रिंटर्स, दिल्ली - 110032.

452. वीर योद्धा राजा खेमकरण सोगरिया, रामवीर सिंह वर्मा, प्रकाशक - प्रदीप प्रकाशन, सूरजमल नगर, निकट केन्द्रीय विद्यालय, भरतपुर - 321001. (राजस्थान).

453. जाट और मुग़ल साम्राज्य - गिरीश चन्द्र द्विवेदी

454. दीन बंधु सर छोटूराम - एक किसान मसीहा, प्रकाशक - महाराजा सूरजमल संस्थान सी-4, जनकपुरी, दिल्ली -58

चौधरी चरण सिंह पुस्तकें

455. एबोलिशन ऑफ़ जमींदारी (1947) - किताबिस्तान इलाहाबाद

456. उत्तर प्रदेश में भूमि सुधार और कुलक वर्ग- किसान ट्रस्ट

457. शिष्टाचार - किसान ट्रस्ट

458. विशिष्ट रचनाएं - किसान ट्रस्ट

459. भारत की अर्थ नीति, गांधीवादी रुपरेखा - राधाकृष्ण, नई दिल्ली

460. भारत की भयावह आर्थिक स्थितिः कारण और निदान - नेशनलपब्लिशिंग हाउस

एक ऐतिहासिक सिंघनाद

461. आर्थिक विकास के सवाल और बौद्धिक दिवालियापन

462. चरण सिंह पर भजन, दोहे, कवितायें आदि

रचनाकार : महाशय धर्मपाल सिंह भालोठिया, स्वतन्त्रता सेनानी, मेरा अनुभव भाग - 2.

463. Economic Nightmare of India- Its Cause and

1981, National Publishing House, Delhi

464. Land Reforms in UP and the Kulaks 1986, Vikas Publishing, Delhi

465. India's Poverty and Its Solution 1964, Asia Publishing House, National Publishing

466. Joint Farming X-Rayed: The Problem and Its Solution 1959, Bhartiya Vidya Bhawan, Bombay

467. Whiter Co-operative Farming 1956, Allahabad: Superintendent, Printing and Stationery, United Provinces, India

468. Agrarian Revolution in Uttar Pradesh

1957, Prakashan Shakha, Soochna Vibhag, Government of Uttar Pradesh

चौधरी चरण सिंह के जीवन पर पुस्तकें

469. एक और कबीर (चौधरी चरणसिंह का जीवन चरित्र I), - चौधरी चरण सिंह का जीवन चरित्र, लेखकः राजेन्द्र कसवा, कलम प्रकाशन, जयपुर, 52, दूसरी मंजिल, न्यू पुरोहित जी का कतला, जयपुर, फोन:560098, प्रथम संस्करण 1996

470. देख कबीरा रोया (चौधरी चरणसिंह का जीवन चरित्र II), लेखकः राजेन्द्र कसवा, प्रकाशक:लोकायत प्रकाशन, 883, लोधों की गली, मोती डूंगरी रोड, जयपुर-4, फोन:600912, प्रथम संस्करण 2000

471. संस्तवनः एक आलोक पुरुष का - चौधरी चरण सिंह स्मृति-ग्रंथ, संपादक डॉ. किरण पाल सिंह, प्रकाशकः भारतीय राजभाषा विकास संस्थान देहरादून, फोनः

0135-2753845, ISBN 978-81-906127-5-3, प्रथम संस्करण 2010

472. चौधरी चरण सिंह - एक चिंतन एक चमत्कार, 1990, एस. के. पब्लिशर्स

173. लौहपुरुष चौधरी चरण सिंह की अमर कहानी, 1987, मधुर प्रकाशन, दिल्ली

474. हमने भारत पर कैसे विजय प्राप्त की, भूमिका चौधरी चरण सिंह, 1983, किसान ट्रस्ट

475. नूर-ए-हिन्द-चौधरी चरणसिंह (Noor-e-Hind - Chaudhary Charan Singh): लेखक: Mansukh Ranwa

476. किसान मसीहा चौधरी चरणसिंह (Kisan Masiha Chaudhary Charan Singh): Author: Dr Natthan Singh

एक ऐतिहासिक सिंघनाद

477. **चौधरी चरण सिंह किसानों के मसीहा- डॉ अजय तोमर**
478. प्राचीन भारत में योद्धेय गणराज्य - योगानन्द शास्त्री
479. देश भक्तों के बलिदान - स्वामी ओमानन्द सरस्वती
480. **जाट समाज के प्रमुख आधार एवं व्यवस्थाएं - लेखक - डॉ ओमपाल सिंह तुगानिया**

प्रकाशक - जय पाल अजेन्सीज, 31-बी, सुभाषपुरम्, पुलिस चौकी के पीछे, बोदला, आगरा-282007, उत्तर प्रदेश

481. जाट समुदाय के प्रमुख आधार बिंदु

गोहद के जाटों का इतिहास (राजनैतिक एवं सांस्कृतिक अध्ययन) (1505-1947) { Gohad ke Jaton ka Itihas (Rajnaitik evam Sanskritik Adhyayan) (1505-1947)}

By Dr Ajay Kumar Agnihotri,

Publisher - Nav Sahitya Bhawan, 1467, Wajir Nagar, New Delhi-110003

First Edition 1985, Price Rs. 50/-

482. सिंधिया-जाट सम्बन्ध - गोहद के विशेष सन्दर्भ (Sindhia Jat Sambandh with special reference to Gohad)

लेखक - डॉ. प्रद्युमन कुमार ओझा

प्रकाशक - जाटवीर प्रकाशन, ग्वालियर

जाट समाज कल्याण परिषद, एफ/13, डॉ राजेन्द्र प्रसाद कालोनी, तानसेन मार्ग ,ग्वालियर-474002

डॉ. घासीराम वर्मा पर प्रकाशित पुस्तकें

483. करोड़पति फकीर,

484. अतीत की झलक,

485, बावन बण्यो विराट,

486. अटज अजिर से गुरु शिखर तक,

487. धन्य हुई जननी की कूख

488. सन सत्तावन का क्रांतिवीरबाबा शाहमल जाट लेखक: डॉ महेंद्र नारायण शर्मा और डॉ राकेश कुमार शर्मा

489. पुस्तक किसान संघर्ष एवं विद्रोह: लेखक चौधरी सूरजभान सांगवान, पुस्तक किसान संघर्ष एवं विद्रोह

490. स्वामी गोपालदास -राजस्थान में स्वतंत्रता संग्राम के अमर पुरोधालेखक - प्रेम मोहन लखोटिया, राजस्थान स्वर्ण जयंती प्रकाशन समिति जयपुर के लिए राजस्थान हिंदी ग्रन्थ अकादमी जयपुर द्वारा प्रकाशित, २००३

491. सरदार हरलाल सिंह -राजस्थान में स्वतंत्रता संग्राम के अमर पुरोधा, लेखक - डॉ. ज्ञानप्रकाश पिलानिया, राजस्थान स्वर्ण जयंती प्रकाशन समिति जयपुर के लिए राजस्थान हिंदी ग्रन्थ अकादमी जयपुर द्वारा प्रकाशित, २००१

492. कुंवर नेत्रं सिंह गौरीर-राजस्थान में स्वतंत्रता संग्राम के अमर पुरोधा, लेखक -हरिनारायण शर्मा, राजस्थान स्वर्ण जयंती प्रकाशन समिति जयपुर के लिए राजस्थान हिंदी ग्रन्थ अकादमी जयपुर द्वारा प्रकाशित, २००५

493. ठाकुर देशराज -राजस्थान में स्वतंत्रता संग्राम के अमर पुरोधा, लेखक - हरभान सिंह 'जिन्दा', राजस्थान स्वर्ण जयंती प्रकाशन समिति जयपुर के लिए राजस्थान हिंदी ग्रन्थ अकादमी जयपुर द्वारा प्रकाशित, २००३

राजेन्द्र कसवा द्वारा लिखित पुस्तकें: -

494. करोड़पति फकीर,

495. नेहरा पहाड़ बोलता,

496. भगतसिंह व्यक्तित्व एवं विचार,

497. एक और कबीरा,

498. भारत बनाम इंडिया,

499. देख कबीरा रोया,

500. झुंझुनू के संस्थापक जाटवीर झुंझा नेहरा,

501. जीवन बना कुंदन,

502. किसान योद्धा,

503. मरूधरा के शिक्षा अनुरागी सेठ,

504. मेरा गाँव मेरा देश (वाया शेखावाटी),

505. खोजी मिले घुम्मकड़ से,

506. राजनीति का धंधा: आम आदमी मंदा,

507. नेहरा पहाड़ का सच

महिपाल आर्य द्वारा लिखित पुस्तकें

508. सर्व खाप के बलिदान का इतिहास, समकालीन सन्दर्भ, लेखकः महिपाल आर्य , 2017, प्रकाशकः प्रकाशन समिति अध्यक्ष कुलदीप ढांढा,प्रधान बराह खाप (जींद) व राहुल पुनिया (हिसार) मूल्यःरू.450/- . ऑनलाइन खरीदें - https://www.exoticindiaart.com/book/details/history-of-sacrifice-of-khap-nzs517/

509. शहीदे आजम भगत सिंह, लेखकः प्रताप सिंह शास्त्री एवं महिपाल आर्य , 2014, प्रकाशकः प्रताप सिंह शास्त्री, 25 गोल्डन विहार, गंगवा रोड, हिसार-125001, मूल्यःरू.100/-

510. आर्यों की गोत्र परंपरा का वैज्ञानिक विश्लेषण, लेखकः महिपाल आर्य, प्रकाशकः सत्यसुधा प्रकाशन, शिवपुरी कालोनी, नरवाना मार्ग, जींद-126102, मूल्यःरू.20/-

511. जाट इतिहास (जाट गोत्रावली) समकालीन संदर्भ, लेखकः महिपाल आर्य एवं प्रताप सिंह शास्त्री. प्रथम संस्करण-2019, प्रकाशकः सूर्य भारती प्रकाशन, 2596, नई सड़क, दिल्ली- 110006, दूरभाषः 011-23266412, मूल्यःरू.995/-

512. जाट इतिहास (जाट वंशावली) समकालीन संदर्भ, लेखकः महिपाल आर्य एवं प्रताप सिंह शास्त्री. प्रथम संस्करण-2019, प्रकाशकः सूर्य भारती प्रकाशन, 2596, नई सड़क, दिल्ली- 110006, दूरभाषः 011-23266412, मूल्यःरू.695/-

513. संस्कृत-हिंदी व्याकरण, लेखकः महिपाल आर्य, प्रथम संस्करण-2023, ISBN:978-93-90921-43-0 प्रकाशकः सूर्य भारती प्रकाशन, 2596, नई सड़क, दिल्ली-110006, Mob:91-9891332357, email - suryabhartiprakashan@gmail.com, मूल्य रु. 1995. ऑनलाइन खरीदें - https://www.flipkart.com/sanskrit-hindi-vyakaran/p/itm7d5adebdbd73a

514. इतिहास पुरुष (चौधरी देवी लाल की जीवनी),

515. अद्वितीय शख्सियत कर्नल शोभा चंद,

चौधरी नाथूराम मिर्धा पर पुस्तक

516. अवरोधों के आर-पारः बाबा नाथूराम मिर्धा (Avarodhon Ke Aar-Paar: Baba Nathuram Mirdha, by Bhagirath Singh Nain (Mob-09950737847), Published by: Shri Nathuram Mirdha Sewa Sansthan, Jodhpur (Rajasthan), First Edition:2009, Price Rs.150, Distributor:Royal Publication, 18 Shakti Colony, Lane No.2, Loko Shed Road, Ratanada, Jodhpur-342011, Mob-9414272591

रणमल सिंह के जीवन पर पुस्तक

517. A Book in Hindi language on Chaudhary Ranmal Singh's life was launched at his 'Abhinandan Samaroh' on his 92nd Birth Anniversary on 23.11.2014.

518. The title of the book is: *Shatabdi Purush Ranbanka Ranmal Singh* under the guidance of his colleague Chain Singh Arya, Edited by Daya Ram Mehria, Chief Editor: Mahendra Singh Bhukar, Published by Kalpana

Publication Jaipur, Phone: 0141-2317611, Mob: 9414053201, Second Edition 2015, ISBN 978-81-89681-74-0.

रणमल सिंह के जीवन पर पुस्तक प्रकाशित की गई है जिसका शीर्षक है -

519. शताब्दी पुरुष - रणबंका रणमल सिंह।, मार्गदर्शक - चैनसिंह आर्य, संपादक - दयाराम महरिया, प्रबंध संपादक - महेन्द्रसिंह भूकर, कल्पना पब्लिकेशन जयपुर, फोन: 0141-2317611, मो: 9414053201, द्विवतीय संस्करण 2015, ISBN 978-81-89681-74-0

एहसान मानो जाटो का

एहसान मानो जाटो का

जाटो की ताकत का अंदाजा इस बात से लगाया जाता है कि मुगलो को इनके डर के मारे तीन राजधानी बदलनी पड़ी थी। फतेहपुर से भगाया तो आगरा बनायी, आगरा को तबाह किया तो मुगल दिल्ली भागे। पर जाटो ने पीछा नही छोड़ा। सबसे पहले दिल्ली को जाटो ने ही फतेह किया था। लोहागढ (भरतपुर) के किले मे लगा लाल किले का दरवाजा इस बात की गवाही देता है। भरतपुर का लोहागढ़ दुर्ग असल में चित्तौड़गढ़ दुर्ग का प्रवेश द्वार था। लेकिन दिल्ली के सुल्तान अलाउद्दीन ख़िलजी ने इसे हथिया लिया। सत्रहवीं सदी में जाट सेनाओं ने एकजुट होकर मुग़लों से यह दुर्ग वापिस छीन लिया। सिकंदरा मे अकबर के मकबरे को तबाह करने वाले भी जाट थे। मुगलो के खिलाफ पहला विद्रोह ब्रज क्षेत्र मे वीर गोकुला जी महाराज के नेतृत्व मे हुआ था। अगर किसी को जाटो की ताकत पर शक हो तो शौरम मुजफ्फरनगर मे सर्व खाप पंचायत के मुख्यालय मे मुगल राजाओ की पगड़ी देख लो। जब यंहा भारत के राजा मुगलो के रिश्तेदार थे तब मुगल खाप की चौखट पर माथा टेकते थे। मुगलो की छाती पर बल्लभगढ जैसी रियासत स्थापित करने वाले जाट ही थे। बात अंग्रेजो की करते है, अंग्रेजी फौज एक साल

लगातार लड़ाई मे भी लोहागढ (भरतपुर) फतेह नही कर पायी थी। पंजाब मे सिख जाट महाराजा रणजीत सिँह के जीते जी अंग्रेज आंख तक नही उठा पाये और ये भारत का सबसे आखरी राज्य था। 1857 मे अंग्रेजो के खिलाफ मेरठ, दिल्ली और पंजाब क्षेत्र मे जो विद्रोह हुआ उसके अगुवा भी जाट थे। डच फ्रांसिसियो की तो बात ही मत करो उनकी तो हिम्मत नही हुई जाटलैंड की धरती पर कब्जा करने की। वैसे भी कैप्टन सैमुअल फ्रांसिस उर्फ समरू, कर्नल मेडक आदि फ्रांसिसी जाट दरबार मे नौकरी करते थे। अगर देश मे जाटो की टांग खींचने वाले ना होते तो आज अफगानिस्तान भी जाटो के पास होता। पर कुछ लोग पहले भी जाटो से चिढते थे आज भी चिढते हैं।

पर ये जाट है, मार्शल कौम है, सरकार किसी की रहे, हकूमत इनकी ही चलेगी। जलने वाले जलते रहो।

वे जाट ही थे जिन्होंने सोमनाथ के मंदिर का ज्यादातर खजाना वापस लूट लिया था।

वह जाट रामलाल खोखर ही था जिसने पृथ्वीराज चौहान के हत्यारे मोहम्मद गौरी को सिन्ध में मार डाला था।

वह जाट महाराजा रणजीत सिंह ही था जिसने मुगलों को काबुल, कंधार में जा जाकर पीटा था।

वह जाट वीर गोकुला और माड़ु जाट ही थे जिन्होंने औरंगजेब की मरोड़ तोड़ कर रख दी थी।

(पुस्तक पढ़ने की रूचि ने अन्य पुस्तक जाटवीर गोकुला से सम्बंधित सम्बन्धित पढ़ीं) - जिनसे मुख्य संक्षिप्त जानकारी यह मिलती है -

समरवीर गोकुला जाट

प्राय: हल्दीघाटी युद्ध (18 जून 1576) और पानीपत की तीन लड़ाईयों (21 अप्रैल 1526, 5 नवम्बर 1556, और 14 जनवरी 1761) की चर्चा सुनने पढ़ने को मिलती हैं, लेकिन समरवीर गोकुला के विषय में कितने जानते हैं, चर्चा होती है, नहीं मालूम। हल्दी घाटी पर श्री श्यामनारायण पाण्डेय द्वारा हल्दी घाटी खण्ड काव्य लिखा गया है। उसी प्रकार समरवीर गोकुला पर प्रबन्ध काव्य श्री बलवीर सिंह "करुण" द्वारा लिखा जा चुका है। कवि के संक्षेप विचार -

हल्दी घाटी का समर विकट, कुछ ही घंटों में गया निपट।
ये तीन दिवस बाहर जूझे, तिलपट में जूझे तीन दिवस।।

(सन्दर्भ - समरवीर गोकुला - प्रबंध काव्य – पृष्ठ 103, षष्ठ सर्ग – संग्राम अनूठा तिलपत का)

अब लगे हाथ बतला ही दें, पानीपत के तीनों रण भी।
एकेक दिवस में निपट गये, देखा न दूसरा तो दिन भी।।

(सन्दर्भ - समरवीर गोकुला - प्रबंध काव्य – पृष्ठ 104, षष्ठ सर्ग – संग्राम अनूठा तिलपत का)

एक महत्वपूर्ण विवेचना यह भी हैं कि हल्दी घाटी और पानीपत की लड़ाई दो शासकों के मध्य थी, दोनों तरफ अपनी-अपनी सेनाएं थी । फिर भी ये युद्ध एक–एक दिन के थे। जबकि तिलपत का युद्ध एक तरफ एक शासक था, जिसके पास अपनी सैन्य शक्ति थी और दूसरी तरफ एक किसानों का प्रतिनिधि समूह, जो अन्याय के विरुद्ध था। अपने सादा हथियार लाठी, बल्लम, फरसे, कुल्हाड़ी, तलवार आदि ही थे, कोई प्रशिक्षित सेना नहीं थी। तब ऐसी परिस्थितियों में उनका युद्ध 6 दिन तक चला।

गोकुल सिंह जिन्हें 'गोकुलराम' और 'गोकुला जाट' के नाम से भी जाना जाता है। भारतीय इतिहास के प्रसिद्ध व्यक्तियों में से एक हैं। वह सिनसिनी गांव का सरदार था। 10 मई, 1666 ईसवीं को जाटों और मुगल बादशाह औरंगजेब की सेना के मध्य तिलपत में लड़ाई हुई।

लड़ाई में जाटों की विजय हुई। पराजय के पश्चात मुगल शासक ने इस्लाम धर्म को बढ़ावा दिया और किसानों पर कर बढ़ा दिया। जाट गोकुल सिंह ने किसानों को संगठित किया और कर जमा करने से मना कर दिया। इस बार औरंगजेब ने पहले से अधिक शक्तिशाली सेना भेजी और गोकुल सिंह को बंदी बना लिया गया। 1 जनवरी, 1670 ईसवीं को आगरा के किले पर गोकुल सिंह को मौत के घाट उतार दिया गया। गोकुल सिंह के बलिदान ने मुगल साम्राज्य के खात्मे की शुरुआत कर दी।

वह जाट चूड़ामण ही था जो जोधपुर के महाराज अजीत सिंह की पुत्री को फरुखसियर पठान से छुड़ाकर लाया था।

वह जाट राजा नाहर सिंह ही था जो देश के लिए 1857 में पहले शहीद हुए।

वह जाट महाराजा सूरजमल ही था जिसने घायल मराठों की मदद की और जिसके जीते जी किसी दुश्मन की भरतपुर की तरफ आँख उठाने की हिम्मत ना हुई। अगर उस समय वे महादजी सिंधिया परिवार की मदद न करते तो शायद सिंधिया परिवार ही नहीं बचता।

वह जाट राजा जवाहर सिंह ही था जो दिल्ली लाल किले के फाटक तक उतार लाया था जो आज भी लोहगढ़ (भरतपुर) के किले में चढ़े हैं।

वह जाट करतार सिंह ग्रेवाल ही था जो छोटी सी उम्र में देश के लिए फाँसी पर झूल गये।

वह जाट भगत सिंह संधू ही था जिसने देश को आजादी दिलाई।

वह जाट वीर तेजाजी थे जिन्होंने गायों को छुड़ाया तथा अपने वचन के अनुसार सर्प दंश से जीवन दान दिया।

वह जाट संत धन्ना भगत थे जिन्होंने अपने खेत का बीज ही संतों को खिला दिया। आज भी गाया जाता है:- धना भगत का खेत बीज बिन बोये कैसे उपजाया?

वह जाट संत गंगादास ही थे जिन्होनें रानी के कहने पर ग्वालियर में रानी झांसी लक्ष्मीबाई का दाह संस्कार किया और अंग्रेज रानी का शव न ले सके थे।

वह जाट चौधरी छोटूराम ही था जिसने किसानों की जमीन की कुर्की बन्द करा दी।

वह जाट चौधरी सेठ छाजूराम ही था जिसने पूरे हरियाणा में जाट स्कूल और कालेजों को खड़ा कर दिया।

वह जाट ठाकुर तोडर सिंह (शादीपुर खैर जिला अलीगढ़) ही थे जिन्होंने भगत सिंह को अपने यहां लगभग 18 महीने तक रखा और अंग्रेज कुछ न कर पाए।

वह जाट सेठ छाजूराम ही थे जिन्होंने भगत सिंह को अपने घर (कोलकाता) में रखा और आर्थिक सहायता प्रदान की।

वह जाट सर छोटूराम ही थे जिनसे जिन्ना डरते थे और भाखड़ा नंगल बाँध का निर्माण कराया था।

वह जाट राजा महेन्द्र प्रताप ही थे जिन्होंने देश की आजादी के लिए विदेश रहे और अपने को प्रथम राष्ट्रपति निर्वासित सरकार घोषित किया।

वह जाट भारत रत्न, पूर्व प्रधानमन्त्री, चौधरी चरणसिंह ही थे जिन्होनें अपनी सरकार के तत्कालीन प्रधानमंत्री जवाहर लाल नेहरू जी का नागपुर अधिवेशन में कृषि को सहकारिता का विरोध किया था।

वह जाट निश्चलानंद (हरियाणा) ही थे जिन्होंने अपने काशी के गुरु को उनके अनुरोध पर शादी के लिए स्पष्ट मना कर दिया था, जिस कारण उनका सभी लेखन समाप्त करा दिया गया था।

वह जाट ही हैं जिस धार्मिक संस्था (राधा स्वामी सत्संग व्यास पंजाब) के शुरू से अब तक प्रभारी रहे हैं।

वह जाट चौधरी अमर सिंह ही थे जिन्होनें अपनी जमीन दान देकर लखावटी जिला बुलंदशहर में कृषि डिग्री कालेज की स्थापना की थी।

वह जाट ताऊ देवीलाल ही थे जिन्होंने गरीबों और किसानों की भलाई में अनेक कानून बनवाए।

अपने सिर से प्रधानमंत्री का ताज वीपी सिंह के सिर पर रखा।

वह जाट चौधरी महेन्द्र सिंह टिकैत ही थे, जो राजनीति में न होते हुए भी सरकारों को हिला देते थे।

वह जाट मेजर शैतान सिंह, ब्रिगेडियर होशियार सिंह, कैप्टन सौरभ कालिया ही थे जिन्होंने कई लड़ाईयों में देश की आन बचाई।

वह जाट सर सिकन्दर हयात खान चीमा (मुस्लिम जाट) ही थे जिन्होंने संयुक्त पंजाब में चौधरी सर छोटूराम के साथ मिलकर गरीबों और किसानों की भलाई में अनेक कानून बनवाए।

वह जाट जग्गा डाकू ही था जो अमीरों का धन लूट कर गरीबों में बांट देता था।

वह जाट हरफूल जाट जुलाणी ही था जिसने अंग्रेजों के राज में गऊ हत्थे तोडे थे।

वह जाट बाबा ज्याणी ही था, जिसने अदली खान की कैद से नार महकदे को छुड़ाया था।

वे जाट बाबा शाहमल तोमर (जिला बागपत), आमानी सिंह ठकुरेला (लगसमा अलीगढ़), देवी सिंह राया जिला मथुरा और राजा नाहर सिंह बल्लभगढ़ ही थे जो 1857 में लडे थे।

अन्य लाखों करोड़ों जाटों ने देश, कौम के लिए कुर्बानियां दी हैं।

ऐसे बहादुर पूर्वजों पर मुझे गर्व है।

जय जाट वंशावली।

जाट – पाश्चात्य विद्वानों की दृष्टि में –

" कुछ लेखकों का कहना है कि भारत पर सिथियनों के आक्रमण से काफी समय पहले जाट लोग सिंध प्रांत में आबाद थे और उनका सम्बन्ध महाभारत के योद्धाओं से किया है। " – क्रुट्रयात्सेव।

" जब भी जाटों में एकता हुई तब संसार की कोई भी जाति बहादुरी में इनका मुकाबला नहीं कर सकी। " – हैरोडोटस।

" रक्त में जाट परिवर्तन किए हुए राजपूत थे न अधिक हैं और न कम, किन्तु अदल–बदल हैं। राजपूत अगर प्राचीन धर्म का पालन करें तो जाट हो सकता है। " – मि. आर्जलेंथम (एथोनोजी ऑफ़ इण्डिया)।

" प्राचीनकाल की रीति रिवाजों (आर्यों की) को मानने वाले जाट, नवीन हिन्दू धर्म के रिवाजों को मानने पर राजपूत है। जाटों से राजपूत बने हैं न कि राजपूतों से जाट। " - जस्टिस

कैम्पबैल।

" जाटों में चालाकी और धूर्तता, योग्यता की अपेक्षा बहुत ही कम होती है। वे स्वामीभक्त और साहसी होते हैं। " – डॉक्टर विटरेटन।

उत्तर और पश्चिम भारत के जाट बड़े परिश्रमी और साहसी होते हैं।

" जाट " जाति के विषय में –

पार्वती के पूछने पर महादेव जी ने कहा, " ये जट्ट महाबली, अत्यन्त वीर्यवान एवं प्रचंड पराक्रमी हैं। सृष्टि के आरम्भ में क्षत्रियों में यही जाति सर्वप्रथम शासक हुई।" - देव संहिता (श्लोक 15-16)।

" जाट नामक जाति में कुछ बातें अभी तक प्राचीन चंद्रवंशी क्षत्रियों अर्थात कौरव-पांडवों से टक्कर खाती हैं। " – धर्म इतिहास रहस्य।

"जाट जाति के दो बड़े गुण हैं – एक तो वह किसी एक सत्ता को देर तक सिर झुका कर नहीं मान सकते और दूसरा यह है कि वह धार्मिक या सामाजिक रुढियों की अत्यंत दासता से घबराते हैं। इन्हीं गुणों का प्रभाव था कि वह सात सौ वर्षों तक मुसलमानों के शासन में रहे, परन्तु रहे प्राय: विद्रोही बनकर ही। यह एक वीर जाति के लक्षण हैं। इन दो गुणों के साथ एक दोष भी लगा हुआ है, जो शायद उपर्युक्त गुणों का भाई है। जाट लोगों में एक खुरदारापन है जो बिगड़ने पर परस्पर विरोध के रूप में परिणत हो जाता है। यदि यह दोष न होता तो दोनों के बल से जाट भारत के एक-छत्र राजा होते। "- पंडित इन्द्र विद्यावाचस्पति {जाट इतिहास की भूमिका से साभार (11-1-1974)}.

" अंत में, हम जाटों के सम्बन्ध में कुछ लिखना चाहते हैं कि उनके मानव तत्व अनुसंधान के लक्षण जैसा कि हम देख चुके हैं, साफतौर से आर्य हैं। वे सुन्दर, लम्बे और बड़ी-नाक वाले हैं। क्या इतिहास उन्हें अनार्य बताते हैं ? " – चिन्तामणि विनायक वैद्य।

क्या सच में जाटो ने लूटपाट की ?

दरअसल कुछ इतिहासकारो ने जाटो के बारे में चार लाइन से ज्यादा लिखा नहीं क्योकि अगर वे लिखते तो मुगलों की पोल खुलती, ऐसे में उन्होंने उन चार लाइनों में भी जाटो को लूटपाट करने वाला बता दिया।

देखिए मामला ऐसा था, चाहे महमूद गजनवी हो या पानीपत की तीसरी लड़ाई वाला अब्दाली, जाटो ने इनके ऊपर हमले किये और ये जो सोना चांदी भारत से लूट कर ले जा रहे थे उसको छीन लिया।

अब जाटो के लिए लूटपाट शब्द इस्तेमाल करते है और इन बाहरी घुसपैठियों को महान बहादुर बताते है, जबकि मामला ऐसा है:-

कि अगर कोई आप के घर में चोरी कर ले और आप उसपर हमला कर दो अपना सामन वापस ले लो तो चोर आप हुए कि वे जिसने चोरी की?

जवाहर सिंह ने अपने पिता महाराजा सूरजमल के शासन क्षेत्र में वृद्धि की। विशेषत: अपने पिता के शौर्य कीर्ति में वृद्धि की, अपने पिता की मृत्यु के बदले दिल्ली किले के

दरवाजे उखाड़कर भरतपुर लाना, अपनी माता महारानी किशोरी को पुष्कर स्नान कराना, धोलपुर, गोहद के राणाओं की सहायता से अटेर, भिंड पर अधिकार करवाना आदि।

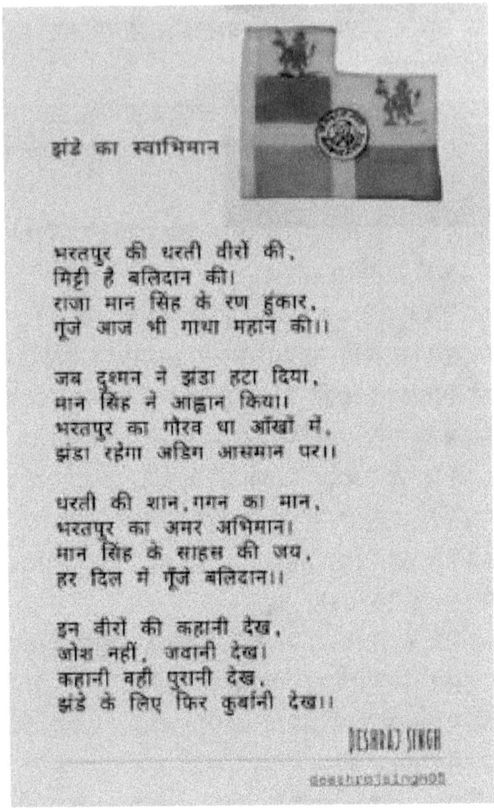

झंडे का स्वाभिमान

भरतपुर की धरती वीरों की,
मिट्टी है बलिदान की।
राजा मान सिंह के रण हुंकार,
गूंजे आज भी गाथा महान की।।

जब दुश्मन ने झंडा हटा दिया,
मान सिंह ने आह्वान किया।
भरतपुर का गौरव था आँखों में,
झंडा रहेगा अडिग आसमान पर।।

धरती की शान, गगन का मान,
भरतपुर का अमर अभिमान।
मान सिंह के साहस की जय,
हर दिल में गूँजे बलिदान।।

इन वीरों की कहानी देख,
जोश नहीं, जवानी देख।
कहानी वही पुरानी देख,
झंडे के लिए फिर कुर्बानी देख।।

DESHRAJ SINGH

भरतपुर झंडा स्वाभिमान

भरतपुर राज्य का जाट इतिहास मिटाने के प्रयास

भरतपुर राज्य का जाट इतिहास मिटाने के प्रयास

एनसीईआरटी 2025 की कक्षा 8 की सामाजिक विज्ञान की किताब में प्रकाशित एक नक़्शे से विवाद खडा हो गया है। इससे जनता में भारी आक्रोश है। देश की एकमात्र जाट रियासत को नक़्शे से गायब करना एक कुत्सित प्रयास है। भरतपुर को मराठा साम्राज्य के अंतर्गत बताया है जबकि भरतपुर स्वतंत्र राज्य था। पानीपत में हारे जिन मराठों को भरतपुर में शरण दी, उन्हें के अधीन बताया गया है।

पुस्तक में यूनिट 3 के पृष्ठ 71 पर दिए गए मानचित्र में भरतपुर रियासत को मराठा साम्राज्य का हिस्सा दिखाया है। जिस पर पूरे क्षेत्र में जबरदस्त विरोध है। सच्चाई यह है कि जाट रियासत के मराठाओं से खट्टे-मीठे संबंध रहे, अधीनता नहीं स्वीकारी। बल्कि 1761 में अहमद शाह अब्दाली के साथ हुए पानीपत युद्ध में पराजय के बाद घायल मराठाओं और उनकी महिलाओं को जाट रियासत ने आश्रय दिया। घायलों का उपचार, भोजन कपड़े सहित तमाम तरह की इमदाद दी। करीब 30 लाख रुपए खर्च किए. जाट सेना घायल मराठा सेना को चंबल तक सुरक्षित छोड़कर आई. 600 से ज्यादा सैनिकों को महिला बच्चों की सुरक्षा बाबत पुणे और नासिक तक भेजा गया। इन में से कई सैनिक वहीं बस गए। महाराजा सूरज मल भरतपुर के नहीं पूरे उत्तर भारत के स्वाभिमान थे। एनसीईआरटी की किताब में भरतपुर को गायब करना तथ्यों से छेड़छाड़ है। रियासत के नक्शे में कहीं जिक्र नहीं है। षड्यंत्र के तहत इतिहास को तोड़-मरोड़ कर पेश किया जा रहा है। भरतपुर कभी मराठा साम्राज्य का हिस्सा नहीं था..... भरतपुर भास्कर 12 अगस्त 2025.

क्या भरतपुर साम्राज्य को नक्शे से मिटाने की साज़िश?

सरिता प्रवाह / विश्लेषण

के.पी.मलिक

बहरहाल इतिहास केवल शैक्षणिक विषय नहीं, बल्कि हमारी सांस्कृतिक पहचान और स्वाभिमान का आधार है। भरतपुर की स्वतंत्रता और महाराजा सूरजमल के योगदान को गलत तरीके से प्रस्तुत करना न केवल विद्यार्थियों को भ्रमित करता है, बल्कि एक गौरवशाली इतिहास को मिटाने की साज़िश है। अब सवाल उठता है कि इतिहास में इस तरह की छेड़छाड़ का फायदा किसे है? क्या यह सिर्फ भरतपुर की वीरगाथा को मिटाने की कोशिश है, या पूरे देश को एक 'राजनीतिक नक्शे' में ढालने का प्रयास? इतिहास को रंगने वालों को समझना होगा नक्शे की लकीरें बदल सकती हैं, लेकिन ज़मीन और ज़मीर की सच्चाई मिटाई नहीं जा सकती।

इतिहास कोई बच्चों का खेल नहीं है कि जिसे मन आया, खिलौने की तरह तोड़-मरोड़ कर रख दिया। लेकिन हमारे देश में इतिहास और नक्शे दोनों को सत्ता के रंग में रंगने का हुनर सरकार और उसके संस्थानों ने शायद शतरंज की बिसात से भी बेहतर सीख लिया है। ताजा उदाहरण राष्ट्रीय शैक्षिक अनुसंधान और प्रशिक्षण परिषद (एनसीईआरटी) की 2025 की स्कूल इतिहास किताब का नक्शा, जिसमें 1759 के भारत के मानचित्र से भरतपुर रियासत का नामोनिशान ही मिटा दिया गया। और तो और, भरतपुर के साथ-साथ पूरा हरियाणा मराठा साम्राज्य में दिखा दिया गया।

ज़रा सोचिए, यह वही भरतपुर है, जिसके महाराजा सूरजमल को इतिहासकार 'भारत का अद्भुत खान' कहते हैं। साल 1755 से 1763 तक उनका शासन था, जब दिल्ली की सल्तनत के अवशेषों में भी उनका नाम सम्मान से लिया जाता था। उस दौर में भरतपुर न तो मराठों की जागीर था, न ही किसी पराजित राज्य का हिस्सा था बल्कि एक स्वतंत्र, मजबूत जाट साम्राज्य था, जो अपनी ताकत और स्वाभिमान के लिए जाना जाता था। एनसीईआरटी के नक्शे में इसे मराठा साम्राज्य के अंतर्गत दिखाना न केवल ऐतिहासिक रूप से गलत है, बल्कि यह सवाल भी उठाता है कि क्या यह मात्र गलती है, या फिर एक संगठित साज़िश कि भारत के इतिहास से जाटों की वीरगाथा मिटा दी जाए? इतिहास गवाह है कि 1761 की पानीपत की तीसरी लड़ाई में महाराजा सूरजमल ने अहमद शाह अब्दाली के खिलाफ मराठों का साथ दिया था। युद्ध

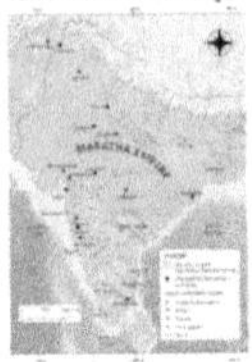

में जब मराठा सेनापति सदाशिवराव भाऊ हार गए, तो हरियाणा के लोगों और सूरजमल ने उन्हें शरण दी। आज भी भाऊ का मकबरा सांघी गांव में खड़ा है, गवाही देता कि हरियाणा मराठों का गुलाम नहीं, बल्कि उनका सहारा था।

यह भी याद रखना चाहिए कि महाराजा सूरजमल ने युद्ध के बाद बची मराठा महिलाओं और परिवारों को सुरक्षा दी। अगर हरियाणा और भरतपुर तब मराठा साम्राज्य का हिस्सा होते, तो क्या सूरजमल को 'शरणदाता' कहा जाता? सत्ता के नक्शा-कारों को यह भी याद रखना चाहिए कि 1948 में जब भरतपुर महाराजा बृजेंद्र सिंह ने अपनी रियासत भारत में मिलाई, तो यह कोई दान में दी गई ज़मीन नहीं थी। तत्कालीन गृह मंत्री सरदार पटेल और चौ. रणबीर सिंह हुड्डा की मौजूदगी में यह साफ शर्त रखी गई थी कि भरतपुर उत्तर प्रदेश में नहीं, बल्कि राजस्थान में मिलाया जाएगा। लेकिन अब सरकार एनसीईआरटी कक्षा 8 के इतिहास पाठ्यपुस्तक में 1759 के मानचित्र में भरतपुर को मराठा साम्राज्य के अंतर्गत दर्शाने की ऐतिहासिक त्रुटि कर रही है कक्षा 8 की पुस्तक 'आवर पास्टस' 3 में 1759 के मराठा साम्राज्य के मानचित्र में भरतपुर रियासत को "मराठा एंपायर (इंक्लूडिंग ट्रिब्यूटरी स्टेट्स)" के अंतर्गत दर्शाया गया है।

यह प्रस्तुति ऐतिहासिक दृष्टि से पूर्णतः गलत है, क्योंकि 18वीं सदी में भरतपुर एक स्वतंत्र जाट राज्य था और कभी भी मराठा साम्राज्य के अधीन नहीं रहा। इसीलिए मेरा मानना है कि उसमे तत्काल संशोधन की आवश्यकता है।

भरतपुर रियासत स्वतंत्र राज्य होने के तमाम ऐतिहासिक प्रमाण मौजूद हैं। भरतपुर राज्य की स्थापना साल 1733 में मुगल सम्राट मोहम्मद शाह द्वारा बदन सिंह जाट को राजा की उपाधि एवं रियासत की मान्यता प्राप्त करने पर हुई थी। जिसका ज़िक्र जदुनाथ सरकार की किताब में साफ तौर पर किया गया है। दूसरा महाराजा सूरजमल (1755-1763) दिल्ली, आगरा, मथुरा तक राज्य विस्तार किया ज़ाहिर है कि किसी भी समय मराठा अधीनता नहीं स्वीकारी जिसका ज़िक्र हरि राम गुप्ता की किताब "the maratha and the Panipat War, p. 153-154)' पानीपत का तृतीय युद्ध (1761) मराठों को सहायता देने के बाद मतभेद होने पर सेना वापस ली, युद्ध के बाद शरण दी; यह स्वतंत्र नीति का परिचायक Raghubir Sinh, The Battle of Panipat, p. 212-213)। भरतपुर का लोहागढ़ किला कभी भी मराठा अथवा मुगल के कब्जे में नहीं आया (अलैक्जेंडर कनिंघम, आर्कियोलॉजिकल सर्वे ऑफ इंडिया रिपोर्ट्स, Vol. II, p. 185-186)। यूरोपीय विवरण, फ्रांसीसी यात्री जीन लॉ और ब्रिटिश अधिकारी जॉर्ज थॉमस ने भरतपुर को "इंडिपेंडेंट जाट किंगडम" कहा (Jean Law, 1810; William Francklin, 1805)। बहरहाल इतिहास केवल शैक्षणिक विषय नहीं, बल्कि हमारी सांस्कृतिक पहचान और स्वाभिमान का आधार है। भरतपुर की स्वतंत्रता और महाराजा सूरजमल के योगदान को गलत तरीके से प्रस्तुत करना न केवल विद्यार्थियों को भ्रमित करता है, बल्कि एक गौरवशाली इतिहास को मिटाने की साज़िश है। अब सवाल उठता है कि इतिहास में इस तरह की छेड़छाड़ का फायदा किसे है? क्या यह सिर्फ भरतपुर की वीरगाथा को मिटाने की कोशिश है, या पूरे देश को एक 'राजनीतिक नक्शे' में ढालने का प्रयास? इतिहास को रंगने वालों को समझना होगा नक्शे की लकीरें बदल सकती हैं, लेकिन ज़मीन और ज़मीर की सच्चाई मिटाई नहीं जा सकती।

(लेखक वरिष्ठ पत्रकार और राजनीतिक विश्लेषक हैं)

क्या भरतपुर साम्राज्य को नक़्शे से मिटाने की साजिश ?

NCERT panel to examine content amid row over Maratha map

Kolhapur/Jaisalmer: NCERT has formed a committee helmed by its curriculum department head Ranjana Arora to review specific content, including a Class 8 social science textbook that controversially depicts Jaisalmer as part of the Maratha Empire in 1759, report **Abhijeet Patil and Vimal Bhatia**.

The map showing the Maratha span extending to Rajasthan has triggered an outrage, with the scion of the erstwhile royal family of Jaisalmer and descendants of other princely clans slamming it as "wrongful" and "malicious". But several scholars in Maharashtra cited "documentary evidence" to back what they claim is historically accurate.

"NCERT has received feedback about educational content in a few textbooks. Hence, a committee of experts is being constituted, per its established practice... It will examine the feedback in light of the available evidence," NCERT said.

NCERT Panel

दैनिक भास्कर भरतपुर भास्कर 12-08-2025

एनसीईआरटी की किताब से आक्रोश • देश की एकमात्र जाट रियासत गायब, भरतपुर को बताया मराठा साम्राज्य, जबकि भरतपुर स्वतंत्र राज्य था

पानीपत में हारे जिन मराठों को भरतपुर ने शरण दी, उन्हीं के अधीन बताया

प्रमोद कल्याण | भरतपुर

एनसीईआरटी की कक्षा 8 की सामाजिक विज्ञान किताब में एक मानचित्र को लेकर विवाद खड़ा हो गया है। पुस्तक में यूनिट-3 के पृष्ठ 71 पर दिए गए मानचित्र में भरतपुर रियासत को मराठा साम्राज्य का हिस्सा दिखाया है। जिस पर पूरे क्षेत्र में जबरदस्त विरोध है।

सच्चाई यह है कि जाट रियासत के मराठाओं से खट्टे मीठे संबंध रहे। अधीनता नहीं स्वीकारी, बल्कि 1761 में अहमदशाह अब्दाली के साथ हुए पानीपत युद्ध में पराजय के बाद घायल मराठाओं और उनकी महिलाओं को जाट रियासत ने आश्रय दिया। घायलों का उपचार, भोजन, कपड़े सहित तमाम तरह की इमदाद दी। करीब 30 लाख रुपए खर्च किए। जाट सेना चंबल पार तक सुरक्षित छोड़कर आई। 600 से ज्यादा सैनिकों को महिला-बच्चों की सुरक्षा मामत पूना और नासिक तक भेजा गया। जिनमें कई सैनिक वहीं बस गए। नासिक में सिनसिनवार जाटों के आज भी कुछ गांव हैं। इतिहासकार रामवीर सिंह वर्मा बताते हैं कि करीब 31 गांवों में जाटों की आबादी है। इतिहास की जानकार डॉ. सुधा सिंह कहती हैं महाराजा सूरजमल सिर्फ भरतपुर के नहीं, पूरे उत्तर भारत के स्वाभिमान थे। एनसीईआरटी किताब में भरतपुर को गायब करना तथ्यों से छेड़छाड़ है। रियासत के नक्शे में कहीं जिक्र नहीं है। षड्यंत्र के तहत इतिहास को तोड़ मरोड़ कर पेश किया जा रहा है। भरतपुर कभी मराठा साम्राज्य का हिस्सा नहीं था।

पहली बार देखिए... भरतपुर रियासत का नक्शा, चंबल से यमुना तट तक राज्य

भरतपुर के गजेटियर में 1756 से 1768 का नक्शा यह दर्शाया गया है।

• नोटिफिकेशन में दिखाया अलग... भरतपुर रियासत के गजट नोटिफिकेशन में भरतपुर राज्य का नक्शा भी है, जिसमें चंबल से लेकर यमुना तट तक के इलाके को दर्शाया है। नक्शा 1756 से 1768 ई. का है। इसमें झज्जर, फरुखनगर, बल्लभगढ़, रेवाड़ी, नारनौल, पलवल, होडल, अलवर, बयाना, सरमथुरा, इद्रगढ़, औरई, कालपी, जालौन, भिंड, इटावा, मैनपुरी, एटा, हाथरस, अलीगढ़ आदि इलाकों को दिखाया गया है।

एनसीईआरटी की नई किताब में जाट रियासत को मराठों साम्राज्य में बताया

• सांघी में भाऊ का मकबरा... हरियाणा में रोहतक सांसद दीपेंद्र हुड्डा ने कहा कि 1761 में पानीपत की लड़ाई अहमद शाह अब्दाली के साथ हुई, जिसमें महाराजा सूरजमल मराठों के साथ थे। युद्ध में मराठा सेनापति सदाशिवराव भाऊ हार गए, तब हरियाणा के सांघी गांव में अज्ञातवास में रहे। उनका मकबरा अभी भी वहां मौजूद है, जिसे भाऊ का मकबरा कहा जाता है।

दो प्रमाण... गांगरसोली और शमशेर बहादुर का मकबरा

1. गांगरसोली... 1754 में मराठा फौज की हार का गवाह: दिल्ली के मीर बख्शी के उकसाने पर मराठा पेशवा प्रतिनिधि मल्हार राव होल्कर के पुत्र खांडेराव ने 20 जनवरी 1754 को कुम्हेर किले की घेराबंदी की। गांव गांगरसोली में कैंप डाला। इतिहासकार उपेंद्र नाथ शर्मा ने लिखा है कि 15 मार्च को खांडेराव गोलाबारी में मारा गया। इससे मराठों के यश को काफी क्षति हुई।

2. मस्तानी सराय के सामने शमशेर बहादुर की कब्र... पेशवा बाजीराव और मस्तानी के पुत्र शमशेर बहादुर ने पानीपत युद्ध में भाग लिया। घायल होने पर भरतपुर आए। लेकिन बच नहीं सके। उन्हें मथुरा गेट स्थित मस्तानी की सराय के ठीक सामने दफनाया गया। यह अब मस्जिद शमशेर बहादुर के नाम से ख्यात है।

पुस्तकें जिनमें है जिक्र...

- भरतपुर का इतिहास... पृष्ठ संख्या 49-50, चैप्टर-भारतीय संस्कृति का रक्षक महाराजा सूरजमल, लेखक-रामवीर सिंह वर्मा
- ब्रजेंद्र बहादुर महाराजा सूरजमल जाट... पृष्ठ संख्या 194-235, चैप्टर-कुंवर बहादुर राजेंद्र सूरजमल का मुगल मराठों से युद्ध, पृष्ठ संख्या 236-288, चैप्टर-इमाद और मराठों से संघर्ष: राज्य विस्तार, लेखक-उपेंद्र नाथ शर्मा
- लोहागढ़ की यशोगाथा... पृष्ठ 165-170, चैप्टर मराठों के साथ संबंध, लेखक- रामवीर सिंह वर्मा
- अन्य पुस्तकें- ठाकुर देशराजसिंह, गंगासिंह, कुं. नटवरसिंह, जाटों का गौरवशाली इतिहास के लेखक-रामवीर वर्मा आदि भरतपुर को स्वतंत्र रियासत बताया है।

इतिहास से छेड़छाड़ करना गलत: कृष्णेंद्र कौर दीपा

ऐतिहासिक सच्चाई यह है कि भरतपुर कभी भी मराठा साम्राज्य का हिस्सा नहीं रहा। 1759 में भरतपुर एक स्वतंत्र जाट रियासत थी। महाराजा सूरजमल भरतपुर रियासत के शासक थे। पानीपत युद्ध में मराठों की मदद की।

-कृष्णेंद्र कौर दीपा, पूर्व राजघराने की सदस्य एवं पूर्व पर्यटन मंत्री

पानीपत में हारे जिन मराठों को भरतपुर ने शरण दी, उन्हीं के अधीन बताया

7 August, 2025

PRESS RELEASE

राष्ट्रीय शिक्षा नीति 2020 के अनुपालन में, राष्ट्रीय शैक्षिक अनुसंधान और प्रशिक्षण परिषद् (एनसीईआरटी) ने राष्ट्रीय पाठ्यचर्या की रूपरेखा (बुनियादी स्तर) 2022 और राष्ट्रीय पाठ्यचर्या की रूपरेखा (विद्यालयी शिक्षा) 2023 विकसित की है। राष्ट्रीय पाठ्यचर्या द्वारा प्रस्तावित लक्ष्यों और अधिगम दक्षताओं के अनुरूप एनसीईआरटी ने पठन-पाठन सामग्री निर्मित की है। इस प्रकार की पठन-पाठन सामग्री में पाठ्यपुस्तकों सहित अन्य संसाधन भी उपलब्ध हैं।

इस प्रकार की सामग्री जब भी निर्मित कर हितधारकों को उपलब्ध करवाई जाती है तो सदैव ही पाठ्यसामग्री, शिक्षण पद्दति और पुस्तकों में दिए गए विषयों पर सभी हितधारक अपने सुझाव/ टिप्पणी और आलोचनात्मक बिन्दु एनसीईआरटी को विभिन्न माध्यमों से प्रेषित करते हैं। अपनी सुस्थापित परिपाटी और प्रक्रिया के अनुरूप जब भी इस प्रकार के सुझाव प्राप्त होते हैं, परिषद् सभी विषयों का संज्ञान लेते हुए वरिष्ठ विद्वानों व शिक्षा शास्त्रियों एवं विषय विशेषज्ञों की समिति पाठ्यचर्या विभागाध्यक्ष के संयोजकत्व में गठित करती है।

वर्तमान समय में भी कुछ पाठ्यपुस्तकों के कतिपय संदर्भों/ विषयों से संबंधित सुझाव/ विचार/ टिप्पणियाँ विभिन्न माध्यमों से प्राप्त हो रही हैं। अतः अपनी सुस्थापित पद्धति के अनुसार, वरिष्ठ विषय विशेषज्ञों को सम्मिलित करते हुए एक समिति का गठन किया जा रहा है। यह समिति उपलब्ध साक्ष्यों के आलोक में प्राप्त सुझावों का परीक्षण करेगी तथा यथाशीघ्र अपनी अनुशंसाएँ प्रस्तुत करेगी।

Press Release

History tampered in VIII Class NCERT Book 2025 for Social Studies

Representations made to NCERT and GOI regarding mis-representation of facts about Bharatpur State

From:
Maharaja Surajmal Centre for Research & Publication
Surajmal Memorial Education Society
C-4, JANAK PURI, NEW DELHI-110 058.
Phone: 011-65215940; 65215941 Email: directorresearchcentre@gmail.com

To,

1. The Director, National Council of Educational Research and Training (NCERT), Sri Aurobindo Marg, New Delhi-110016, India; director.ncert@nic.in; +91-11-26519154

2. Shri Dharmendra Pradhan, Hon'ble Minister of Education, Ministry of Education, 301-C, Shastri Bhawan, New Delhi, minister.sm@gov.in

Subject: History tampered in VIII Class NCERT Book 2025 for Social Studies.

Sir,

This is to bring to your kind notice that in above mentioned book of social studies (history), history is tempered by giving unhistorical interpretation, with a map of 1759, which is quite wrong.

The upper mentioned book has made a mistake of showing Bharatpur in the map in the Maratha Empire. Surprisingly, the name of Bharatpur state has been erased from the map, which was ruled by famous Jat King Surajmal at that time.

This is same Maharaja Surajmal whose name was taken with respect even in the remains of Delhi Empire, those days and in the Persian books and documents of that time. Bharatpur was not the fiefdom of the Marathas, but an independent and strong Jat State, which was known for its strength and self-respect.

History is witness that in the **third battle of Panipat** in 1761, Maharaja Surajmal supported the Marathas against Ahmad Shah Abdali. It should also be remembered that Maharaja Surajmal provided protection to the Marathas men, women and families, who had taken refuge in Bharatpur state, after the defeat of Maratha commander Sadashiv Rao Bhau in war. At that time thousands of defeated, looted and distressed Marathas, hungry and shivering with cold found shelter in Bharatpur. The Maharaja personally took interest in making good arrangements for their shelter, food, treatment etc. Arrangements were made of their easy return home. Each of the refugee was provided with one rupee in cash and food items for their journey, and the women were sent to the border of Maratha State under military protection. For your kind reference:

1. Jadu Nath Sarkar: Fall of the Mughal Empire, vol. ii, Orient Longman (1991 Edition) pg. 252, 254.
2. K. Natwar Singh: Maharaja Surajmal 1707-1763, His life and times, Rupa Publications (2001), pg. 99-113.
3. Thakur Desh Raj: Jat Itihas (Sankshipt Sanskaran) Delhi (1990),pg.-310.
4. Ramveer Singh Verma: Bharatpur ka Itihas pg. 49-50.
5. Upendra Nath Sharma: Brajendra Bahadur Maharaja Surajmal, Originals Delhi, pg. 236-288.
6. Ramveer Singh Verma: Lohagarh ki Yashogatha pg. 165-170

Moreover, apart from this, in the map of 1759, the whole of Haryana has also been shown under the Maratha Empire. Whereas there is historical evidence that Marathas did not have control over Haryana. Not only this, most of the states, shown under Maratha rule, is totally incorrect.

NCERT History book taught is schools should be revised to make students aware of the correct facts. History is not just an academic subject, but is the basis of our cultural identity and self-respect. Misrepresenting history not only confuses students but also serves to erase our glorious past.

You are kindly requested to take action on this matter and to instruct the NCERT authorities to make necessary factual amendments in the book.

Regards,

Yours sincerely,

(Rajendra Kumar)

Dated 25.8.2025

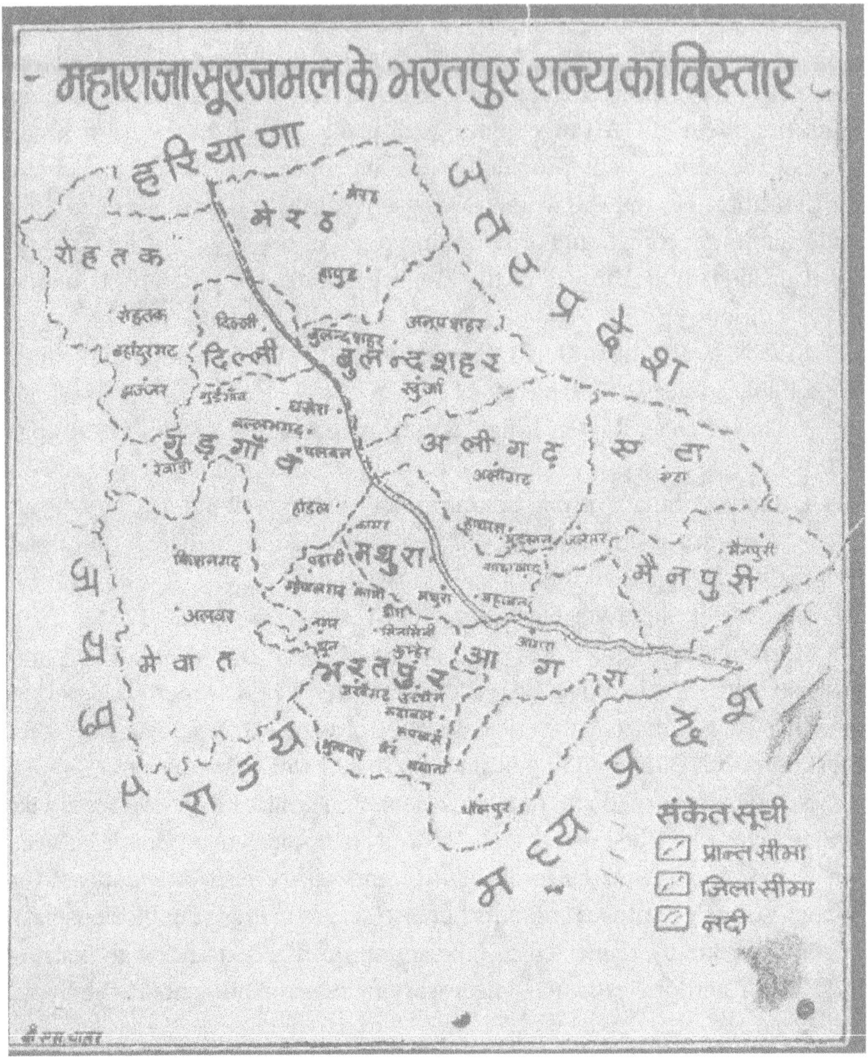

महाराजा सूरजमल का राज्य क्षेत्र

अनंगपाल तोमर दिल्ली शासक और एनसीईआरटी बुक कक्षा 7

अनंगपाल तोमर दिल्ली शासक और एनसीईआरटी बुक कक्षा 7

सभी अभिलेख (दस्तावेज) यह तो मानते हैं कि दिल्ली की स्थापना अनंगपाल तोमर ने की थी । वर्तमान में जातीय व्यवस्था के चलते अनंगपाल तोमर को तोमर जाट, तोमर राजपूत और तोमर गुर्जर आदि अपनी-अपनी जाति से सम्बन्धित होने के अपने तरह-तरह के पक्ष रखते हैं ।

एनसीईआरटी बुक कक्षा 7 से सीखें - कैसे अनंगपाल तोमर दिल्ली शासक अनंगपाल तोमर राजपूत हो गए । जहाँ एक तरफ शासन जातीय जनगणना करने पर विचार कर रहा है उस पर निर्णय होना है ।

पुस्तक पढ़ने की आदत के कारण कक्षा 7 की एनसीईआरटी (नेशनल कौंसिल ऑफ़ एजुकेशन रिसर्च एंड ट्रेनिंग – राष्ट्रीय शैक्षिक अनुसंधान और प्रशिक्षण परिषद)) इतिहास पुस्तक आवर पाट्र्स – III) समाज विज्ञान प्रकाशन वर्ष मार्च 2021 पढ़ने का अवसर मिला । पुस्तक अंग्रेजी माध्यम से है ।

पुस्तक के अध्याय – 3 द दिल्ली सुल्तान्स (THE DELHI SULTANS) के पृष्ठ - 30 – के दूसरे पैरा की पहली और दूसरी लाइन में लिखा हुआ है कि दिल्ली पहली बार तोमर राजपूत की राजधानी बनी थी । (Delhi first became the capital of a kingdom under the Tomara Rajputs)

पृष्ठ 31 पर दिल्ली शासक सारिणी दी गयी है

अनंगपाल – 1130 – 1145

पृथ्वीराज चौहान – 1175 – 1192 आदि ।

उपरोक्त पुस्तक पढ़ने से यह मालुम होता है कि अनंगपाल तोमर राजपूत थे (पृष्ठ 30 के अनुसार) और पृष्ठ 31 के अनुसार खाली अनंगपाल लिखा गया है । यहां तोमर शब्द और राजपूत शब्द दोनों नहीं लिखे हैं जबकि पृथ्वीराज चौहान लिखा गया है ।

विवेचना - अपने आप स्थिति को शंकास्पद कर रहे हैं, एक जगह अनंगपाल तोमर राजपूत लिखकर (पृष्ठ 30 के अनुसार) और दूसरे पृष्ठ 31 के अनुसार केवल अनंगपाल, किसे उचित माना जाय?

तोमर और राजपूत शब्द कहाँ से जोड़े गए – इसके अध्ययन के लिए इसी पुस्तक के पुराने प्रकाशन पढ़े गए जिनसे और स्थिति स्पष्ट होती है ¬ -

यथा – प्रकाशन मार्च 2005 अंग्रेजी

इसमे लिखा गया है – पृष्ठ – 22, - The Tomaras built the city of Dhillika (Delhi) in A.D. 736. जिससे यह अर्थ निकलता है कि ढिल्लिका शहर (दिल्ली) को तोमरों ने 736 ईस्वी में बसाया । इसमें किसी शासक का नाम नहीं है केवल तोमर शब्द का उपयोग है ।

इसी पृष्ठ पर राजपूत के विषय में लिखा है – यथा

राजपूत

राजपूतों का एक लम्बा और मनोरंजक इतिहास है । वह कौन थे और कहाँ से आए, यह आज भी रहस्य है । पूर्व इतिहासकारों का विचार था कि उनमें से कुछ मध्य एशिया की उन जातियों से सम्बन्धित हैं जो हूणों के उत्तर भारत के आक्रमण के बाद भारत में बस गई । अन्य अब ये मानते हैं कि वे उच्च प्रतिष्ठा का दावा करने वाले स्थानीय सरदार थे । वे कुलों में विभाजित थीं । राजपूत हमेशा जोर देकर कहते हैं कि वे क्षत्रिय जाति के हैं । राजपूत राजाओं ने अपने वंशों के इतिहास लिखवाए जिनमें उनका सम्बन्ध प्राचीन सूर्यवंशी या चन्द्रवंशी राजाओं से जोड़ा गया । किन्तु चार ऐसे राजपूत वंश भी थे जो अपने को इन दो प्राचीन वंशों का उत्तराधिकारी नहीं कहते थे । वे अपने को अग्निकुल का बतलाते थे । ये चारों वंश इस काल के इतिहास में सबसे अधिक प्रसिद्द हैं । वे प्रतिहार (या परिहार), चौहान (नया चाहमन) सोलंकी (या चालुक्य) और पंवार (या परमार) थे ।

विवेचना –

वर्ण व्यवस्था के अनुसार चार वर्ण ब्राह्मण, क्षत्रिय, वैश्य और शूद्र, मनु के अनुसार थे । इस वर्ण व्यवस्था पर कहीं कोई विवाद नहीं बनता । जाति, वर्ण व्यवस्था से अलग थी । एक वर्ण के लोग कई जातियों से होते थे । जैसे रामायणकाल में – वाल्मीकि न तो ब्राह्मण थे न क्षत्रिय थे जिन्होंने रामायण लिखी थी । उसी प्रकार विश्वामित्र ब्राह्मण नहीं थे, क्षत्रिय थे, राजा गाधि के पुत्र थे । परशुराम और रावण जाति से ब्राह्मण होने पर भी क्षत्रिय कर्म करने पर क्षत्रिय कहलाए थे ।

महाभारत काल की तो और विचित्र स्थिति थी – एक ही स्त्री (सत्यवती नाविक/धीवर कन्या) से उत्पन्न वेदव्यास ऋषि पारासर के सत्यवती से हुए और ब्राह्मण कहलाए । उसी सत्यवती से शान्तनु पुत्र चित्रांगद और विचित्रवीर्य थे, जो कौरव और पांडव कहलाए ।

अब तोमर शब्द पर विचार कर लें –

तोमर शब्द रामायण और महाभारत दोनों में आया है, इसके साथ-साथ तोमर नाम की एक वन औषधि भी है । कहने का आशय तोमर शब्द राजपूत शब्द से पुराना है ।

तुलसीदास रचित राम चरित मानस के लंका कांड में –

चले निसाचर आयसु मागी । गहि कर भिंडिपाल बर साँगी ॥,
तोमर मुद्‌गर परसू प्रचंडा । सूल कृपान परिध गिरिखंडा ।। (6/39/7-8)
सक्ति सूल तरवारि कृपाना । अस्त्र - सस्त्र कुलिसायुध नाना ।।
डारइ परसु परिध पाषाना । लागेऊ बृष्टि करै बहू बाना ॥ (6/72/1-2)

महाभारत में तोमर शब्द का प्रयोग –

पयसा सुविपुलास तीक्ष्णा नयपतंत सहस्त्रशः । तोमराश च सुतीक्ष्णाग्राः शस्त्रनि विविधानि च ।। (I-17-11)

तामरा हंसमार्गाश च तदेव कर भञ्जका: । उध्धेश मात्रेण मया देशा संकीर्तिता: परमो ।। (IV-10-68)

गदा भुशुंडि हस्ताश च तदा तोमरपाणय । असि मद्ररहस्ताश च दण्डहस्ताश च भारत: ।। (IX-44-105)

शक्तीनाम विमलाग्राणाम तोमराणाम तदायताम । निस्तरिशानाम च पीतानां नीलोल्पलनिभा परभा ।। (VI -68-17)

मेकला: कौशला मथ्रा धशार्णा निशधास तदा । गजयुध्धेषु कुशला कलिङ्गे सह भारत ।। (VIII-17-3)

शरतोमर नाराचैर वृष्टियंत इवाम्वुधा । सिषीचूस ते तत: सर्वे पांचालाचलय आहवे ।। (VIII -17-4)

धिवाकरकर प्रख्यान अंगश चिक्षेप तोमरान । नकुलाय शतान्य अश्टौ तरिथेकेकन्तुसोहच्छिनत ।। (VIII -17-16)

मेकलोत्कल कालिङ्गा निष्पथास ताम्रलिप्तका: । शरतोमर वर्षानि विमुनचंत्तों जिंघासव: ।। (VIII -17-20)

ततस तथ अभवथ यूध्ध रदिनाम हस्तिभि: सह । सृजताम शखर्षानि तोमराशच सहस्त्राश: ।। (VIII -17-22)

अपरे तरासिता नागा नाराच शत तोमरे । तम एवाभि मुखा यान्ति शलभा इव पावकमा ।। (VIII -17-104)

महाभारत भीष्म पर्व – (6.14.5) मे तोमर शब्द का प्रयोग मिलता है ।

तोमरप्रासनाराचगस्जाश्वर्योधिनाम । बलेन मंहता भीष्म: समसज्जात किरीटना ।।

अर्थ – (उधर भीष्म भी तोमर, नाराच, और प्रास आदि धारण करने वाले हाथी सवार, घुड़सवार, तथा रथारोही योद्धाओं की विशाल सेना के साथ किरीट धारी अर्जुन से भिड़ गए ।)

इससे स्पष्ट होता है कि तोमर एक प्रकार का अस्त्र है ।

राजपूत शब्द की शुरुआत 6-7 वीं शताब्दी अग्नि वंश के बाद की है । जबकि अग्नि यज्ञ कर 6-7 वीं शताब्दी में अग्नि वंश की शुरुआत की गई। 13 – 14 वीं शताब्दी में जब और 36 कुल आए तब तोमर वंश की बात आती है । यही स्थिति गुर्जर (गूजर) शब्द की है ।

जाट शब्द बहुत पुराना है – इसका उल्लेख देवों के देव महादेव शिव के पार्वती संवाद देव संहिता में है । महर्षि पाणिनि ने भी लिखा है – “जट झट संघाते” । महाभारत में भी जाट शब्द कई बार आया है । जबकि राजपूत शब्द का तो प्रश्न ही नहीं बनता क्योंकि यह तो अग्निवंश के बाद का है ।

अग्नि वंश के चारों कुल प्रतिहार (या परिहार), चौहान (या चाहमन), सोलंकी (या चालुक्य) और पंवार (या परमार) थे जो पहले से ही जाटों में विद्यमान हैं –

यहां यह उल्लेख करना भी आवश्यक है कि अग्निवंश के चारों वंश पहले से ही जाटों में थे और आज भी हैं यथा -

परिहार जाट आगरा, मथुरा, हाथरस जिलों में उत्तर प्रदेश, राजस्थान के जयपुर शहर, कोटा, नागौर, भरतपुर जिलों के क्षेत्र में रहते हैं।

ठाकुर हुकुम सिंह परिहार गांव कठवारी स्वतंत्रता संग्राम सेनानी रहे हैं।

सोलंकी – उत्तर प्रदेश के आगरा, मथुरा, अलीगढ़, बागपत, फिरोजाबाद, बुलंदशहर, बिजनोर, हाथरस, सहारनपुर, जिलों में बहुतायत में हैं। सोलंकी गोत्र की 16 उपशाखाएँ हैं। सोलंकी खाप के 28 गांव आगरा जिले में हैं जिनमें मुख्य गाँव कागरौल, बड़ौदा, मिढ़ाखुर आदि। इसी खाप के चौधरी फूलसिंह ने अंग्रेजी सरकार को ललकारा था, इन्हीं की बहिन चम्पावती फतेहपुर सीकरी की विधायक रही हैं।

स्व, गुरुदत्त सिंह सोलंकी गांव कागरौल जिला उत्तर प्रदेश के जो विधायक रहे थे, भारत के पूर्व प्रधानमंत्री स्व. चौधरी चरणसिंह की बेटी सत्या जी की शादी स्व. श्री गुरूदत्त सोलंकी जी से हुई थी।

दक्षिण दिल्ली में पालम, नसीरपुर दिल्ली, डाबरी, सुराखपुर, पश्चिम दिल्ली में मटिअला, असलतपुर, खादर, बपरोला, नई दिल्ली – बग्डोला, शाबद मोहमदपुर, उत्तर पश्चिम दिल्ली में पूठ कलां आदि गाँव हैं। सुशील कुमार सोलंकी (पहलवान), धर्मदेव सोलंकी विधायक पालम, जेतराम सोलंकी विधायक साहिबाबाद, चौधरी राम करण सोलंकी तथा चौधरी किशन चंद सोलंकी प्रधान पालम 360 खाप, गांव पालम प्रमुख व्यक्ति रहे हैं।

हरियाणा के झज्जर, फरीदाबाद, भिवानी, सोनीपत, रोहतक पलवल जिलों में सोलंकी जाट रहते हैं।

मध्य प्रदेश के भोपाल, खरगोन, मुरैना, ग्वालियर जिलों में सोलंकी जाट रहते हैं।

चौहान – चौहान जाट गोत्र के व्यक्ति दिल्ली, हरियाणा, पंजाब, राजस्थान और उत्तर प्रदेश में मिलते हैं। चौहान गोत्र की 24 उप शाखाएं भी हैं।

दिल्ली में मुंडका, रन्होला में लाकड़ा चौहान के जाट तथा रंगपुरी, असलतपुर खवाद, बडचौहान जाट रहते हैं। दिल्ली से स्व. श्री साहिब सिंह वर्मा पूर्व मुख्यमंत्री दिल्ली सरकार जाट ही थे जिनका गोत्र लाकड़ा - चौहान हैं।

पंजाब – होशियारपुर, पटियाला, लुधियाना, जालंधर, संगरूर, अमृतसर, मनसा, बरनाला जिलों में जाट चौहान रहते हैं।

हरियाणा – भिवानी, पानीपत, जींद, कैथल और हिसार, पलवल, सोनीपत, करनाल जिलों में जाट चौहान रहते हैं।

राजस्थान – जयपुर शहर, चुरू, गंगानगर, सवाई माधोपुर जिलों में चौहान जाट रहते हैं।

उत्तर प्रदेश – मेरठ, मुज़फ्फरनगर, शामली, बागपत, गाज़ियाबाद, सहारनपुर, मथुरा, बिजनोर, अमरोहा, बुलंदशहर जिलों में चौहान जाट रहते हैं।

महाकवि बलवीर सिंह "करुण" (चौहान-जाट) वर्तमान निवास अलवर राजस्थान, मूल निवास गांव किरठल जिला बागपत उत्तर प्रदेश से हैं। उनके पुत्र विनीत चौहान भी कवि ही हैं।

पंवार – दिल्ली के गाँव बेर सराय चौधरी नैन सुख पंवार गाँव के संस्थापक थे। शाहपुर जाट गाँव में भी पंवार जाट रहते हैं। दलीप सिंह पंवार पहले जाट लोकसभा सांसद बाहरी दिल्ली (1971) गांव शाहपुर जाट। हरपाल सिंह पंवार लोकसभा सांसद (9, 10 वीं), रहे हैं।

हरियाणा के गुरुगांव, पानीपत, झज्जर, हिसार, करनाल,जींद, सोनीपत, रोहतक, कैथल जिलों में पंवार जाट रहते हैं।

उत्तर प्रदेश के मुज़फ्फरनगर, शामली, बागपत, मेरठ, बुलंदशहर, गाजियाबाद, सहारनपुर जिलों के गावों में पंवार जाट रहते हैं। वीर रस के कवि हरिओम पंवार वर्तमान निवास मेरठ (मूल गांव – बुटेना जिला बुलंदशहर) को कौन नहीं जानता कि वे पंवार जाट हैं। जस्टिस महावीर सिंह पंवार, महिमा चौधरी फिल्म नायिका भी पंवार जाट हैं।

स्पष्टीकरण – यहां उल्लेख कर लेख है कि अधिकतर सभी क्षत्रिय कुल जाटों में मिलते हैं। विस्तृत जानकारी जाटलैंड विकिपीडिया पर देख सकते हैं।

अब तोमर शब्द के बाद तोमर गोत्र के व्यक्ति आज भी दिल्ली और दिल्ली के आसपास के क्षेत्र में निवास करते हैं। उपरोक्त जानकारी इसलिए लिखी गई है कि जाटों के अधिकतर गोत्रों से ही राजपूत गोत्र निकले हैं न कि राजपूत गोत्रों से जाट गोत्र। क्योंकि जाट और तोमर शब्द बहुत पहले से है जबकि राजपूत शब्द बहुत बाद का है।

दिल्ली के ग्राम कब बसे – वर्तमान दिल्ली अधिकतर जाटों के गांव और उनकी खेती की भूमि पर ही बसी हुई है।

संक्षिप्त जानकारी - ग्राम का नाम तथा गांव बसाहट लगभग (सन ईस्वी में) -

बादली. – (200)., मुरेहड़ा. – (583), अनंगपुर (आनंदपुर) – (609), ढान्सा - (664). पालम . – (310). दोबारा (713)., झढोकरा. – (782), नुहार देडी – (785)., मित्राऊ. -(800), महरौली. – (830, दोबारा 1180), कुरैणी– (873), भोजपुर (बांकनेर के जगह). – (960)., नरेला. – (980), हस्तशाल (हड़ताल) – (980), मामुरपुर (नरेला) – (1050, दोबारा 1055), देवली – (1050), सत बड़ी (सतबरी) – (1050), बजावर कलां – (1051), बांकनेर – (1080), पोसगीपुर– (1100), तातारपुर – (1114, दोबारा 1140), मलाहपुर (माजरा) – (1150), जिंदपुर – (1150)., बवाना. – (1168)., मारकपुर डबास. – (1175), वसंत नगर – (1180)., वकोली – (1180)., उजसा. - (1180)., हरबेली.– (1180)., पोचनपुर – (1180)., खेड़ा कलां - (1180)., मदनपुर खाद – (1180)., खिड़की- (1181), कोंडली – (1182), गाजोपुर. – (1185), किराड़ी सुलेमानपुर –(1185), नारायणा –(1185), मिठेपुर – (1185), मंडावली फजलपुर.- (1185), करावल न . – (1185), इन्द्रपत (दो बारह) – (1185), दललुपुरा – (1186)., खिचडी पुर – (1186).,

धडोली – (1188)., नंगलौ रजापुर – (1190)., बुराड़ी – (1190), खेड़ा खुर्द – (1190)., मंगोलपुर कलां – (1200), पूठ कलां - (1200), शाहपुर गढ़ी – (1200), साहूपुर – (1205)., राय सीना – (1247), भोगल पहाड़ी – (1257), भोरगढ़ - (1280).

राजा अनंगपाल तोमर और एनसीईआरटी बुक कक्षा 7

पुस्तक के पृष्ठ 31 के अनुसार अनंगपाल शासन 1130-1145 कुल 15 वर्ष लिखा है। तथा पृथ्वीराज चौहान शासन काल 1175-1192 कुल 17 वर्ष लिखा है।

विवेचना -

ऐसा कहा गया है कि पृथ्वीराज चौहान ने 11 वर्ष की उम्र में शासन ग्रहण किया था, अन्य अभिलेख कहते कि जन्म 1145 का है, मृत्यु 1192 की है। इन समस्त जानकारी से स्पष्ट होता है, तथा ऐतिहासिक तथ्य बताते हैं कि अनंगपाल की मृत्यु पृथ्वीराज चौहान के जन्म से पहले ही हो गई थी।

ब्रह्म पुराण मे भी तोमरो के लिये कहा गया कि वे उत्तरी भारत के निवासी थे।

तोमरा हन्समार्गापश्चव काशमीराः करुणास्तथा ।

शुलिका कुहिकाश्चेव मागधाश्रच तथैव च । ।

मत्स्य पुराण के प्रथम खंड में उल्लेखित है –

तोमरो के देश में से गंगानदी प्रवाहित होती थी तोमरो का मूल निवास उत्तर भारत ही था ।

तोमरां प्लावयन्ति चहं सभागनी सप्तुहकान ।

पुर्वान्देशाश्च सेवंती नित्वासा बहुधा गिरिस । ।

कण प्रावरणान प्राप्य गता साश्वमुखा नपि ।

सिक्तया पवपतमेरू सागत्वा विधाधरानशी । ।

अर्थ – गंगा के द्वारा जो सात स्त्रोतों का विसर्जन कर दिया गया था । उनमे से वह सरिता का स्त्रोत जो उन सात स्त्रोतों में से एक थी, जो तोमर देशो का प्लावन करती हुई हंस मार्ग सम्हूहाको एवं पूर्व देशो का देवन करती हुई वह प्राय: गिरियों का भेदन करके कर्ण पावरनों में चली गयी तोमर वंश की उत्पत्ति के मत तोमर वंश की उत्पत्ति के ऐतिहासिक मत तोमरो को पांडव वंशी सिद्ध करते है। तोमर/कुंतल गोत्र के भाटों ने भी इस वंश को पांडव वंशी लिखा है । वर्तमान जाटों में आज भी इस गोत्र के लोग पांडव लिखते है ।

कचरा डालने पर लगाई विदेशी कार रोल्स रॉयसः

कचरा डालने पर लगाई विदेशी कार रोल्स रॉयसः

भरतपुर राज्य में नगर पालिका द्वारा कचरा डालने पर लगाई विदेशी कार रोल्स रॉयसः

भरतपुर के महाराजा श्री कृष्ण सिंह जिन्हें राज्य में महाराजा किशन सिंह के नाम से भी सम्बोधित किया जाता था। सुरूचिपूर्ण सौंदर्य बोध वाले राजा थे, और उन्हें फूल-पत्तियों से गहरा लगाव था। उन्हें राज्य के अन्दर 19 तोपों की और राज्य के बाहर 17 तोपों की सलामी दी जाती थी। महाराजा किशन सिंह को ठाट-बाट से रहना पसन्द था। उन्हें बेहतरीन चमड़े की गद्दियों से सुसज्जित करने का शौक था। श्रीकृष्ण सिंह विदेशी कर एवं मंहगे आयातित सामान रखने के भी शौक़ीन थे।

1917 ईस्वी में एक ब्रिटिश यात्रा के दौरान महाराज कृष्ण सिंह ने रोल्स रॉयस कार की सुंदरता व आकर्षण को देखकर कर एक कार खरीदने की मंशा जाहिर करते हुए, कार निर्माता कंपनी को कार भेजने का आदेश भिजवा दिया। उन्हें कंपनी द्वारा अवगत कराया गया कि उनकी सलामी की तोपों की संख्या अपेक्षाकृत कम होने के कारण वह शाही व बेशकीमती कार पाने के पात्र नहीं हैं। महाराजा मन में कुछ ठान कर अपने राज्य लौट आए। उनके मन की बात टटोल कर उनके मित्र ग्वालियर के महाराजा ने उन्हें अपनी दो रोल्स रॉयस कारें उपहार में दे दी। महाराजा श्रीकृष्ण सिंह ने उन दोनों कारों को नगर पालिका में कूड़ा-मैला ढोने में लगा दिया। कुछ दिनों के बाद प्रिंस ऑफ वेल्स वायसराय के दल में केवलादेव घना भ्रमण एवं डक शूटिंग (शिकार) करने रोल्स-रॉयस कंपनी का मालिक भी भरतपुर आया। उसने रास्ते में देखा कि भरतपुर नगर पालिका का कूड़ा ढोने में रोल्स-रॉयस कारें लगी हैं। उसे यह दृश्य देख जैसे बिजली का सा जोरदार झटका लगा। उसे माजरा समझते देर नहीं लगी। वह इस दृश्य को देखकर आत्म ग्लानि महसूस करने लगा।

महाराजा श्री कृष्णसिंह ने विदेशी मेहमानों के स्वागत में अरबी घोड़ों का प्रबंध, 250 के.वी. का जनरेटर आयोजित किया। पांच घोड़ों को चांदी की बग्घी और मोती महल में ठहरने व शाही स्वागत की पूर्ण व्यवस्था की थी। मोती महल में रात्रीकालीन शाही भोज आमंत्रित किया गया।

मोती महल पर डिनर लेने के बाद वायसराय से कंपनी के मालिक ने कहा कि ऐसे ठाट वाले राजसी राजा को रोल्स-रॉयस कार न देकर मुझसे बड़ी गलती हुई है। आपसे आग्रह है कि महाराजा साहब से मेरी व्यक्तिगत भेंट करा दें। दो मिनट की व्यक्तिगत मुलाकात में कंपनी मालिक ने महाराजा साहब से क्षमा याचना की और कहा - महाराजा साहब यदि दुनिया में यह संदेश गया कि विश्व विख्यात शाही कार भरतपुर में मैला ढो रही है तो मेरी कंपनी की बड़ी बदनामी होगी। कार को फिर कौन खरीदेगा? मैं अभी आपको एक नहीं बल्कि चार रोल्स रॉयस कार की स्वीकृति प्रदान करता हूँ। महाराजा साहब उसके विनीत लहजे पर मुस्करा

दिये। ऐसे राजशाही ठाट-बाट वाले थे भरतपुर के प्रिय शासक। और भरतपुर राज्य के शासक को तत्काल चार कारें भिजवा दी गयी। जिनमें दो कार तो भरतपुर के अंतिम शासक कर्नल सवाई महाराजा बृजेन्द्र सिंह के पास भी रहीं थीं।

राजा मानसिंह भरतपुर हत्याकांड - 21 फरवरी 1985

राजा मानसिंह भरतपुर हत्याकांड - 21 फरवरी 1985

वर्ष 1985 के आठवी विधान सभा चुनाव के दौरान भरतपुर के राजा मानसिंह डींग विधान सभा से निर्दलीय चुनाव लड़ रहे थे। 20 फरवरी 1985 को तत्कालीन मुख्यमंत्री शिवचरण माथुर भरतपुर के राजा मानसिंह के खिलाफ चुनाव लड़ रहे कांग्रेस के प्रत्याशी विजेंद्र सिंह के समर्थन में चुनावी सभा के लिए डींग आए थे। चुनावी भाषण में तत्कालीन मुख्यमंत्री माथुर ने भरतपुर राजघराने पर कटाक्ष और प्रतिकूल टिप्पणी करना प्रारम्भ कर दिया। मुख्यमन्त्री माथुर के समर्थकों ने राजा साहब के झंडों व बैनरों को फाड़ दिया। मुख्यमंत्री की सभा के पास ही राजा मान सिंह सर्मथकों के साथ जनसम्पर्क में व्यस्त थे। तत्कालीन मुख्यमंत्री माथुर द्वारा की गई टिप्पणी व समर्थकों के बेहूदा कार्यों के बारे में लोगों ने तत्काल राजा मानसिंह को अवगत करा दिया। राजा मानसिंह यह सुनकर आपा खो बैठे। उन्हें इतना ज्यादा गुस्सा आया कि वह स्वयं अपने जौंगा (जीप) के साथ तेजी से सभास्थल पहुंचे और मंच को धराशाई कर दिया। तोरण द्वार तोड़ दिया तथा अपनी जीप को मुख्यमन्त्री माथुर के हैलीकोप्टर से टकरा दिया। माथुर सभा किए बिना ही वापस लौट गए। राजा मानसिंह के खिलाफ पुलिस ने केस दर्ज कर लिया। अगले दिन 21 फरवरी 1985 को जब राजा मानसिंह डींग अनाज मंडी में बैठे थे तब मुख्य मंत्री माथुर के निर्देश पर पुलिस अधीक्षक कान सिंह भाटी ने उन्हें घेर कर उन पर फायरिंग किया। मानसिंह के साथ ही सुमेर सिंह और हरी सिंह को भी गोली लगी। भरतपुर अस्पताल में तीनों को मृत घोषित कर दिया। 22 फरवरी 985 को दिल्ली से माखनलाल फोतेदार का माथुर को फोन आया कि आलाकमान का निर्देश है कि आप मुख्यमंत्री के पद से इस्तीफा दे दीजिये। इस तरह माथुर से त्याग पत्र लेकर हीरालाल देवपुरा को मुख्यमंत्री बनाया गया।

भरतपुर स्टेट का झंडा के सम्मान में अंग्रेजों की नौकरी छोड़ी और अपना बलिदान दिया। सात बार के निर्दलीय विधायक राजा मानसिंह...20 फरवरी 1985 को डीग में बुर्ज से उतरे झंडा विवाद के कारण बलिदान हुए थे। राजा मानसिंह..21 फरवरी 1985 को भरतपुर में भयंकर रोस कर्फ्यू के मध्य हुआ था। राजा मानसिंह का अंतिम संस्कार उस समय के तत्कालीन मुख्यमंत्री शिवचरण माथुर एक चुनाव चुनावी सभा के लिए डीग विधानसभा चुनाव सभा के लिए आए थे इसकी पूर्व रात्रि में डीग दुर्ग पर लगे स्टेट झंडे को उतार कर जला दिया गया। इस कृत्य से राजा मानसिंह जो कि शान्त प्रवृति के जनप्रिय विधायक अत्यंत नाराज हुए और मुख्यमंत्री शिवचरण माथुर के खड़े हेलीकॉप्टर वह मंच को अपने प्रिय वाहन वैपिन करियर से टकराने से टूट गया। राजा मानसिंह अपने वाहन वेपन करियर में साथियों कार्यकर्ताओं व भजन मंडली के साथ बैठकर डीग अनाज मंडी के रास्ते जा रहे थे तभी तत्कालीन डीएसपी कान सिंह भाटी ने मय पुलिस फोर्स अपनी पुलिस की जीप वेपन करियर के सामने अडाकर खुलेआम गोलियां चलाकर राजा मानसिंह वह उनके तीन

सहयोगियों का सीधी गोली चलाकर उनकी हत्या कर दी।

यह राजस्थान का सबसे बड़ी राजनीतिक हत्या थी।

शहीद राजा मानसिंह जैसे लोकप्रिय राजा विधायक को न्याय की लड़ाई उनकी सुपुत्री पांच बार की विधायक, सांसद व मंत्री रही। कृष्णेन्द्र कौर "दीपा" ने 32 वर्षों तक लंबी कानूनी लड़ाई में 1560 तारीख, 19 जजों ने सुनवाई की, 14 वकील बदलने के बाद राजा मानसिंह व तीन अन्य की एनकाउंटर में हत्या के आरोप में मथुरा उत्तर प्रदेश कोर्ट में डीएसपी कान सिंह भाटी व अन्य 13 पुलिस कर्मियों को आजीवन कारावास की सजा सुनाई गई। 2 वर्ष पूर्व एनकाउंटर के मुख्य आरोपी डीएसपी कान सिंह भाटी की जेल में ही मृत्यु हो गई। वह अन्य तेरह अभियुक्त जो कि औसतन 70 वर्ष की उम्र के पूर्व पुलिसकर्मी जेल में आजीवन कारावास की सजा काट रहे हैं।...राजा मानसिंह हत्याकांड से भरतपुर में राजनीतिक हलचल में पूर्वी राजस्थान भरतपुर से उसे समय पूर्ण रूप से चुनाव में कांग्रेस का सफाया हो गया।..दीपा सिंह को रिकार्ड मतों से डीग विधानसभा से जिताकर गिनीज बुक ऑफ रिकॉर्ड, राजनीति में बनाया और अपने लोकप्रिय राजा मानसिंह को श्रद्धांजलि अर्पित की। राजा मान सिंह को आभार कि उन्होंने इस फर्जी मुटभेड़ को बड़ी मेहनत से अंजाम तक पहुंचाया। डॉक्टर सुधा चौधरी लेखक एवं इतिहासकार को बहुत बहुत साधुवाद।

लेखक

लेखक

रनवीर सिंह

रनवीर सिंह (Ranvir Singh)

रनवीर सिंह (तोमर) आत्मज स्व. श्री दिलीप सिंह

बी.ई.(इलेक्ट्रिकल), एफ. आई. ई., चार्टर्ड इंजीनियर.

जन्म - 02 जुलाई 1955

जन्म स्थान- गांव - नगला भूपसिंह, डाकघर - पिसावा , जिला अलीगढ़, उत्तर प्रदेश 202155.

शिक्षा - बी.एससी. इंजीनियरिंग (इलेक्ट्रिकल), अलीगढ़ मुस्लिम यूनिवर्सिटी अलीगढ़ उ. प्र. (1978),

सेवा - मध्य प्रदेश विद्युत मंडल (1979 से 2015), 36 वर्ष, सेवानिवृत्ति - अति. मुख्य अभियंता।

वर्तमान - फैकल्टी मेम्बर पावर डिस्ट्रीब्यूशन ट्रेनिंग सेंटर भोपाल।

वर्तमान निवास - मकान न. डुप्लेक्स - 11. , कुटुम्ब अपार्टमेंट बलवन्त नगर यूनिवर्सिटी रोड, ठाठीपुर, ग्वालियर, म.प्र. 474002.

अभिरुचि - पुस्तक अध्ययन, इलेक्ट्रिकल विषयों पर लेक्चर देना, सामाजिक गतिविधियां, वृक्षारोपण कार्य आदि।

अणुडाक - er.rsingh55@gmail.com, चलित दूरभाष - +91- 9425137463.

प्रकाशित पुस्तकें - सामान्य - चौरासी का चक्कर , ज्योतिष और भारतीय पर्व, जीवन की प्रेरणादायक कहानियां।

विद्युत- ऊर्जा संरक्षण एवं अक्षय उर्जा, विद्युत सुरक्षा एवं उपचार, विद्युत वितरण संचालन और संधारण, विद्युत ऊर्जा मीटर, अर्थिंग (भू- संयोजन), विद्युत वितरण ट्रांसफ़ॉर्मर, विद्युत् लाइन, विद्युत उपकेन्द्र, पावर कैपेसिटर, स्काडा इलेक्ट्रीकल, सूर्य घर योजना, विद्युत समग्र तकनीकी एवं वाणिज्यिक हानियां।

जातीय पुस्तक - जाट संत, जाट कवि, जाट बिलदानी, जटवारा चम्बल सिंध, तोमर (तंवर-- तनवर), जाट प्रधानमंत्री, जाट मुख्यमंत्री, जाट राज्यपाल, जाट महिला खिलाड़ी, जाट प्लेयर्स (कॉमन वेल्वेथ गेम्स वर्मिन्घम - 2022), Tomar Dynasty (तोमर डायनेस्टी), एक व्यक्तित्व राजा महेन्द्र प्रताप, जाट रियासतें, हरियाणा के राम, हरियाणा के लाल।

(प्रकाशक - नोशन प्रेस, /Notion Press, वितरक - नोशन प्रेस, अमेज़न, फ्लिप्कार्ट, किन्ड्ले)

रनवीर सिंह का श्री रामवीर सिंह वर्मा जी, महाकवि बलवीर सिंह करुण जी और के.पी. मलिक (पत्रकारिता दिल्ली) से उनके ग्वालियर प्रवास के समय मिलने का सौभाग्य तथा भरतपुर से सम्बन्धित सामग्री पुस्तके भी प्राप्त हुई, जिनका सहयोग विशेष रूप से इस लेखन में लिया गया है। इसलिए उनका संक्षिप्त जीवन परिचय प्रस्तुत है।

रामवीर सिंह वर्मा भरतपुर

जीवन परिचयः - रामवीर सिंह वर्मा भरतपुर राजस्थान के सबसे बड़े गांव जघीना के धर्म परायण व्यक्तितत्व शिक्षाविद श्री गुलाबसिंह वर्मा के जेष्ठ पुत्र हैं। रामवीर सिंह वर्मा का जन्म 28 दिसंबर 1949 को हुआ। आपको अपने पूर्वज, स्वतंत्रता संग्राम सेनानी इतिहासकार ठाकुर देशराज जी का सानिध्य बचपन से ही मिला। उसका ही परिणाम है कि रामवीर सिंह वर्मा बहुमुखी प्रतिभा के धनी, लेखक, कुशल वक्ता, समाजसेवक एवं शिक्षाविद के रूप में जाने जाते हैं।

रामवीर सिंह वर्मा मूर्धन्य इतिहासकार एवं लब्धप्रतिष्ठित लेखक एवं साहित्यकार हैं। आप राष्ट्रीय चिंतक, सांप्रदायिक सद्भाव के पोषक एवं राष्ट्रवादी विचारधारा के अग्रदूत हैं। आप कुशल मंच-संचालक एवं प्रखर वक्ता हैं।

उपाधियांः - साहित्य मनीषी, लोहागढ़-सपूत, भरतपुर-रत्न, जाट गौरव, शिक्षक गौरव, भरतपुर इतिहास मर्मज्ञ, राजस्थानी समाज के कर्मवीर, ब्रज-सेवक, पिछड़ा वर्ग समाज के पुरोधा।

प्रकाशित कृतियां : - रामवीर सिंह वर्मा की प्रकाशित कृतियों में प्रमुख हैं:_

- **लोहागढ़ की यशोगाथा** - जाटलैंड विकी (Jatland Wiki) पर ऑनलाइन उपलब्ध है। इसको पीडीएफ फोर्मेट (PDF Format) में यहाँ क्लिक करके पढ़ सकते हैं → **लोहागढ़ की यशोगाथा**

- जाटों का गौरवशाली इतिहास,
- महाराजा सूरजमल स्मृति विशेषांक,
- भरतपुर का इतिहास,
- भरतपुर रूलर्स,
- बोध कथाएं,
- खुटैला-पांडव वंश का इतिहास,
- जल ही जीवन,
- कुम्हेर कांड सच्चाई क्या है?
- अखिल भारतीय जाट महासभा का इतिहास,
- महाराजा सवाई जवाहर सिंह और उनका युग,
- भरतपुर की वीरांगना महारानी किशोरी,
- अखिल भारतवर्षीय जाट महासभा का इतिहास,
- जीवन पथ के पद चिन्ह...,
- डॉ. दिगम्बर सिंह,
- भरतपुर - दर्पण,
- दिव्य - उदय जाट ज्योति,
- लोहागढ़ का सूरजमल,
- वीर योद्धा - राजा खेमकरण सोगरिया।
- दैनिक भास्कर एवं राजस्थान पत्रिका में सम सामयिक विषयों पर निरन्तर लेखन।
- राज्य एवं राष्ट्रीय स्तर की पत्र - पत्रिकाओं में नियमित लेखन।

सम्मान: -

- लेखक वर्मा को भारत के राष्ट्रपति डॉ. एपीजे अब्दुल कलाम भारत के सर्वोच्च शिक्षक सम्मान से सम्मानित कर चुके हैं।
- राजस्थान के राज्यपाल श्री मदन लाल खुराना एवं मुख्यमंत्री श्रीमती वसुंधरा राजे ने भी इन्हें राज्य के सर्वोच्च शिक्षक सम्मान से पुरस्कृत किया है।
- दक्षिण भारत हिंदी प्रचार सभा कोचीन द्वारा 'आचार्य हजारी प्रसाद द्विवेदी पुरस्कार'
- दिल्ली सरकार के भारतीय शिक्षा गोल्ड मेडल अवार्ड,
- लाइफ एजुकेशन अचीवमेंट अवॉर्ड सहित
- अनेक पुरस्कार से सम्मानित किया गया है।

अखिल भारतीय किसान राणा मेला ग्वालियर दुर्ग 10 अप्रैल 2022 को समाज साहित्य लेखन के लिए सम्मानित द्वय रनवीर सिंह ग्वालियर, रामवीर सिंह वर्मा भरतपुर

महाकवि बलवीर सिंह करुण अलवर राजस्थान (मूल गांव - किरठल, जिला बागपत उत्तरप्रदेश , जाट -गोत्र - चौहान)

आप अधिकतर रानी लक्ष्मीबाई के बलिदान दिवस (18 जून) समारोह कार्यक्रम ग्वालियर मध्य प्रदेश आते रहे हैं।

प्रकाशित साहित्यः - काव्य - मैं द्रोणाचार्य बोलता हूं (महाकाव्य), विजयकेतु (खंड काव्य), बिगुल, बोले रक्त शहीद का, प्रहरी मेरे देश के, देश की माटी दे आवाज, गीत गंध बावरी, गीत कपोत पूछते हैं, मन मरू स्थल बोल, समरवीर गोकुला (प्रबन्ध काव्य), कितने पर्दे और उठाऊं, हंसा हेर-हेर हैरानी, हम दीवानों की अलग जात, मैं उत्तरा (खंड काव्य)।

उपन्यासः - ययाति, पांडव सखा श्रीकृष्ण, द्रोणाचार्य, भीष्म पितामह, डींग का जौहर।

सम्पादित काव्य संग्रह - अलवर के स्वर, अरावली गुंजन, लहर पर लहर।

व्यक्तित्व एवं कृतित्व पर पुस्तकें: - ऐसे हैं कवि करूण, कवि करूण का विजय केतु राष्ट्रीयता का प्रखर दस्तावेज (लघु शोध - प्रबन्ध) - डा. महेश चौधरी , बलवीरसिंह करूण का रचना संसार (लघु शोध प्रबन्ध) कु. संगीता जाटव , सांस्कृतिक अनुचिन्तन के परिप्रेक्ष्य में बलवीरसिंह करूण का कार्य (शोध प्रबन्ध) डा. मुकेशचन्द्र गुप्त, मैं द्रोणाचार्य बोलता हूं:

संवेदना और शिल्प के धरातल पर (लघु शोध) अमनजोत कौर, करूण से मिलोगे या कि सिंह बलवीर से (अभिनन्दन ग्रन्थ)

दूरदर्शन के लिए: - अन्धकार धारावाहिक का परिचय गीत, हमारा राजस्थान धारावाहिक के गीत एवं पटकथा।

पुरस्कार एवं सम्मान: - उ.प्र.हिन्दी संस्थान लखनऊ का दो लाख रू. की राशि का अवंती बाई सम्मान, राजस्थान साहित्य अकादमी का सर्वोच्च मीरा पुरस्कार एवं विशिष्ट साहित्यकार सम्मान तथा एक लाख रू.का सर्वोच्च जनार्दनराय नागर सम्मान, हिन्दी सेवा सम्मान - हिन्दी यू.एस.ए.अमेरिका, राष्ट्रीय साहित्य सृजन सम्मान - राजस्थान धरोहर संस्थान एवं प्रोन्नति प्राधिकरण - जयपुर (समरवीर गोकुला महाकाव्य पर), साहित्य भारती सम्मान - सिद्धान्त इन्टरनेशनल दिल्ली, साहित्य रत्न अलंकरण - आचमन संस्था उन्नाव (उ.प्र.), बांकुड़ा (बंगाल) के डोलिया परिवार द्वारा प्रवर्तित त्रिवेणी साहित्य पुरस्कार, बदायूं क्लव (उ.प्र.) द्वारा राष्ट्र प्रचेता डा. बृजेन्द्र अवस्थी पुरस्कार, ब्रजप्रेमी साहित्य मंडल शाहदरा (दिल्ली) द्वारा निराला श्री सम्मान, म.प्र. साहित्य अकादमी द्वारा पंडित भवानीप्रसाद मिश्र राष्ट्रीय पुरस्कार, महादेवी वर्मा सम्मान - महादेवी वर्मा स्मृति पीठ फर्रूखाबाद (उ.प्र.), महाकवि देव सम्मान - श्री नारायण विद्या आश्रम किशनी - मैनपुरी (उ.प्र.), वाणी फाउंडेशन मेरठ द्वारा एक लाख रू. का पंवार सम्मान, श्री बलवीर सिंह करुण अलवर राजस्थान को मिला अटल कवि सम्मान - ग्वालियर दिनांक 24 दिसम्बर 2025।

विदेश यात्रा: - 8 वें विश्व हिन्दी सम्मेलन में भाग लेने हेतु (जुलाई 2007) अमेरिका, पुनः एक माह (मई 2010) की साहित्यिक यात्रा हिन्दी यू.एस.ए. के निमन्त्रण पर , 11वें विश्व हिन्दी सम्मेलन में भाग लेने हेतु मारीशस अगस्त 2018.।

लेखक

महाकवि बलवीर सिंह करुण अलवर राजस्थान का जाट समाज ग्वालियर द्वारा
सम्मान - 24 दिसम्बर 202

डीग का जौहर - बलवीरसिंह 'करुण'

के. पी. मलिक

(के. पी. मलिक करीब 28 साल से राष्ट्रीय राजधानी दिल्ली की पत्रकारिता में सक्रिय हैं। दूरदर्शन से लेकर बीबीसी, नेटवर्क18, ज़ी न्यूज़, सहारा समय, हिंदुस्तान टाइम्स ग्रुप और उसके बाद 'दैनिक भास्कर' में राजनीतिक संपादक के रूप में अपनी सेवाएं दे रहे हैं। पिछले दिनों इन्हें देश के प्रतिष्ठित मुंशी प्रेमचंद अवार्ड से भी नवाजा गया है।)

www.ingramcontent.com/pod-product-compliance
Lightning Source LLC
LaVergne TN
LVHW052028200926
848481LV00005B/1618